百年潮人在上海
（二）

总 主 编／陈振鸿　李森华

执行主编／陈向阳

文匯出版社

图书在版编目（CIP）数据

百年潮人在上海：全 2 册 / 陈振鸿，李森华主编.
—上海：文汇出版社，2015.1
ISBN 978-7-5496-1368-7

Ⅰ.①百… Ⅱ.①陈… ②李… Ⅲ.①文化史－研究
－潮州市②文化史－研究－汕头市 Ⅳ.K296.5

中国版本图书馆 CIP 数据核字（2014）第 292869 号

百年潮人在上海（二）

总 主 编 / 陈振鸿　李森华
执行主编 / 陈向阳
责任编辑 / 乐渭琦
特约编辑 / 玲　凤　亚　承
装帧设计 / 张　晋　陈嘉敏

出 版 人 / 桂国强

出版发行 / 文匯出版社
　　　　　上海市威海路755号
　　　　　（邮政编码200041）
经　　销 / 全国新华书店
照　　排 / 上海歆乐文化传播有限公司
印刷装订 / 上海新文印刷厂
版　　次 / 2015年1月第1版
印　　次 / 2015年1月第1次印刷
开　　本 / 787×1092　1/16
字　　数 / 600千
印　　张 / 44.75

书　　号 / ISBN 978-7-5496-1368-7
定　　价 / 98.00元（全二册）

目 录

经济篇（按姓氏笔画为序）

马兴松：踏准商海节拍的弄潮儿（习慧泽） ………… 003

卢泽明：金明集团与他的潮州路（黄顺声） ………… 008

正大：浦江破浪　扬帆前行（陈向阳） ………… 012

许礼民、蔡钦源："要做就要做第一！"（习慧泽） ………… 018

许怀捷：闯荡上海，不忘潮汕精神（陈丽伟） ………… 023

许宜豪：电工变身物流业掌门人（李传科） ………… 027

张创增：创宏的旅程（陈曙光） ………… 030

李松坚：传承信念　创意明园（陈向阳） ………… 036

李修章：旧上海打开国产纸销售第一人（李秀松等） ………… 042

李焯麟：车轮永向前（尹学尧） ………… 046

苏岳波：缔美石材在上海（洪苏骏） ………… 052

陈志强：以金融知识服务潮汕商帮（陈丽伟） ………… 055

陈佳铭：绿色饲料添加剂的开路人（徐美香） ………… 058

陈昇明：希望的晨光（陈向阳） ………… 061

陈经纬：追梦中尽显风采（陈向阳） ………… 065

陈跃：个人理财服务领域的开拓者（李元） ………… 073

林进源："金城隍庙"品牌掌门人（司徒志勋） ………… 078

林振雄：全通从上海出发（陈向阳） ………… 082

罗康瑞：我的心永远是年轻的（陈向阳） ················· 087

郑育健：粤商新锐在上海（冯扬天） ··················· 093

姚文琛：让中国扑克品牌走向世界（陈向阳） ··········· 098

姚钧舜：用心血浇灌出七朵"白玉兰"（林章豪） ········· 103

柯树泉：太安堂在文化中举业（陈鸿雁） ··············· 106

洪荣辉：锲而不舍　金石可镂（司徒志勋） ············· 112

赵增杰：资本与文定创意共舞（李传科） ··············· 115

赵德华：爱拼才会赢（司徒志勋） ····················· 121

翁锦明：播种"生态农庄"梦（蔡子华） ··············· 124

郭卓钊：商海新星（陈向阳） ························· 127

黄谦：三届世博会中的唯一（陈向阳） ················· 134

黄朝栋：在商海搏击中奋起（林介俊） ················· 138

詹明哲：义兴公司的上海发展之路（简弘宙） ··········· 144

蔡彤：让"雅本"走向世界（陈向阳） ················· 148

魏舒明：在金融大海中创新（方晓微） ················· 154

科教卫篇（按姓氏笔画为序）

马钦荣：从学生到大学党委书记（陈向阳） ············· 161

方小兰：红色人生（许椰惜） ························· 167

刘佐鸿：教育·改革·奉献（许椰惜） ················· 173

刘利民："学、思、钻、干"的人生（陈怡航） ········· 177

许树长：行走医途　感受生命（黄晓铨） ··············· 182

余凯扬：传承的更是乡情（黄梓灿） ··················· 186

吴楚武：春风化雨　润物无声（林佳） ················· 190

张尚武：城市规划中的人生探索（黄晓铨） ············· 195

李秀松：追求厚德仁术（黄晓铨） ····················· 199

李基深：五十年的传承与坚持（黄梓灿） ··············· 203

连希俊："人生三部曲"（金立恂） ··················· 206

邹剑秋：理想与信念是毕生动力（杨清鋆） ············· 211

陈作义：辛勤耕耘在科研岗位上（陈重伊） ············· 217

陈章亮：为解放思想鼓与呼（尹学尧） ················· 221

林章豪：倾力潮人工作的热心人（陈依佳）⋯⋯⋯⋯⋯ 227

林尊琪：矢志不渝　追逐"神光"（蔡子华）⋯⋯⋯⋯ 232

范理宏：在奉献与登攀中实现人生（黄晓铨）⋯⋯⋯⋯ 237

侯放：多姿多彩的法学生涯（蔡沪生）⋯⋯⋯⋯⋯⋯ 241

姚志展：兢兢业业的气象达人（陈依佳）⋯⋯⋯⋯⋯ 244

郭迪：80年为孩子服务（俊君　孙刚）⋯⋯⋯⋯⋯⋯ 249

郭济民：涵和理中　慈济民生（黄晓铨）⋯⋯⋯⋯⋯ 255

郭豫适：潜心研究　终成大家（吴斯达）⋯⋯⋯⋯⋯ 259

章基凯：探寻有机硅的奥秘（许椰惜）⋯⋯⋯⋯⋯⋯ 266

谢德隆："银杏灵"的第一发明人（杨清銮）⋯⋯⋯⋯ 271

文化篇（按姓氏笔画为序）

吴青云：为读者找旧书，为旧书找读者（韦泱）⋯⋯⋯ 277

苏石风：白发苏郎豪气在（钟和）⋯⋯⋯⋯⋯⋯⋯⋯ 284

邱孟瑜：文字"老结"年纪轻（朱全弟）⋯⋯⋯⋯⋯⋯ 288

邱陶峰：人格陈酿自然峰（朱全弟）⋯⋯⋯⋯⋯⋯⋯ 292

陈大燊：光明·革命·真理（陈海燕）⋯⋯⋯⋯⋯⋯ 297

陈海燕：相伴"舞台梦"（杨建国）⋯⋯⋯⋯⋯⋯⋯⋯ 301

周昭京：幽幽墨香，反哺情深（林佳）⋯⋯⋯⋯⋯⋯ 308

周晓：学着写好一个"人"字（方毓强）⋯⋯⋯⋯⋯⋯ 313

欧冠云：澄海之子（唐宁）⋯⋯⋯⋯⋯⋯⋯⋯⋯⋯⋯ 320

郭大湧：驰名海派画坛的潮汕人（周永泉）⋯⋯⋯⋯ 324

郭鹰：传播古筝艺术　弘扬潮州音乐（郭大锦）⋯⋯⋯ 328

詹鸿昌：素朴而隽永的艺术心灵（方晓微）⋯⋯⋯⋯ 331

赖少其：丹青乃本色　博爱是情怀（黄可）⋯⋯⋯⋯ 335

蔡梓源：年轻的海派美术收藏家（方毓强）⋯⋯⋯⋯ 343

劳模英雄篇（按姓氏笔画为序）

马桂宁：为人民服务，直到终老（陈锡源）⋯⋯⋯⋯ 351

方忠：一名军人的足迹（陈重伊）⋯⋯⋯⋯⋯⋯⋯⋯ 355

李革：清贫人家出才俊（黄奇伟）⋯⋯⋯⋯⋯⋯⋯⋯ 360

李纯光：搏击长空真英雄（黄奇伟）·················· 366

林影：无形战线上无名英雄（敬禾）·················· 371

林文浩：精忠报国（黄奇伟）·················· 377

综合篇（按姓氏笔画为序）

马侨：不待扬鞭自奋蹄（慕星）·················· 383

方修仁：平凡之中见坦诚（方晓微）·················· 388

朱国安：在苦难中奋斗的"潮二代"（郭慧纯）·················· 393

观性法师：德法兼济，尼众楷模（李诚扬）·················· 397

张弘：新四军老战士（黄晓铨）·················· 403

郭九如：实实在在为乡亲办事（胡宝珍）·················· 407

郭予力："堂堂正正"的潮州人（胡宝珍）·················· 410

黄式玫、黄式玖：航运女杰走天堑（陈依佳）·················· 414

联谊会巡礼：乡音遍申城　潮人有家园（申韩君）·················· 419

潮商商会：举旗抱团　共谋发展（宗合）·················· 428

博士团：知识精英　服务家乡（黄晓铨）·················· 431

上海"潮语角"里会乡亲（马智行）·················· 435

后　记·················· 440

经济篇

马兴松：踏准商海节拍的弄潮儿

撰稿　习慧泽

成功的人往往并不赢在起点，而是赢在转折点。

只有不现实的梦想，没有实现不了的坚持。

"开一家，火一家！"、"诺亚新天地餐饮都满座！"——还仅是刚刚迎来2014新年的翌日，马兴松的微信便已跃跃然于网上，时间还是元月 2 日的深夜 1:25！人逢喜事精神爽，虽身为浦银集团的董事长，却也是企业家里不可多得的"微信控"，仅在 12 月 24 日，亦即这座崛起在宝山核心城区的 45000 平米现代化商业购物中心的试营业当日，他便一口气在自己的微信里发了 9 张开业盛况的即时图片，还留下了一段令人动容的真情告白——

"从 11 月 22 日到 12 月 24 日，我们经历了 33 个日日夜夜的全力拼搏，终于迎来了原先很多朋友疑虑的诺亚新天地的盛大试营业,今天白天就开始的人流热潮,以及在不多促销力度的情况下便获得的远超各商家朋友预期的营业额,让我们再次重温了'诺亚有你,你我共赢'的价值观……"

想起了冰心老人的那首诗——"成功的花/人们只惊慕她现时的明艳/然而当初它的芽儿/浸透了奋斗的泪泉/洒遍了牺牲的血雨。"

称"诺基亚大王"倒还恰如其分

此说决不为过,只要稍微了解一点马兴松的人们都知道,此前的他,原本和饕餮美食、休闲、时尚潮流都堪称八竿子打不到一起,称他是"诺基亚大王"倒还恰如其分。诺基亚是跻身世界 500 强的手机巨头、全球领先的移动通信产品制造商,仅 2003 年的手机发货量就达 1.8 亿部,是位居第二的摩托罗拉的 2.4 倍,占全球市场份额的 34.8%!曾经风云一时的诺基亚,在中国多少俊男靓女的心目中,是一个几乎可以说是陪伴他们长大的手机范。

而马兴松当年由潮阳来沪打拼,于 1997—1998 年开始转而涉足通讯行业后,在"大哥大"等手机产品的市场营销上一路闯关夺隘,像滚雪球般地越做越大,最终于 2001 年赢得了诺基亚(中国)投资有限公司的信任,成为芬兰诺基亚的华东总代理,而至今在永和路浦银集团那幢大楼的陈列室内,众多的奖牌奖杯奖状中,那尊镌刻有"诺基亚中国区 2010 年度优秀销售奖"大字的奖碑,无疑足以证明当年这位"诺基亚大王"名冠中华了。

敢闯荡善拼搏:"生意小小会发家"

曾询问过马兴松手机销售市场上得以力克群雄的奥秘,1970 年出生的他,对此的诠释同样沿袭着潮汕人特有的禀性,亦即那种在为人处世上素来不事张扬时时崇尚低调——"靠什么?不就靠的是毅力外加坚持么!"当年在潮阳和平镇生产队务过农的他,同样笃信潮汕文化历来倡导"生意小小会发家"的敢闯荡善拼搏的精髓,早于上个世纪的八十年代后期就走出了潮汕人谦称的"省尾国脚",南下深圳,从事服装推销等生意。

耳濡目染且置身于已先行开放的"小香港"深圳的改革大潮,尽管一无雄厚资金二无扎实背景做靠山,但马兴松却慧眼独具,瞄准了相对来讲仍处于计划经济体制下商业几乎还均是国营的上海，先是在申城的曲阜路市场开出服装批发兼零售店，继而又经由磁带、录像带等商品的营销，过渡到以薄利多销为自身特色的手机营销，最终崛起且一家独大，几乎掌控了手机市场60%～70%的份额，至2001年则牵手诺基亚，专营该名牌手机了。

"无一不踏准了市场转换的节拍"

旁观者清，那天应邀去地处上海东北角濒临浦江的宝钢地区，参观正紧锣密鼓准备试开张迎客的"诺亚新天地"，马董的司机看似也就这么的随口一说，无意中却道出了马兴松得以成功的更深层次隐秘，司机是上海人，跟随马老板已有好多年，在他看来，年纪轻轻的马老板这些年来之所以能要风得风要雨得雨，更在于审时度势——始终能直面商界风云变幻，"无一不踏准了市场转换的节拍"。

一语中的！马董一边忙不迭地洗杯暖杯煮茶沏茶，一边则坦陈何以又会从手机市场激流勇退，于2011年转而投巨资建"销品茂"的"原始动机"来——单纯从技术原因讲，乃系随着智能手机技术的日新月异，诺基亚品牌自身也面临着严峻的挑战，浦银集团从2006年起便开始涉足通信行业的新品新技术开发，营销格局上也做了适当转型和调整，更因这些年跟随着世界500强闯荡商海，增长了国际一流的企业管理经验和市场营销才干。

笃信市场将尊崇"实业为王"

人无远虑必有近忧，在马兴松看来，任何企业的成功抑或失败，除了拼搏的毅力和坚持的执着外，关键更在于当家人的决策，这么些年来始终萦绕他这位当家人心头的则是——面对瞬息万变的市场竞争，自己的企业究竟用什么方式才能敛聚人心留住员工？作为中国近代"晋徽潮"三大商帮传承的新一代潮商，马兴松清醒地意识到既往渠道商说了算的"贸易时代"已然一页掀却，未来的市场无疑将尊崇"实业为王"。

"回归吃穿住行原生态！"这便是马兴松所意欲踏准的市场竞争新节拍，最终便果断地选择了上海市区东北端濒海的宝钢地区，正因为其相对远离闹市中心却居民众多，但宝钢地区现有商业的现代化发展规模和模式均相对滞后,故投资兴建融美食、时尚、休闲娱乐为一体的大型乃至超大型"销品茂"的抉择,不仅是商业发展的势在必行,而且就未来发展的市场前景而言,无论就做强做大的深度抑或就其广度来讲,无疑均大有可为。

战略转折:"聚宝为山,自成天地"

"聚宝为山,自成天地",一言难尽这位身兼上海潮汕联谊会和上海潮汕商会两会副会长再创业的不易,此番一炮走红且出奇成功,殚精竭虑的通盘筹划、审时度势的精准定位,无疑均凸显了这位新一代潮商领军人的过人智慧和才干。较之于事业初创时期的"跑单帮""搬砖头",以及其后在手机销售市场上的闯关夺隘力冠群雄,诺亚新天地这个 45000 平米的现代化商业购物中心,无疑是马董搏击商海的又一重大战略转折点,并已喜告旗开得胜。

诺亚新天地的不同凡响,举一例即可见一斑,由香港著名电影人吴思远投资创办的 DMAX 五星级国际影城,此番也挥师进驻,占地面积多达 5000 平米的"上海 UME 国际影城诺亚天地店",不仅辟设了多达 9 个大小放映厅,且还特为设立了巨幕影厅,宽 24 米高 15 米的银幕,乃华东地区迄今最大的"中国巨幕",同时还专门遴选了全球最先进的超高亮度美国顶尖品牌 3DRealD 放映设备、英国金属银幕及全套数码放映设备和全自动数字放映技术。

"待到山花烂漫时"挥杆高尔夫

栽下梧桐树,引得凤凰来,诺亚新天地 12 月 24 日试营业的出师告捷,人头攒动的热潮滚滚,反过来又催逼着更多的商家近悦远来要求签约入驻,而甲午马年就宝山地区而言,拔地而起的"新天地",无疑成为四邻八舍迎春期间的一大"朝圣"之地。"待到山花烂漫时",马兴松又在哪里呢?通过时不时会发自他手机的微信,不难发现他的行踪,先是去了蓝天碧海骄阳下的夏威夷徜徉,继而又在漫天飞雪的纽约极目远眺……

即使不当"驴友",平素的马兴松也是个"背包族",在永和路上那幢堪称相当有规模有气势的浦银集团大楼内,敢说最为深刻的印象之一,却是偌大的办公桌旁搁地上随意靠放着的那只黑色双肩包,随他去公司旁的小店吃顿午饭,还是去诺亚新天地的施工现场,身着休闲西装的他,老往肩上一挎便开路。除了喝功夫茶是日常普天下潮州人的必修课外,他坦言还有爱好便是打高尔夫球,这不,微信上又图文并茂地传来:"在夏威夷又打了一回。"

10年前便获得了MBA证书

然而即便浪迹天涯,依然对诺亚新天地情牵梦绕,看,还仅是长假收尾的正月初七呢,远在美利坚的他,微信上又亮招客揽客的新招了:《诺亚新天地情人节秀恩爱我买单》,这样的海报谁敢说不吸引靓男倩女的眼球?商场如战场,但话又说回来了,"无情未必真豪杰,怜子如何不丈夫",每每言及和自己一起闯世界打拼的妻子,马兴松一往情深,他笃信唯潮州女人才更懂得珍惜,珍惜创业的艰辛、守业的不易,更甘于乐于执着奉献。

微信上传来了马家的"合家欢",那是马兴松偕太太冒着漫天大雪前往纽约皇后区,和孩子们"家人聚餐"的留影,对自己的家族马兴松不无自豪,排行老二的他,上有1个姐姐下有3个妹妹,如今已全部安居上海滩各创其业,至于属"70后"的他,已然也有了儿女3个,大女儿在复旦深造,二儿子和三女儿则分别在美利坚等国就读。虎父岂生犬子,反过来同样成立,学以致用,"泥腿子"出身的马董,10年前便获得了MBA的证书。

看马兴松频频传来的微信,不难揣度出这位天涯游子的心迹,即便身在大洋彼岸度假,依然浮想联翩,忽而在论及"咱潮汕人见神明必拜",那是因为源出"潮汕人的信仰和传统美德";忽而又对未来的市场竞争"才下眉头又上心头"——"O2O有可能空忙一场,O2M才是全渠道零售战略捷径"……心

有多远路就有多远,锲而不舍,执着前往,他有他的座右铭——"只有不现实的梦想,没有实现不了的坚持",祝马兴松马年成功。

卢泽明：金明集团与他的潮州路

撰稿　黄顺声

　　金明集团创建人卢泽明先生，广东潮州市人，1957年出生。1993年到上海从事房地产开发并先后创办了上海金明投资集团，主营房地产开发，参与开发的房产建筑面积约300多万平方米；自主开发的房产建筑面积达100万平方米并收购了在境外上市的新加坡亚细亚集团控股有限公司，拓展高端建陶的制造和经营；参与投资了云南铁矿、铁皮石斛种植等产业，发展多种经营；无偿提供部分建设用地，申请将金明集团助建的新路命名为"潮州路"，为家乡赢得殊荣。

　　卢泽明先生创建的金明集团前身是1983年成立于广东潮州的一家从事建筑、建材、贸易、投资等的工贸公司。1993年，公司战略转移到国际大都市上海并进军房地产市场,先后投资开发了十几个楼盘。到上海初期主要在宝山区发展,创办上海金明房地产开发有限公司,开发项目有共富一村、共康小区、共江小区、三泉商住楼等。1997年到普陀区发展,创办上海金明房地产普陀投资有限公司,开发项目有中环公寓、金玉苑A块、金玉苑B块、金鼎公寓、金纺苑、金华苑、金都雅苑、蚌埠金山花园、李子园商务区、金明大厦。

上海金明投资集团有限公司,从单一的房地产开发经营开始转型为以实业投资为核心、多元化经营的综合性民营企业集团。曾多次荣获上海市房产销售百强及民营企业百强荣誉称号。

2002年,上海市规划部门根据市政建设的需要,确定建设真华路立交以连接曹杨路。新路必须从金明集团开发的金纺苑地块上穿过。卢泽明先生积极配合政府道路红线调整,无偿提供部分建设用地,为这条新路的建成作出了重要的贡献。

情系梓里的卢泽明先生深知,在沪的潮籍乡亲多年来一直盼望着能将潮州的名字镌刻在上海的地名上。这一梦寐以求的愿望,在卢泽明先生的努力下得以成为现实。他在无偿提供建路用地的同时,主动地、积极地向上海市有关方面申请将辟建的新路命名为"潮州路",经多方努力,"潮州路"的命名于2003年1月9日获得上海市地名管理办的批准。

2004年10月1日,"潮州路"建成通车。该路东起真华路,西迄曹杨路,"潮州路"的开通,对于改善上海市区交通条件,推动城市经济发展,提升潮州历史文化名城的知名度,具有重大的、历史性意义。

时任上海市副市长胡延照先生出席潮州路命名及大厦落成庆典仪式。普陀区陆月星等领导及潮州市委市人大市政府诸领导出席潮州路命名及大厦落成庆典仪式。

前来视察潮州路的潮州市领导有:

市委书记骆文智、市长汤锡坤、常务副市长方利旭、副市长陈建新、市人大副主任马锦成及丁应亮、林光英、黄潮标等领导。陪同视察的有：金明集团董事长卢泽明及陈模、卢伟坚、卢伟佳等同志。

香港潮属社团总会创会会长陈伟南先生及现任会长陈幼南先生率团出席潮州路命名及大厦落成庆典仪式并祝贺。时任上海潮汕联谊会会长李春涛先生也出席了这个仪式。

上海"潮州路"的命名，在潮州这座海内外闻名的历史文化名城引起巨大的轰动。市级报社、电视台多次作出专题报道。有关"潮州路"建设和命名的档案资料已被珍藏于潮州市市志办、档案馆和图书馆，并永远铭刻在260万潮州人民的记忆中。

2004年，公司组建成立上海金明投资集团有限公司。集团组建后以实业为基础并专注于投资领域，先后参与投资了云南铁矿、铁皮石斛种植等产业；时至2008年卢泽明果敢决定、斥巨资成功跨国收购了有着40余年历史的国际建陶品牌——"亚细亚"瓷砖及卫浴。亚细亚集团控股有限公司是亚洲最具知名度的全方位陶瓷专业创造厂商之一，总部位于上海，是新加坡上市公司。从2008年9月便委派长子卢伟坚以总裁股东身份掌权亚细亚集团，至2008年秋，经国家和上海市商务部门批准对亚细亚投资控股，金明集团宣告完成了对亚细亚的收购。天道终会酬勤，成功总是钟爱奋斗者。经过6年的努力，亚细亚磁砖已形成山东生产基地、湖北生产基地、广东生产基地及佛山销售总部。三足鼎立的磁砖产销格局，而且国内营销、网络不断壮大，如组建

上海地区瓷砖销售总代理，由柯楚溪全权掌控的营销模式，并已建立起与全国各大区域代理商的稳定合作关系，销售网店、专卖店达五百多家，使产销进入良性循环，创造了良好的经济效益和社会效益。

卢泽明先生还时时刻刻思念家乡，念祖思源。兴办故里潮州陈桥的公益事业多次慷慨解囊。他先后捐助巨额资金重修卢氏公祠及陈桥文化广场，为鼓励乡亲追念祖先、开展文化活动创造了良好的设施和条件。博得故里乡亲的高度赞扬。广东省原省长卢瑞华亲自为重修的卢氏公祠题写了牌匾。

卢泽明先生崇尚厚德，笃守诚信，感恩社会，堪称吾潮儒商。他在上海商界和潮人圈极具代表性和影响力，在家乡潮州拥有极好口碑，连续荣膺上海潮汕联谊会名誉会长、潮州市工商联合会名誉会长、潮州市国际交流促进会名誉会长、上海潮汕商会名誉会长等职。

期望下一代更出色是卢泽明先生的崇高理念，所以自2008年就委以重任，启用长子卢伟坚为亚细亚集团总裁，全盘操盘瓷砖的产销工作。时至2014年3月更委以两个儿子以重托，委任长子卢伟坚为金明集团总经理及亚细亚集团董事会主席，次子卢伟佳为金明集团副总经理及亚细亚集团总裁等要职，并宣布有关家乡联谊事宜由黄顺声负责。

立足上海，面向全球，金明集团除了不断充实和完善自身的管理以外，还迅速组建了"金明、亚细亚平台"，并开始以平台化思维系统管理和发展旗下产业。在未来，除亚细亚瓷砖、房地产投资、矿产外，平台总部将重点打造"熊猫之家孵化器"、"心创资本(天使基金)"、"金明资本(传统产业)"、亚细亚商学院等新型产业。

展望未来，金明集团的期望是以与时俱进的投资理念及完善的企业自理机制。实现"投资一个，自动化运转一个，成功一个"。以"打造轴心合作伙伴，让世界围绕你转，共同成就梦想"为目标，以精诚合作，共创共赢为宗旨，为实现备受尊重的企业而努力！

正大：浦江破浪　扬帆前行

撰稿　陈向阳

　　正大广场、大江鸡、易初摩托车、易初（蜂）莲花超市、24 小时便利店……这些上海人几十年前就耳熟，与生活紧密相关的事儿，都离不开一个名称，叫"正大集团"。

"航空母舰"从浦东起航

　　1979 年底，那时我国改革开放的国门刚刚打开，由华人创办的泰国正大集团捷足先登，成为第一个进入中国的外商投资者。之后，投资项目遍布全国，总数达 170 个，涉及农业、工业、商业、房地产等领域。1990 年，我国政府宣布开发开放浦东,泰国正大集团于1993年初便早早地投入浦东开发,在陆家嘴批租土地6万公顷,开始兴建正大广场。

可是,天有不测风云,未曾想正大广场动工不久就遇到了东南亚金融危机,由于受其影响,被迫中断。冬去春来,大地回暖。99《财富》全球论坛年会在上海浦东召开的春风,以及东南亚经济的复苏,一度停工的正大广场重新开工。2002年10月18日正大广场在历经8年建设之后,终于撩开面纱开业。总投资为4.5亿美元的正大广场位于陆家嘴金融贸易区的核心地带,总面积达24.1万平方米,地上10层、地下3层的正大广场耸立在黄浦江东岸,成为当时我国最大的集购物、餐饮、娱乐于一体的一站式商场。

正大广场整个建筑由美国捷得国际建筑事务所设计,融合了春、夏、秋、冬的四季理念,广场中绿树成荫,溪水蜿蜒,层桥重叠,瀑布高悬,恰似在大自然中闲庭信步。从1楼集世界顶级品牌的名品城到9楼的体育馆、音乐厅、电影院及顶层的行政俱乐部,连同地下的易初莲花购物中心和1600个车位的停车库,应有尽有。

正大广场走进上海千家万户,它不断向市民推广消费新理念,演绎时尚,享受生活。其规模不仅在当时的上海首屈一指,在全国也是最大的商城。它汇聚全球诸多著名品牌,又具有浓郁的泰国特色;它是以农业起家的正大集团多元化投资的代表作——中国零售业最大的"航空母舰"。

加速航行　融入上海

正大广场,标志着正大集团董事长谢国民融入上海理念的成功。从2002年到2005年,正大集团先后投资10亿美元以上,在上海继续发展正大广场、易初莲花超市等适合现代都市发展的商业模式。

卜蜂莲花是泰国知名跨国集团——正大集团下属的零售旗舰品牌。1997年6月23日,中国第一家卜蜂莲花在上海浦东开业。

从上海开始,经过27年稳健发展,卜蜂莲花如今成为中国最大的外资连锁零售企业之一,拥有近百家大型门店,门店遍布中国二十多个大中城市,包括上海、广州、北京、西安、武汉、青岛等。每年有超过3亿人次的顾客光顾卜蜂莲花,他们信赖卜蜂莲花,享受卜蜂莲花所提供的物美价优的商品和快乐的购物体验。

正大：浦江破浪　扬帆前行

卜蜂莲花运用先进的零售概念,与全国近万家供应商建立了良好合作关系,致力于打造一个强大的社区零售体验平台,成为所有家庭的亲密伙伴,共同成长。卜蜂莲花一直坚持"顾客为中心"的原则,重视服务质量和顾客体验。卜蜂莲花拥有先进的、具有国际标准的物流配送体系,不仅可以减少商品流通环节产生的费用,更可以保证商品的新鲜,将最优质的商品以优惠的价格提供给顾客,卜蜂莲花在所有门店推行 ISO9001 质量管理体系,用规范的管理方法,保证商品和服务的质量,更好地为顾客服务。凭借完善的食品安全控制体系、丰富的商品种类和有效的管理体系,卜蜂莲花也是 2010 上海世博会和 2010 亚运会供应商之一。2011 年至 2013 年,卜蜂莲花连续三年荣获"中国食品健康七星奖"奖项。

卜蜂莲花秉承正大集团"利国、利民、利企业"的三利原则。截至 2013 年 12 月底,卜蜂莲花已为全国提供 4 万余个就业岗位。卜蜂莲花热心公益事业、支持教育发展和注重节能环保,在发展的同时从未忘记回馈社会,不仅每家卜蜂莲花开业都会捐款给当地的慈善机构,还积极发起或参与资助了许多公益项目,如"粉红春天关怀基金"、"心莲心"聪慧儿童计划、保护大熊猫、希望小学等,参与救助及援灾累计捐款超过 1370 万元人民币。

卜蜂莲花,通过不断的奋斗和发展,为顾客提供最有价值的商品和用心的服务,努力成为顾客美好生活的一部分!卜蜂莲花,也成为正大集团的耀眼明珠。

"农牧巨子"弄潮儿

正大集团从一家面积仅为 20 平方米、出售菜籽的小店,发展到如今,其资产已达数百亿美元,子公司遍及全球 20 多个国家和地区,被誉为泰国乃至亚洲地区最成功的家族企业之一。集团掌门人谢国民被亚洲乃至西方的权威媒体称为"农牧巨子"和"饲料大王"。

正大集团的渊源可追溯自 1921 年,谢易初先生和谢少飞先生两兄弟自中国汕头移民至泰国曼谷,成立正大庄种子店。1953 年,正大集团在泰国曼谷正式成立,又称"卜蜂集团"。谢家第二代开始发展现代化饲料厂。

回顾正大集团在中国农牧事业的发展,可以总结出几个第一:

第一个在中国引进了工业饲料(配合饲料)的概念,使中国的养殖业开始了从传统养殖到现代化养殖的转变,帮助中国培育了饲料工业。第一个在中国引入动物营养概念,使料肉(蛋)比大幅度提高,节省了大量的粮食资源。第一个在中国建立了原种鸡场——艾维茵肉用原种鸡,使中国从此不需要再从国外引进种鸡,节省了大量外汇,并在一定程度上推动中国的肉鸡质量达到国际水平,成为世界重要的鸡肉出口国家。

今天,正大集团已经发展成为以生产饲料为龙头的育种、养殖、食品加工、国内外销售等综合性农业经营的现代化企业集团。正大在中国的投资,是"一条龙垂直整合"战略与"公司 + 农户"模式的再实践。通过这种实践模式,已经逐步形成比较完整的产业链条,如北京大发正大、吉林德大、青岛正大等项目,对促进当地"菜篮子"工程建设和农村经济发展,都起到了重要作用。

一切真正的成功都不是偶然的。当年小小的种子店,历经两代人的奋斗发展成现今规模的跨国集团,这中间必饱含艰辛,更何况这个小店是在其主人孤立无援、流落异国他乡的情况下创办起来的,就更有鲜为人知的传奇。

正大的创始人是谢国民的父亲谢易初。谢易初出生于广东省澄海县。1922 年一场空前猛烈的台风给谢易初的家乡造成了毁灭性的打击。和当时很多下南洋谋生的中国人一样,这场台风过后,谢易初便踏上了前往泰国的征途。当时,他身上除了带着菜籽之外,什么也没有。到曼谷后,谢易初靠出售菜籽维持生计。他出售的菜籽总是最好的,积压下来的过期种子,他就毫不吝惜地扔掉。用谢易初自己的话说:"无论做什么,都要争第一"。泰国的农民们把这位诚实善良、勤劳好强的中国人当成了朋友。1923 年,靠出售菜籽的积蓄,"正大庄"种子店正式开业。

30 年之后,"正大庄"已发展成全泰国第三大饲料公司,并更名为正大集团。"鸡是很刁钻的呀。别看它们啄食你们的饲料时连连点头的样子,其实它们只挑爱吃的成分,不爱吃的饲料都剩下了。"从农民那里了解到这一重要情况后,谢国民开始"与鸡斗智"。1966 年,正大集团从瑞士引进了颗粒饲料机,这是东南亚地区第一台颗粒饲料机,生产出的饲料颗粒大小适中,集合了所有营养,又便于肉鸡一口吞下。自那以后,正大的饲料销售直线上升,科学的配方为正大赢得了巨额利润。

为什么会是正大?因为谢家人始终有一颗爱中华之心。事业有成的谢国民 1979 年踏上中国国土,第一件事便是投资办厂,报效家乡父老。那时刚辟为经济特区的深圳还是一片荒凉的小渔村,谢国民在深圳建立了第一家现代化的饲料、养鸡公司,取得深圳"001 号"中外合资企业营业执照,接着又领取了汕头的"001 号"营业执照,正大集团也因此成为中国改革开放后第一个在华投资的外商集团。此后正大便进军广州、上海、北京……在中国投资兴建了百余家企业,在这些地方纷纷拿下了"第一"投资项目。

与一般商人不同的是,谢国民认定真正有效的经营是"既利人又利己"。用他自己的话说,"我们不是从合作者那里赚钱,而是教他们怎样富裕。只有这样才能互利互惠,共同发展。"

乘风破浪　奋力前行

2007 年,中共中央政治局委员、上海市委书记俞正声在上海会见了正大集团董事长谢国民先生。俞正声说,抓好"三农"工作,是关系人民生活水平的一件大事,上海需要用工业化的办法来发展农业,通过标准化生产,科学养殖、种植,创新组织方式,不断提高农业综合生产能力,力争走在全国前列,为各地农业发展提供借鉴和经验。欢迎正大集团在上海建设示范性饲养场,为中国饲养业发展作出贡献。

上海欢迎正大,是因为"维持正大集团多年生命线的是诚信和品质。我们做任何事要'三利',利国、利民、利企业"。多年来,正大集团秉承其"三利"原则,坚持自身独有的食品安全之道,建立"从农场到餐桌"完整的"一条龙"产业链,立志为中国百姓提供安全、营养、健康的食品,正大赢得了广泛的赞誉和信任。

正大集团创始人谢易初先生为四个儿子取名分别为谢正民、谢大民、谢中民、谢国民,姓名中间字连起来是"正大中国"。正是为了表达对中华情怀和走向中国的愿望。正大集团在我国已设立企业 300 多家,员工超 8 万人,总投资超 1100 亿元,年销售额超 750 亿元,成为在华投资规模最大、投资项目最多的外商投资成功企业之一。

鉴于正大集团为中国改革开放和经济建设所做的不懈努力,我国各级政府和合作伙伴对正大集团给予了很大的支持,使正大的事业得以在我国广袤的土地上深深扎根,繁荣发展。正大饲料、正大食品、大阳摩托、正大综艺等知名品牌,易初摩托车、易初莲花超市、正大康地、正大广场、正大制药集团、正大国际财务公司等一批知名企业,正在融入我们国人的生活之中。

正大集团常年热衷于中国公益事业,在"非典"和汶川大地震中,正大集团积极捐款,帮助中国社会和人民。正大集团还无偿捐助国内外教育事业并多次捐助国内各大学和其他教育研究机构。

拥有侨资企业的身份,正大集团积极参与侨务活动。集团董事长谢国民任中国侨商投资企业协会会长,不断与侨商沟通交流,以求共同回馈中国社会。2014年5月8日,谢国民荣获"京华奖"。据悉,"京华奖"旨在表彰在首都经济社会发展中作出突出贡献的华侨华人、归侨侨眷和港澳同胞。

当今世界,中国无疑已成为带动全球经济最强劲的引擎,正大集团对在中国的发展前景充满信心。未来十年,正大集团将对蓬勃发展的中国继续增加投资。8万多正大人正努力描绘一幅美好画卷,以更多更好的产品服务中国人民。

正大:浦江破浪 扬帆前行

许礼民、蔡钦源："要做就要做第一！"

撰稿　习慧泽

　　玩微信自然离不开"朋友圈"，但生活中的这个"朋友圈"却是一个更为志同道合的群体，最早可以上溯到上个世纪的八十年代，他们相继惜别故乡去搏击商海，从潮汕辗转打拼到上海滩并最终扎根落户，乡音未改鬓毛衰，却依然秉承着潮汕人所特有的禀性——素来为人低调，凡事决不张扬。饮茶喝酒聊天——随你，但一听说要被采访，个个忙不迭摇头摇手称从无先例，实在拗不过了便推出许礼民和蔡钦源两位挡驾应承，他们则在许礼民办公室外隔空作陪——继续喝茶。

美泽源：世界名牌特约授权经销商

被"朋友圈"推为带头大哥的许礼民，现为香港仁通实业有限公司和上海仁和进出口有限公司的执行董事，公司坐落在仙霞路东方世纪大厦内，而总部则在香港湾仔轩尼诗道上安营扎寨，名片上虽仅寥寥数语，却着意宣示着主人所恪守的经商理念，也足见其公司的规模和气势——"仁信通达：香港·上海·广州·天津……"。尽管现为上海美泽源实业有限公司总经理的蔡钦源，推不过三请四邀终于开了口，但依然坚称实在无从说起也无啥好说。

然而，一旦话匣子打开信马由缰，天啊，用媒体的行话来讲，还真——"逮住了一条大鱼！"虽说蔡钦源的美泽源经营项目，写出来连10个字都凑不满——"天花板＆地材系统"，但抓人眼球的却是其名片右下角那个特殊的英文商标印记 Armstrong，外加印记下划线下汉字4个——阿姆斯壮，须知但凡建材行业或哪怕是和该行业沾点边的，几乎无人不晓这个世界级名牌的含金量，而蔡钦源的美泽源，恰恰正是阿姆斯壮的"特约授权经销商"。

不辱使命："年年销量国内第一"

阿姆斯壮，全球天花板吊顶龙骨系统及地材系列研发设计和生产的领导者，1860年创建于美国宾西法尼亚州，迄今在全球拥有40多家工厂，员工超过13000人。能成为这样世界名牌的"特约授权经销商"，既是一种荣誉，也是一种身价，须知若以市场细分，如今建筑市场须臾难离的吊顶龙骨和地材，营销触角广涉办公楼、医疗、教育、旅馆、娱乐、餐饮业、体育馆、轻工业、运输业、零售业等诸多领域，若无金刚钻，敢揽瓷器活？

更令这位正步入花甲之龄的潮阳汉子引以为豪的，是美泽源的不辱使命，作为阿姆斯壮的代理商，十多年来始终牢牢执掌着乃至可以说垄断着其中国市场的营销业绩——"年年销量国内第一！"一组统计数字则更凸显了这个"第一"的含金量：2008年阿姆斯壮成功获得12个重点奥运工程项目，成为鸟巢国家体育场、水立方国家游泳中心、奥林匹克篮球馆等诸多工程项目的奥运地材供应商；2010年则成功进驻上海世博会20多座核心场馆……

印证潮汕祖训：生意小小会发家

"要么不做，要做就要做第一"！尽管如今在生意场上风生水起力冠群雄，但蔡钦源一直谦称自己是半路出家，在乡下种过地，当过生产队记工员、保管员的他，1989年初来乍到上海，做的虽是骑着自行车满世界转悠推销的小生意。但是，正是凭着潮汕人特有的执着闯劲钻劲和锲而不舍的韧劲，再次彰显了脍炙人口的"潮汕精神"——"敢闯能略，谨慎精细，务实勤俭"，再次印证了世代相传的潮谚祖训——"工夫大大只度生，生意小小会发家"。

业大家大，蔡家可谓人丁兴旺，儿子女儿5个，最小的孩子也是1988年生的，相夫教子则靠全职太太这位贤内助。俗话说虎父岂有犬子，言及已过而立之年的儿子，蔡总风趣地坦陈既往可都是"半散养"，换言之就是有点"天高任鸟飞"，先是听由他在保险行业干了一年，其后又让帮着朋友跑建材，能否子承父业并不重要，重要的是要做好生意先得做好人，这与阿姆斯壮1895年就确立的经营信条吻合：让客户信赖我们（Let the buyer have faith）。

机缘&巧合：许礼民事业有成的福地

身板壮实的蔡钦源说话掷地有声，坦言浦江水喝了20多年，如今早融入了茫茫人海的上海阿拉之中，若再回故乡反倒有点不适应了。作为Armstron最为强劲的"国内第一代理"，继世博会之后，如今美泽源又将其产品长驱直入进了在建中的上海滩新地标——"上海中心"，只需抬头眺望这个已然巍然屹立的申城第一高建筑，作为举家扎根落户在这片热土的早已不"新"的新上海人，创业者的欣慰和成功者的自豪，则如酽酽的功夫茶那样回味浓烈。

相对来讲，作为这个"朋友圈"里的带头大哥许礼民，比蔡钦源来上海闯荡的时间要晚五六年，谈吐沉稳颇有点儒商风韵的他，老家在普宁，后随父母在惠来农村生活过。说不上是机缘还是巧合，自打1995年来上海后，从初始选择水城路安家，包括其后选址设办事处，包括如今办公楼设在仙霞路上的东方世纪大厦，以及和太太的姻缘，包括太太就读的外贸学院，其后太太公司的办公地点等。几乎都在申城西南角那块福地里转悠。

仁通 & 仁和：“经营之神”的总代理

话说许礼民所经营的那一方天地，虽然名片上印着一长串公司的贸易项目——纺织原料、纺织品、服装、石化产品、医药产品等，但最为“剑出偏锋”的大宗贸易，却是那个叫“碳纤维”的。碳纤维又称碳素纤维（Carbon Fiber，简称CF），这东东在国际上可是有“黑色黄金”之誉称，CF之所以继石器和钢铁等金属后，被国际上视为“第三代材料”，那是因为用碳纤维制成的复合材料具有极高的强度，且超轻、耐高温高压。

和先他五六年来上海的蔡钦源一样，这位潮汕汉子做的也是代理商，而且同样慧眼独具，瞄准了CF这个“黑色黄金”。至于为谁家的品牌做代理呢，呵呵，那可是名声显赫的台塑集团。作为台湾的第二大民营企业，其不仅在台湾石化界甚至在整个企业界具有举足轻重的地位。而台塑的掌门人，亦即那位从米店学徒一直打拼到塑胶大王的王永庆，后来则更被业界尊奉为“经营之神”。台塑不仅碳纤维生产产能强劲，连原丝都系自行研制开发。

卖掉才是硬道理：做生意先交朋友

反过来同样印证了许礼民仁通和仁生两大公司的不同凡响，1995年他初来上海就开始做王永庆台塑的代理，除了最为抢手和热门的CF，自然还代理台塑的各类塑化原料、塑料加工和纤维制品衍生产品等，更须知当初海峡两岸还不能直接进出口，换言之能被台塑集团委以重任获得在大陆经营授权的代理公司，更实属凤毛麟角难能可贵，事实上也只有两家。从航天、船舰、工业、汽车、桥梁、建筑加固，乃至运动器材，仅CF生意就做不过来。

外行看热闹，若以许礼民的公司这些年来所代理的氨纶、涤纶、腈纶等纺织原料、石化产品、纺织品，尤其是碳纤维产品的成交金额、经营规模和数量而言，无疑已稳坐国内代理商的头把交椅，而数以亿元计的年成交生意，以及如今已在港和京津沪等地均设有分公司，同样已凸显了其力克群雄的垄断优势。但若问许成功的奥秘是啥，其笑称对代理商来讲——卖掉才是硬道理。纷繁复杂的生意经说简单也简单，那就是得始终记牢：要做生意先交朋友。

以代理赢得市场：铸就自己那爿天

生意场上的纵横捭阖闯关夺隘，同样也为这位睿智潮商赢得了"抱得美人归"的机遇，和朋友圈内的其他几位兄弟不同，许太太是北京人，当年许礼民来沪闯荡上海，选址水城路落户并创建办事处时，那时的许太太还是离办事处不远的外贸学院大学生。如今从事的是图书进出口业务，若按行政级别来讲，官阶还是处长级的呢。许家是个大家族，而让这对事业有成夫妇颇为自豪的是，宝贝女儿还仅十多岁呢，写下的小说手稿已累积 50 多万字了。

幸福的家庭总是相似的，这点在来沪闯荡的潮汕籍成功人士中更显得尤为突出，故乡三面背山一面向海的特殊地域环境，不仅使潮汕人的祖辈因极善精耕细作而赢得了"耕田如绣花"的美誉，同样也催生并造就了潮汕人敢闯敢拼的扬帆远征的海洋精神。"卖掉就是硬道理"——出自许礼民之口的这句朴实无华的大实话，不经意间却是对他自己对蔡钦源，对日常交杯碰盏的朋友圈兄弟们的最精炼概括：以代理赢得市场，夯实和铸就属于自己的那爿天。

许怀捷：闯荡上海，不忘潮汕精神

撰稿　陈丽伟

　　1990年，刚刚大学毕业的许怀捷作出了人生中一个非常重要的决定，他放弃汕头建筑设计院的铁饭碗，选择下海经商。二十年间，这个不甘平庸的年轻人先后在泰国、香港、汕头、上海打拼；如今，他旗下的金属贸易公司年交易规模已经达到30亿元。

　　许怀捷当年的选择也许让世界上少了一位工程师，但也同时缔造了一位出色的企业家。回首当年，许怀捷笑着说，一方面是自己一直想逃离中规中矩、平淡如水的生活，为了追求自己的梦想而甘愿吃苦；另一方面，潮汕人一直以来的重商氛围和传统，也让自己的血液里一直有着一个经商梦。

诚信经商闯荡大上海

2001年，许怀捷再一次"否定"自己。在汕头经商已经有所成就的他没有安于现状，而是积极寻找面向全国、物流成本更有优势的新口岸。同时，许怀捷敏锐地意识到，中国加入 WTO 之后，通关服务更为国际化、规范化的口岸将更具优势。经过综合考虑，许怀捷把目光投向了上海。2001年，他带着几年来积累的资金和经验北上，落户上海，这一干就是十几年。如今，许怀捷的上海协川物资有限公司已经成为上海有色金属行业中响当当的企业。"我们最初是从事进口贸易，客户也是面向全国的；到上海后，不仅通关条件更好，物流成本也节省了一半，我就这样留了下来。我做企业是跟着业务走，而不是跟着关系走。"北上"落沪"，堪称是许怀捷事业发展过程中的最大转折，"当时汕头的经济经过上世纪 90 年代的快速发展，很多人都在赚快钱，而不再踏踏实实经营。我当时感觉汕头不适合了，做生意时压力也很大，就开始寻找新的市场，最终选择了上海。"他说。

2004年，经过几年一步一个脚印的积累，许怀捷的事业在上海迎来了飞跃发展的机遇，"因为我的信用非常好，所以很多国企给我的资金额度不断提高。资金的富余'逼'着我改变原来经营的品种，我就这样进入了有色金属行业。"

对于成功，许怀捷认为最重要的、又常被人忽视的就是诚信。随着合作的增多和加深，许怀捷的信用为他带来了更多的机遇，"一些国企愿意先打给我们一两个亿的资金买货，先付钱再发货，而不担心我们走掉。"

对公司员工进行培训时，许怀捷强调最多的也是"可以亏钱但是决不能亏信用"。他说："在潮汕企业中，我们已经进入了上海有色金属行业的核心圈。这说明我们的信用得到了认可，不讲信用的人在我们这个圈子不能立足，这是行业自律，就像犹太人经营珠宝行业一样，这个人就是信用的凭证。"凭借精准的眼光和诚信经营，许怀捷旗下公司的营业额从最初的一年几千万，增长到现在每年可以达到 30 亿元。

勤奋克己是潮汕精神之根

随着有色金属的主业进入稳定发展的良性轨道，许怀捷又在谋划进军新的领域，"我们不会放弃主业，但是也在时刻等待机会，寻找一条符合社会经济发展趋势的新路子。"

尽管上海的土地、人力资源等各种成本在不断增高，有人认为上海空白的商业机会已经不多，但许怀捷却认为："就我们这个行业在上海而言，最好的时期还远未到来。比如有色金属属于资金密集型行业，我们公司每个月就有几十亿的发票量，那么我们也可以规划一个票据中心。上海正在建设国际金融中心，我很看好这个金融中心的后劲。上海早已是物流中心，航运中心也在建设中，但是现代金融这块还没有真正发力。我相信，只要国家在可控范围内开放政策和加强监管，上海在金融领域一定有巨大的机会。"

如今，许怀捷一直关注着互联网金融："对这个行业而言，我是'新人'，所以我希望通过与专业团队合作，培养新的思维，学习新的理念。比如我们也有潮汕企业家准备在上海建设'金融谷'，把我在小陆家嘴地区的商业物业做成陆家嘴金融区的后台。陆家嘴金融区作为谈判经营的'大脑'，我们成为后台运转的'腹部'。我认为这个想法很好，但是我更重视想法的实际落地，做企业不能只做概念而不盈利。"

同时，许怀捷也感叹，无论从事哪一个领域，坚守中国和潮汕地区传统的文化美德，是企业家安身立命和企业发展的根本。许怀捷曾在泰国打拼数年，期间接触过很多当地知名潮汕籍侨领，他们积累了可观的财富，却依然简朴、克己、谦逊，对子女要求严格，热衷慈善事业，回报桑梓，他们身上的中国传统美德让许怀捷记忆深刻。

许怀捷认为，吃苦耐劳、克己简朴是最突出的潮汕性格。"潮汕地区山多地少，生存竞争激烈，我们常说'潮汕没有三天好做的生意'，所以潮汕子弟自古有闯出家门行商天下的传统。但在今天的环境下，原来潮汕人的精明、灵活等优势已不明显。对潮汕人来说，只有吃苦耐劳，认定了目标就坚韧不拔、碰到困难也咬着牙走过去的精神才是潮汕之根。我希望这种精神能在潮汕子弟中一直传承下去。"许怀捷如是说。

也有不少商界朋友向许怀捷请教经商成功的秘诀，许怀捷诚恳地指出："有的人做生意，对关系太看重，整天吃吃喝喝，认为有关系就有一切，但是今日的商界只靠关系已经很难生存盈利。我始终认为企业要以业务说话，要有一个真正的供应链，知道你自己处于供应链的哪一段。市场比关系更可靠。"

联谊会的舞台大有可为

去年，许怀捷当选为上海潮汕联谊会副会长。对于当前的商会热，有不少企业家认为其更多的是乡情有余、帮忙不足的"老乡会"。而对于联谊会的建设，许怀捷也进行了一番认真思考，"我们是联谊会，当然会有乡情联谊的内容，对于在异地发展的会员企业家和企业，这是必要的。在异地打拼事业，人生地不熟，生活中难免会遇到一些困难，需要联谊会的帮助，在这里可以感受到乡情和温暖。"

许宜豪：电工变身物流业掌门人

撰稿　李传科

　　初见许宜豪，是在上海奉贤区青村镇的"天万物流园"。这个来自潮汕地区的汉子，身板敦实，浓眉大眼，脑袋光亮，让人想起一句俏皮话：绝顶聪明。

　　许宜豪绝对是个聪明能干的人。他——一个普通电工从汕头特区一路走向上海，而今是颇具实力的上海天万物流有限公司董事长。

半路出家，电工改行下海经商

　　时光倒流 30 年，那时的许宜豪是汕头一家国有企业的电工班长，电工技术十分了得。那个年代，下海经商的大潮席卷神州，年轻的许宜豪也心潮澎湃。终于有一天,他下定决心,放弃稳当的国企铁饭碗,辞职做生意。1985 年 11 月间,电工出身的他,驾轻就熟,开了一家电器小商铺。在商业行当历练了四五年,到了九十年代初,他转手做进口贸易,与生意场上的朋友合伙成立贸易公司,凭借汕头经济特区的有利条件,从事服装、办公用品、食品等进口生意。那些年,他来往于汕头与香港之间,组织货源、接洽客户,在市场经济中辛苦打拼,长知识长才干,也获得了可喜的资本原始积累。

挺进上海,创业登上新台阶

许宜豪是个洞悉市场的智慧经营者。他掌握现在,更注重掌握未来。看着自己的进口贸易不断做大,他要寻求更广阔的发展空间。身边所处的汕头特区,港口不大,腹地不深,带给各种企业发展的局限性日益显现出来。许多鲜活的信息促使许宜豪将目光投向上海。他看到上海与国际市场贴得那么紧那么近,海运空运陆运四通八达。欧美发运的集装箱最慢也不过 20 天就可抵达上海港。全国改革开放排头兵的上海的魅力吸引了许宜豪来到这里,而且大胆地跨入物流行业,充满雄心要开拓创业的新天地。

2002 年,许宜豪将汕头的贸易基地移到上海。2003 年,在卢湾区斜土路上购置一处办公场所,宣告"天万"开张。2005 年,几经努力,许宜豪出资在奉贤区青村镇一举拿下 60 亩土地,动工建造现代物流园。第一期工程是面积 30000 平方米的仓储配送中心。作为一名企业管理者,许宜豪对建筑工程有着严格的管理。工程施工中,无论严寒酷暑,还是刮风下雨,他每天都去工地巡视两三次,一处处地检查,发现不符合标准,就坚决要求返工重来。他自己就经常忙得连家也回不去,工地几乎就是他的家。2008 年 10 月,仓储配送中心建成正式启用。现在天万已是上海出入境检验检疫局指定的 9 个社会整改仓库之一。每天,一辆辆集卡在这里繁忙地装卸进出,将一批批进口货物运至全国各地。许宜豪的创业进程,完成了亮丽的又一跳。

业精于勤,打造"天万"品牌

许宜豪在而立之年步入物流行业。当初,他搜罗来一大堆物流业书刊,手不释卷,苦啃专业知识。遇到难题,就向业内朋友讨教。与客户打交道,也虚心征求意见,从中总结经验教训。他边干边学,对原来如同一团迷雾的物流业,渐渐地摸索到一条条脉络和路径。他感悟到,行业不同,经营业务不同,客户不同,但做生意的道理是异曲同工。践行诚信,勇于拼搏,成功就会向你招手。20年的摸爬滚打,许宜豪对物流业,从陌生到游刃有余,创造的业绩令人瞩目。

如今,"天万物流"在硬件日臻完备的基础上,建立了进出口报关代理—入库—仓储—分拣—制作中文标签、包装—出库—运输等完善的业务流程。物流营运网络覆盖了全国主要城市。每天,COACH、BOSS、TUMI、DKNY、Paul&Shark 等二十多个世界级品牌的皮包、皮鞋、服装、化妆品以及食品等进口商品从"天万"源源不断地流向大江南北。

"天万"在代理商品特别是进口服装的入境检验检疫方面有丰富的经验和良好的合作关系,是海关指定的 A 类信用企业,也是海关推行无纸申报试点单位之一,较其他同类企业相比很大程度上降低了报关时间,提高清关速度和效率。在无申报异常的情况下,对进口货品的查验率为零。公司的进口服装申报价格还被海关作为同类进口货品的参考价格。2013 年,公司荣获上海市野生动植物进出口单位诚信评估第二名。

在物流这个新兴行业里,"天万"公司是崭露头角的佼佼者。迄今,公司产值累计达 81 亿元,缴纳税收 2.3 亿元。2005 年起,连续三个年度被评为奉贤区财富百强企业;2009 年,荣获奉贤区青村镇"纳税总额十强"企业第六名,2009、2010 年连续被评为奉贤区五百强企业。

佳绩与荣誉,这是许宜豪带领 200 多名员工用一寸一寸光阴的奋斗换来的。企业的发展势头良好,经济实力在逐年提升,许宜豪又在加快前行的步伐。2014 年,"天万"物流园第二期工程——物流综合大楼破土动工。高60 米、面积 30000 平方米的主体建筑已拔地而起。工程建成后,综合大楼内将有创意与设计工作室、电子后台服务部、物品增值加工厂、商品展示室等诸多新设施,融合到物流经济的基础中。"天万"物流的一曲新乐章,正等着许宜豪和他的团队激情奏响!

张创增：创宏的旅程

撰稿　陈曙光

　　一个 15 岁就在广东省潮阳县棉城镇的机修工厂里，由于个子小站着板凳在机床上打工；一个童年就在服装厂做服装熨烫工人，不知道把自己的手烫伤过多少次，但是依然坚持着；一个十几岁的小男孩就开始学做泥工、瓦工、水电安装……他不甘平庸，不甘寂寞，直到有一天，他终于下定决心，带着一颗懵懂的心，离开潮阳，出去闯世界！

　　1988 年的一天，一个 26 岁出头愣头愣脑的小伙子，只身一人，身无分文，见到一辆标有上海方向的大卡车就爬了上去，中间还经历了山体滑坡，停留了几天，大概颠簸了七八天的工夫，来到了中国第一经济中心城市——上海。开始了他真正的人生旅程！他就是在建筑行业打拼了 20 多年的上海创宏建设集团有限公司创始人、董事长——张创增。

机遇垂青于有准备的人

机遇对于每一个人来说都是公平的,抓住机遇就能成就非凡的人生,机遇总是垂青于有准备的人。到达上海后,当被人称为"小广东"的张创增直接找到老乡并一起住进了一个建筑工地。依靠在广东买来的进口香烟在街头上出售维持日常的生计。同时,他更是一个有心人,只要一有空闲,人就钻在工地上,细心观察那里的所有的建筑施工过程,并且一一记在心里。这样的生活持续了一年左右。

功夫不负有心人。1989年,一个偶然的机会,他结识了上海浦东六里建筑工程公司经理,经过一段时间的认识和交往,"小广东"迎来了他在上海的第一个项目施工机会——位于浦东杨高路和浦三路交叉口的上海康琳乳品厂的项目。没有资质、没有资金、没有设备、没有技术人员、没有工人,怎么办? 在短短的时间内,他克服了常人想不到的困难,解决了常人解决不了的问题,完成了资质挂靠、组建班组、资金筹措等大量的筹备工作,用了一年半的时间,保质保量地完成了这个施工面积4000多平方米,造价150多万元的项目。

机遇就像一颗种子,当遇上肥沃的土地就会茁壮成长。拿到第一桶金后,他决定成立上海创宏建筑工程有限公司。从2001年建筑工程公司成立到2009年集团公司的成立,一个一个的项目接踵而来,从最开始的上海"长宁区农业银行信用社项目"、"圣约翰名邸项目"延伸到目前的上海、黑龙江、北京、郑州、河北、天津等地的项目。每个项目就像长出粗壮的枝条,结出丰硕的果实。

质量、安全是企业的生命线

公司成立后,如何规范化运作? 如何把住建筑行业的主线,那就是质量与安全。在项目质量与安全的问题上,董事长张创增在大会上、小会上、现场上经常嘱咐员工:企业必须依据有关的法律、法规和标准、规范,全面落实安全生产、质量管理的岗位责任制,实现与安全生产、质量管理相关的每个层级、每个岗位的标准和规范。

古今中外,凡成就事业,对人类有作为的无一不是脚踏实地,艰苦攀登的结果。26年来,他有个固定的习惯,就是每过一两个月的时间,都会亲临每个项目检查指导现场工作。由于自身经验的丰富,每到一处,都能看到问题,之后去解决问题;每到一处,他都能防患于未然,把可能出现的问题解决在出现之前;每到一处,他都传授有关保证安全、提高质量的施工方法,言传身教。

他经常和总工、质安部经理讲,你们一定要强化基础管理,提高各岗位的管理标准和工作标准,将安全生产、质量管理的基本要求落实到基层,扎根于施工班组,提高劳务队伍操作人员的工作素质。他说,制度、方案再好没有落实,那也仅仅是纸上谈兵。落实非常关键,因此,他要求公司质安部加大对各个分公司及项目部的检查和指导力度,同时要求项目部的各级管理人员去落实,并落实到最底层的每一位施工人员。

与此同时,他还要求有关人员通过培训、教育,使员工掌握有关规范、执行有关标准,充分调动和发挥企业每个员工的积极性及创造性,将安全质量标准化工作变成其自觉行为,成为企业安全生产、质量管理的基础保障。通过持续强化安全知识的学习、播放安全事故事例,强化决策者、管理者和员工的安全生产意识,引导每一位员工的安全意识、观念、态度、行为向标准化、规范化、科学化方向发展,提高企业安全生产、质量管理的能力和效果。

2014年上半年,集团公司已成功通过了上海市权威的安全生产能力评价,得到了建设行业的认可;目前已有四个施工项目顺利通过了上海市施工现场安全质量标准化的外部审核,得到了有关专家的好评,为工程的评优创优目标打下了良好的基础,为集团公司做稳做强、正规化的管理又提升了一个台阶。

人才是加快发展的重要保证

人力资源是企业的重要资源,优秀的人才更是企业的宝贵财产,是企业取得成功的重要保证。在人才的培养和使用上,张创增倡导"不拘一格,量才而用"的原则,为行业人才提供广阔的发展平台。用他的话说就是:搭建一个吸引人才的平台、创建一个激励人才的机制、建设一批凝聚人才的团队、培育一种留住人才的文化,以发展来吸引人才,在发展中给人才以机会。

他是这么说的,也是这么做的。他坚持德才兼备、以德为先、突出业绩的原则,不断提高中高层管理者的综合素质、管理和业务能力。近年来,集团公司对中高层管理者进行岗位交流十几余人次,做到了管理者能上能下,择优录用,使管理者队伍的定位意识、创新精神不断得到提高。

董事长提出:在一起工作就是缘分,大家一定要开心工作、努力工作。能力、水平提高了,自身受益,公司也受益。他更加注重加强人力资源是第一资源的理念,努力营造优秀人才健康成长的环境。在人才队伍建设、人力资源管理制度等方面不断完善,不断优化人才结构,加强人才队伍建设。近年来,集团公司引进各类相关专业人才 200 余人,同时,将培养和使用相结合,集团公司组织的培训平均每年在 1000 人次左右,各部门还自行组织了一系列的专题技术培训。截止目前,公司有一级建造师 15 人,二级建造师 20 人,中、高级技术人员 300 余人。

董事长不仅重视集团公司专业人才的培养,同时更加关心战斗在一线的农民工。他每到一个项目工地都要去农民工宿舍看看,每次都要和项目的管理人员强调:农民工是企业最基层的员工,也是最辛苦、最脏、最累的工种,我们要把他们的宿舍安排得安全、舒适,要与我们的管理人员宿舍一样,不要有等级差别,让农民工们从工地上回来更加身心放松且温馨! 话语虽然是平淡的,但是真情却是暖暖的。

企业文化成为发展新引擎

随着房地产行业改革的进一步加深,建筑企业已经进入了客户经济时代和品牌经济时代,政策环境、市场环境、生存环境都在发生着深刻变化。张创增提出：企业要生存，要发展，必须要有凝聚力。要想成为行业一流的科技型建筑企业，必须要营造绿色建筑，至诚至信服务。

张创增深深感到，现在企业规模比之前大了，更要重视发挥企业文化建设在企业改革、发展中的作用，把企业文化融入企业管理的各个环节。为企业正确处理文化与管理，文化与市场，文化与品牌，文化创新与企业创新的关系指明了方向。

近年来，集团公司相继成立了党支部、工会、创宏慈善基金会等组织。为丰富和完善企业文化助一臂之力。

党支部主要是什么角色？积极掌握职工的思想动态，实实在在地做事情，就是要让员工开心工作，让员工没有顾虑的工作，有意见说出来，有问题提出来。只有这样，才能增强企业的凝聚力、企业的魅力。董事长如是说。

党支部成立后，在张创增的全力支持下，相继开展了"感动中国"观影活动、"每季之星"评比活动、夏季慰问员工和交警活动、一对一帮扶活动、组织员工做工间操、组织全体员工对牡丹江大火损失的员工献爱心等活动，使公司的企业文化工作开展的广泛有序、有声有色，逐步将企业文化渗透至公司每一位员工。与此同时，党支部还针对个别人员因岗位、工作压力大或家庭因素等诸方面的问题，适时了解情况，面对面地开导，耐心做思想工作，给他们以鼓励，去年，党支部书记累计与员工谈心近百次。

工会是"员工之家"。集团公司工会的成立更加体现董事长坚持以人为本的思想，倡导人文关怀、和谐发展的主旋律，按照"抓维权、办实事、凝聚职工人心；保稳定、促发展，加快企业发展"的思路，紧紧围绕集团公司的各项经济工作，充分发挥工会的职能和作用。广泛开展"我爱创宏、创宏爱我"的"双爱"活动，让全体员工热爱创宏，热爱本职，安心工作，岗位奉献。

企业是社会财富的创造者，更应该是社会责任的忠实履行着。张创增董事长酝酿了多年的"上海创宏慈善基金会"成立了，他说：上海创宏的自身发展离不开员工和社会各界的支持帮助，公司将积极履行企业责任和社会责任，对需要帮助的员工和社会弱势群体提供慈善责任作为回报，"上海创宏慈善基金会"郑重承诺：随着事业的发展，基金会将对他们有更多的回报，体现社会责任。

那是一个振奋人心、感人温馨的场面。在董事长张创增的带领下，慈善基金会成立当天公司内部员工募集善款近 300 多万元，他本人捐款 50 万元。

首次捐赠汕头市潮阳区公益基金会 50 万元作为捐助慈善基金；相继还为井冈山市龙市镇捐款 20 万元，以改善镇内的基础设施条件，为老区的群众解决一些实际的困难；为项目所在地黑龙江省牡丹江大学捐赠 10 万元，用于需要帮扶的优秀贫困大学生；为上海宝山敬老院购置近 5 万元的空调，以改善老人的生活环境等。

了解张创增的人大致对他都有这样的评价：有智慧、情商高、懂得感恩。有位长者，之前对公司的发展有过帮助，虽然他已经退休十几年了，即便这样，董事长每年节日都要上门探望或安排属下去看望。公司员工家属病了、小孩读书有困难了、家中有重大事情需要支持了……只要员工提出来，董事长都会给大家一个满意的答案，张创增用对员工的爱护，体现创宏特有的文化。

因为，董事长张创增明白，企业文化也是竞争力，以企业独特的文化内涵来凝聚职工队伍，才能为企业的发展夯实基础，让企业在激烈的市场竞争中立于不败之地，使之成为促进公司发展的新引擎。

有耕耘就有收获。创宏集团公司从一个小小的建筑工程公司，发展到现在的规模；注册资金从开始的五百万元到现在的贰亿零壹拾陆万捌仟零捌万元；企业资质从最初的三级到现在的具有国家房屋建筑工程施工总承包壹级，并且通过了 ISO9001-2008 质量标准体系认证。市政公用工程也获得了总承包贰级、建筑装饰装修工程专业承包二级等资质。为了多元化经营，集团公司还先后成立了上海创宏建筑材料有限公司、上海创宏建筑设备租赁有限公司、上海潮汕建筑劳务有限公司、上海创宏实业发展有限公司等子公司。在奉贤区自行开发的"创宏产业园区"将投入使用。多年来，连续获得上海市年度合同信用等级 AAA 级、年度上海市守合同重信用企业等荣誉。

创宏集团从 1992 年开始与上海市长宁区相关部门合作，2000 年开始与上海绿地集团合作，到今年开启的与上海复地集团的合作，无不凝聚着张创增一路以来对梦想的追求，并让梦想一路飞翔。

张创增就是这样一个人，既敢于仰望星空，又勇于脚踏实地。个人的发展，企业的进步，国家的强盛，需要我们怀揣梦想，为实现这个梦想，更需要我们脚踏实地！

李松坚：传承信念　创意明园

撰稿　陈向阳

他，上世纪九十年代已是上海房地产界的佼佼者；

他，驰骋于文化与实业天地间的实践者；

他，都市人生活家园生态和艺术融合的先行者；

他，从广东汕头走来的新上海人……

他就是：李松坚先生，1963年6月生于广东澄海市，汕头大学在读研究生。1994年至今任明园集团有限公司董事长、汕头明光投资有限公司董事长。

"到上海去求更大的发展"

1994年春天，李松坚带着一批创业者来到上海。他带着"明园"特有的企业文化，带着对上海特有的自身文化氛围了解的渴望来到了浦江之滨。踏入申城的第一天，望着城市的那些又陌生又让他惊叹的建筑，李松坚说：我也要造一个像样的建筑群，勾勒一幅新的风景画——明园人要为上海的建设添砖加瓦。

李松坚给自己定下目标，做地产，非进入上海不可。在上海，非做上海楼市的品牌文化名片不可。他以诚信、智慧、执著、实力以及创新的文化追求，向着这一目标迈进。

机遇和成功总会青睐那些勤奋的人们，在明园集团总部迁到上海刚满4年，一个总投资10亿元人民币的明园世纪城在上海拔地而起。从明园世纪城项目开始，沉浸于创业兴奋的李松坚先生投入了一次次令人难以想象的艰苦跋涉。创新与实干就是这样在李松坚先生身上得到有机结合，完美体现；明园世纪城本身也是李松坚先生这种复合精神的结晶。

李松坚分析研究了当时上海房地产市场的现状，针对楼盘几近雷同的状况，从细分市场入手，抓住周边地块尚无特色高档楼盘的时机，经过市场调研和精心策划，根据马斯洛关于人类五个需求层次中"人类需求的最高层次是自我实现的需要"的理论，坚持以人为本的人性化需求，大胆首创"上海马斯洛"这一全新居住理念，他在项目规划阶段便引入"马斯洛"概念的需求理论和构筑"建筑、环境与人"的物业品牌指导思想，在房型设计上不仅满足今天的客户需求，更体现出超前性，兼顾到未来的消费倾向。

李松坚先生经过50易其稿，终于完全从人本角度出发设计出舒适、豪华的房型，打造出了一个真正体现民族现代居住风范的经典品牌物业。明园世纪城一经面市，正处于低潮的楼市被猛然激活，仿佛一场革命，一时间在上海掀起了一股"马斯洛"狂飙。2001年，明园世纪城"一期"在当年实现100%销售！第二年，二期开盘，追捧之势不减，迫不及待的客户争相认购，不到半年，明园世纪城便全部售罄。李松坚先生通过明园世纪城实现了他的"多赢"目标：让城市增添好景观，给业主物业有增值，最后开发得到应有回报。

在取得明园世纪城的成功之后，李松坚先生乘胜前进，继续在强手如林的房地产开发战场捷报频传。紧邻上海著名徐家汇商业圈的小安桥，是上海

李松坚：传承信念　创意明园

市土地使用制度改革后徐汇区首次向社会公开招标,被众多商家看好,明园集团凭借良好的声誉和实力一举中标,随后该项目的规划设计又获"全国人居经典"综合大奖,在近60亩的土地上将建造约9万平方米的"安桥花园"。"安桥花园"具有新颖、精致、高雅的建筑设计风格,适应市场新潮流的精装修特色,以及给人桃花源般的宁静享受的小区环境,按"全装修"设计标准和获奖设计方案进行建造,令李松坚先生再次欣慰和感动的是,当年明园世纪城的销售火爆场面竟提前再现!"安桥花园"在尚未预售的情况下,便受到人们广泛关注,四面八方的用户慕名纷至沓来,登记者争先恐后,未满三个月,登记册上的户数已超过了楼盘总套数的三倍。

李松坚先生致力于"世纪明园"的品牌战略,全身心投入发展民族企业的光荣事业。20多年来,他矢志不渝地追求心中的目标,呕心沥血,顽强拼搏,带领明园员工艰苦奋斗,一步步走向辉煌。明园集团曾在开发一个项目时,为保证新建住宅小区工地上的5000棵树"毫发不损",李松坚要求公司员工不仅将树一一编号登记造册,逐棵标明在规划蓝图上,还先后7次修改小区规划设计图,使工期推迟了。有人问李松坚,这样"浪费"值得吗?他却回答:"5000棵大树是多年积淀下来的城市自然生态文化,假如破坏了这些树,对不起上海人民,对不起自己的良心。"

在上海造房子,李松坚觉得应该对得起这座城市。他曾指着明园世纪城说:"我的房子从来没有卖不出去的,这就是最好的价值证明。"明园集团做了20多年的房地产,造的房子广受购房者欢迎。这种明园的价值体现,来源于李松坚心底"造好房子是一种责任"的信仰。

李松坚是这样想的,也是这样做的。对于明园房子的品质,李松坚有一种异乎寻常的坚持。"老百姓花了自己几乎一生的积蓄买我们的房子,明园要留给他们一个坚固的住所。"为了这个理想,李松坚要求明园的房子要用比别人更多的材料,"明园集团的房子抗震能力都比普通建筑更强、更安全"。

"为业主造好房子,为城市留下一道风景。"自从进入房地产开发后,李松坚就始终坚定着这个信念,他的信念同上海这座城市一起发扬光大。从1994年明园集团进入上海首个开发的项目——明园世纪城,李松坚在上海亲眼见证了这20多年的变化,他自豪地称:"明园世纪城项目所在的复兴中路是上海城市中心繁华区,即使在今天,明园世纪城仍是周边最优美的楼盘,可以想象在1994年是多么超前的设计,当然这里的价格比当年售价翻了整整几倍!

我们从拿地初期,就从地段、区域、品质等多方面衡量,为我们的客户创造了良好的升值空间。"

浸淫在艺术的氛围里

从明园世纪城到明园小安桥,再到明园揽翠苑……一草一木,都承载着李松坚和他的明园团队深厚的人文情怀。以人为本、注重文化,让那些具有文化品位的业主自发在明园社区中聚合,是李松坚一个最朴素的梦想。他希望生活在这里的每一个孩子从小浸淫在艺术的氛围里,深受文化熏陶,这将使他们终身受益。

尽管并非出身书香门第,李松坚却爱上了读书。最初,他的爱书读书,是人生求生存的需要。在事业起步时,他也曾苦恼与迷惘,于是,李松坚买了几十本名人传记拿回家看。足足看了一个星期,心情平复了,他走出了低谷。后来,他因生存需求而读书发展到自学交友觅书,在书房里,有各类金融、投资、房地产咨询、室内装潢类的书,更有不少修身养性的书籍。李松坚对此有他的"理论":一个人从书本中知道一些常识,为了生存;能从书本中不断参悟做人的境界,便是读书的根本。

"一分耕耘、一分收获"这是李松坚始终贯彻的宗旨。对书法的热爱使得李松坚勤修苦练、乐此不疲。用心经营、以诚相待、脚踏实地,这些要素也同时体现在其书法作品中,他以平常的心写平常的字,不作刻意的追求而让心意流淌,大气外露,自成一格,创作出颇受各名家交口称赞的书法作品。

天性使然,李松坚自幼喜欢读书。李松坚的书橱里,不仅有金融投资、地产研究等专业书籍,还有医疗科技、时事研究的专门读物,甚至连世界名著、流行小说也赫然在目。读书之外,李松坚还是一个具有专业水平的乒乓球爱好者和羽毛球好手。本着对体育运动的热爱,2009 年,明园冠名上海乒乓球队,并在当年的中超比赛中,勇夺季军。如今的李松坚依然爱读书、爱运动,每次外出,他的旅行箱里总少不了书和乒乓球拍。闲暇时,他会与乒乓球队员们聊聊赛况,研究球艺,兴之所至,还会拿出球拍挥上两板。

2010 年 12 月 17 日,一场盛大的书法作品展在明圆文化艺术中心拉开帷幕,名家荟萃,群贤毕至。中国书法家协会副主席、上海书法家协会名誉主席、上海市文联副主席周慧珺为本次展览亲笔题字,著名国画家杨正新、著名国画家张桂铭、著名旅美艺术家查国钧、上海中国画院副院长著名国画家韩硕及上海书法家协会顾问钱茂生等众多书法名家亲临现场并给予高度评价。这场展览最大的主角正来自沪上倡导文化地产的明园集团董事长李松坚先生，本次《李松坚书法作品展》展出了他近年来所创作的行草书法精品百余件，不仅受到众多专家的一致好评。尤其是"春"、"夏"、"秋"、"冬"四个草书，显示出精进的书法造诣，更折射出作为一个地产商，李松坚心底对"造好房子是一种责任"这一信念的坚持。

自我修行的同时，李松坚先生也不忘在行业内、在社会上大力提倡文化地产。不仅在企业内部营造贯穿追求文化修养的企业文化，在产品中融入文化元素，更在社会上大力倡导重视艺术、欣赏艺术的氛围，明园集团更是斥巨资成立了明圆文化艺术中心，通过举办国内外高水平的艺术品展览，免费为申城人民奉献上一道道精神大餐，受到社会各界的广泛赞誉。

他不仅自己有文化追求，也为企业营造一种浓浓的文化氛围：比如，企业自己创办了《明园报》，员工们可以在此直抒胸臆、畅所欲言；比如，企业每年都要评选"五心"员工，树立有爱心、信心、责任心、专心、恒心的榜样；比如企业经常开展摄影比赛、征文比赛等等。于是，有员工说：明园是一个家庭，一支军队，一个舞台，一个员工可以挥洒才华的舞台。

感恩是一种创造性的力量

2013年8月中旬，50年一遇的强台风"尤特"致使广东省汕头市潮南、潮阳两区遭受严重灾害，上海明园集团董事长李松坚第一时间捐款250万元。这是在上海潮汕企业家第一笔送去的善款。

感恩是一种创造性的力量。明园集团"创新发展，回报社会"的企业精神正是李松坚先生的人生信念与法则，也是蕴藏在他身上的创新意志力。他常说，许多搞企业的人都常怀感恩之心，希望回馈社会，造福百姓，并把这当作一种人文关怀和社会责任。在潮汕，作为澄中80届校友、明园集团董事长李松坚先生捐资50万元，设立"明园奖教、奖学、助学金"。除了向母校澄中捐资外，他还向澄海区捐助400万元，兴建澄海明园博物馆。

多年来，李松坚先生不仅热心在家乡捐资助教，还积极参与全国各地的文化教育和社会慈善事业。比如，向贵州毕节地区学校捐资80万元，用于建立"明园奖学金";向广东、湖南、上海等地区学校捐资数百万元;为了繁荣文化事业,他积极为上海市各类大型文化艺术活动捐资助阵,先后向上海茶文化节和上海青年美术大展等赞助近300万元。他还及时地为上海和广东抗击非典活动捐资赠物。作为一家在上海知名度极高的房产公司的老总,李松坚显得出人意料的年轻。但由里及外洋溢出的敦厚、朴实的气质,又表现出另一种充满内涵的文化人格。

李松坚先生念念不忘"回报社会",在一系列乐善好施的善举中,体现了他"做人重于做事"的尚德精神和厚德载物的风范。他常常以一介书生的情怀深爱着学校,感悟着教书育人的真谛,因此他对"科教兴国"战略,对发展祖国的教育事业,情有独钟。

从1985年明园创建至今,李松坚领导的企业保持了近30年来经济效益年年有增长。"明园从没有过大起大落,这么多年来我看着身边很多企业快速壮大又一批批倒闭,而明园集团发展走到今天,仍然很稳健地在成长,这是我最骄傲的!"这是李松坚的骄傲,也是我们潮汕人的骄傲。

李修章：旧上海打开国产纸销售第一人

撰稿 李秀松等

　　李修章先生(1911—2005)号乐斋,广东潮阳人,上海文史研究馆馆员,旧上海造纸业中著名爱国人士。

　　初生牛犊不怕虎　李修章在上海民主中学初中毕业后,经父亲的朋友介绍到英商亚细亚火油公司当练习生,在外商公司的洋人盛气凌人,一直看不起中国员工。一次,有个苏格兰人对李修章不但破口大骂,还出手打人,出于中国人格尊严,年轻气盛的李修章,实在忍无可忍,将洋人打倒在地。一个洋行的中国小鬼竟敢把洋人打翻在地,引起一场极大风波,事后洋行经理调查,许多中国员工和外国职员为李修章仗义执言,英国老板出于无奈和面子,给予了李三个月退休金,叫他自动辞职而了结。当晚洋行全体中国员工和部分洋人及其他职工,在大西西菜为李举行热烈欢送会。

就读中华职教社 李修章的义举,得到当时著名爱国民主人士黄炎培先生创办的中华职教社老师们的同情,被吸收插班到高级商科班学习。中华职教社办学的宗旨和校训:"使无业者有业,使有业者乐业","敬业乐群","双手万能"等,对他影响极深。三年的学习生活,除掌握了基本课程知识,更主要的是在他身上培养了爱国主义的高尚品质。李修章提议学校组织学生会得到认可并由他负责组建,而后又参加了上海市学生联合会,当选为联合会常务委员,积极参加各项爱国运动。这些都使他的爱国思想和组织能力得到提高与锻炼。

初涉纸业 1930年李修章从商科学校毕业。黄炎培先生十分欣赏他的为人与能力,遂向天章制造厂刘柏森先生推荐,进入该厂从事国货纸张宣传和推销工作,从此开始了他的纸业生涯。在那洋货泛滥的时代,各经销纸店为追求厚利都愿销售洋纸,不愿经销国产纸。由于资金设备技术等原因,上海民营的造纸厂只能生产一些低级纸或供包装用的"机制土纸",处境十分困难,前景一片暗淡。1932年9月18日,李修章联合诸多同仁创办了大丰国产纸张公司,大胆尝试专业销售国产纸,与销售洋纸的店家争夺市场。李修章又先后担任大丰、利丰、晋丰造纸厂、利华企业公司和华利纸行等企业的经理,这样为国产纸从生产到销售一条龙,为国产纸的销售业务打开了局面。

爱国先导,打开局面 创业初期,万事开头难。那个时代,市场处于无货不洋的逆境中,要异峰突起推销国产机纸难于上青天。李修章和同仁们费尽心机,绞尽脑汁,采用多种宣传与推销方法。他们首先宣讲爱国思想,情真意切地宣示:我们都是中国人,在可采用国产纸的情况下,中国人应该帮助中国人。他们把历年来海关进口洋纸的数量折合为黄金白银,生动揭示出惊人的财富流向外国;同时又把上海国内各造纸厂存在的困境、国产机纸生产品种用途价格及生产能力销售情况广泛介绍,激发用户爱国之心,逐步改变人们的崇洋思想,明白了采用国货的意义。他们还采用通信附送明信片做广告,每月寄发三次,每次有600余份,对象是报馆、书局、学校、工厂、海关、铁路局及大中型印刷厂,竭力将样本发到用户手中。经过一连串反复宣传,工夫不负有心人,局面逐步被打开,国产纸的销售量逐步在上升。

提倡国货 上世纪30年代,上海成立机制联合会(简称:机联会),是由上海民族工商业组成,如家庭化学工业社、永和实业社、三星棉铁厂、三友实业社等,旨在提倡国货、抵制洋货、挽回利权。当年,根据形势的发展,李修章及时提出:提倡国货者应首先带头用国货。紧接着便积极主动向机制会成员推销国产机纸,结果一炮打响,获得显著成效。大丰公司抓紧时机乘胜前进,向国家机构和国有企事业如铁道部、邮电局等单位,大力宣传"爱用国货,人人有责",启发他们带头使用国产纸。精诚所至,金石为开。不少厂商、国有企业纷纷改用国产纸,战果不断扩大。为此,天章、龙章两家纸厂生产的道林纸、白报纸等销路大增。销售的扩大带动了生产,国产纸的质量不断提高,产量不断增加。

周到服务,诚信迎客 经过几年的扎实努力,上海国产纸在产销上占有市场一席之地。李修章和同仁们又清醒地看到在经营作风上还要不断提高,才能在竞争浪潮中求得发展。大丰公司在门市营业上与众不同,国产纸的品种规格基本齐备,一张起售,柜台上备有磅秤,供顾客校对,以足磅出售。公司不仅代客切纸、打包、送货上门,还上门介绍商品,为顾客出谋划策,代客设计用纸,指导消费。他们根据用户需求,建议造纸厂定制符合客户需求的厚薄大小尺寸,使用户达到开切不伤料,降低了成本。在定价上则以薄利多销与洋纸竞争,仅百分之三四利润。这些虽是不显眼小事,但博得顾客的信任和好评,深得用纸客户的欢迎而留下良好印象。

大丰首创遍开鲜花 大丰国产纸张在上海纸业中首先提倡推销国产机纸,旗帜鲜明,经营思想和作风比较端正,得到广大客户的信任,营业额蒸蒸日上。他们以薄利多销取胜,在短短三四年内,获利竟达到原资本的三十倍左右,还在南京设了分公司。由于大丰公司积极推销,带动了一批同业跟着做国产机纸生意,使国产机纸的销售业务在上海纸业内遍地开花。大丰公司还争取洋商采用国产纸,如英商白礼氏洋烛厂的包装烛纸、中国肥皂公司的拖腊原纸、英美烟草公司红锡包香烟的外包装等都改用了国产机纸,为国产机纸赢得了更多的用户。大丰公司在推销国产机纸过程中,他们的爱国行动还得到了社会上各方面的支持,如当时的中国银行、新华银行、上海银行、宝丰钱庄等金融单位均在信贷上给予特殊照顾。上海机制联合会、铁路管理局等单位都积极支持并介绍所属基层单位向大丰公司采购国产纸张。

做有益于社会的人 李修章先生的一生,事业有成,而且品德高尚、乐于助人。1937年"八·一三"淞沪抗战后,中国红十字会迁至上海租界成立第七伤兵医院,院长吕守白聘李修章为事务主任,负责筹募医院医疗设备及管理日用开支。李修章为了向社会各界募捐,带头卖掉自己的一辆汽车作为捐款。平日,他还积极参加伤兵救护工作。抗战胜利后,贫穷百姓看病缺钱,他慷慨地施诊给药,分文不取。不久,李修章被推任中华职教社校友会理事长。他发动校友们捐钱出力,重建在抗战中被日本侵略者炸毁的校舍和校友会所(今为上海市商业会计学校),在老校友和工商界中深受赞誉。上世纪80年代起李先生担任中华职业学校校友会副会长、顾问。十年"文革"浩劫中,李修章先生受到不公正对待。党的十一届三中全会后,年逾花甲的李修章获得新生。1986年他被聘为上海市文史研究馆馆员。其后20年里,他积极为文史馆工作献计献策,为统战事业尽心尽力,可谓老骥伏枥,壮志不减当年。

李焯麟：车轮永向前

撰稿　尹学尧

他讲话温文尔雅，像是一位学者，看不出他是商人；

他心中有一团火，揣着赤子之心，满怀一腔爱国之情；

他对年轻人充满期待，言之谆谆，更像是一位老师；

他是商人，是儒商，更是一位爱国商人。

在锦沧文华大酒店咖啡室里，李焯麟和我面对面交谈着，回忆起他的童年，他的奋斗史。

他那没有香港腔的普通话，让人听起来特别亲切。他的想法，他的理念，他的经历，让我常常在思想上和他互动起来，难怪第一次见面，我们就有一见如故的感觉。

他的上司就是自己

1988年,李焯麟正在德国舒勒集团的亚洲区主持着工作。正当一切工作都在顺利进行时,没想到总部却以李焯麟经常出差,公司里需要有一个人管家为理由,派了一位德国人来担任董事长。

两位董事长并存的局面从未见过,李焯麟心里明白,这是总部对他还不完全信任。在这种情况下,他并未唉声叹气,怨天尤人,而是一如既往地工作,两人之间配合得很好,并没有发生外人期待的内讧,也没有发生不应该发生的矛盾。10个月后,总部终于明确:远东区仍由李焯麟一个人负责。时年他28岁。他没有依靠父母,也没有靠和老板拉关系,而是实实在在依靠自己的实战成绩证明了自己。一个具有实力和管理能力的亚洲人终于赢得了欧洲人的信任。

这是一位大智若愚的中国人,他用中国人的中庸之道化解了风险。他的上司就是他自己。

在此之前,李焯麟在美国胜家集团、奥地利和德国的多家集团工作过,都取得过不俗的成绩。尤其是德国那家公司,他还是该公司远东区的董事长。但他在自己的名片上,只印着总经理的职务。有一次,客人向他询问公司董事长是谁时,他回答:"坐在你面前的便是。"客人闻言惊讶不已,他还未听说过是董事长而名片只印总经理的。从此对这位亚洲人便深深地印在了脑海里。

1994年,已经对中国内地情况比较熟悉的李焯麟开始说服德国舒勒集团到中国投资办厂。德国舒勒集团是世界上最大的汽车车身压力机制造厂,主要用户包括欧洲的大众、奔驰、宝马、富豪、标致和美洲的通用、福特、奔驰克莱斯勒。他做出这一决策,心中自有底气,那就是中国的改革开放已经进行了十多年,他要为祖国的发展多尽一份力量。

在李焯麟的多方牵线下,中国和德国之间终于架起了连通的桥梁。舒勒集团与上海机电集团合资的上海舒勒压力机有限公司在上海揭幕,初期投资2000万美元。在改革开放的初期,这是一个很大的项目。同时,这项高技术贸易还填补了中国在高质量压力机生产上的空白,培养出了大量的高技术人员,完成了与世界上同类技术的实质性接轨。1996年,德国舒勒集团总部接到了为美国奔驰克莱斯勒汽车公司制造4台多功位压力机的合约,上海舒勒成为承接部分零件的分厂,每一台的金额约5000万美元。了解李焯麟的人都说他为上海的改革开放和走向世界作出了贡献。

看着自己关注并为之奋斗的公司一步步发展壮大起来,并为中国的改革开放贡献了自己作为炎黄子孙的一份力量时,李焯麟的心里感到无限欣慰。他投资内地30多年,已经连续担任了四届上海市政协委员,他高调做事,做人却十分低调,常挂在嘴边的话就是:"我是一个小土豆。"

邓小平就是我的偶像

2008年,在欧洲汽车论坛上,主办方希望有一个专家介绍一下中国汽车工业的发展。李焯麟接到任务后,没有循从惯例,而是用普通话作开场白讲了30秒。这个论坛,欧洲汽车工业协会每两年举办一次,已经举办了10届,这是第一次出现亚洲人的面孔,更别说是中国人了。

李卓麟认为,先用普通话演说,一是说明我是来自中国,二是给听讲者一个提醒。接着他用英语讲了30分钟。坐在下面听讲的,不仅有欧洲汽车技术的权威,还有奔驰、宝马的总裁。

在李焯麟的心中,始终有一个中国结,那就是他行动做事的源动力。他是广东人,出生在上海,6岁随父母去了香港,他期盼祖国早日强大起来。祖国实行改革开放政策不久,李焯麟就跨过深圳河,来到内地投身祖国的发展大业。他要用办实业的行动,让祖国早日强大起来。

如今,他在香港和上海之间往返,已没有了当年的不适感。每谈及此,李焯麟都感慨不已。他记得30多年前第一次从香港来到上海,像是从不夜城掉进了黑暗。那时的上海没有夜市,一到晚上,城市静悄悄的。在李焯麟眼里,看到满大街的行人都是清一色的服装,妇女也没有烫发的,买东西要凭票。有一次,他从下榻的和平饭店出来,乘船去浦东看看。没想到,摆渡船上挤满了推着自行车的人。过了江,到了今天陆家嘴的地方,不仅有农民在浇灌农田,连草都长得很高。更让李焯麟尴尬的是,一位德国友人携家人来上海,李焯麟安排他们住在和平饭店。第二天,客人一脸疲惫地告诉他:"昨天一晚上没睡好,都在忙着抓蟑螂了。"听着客人的话,李焯麟哭笑不得。

李焯麟指着窗外对我说,你看,现在的上海和30年前相比,真是天翻地覆,旧貌早已换了新颜。中国的改革开放和取得的成果都不简单。香港是不夜城,上海的夜色毫不逊色。香港的维多利亚港湾和上海黄浦江各有特色。

南京路上霓虹灯闪烁,陆家嘴高楼林立。上海更是成了时尚之都,拥有不少国际一线品牌。就连外国人也满大街都是,而那时一有外国人出现可是会遭到围观的。

在参与并享受改革开放成果的同时,李焯麟毫不掩饰地表现出对中国改革开放总设计师邓小平的敬仰之情。他说:"我崇拜邓小平,邓小平就是我的偶像。"

机会不是等来的

早在香港读高中时,李焯麟自己认为数学成绩不错,大学时便选择了机械工程。读完了大学,李焯麟发现自己的个性喜欢当领导。当领导要懂经济、懂管理,会计、统计也要了解。李焯麟知道自己缺什么,于是毫不犹豫地去了加拿大,在世界排名第19位的多伦多大学,他学了4年的企业管理。

1979年,李焯麟回到了香港,在美国胜家集团做服装流水线,担任销售部经理。

从此,李焯麟全身心地投入到工作中,将在加拿大学到的知识用于企业管理之中。他任劳任怨,积极主动,善于出谋划策,很快就得到了领导的赏识。

有一天,领导找李焯麟谈话。这一次不是商量工作,也不是研究企业的发展。50多岁的领导认真地对他说,你工作以来,各方面表现都不错,以你的才能和知识,完全可以胜任我的岗位。你才20多岁,为了不埋没你,不要浪费你的青春,也为了让你发挥更大的作用,想听听你的想法。结果,领导出于对人才的爱惜,将李焯麟推荐到爱森堡集团担任香港分公司的业务经理。

李焯麟在人生的道路上遇到了伯乐。他是一个感恩的人,他知道这需要勇气和胆识。从此,他将对这位领导的知遇之恩化为行动,去培养一个个有用之才。在新的岗位上,李焯麟没有辜负领导的期望,很快就干出了成绩。于是,他再一次被猎头公司挖去,担任了德国康乐集团远东部的副总裁。

有了机会不能等。李焯麟在长期的实践中充分认识到了这一点。他是这么认为也是这么做的。他在工作中不是等总部的指令,而是积极地主动地投入到工作中。他善于思考,常在工作的第一线发现商机。有一次,他根据市场情况以及他的观察,主动给德国总部写了一份报告,建议总部下一步应该做什么,并设计好了下一步工作的流程。总部老板看到报告惊喜不已,过去还从未有下级写过这样的报告,而这个报告还是一位华人所写,认为他是一个热爱工作并懂得如何工作的人。李焯麟的报告内容不仅被总部采纳,几天后,他接到总部的电话,让他转正担任了总裁。而这个岗位过去未曾给过德国以外的人。

从这个举动中,李焯麟认识到,老板都是求贤若渴的。他经常用自己的例子劝导大学生,对于机会应该积极主动争取而不是被动等待。每一个成功都不是必然的,而是千方百计争取来的。机会只会留给有准备的人。他也坦言,现在条件改善了,人民生活水平提高了,这是改革开放的成果。在享受这些成果时,有些年轻人对社会对组织抱怨多,而自己努力少,不思进取,缺少奋斗精神,不会有针对性地改变自己,而怨气则是一颗危险的炸弹,它会毁灭人的一生。当谈及要将成功的潮商奋斗史汇编成书时,李焯麟听了十分高兴,他再三讲,这种励志的书要多印些,各个学校和图书馆要多送些,让 80 后 90 后们看看,前辈们是如何努力的,这对他们的成长是会有帮助的。

商人也要有社会担当

在人们过去的印象中,商人的形象或是大腹便便,叼着雪茄,或是自私钻营。坐在我面前的李焯麟更像是一位教授或是一位医生,从他身上看不出任何商人的影子。

李焯麟对商人的定义是,经商只是一份工作。但商人也是社会的一份子,因此商人要有社会担当,要为社会发展尽自己的责任。他说,一个男人不爱家就不是一个好男人;一个商人不爱国就不是一个好商人。

李焯麟要求自己在祖国的建设中要多做一些基础性的工作,让祖国前进的步伐更坚实。他要求员工经常想一想,祖国给了我们什么? 我们要为国家做些什么? 他认为只有全体人民都来这么想,国家才有希望。

投身内地建设以来,李焯麟在国内创造了多项第一: 他第一个引进了刨花生产线,对木材废料进行深加工;他第一个引进了高铁轨道机车技术和轨道铺设装备;他第一个引进了机头技术;他第一个引进了上海地铁检修设备;他第一个引进了桑塔纳轿车冲压设备……

现在,李焯麟的产品集中在汽车工业、冲压设备、焊装装备、总装装备、端拾器等方面,每年销售额已达到 10 亿元。他说,汽车不是四个轮子加一个箱子,而是有很高的科技含量,在汽车开发方面,中国目前的水平还是很低的。因此,李焯麟要在引进和开发上都要求有一定的科技含量,他在内地的企业员工都是大学生,在企业发展的同时,他想为国家培养一批人才,认为这才是国家发展的后劲。作为上海市政协委员,他写出多份提案,建议中小企业要尽快走向国际市场;提出企业要转型发展,提升技术含量;呼吁加快人才的培养。殷殷之情,发自肺腑。

在李焯麟近60年的人生履历中,家庭的影响和父母的教育在他的心中留下了深深的烙印,让他扎实地走好自己人生的每一步。小时候,李焯麟的家境并不好,过生日连蛋糕也吃不起。但父亲早年的一件事,让他至今想起来仍然激动不已:那是30多年前,当工人的父亲在路上捡到一包东西,打开一看,里面有好几万港元。对于一个工人来讲,如此一笔款子是有诱惑力的。但父亲不为所动,一直站在路边,直到失主找来。父亲正直的品格,潜移默化地影响了李焯麟,让他养成了用坚强的品格和意志,勇于迎接挑战,这才迎来了人生的辉煌。

苏岳波：缔美石材在上海

撰稿　洪苏骏

　　一连十几幢超过百米的高层住宅楼全部使用菊花黄石材干挂到顶,并且天衣无缝,也许在国际上都是非常罕见的,而在上海珠江香樟苑,以及北京、大连、成都、昆山、珠江御景苑,这确是事实。甚至听说因为这些花园商品房开工而使全国的菊花黄石材一度供应中断。怀着仰慕之情和好奇之心,专程采访了"香樟苑、御景苑"这个传说的缔造者——上海缔美石材董事长苏岳波先生。

缔美石材公司抢滩申城

笔者问:"缔美石材公司创办以来,取得了骄人的业绩,像上海珠江香樟苑等极具代表性的石材建筑都是贵公司的杰作。请您介绍一下缔美石材公司的传奇经历。"苏岳波说:"我们缔美石材创建于2008年,经过几年的不断积累、创新和发展,才有了现在这样的规模。目前,我们缔美石材是一家集矿山开采、异形加工、切割生产、工程装饰、批发零售等一条龙服务的中型石材企业,在沪上自身拥有年采量2万立方米、加工量20万平方米的粉蝶米黄基地及加工厂,是目前沪上最具实力的石材经销商之一。"

48岁的苏岳波出生于广东潮州市郊农村,20年前就在广东创办了特美石材公司,他用来自世界各个国度的石材,装饰美化了千家万户,更重要的是石头改变了他的人生,让他获得了超然的力量和内心的平静。当初的起步是艰苦的,只有2台机器、5个员工,由于石材行业存在着一定的利润空间,加上他稳扎稳打,不断扩大营销渠道,终于淘到第一桶金。3年后,他投资买了一辆卡车和一些石材机械设备,自身实力大增。有了车,他就可以去别人走不到的地方,不断扩大市场;有了设备,他就可以做别人做不出的产品,不断抢占各地市场。

2008年年初,苏岳波来到宝山经济发展区创办了上海缔美石材有限公司,他和"缔美人"更踏实地走过每一步,产品质量越来越好,服务体系越来越完善,工程项目越做越优秀,业界口碑也越来越好,终于成为上海合生创展房地产公司、广东珠江集团石材供应长期战略合作伙伴。

做一项工程,交一方朋友

目前石材市场上企业鱼目混珠,竞争日趋激烈,在上海这样一个经济快速发展的城市,机遇与挑战并存。笔者问苏岳波:"您是如何抓住机遇,迎接这个挑战的呢?"苏岳波说:"在上海这个以建设国际化大都市为目标的城市,有着与江苏、杭州相邻这样一个得天独厚的优势,能够最大限度地与国际接轨,经济发展迅速,新盖的高楼大厦鳞次栉比,这为石材行业提供了巨大的市场。与此同时,现在是市场经济时代,竞争不可避免,特别是石材行业企业众多,竞争白热化。"

原来缔美公司以产品的多样性以及质量过硬闻名申城。缔美石材的荒料、工程板材、进口大板、异型线条、石雕石刻、景观石材、石材家具等一应俱全，可满足各个行业的需求。缔美公司对质量要求特别严，业界有"缔美质量是好的，价格是贵的"这样一句话。因为缔美人知道，只有高质量的石材，才能打造出经典工程。

敢于投资机械设备——只有技术装备的更新，才能制造出质优产品。苏岳波一切以市场为导向，为迎接市场需求，生产适合市场的产品，这家公司不断添置和更新设备，始终走在同行的前面。缔美公司以诚为本，服务周到，口碑极好。本着"做一项工程，交一方朋友"的原则，5年来苏岳波老总承建了很多的工程，也结交了很多的朋友。通过交谈，他给我留下了极好的印象。

网络销售是个好东西

21世纪是信息时代，现代企业已经逐步进入电子商务时代，笔者问苏岳波如何看待石材企业的网络营销以及网络对石材企业的发展意义，他对我说："电子商务时代的网络营销，在发达国家，大约有90%的个人、企业在网上订购产品。目前我国石材行业有很多企业的电脑网络不健全，加上多数员工缺乏网络知识，这样一个现状决定了石材的网络营销不可能成为主流。网络对于石材企业的发展意义重大，对内可以进行系统管理，对外可以进行企业宣传。因此，我们今后会加紧对网络知识的培训。"

在这个信息时代，想要从事更多的商务活动，网络是一个最好的平台。在网上发布大量的供求信息、产品报价、项目工程信息，可拓展营销渠道，加大辐射范围，有助于石材企业在市场上左右逢源。

"企业的发展离不开优秀的人才和良好的经营管理，缔美的人才战略是怎么样的呢？对此您有何独特见解？"苏岳波答道："我们缔美的经营理念是：'靠质量开拓市场，靠服务赢得客户，靠品牌赢得未来'。优秀的人才和良好的经营管理是企业立足的基础，也是企业发展的助推器。"财务总监瞿玲方告诉笔者："缔美公司现有28名各类专业人员。"苏岳波用汗水打造精美的产品，承建经典的工程，缔造美丽的人间天堂，充分享受成功的喜悦。呵！上海的精彩，折射出全国的影子，大上海的繁荣，有缔美公司的一份功劳。

陈志强：以金融知识服务潮汕商帮

撰稿　陈丽伟

　　陈志强看起来比实际年纪更年轻，这与他一直以来坦然淡定的心态有关。1990年，潮汕子弟陈志强以优异的成绩考入中国人民大学。4年后，这个总是面带微笑、性格随和的小伙子放弃了难得的留京机会，回到广东，加入广东发展银行（后更名为广发银行）。

　　此后20年间，中国股份制银行迎来大发展时代，陈志强也抓住了金融人难得的发展机遇，如今的他已是广发银行上海稽核中心总经理，更是众多高级人才在择业关键时刻求教的资深人力资源专家。

找到自己的职业通道

"我认为，工作中的任何变化都是机遇，要使自己的事业健康发展，最重要是找到自己职业上升的通道。我刚进入银行时，从事了两年的国际业务，主要工作是资金交易员资金交易的监督和会计清算、总行外汇头寸管理等，适逢手工账和电脑账并行，工作量非常大且枯燥。两年后，我调入总行办公室。2001 年，我调入人力资源部，担任广发总行的部门副总经理。在人力资源管理领域，我找到了自己的兴趣所在，一做就是 8 年。"陈志强认为，正是不同岗位的工作经验为自己后来的事业提供了丰富的"养分"。

担任总行人力资源部副总时，陈志强主要负责高级管理人员的考核和任命。"人生中有很多十字路口，需要你不断做出选择，如果这时有人给你一个有价值的建议、点拨，那就完全不同了。我愿意做那个给出建议的人。也许听取过我建议的人现已发展得比我好，但我并不在乎，因为在这个过程中，我也实现了自己的职业价值。"

在人力资源管理岗位上，陈志强找到了自己职业生涯的上升通道，也正是这份愿意成就别人的心意让他逐渐成为一位出色的高级职业经理人。现在，他还是上海财经大学聘请的校外导师，为研究生提供职业和人生规划的建议，把自己的工作经验分享给年轻人。同时，让陈志强倍感骄傲的是，在他的努力下，广发银行逐步建立起完整的人力资源管理体系框架，逐步完善的功能模块不仅保证了银行能挑选提拔合格的人才，也让每一个员工都能找到自己上升成长的通道。

每一次坚持背后都隐藏机遇

成功源自坚持，每一次坚持背后都隐藏着机遇。陈志强认为，每个职场新人都会经历一个枯燥期，这与学生时代的憧憬大不相同，只有熬过这个阶段才能积累经验，同时，潜在的机遇也往往在你坚持之后向你招手。"现在很多进入银行业的年轻人会纠结到底是去总行、分行还是支行。总行起点更高，竞争激烈，个人锻炼机会相对有限。而如果去分行或支行，轮岗机会相对较多，会让你学到更多。但是，每个工作的关键都是用心去做，专业、专心、专注，每个人都会有机会。"

2009 年，陈志强来到上海先后担任广发银行上海分行党委副书记、副行长，广发银行上海稽核中心总经理。如今，中国金融市场已经成为中外资银行都看好的热门之地，激烈的竞争对中国金融人提出了更高的要求。陈志强对此有着清醒的认识，他结合自己在英国攻读 MBA 以及在新加坡等地工作的实践，对比研究了中外资银行在人才、经营等战略的不同，"根据我在花旗银行等外资机构工作的观察，外资银行在上百年的历史中经历过几轮经济周期，有着非常完善的管理和培训体系，他们很重视系统培养员工的能力。而部分中资银行的培训则有点像应急的业务培训，更多进行产品培训。所以，我建议刚入行的年轻人，如果能在外资银行接受良好的系统性职业训练，这对将来的发展较为有利。"

对于越来越多渴望投身金融业的年轻一代潮汕子弟，陈志强建议："现在年轻人相对浮躁一些，希望很快就有回报。其实，频繁跳槽等行为对个人的职业生涯会有很大影响。但放到一个完整的职业生涯，如果你想在金融业有所发展，我觉得至少有 2~3 个银行的工作经历比较好。"

潮汕企业家应有现代金融意识

作为上海潮汕联谊会副会长，陈志强希望自己能从现代金融的角度为企业家提供更多的帮助。

2013 年，广发银行推出"生意人"卡，除了普通的借记卡功能，还有理财、贷款等功能。借助联谊会的平台，"生意人"卡也走进了联谊会会员中间。这张小小的卡片深受很多会员的欢迎，陈志强介绍："申请这张卡时，我们会有一套评估系统，商会出具的会员证明就是一个有力的证明。申请到这张卡后，不用抵押的贷款额度可以达到 50 万元，最快 24 小时通过贷款审核，而且随借随还，节省了利息。"

一些资金雄厚的企业认为自身不需要进行这样的申请，陈志强指出："这其实是不了解现代金融。如今，银行更多的是在为企业提供金融服务和支持，即使是现金流很好的企业，如果有银行资金进入，会整体撬动业务，原来只能做一两千万的业务，现在可以做到一两个亿。更重要的是，借款的过程也是累计企业信用的过程。如果没有这种记录，一旦企业需要资金时，是没法借到钱的，因为银行没有企业的信用记录，很难对此进行判断。"

陈佳铭：绿色饲料添加剂的开路人

撰稿　徐美香

　　改革开放以来,在我国经济持续高速发展中,菜篮子工程和人工养殖业也取得了丰硕的成果。30多年前只有过年过节才买得到的鸡鸭鱼肉,现在已摆上平常百姓的饭桌……正当人们兴高采烈共同举杯的时候,却频频传来:"鸡鸭饲料添加了蛋白同化激素","鱼虾饲料中添加了抗生素","猪饲料中发现了瘦肉精"……接下去又听说"长期食用人工养殖食品带来的副作用:小孩性早熟、肥胖,成年人内分泌失调……"等等。这些信息让一般人感到困惑,而在畜牧专业毕业的陈佳铭听起来更感到揪心,在他身上激发出一股强烈的责任感与紧迫感:"必须努力研制开发出无公害的绿色饲料添加剂,让大家吃上放心鸡、放心肉、放心鱼和虾!"责无旁贷的职业使命深深地刻在了陈佳铭的心中。

1998年,老家在广东潮州市饶平县的陈佳铭大学毕业后,放弃留在大学教书或到科研院所从事研究工作的机会,选择了"下海",而且是下海办科技型企业。开始创业时,很多朋友、同学都不理解,他们认为如"下海",应该经商,投身房地产等利润丰厚的企业,何必选择辛苦的生物科技企业呢?但是陈佳铭却说:"我从来没有对自己的选择感到后悔,我热爱这一行业,我希望通过自己的努力让大家吃得健康,吃得放心。"

2001年,满怀抱负的陈佳铭从外地辗转来到上海,在松江创办上海朝翔生物科技有限公司,开始了他白手起家、艰苦创业的历程。他从家乡潮州到上海,初来乍到,人生地不熟,要办起一家企业,困难可想而知,但是他怀着坚定的信念,心中目标明确。创业伊始,他就一手抓科研开发,一手抓市场调研,根据市场需要确定开发项目,再紧密依靠大专院校、科研单位的人力资源和知识宝库,走进中医药学和天然植物领域,寻找可以替代西药的抗生素和激素、增加畜禽抗病能力,提高免疫力的新制剂。在初步建立自己的生产基地后,公司请来河南科技大学、广东佛山科技学院、上海农林职业技术学院的专家教授们,通过讨论更加明确了饲料行业要走无公害、绿色、高效之路,要自己创新生产"植物制剂"。2002年10月由上海朝翔生物技术有限公司发起,联合河南科技大学、广东佛山科技学院、上海农林职业技术学院、上海交通大学的多名专家教授组建上海农昊生物技术研究所,身为高级工程师的陈佳铭亲自挂帅担任研究所所长,为自主创新研究绿色饲料添加剂,群策群力,攻坚克难。此后,在陈佳铭和他领导的团队孜孜不倦的努力下,先后成功地从天然植物中提取出各种有效成分,用作天然植物饲料添加剂和兽药之原料,经动物饲养试验、毒性安全测验,确保其有效性和安全性。这些产品使生猪喂食后健康生长,肉质鲜嫩,鸡鸭鱼虾喂食后抗病促长而味美色鲜,且不用担心有害物质的残留。于是"猪乐香"、"反刍乐"、"腥香宝"……一种又一种新型的绿色饲料添加剂从"上海朝翔"走向市场,走向全国。用这些绿色饲料添加剂喂养的生猪,改善了猪肉的品质,口味变得更鲜嫩,而且达到绿色食品标准。"上海朝翔"的绿色饲料添加剂,正像早晨太阳冉冉升起,喷发出耀眼的光芒。

功夫不负有心人,十余年辛苦耕耘,换来硕果累累。上海朝翔生物科技有限公司在陈佳铭的领导下,目前已发展为集科、工、贸为一体的高新技术民营企业。经过多年努力,已拥有生产30多种植物提取及其制剂的生产技术和生产能力,应用这种植物提取成分制成的饲料添加剂产品销售额已占公司产品 3/4,公司成为国内研究动物用植物提取物的领头羊。公司不少专用技术已申请专利并获得投标,其中"前花青素饲料添加剂"于 2006 年获松江区科技进步一等奖,2007 年荣获上海市科技发明三等奖。公司建立了天然提取和质量检验室,正在建立动物用天然植物数据库和指纹图谱库,与浙江湖州、广东潮州、福建三明、河南三门峡等地合作建立植物提取生产基地,并与上海农昊生物技术研究所、福建农林大学、上海农林职业技术学院等联合建立起生物技术产、学、研创新基地,2008 年挂牌建立上海市松江区博士后创新实践基地。

朝翔公司十分重视人才与企业文化建设。他们一方面从西北农林科技大学、河南科技大学、福建农林大学、湖南农业大学、上海交通大学等高校引进人才;另一方面,支持员工在职攻读硕士、博士学位,掌握高新技术知识。为了营造宽松自由的文化氛围,在陈佳铭的倡导下,公司编辑出版了一份内部期刊,反映员工生活,交流信息公司;还成立一个文化传播公司,让有才能的科技人员发挥其宣传、广告及文娱方面的才艺。

值得一提的还有,陈佳铭经过一番策划,兴建了"圆享汉药博物馆",展出了一系列中草药植物标本及有关医学典籍。这座民办的博物馆,已经成为上海市中小学生科普教育基地,经常有一群群学生在老师的带领下前往参观,从中学到课堂上学不到的知识。

由于在科技创新中作出的突出贡献,陈佳铭董事长多次被推选为松江区政协委员。面对成绩和荣誉,陈佳铭踌躇满志地说:"虽然我们公司早已通过 ISO900 质量体系认证和 ISO 安全体系认证,很多产品得到市场认可,其中十多种产品还供不应求,但是我们并不会因此而满足,今后我们要与国内外的同行一起为保健品和养殖业的发展,为人类健康作出更多的贡献。"

如今,在上海松江区车敦高新科技园区内,人们可以看到今年五月刚落成投产的朝翔公司崭新的厂房。建筑面积达 12000 多平方米的厂区,有宽敞明亮的现代化生产车间,有设备先进的科研楼,有全力为一线服务的行政楼……陈佳铭正带领上海朝翔生物技术有限公司的员工满怀科技创新的豪情,朝着美好的明天,展翅飞翔!

陈昇明：希望的晨光

撰稿　陈向阳

陈昇明，1971年出生于广东潮阳，上海中韩晨光文具制造有限公司董事长。陈升明跟文具打了20多年的交道，做贸易、办实业、铺渠道。目前，晨光已在全国布局3.5万家终端销售网点，并走出国门，远销东南亚、欧洲、日本、美洲、中东等全球市场。目前公司已拥有4000人的专销商队伍，一、二、三级经销商对晨光的认可度已分别达到100%、70%、50%。

陈昇明进入文具行业那年才17岁。之后，陈昇明从一名普通的推销员逐渐成长为韩国、台湾等新潮文具的总代理商。1997年金融危机中，上游厂家的倒闭，让陈昇明被迫思考转型问题：到底该向上游开工厂，还是向下游开零售店？思考再三，陈昇明最终选择了创办造笔工厂。对造笔一窍不通的陈昇明,特意聘请专家,一边学习一边摸索。他认为:"在没有任何品牌支撑的情况下,最好的方法就是建制笔厂。"最终,陈昇明选择了制笔产业集中地——上海,作为自己的制造大本营,因为,这里的书写工具,款式、设计理念、包装等各方面都比较先进。1999年,"晨光"正式落户上海市奉贤区,陈昇明从文具代理商正式转型为制造商。当老牌制造商"晨光"发展近10年之后,陈昇明又把制笔事业向前推进一步:发展连锁经营事业,向终端消费市场渗透。

深入而庞大的销售网络,能确保晨光的产品在两三天内抵达中国的每一个城市,但随之而来的管控成了问题。

"如果文具店无规划、无控制,随着商品越来越多,20~30平方米的空间会变成杂货铺。"陈昇明说。晨光定期搜罗全球最佳店面的经营资讯供加盟商参考,包括商品陈列、结构定位等。同时,稳固的分销体系是晨光做加盟的最大优势,连锁经营业务全权交给代理商处理,总部销售人员只有60人。总部每年对省级代理商(也就是分公司)做3次集中培训,由分公司对下线的二、三级经销商再进行集中培训。行内有人评价陈是"最牛的渠道王",只给60人发工资,全国却有上万人在干活。

文具市场分散、庞大,渠道管理中碰到的钉子数不胜数。比如有的经销商自说自话,将货"串门"到其他地区出售。规则被打破,市场就可能紊乱。陈昇明是从推销员做起、经销商出身的,知道如何应对。一方面,用实际案例让经销商意识到,"串销"获取的只是短期利益,对其自身也有隐形危害;另一方面辅以雷霆手段——一家省级代理"串"货三箱,货值3000多元,却被晨光罚款30多万元,还要在全国经销商大会上检讨。

在扩张渠道的同时,晨光对产品从未放松。"做一支笔花的心思,不亚于打造一块劳力士手表。"陈昇明并不赞同外界将制笔看作"低门槛"行业的观点。他随手拿起一支K35黑色水笔告诉记者,像这样一支规格为0.5毫米的笔,要能在纸上"长跑"1500米。油墨通过笔尖上的滚珠释放出来,看似简单,其实整个笔尖的诞生需要经过24道复杂工序,而加工它的精密车床,每台都在上百万元,不输于高档手表的制造车床。晨光的笔尖全部从瑞士进口。为了确保一支笔在使用期内,能经受住滚珠与笔头之间超过20万次的摩擦,甚至还要用远红外线和显微镜来调整工差。

"每周一,新品到",这是晨光的一句口号。至今,晨光已将设计研发中心延伸到海外,并从消费价值、模具开发、形象包装到推广,建立了行内独一无

百年潮人在上海

二的"全程设计系统"。"米菲兔流行时,我们就把米菲放进文具里;网络用语火了,我们又把'打酱油、回家吃饭'设计进去。"

设计团队必须赶时髦,"买文具的消费者并不会有强烈的品牌热衷度,把造型做到抢人眼球就成功了第一步。"目前,晨光保证每周推出 3 款新品,一年累计推出 160 多款新品。

陈昇明说:"'晨光'的渠道变革,最大特点是,不是从一张白纸上建加盟体系,而是对原有分销渠道进行针对性的改造。"2004 年,"晨光"做渠道建设时,开始是做店头,文具店名称一半是"晨光"的 LOGO,一半是店名,如"小草文具","晨光"称之为"样板店",这为"晨光"开展加盟连锁打下基础。现在"晨光"的加盟政策中明文规定:样板店有申请加盟店的优先权。

"开店不难,难度最大的是对经营者思想的改造。"陈昇明说,"其实个体经营者挺难把握,原来没人管,老板爱怎么干就怎么干,可能干得昏天黑地,最后整得店里'三不像',或更像杂货铺。"这就是陈昇明定位于做文具行业"7-ELEVEN"(世界著名连锁便利店)的真实原因。"如果对文具店没有规划、没有控制,等到商品越来越多时,二三十平方米的空间必然变成'杂货铺',经营质量大打折扣,看上去似乎有钱赚,但是却发现有很多库存。"

"建设排他的、单一的渠道已经挺难,而建设思想高度一致的渠道,那就难上加难。""晨光"和经销商黏性很高,相互依存。陈昇明把"晨光"和经销商的关系理解成"鱼水之情",称"他们离不开'晨光','晨光'也离不开他们"。

陈昇明下决心规范渠道是在 2004 年,但在那时讲"专属渠道"还是比较超前的。"必须建立属于'晨光'的专属渠道,否则品牌之间处于'拉锯战'状态,内耗非常严重。"陈昇明对无序的"商战"颇有感悟,而当时的经销商也根本没有服务理念。这也是陈昇明决心做"专属渠道"的另一个重要原因。他一直强调要培养品牌服务商,应该把经销商提升到伙伴的关系,甚至是战略合作伙伴的关系。2005 年,陈昇明一边扩大生产规模,一边花大力气规范和管理渠道。陈昇明坦言,当初真没意识到这是一件规模如此巨大、难度如此之高的事情,整整花了他 6 年的时间。

陈昇明认为,是否该选择最强的经销商作为合作伙伴,应该是见仁见智。"晨光"在很多城市就不一定选择最大的,有可能排名第二、第三。如果经销商原来是第二、第三,甚至第五、第六,一般三年以后,都是这个城市最大的经销商,而且经营质量是最好的,这在全国有成千上万的成功案例。所以,目前

"晨光"的合作伙伴在经营质量、营收等方面一般都处于老大地位。

"晨光"的渠道模式,属于总代理再发展二级代理商的渠道模式,渠道纵深非常深,也很宽,分销能力强,但易出现串货、倾销现象,难以管理。"晨光"对此却做得相当不错。具体来讲,"晨光"大致实行每层唯一代理制,按照国家的行政编制,地级城市大概有 280 个左右,"晨光"基本达到了 70% 排他。在中国 2200 多个县城,人口 20 万以上、GDP 超过 5000 亿元的县城大概有 1500~1600 个,"晨光"能做到超过 50% 排他。在选择开拓城市之前,陈昇明会做一些调研,把城市容量、竞争环境等作为决策依据。

据了解,"晨光"的传统渠道模式也在不断改变,原来的终端市场主要是"店中店"或"店中柜"的模式,现在的专卖店模型,则是通过代理商将产品集中起来进行品牌展示。"晨光"的样板店、品牌店还属于挂牌授权店,而非标准的加盟店。

"晨光"属于渠道混合模式的典范,既有传统渠道,又有新型渠道,即"晨光"有直控的加盟店、授权店,也有批发市场,这种"混合渠道"比较适合现在的中国市场。

"晨光"之所以能把渠道模式操控得如此之好,有三个原因:第一、市场竞争力相对较弱,在学生用品领域,除了"晨光"和"真彩"等少数几个品牌在起作用,其他均为没有竞争力的小企业;第二、儿童文具产品毛利空间大,而其使用者是学生和家长,他们对价格不够敏感;第三、通过"晨光"几年的耕耘和产品的创新,终端的活化,其品牌占有一定地位之后,又带动渠道正向循环的建设。

表面上是对渠道的管控,本质上是对人性的理解。"授之以鱼不如授之以渔,我给你钞票,我还不如给你一台印钞机,同时,让你学会怎么来印钞票。只要你愿意,只要你努力,你想获得更多,你可以多印一些,你只要有这个技能,这比给你一笔钞票可能会更有意义一点。"陈昇明就是如此看待特许商和加盟商关系的。

"晨光"是 2006 年度中央电视台年度最佳雇主获奖者,2007—2008 年度《经济观察报》中国杰出营销奖金奖获得者。成为中国制笔行业的老大哥之后,陈昇明继续在营销和研发产品方面下苦功,并正在实施新的目标:再开 3 万家晨光文具加盟连锁店,达到 100 亿元的年销量。

陈经纬：追梦中尽显风采

撰稿　陈向阳

　　2013年3月，初春的北京一片生机盎然——全国两会正在这里召开。陈经纬与众多参政议政者们一起，关注着国家的发展，关注着中华民族的振兴大业。这次政协大会期间，陈经纬先生提出了一个有102位全国政协委员联名支持的提案——《调整区域结构，设立广东"潮汕新区"或将汕头特区扩大到潮州、揭阳为"潮汕特区"》，提出将潮汕三市合并为综合实力更加强大的副省级"潮汕新区"，引起了广泛的热议和支持。

　　多年来，陈经纬始终把自己的梦融入中国梦之中，在追梦中尽显风采……

创业：淋浴改革春风，打造实业报国

"犹有国人怀恩德，一腔热血凝乡情"。陈经纬先生虽然走出家乡几十年了，在追梦的不懈奋斗中，今天的他在全国乃至海外的工商界享有美誉。他是全国政协经济委员会副主任、全国工商联副主席、香港中国商会主席；他一手打造的经纬集团蒸蒸日上……无论在哪里，他始终心系家乡，因为他是潮汕人，是沐浴着改革开放春风发展起来的追梦者。

陈经纬先生 1972 年在广东汕头市自谋就业出路创办街道居民合作生产组，任经理。1979 年获批准到香港定居，1981 年创办香港经纬公司。1983年成立香港经纬集团。尽管移居香港，但投资内地一直是陈经纬的心愿。1989 年下半年，当部分外商对中国投资环境的信心有所动摇时，陈经纬出于对中国共产党的信赖，仍然对祖国的投资环境充满信心，坚信中国的改革开放一定会成功。当时，他毅然倾全力一次性投资上亿美元，在家乡汕头经济特区兴办大型纺织印染实业，同时将集团事务中心从香港移至内地。1992 年获准在中国内地成立经纬集团有限公司，成为首批外商投资的企业集团公司。上世纪 90 年代中期，公司在国家统计局发布的 500 家最大外商投资工业企业中多次名列前茅。在 2012 年庆祝香港回归祖国 15 周年之际，他被甄选为香港回归 15 周年 15 位杰出人物之一。30 多年来，经纬集团业务逐步拓展到房地产、现代服务业、金融、国际贸易等领域，投资遍布广东、上海、天津等地，为全国不少地方提供了大量就业岗位。

2013 年 6 月，在上海土地交易市场举办的虹桥商务核心南片区 01 及 03地块的挂牌出让活动中，香港经纬集团旗下的全球商品博览汇有限公司、全球商品博览汇集团有限公司以总价 10.22 亿元包揽了当天出让的两个地块。加上此前经纬集团以 13.2 亿元拍得的 04 号地块，虹桥商务核心南片区 5 个地块中的 3 个地块为经纬集团拍得，其总面积占南片区的 78%，总价达 23.44亿元。

经纬置地致力于推动生态节能住宅产业的发展与创新，并推动生态节能科技住宅产业发展作为企业的核心竞争力。经纬集团旗下经纬置地有限公司在上海、天津开发的经纬城市绿洲荣获国家环保部全国首家中国环境标志生态住宅验证项目，联合国生态环境住宅金奖。

履职：有旁观者清的视野，更有主人翁的担当

建言献策，是政协委员履职的重要使命之一。多年来，陈经纬委员面对民意的新期待，不辱使命，不负重托，他在全国政协大会上的一个个提案，既有宏观的把握，也有切实的思路；既指点江山，更老成谋国；既有旁观者清的视野，更有主人翁的担当。他把公众的关切转化为治国理政的具体思路；将人民的心声，上升为未来发展的国家意志。因而他每一次的建言献策都受到广泛的关注。

2008 年的全国"两会"上，新当选全国政协委员的陈经纬表示，基于自己对香港和内地情况的了解，要更多尽社会责任，致力于为香港与内地紧密合作作出应有的贡献。为此，他提交了《关于持中国国籍香港居民享有国民待遇以自然人身份申办内资公司的建议》。到内地投资，享有国民待遇，这是香港居民的呼声。通过这项提案，陈经纬希望能进一步完善投资管理制度，以促进更多的香港居民到内地来投资创业，促进祖国繁荣，为振兴中华民族作出应有的贡献。

其间，针对 2008 年国际金融危机来临，国家出台十项措施刺激内需的背景，陈经纬在接受媒体采访时倡议设立中小企业银行的建议，这一建议应时而出，针对性强，得到社会各界的广泛关注和认同。陈经纬认为，"融资难"多年来一直是围绕中小企业发展的瓶颈问题，这是许多中小企业难以发展做大的症结所在，建议中央政府考虑开放设立中小企业银行，该银行可以是实行民间股份制。政府对中小企业银行实行税收减免政策，给予政策上的支持。同时在财政上也进行支持，要求部分行政部门和单位的存款，大部分存入这类银行，以支持银行专门贷款给中小企业发展生产。陈经纬同时表示，应充分发挥工商联作用，由工商联牵头，筹建中小企业银行，专项为中小企业服务。通过对专业银行的市场化运作，增强中小企业的"造血"功能，从根本上解决数以百万计中小企业融资难的问题，这也是社会主义市场经济一次有益探索和实践。

在 2009 年全国"两会"，陈经纬作大会主题发言时表示，在当前经济形势下，加强信用风险管理体系建设的重要性越发突出。他认为，我国在计划经济年代，信用风险问题矛盾并不突出，但步入市场经济特别是融入全球经济以后，这个问题越来越突出，成了影响经济发展的一个不可忽视的环节。为此，

必须要把信用风险管理作为一项系统工程来抓,做到统筹考虑,多管齐下。这个发言得到了与会全国政协委员和出席会议的中央领导一致赞同并高度重视。当年5月份,全国政协就这一专题赴上海、湖南等地进行了深入调研。

陈经纬对于信用风险管理问题的研究由来已久,在此之前,他已连续6年独家赞助、连续8年出席会议作主旨演讲由中国国际贸易促进委员会与全国整顿和规范市场经济秩序领导小组办公室等机构共同举办的中国国际信用和风险管理大会。在今年的第十届大会主题论坛"信用十年——收获与征程"的颁奖环节上,组委会向陈经纬颁发了"大会杰出贡献奖",以表彰并感谢他在推进中国国际信用和风险管理大会品牌发展,鼎力支持信用体系建设方面所做出的不懈努力。之所以关注信用大会,还是源于永不言变的企业公民责任。

2010年全国"两会",陈经纬提交了《鼓励企业加大人才再教育培训力度是实施人才强国战略的一大举措》的提案,呼吁国家出台强有力的政策措施,鼓励企业加大对职工教育培训的投资力度,促进企业转型升级。提案中建议,加快企业所得税改革,允许更多比例的教育培训费用列入成本税前开支,鼓励企业逐年加大对职工教育培训的投入。同时,建议由全国总工会、教育部、全国工商联等部门联合制定规划,在全国按行业设立各类再教育学校和专业学科,加快企业职工再教育培训社会化步伐,为我国经济发展持续输送大批高素质劳动者。

2011年全国"两会"期间,陈经纬带来一个非常大胆的提案——《动用国家外汇储备,借助香港国际化平台,支持民营企业到海外投资》的提案,他认为,民企走出去碰到的困难,一是融资难,二是缺乏国际化的专业人才,对国际化的了解、国际化的贸易规则、游戏规则掌握还是不够。所以,动用外储来支持民企"走出去",就是一举两得,既可以解决外汇储备的安全,甚至增加一些收益;又可以解决民企"走出去"碰到的融资难问题。这个提案后被全国政协以《重要提案摘报》形式专报党和国家领导人。

在2012年全国"两会"期间,陈经纬以《将香港打造成为加快实施"走出去"战略的重要平台》为题,在人民大会堂作主题发言。他表示,改革开放以来特别是中国加入世界贸易组织十年来,在国家"走出去"战略指引下,中国企业在世界众多国家和地区开展投资合作,不仅有力推动了当地经济的发展,而且全面提升了中国企业的现代化和国际化水平。陈经纬认为,香港作为国际金融、贸易、航运和信息中心,汇聚中西文化,拥有大量国际资金和既熟悉香港、又了解内地,而且掌握国际市场讯息和通行规则的专业人才,香港企业还拥有遍布世界的营商网络。把香港作为实施"走出去"战略的平台,能促进香港功能角色的华丽转身,推进香港的持续繁荣稳定,同时将为加快实施"走出去"战略开拓一片广阔天地。此次"两会"上,陈经纬以第一提案人身份,以该主题为提案,联合80位全国政协委员联名提交。后来,该提案的部分内容被中央政府采纳,并成为惠港具体政策措施。

据不完全统计,在十一届全国政协五年内,陈经纬先生出席各种论坛,发表的演讲逾百次,每年向全国两会递交提案至少五篇以上。

搭台:协助内地企业"走出去",服务地方政府"引进来"

加快实施中国企业"走出去"是"十二五"规划提出的重大国家战略,也是陈经纬矢志不渝推动的目标。2009年8月,在香港中联办、香港特区政府和全国工商联大力支持下,旨在贯彻我国"走出去"战略的香港中国商会在港成立,陈经纬担任首届主席。香港中国商会致力于为我国非公有制企业到香港投资发展并通过香港"走出去"以及各省市在香港对外招商引资提供了"引进来"、"走出去"的双向服务。

2011年11月,由香港中国商会主办,经纬集团独家赞助的首届"中国海外投资年会"在港召开。年会以"服务国家、繁荣香港、惠及全球"为宗旨,汇聚全球政界、商界、媒体等各种力量,为中外企业牵线搭桥,提供一个资讯及资源对接的平台,探讨在未来世界经济格局变化中,中国企业"走出去"和"引进来"的新思路、新战略。

黄孟复、王忠禹两位全国政协副主席、香港特区政府署理行政长官林瑞麟亲临年会并致词。年会盛况空前,吸引了海内外8600多人次参与。与会代表中,约有1000位内地政府官员、国际政要、海外侨领、海内外知名金融家、企业家、权威研究机构专家学者和各大主流媒体人士等,其中,演讲嘉宾超过百位,年会取得了丰硕的成果,引起海内外各界高度关注。在首届年会获得巨大成功后,2012年8月又召开了第二届"中国海外投资年会"。时任中共中央政治局常委、国务院副总理的李克强在两届年会会前会后都作了重要批示,予以高度肯定。时任全国政协主席的贾庆林评价"两届'中国海外投资年会'正逐渐成为具有一定国际影响的品牌活动"。

为了让香港中国商会在贯彻"走出去"战略中发挥更大作用,陈经纬还组织香港中国商会代表团访问内地有关省市,并与这些省市沟通对接。

2010年4月,时任中央政治局委员、天津市委书记的张高丽在天津迎宾馆会见了以陈经纬为团长的香港中国商会代表团,张高丽对香港中国商会代表团来津表示欢迎,对项目签约表示热烈祝贺。他说,香港中国商会十分关注和支持天津的发展,积极组织香港地区和海外企业家来津投资创业,为扩大津港经贸合作、促进天津发展作出了积极贡献。香港经纬集团是一家国际化、多元化的大型企业集团,在武清投资兴建国际化高端综合商贸项目,非常有战略眼光,对加快天津现代服务业的发展将起到重要作用。我们将提供优质服务,创造有利条件,支持项目早日建成。

2010年7月,香港中国商会代表团访问上海时,受到时任中共中央政治局委员、上海市委书记俞正声的亲切接见。俞正声表示,香港中国商会成立以来,为内地到香港发展、香港到内地发展的企业提供双向服务,起到了很好的沟通、协调、服务作用,对沪港合作的未来充满信心。

2012年8月,香港中国商会访问北京时,时任中共中央政治局常委、全国政协主席贾庆林在人民大会堂亲切会见了访京团全体成员。贾庆林指出,香港中国商会成立以来,积极开展会务活动,取得了积极成效。一方面注重紧密联系内地有关方面,协助内地有关省市在香港举办招商活动;另一方面注重加强与香港特区政府、国外在港商会的联系。

今年5月,香港中国商会访问团到达广西,就如何促进桂港合作、发挥"中国海外投资年会"作用,帮助企业"走出去"和政府"引进来"、促进港企和海外华商与广西合作等议题与广西各界广泛交流。广西壮族自治区党委书记彭清华在会见中表示,香港中国商会是一个很有影响力的商会,长期以来在服务各地方政府"引进来"和在帮助企业"走出去"方面起到很大作用,希望商会能成为服务企业走向广西的平台和桥梁。

之后,香港中国商会到访广东,受到中共中央政治局委员、广东省委书记胡春华、广东省省长朱小丹和广东省委、省政府多位领导的亲切接见。胡春华表示,改革开放以来,香港同胞和海外侨胞在促进粤港合作和广东经济社会建设中作出了重要贡献,是推动广东改革发展的重要力量,希望香港和海外侨商抓住广东新一轮发展的机遇,加大在粤特别是在潮汕地区的投资,与广东共同发展。陈经纬在会见中表达了香港中国商会将积极以协助内地企业"走出去"和服务地方政府"引进来"的办会宗旨,表示要在中国对外开放新格局中发挥更大作用,特别是加大服务广东民企"走出去"的力度。

2013 年 12 月中旬,香港中国商会访问团到上海进行考察交流。上海市市长杨雄、市政协主席吴志明分别会见了访问团一行。此次访问团实地考察了中国(上海)自由贸易试验区、浦东新区、上海国际航运中心洋山深水港及虹桥商务区,并与上海工商联进行了广泛的交流,签署了合作备忘录。香港中国商会访问团是自上海自贸区成立以来,第一个由香港商会机构组织的赴沪实业家考察团。杨雄表示,香港中国商会自成立以来,为内地到香港发展、香港到内地发展的企业提供大量的双向服务,在促进香港与内地经贸合作交流方面发挥了重要作用。

值得一提的是,2013 年 6 月,香港中国商会由陈经纬带队,对泰国进行了访问,得到了泰国总理英拉等高级官员和商会领袖的接见。英拉在会见中说,泰国通过的大规模基础设施建设计划为中国内地和香港的企业提供了大量的投资机会,泰国欢迎中国内地和香港的投资者参与泰国的经济建设,这对加强泰中两国经济发展起到重要作用,中国企业在泰国的建设中发挥着越来越重要的作用。陈经纬在会谈中表示,现在中国企业走出去的需求越来越强烈。泰国已成为中国企业重要的投资方向,加强中泰经贸往来对促进两国友好合作起到重要作用。会谈后,双方达成了建设"东盟城"等初步商业合作项目。

尽责:全情投入,感恩社会

作为一名有责任心的企业家,在发展企业时,陈经纬时时不忘履行社会责任,长期以来他一直热心慈善公益事业。汶川、芦山发生地震,他都在第一时间捐款。除抗震救灾、扶贫济困外,陈经纬还积极支持教育、文化事业及商会、社团建设等公益事业,受到社会广泛的好评。据不完全统计,经纬企业创办以来用于各种社会公益事业的资金超过 4 亿元。2009 年 10 月 25 日,陈经纬先生荣获了"中国经济双百榜"之"共和国 60 年海外杰出华商 20 人"和"人民社会责任奖"。

为了推进我国国家人才和企业人才的培养,陈经纬多年来除了在全国"两会"期间提交多份有分量的关于人才培养提案外,还坚持捐款支持教育事业。

2007 年 5 月,陈经纬先后捐赠 1000 多万元为同济大学建立大学生活动中心"经纬楼"、"同济大学经纬不动产研究院"及其他基础设施;2011 年 4 月,时值清华大学百年校庆,陈经纬慷慨捐赠 1000 万元在该校设立"清华—经纬学生创新创业基金",每年 200 万元、连续 5 年支持学生课外学术科技创新人才和创业人才培养;同年 9 月,陈经纬先生向对外经济贸易大学捐赠 1000 万元人民币,用于资助学生创新、创业活动;2012 年 9 月,时值外交学院隆重举行周恩来、陈毅纪念铜像揭幕仪式之际,陈经纬先生捐款 1000 万元用于外交学院设立"外交学院经纬师生创新创业基金";2013 年 4 月 19 日,陈经纬向中国人民大学捐资 1600 万元用于支持学科建设和人才培养工作,同时受聘中国人民大学董事会副董事长。

2013 年 11 月 8 日,陈经纬捐赠 1 亿多元,在其家乡汕头兴建"陈经纬高级中学"和"陈蔡瑞锦九年制学校"在汕头市潮南区陈店镇举行奠基仪式。其中陈经纬高级中学占地 60 亩,计划投资 6000 万元以上,将以广东省国家示范性高中的标准建设,可容纳学生 3000 人,规划建筑面积为 21800 平方米。陈蔡瑞锦九年制学校占地 36 亩,计划投资 5000 万元以上,将以高起点的现代化标准建设,规划建筑面积为 15800 平方米,可容纳学生 2500 人。两所学校将配备标准化的实验室、多媒体教室、图书馆、微机室、音乐舞蹈室、大礼堂和健身房等。

结　语

"创业虽然艰难,但当你迈过了这道坎儿之后,反过来想是一件好事。在做街道工厂经理的时候我学到了很多经商经验,也学到了在逆境中求生存之道,所以到香港后,能够尽快融入香港社会。吃苦耐劳能够塑造一个人的优良品性。"陈经纬说,"我们受益于改革开放的政策提供了企业发展广阔的舞台,从中我深切感受到沉甸甸的责任,为此,我们时刻不能忘记国家和社会,要懂得感恩,尽自己所能报效社会,为国家发展释放正能量!"

陈跃：个人理财服务领域的开拓者

撰稿　李元

　　在今天，理财、理财产品、理财服务，已经是家喻户晓的概念。但在十四年前，这些事物对于中国人来说，还是相当陌生。当时，银行还没有个人金融部，更没有理财工作室。突然有一天，上海的电视、报纸、户外广告、车身广告、地铁广告出现了一句朗朗上口的广告语：你不理财，财不理你。一本以个人和家庭投资理财为定位的杂志《理财周刊》诞生了。这份国内第一个理财类媒体的主要创办人正是上海的潮汕籍乡亲陈跃。作为国内个人理财服务领域的开拓者，陈跃带领他的企业把《理财周刊》办成了国内发行量和影响力最大的投资理财类刊物，并在此基础上拓展了多项相关的业务和品牌。

致力普及科学理财观念

陈跃是一位学者型的企业家。1978 年,他参加高考,从广东汕头考入了复旦大学经济学系,一读就是 7 年。硕士研究生毕业后,进入上海市委政策研究室经济处,从事上海经济发展战略和经济政策研究,很快成为系统内最年轻的副处长。后来,他被派往新华社香港分社,担任其旗下经济信息中心经济学家,从事香港和国际经济研究。接着,他又担任香港投资顾问公司的合伙人,主持和参与引进了多家跨国公司,帮助它们在中国迅速开拓市场和建立品牌。在他参与担任顾问的项目中,不乏一些响当当的跨国公司和品牌名字,哈根达斯、品食乐、强生、西门子、通用电器资本、大金等等。他说:"在为这些跨国企业服务的过程中,我也取到了企业管理、品牌推广的真经,对后来发展事业帮助很大。"

2001 年,陈跃决定投资创业,与国内著名出版集团合作创办了《理财周刊》。陈跃说,当时国内几乎没有理财这个概念,但海外已经非常发达。在他工作的香港,投资理财也已相当成熟。而国内则很多人热衷于股市短炒和投机,普遍缺乏正确的理财观念和长期的投资计划。他相信随着国民收入不断提升以及中国加入世贸组织带来的金融开放,民间的理财需求会越来越大,在这种情况下提供专业的投资理财信息、普及科学的理财观念,不仅有意义,而且也一定会有广阔的市场前景。深厚的经济研究功底和开阔的国内国际视野,使陈跃在投资理财信息服务领域游刃有余。

从一开始,陈跃就不是按照传统思路办媒体,而是把媒体当做产业来做,致力打造媒体品牌,全面开发延伸业务。《理财周刊》不仅是国内最早的理财媒体,还开创了国内多个第一,第一家综合理财门户网站,第一个理财博览会,第一所理财高等专修学院,评选第一批理财之星。

保持领先某种意义上比创造第一更难。在国内的近万家期刊中,理财周刊是连续多年跻身最畅销十大期刊的财经类刊物。在众多的财经类媒体中,《理财周刊》的发行量和综合营业收入长期名列前茅。记者了解到,办投资理财杂志表面上很风光,但实际上竞争非常激烈,市场非常残酷。继《理财周刊》之后,国内出现过很多投资理财类的报刊,但办了若干年大多都停刊了。《理财周刊》不仅坚持下来了,而且发展得很好。正因为此,陈跃每年被邀请到上海市新闻出版局的报刊社长、总编岗位培训班讲授报刊经营,也被很多同行邀请传授经验。陈跃说，其实做媒体与做其他事业一样，没有任何捷径，需要选准市场定位，然后坚定不移地走下去。

企业成功的秘诀在于"新"与"深"

被问及理财周刊为何能够保持长期稳定发展时，陈跃说："《理财周刊》的发展，可以用新和深两个字来概括。"

"新，就是根据技术和市场的变化，不断开拓创新"。据他介绍，《理财周刊》一直是根据读者和市场的需求，不断创造、改进杂志内容和版式，以此牢牢抓住用户。《理财周刊》也是最先拥有网站、苹果及安卓应用软件、手机报的传统媒体之一。近年来《理财周刊》在 IPAD 全球热销报纸杂志应用软件中，一直稳居前 20 名。《理财周刊》的微信公众号，也在全国财经微信公众号中经常排名第 10 位。《理财周刊》已经建立 10 多个系列微信公众号，多维度地为用户服务。《理财周刊》在各大门户网站上的微博，长期保持数百万的粉丝。为了适应新媒体的发展趋势，《理财周刊》开发的移动客户端快理财也将正式上线。《理财周刊》将作为投资理财的内容信息平台，以多样化的媒体形式，实现从平面到电脑到移动终端的全媒体覆盖。

"我们做过一个在校研究生的问卷调查，发现在调查的前一天没有人在看电视，看平面媒体也只是寥寥几人，而通过电脑和手机阅读资讯的几乎百分之百。《理财周刊》即将上线的移动理财客户端，包括理财资讯、理财产品搜索、专家评市、社区论坛、理财微课程及购买彩票等板块。这个平台与平媒、互联网是互相补充，相互促进，进一步提升媒体的即时性、互动性和覆盖率，最重要的是它能帮助我们培育新的受众人群。"

"深，就是围绕品牌和用户资源，进行深度开发，开展延伸经营，形成环环相扣的产品链。我们在《理财周刊》杂志的基础上，开展了财经出版、理财教育、理财会展、财经公关、财经演艺、艺术金融、财富管理等业务，每块业务既是独立核算的经济实体，又是相辅相成的产业环节。"

理财博览会是《理财周刊》非常成功的会展品牌，到目前为止在上海已经举办十二届。今年的理财博览会有约 300 家金融机构参展，展览面积超过 3 万平方米，其规模和影响力与书展和车展同称为上海三大公众展。每一届的理财博览会都有约二十万市民参观，举办数十场论坛讲座，上百家媒体

陈跃：个人理财服务领域的开拓者

集中报道,被誉为上海城市的金融名片,一年一度的市民理财嘉年华。《理财周刊》还把理财博览会的品牌输出到外地,在北京、广州、重庆、深圳、西安、杭州、郑州、昆明等城市办展。理财博览会反映了国内金融市场结构的变革和发展。随着互联网金融的兴起,《理财周刊》今年又举办了互联网金融博览会,为广大新兴金融企业提供了展示品牌、推介产品服务的舞台。

财经演艺也是《理财周刊》一项很有特色的业务。几年前,《理财周刊》就策划投资了周立波的海派清口《我为财狂》,在上海连演 60 场,开创了财经演艺节目的先河。前年,《理财周刊》又与有关演艺机构合作推出话剧《女人一定要有钱》,每场观众 1000 人,已经在上海演出 100 场,接下来在其他城市演出 100 场,创造了话剧演出的最多场次纪录。接下来,《理财周刊》每年都将投资一两个重大演艺节目,而且希望这些节目能够品牌化,能够通过修订长期演出,并改编成电视、微电影等其他艺术形式。陈跃说,看起来,开展财经演艺业务对《理财周刊》来说是一种跨界,但这也是相关的延伸业务,而且能够对核心品牌和业务起到有效的推广和促进作用。

四年前,《理财周刊》开始涉足财富管理领域,相关业务迅速发展,成立上海极元金融信息服务集团股份有限公司。该公司已于 2012 年 9 月,成功登陆上海股交易中心,成为第 26 家挂牌企业。目前极元金融旗下已经拥有公募基金代销、保险代理、私募基金管理、信托销售、基金券商专户产品销售、资产管理、海外基金等牌照和业务,建立了覆盖全国主要城市的理财产品供应、理财顾问服务和理财产品销售体系,形成了有效的金融信息服务平台。几年来,极元金融的引导资金量、营业收入和利润每年都有 50%~100% 增长,并跻身于国内最有影响力的第三方理财机构行列。

坚持不断学习的管理者

陈跃是复旦大学的硕士研究生,近年来还担任复旦大学经济学院的校外硕士导师。但他还是坚持学习进修,不断充实自己。他到上海交通大学海外学院金融投资与财富管理总裁班学习,曾担任金融投资与财富管理总裁联谊会当值会长。他入读上海交通大学海外学院全球 CEO 研修计划,班上的同学许多是上市公司和大集团的董事长和总裁,虽然他是班级学习委员,但他说从同学那里学到很多。其间,他还分别参加剑桥大学、牛津大学、加州伯克利大学、西点军校的金融和管理课程,觉得大大拓宽了视野。为了适应旗下公司开展的艺术投资和文化发展项目,他选修了上海交通大学首席人文艺术大师班,有机会聆听国内外著名人文艺术大师的指导。为了强身健体,他又去选修易筋经课程。

陈跃说,复旦给了我系统的基础和专业教育,但社会环境的变化太快,知识的更新更快,需要坚持终身学习,不断吸收新的知识资讯,拓宽人脉关系。这些课程虽然一个月就上两次课,但课堂其实无所不在。在课堂之外,许多互动性强、参与度高的论坛讲座和联谊会活动,给大家提供了学习、分享、交流的机会,收益匪浅。

有人问陈跃,你要管理旗下那么多企业,还有时间去学习进修吗?陈跃回答道,作为一个企业的领导人,如果事无巨细都要自己去管,那再多的时间都不够用。关键是要善于用人,善于为企业建立良好的机制。这样,你自己才可能有时间去学习,才能够有时间去思考企业发展的方向和战略。

陈跃说,西点军校参加领导力培训的时候,老师将领导人分为两类:变革型和交易型,前者是以战略、思想文化影响企业发展,后者只会用奖惩、规范来领导企业,前者比后者要高出一筹。老子在《道德经》第十七章里说:"太上,不知有之;其次,亲而誉之;其次,畏之;其次,侮之。"太上即是道,最高境界,不知有之,就是领导于无形。给企业建立一个架构和资源平台,让每一层次的员工都能觉得一件事情的完成是自己努力达成的结果,能找到成就感,才能够最大限度地发挥每个人的创造力和潜力,使企业有更强的发展动力。

陈跃经常说,要使企业像一个"自由人的联合体",让每个员工自愿、自由、平等地参与一个共同的事业,充分发挥能动性和创造力。在这种情况下,员工做每一件事都是发自内心的,是与个人的利益和生涯发展紧密联系的,又是和企业的发展方向相一致的。在这种独到的管理理念下,《理财周刊》及旗下企业的骨干和员工队伍,长期保持很高的稳定性和工作积极性。有些骨干还通过内部创业,成功发展个人事业。

陈跃就像一位经验老到的船长,自如地引导着《理财周刊》的船队,在投资理财领域的海洋里纵横驰骋。

林进源："金城隍庙"品牌掌门人

撰稿　司徒志勋

2014年的春天，中国经济深化改革的春意正浓。

在上海陆家嘴的光大会议中心，老凤祥的全国订货会上，上海老字号"金城隍庙"黄金柜前人头攒动，一位貌不惊人的年轻经理被人们团团围住，似乎有点应接不暇，一份份要货单如雪片般地飞向这位年轻经理手中，他——就是上海黄金珠宝业的老字号"金城隍庙"的掌门人林进源先生。

林进源，朋友们更愿意叫他小林。

面前的小林一点也不显眼，看来温文尔雅。然而，在中国黄金珠宝业竞争激烈的商战中，全国著名的品牌香港周大福、六福珠宝、潮宏基和北京菜百、上海老凤祥、城隍珠宝、中国黄金等少不了请他帮忙供货。

走进位于上海城隍庙第一购物中心三楼的上海源雅珠宝首饰有限公司的批发中心，那是"金城隍庙"的一个批发点。记者的眼睛被 Hold 住了。看到过金灿灿的麦垛、看到过深秋时节的胡杨林，也看到过迪拜黄金街上的土豪们将黄金饰品大把大把往兜里揣的场景，就是没看到过可以把黄金饰品垒成垛的……

"太夸张了吧？"

"这只是其中的一个批发部门而已。"小林轻描淡写地一言带过。每天从深圳工厂出产的金饰品，在上海打成一包包发往全国各地，上海是"金城隍庙"的品牌销售中心。

上海，与林家是有缘分的。在当年的十里洋场上，林家的祖先创立了当时颇有名气的"恒利银楼"。抑或从小受家庭熏陶和环境影响，因而对黄金饰品有着独特的兴趣。林家的祖传"高熔点花色金"工艺在林进源手中传了下来。

然而，历史在等待一个时刻，十年、二十年漫长的岁月中，只是在等待那么一个可遇不可求的春天——

1992 年，也是那么一个春天，改革开放的春雷响起。

这是一个令中国人民永远难忘的春天，小平南巡讲话如同春风，吹遍了潮汕大地，又吹遍了大江南北、长城内外……

春潮在黄浦江畔涌动，林进源从潮州回到了祖先曾经创业的上海。上海的春天，阳光是那么的和熙明媚，林进源站在上海金陵东路 160 号当年"恒利银楼"的旧址，心潮澎湃，思绪万千。当年的银楼紧挨着外滩和老城隍庙，那是个寸金难买之地。如今旧楼不在了，已矗立起上海市工商联的摩天大厦，在这个洒满金色阳光的地方，一个黄金珠宝的品牌"金城隍庙"在他脑海中诞生了。

从上世纪九十年代初期试探性地打理黄金和 K 金的生意，到 2000 年投资兴办实体企业，从事专业的黄金、K 金饰品的设计、加工和规模化生产；蓦然回首，小林在这条并不平坦的"黄金大道"上已经走过了二十多个年头。在这匆匆消逝的岁月里，痛苦和喜悦结伴，成功与失败同行。就如同改革开放之后孕育的中国第一代企业家一样，过程十分痛苦，结果令人欣慰。小林对此感同身受。

"计划经济时期，我们作为央行指定的黄金零售批发企业，生意做得风生水起。当时国情是黄金作为储备货币，受中国人民银行总行严格控制；上游的原料供应不足,影响下游饰品的供给。很多零售商往往是揣着滚烫的钱等着温吞的货,那个时期才是名符其实的黄金时期。"小林说,"随着央行对黄金和白银市场管制的全面放开,黄金的交易权从此不再是稀缺资源,大家都站到了同一条起跑线上。在这种山雨欲来的境遇下,迫使黄金饰品加工企业审时度势,改变现状,必须尽快从原来技术含量不高的粗放型加工企业,向具有自主品牌和知识产权的集约型企业转变。"

林家祖传的"高熔点花色金"即后来的18K彩金,是"金城隍庙"产品工艺创新的基础,林进源深圳的工厂在此基础上,研究开发了令人瞩目的18K软金和24K硬金,这是一种可以令产品花色品种的数量成倍翻番的工艺。从此,"金城隍庙"品牌的24K千足金饰品的款式如百花齐放,美不胜收。

"这就是公司研发的硬金饰品。"小林从柜台里抓起一把金灿灿的吊坠,哗啦啦地撒在了玻璃柜面上,并示意记者用手捏捏看。

原来,从2009年起,林进源加快了具有自主知识产权产品研发和推广,24K硬金饰品的新产品如雨后春笋般层出不穷,在全国订货会经常一抢而光。

记者拿起一款卡通吊坠在拇指和食指间施以压力,结果捏到两指微微发痛,而手中之物却纹丝不变。

"是加了其他成分吧?"

"绝对没有!"小林一脸严肃地说,"硬金其实就是千足金,只是在加工过程中提高了工艺的科技含量,使得原本疲软的黄金变得坚硬了。但是,这种物理变化并不改变黄金原本的纯净度,它依然是999.9的千足金。"

记者忽然想到,国外为什么鲜有24K的黄金饰品,而大多是以7K、9K和14K的黄金配比面向市场,原因是外国人比较注重黄金饰品的装饰效果,而国人则更关心黄金保值增值的功能。硬金饰品的研发和推广,刚好满足了国人的需求,既保留了千足金4个九的纯度和黄金原本的色泽,又提高了饰品的硬度,而且,还从心理层满足了消费者保值增值的需求。

"硬金饰品具有精巧美观、个大量轻和立体感强等特点,以前,人们在睡觉前一定要将脖子上的黄金饰品取下来,反之,第二天醒来,心爱之物有可能受挤压变形。如今,随着硬金系列产品的推出,这种后顾之忧就不复存在了。"林进源说,"硬金饰品系列产品一经推出,便受到了同行一致认同和消费市场的追捧。如今,硬金饰品已成为企业的招牌产品,也是企业所有黄金饰品门类中工艺附加值最高的一种品种。"

其实,林家的创新产品又何止"硬金"。在上海这个全球时尚新潮追逐的国际大都市,你只有不断追逐潮流,勇敢面对潮流,不断创新,才能达到辉煌的顶点。

上海,仿佛也与林进源有缘。在上海,林进源获得了国家"中华老字号认证工作委员会"颁发的"中华老字号传承创新先进单位"和"中华老字号优秀掌门人"的称号,从传承先祖的恒利银楼开始一步一个脚印,扎扎实实地开辟市场。如今"金城隍庙"旗下已有一百多家以"金城隍庙"品牌冠名的连锁加盟机构遍布华东六省一市。

带有点潮汕口音的小林说话和风细雨,娓娓道来;偶尔也会一句话分几次连贯起来,斟字酌句尽可能让自己的语言表达和真实意思相契合,说明他为人处世比较严谨。从他办公室堆满的各类奖牌和荣誉证书看,"金城隍庙"这个品牌已得到了社会的高度认可。尤为注目的是那张前国家主席胡锦涛向国民党名誉主席连战赠送"中华传世金玺"的照片,被配上相框后高高挂起。小林自豪地说:"这个国礼就是我们设计制作的!"

小林说:"如今企业正在积极引进国际顶尖设计人才和加快产品的结构调整,尽可能让新开发的产品注入更多的文化元素。在不断提高自主研发和设计能力的同时,力求把每一件产品都当成艺术品来打造,使产品不仅具有贵金属的属性,还具有艺术品的收藏价值。终极目标是要将"金城隍庙"品牌打造成中国黄金和 K 金饰品行业的时尚引领者。

看得出,林进源不仅是做企业的人,还是一个做慈善的人,佛家似乎与这个年轻的企业家有缘,"源远流长"是原中国佛教协会赵朴初会长专门为林进源题的词。林进源常以"源远流长"四个字提醒自己任重而道远,千里之行始于足下。他喜欢上海的春天,不仅是春天催生了万物的生长,也不仅是每年春天的订货会是一年最旺销的生意,而在于春天是他的起源,春天是催人奋进的季节。

林振雄：全通从上海出发

撰稿　陈向阳

　　上海浦东陆家嘴金融城及一江之隔、拥有深厚金融历史底蕴的外滩金融集聚带，已成为中国吸引中外资金融机构最集中的地区之一，这"一城一带"，正构建起上海国际金融中心主体。在这里，有一位正在迸发的上海潮汕人——林振雄，如他的名字一般，他以潮汕人那种敢于创新与拼搏之精神，在上海嘉定这片热土上，创造金融全产业链价值整合的新天地。

　　出生于广东汕尾的林振雄，1993 年从家乡高中毕业考入深圳大学，就读于电子工程专业；1996 年去英国读本科连研究生。1998 年在英国大学毕业的他，思念家乡心切，回到了祖国。第一份工作就被聘为"沃尔玛"营销总裁助理。二十多岁的小伙子，不甘于寂寞，1999 年年底开始自己创业。干事业哪有这么容易一帆风顺？他当业务员跑营销,了解了市场,认识了社会。2005年,他跟着家庭企业做生意,参与收购一深圳商业地产,对它进行全新包装定位,打造第五代家居新模式,一座全新的8万平方米的"佳得宝家居建材博览中心",成为当时华南地区单体最大的交易广场。经历了从无到有,将一个烂尾楼,建设成具有系列商业模式的产业,对林振雄来说,这些无疑是一堂堂生动的创业实践课。他从中得到思想洗礼,收获了创业的喜悦。

2009年,正逢深圳联合金融集团改制。林振雄抓住这个机遇,成为改制后集团的副总裁。他这时从事的"主业",正是为他后来走上"金融谷"之路的"预热"。那时,金融服务外包行当,还少有人问津。林振雄以他在大学里学到的知识为基础,看好这个行业。他一步一个脚印,两三年间跑了全国50多个大中小城市,天南海北,到处推行金融服务业务,业绩也逐渐扩大。

翻阅林振雄的履历不难发现,其早年留学英伦,毅然放弃定居澳洲的机会回国创业,先后就职于大型国企清华同方和世界500强外企,担任高级经理。通过对不同性质的企业和业态的熟稔及对新兴产业灵敏的市场嗅觉,试水金融谷,显示了他敢为人先和勇于实践的企业家魄力。

2010年,林振雄来到了上海。林振雄说,金融中心的实质就是金融服务业集群发展的结果,金融服务业集群通过集聚带来的共享、复合、互补等所产生的外部经济效应,是金融中心进一步发挥其金融功能的先决条件和金融中心发展的主要推动力,而金融中心的形成和发展反过来也会进一步吸引各种金融要素的聚集,不断扩大金融服务业集群发展的作用和影响力,二者互为因果,相辅相成。从金融服务业集群到金融中心的形成是一个客观演化的过程。经过一番的实地调研,林振雄立下雄心,在上海再创业发展。

"嘉定地理位置优越,交通网络发达,区位优势明显,具有大力发展金融服务业的良好条件和突出优势",林振雄逢人便夸。

2011年,林振雄董事长创办的"全通上海金融谷发展有限公司"正式成立。从全通上海金融谷出发,20分钟可达虹桥机场,45分钟可达浦东机场,沪嘉、沪宁、沪杭等高速公路以及轨道交通11号线贯穿整个园区,沪宁高铁在嘉定设有南翔北站和安亭北站,70分钟直达南京、3小时车程范围辐射长三角重要核心城市、30分钟车程直达市区中心。

全通上海金融谷投巨资在位于嘉定工业区城北路以东、沥红路以南、娄红路以西、茄子泾以北的区域范围内,打造嘉定"金融硅谷"核心组成部分——

全通上海金融谷。

林振雄介绍,全通上海金融谷将建设成为技术密集、人才密集和资本密集型的全新金融服务供应链生态聚集区。预计建成后,将带来相关产业产值约100亿元,带动金融及高新技术人才近2万人就业。

"金融谷布局是汇聚金融谷、对接陆家嘴、服务长三角、联动自贸区、构建新平台、辐射全中国。"林振雄阐释道,嘉定"金融硅谷"属于上海国际金融中心的重要组成部分,与陆家嘴联动共同构成前中后台一体化的金融服务体系;作为长三角核心节点,嘉定是上海通达周边省区核心城市距离最近的区域,可充分发挥金融服务产业中心的辐射力。全通上海金融谷将承接上海建设自贸区有关金融创新开放的溢出效应,发挥独特的上海国际金融中心特色功能区的作用。全通上海金融谷为金融服务及新型业态搭建产业综合服务大平台,增强持续运营能力和集聚引力,实现金融服务及相关产业在园区集群化发展;倾力打造的金融全产业链复合型产业园,成功的示范效应不仅体现在上海、长三角,乃至辐射全国。

作为一家业务涵盖金融服务外包、金融信息服务、金融资产投资、实业投资、金融基础设施建设与管理等领域的金融服务产业运营商,林振雄以其专业的眼光和先进理念,率先提出"融汇地产、互联网、金融三者概念,在嘉定工业区内打造一个以金融服务外包产业为基础、以互联网金融为核心、以金融服务为纽带、以资本投融资为杠杆,聚焦产业链生态系统的构建,使相关产业相互渗透、相互支持、相互融合的高附加值的运营平台,并成为一座创新、生态和智慧型的服务新城。

全通上海金融谷是打造嘉定"金融硅谷"核心组成部分,将建设成为技术密集、人才密集和资本密集型的全新金融服务供应链生态聚集区。

全通上海金融谷定位于互联网金融产业基地、金融服务外包产业集聚群、投融资运营平台。通过平台、模式、营运三大创新体系相互联动形成合力,重点对接金融外包市场,发展服务外包品牌、发展互联网金融、打造创新普惠金融品牌。

林振雄把全通上海金融谷规划通俗地归纳为"一二三四五":

一座金融城——规划1000亩以金融服务外包和互联网金融为主题的全产业链复合型基地,打造智慧型、创新型和生态型的服务园区。

两个交易中心——信贷交易中心:为客户提供信贷业务受理、评审、放款、交易一站式服务；股权(基金)交易中心：提供股权、基金发行上市服务和场外柜台业务交易。

三大创新体系——模式创新：构建以互联网金融为核心的金融全产业生态链，打造产业、地产和资本三位一体的发展模式，推动产业园形态不断升级和进化；平台创新：围绕园区产业发展，构建资源整合、技术和业务服务系统平台；运营创新：以综合服务促进园区产业运营和发展。

四项核心功能——金融服务产业集群：为产业集群的形成和运营打造良好的服务和生态环境；创新金融：建立创新金融平台体系，探索金融创新的有效模式，发展互联网金融为核心的创新型金融；服务外包：为金融机构提供服务外包，成为金融机构服务支持中心；科技孵化：为科技企业和创业型企业提供政策扶持和配套的基金、贷款及融资辅导等一揽子金融服务。

五类服务平台——统一的营销平台：为园区企业提供统一的品牌宣传和业务推广服务；统一的人力资源平台：提供人力资源引进、开发、管理全面服务；统一的资本投融资平台：为园区企业提供金融及资本运营服务；统一的园区运营平台：为园区企业提供流程建设、供应链管理等系列服务；IT运营支持平台：提供统一的信息系统软硬件设施与运营服务。

"业态纯化必然导致功能退化。我们看伦敦金融城，其最大产业是文化，作为金字塔的塔基，最上面是金融服务业，当中是商业"，林振雄说，全通上海金融谷的建设坚持"混序模式"，即在主导产业突出的情况下，建立一个相对混而有序的区域，营造良好的产业生态。让现有的物理空间与虚拟的网络空间相得益彰，使之成为创意阶层、外来漫游者、本地居民和谐共处的宜商宜居之地。商务、商业、文化缺一不可。如果业态和形态太纯粹了，就可能出现企业招不进来、人才留不下来的情况。为此，全通上海金融谷遵循办公生活化，景观立体化，生态人文化的规划理念进行设计，努力打造智慧园区和生态园区，提供包括符合国际5A标准的写字楼、文化传播中心、国际会议中心在内的高档办公环境，并借助高家弄港水系的优质水源与园区内外共同构成优美水景，清澈灵动。园区的绿地、亲水平台、景观小品与建筑形成有机的整体，错落有致，移步换景。"一期开发200亩"，林振雄告诉记者，"目前已经封顶了10万平方米，到今年底要达到20万平方米，明年是30万平方米，未来5~8年之内要建成70万平方米"。

全通上海金融谷全新的商业模式、成熟的业务模式、独特的关键资源和整合的资源平台,引来各类资源纷纷汇聚,初步形成了"政、产、学、研"各类资源统筹发展的业务形态,平台化的商业模式优势正不断积累和扩大。

现代服务业集聚区已成为上海现代服务业发展的重要载体,而作为其组织与管理者的园区运营商,也正逐步实现从空间运营商到服务集成商,再到产业发展商的转型升级。作为上海国际金融中心特色功能区核心组成部分而被重点打造的全通上海金融谷,融汇地产、互联网、金融三者概念,布局金融全产业链园区的新模式,打造了金融交易平台的新动力,开启了大数据时代金融业的新里程,谱写了金融配套服务产业新篇章,体现了上海现代服务业集聚区运营发展的新高度,引起社会各界的广泛关注。

在"建设上海国际金融中心"和"上海自贸区"国家战略引领下,上海必将成为国家金融改革的先行试验区和金融资源集聚的高地。全通上海金融谷作为服务业态整合和创新的商业模式,正朝着金融交易、结算、科技创新等金融服务供应链整体解决方案运营商的目标阔步迈进,为上海创新驱动转型发展和国际金融中心建设增光添彩贡献力量。

四十上下年纪,一袭休闲装,一口带有粤式发音的普通话,显得谦逊中不失干练,这是林振雄给人留下的深刻印象。从2010年的考察、论证项目基地开始,到四大核心功能、五个平台的清晰定位以及第一期200亩地中今年要完工的20万平方米建筑面积,蔚为壮观的全通上海金融谷正一步步变为现实。

林振雄有对于严父慈母的感恩,有对于妻儿呵护不周的歉疚,有身为三千万林姓人之一的自豪和自律。无论是金融谷开发的理性思考还是眷恋亲情的感性话语,可以预见,他未来的人生之旅会变得越来越精彩!

罗康瑞：我的心永远是年轻的

撰稿　陈向阳

上海新天地——著名国际地标，这里是上海的一张名片，这里是上海人时尚生活的精辟写真，这里是集"生活、工作、休闲"于一体的独特环境……这里更是广东潮汕人罗康瑞在上海事业成功的展示。

发现上海　打造上海新名片

罗康瑞，曾出任香港特区筹备委员会委员，现担任中国人民政治协商会议第十二届全国委员会委员、亚太区经济合作组织商贸咨询理事会香港代表、香港机场管理局成员、长江开发促进会理事长、重庆市人民政府经济顾问、香港工商专业联会永远名誉会长及其他多项公职,也拥有"上海市荣誉市民"、"佛山市荣誉市民"以及"安永企业家"等诸多赞誉。

罗康瑞坦言,第一次来上海的时候并没有很特别的感觉。转机出现在1985年,当时作为香港基本法咨委会委员,为加强对内地的了解,罗康瑞带团到北京、上海、广州考察,当他第二次踏上上海的土地,遇到当时的上海市团市委干部,从这群有思想的年轻人身上,罗康瑞感受到了上海的希望。他相信,凭借着上海的有利条件,未来上海一定会成为中国的经济、金融中心。于是就有了瑞安进入上海的第一个项目——陕西南路上的城市酒店。罗康瑞决定,1997年香港回归以后,一定要留在中国发展,而且要比其他香港房地产同行早一步进军内地市场。事实果真这样,位于淮海路上的瑞安广场自1997年落成启用,进驻租户均为国际著名企业。

1998年,罗康瑞决定投资将上海市中心破败不堪的大片石库门旧城建筑群改造成"上海新天地"。当时这个想法被认为"不可思议",但罗康瑞排除万难甚至个人出巨资坚持了下来。历时三年的精心规划和精雕细琢,甚至专门进口一种昂贵的防潮药水,像打针似的注射进墙壁的每块砖和砖缝里,为的就是使建筑外表保留当年的砖墙、屋瓦,内部则按照21世纪现代都市人的生活方式度身定做,引入高级餐厅、酒吧、品牌专卖店及时尚店铺,体现现代休闲生活的功能。这样的特色使上海新天地很快声名鹊起,成为上海的热门休闲场所,成为旧城改造的典范。更因为这里已是上海人时尚生活的一部分,它始终引领着潮流的生活氛围,始终与时俱进。

很多人以为"上海新天地"意为"从上海老的石库门房子里走出来的新形态",所以叫"新天地",其实不然;"上海新天地"的名字来源于其毗邻的"一大会址","一大"两个字合起来正是"天","上海新天地"的名字代表了"上海独特历史文化底蕴和城市化道路的创新",正因如此即使到了今天罗康瑞依然自豪地说,上海新天地只有一个,这种文化沉淀只属于上海,是无法被复制的。

上海新天地的成功,使罗康瑞及瑞安名声大振,瑞安开始在全国迈出坚实的发展脚步,创智天地、瑞虹新城、武汉天地、重庆天地、大连天地以及佛山岭南天地,随着项目的逐一开发,"天地系列"越来越为人所熟知,成为罗康瑞的地产名片。

与时俱进　做内地最具创意的房地产开发商

罗康瑞到过欧美及各地许多城市,每到一个城市最吸引他的就是这个城市的历史建筑和街区,要知道世界各地城市的现代化设施大致雷同,但要了解这个城市的发展历史和文化轨迹,最体现这个城市魅力和精粹的还是那些历史风貌的老街和传统元素;世界知名的大都市,都相当注重历史建筑的保护和再利用。罗康瑞亦深知"历史文化的保留和创新"的重要性,他将他的发现和体会充分融入至项目开发,为这些城市带来创新的理念:"旧城改造时老建筑不一定要拆,保留下来也不是只能作历史博物馆;旧民居只要加进现代化设备,也可以改造成时尚购物休闲的热点;校区、社区、科技园区可以融合在一起,共同发展,新与旧可以结合得很好。"罗康瑞让我们领略了创意的深刻内涵。

罗康瑞坦言,对上海新天地的创意是配合上海的城市发展,为上海人打造符合 21 世纪工作和生活需要的休闲场所,它不仅仅是一个旅游景点:创智天地的灵感来自于美国硅谷社区,整个项目将社区、学区、园区"三区"联动,以科教兴国为载体,形成没有围墙的大学城和产业区融合的全新社区,罗康瑞看中的是其对城市经济发展强大的推动力,注重培养创业人才、创新人才。瑞虹新城则是一个向世界展示上海居住生活的窗口,2010 年瑞虹新城 3 期首次引入"定制住宅"的概念,给所有人展现了一种与众不同的上海当代居住生活感受。

不仅在上海,随着瑞安的不断拓展,罗康瑞把这种朴实的理念也带到了其他项目所在地,重庆天地、武汉天地及佛山岭南天地在保护当地的文化特色的基础上融入全新元素,为当地居民带来不一般的生活体验。大连天地秉持提供环保、高度现代化而时尚的生活方式的发展概念,以吸引环保人士及绿色生活崇尚者及知识型人才。

最具活力的"瑞安精神"

瑞安的企业标志是一只展翅飞翔的海鸥,它出自罗康瑞最喜欢的一本书《天地一沙鸥》,也成为瑞安集团企业精神的精髓所在。瑞安集团创立43年来,罗康瑞对公司的每个新人,都必讲"海鸥约纳堂"的故事。这只海鸥的成长代表着奋斗、坚强不屈和追求真善美的精髓,"海鸥约纳堂"一直伴随着罗康瑞的成长历程,激励着他在不断地奋斗,追求事业的尽善尽美。在创业初期的七年里,罗康瑞每天都从早上7点工作到半夜2点,天天工作17个小时,一年365天不休息。甚至到现在,罗康瑞都依旧会把自己的时间表安排得满满的。

1971年,在创立瑞安的初期,投标、分判、采购乃至工程管理等,罗康瑞身兼数职,事必躬亲,累积了一定的经验,公司规模亦不断壮大。经过多年努力,瑞安终于在香港建筑界中崭露头角。1978年,成功投得位于油塘的香港第一个"私人机构参建居屋计划"发展权,并在80年代中期完成开发全港最大规模的私人机构参建居屋"丽晶花园"。

瑞安集团始终是一个朝气蓬勃的发展过程。在上世纪70与80年代期间就不断开拓市场。1973年成立钢铁公司,1977年开展预拌混凝土业务,1980年合资创办水泥公司,1981年收购开采石矿业务,1983年成立物料研究化验公司,1987年发展预拌沙浆业务。这一系列业务的开展使瑞安逐步发展成为香港一家建筑建材全备的集团式公司。瑞安集团旗下的瑞安建业有限公司1997年在香港联合交易所成功上市,集团旗下瑞安房地产有限公司则于2004年成立,并于2006年在香港联合交易所上市,在这个过程中,"瑞安精神"不断地形成和完善。

1983年,瑞安确立了长远目标的公司文化"瑞安精神",制订了"瑞安集团经营要旨",这是结合国际先进企管制度、中国传统文化精华和本身实践经验所创造出的一套崭新的企业文化。这一企业文化主要有五个纲领,分为利润、顾客、人力资源、管理哲学和机构文化。瑞安精神就是不断创新、精益求精,为顾客提供最优质的产品和服务、为员工提供学习发挥的机会、为股东争取最大的利益。多年来罗康瑞积极推广这种瑞安文化,把它融入企业管理模式和人才模式。

人,是"瑞安精神"的核心。罗康瑞认为,企业的长远发展,人才培养是关键要素,是重要资产。他知人善任,致力营造人才成长的良好环境和氛围,为人才提供与公司一起成长的机会。针对不同层面,瑞安集团制定了一系列人才培训计划,包括优才发展计划,管理见习员计划等。同时,大力鼓励本地人才与国际专业人才的互动、合作,各取所长,产生新效能。瑞安从架构相对简单、规模小的公司发展到今天拥有数千名员工的多元化集团,不但有老员工的努力,新员工亦有很大的发展空间。

瑞安至今已发展成为一个集房地产发展、建筑及建筑材料多种业务的集团,业务遍及香港、中国内地。瑞安的企业文化及长远目标,反映了集团追求优质、卓越及创新的精神。

最大贡献的社会责任

罗康瑞表示,对社会责任的理解不仅是简单的慈善和道德,而是要纳入到公司治理的目标战略,致力于构建系统的企业公民之道,做战略的先行者。

一个有责任感的地产企业一定要坚持可持续发展与保护环境的社会责任。作为中国首批支持环保的中国房地产开发企业,瑞安房地产在 2006 年就发起制订了一项可持续发展政策。2007 年 10 月,瑞安房地产成为香港环保促进会发起的"香港环保采购约章"的创会会员之一,致力推进更多环保政策,并在项目层面实践绿色、科技和人文的可持续发展之路,将美国绿色建筑委员会认证的美国能源与环境设计 (LEED) 标准应用于瑞安房地产在中国内地的项目中。2012 年瑞安房地产公布可持续发展"六大目标",将始终坚持"所有大型总体规划项目获得 LEED-ND 认证,所有新建商业项目获得 LEED 或中国绿色建筑认证,所有新建公寓住宅项目获得中国绿色建筑认证,所有住宅公寓均提供精装修交付单元,所有正常营运的持有物业单位面积碳排放 2011年至 2016 年降低 20%,所有新建持有的商业项目均提供能耗监测系统"。

罗康瑞和他的瑞安,对历史建筑的保护和再利用也有更高境界的理解,他们以创新理念把当地的历史建筑和文化遗产融入项目的设计及业务发展中,为老建筑赋予了新的商业价值和生命活力。罗康瑞说:"每一座城市的传统义化都是无与伦比的。因此,我们要做的不是简单的推倒重来,而是创造一个对话的所在,一个历史与现代,人与环境,自然与建筑,融洽共处的环境。让上海的石库门,重庆的吊脚楼,佛山的锅耳墙,以一种全新的姿态得以重生。"

总体来说,从城市发展的角度而言,瑞安这些年对社会最大的贡献,是为中国的城市在现代化、国际化进程中,如何保留历史建筑,如何改变"千城一面"的格局,提供了思路和经验,为城市带来了延续性的进步。上海新天地的出现,说明了摩天大楼并不等同于城市现代化,用现代手法保留历史文化是保留一个城市的个性,也是现代化。瑞安成功为内地历史建筑增添新的价值及色彩,使之成为中国旧城改造的典范。而从房地产开发的角度而言,瑞安创造性地提出了项目建设的整体规划,配合当地城市未来发展目标和总体规划的开发理念,跳出了一般开发商买地、建楼、卖楼的开发模式。

潮人在上海——最喜欢上海如年轻人一般朝气

如果要问罗康瑞上海这座城市最吸引人的是什么?他会说,20年前这里吸引他的是城市融合的气质,是上海的海派文化和历史背景,决定了这座城市的特质具有极强包容性,这一点让他相信这里有他可以成长的土壤。而今天吸引他的是城市前行的动力,更喜欢上海如年轻人一般不断上行的动力,一种朝气。

如今,罗康瑞看到石库门房子从供人们拍照留念,展现过去岁月的博物馆,变身时尚天地,焕发城市活力的源泉,他很感动;看到创智天地成为一个没有围墙的大学城和年轻人创业的"孵化"基地,他很感动;看到瑞虹新城从过去破旧的老街,变身引入国际领先住宅增值概念,成为年轻都市白领向往生活的家,他很感动。正是这些镜头的时空切换,让他更相信一句话,付出总有回报,因为除了作为一个商人的收获,他更收获了许多人尤其年轻人快乐的笑脸。他至今都有一个习惯,只要在上海,只要有时间,都会一个人去新天地走走,看看那里不同年龄、不同肤色的人们享受生活的笑容。

罗康瑞和他的瑞安已经成为了中国本土最具国际化的地产界代表。他惊人的成长速度也让罗康瑞在海内外迅速声名鹊起,罗康瑞和他的瑞安集团正一步一个脚印地让一个布局全国的"天地系列"初具规模。他的心永远是年轻的……

郑育健：粤商新锐在上海

撰稿　冯扬天

　　人们说，成功会向那些有目标和远见的人招手。粤商新锐、上海宏伊置业有限公司董事长郑育健就是这样一位成功者。

勇于开拓　敢冒风险

　　出生于 1965 年的郑育健，家乡位于广东岭南的著名侨乡——普宁市。他从上世纪八十年代起就从事服装面料和服装加工的生意，先后担任普宁市集昌服装厂厂长、普宁市鹏达制衣有限公司总经理，后来又任广东兆业公司执行董事、广东雷伊（集团）股份有限公司副董事长。经商时间不长，却把服装生意搞得风生水起。在常人眼里，郑育健事业有成，尽可以享受生活了。可郑育健骨子里就存有很强的进取心，胸中充满了永不满足、不断进取的激情，他决心寻找更大的发展舞台。九十年代初，他毅然离开家乡来到上海，立志在这片充满机遇和挑战的热土上，干出一番事业。

初到上海，郑育健虽然踌躇满志，准备大展身手，但他决不莽撞行事，而是注重观察市场，寻找机会。不久正值 1997 年夏天，亚洲金融风暴席卷泰国，泰铢贬值。这场风暴扫过了马来西亚、新加坡、日本、韩国、中国香港等国家和地区，中国内地也不能不受到严重影响。一时间，汇市、股市、房市等一路狂泻，一蹶不振。正当很多人对这场突如其来的风暴感到迷惘甚至恐慌的时候，郑育健表现得非常冷静。他经常邀请各界朋友交流信息，讨论问题，分析形势，确定对策。他看到，过去在经历了经济危机后，很多国家的经济会很快复苏，而且更加蓬勃，这次亦应不会例外；他还看到，香港特区政府在金融风暴黑云压城的严峻形势下，依靠中央的有力支持，果断决策，入市干预。经过几轮"肉搏战"，国际炒家弹尽粮绝，落荒而逃。香港取得最终胜利，保住了几十年的发展成果。为了帮助亚洲国家摆脱金融危机，中国履行了自己的诺言不对人民币实行贬值，通过国际机构和双边援助来支持东南亚国家的经济，充分展现了负责任的大国风范。郑育健感到，困难肯定是暂时的，中国经济强劲发展的势头不可逆转，而上海，肯定会成为中国最具竞争力的城市，其战胜暂时困难的能力和加快发展的速度毋庸置疑。头脑清醒的郑育健在别人感到无望的时候看到的是希望。他犹如敏锐的猎手，伺机出击。2000年，位于南京东路河南路口的黄浦区 156 号商业地块对外招标，房地产界大鳄争先恐后。从未涉足过房地产生意的郑育健底气十足，信心百倍地率领年轻的宏伊团队参与竞争，经历了一番斗智斗勇，他们于 2001 年 8 月最终获得了该地块的开发权。

善于变通　踏实肯干

156 号商业地块处于南京路步行街东首，实属"风水宝地"。当初拿到该地块时，宏伊规划建造酒店。但经过考察，当时南京东路已建成多座四星级酒店，市场几近饱和，考虑再三后，善于变通的郑育健决定向黄浦区规划局申请变更规划，建造高端的商办大厦。没想到，这一变更使宏伊国际广场成为南京东路改造的第一个样板。南京东路属上海的商业中心之一,在该区域,商业形态远较商务成熟。但在南京东路周边的外滩及人民广场区域,随着外滩几幢历史建筑的翻新招租以及人民广场的来福士、海通证券大厦等几幢商务楼宇的相继建成,其商务氛围正日渐成熟。现在,南京路步行街的东首建起了宏伊大厦,使南京路步行街的功能得到了进一步的提升和拓展。之后,南京东路区域内的恒基地块、南京东路西端廖创兴金融中心的出现,南京东路新建的办公楼面积大幅增加,在加强高端商务概念的同时,将一些传统的商业置换出去,引进国际零售品牌的旗舰店和连锁店,为吸引不同层次的商务客和消费者打下了很好的基础。从这个意义上讲,建造宏伊国际广场符合黄浦区将南京东路建成核心商务商贸区的功能定位,因此这个项目受到了区政府的支持和重视。

初涉房地产,郑育健很清楚,速度就是效益,雷厉风行、踏实肯干是他的一贯作风。从材料到土建,从定模板到扎钢筋,从机电安装到装饰装修,郑育健只要有时间,都要亲自过问,用他的话来说:"只有通过实践,才能了解、掌握真实情况,自己也能学到很多有用的知识。"有一次,他从海南出差回到上海已是晚上 10 点多了,司机接他回家,半路上他让司机送他到工地,原来他从随身带的记事本上看到,那天晚上要挖基坑,他得亲自上工地看看进度,看望辛苦工作的工人们。

黄浦区 156 号商业地块东面是华东电业大楼,西面是受重点保护的优秀历史建筑东海商都,地底下结构非常复杂,地铁 2 号线南京东路站紧贴旁边。在这样一个面积不大的地块上建造一座超高层大楼,前后左右和地下都碰不得,其施工难度可想而知。郑育健是个不怕困难的人。他领着一班人马,一次次跑设计院,跑政府部门,跑施工单位,跑咨询顾问公司。他的诚意和韧劲感动了科技专家和工程技术人员。在接触、请教的过程中,悟性很高的郑育健慢慢地懂得了很多建筑方面的知识,俨然成了半个"工程师"。

在建设过程中,郑育健始终坚持质量高标准,选用好的材料和先进的设计理念。他常常带着行家到供应商那里去选材料,为了鉴定外景观照明的效果,为了证明电梯的性能,他一

次次下工厂,看产品试样,有时候一次看了不放心,再看第二次、第三次,精益求精直到满意为止。另外,他在建设的过程中,坚持环保节能理念,譬如安装大厦空调系统时,为了提高大厦空调的舒适度,他坚持宁可多花点资金,特意增加杀菌环保以及自动加湿调节的功能;为建设环保节能型现代化楼宇,宏伊广场的所有照明百分之百采用节能型灯具。同样,玻璃幕墙也确保要好散热,抗紫外线。大厦的建造自始至终坚持高标准,高质量。

在建设的过程中,郑育健果断的行事作风也得到了充分的体现。众所周知,施工有图纸,但在实际操作时,难免会有所调整。碰到这种情况,按图索骥、优柔寡断、不知所措,都会造成严重的后果。好在郑育健早就在公司的管理层和员工中形成了共识:公司给予下属应有的权力,该拍板的大胆拍板;有些下属做不了主的,郑育健会迅速地与专家商量,在尊重科学的基础上迅速作出决策。自2004年7月工程破土动工起,已记不清有多少个夜晚,郑育健在办公室、在工地上,一遍一遍与各路专家研究讨论,确定疑难问题的解决方案,经常是通宵达旦。

令公司员工不得不佩服的是郑育健对许多事物的预见性和判断力。按设计,靠河南中路、南京东路转弯角商厦的顶楼处要安装大的商业屏幕。当时,国内还没有全面推广应用户外商用 LED 技术。郑育健提出要装就装技术先进的 LED 屏。有人担心,将2000多万元投入这项技术是否为时太早,得不偿失。郑育健认为,LED 是未来几年户外传媒发展趋势,不能只图眼下省钱就放弃这项技术,有时候就得要有敢为天下先的勇气。宏伊广场 LED 高清屏幕投入使用,揭开了南京东路商圈 LED 户外广告蓬勃发展的序幕。不出所料,之后麦克敦广场、名人广场等都用了户外 LED 技术。宏伊的这道屏幕,现在一直被中央电视台租用,在黄金时段滚动播放各类新闻和商业广告,成了南京东路步行街的地标。

总投资数十亿元的宏伊国际广场,经过一千多个日日夜夜的奋战,终于以迷人的风姿屹立在南京路上。

真诚待人　诚心做事

为人低调,不事张扬的郑育健用这样的话自勉:"诚实诚信做人,脚踏实地做事"。他不仅自己身体力行,还利用各种场合及大小会议,反复叮嘱公司各部门负责人,务必"诚信经商,真诚待人",把诚信体现在工作的责任心上,并把干部的"诚信指数"作为业绩进行认真的考核。"凡与宏伊公司做生意或有业务往来,无论是材料供应商,还是施工人员,应当给他们的报酬、利润都切实给予保证,决不"扣门"。对帮助过他和宏伊公司的人,他会记挂在心。他是潮汕人,作为上海潮汕联谊会的一员,他一刻也没忘记,他当年初到上海,人生地不熟,是上海潮汕联谊会从领导到会员向这个小老乡伸出了真诚的援手;在建楼的日子里,那些领导和同乡也给予他热心帮助。广场开业后,他首先想到邀请联谊会领导和乡亲到宏伊广场话友谊,叙乡情,还充当临时导游,陪着乡亲参观广场各项设施;对曾经帮助过的亲朋老乡,他经常问寒问暖,每年为他们提供体检。2013年8月,广东潮汕地区发生百年未遇的特大洪灾,郑总心系家乡父老,先后通过上海市慈善基金会、上海潮汕联谊会向灾区捐助20万元。那年汶川地震,他也捐助20万元,担当起应有的社会责任。

心系员工　传递真情

　　郑总对待公司员工,注重在严格管理的同时,付出温暖的关爱。2011年下半年,一次月度干部例会上,郑总无意中发现一位部门经理未出席会议,关心地询问大家,方才得知,这位员工的女儿刚被查出患了白血病,正在医院接受治疗。郑总心情沉重地说:"遇到这种突发情况,精神上、经济上都承受很大压力,这时候最需要得到关心和帮助。"他当即表示以个人名义,向这位员工捐助2万元。郑总的爱心举动感染了大家,公司员工也纷纷献爱心,第二天,一笔6万元的善款送到了孩子的病房。那位受助员工感动地说,"员工的子女患病,公司领导和同事会这么关心,帮助我解决燃眉之急,我做梦都没想到。"

　　在郑总眼里,员工是公司发展的根本,所以要真心实意地关心、爱护他们。在郑总的倡议下,公司每月为员工召开生日庆生会,向生日员工送上由他亲笔签名的生日卡和礼物。在寸金寸地的宏伊广场31楼,公司专门辟出50平米的空间,建起了员工的活动区、休息区,大家身心放松,工作愉快。难怪在每年的春节团拜会上,员工们有说有笑,又唱又跳,用年年取得优良业绩和愉快心情,表达对"宏伊"这个大家庭的由衷热爱。

姚文琛：让中国扑克品牌走向世界

撰稿　陈向阳

　　从潮阳到上海办企业，他用了三年的时间，从上海到深圳上市公司的创业板，他厚积薄发了 20 余年。上市后的姚记扑克，让中国品牌有了真正走向世界的坚实基础。如今，姚记扑克国内市场占有率接近 1/3，出口涉及美国、加拿大、南非、印度、澳大利亚等几十个国家和地区，被公认为中国高档扑克的代名词，并在美国、加拿大、南非等地取得"摩托车"牌扑克注册商标。姚文琛，这位潮汕人的子弟，将姚记扑克打造成中国品牌，走向了世界！

立志 制造最好的扑克牌

20世纪80年代,改革开放的大门刚刚开启,中国大部分地区仍在计划经济的边缘徘徊,但东部沿海改革春风频吹,使不满足朝九晚五平庸生活的姚文琛毅然扔下铁饭碗,从汕头一个国有企业"下海"。可茫茫商海如何行舟呢?姚文琛一度陷入了深深的迷茫之中。一天,一个偶然的场景让姚文琛愣住了,他发现人们在闲暇的时候总喜欢玩玩扑克,而一副扑克玩到又软又脏甚至折成两半也舍不得扔掉。国人这种广泛而巨大的娱乐热情,让富有商业敏感的姚文琛发现了商机并坚定了从事扑克贸易的决心。

骨子里那股潮汕人的精明,让姚文琛嗅到了54张牌里隐藏的商机,并开始从事批发扑克的生意,当时的生意做得相当不错。1982年,姚文琛开始批发扑克,1986年又做起了代理扑克出口业务。

1991年,姚文琛办起了自己的扑克牌厂。1994年,姚文琛带着自己多年打拼攒下的积蓄,只身闯进大上海,创建了上海宇琛扑克实业有限公司。他立下宏图大愿,要用扑克牌为国争光,一定要制造出能行销世界的质量最好、品牌最响的扑克牌。从此,姚文琛全身心投入到了扑克牌的制造、研发和品牌的打造上,这一干就是十几年。

创业之初,虽然当时由于品牌及质量的局限,只能出口到一些小国家,但凭借姚文琛的周到与精明,生意是日显火爆。但是代表着美国最高品质的"蜜蜂"牌等一批外国扑克开始进入中国市场,其高贵的品质、舒适的手感、华丽的包装迅速赢得了人们的青睐,中国产扑克遇到了挑战。

"扑克文化起源于中国,我就不信,中国人造不出高品质的扑克牌。"姚文琛立志打造中国扑克文化品牌。

开始他使用的机裱纸是国内同行普遍使用的玻璃卡纸,质量水准很难得到国际认可。1996年他毅然停开了投资上百万的机裱纸,并从中国台湾和美国进口大批专用纸。同时,又从德国引进世界一流的四色印刷机,并不惜重金从全国各地招聘专业人才,几经创新虽然耗尽了他的积蓄,但"姚记"扑克的品质却有了极大的提升,销售额也开始迅速攀升。在1998年的广交会上,姚文琛引进当时最先进生产线,姚记扑克一举进入欧美市场并名声大噪。

姚文琛,一个让小扑克成就大品牌的人,一个以行动改变了中国扑克行业命运和形象的人,他一手打造的姚记品牌,已经无可辩驳地占据了世界扑克市场的霸主地位。为此，姚文琛获得了"扑克大王"的美誉。

坚持　创建民族自主品牌

姚文琛是1994年从深圳到上海投资的潮商，总投资3亿元，创建了上海宇琛扑克实业有限公司，年生产扑克3.8亿副，是世界级专业扑克牌生产基地。远近闻名的"姚记"扑克，品质卓越，图案精美，在国内外市场享有良好声誉，先后荣获"上海市著名商标"、"中国十大文具品牌"，产品远销五大洲，受到海内外客户的广泛认可。

自姚记扑克创立伊始，姚文琛便确立了"树百年姚记，创世界品牌"的战略目标和先做强、再做大的原则，以及实施技术改造实现工艺自动化，建立全国范围的营销网络构筑独特竞争优势的营销策略。"姚记"人卧薪尝胆十几年如一日，坚持以产品质量为核心，在提高品质和打造自主品牌上下功夫。

2001年，姚记扑克的品牌影响力引起了国外企业合资的愿望，比利时卡西奴公司闻名找到姚文琛，希望与其合作共同生产扑克牌，条件是投入1亿元人民币并派出高级技术专家协助，但是相应产品要贴上卡西奴的牌子，由他们负责海外销售，回报是每年保证让姚记公司有800万美元的纯利润。当时中国的扑克牌市场还不成熟，这样的条件可谓十分诱人，但姚文琛却拒绝了。姚文琛说："中国民族工业的希望就是品牌，合资十年对企业讲肯定捞一笔，但十年以后，再去争创国际市场，难度就更大啦。"姚文琛认为，中国企业缺乏的是自主品牌而不是市场。虽然与外商合作能够获取巨额利润，但长此以往自己的品牌就会在国际市场销声匿迹。为了打造中国民族品牌，他不惜牺牲眼前利益。

十年过去了，姚文琛的行为改变了中国扑克行业的命运和形象，他一手打造的姚记品牌也已经无可辩驳地占据了世界扑克市场的霸主地位。2008年6月，上海宇琛扑克正式变更为上海姚记扑克，"我们将借鉴世界著名企业的经验重塑企业文化，让'姚记'这个民族品牌真正叫响世界扑克业市场。"姚文琛说，"我们正在进一步扩大生产规模，力争在三到五年时间达到年产10亿副的水平，并酝酿条件成熟时筹备上市。"

2008年，由美国次贷引发的金融风暴席卷全球，使一些民企遭遇寒冬，"对姚记的生产、销售及出口影响不大，姚记扑克现在是供不应求。"姚文琛说，"2008年姚记扑克销售预计比2007年递增30%,已上缴国家税款4300万元,比去年同期翻了一番还多。"这就是"姚记"的魅力所在。

为了在技术上保持领先,姚文琛每年将企业利润的50%拿出用于技术革新设备。设备的投入提高了产品质量和效率,提高了出牌率降低损耗,流水线的投入减少了职工的体力劳动。他曾向采访他的记者算了一笔账:今年扩大产量比去年要递增25%,但是用工比去年同期降了25%,年产6亿副扑克的大工厂现在只有900多名员工。另外通过设备投入,还培养了一批技术人员,包括设备的维修、调试、安装,甚至研发人员都非常齐备。很多年前,一些设备已是公司自己研发,可以达到世界一流水平。

姚文琛是把简单的生意做到了极致,在技术和营销门槛较低的情况下,通过对市场的准确把握成为市场老大。"专注于一个很小的行业,一样可以打拼出一个广阔的天地",姚文琛给在市场打拼的其他创业者树立了良好的榜样。

责任　扑克文化助推和谐社会

扑克是一种全球共通的、世界性的娱乐语言。千百年来以其上手简便、玩法多样、时尚灵巧等特点,活跃在人们的娱乐生活中。邓小平曾说:桥牌如同音乐一样是一种世界语言,理应成为中国同世界各国人民之间相互交流、理解与友谊的桥梁。

多年来,姚文琛正是秉承这样一种责任,利用扑克成为广泛传播中国文化的使者。目前姚记生产的三四十种风格、承载了我国不同领域不同特色及传统文化的扑克销往海外,向全世界展示我们文明古国的文化底蕴。

姚文琛谈到,每年到上海读书的潮汕孩子都有几十个,而上海的户口控制得很严格。在姚文琛的带领与支持下,"姚记"扑克股份有限公司多年来都想方设法,帮助大批在上海经商的潮籍企业家们解决实际困难,使潮商后代能顺利地在当地入学和参加中高考。"对于潮汕地区的老板来说,赚钱不是问题,关键是如何培育我们的后代,在这当中,老板们的后代可能会培育得比较好,但还是有很多贫穷的潮籍孩子,等待着我们去关心和支持。"姚文琛多次代表潮汕教育基金会,为家乡的潮阳一中、棉城中学等几所学校捐献善款,资助生活有困难的学生。

在汕头市慈善总会潮商公益基金启动仪式上,姚文琛作为发起社团代表之一上台发言,他动情地说:"上海潮汕商会将把潮商公益基金的精神传达给上海每一位潮汕企业家,发动大家一如既往关心家乡各项工作,支持家乡建设发展,同时继续努力帮助在沪求学的潮籍困难大学生。"

拥有巨额财富的姚文琛生活十分简朴,没有秘书、没有司机、没有保安,不吸烟、不喝酒、不赌博、不跳舞。但对回馈社会等公益事业却十分热衷,多年来,一直默默支持中国体育事业的发展。2005 年出手 1000 万元赞助中国男排,开创了中国排球天价赞助的先河;2007 年 " 姚记 " 整体冠名全国女足五大赛事,在我国女足历史上尚属首次。而其他各种公益捐款也达千余万元以上,姚文琛认为:"品牌是社会效益的广泛外延,姚记的成长要与中国体育事业进步和人民的健康结合在一起,也就是说推动和谐社会的发展。"姚文琛说:"企业家应该具有高度的社会责任感,要成为振兴民族工业的先锋,要敢于承担责任。我们还不是世界最强,未来要走的路还很长,但企业的目标不会变,那就是服务社会,为国争光。"

姚钧舜：用心血浇灌出七朵"白玉兰"

撰稿　林章豪

　　姚钧舜，广东省潮阳人。生前担任广东省第二建筑工程公司上海分公司副经理，高级工程师。曾任上海潮汕联谊会副会长、上海潮汕商会副会长。

　　出身农村的姚钧舜，从读小学到唸高中，一直是品学兼优的好学生。1978年，国家恢复高考，他这个"老三届"知青考上了华南理工大学，因为家庭有海外关系，"政审"过不了关，进不了大学门。他不死心，第二年再去报考大学，又考上华南师范大学。此时他已结婚，有了家庭，是家中的强劳力，又圆不了大学梦，也就留在村里当小学老师。5年后，姚老师被借调到乡政府工作。再后来，下海经商的热潮让他进入了与建筑业打交道的行当。向来爱好看书,喜欢啃哲学历史书籍的姚钧舜,改行之后,也就捧起一本本建筑专业的书籍,认认真真地学习。当然,他的本事还是在一个个建筑工地上学到的。

1987年初,姚钧舜受命于广东省第二建筑工程公司,千里迢迢来到上海参与组建分公司,寻求新的发展。在一个完全陌生的新地方,一切都要从头开始,无异于白手起家。困难与压力,在老姚的心中变成了前进的动力。面对来自五湖四海的施工队伍,他和领导班子一起,从抓员工素质,抓技术培训,抓规章制度入手,严字当头,扎扎实实搞好企业的基础建设。公司规章规定,职工家属、孩子不得到建筑工地探班,职工下班后不许参加赌博及其它不正当活动……对违规人员,严厉处罚,不讲情面。功夫不负有心人,一支有技术、讲章法、守规矩、能打硬仗的建工队伍就这样现身于上海滩上。

作为公司领导,姚钧舜的身影总是出现在一个个建筑工地上。他带领一支施工队伍,犹如带兵打仗,不管酷夏严冬,刮风下雨,坚持在第一线指挥。他始终把工程质量作为公司的生命线,并以此为立足点,带领员工齐心协力打造公司品牌。为了把质量意识落到实处,他在总结一系列工程项目施工与管理经验的基础上,建立了一套建筑工程质量保障体系,成为全公司上下人员应知应会应执行的根本制度。如今,这个高标准、严要求,可操作、易检验的质量保障体系贯穿在整个施工流程中,已成为员工们自觉执行的制度。

有过教书育人经历的 姚钧舜,深知与"十年树木,百年树人"道理的一样,建筑工程也是关乎百年大计的事,不容丝毫马虎。他不止一次地说过,既然入行做建筑工程,就要经得起检验,对得起社会。他的目标是,做一个工程,就要打造一个精品

朝着这个目标,姚钧舜带领他的团队一步一个脚印,披荆斩棘,在竞争无比激烈的上海建筑市场上,占有一席之地,硕果累累,成绩骄人。他们承建的工程项目中,上海浦扬经贸公司大楼(坐落于外高桥保税区内)、上海国际医学交流中心(在北京西路常德路口)等7个工程,先后荣获上海市建筑工程最高奖——上海市白玉兰优质工程奖,还有6个工程项目分别获得上海市浦江杯优质工程奖、上海市民防杯优质工程奖等奖项。姚钧舜当家的建筑分公司,在上海已成为一个响当当的品牌,也为广东省的总公司增光添彩。

熟悉姚钧舜的人都知道,他是一个十分低调又实在的人。"老实做人,认真做事"是他的座右铭。有朋友问他,你一个不算很大的建筑公司,能一次次捧回一朵朵"白玉兰",有什么诀窍? 他说,为了公司的发展,为了员工的利

益,对我而言,就是比别人多学习,多用心,凡事多检查、多总结。我们搞建筑工程,最要紧的就是讲质量、讲诚信,其实这些都是应尽的社会责任。

而让潮汕联谊会的乡亲感动的是,每年新春伊始,姚钧舜总会不声不响地向联谊会捐赠资金。他说,有力出力,有钱出钱,我也是尽一份老乡的责任。

长年累月在建筑工地上辛劳,使姚钧舜不能不透支自己的身体健康。这个脸庞黝黑、看起来壮实的潮汕汉子,最后还是被病魔夺去了生命,建筑工地上再也看不到他忙碌的身影。在上海20多年,姚钧舜用不懈的打拼,为公司打造了一个优秀的品牌,也为上海的建设事业贡献了一分力量。斯人已逝,而他用心血浇灌出来的那七朵"白玉兰",在浦江两岸光彩依旧,仿佛成为对他的永恒的纪念。

姚钧舜:用心血浇灌出七朵「白玉兰」

柯树泉：太安堂在文化中举业

撰稿　陈鸿雁

　　2014年8月17日，"书香中国"上海书展正在上海展览中心盛大开幕，一场新闻发布会吸引了三十余家新闻媒体记者：由作家出版社主办的柯树泉新作《太安堂经略》新书发布会暨赠书仪式在这里举行。

　　柯树泉先生，1948年生，系太安堂创始人柯玉井公第十三代孙，太安堂第十三代传人，工商管理哲学博士，现任太安堂集团有限公司董事长兼总裁、广东太安堂药业股份有限公司董事长、中医药巨著《太安大典》总编、太安堂中医药博物馆馆长、中国中药协会副会长、中国中药协会嗣寿法·皮肤药研究中心主任、中华中医药学会皮肤病药物研究中心主任。

　　太安堂深厚的中医药文化底蕴熏陶、哺育了柯树泉先生的成长，从医二十五年后,升华价值追求,从中医师到硕士研究生再到哲学博士,融精深中医药学、传统哲学精髓、现代企业管理精华于一身,承继中华民族海纳百川的博大胸怀、自强不息的进取精神、奉献济世的崇高理想,顺天承运,励精图治,领导全体公司同仁从产品经营到产业扩张,从品牌经营向资本运作,在跌宕起伏的商海中,激战近二十年,将文化资源资产化,进而资产资本化,形成企业公众化,促进中药现代化,逐步构筑中型药企,全力弘扬中医药国粹,秉德济世,从"立业、立功"到"立德、立言",实现太安堂复兴、崛起,走向腾飞。

总部在上海

上海,是我国经济中心,也是"海纳百川"的"大海"。柯树泉要在这里将中华文化的传承更加扩展。2003 年,柯树泉关于企业发展的战略选择,让昂然前行的太安堂开始酝酿战略升级,做出了从"凤起滔滔韩江畔"到"龙腾滚滚长江口"的"迁都"决策,一个崛起中的民族医药企业宛如旭日,冉冉升起。

如今公司总部位于上海四川北路核心商圈的海泰国际大厦,这是上海北外滩核心区域的一座国际标准甲级写字楼,可近览浦江外滩、远眺东方明珠、上海中心大厦、环球金融中心,迎着黄浦江吹来的祥瑞之风,面对傲立世界、象征上海高度和速度的地标,太安堂以现代化智能管理系统,显示立足上海、运作全国的信心和实力。旗下拥有上海金皮宝制药有限公司、"中华老字号"广东宏兴集团股份有限公司、广东康爱多连锁药店有限公司、广东皮宝药品有限公司、上海太安堂医药药材有限公司、汕头市太安堂药品有限公司、太安堂(亳州)中药饮片有限公司、抚松太安堂长白山人参产业园有限公司、汕头市太安投资发展有限公司、上海太安堂大药房连锁有限公司等子公司。

2006 年 1 月 8 日,位于上海市奉贤区庄行镇的上海金皮宝制药厂院内,彩旗招展,彩球高悬,一条宽宽的大红毯从厂院大门一直铺到中心塑像前。一大早,来自全国各地社会各界近 800 名嘉宾,从这条红毯上走来,参加上海金皮宝制药有限公司落成剪彩暨集团创业十周年的庆典活动。92 岁高龄的上海市老领导胡立教为太安堂题词:"立功、立德、立业"。在雄壮的《太安堂之歌》歌曲声中,一座高 6.16 米的塑像被揭开红绸,这尊塑像就是太安堂创始人柯玉井公,"承玉井公宏基崛起,立太安堂伟业腾飞。"在玉井公的注视下,太安堂走上一条金光大道,在这条金光大道上,太安堂开始履行"立言、立心",谨行"仁"与"义",以传承中医药文化、弘扬中医药国粹为己任,积极进取,无私奉献。太安堂越走越宽广,越走越辉煌。

由作家出版社出版、在全国公开发行的《太安堂经略》一书,是柯树泉先生以中华传统文化治企兴企的理论集成,全书纵横驰骋、海纳百川、高屋建瓴。其站在宇宙万象的角度,探索自然规律及社会规律,汲取传统哲学的精髓,融汇应用于企业的管理和发展之中。《太安堂经略》是太安堂近五百年的深厚哲学积淀,是太安堂奉献济世的心血结晶,是弘扬中医药文化经略的典范。《太安堂经略》为"建成世界一流的以中药现代化为特色药企"的宏伟目标奠定了坚实基础。

企业大飞跃

一家成功的企业,总有它飞跃的光荣。太安堂集团也是这样。2000年,太安堂从卫生制品有限公司发展成为制药有限公司。建立制药生产基地、组建营销队伍、完善销售网络、构筑现代营销管理模式,推出并升华皮宝品牌、取得基础建设的胜利。

有着中华民族锐意进取之心的柯树泉,深感"不进则退"。2003年——2007年,太安堂集团实施产业扩张、开拓资本运作、成功战略转型,全面完成公司"一五计划"。从产品经营到产业扩张,从品牌经营到资本运作,执行战略转型,以"法家夺品牌"、"资本建枢纽"、"信仰立霸业"为战略总纲,执行"多元规模经济、玩命共赢经济、五行生制经济"等"三大经济"策略;"五维操盘",运局谋阵,建成一统华夏的营销市场架构,壮大产业规模、增强核心竞争力、建立新体制,实现太安堂自身整体实质的升级,打造了一批优势产品,在中药皮肤药、中药心血管药等细分市场上占据领先地位,铸造了百年老字号"太安堂"企业品牌和皮宝、麒麟两个知名家族品牌;培育了一批优秀人才,夺取"九大项目"、完成了"一五规划",推动了"太安堂"独特民族企业精神的发展。

2008年至2012年是太安堂集团第二个五年规划。集团出台《太安堂"二五规划"发展纲要》,太安堂核心价值的建立和企业治理机制的全面梳理,在太安堂发展史册上写下一页浓墨重彩的篇章。

2010年6月18日上午9点30分,太安堂集团董事长柯树泉举起手中的小铁锤敲响深交所象征成功挂牌的铜钟。"我们坚信,经过上市洗礼的太安堂药业,必将秉承荣耀、再铸辉煌,以卓越的业绩表现,来回报投资者、回报广大客户、回报社会各界的信任和支持!"柯树泉董事长在上市仪式致辞中这样说道。在第二个五年计划期间,太安堂以强劲金融资本为动力,以独特核心技术产品为武器,以特色中医药文化为品牌,全速高效整合的太安堂医药产业链,向鼎立充满特色的中药现代化中型制药企业挺进!

"五个一"工程

太安堂传承体系脉络清晰,完整保存了大量弥足珍贵的中医药文化财富。为了弘扬中医药文化,保护中医药文化遗产,太安堂深入推进文化建设"五个一"工程:

建立一座博物馆。太安堂中医药博物馆,以柯氏家族十三代传承中医药的历史渊源为线索,展示了太安堂的发展轨迹,馆内共收藏和展出柯氏历经十三代保存下来的 3000 余件珍贵的中医药文物,以"规模最大的中医药家族展示馆"获得"大世界吉尼斯之最"证书;自免费对公众开放以来,共接待国内外旅客近 30 万批,逾百万人,荣获"广东省工业旅游示范单位"、"广东省中医药文化养生旅游示范基地"等。

拍摄一部电视剧。《太安堂·玉井传奇》二十八集,以"医案最多的弘扬中医药堂文化电视剧"获得大世界吉尼斯之最证书。

编纂一部人著作。《太安大典》系列丛书,将太安堂近 500 年历十三代传承下来的中医理、法、方、药等珍贵文化遗产等相关资料进行整理编纂出版,以"卷数最多的弘扬中医药堂文化系列图书"入选大世界吉尼斯纪录。

建造一座产业园。太安堂麒麟园按中国中医药产业标志性建筑设计,是太安堂集团打造的集中医药科研、生产、传统哲学等于一体的中医药产业园区。布局依照中国传统文化的理念,是中医"天人合一"的缩影。

打造一个旅游村。2014 年 8 月 27 日上午,由中医药老字号太安堂集团与广东省潮州市潮安区、浮洋镇井里村各级领导、乡民鼎力共同创建的"五百年太安堂中医药文化旅游村——岐黄第一村暨社会主义新农村建设,井里示范村公益项目"落成典礼在广东潮州井里村太安广场岐黄第一村牌坊前盛大举行。这是太安堂集团捐资近 3000 万元,耗时三年打造的公益项目。

潮州井里村柯氏家族自柯玉井创建太安堂之后,传承至今近五百年,太安堂第二至第十二代传人分别是柯醒昧、柯翔凤、柯隆、柯元楷、柯振邦、柯黄氏、柯仁轩、柯春盛、柯子芳、柯廷炎。据潮州《井里乡志》记载，明清时期，赴太安堂求医问药者络绎不绝，井里村也因行医历史悠久、医学人才辈出、医药从业人员众多而被誉为"行医村"。未来，"五百年太安堂中医药文化旅游村岐黄第一村"将依托资源优势，充分开发、挖掘、保护珍贵的文化遗产，致力打造成为国内首屈一指的中医药文化旅游村，为振兴中医药产业、繁荣中医药文化贡献重要力量。同时，"岐黄第一村"作为社会主义新农村建设示范村，将不断开发、聚焦、升华旅游和文化等资源，转换经济价值，促进井里的建设和进步。

太安堂正致力于保护传统中医药历史文化古迹、整理和挖掘传统制药工艺、传统秘方验方、发扬光大太安堂核心理念，以弘扬中医药国粹、振兴中医药文化作为崇高的神圣使命！

大爱无疆

"秉德济世，为而不争"，是太安堂五百年不变的历史传承。五个世纪以来，太安堂不断汲取中华历史的文化精髓，不断成长。"投我以木桃，报之以琼瑶"，反过来，这家百年老字号企业又用"不争"而"为"的精神，拼搏发展，回报社会，用一个百年不变的承诺履行着奉献社会的企业承诺。

2008年5月16日，太安堂在上海、汕头分别举行"抗震救灾，共铸爱心丰碑——向四川地震灾区捐药捐款"仪式，向灾区捐赠价值150万元的药品。2010年8月，太安堂向汕头市金平区慈善会捐赠，帮助金平区第三人民医院购买救护车一辆及配套相关仪器，以实际行动支持医疗福利事业，表达太安堂所担负的社会责任和拳拳爱心。2011年5月22日，在北京钓鱼台国宾馆，太安堂向"中国中药中国行"组委会捐赠了价值约300万元治疗不孕不育症的特效中成药麒麟丸，通过"中医中药中国行"进乡村、进家庭活动，帮助更多的家庭圆亲子梦。同时，太安堂还向组委会、中国国家图书馆、中国中医科学院图书馆等捐赠了《太安大典》系列图书，让太安堂中医药文化如走进民间、走进大众。2011年6月22日，太安堂药业向西柏坡革命老区捐赠100万元药品；6月25日，太安堂药业积极参加庆祝建党90周年暨中医中药中国行走进怀柔主题活动，捐赠100万元药品。为地方医疗机构捐献价值90余万元的救护车，并持续向困难群众捐献药品。多次获得"爱心慈善之星"称号。

2012 年 2 月 5 日，"纪念柯玉井诞辰 500 周年暨太安堂中医药文化科普公益活动"总结庆典在广东省汕头市隆重举行。国家中医药管理局副局长李大宁在总结庆典上指出，"纪念柯玉井诞辰 500 周年暨太安堂中医药文化科普公益活动"就像一粒火种，为国粹的复兴点燃了梦想之光、希望之光。 2014 年 3 月，汕头太安医院携手市存心慈善会开展慈善救助项目，使得一对患骨病的母女得到及时救助，让她们接受治疗并康复地走出医院，彰显了太安堂的大爱精神和绝技神功。

秉承"为天地立心，为生民立命，为往圣继绝学"的民族精神，太安堂药业一直热衷于中医药事业和公益事业。在交出企业发展壮大、促进社会经济发展答卷的同时，以实际行动积极回报社会。

风鹏正举

从一支药膏打天下到两个品牌定江山，从皮肤药到心血管药、治疗不孕不育药，再到妇科、儿科用药，从外用药到内服药，从"做中国最好的皮肤药"到"做世界最特效的中成药"，太安堂中医药事业蒸蒸日上。在这个征途上，太安堂坚定不移地走"以产业经营为目的，以资本运营为手段，打造以产业发展为核心的资本链，建立中药皮肤药和特效中成药的核心产业，建成世界一流的中药现代化大型制药企业"之路，构筑"五大据点"，铸造"三大枢纽"，建成了世界一流的中药现代化大型制药企业雏形，逐步形成太安堂中药制药实业王国。

展望未来，风鹏正举。太安堂正在实施 2013—2017 年的"三五规划"，实现全方位商业模式转型，建设长白山及亳州两大品牌基地，兴建上海、潮汕、长白山、亳州、西部五大广场，从"专做中药皮肤药"、"专做特效中成药"的基础上发展到营造"现代化中药"、"大健康产业"等，由产品竞争力向全产业链掌控力转型，由文化营销向营销文化转型，向"实现小康水平，打造中产阶级；完成五大工程，实现三五腾飞"挺进。

太安堂运用互联网思维，转换新观念、开创新局面、创造新财富。太安堂开拓互联网电商、构筑大健康平台，为弘扬中医药国粹、振兴中医药产业，回报社会、造福大众贡献力量，朝着"建成世界一流的以中药现代化为特色药企"的宏伟目标矢志不渝。

洪荣辉：锲而不舍　金石可镂

撰稿　司徒志勋

认识洪荣辉是好多年以前的事了。

上世纪九十年代中期，洪荣辉在刚刚崛起的上海城隍珠宝总汇设柜，守着翡翠白玉的买卖，生意做得不温不火，就如同他的性格一样从容淡定、波澜不惊，给人以温良恭俭让的感觉。今天，坐在记者面前的洪荣辉，脸上依然挂着招牌式的笑容，只是发际线往后挪了挪，灰黑的头发掺杂了些许银丝，原本意气风发的脸上多了几道岁月的刻痕。二十年后的洪荣辉，举手投足间透出一丝儒雅、沉稳、干练的气质。

"咦，你怎么会到沉香阁去呢？"

"我以为你们中午想吃素斋呢。"

洪荣辉就是那么实诚,他把城隍珠宝总汇的"沉香阁"商号和隔壁的尼姑庵搞浑了。洪荣辉出生在广东省揭阳市阳美村,这是一个人口众多、农业欠收的贫瘠小山村。然而,这里却世代以加工玉器为生。时至今日,阳美已成为全国著名的玉器加工和贸易集散地。

上世纪八十年代末期,洪荣辉与浙江的张铁军、江苏的洪寿南一样,以收购古旧玉器起家,足迹遍布大江南北,辛苦程度不言而喻。然而,一分耕耘一分收获,今天,站在记者面前的洪荣辉已是事业稳固、大气养成的中国玉雕艺术大师。

用洪荣辉自己的话说,二十多年前,他是怀揣着 40 元走出小山村的,而且,这 40 元还是靠加工古旧玉器一点一滴积攒起来的。

原来,洪荣辉的祖辈都是琢玉的能工巧匠,从小耳濡目染,因而对玉石有着浓厚兴趣。高中毕业后,他一边种田一边学习玉雕技艺。然而,在那个特殊年代,学习玉雕技术被视为歪门邪道,一旦被发现将会受到严厉处罚。在这种国情和意识形态左右下,他的琢玉器具接二连三地被当地政府没收也就不难理解了。

洪荣辉说,他的一生历经坎坷,做过渔夫、干过农活、做过漆匠,还当过几年小学教师。值得欣慰的是,他虽身处逆境,却从未放弃对中华传统文化的追随和对琢玉技艺的孜孜以求。洪荣辉说:"阳美玉雕是祖辈传承下来的非物质遗产,这是一条可持续发展的道路,无论遭遇多大磨难,我将一如既往地走下去。"

1989 年起,洪荣辉先后在厦门、北京、上海、广州等地陆续建立起珠宝玉器联销机构。若干年后又回家乡创办金宝首饰厂,1999 年,揭阳市老洪祥珠宝玉器有限公司开张,2000 年后,阳美玉都落户上海崇明。洪荣辉在商业领域跌打滚爬二十多年,孕育了"老洪祥"珠宝品牌。

洪荣辉说,老洪祥之所以在众多珠宝品牌中独树一帜,取决于"揭阳工"丝毫毕现的精湛技艺,取决于作品丰富的文化内涵,也取决于材料选择中的理念创新和流通方式的与众不同。

洪荣辉认为,中华玉文化发展至今已有 8200 年历史,从新石器时代最原始的生产工具,到红山文化、龙山文化和良渚文化以礼器、兵器为代表的神玉时代;从夏商周时期体现王权、反映阶级差别的礼仪用玉,到汉代以金缕玉衣为代表的丧葬用玉;从唐宋时期的人物题材,动物题材的商品玉器;到明清两朝的玉炉、玉山等陈设用玉……当历史的年轮轰轰烈烈地进入当代,玉的题材、工艺、用途均被细分到无以复加的程度。无论佩玉、把玩件还是陈设件，菩萨神仙、花鸟走兽、生肖八卦，只要能祈求平安、福禄寿喜的统统被一网打尽。老洪祥要想在重兵把守的坚固城池里突出重围谈何容易。

洪荣辉苦思冥想了。

……

2000年是新千年龙年，洪荣辉以中华龙文化为主题，创作了玉雕系列作品《民族魂》；2006年，为纪念中国工农红军长征70周年，大型翡翠玉雕《长征》应运而生；2008年，奥运系列《和平圆梦曲》新鲜出炉；2010年，上海世博会期间，洪荣辉创作的翡翠作品《华夏魂》隆重登场。这些作品不但在业界、学界好评如潮，而且在全国专业评选中纷纷斩获重要奖项，其中，作品《过雪山》被上海历史博物馆永久收藏。

自古以来，玉雕作品涉及政治题材的少之又少，这类作品往往投入成本高、社会争议大，除了博物馆、艺术馆收藏，几乎不可能作为商品来流通。洪荣辉偏偏独辟蹊径，在这一领域不走寻常路，成为当代中国玉雕界开风气的第一人。也正是他特立独行的从商之道，以及锲而不舍的拼搏精神，成就了"老洪祥"这一驰名珠宝品牌。

二十年来，洪荣辉除了打造他心中的商业王国之外，对兴办教育也是不遗余力。投资揭阳玉都职业技术学校，是为了培养揭阳玉雕后备力量和营销管理团队，也是为了延续阳美玉雕硕果仅存的血脉；创办揭阳市特殊教育学校，目的是让当地的聋哑学生都能掌握一门吃饭的技能，以帮助他们获得平等的社会就业机会。

事无巨细、统筹兼顾，今天的洪荣辉愈发忙碌了，他在上海与阳美之间来回奔波，兴办教育、著书立说、建言献策、慈善事务、品牌传承一个都不能少。如今，洪荣辉除了中国玉雕艺术大师的技术头衔外，他还是国家非物质文化遗产的传承人、享受国务院特殊津贴的专家和揭阳市工艺美术行业协会会长、揭阳市政协常委。

"你忙得过来吗？"记者问。

"尽力而为吧！"洪荣辉见记者拍照，下意识地整了整坐姿。

"中午叫外卖吧？"

"别怪我呀，我是准备请你们吃午饭的哦……"

10元钱一碗面，一个身家过亿的企业家呼呼地吃完面，一溜烟又没影了。

赵增杰：资本与文定创意共舞

撰稿　李传科

　　上海繁华的徐家汇商圈西端有一条文定路，这里闹中取静，是全市有名的高端家居用品商业街。文定路258号的"文定生活家居创意广场"是近年来徐家汇商圈涌现的一座新地标。错落有致的欧式建筑群，从沿街的骑楼长廊，到广场上的主楼及旁边的西式餐厅，散发出清雅恬适的文化气韵。谁能想到，十年前——2004年，这里是一家冷拉型钢厂的废旧厂房。

　　塑造出这座杰作的人，就是上海杰汇置业(集团)有限公司董事长、总裁——赵增杰。按预约的时间，他在十分简朴又不宽敞的办公室里接受了访谈。这位年轻的潮籍企业家侃侃而谈，谈创业苦旅，谈商海竞争，谈发展理念……

闯荡：不畏艰苦的牛犊

赵增杰生于1973年，出生在广东潮阳棉城一户普通人家。在他开始懂事的年头，父亲就到上海打工养家糊口。1988年夏天，一读完初中，赵增杰也来到上海，他要和父亲一起打工，分挑家庭的担子。父亲软硬兼施，要他回老家好好读书去。见儿子死活不肯走，无奈的老赵就让儿子到建筑工地当小工，有意挑些又脏又累的活抛给他干，老赵相信，儿子吃不了苦就会乖乖回潮阳。属牛的赵增杰似乎天生一身牛犟劲牛脾气，再苦再累，他就是不退缩。盛夏酷暑在建筑工地，人是汗流浃背、头晕脑胀；隆冬腊月，则是寒风刺骨、手脚冰凉。赵增杰与工友一样，一天天熬过来。他深深体会到做打工仔，赚点血汗钱，很苦却很值得。有一年夏天，母亲到上海探望父子俩，一进门看到眼前的赵增杰竟是又瘦又黑，几乎快认不出来，心疼得抱着儿子哭个不停，非要他回老家去不可。赵增杰安慰母亲说，我年纪轻吃点苦受点累，也是一种磨练，对今后做事做人都会有帮助。他送别母亲，仍然当他的建筑工人。

那些年，赵增杰与农民工一样，辗转于一个又一个建筑工程。他当徒弟做小工，却像在学校那样，刻苦好学。水泥活、木工活、仓库保管、建材运输、工地杂活……他把建筑工地当作一个新课堂，从中努力学习点点滴滴的知识与技术。他心里明白，不管日后干什么行当，多懂一点知识多学一样本事，就是多一条门路。

创业：脚踏实地，诚信为先

赵增杰传承了父辈身上吃苦耐劳、忠厚诚实的优良秉性，而他有自己的梦想，他觉得应该比父辈更有所作为。老话说，男怕入错行，女怕嫁错郎。留在上海，干什么行当才好呢？也许命运在冥冥之中已把赵增杰与建筑业紧紧拴在一起。凭着过去几年里积累起来的实干能力与各种经验，他拉了几个老乡组成家居装潢工程队。他对合作伙伴说，我们要做家装工程，第一是讲诚信讲质量，第二才是讲赚钱。

机会总是给有勇气又有准备的人。赵增杰的小团队从承包几万、十几万元的家居装潢工程起步，开始了他的另一段人生。他靠骑自行车串街走巷去联系客户、去边远的建材市场采购物件、去企事业单位找项目……每天起早摸黑、筋疲力尽,各种酸甜苦辣只有他本人才能体会。

辗转在建筑行业的天地里,赵增杰一步步攀爬、探索、奋力前行。

1995年10月,他跻身汕头市潮阳建筑工程公司上海分公司,担任项目经理。

1997年10月,他又加盟上海陆海建设有限公司,担任分公司经理、公司副总经理。

2002年,赵增杰成立他的首家公司——上海诚汇投资管理有限公司,开始自主创业。

2005年,羽翼已丰的赵增杰迈上一个新台阶,这年10月,他独资成立上海杰汇置业有限公司,任董事长兼总裁。

刚过而立之年的总裁,一如既往以"诚信为先,品质至上"的承诺与行动,与一家家国有建筑大公司,企事业大单位成了战略合作伙伴,收获了信任、合作、共赢。

几年里"杰汇"人用汗水和智慧托起了一座座亮丽壮观的建筑——上海师范大学附属第三实验学校(2012年诞生的九年制学校,校区工程建筑面积16770平方米)、中国中学(19999平方米)、徐汇区人民法院审判中心大楼(24800平方米)、上海南洋模范高级中学校舍(35100平方米),荣获上海市建设工程白玉兰奖、南洋模范中学改扩建工程(51000平方米),以及徐汇区青少年活动中心改建工程等。此外,"杰汇"集团还与兄弟企业合资在市中心城区开发兴建了高端楼盘"黄金年代"公寓;还有徐汇区法院、交大附小、旭汇大厦、位育中学等一批改造工程。同时还走出上海,在广州、佛山等地承建各种建设工程。

如果说建筑是凝固的乐章,这一幢幢优质的楼宇,就是赵增杰带领"杰汇"人弹奏出来的一个个优美的音符。他们和千百万建设者一道,谱写成无愧于上海的崭新乐章。

转型:开拓生活创意的"新天地"

赵增杰在房地产开发经营的道路上走出了扎实的第一步,除了收获财富和喜悦,更重要的是做大做强实业的经验与勇气的迸发。长年在商海风浪中搏击,使他深谙"不进则退"的真谛。2004年,赵增杰旗下的诚汇投资有限公司几经努力,斥巨资拿下文定路上废置多年的上海冷拉型钢厂的土地。"买地扩张"后的路怎么走? 是驾轻就熟,再开发商品住宅楼盘销售,还是效法左

邻右舍,建家具门店、建材卖场? 赵增杰审时度势,权衡利弊,在团队中集思广益,达成共识: 不能与毗邻的商业街同质化,不能走开门店开商场的传统套路,要走新路才有出路。最后作出决策: 拓建家居生活创意产业,建设为"文定生活创意产业园"。

赵增杰和他的团队满怀激情又耐心地等着这座旧工厂的新生。2004年签下的土地出让合同,2006年土地才正式到手,可以破土动工。公司请来了意大利名师设计。整个园区保留了原有厂房的建筑形态,在其基础上进行创新性的构建。经过四个年头的施工建设,破旧的厂房变身为欧美流行的包豪斯建筑,简洁、朴实又富动感,人文、自然及艺术元素恰到好处地融入建筑的每一个细节,楼宇内外的环境在时尚中让人感到亲切、和谐。

2009年年初,建筑面积28000平方米的文定生活创意产业园竣工并开业。赵增杰在这里注入崭新的产业元素。整个园区集家具展示、设计、采购于一体,实行一站式服务。如今,70多家国际家居品牌及著名设计公司入驻园区,各个楼层的大小单元,都满满当当,不见空缺。文定生活成为一个汇聚世界品牌的时尚家居旗舰中心: 意大利的沙发、灯具、地板,美国的橱柜、床垫,加拿大的软装、花卉;德国的卫浴、家具,瑞士的厨房电器等世界级品牌,在这里都是开放式展示,接受顾客零距离的体验。园区内的设计公司有来自海内外的顶尖创意人才团队与领军人物,为客户提供咨询与设计服务。

与"筑巢引凤"的工程相辉映,是"文定生活"精心打造独到的服务品牌。开业迄今,在园区内举行的各种大型活动络绎不绝,如海峡两岸室内设计创意人才合作论坛、沪汕室内设计交流论坛、家具陈设与品位生活论坛、精品家

居颁奖盛典、现代服务业精英企业家沙龙等。精彩纷呈的活动,名流新锐各领风骚,使"文定生活"既发挥了风向标的引领作用,又搭建起政府、企业、行业以至投资机构、教育机构之间进行交流、合作的桥梁。使之成为设计信息汇聚的高雅之所,体现了品牌展示、设计、服务于一体的理念,体现了家居行业的产业链一体化。

赵增杰和他的团队就这样将一块老工业地产成功变身为上海唯一一家以家居创意设计为主题的创意产业园,家居生活创意艺术的"新天地",让宜山路、文定路商圈焕发出新的魅力。他们的探索与开拓,得到各方面的认可和赞誉。徐汇区政府有关部门有意邀请赵增杰将"文定生活创意产业园"推广复制到徐汇滨江地区,以提升那里的环境风貌。在长三角 20 多个城市联合举办的"长三角文化创意产业金鼎奖"评选中,"文定生活"于 2012、2013年连获"优秀创意园区"殊荣。连续几年被授予四星级创意产业园,2013 年,还获上海现代服务业联合会颁发的"特殊贡献奖"。

乐善：爱事业更爱团队

从潮汕走来,在上海一路打拼,从草根变成一家民营企业集团的掌门人。2012 年,赵增杰将其拥有的上海文定生活创意产业园、上海文定生活企业管理有限公司、上海易顺房地产开发有限公司、上海诚汇投资管理有限公司 5 家企业整合,注册 1 亿元人民币成立了上海杰汇置业(集团)有限公司,成为具有创意产业投资、房地产开发、商业经营管理、建筑工程承包等专业化的大型房地产企业集团。赵增杰深知,他的产业越来越大,这一切都离不开广大员工的辛勤劳作,离不开班子团队的同舟共济。他用真情与关爱回报大家的支持和奉献。

赵增杰对和他一路打拼过来的弟兄们总是格外照顾,对有能力的人,就让他挑起担子;对岁数大少专长的人,不忘他过去的辛苦付出,继续安排合适岗位。2013 年,有一名员工不幸身患癌症,赵增杰当即派人将他就近急送专科医院,请来沪上最好的专家会诊,叮嘱专家采用最好的药物治疗。该工友不治逝世后,赵增杰又去慰问其家属,送上抚恤金。

集团还每年组织中层干部出外旅游考察,在休闲旅游同时,开阔视野。对从没去过潮汕的中层干部,赵增杰还特意组织他们南下,让他们去品味正宗潮汕菜,游览潮汕名胜。

赵增杰事业有成后,热心公益事业,回馈社会。当国内出现重大自然灾害时,总是及时慷慨解囊。2013年夏天,潮阳地区遭遇洪灾,赵增杰第一时间捐出一笔资金,支援家乡抗洪救灾。

有一次,徐汇区青年联合会为帮助西藏贫困地区的小学开展募捐活动,作为青联常委的赵增杰当仁不让,捐献了一笔现金和物资。

在赵增杰的策划下,文定生活创意产业园联合十多家民间公益组织,在2012、2013年共同举办了三次"海上慈怀"大型义卖义拍的活动,所得90余万善款全部用于救助困难群体。

刚过不惑之年的赵增杰,他的人生轨迹,全凭自己一步一个脚印走过来。在下属和员工眼里,他既有潮汕人的聪明胆识,又有上海人的精明机敏。这个正当年的企业家,这几年让资本与文化创意共舞,使杰汇集团闯出了一条发展新路。在把握当下的同时,他又开始构想未来的蓝图:到上海自由贸易区去试水信息技术产业,让杰汇集团插上高科技的翅膀,翱翔蓝天……到海外去,发掘海外市场商机,涉足国外商贸实业,扬帆济海……

访谈尾声,笔者问赵增杰,创业上海滩有什么特别的经验奥秘,他顿了顿说:"要多交上海朋友,要融入上海文化,融入上海社会,不能老是在老乡的圈子里转。"赵增杰是千百万个新上海人中的一份子,想到时代与上海给他的舞台,感觉自己真的万分幸运,他非常的感恩!

赵德华：爱拼才会赢

撰稿　司徒志勋

　　"人生可比是海上的波浪，有时起有时落……三分天注定，七分靠打拼，爱拼才会赢。"这首由叶启田主唱的脍炙人口的闽南语歌曲，至今仍在潮汕地区广为传唱。虽说这是一首台湾地区的励志歌曲，但从1988年流行开始，就注定会在距一条海峡之隔的潮汕地区生根开花。原因是两岸不乏同根同源的宗亲关系，还有着共同的生活习惯和文化现象。

　　赵德华是潮汕人，"刻苦勤奋、精明善算、自强自信、不甘人后"是他人格特征的写照。也是古往今来众多潮汕人的共同特点和精神所在。从明嘉靖的文科状元林大钦，到清康熙的武状元林德镛；从奔赴抗元沙场、为营救文天祥而战死潮阳的陈梦龙，到主办江南机器制造总局的丁日昌；从中国早期电影人陈铿然、陈波儿,到今天的体育名将廖泽杨、林跃;以及工商界著名实业家李嘉诚、马化腾、黄光裕、陈伟南等,他们都是在外打拼、有着惊人之举的潮汕人。

认识赵德华已经几十年了,当时,赵德华担任上海十六铺贸易信托商场的经理。经商对他而言简直就是与生俱来的一种能力,当时,商场供应红绿两色的塑料热水瓶,红色热水瓶卖得比较火,而绿色热水瓶鲜有人问津,因此形成了仓库的积压。为了减少库存,赵德华灵机一动,在陈列商品时,刻意形成红多绿少的布局,这样一来,人们就把购买力集中在绿色热水瓶上了……窥一斑而见全豹,赵德华的经营之道初露端倪,那是上世纪八十年代中期。

赵德华出生在一个普通家庭,父亲卖服装,母亲则是缝纫工;兄弟姐妹五人,生活比较艰苦。作为长子的赵德华从 8 岁开始便跟随外婆去菜场买菜,怎样合理使用每天有限的生活费,就成了他每晚临睡前的必修课。久而久之,赵德华的市场意识和商业头脑就此养成。

"十年的农场历练又让我养成了锲而不舍、敢打敢拼的作风。"赵德华说,"喜欢摸索、乐于钻研和敢于面对新的事物、接受新的观念也是仰仗后天的养成……"

1996 年至 2011 年的十五年间,赵德华白手起家、凭着一腔热血和娴熟的经营技巧,带领团队硬生生地锻造出一个全国驰名商标"城隍珠宝"。其间,上海城隍珠宝有限公司还荣获"上海市文明单位"、"上海零售商业企业销售百强"、"上海市著名商标"、"上海市名牌产品"和"中国商业名牌企业"、"中国珠宝首饰业驰名品牌"等两百余项殊荣。

其实,上海城隍珠宝有限公司的前身是"宝昌珠宝行",1956 年更名为"公私合营宝昌珠宝玉器公司",这是一家口碑很好的企业。如何让这家老字号企业所承载的历史文脉得以传承,是横亘在赵德华面前的一座高山。当时的城隍庙地区金店林立、品牌众多,如何在硝烟弥漫的市场环境中独善其身并形成自己的经营特色? 换句话说,你想登高望远还是就地坐摊? 赵德华选择了前者。

赵德华说:"当时上海的珠宝市场大多以销售黄金饰品为主,城隍珠宝选择了错位经营,把珠宝玉器作为主打商品。然而,正是这一战略上的重大抉择,在不到一年的时间里,前期租借的 900 平方米的经营场地就创造了 7000多万元的营业额。"

俗话说，"商场如战场、狭路相逢勇者胜！"即便"首战告捷"，但是，赵德华并不满足于现状。他要构建理想中的商业航母、要迅速扩张、提高"城隍珠宝"品牌的覆盖率和美誉度。由他亲自操刀的一场场大戏的帷幕就此徐徐拉开——

2002年，以汇集、展示、研讨大陆和台湾、香港地区顶级玉雕作品和文化现象为宗旨的视觉盛宴——"两岸三地珠宝玉器精品展"隆重推出；这一高规格的展览，不但让国人视野大开，而且也给企业的可持续发展带来了契机。尤其让两岸三地的同行和学界在研讨过程中，对中华文化的承前启后有了更多的认同感。迄今为止，该展已连续举办了十三届。

2005年，由赵德华精心策划的另一高端品牌"翠玉皇"诞生，该品牌的所有作品均采用高档翡翠为原料，由国内玉雕大师精心设计和雕琢。每件作品必须具有完整的艺术性，而且还必须具有很高的收藏价值。在此基础上，城隍珠宝"翠玉皇玉文化馆"、"寿山石苑"和"世界宝石馆"相继落成。当年，城隍珠宝总汇的营业面积也随之扩张到4000平方米。

仅有高端的商品是不够的，与之配套的品牌和服务更能体现企业的软实力。于是，宝昌珠宝行"以诚为金，守信如玉"的企业信条被更为直接的"只卖A货，不卖B货"的承诺所替代。不同的表述，相同的精神，城隍珠宝品牌迅速崛起，他的服务也被市场专业机构所细分。

截至目前为止，上海城隍珠宝有限公司已发展成一家拥有三大商场、数万平方米营业面积，以及覆盖江浙沪和皖豫五省市的四十余家品牌直营店。成为我国以经营珠宝玉器为特色的综合性大型商业企业。

在企业得以发展的同时，赵德华还不忘在慈善事业上的投入。2008年汶川大地震之后，城隍珠宝在都江堰职业学校设立珠宝专业，并由城隍珠宝出资为学校购置教学设备、相关设施和设立奖学金，帮助因受灾而身残的学生掌握一门技能，使他们尽早走出阴霾、自强自立。

赵德华说："慈善事业是任何良心企业都必须参与的一项社会终身事业。城隍珠宝以前做慈善、现在也做慈善，将来一定也离不开慈善。"

翁锦明：播种"生态农庄"梦

撰稿　蔡子华

翁锦明,何许人也?

16 年前,30 出头的他,带着希望和梦想,从古城潮州金石乡来到上海,白手起家闯事业。

16 年后的今天,他已在上海松江区和江苏启东市经营着一家园林工程公司和一家农渔业开发公司,有声有色地发展他的绿色生态产业。

翁锦明的农渔业开发公司落户启东,眼下正在打造"崇启花卉城"。花卉城坐落在崇明岛永兴西路上,路南是崇明东平森林公园,路北是启东的启隆乡。从市中心乘车两小时就能到达这里。

走进花卉城的大门,迎面就是一座两层楼房,粉墙黛瓦,江南建筑风格浓郁。1000多平方米的楼馆正在进行装潢。会所前方是一个人工湖,周边还有一条小河环绕,水流清澈。翁锦明介绍说,这里是一座多功能的内部会所,用作接待宾朋、洽谈商务、休闲度假。明年夏天,就可以落成迎客。

整个花卉城包括两大部分:2000多亩的林业基地和近300亩的农渔业基地。林业基地种植有红杉、樟树、日本黑松等名贵树木。既有碗口粗、脸盆粗的成林大树,也有正在成长的中小树木。农渔业基地有150亩的水面,分布着20多个鱼塘,还有几条引入长江活水的河道。放眼四周,有树有草有河池,空气新鲜,水土丰饶,实在是一个养鱼蟹养鸡鸭的宝地。在主人的眼里,2000亩林业地,300亩农渔基地,处处是黄金。

翁锦明年轻时在潮州老家是做园林工程的,服兵役到湖南两年多也没少同树木园林打交道。许多年下来,对种树造林,一是懂行懂经,二是也很有感情。来到上海打拼,他还是选择这门行当干起来,主要做园林工程,到2008年又将园林与经营农渔业结合起来,一主一辅相得益彰。如今,翁锦明说起养鱼经、养鸡鸭经,已是头头是道。

翁锦明养鱼养鸡鸭的一大特色,就是把田里的、池塘里的东西都当成自己的宝贝来养。他不养普通的鱼蟹鸡鸭,要养高品质的鸡鸭鱼。因此,他致力打造一个有机循环养殖系统。开建农庄第一年,他便立下铁规矩:化肥不进门,农药不近身。养殖河虾家禽不用添加剂催化剂,一律用有机化肥种出来的玉米、山芋、黄豆、南瓜、蔬菜等加工成饲料。为了肥田和除草,他特地散养一大群黑羽芦鸡。这些能飞善跑的小"飞鸡"可将杂草啄个精光。每天数百只鸡鸭鹅拉下的大粪又是难得的有机肥料。翁锦明将这种生态养殖称之为"林下经济"。他的农渔业开发公司就是这样在开拓一条变废为宝的生态循环养殖的道路。

20多座鱼池在翁锦明接手以前,已经营了二三十年。有的池塘淤泥沉积已相当厚实,导致池水变浅,不利鱼类的游弋生长。这些鱼池正逐一抽干水,清除淤泥加以疏浚。鱼塘水的深浅大有讲究,浅了不好,过深也不好。水太深,光照穿透量就少,不利鱼的生长。一座鱼塘,养鱼量也不能太多。翁锦明知道,时下有的地方养鱼一味追求产量,一些小鱼塘竟放养几千甚至上万尾鱼,鱼的营养和光照都不足,鱼的肉质自然很差。对此,翁锦明严格控制每个鱼塘的放养量,使各种大鱼小鱼都有充足的活动空间。他还采取措施,确保这里的水质能优于其他地方。

渔工不时会到鱼塘撒网捕鱼。一网上来，草青、鲫鱼、花鲢……活蹦乱跳，鱼身肥硕、鱼鳞鲜亮。要是来了客人，主人就用活杀的草鱼和鸡鸭招待大家。肉和汤都是原汁原味，无需味精等调味品，十分甘爽可口。特别是草鱼肉，咬着有弹性有质感，还有一缕缕新鲜的香味。翁锦明说，我用上好的瓜豆蔬菜作饲料，不抢时间，不催早熟，让鸡鸭鱼鲜自然生长，水质又好，这样养殖出来的东西怎么能不好吃？

诚然，这样的养殖成本很高，因此推向市场也就价格不菲。翁锦明正在谋划实行会员制的终端营销。在食品生产问题层出不穷，人们对食品安全、食品质量要求很高的今天，翁锦明另辟蹊径，开拓绿色生态养殖业，向会员客户供应没有污染、不用化肥激素的优质家禽鱼鲜。他的农渔基地，每年生产5万公斤各类鲜鱼，1万~2万只鸡鸭鹅。他只重质量不重数量，他要以"优生优育"的优质产品打造出一个能雄踞市场的品牌。向着这个目标，他在稳扎稳打地努力。

翁锦明的事业不仅仅是打造一个绿色生态生产经营体系，他的崇启花卉城还有更诱人的风景。会所里亦中亦洋的陈设别具一格；人工湖里的小岛小巧玲珑；前方一条宽阔的主干道两旁正在拓建果园，扩充菜园——翁锦明知道，如今的都市人向往大自然，爱好生态绿色，喜欢乡村休闲度假。他的花卉城就是迎合了这种需求而来。不久以后，这里将是鱼蔬日日鲜，瓜果四季香，游客可以随意摘果采花，池边垂钓，可以品尝新鲜生猛的菜肴，可以漫步林间小径。从拥挤嘈杂的市区来到这里，不啻是一种惬意的放松与享受。看着已经有型有款的崇启花卉城，翁锦明时时有播种与收获的喜悦。当然，这个敦厚壮实的潮州汉子认为自己还只是生态农渔业刚入门的新把式，要圆"生态农庄"梦，还有许多的事情等着他去学习、去打拼。

郭卓钊:商海新星

撰稿　陈向阳

　　2014 年 9 月 27 日,第 8 届国际潮青联谊年会在新加坡隆重举行,上海代表团常务副团长兼秘书长郭卓钊在会上发言,他满怀深情地说,全球潮人的希望寄托在潮青身上。新时代的潮青一定要弘扬潮人精神,传承潮人文化,不辜负老一辈的嘱托。其实,作为上海潮汕联谊会副会长、广东康辉集团有限公司总裁的他,无论在家乡潮汕,还是在上海办实体经济,总是用潮汕精神和文化来激励自己。

　　二十多年来,郭卓钊通过"工业化生产反哺农业"模式,带动广东省广式蜜饯、广式卤水等国内传统食品产业的集群化发展,建成了国内最大的集科研开发、加工生产、外贸出口为一体的广式传统地方食品示范基地,直接带动农户逾二十万户,吸纳农村劳动力超过 2.5 万人,成为"国家农业产业化重点龙头"示范企业。他积极参与公益活动,为社会累计捐款逾 3000 万元。其间,郭卓钊被国家、地方授予"全国农村青年创业致富带头人"、"广东省青年五四奖章"、"中国食品工业优秀企业家"、"广东省优秀青年企业家"、"广东省创业之星"等荣誉称号。任中国青年企业家协会常务理事、广东省青年企业家协会常务理事、广东省食品协会副会长、广东省青年农业促进会常务副会长、中国食品工业协会理事、潮州市政协委员、人大代表、潮州市青年联合会副主席、潮州市青年商会副会长、上海潮汕联谊会副会长。同时,也是中国两届盛会——2008 年北京奥运会、第 16 届亚洲运动会的火炬手。

梦想初成在上海

19 岁那年,站在人潮如流的上海街头,郭卓钊立志要在这里开创一片属于自己的新天地。在这块热土上,激发了郭卓钊的商赋才智,他开始播下创业的梦想种子。

于是,郭卓钊向父亲提出了以凉果进军上海市场的想法。父亲心存担忧地瞅着郭卓钊久久没有出声:上海商家林立,是个擂台地,生意难做。年轻且缺乏经验的毛头小子,让父亲难以放心。可是,身上流动着父亲热血的郭卓钊,就是有一股不怕苦、敢于闯的勇气。

郭卓钊生长在潮汕地区一个较富足的家庭里。一家五口——父亲、母亲、哥哥、姐姐和他。郭卓钊的父亲——广东康辉集团董事长郭然,是一位勤劳朴实、才思敏捷的汉子。上世纪 80 年代初,当改革开放的春风吹绿祖国南疆时,郭然抱着立志为家乡造福的信念,毅然扔下集体企业的铁饭碗,返回故里,凭着一股闯劲儿,以 3 万元钱作资本,自个儿做起了调味品生意。

父亲的意志和品格在潜移默化中对郭卓钊产生了影响。他最终说服了父亲,带着自家企业生产的蜜饯样品,单枪匹马开始独创上海滩。郭卓钊横下心,在上海租下了一间简陋的房子,准备打持久战。他在上海走街串巷挨家挨户地逐个上门推销产品,争取客户。通过自己不懈的努力,渐渐让康辉产品走进了上海各家食品商店,走进了大街小巷的烟杂店。

1991 年,上海浦东开发开放的大潮涌来,郭卓钊敏锐地感觉机遇来临,萌发了"注册浦东,立足上海,面向全国"的想法,在浦东投资创办了上海正好华食品企业发展有限公司,从此逐步形成了以工带贸、以贸促工的工贸结合新格局。这家公司迅速成为康辉集团的龙头企业。就这样,20 岁的郭卓钊在上海撑起了一片属于自己的天空。

一路追梦,郭卓钊练就了高度敏锐的市场意识,形成了自己的一套市场开拓策略,他能在复杂多变的市场背后,触摸市场规律性,并加以灵活运用。

上海有"广式"话梅和"苏式"话梅,可"广式"话梅虽然干燥,但太咸;而"苏式"话梅口味新鲜,但潮湿。两种话梅各有特色又各有缺点,郭卓钊将两者合为一体,研制出了一种既不同于"广式"又不同于"苏式"的新话梅——"阿咪话梅"。"阿咪话梅"在上海上市只有半个月,商店经常出现排队购买的火热场面。

当年六一儿童节来临时,郭卓钊在儿童食品的包装盒里放上玩具的新产品"小叮当",推进市场几天就销售 500 多万盒。1995 年,郭卓钊推出了"凉果"+"草药"的"华华丹",既可做零食,又有开胃保健的作用,每瓶仅售一元,销路一直很好;1998 年,上海出现了罕见的高温,他推出了"高温"+"冰"的口感清凉的"98 康辉冰之梅系列";1998 年世界杯足球赛期间,他又推出了"足球"+"话梅"的"足球丹"……

上世纪 90 年代末,上海蜜饯市场的竞争激烈,郭卓钊居安思危,在香港铜锣湾注册了中国康辉国际集团有限公司,并在香港吸取洋文化的精华,把新的理念注入产品生产经营中,使产品的更新周期更短,变化更快,国际化程度更高。

郭卓钊的初梦成功了! 当年以 3 万元起家的小食品公司,经过二十多年的努力,如今已经脱颖而出,发展成一个拥有 18 家子企业和分公司,跨省、跨地区,集"农、工、贸、技"为一体的现代化集团公司,拥有一个个耀眼的光坏。

品牌的魅力

从 1985 年起,康辉集团主业生产、研发、销售"康辉"牌蜜饯和炒货,到 2005 年创新产品,推出"正一品"潮汕休闲熟食,在这个过程中,郭卓钊始终坚持以品牌建设为抓手,勇于开拓革新,不断扩大产品的品牌效应。众所周知,潮式卤水是潮汕地区拥有一千多年悠久历史的一种地方特色熟肉,但由于制作工艺不一、食品安全保障弱、产品流通不便、缺乏标准和生产规范等问题,严重制约该产业的发展。为了使这一特色产品既能保持传统潮汕卤味的特点,又能适应现代运输、携带、贮藏的需要,康辉集团组建了"广东省潮式卤水农业科技创新中心"、"广东省工程技术研究开发中心"等专业研发机构,联合华南农业大学、华南理工大学等高校展开"产学研"合作进行科研攻关,并高薪聘请资深潮菜技师负责卤味的调料配置——以99味药膳提纯制成48味鲜卤高汤,用高汤对肉品进行长达数小时的文火慢炖卤制,再对抽真空包装成品进行121℃的高温杀菌,最终制作出色、香、味、形俱佳的"正一品"潮汕卤味。

新配方研制成功后,康辉集团又购进现代加工设备,改建扩建厂房,应用先进工艺技术,对"正一品"潮汕卤味进行规模化、工业化、标准化生产。尽善尽美的工艺,在传统文化中注入科技元素,充满着现代人的理性思考和健康美食理念。

2005年岁末,当"正一品"潮汕卤味正式登陆上海市场时,便以令人吃惊的速度抢占同类产品的市场份额,引发了消费者抢购的狂潮。当时,上海媒体这样报道抢购盛况:在家乐福金桥店,选购"正一品"潮汕卤味的人流如潮,虽三次补货,却只有零星的包装袋还"躺"在货架上。

康辉产品以其独特的品牌策略、优秀的产品品质为基础,树立起康辉品牌。郭卓钊立志把卤味项目做强做大,弘扬潮汕传统的美食文化,让中华美食飘香世界华人社区;把"正一品"潮汕卤味做成"一品中华美食",让康辉集团成为"广式传统食品产业的领跑者"。今天,集团已经成为"农业产业化国家重点龙头企业"和"高新技术企业"。

此前,康辉一直以流通渠道为主。进入21世纪,上海、深圳一大批商场超市崛起,康辉以其品牌影响力顺势进驻上海的家乐福、麦德龙、欧尚、大润发等大卖场,开始了两大渠道的同步发展。康辉已拥有20多万平方米的生产基地,分别建在广东潮州以及湖北的钟祥和秭归。潮州工厂主要生产蜜饯、卤味、果丹;湖北基地则以炒货和锅巴为主。2013年康辉年销售额达到6亿元左右,其中蜜饯和卤味依然是带来营收的主力产品。蜜饯与卤味并驾齐驱,销售占比达到70%;炒货与锅巴销售占比在20%左右。此外,其为香港优之良品OEM生产矶烧卤味,销售额在年8000万元,占总量比的10%。而在上海大卖场康辉产品的销量已占全部销量的80%。

"3+3+3战略"

2012年,康辉集团制定了企业的新蓝图——3+3+3战略。即通过广东集团总部基地、湖北新康辉集团总部基地和上海复合型营销基地的三大基地建设,以"产学研"模式引领"广东省省级企业技术中心"、"广东省工程技术研究开发中心"和"广东省农业科技创新中心"的三大中心发展,建立并完善全国营销网络、高速发展全国营销规模和效益,创新并建立拥有自主零售品牌的专卖连锁店,开展三大基地建设、分拆核心业务进行上市融资的三大计划。

在3+3+3战略的引领下,康辉加快基地扩建、人才培养、科技研发、终端直营店建设的步伐。同时,康辉不断进行产品的升级改造。2012年,康辉率先从Logo着手,"康辉"品牌新设计更加时尚、环保,同时SLOGAN "爱ME时代,爱上康辉"更加契合当下年轻消费者的消费心理。郭卓钊认为,随着城市化程度的提高,消费者对于休闲食品的需求也向着高品质、新时尚转变。产品的功能化特点以及健康理念的打造将成为消费者选择产品的关键。

2000年,康辉在上海寸地千金的繁华地段营建的占地1100平方米的新办公室已经投入使用。在潮州庵埠,一个占地400多亩,融文化、种植、养殖、旅游和生活区为一体的康辉新区,也正以令人难以置信的速度展现在人们的眼前。

为适应市场变化,康辉集团对发展格局不断作出新调整,在紧抓产品质量和注重内部管理的基础上,与一些知名大企业寻求合作,借力发展,走强强合作之路,提高市场占有率。康辉准备着手在全国开出100家食品连锁店,康辉产品的经营格局多样化,没有围墙的产品便民利民;并借鉴宝洁公司的推销技术,开创"宝洁公司模式",统一公司品牌旗下多种产品品牌,力求使"康辉"成为中国休闲食品的王牌。

爱心释放

郭卓钊的胸腔里跳动着一颗仁爱的心。他牢记着祖父常说的那句话:"一人富了不是春,万家同富才是春满园。"他深深牵挂着那片生他养育他的故土和诸多仍不富裕的人们。

前些年,沿海地区开始富裕起来,可是贫困的地方依然不少,特别是当郭卓钊因商务需要去到那些贫困地区时,每当他看到那些衣衫破旧的失学儿童,他的心头总会袭上一种难以名状的苦痛。"他们是无辜的,他们不应该先天被剥夺读书和成长的机会呀!"

郭卓钊先后向潮安县庵埠凤廊书画社、内龙中学捐赠捐助电脑打字机、运动服等。1995年就向郭陇学校铜鼓队和幼儿园捐资58万元,1996年,又一次性分别向潮安庵埠中学、郭陇小学捐资80万元和100万元……除此之外,对政府基础设施、教育资金、造桥修路、残疾人事业等也慷慨解囊,频频出资。二十多年来,郭卓钊以个人或企业名义奉献于各项公益事业的捐款、捐物超过3000万元。

除了捐赠福利事业,郭卓钊还采取以富扶贫的办法,积极地与贫困地区合作搞实业,使那些贫困地区的人民尽快走上致富之路。郭卓钊深信,"造血"胜于"献血"。1994年,在时任潮州市委领导的重视、支持下,他开展了扶贫帮困工作,在广东省陆河县开辟生产加工厂,与东庄镇人民政府合办陆河东辉果品加工厂;1995年,与新疆乌鲁木齐烟酒集团公司创办东西合作示范工程果脯深加工;1995年至1996年,代表庵埠友好镇在湖北钟祥市合办康辉食品有限公司(被农业部定为三高农业基地),建立东西合作示范工程。近10年来,郭卓钊同各地贫困地方以合作方式累计收购各式农产品10多亿元,极大地支持国内贫困地区的经济发展。凭借其回馈社会的善举和事迹被《天下潮商》列入"2011年全球潮商慈善排名表"、并被评为2012年"十大潮商新锐"。

梦想的永追

如今在上海,以康辉为品牌的"康辉话梅、杨梅"等蜜饯系列,"凉果+草药"开胃保健的"康辉华华丹"等保健型蜜饯,"正一品潮汕卤味"等潮州特色美食系列,"康辉瓜子"等炒货系列,"康辉脆土豆"等膨化系列,已经家喻户晓。郭卓钊19岁勇闯商海,22岁获"世界杰出华人企业家"荣誉称号。"我们要打造中国休闲熟食的第一品牌,争取尽早实现上市!"郭卓钊如此有雄心!

2014年8月20日下午,第二十五届潮汕星河奖暨第八届潮汕星河国瑞科技奖颁奖大会在揭阳市委大会议厅举行。郭卓钊等20名优秀科技工作者勇夺国瑞科技奖成为潮汕星河中耀眼的"新星"。

郭卓钏深感,科技创新是企业发展的根本动力。作为长期在广东省传统食品规模企业广东康辉集团有限公司从事技术管理、创新工作的科技工作者,他多年来在传统食品制造、农产品精深加工方面取得了显著的科研成果。其参与实施的创新技术获发明专利 3 项、实用新型专利 3 项,发表了专业技术论文 10 篇。荣获省进步奖三等奖 1 个、省轻工进步奖一等奖 1 个、市进步奖一等奖 1 个。郭卓钏负责的科技项目主要有主持承担传统潮式卤水特色禽肉制品的工业化技术创新的国家级科研课题。项目采用食品防腐栅栏技术、卤水汤料的配方定量标准化生产、高坟间歇式渗料技术、淋水式杀菌技术等现代食品加工技术,研发出适合潮式卤水禽肉制品工业化生产工艺,实现了该产品的工业化、标准化生产。该项目填补了国内潮式卤水禽肉制品工业化生产的空白,项目的经济效益和社会效益显著,达到国内领先水平。此外,他还承担"绿色岭南水果风味果糕的安全生产技术研究及应用"的国家星火计划,"广式蜜饯产业废弃物的高值化综合利用回收技术"的广东省社会发展科技项目,项目获 2011 年度广东省科学技术奖。

年轻的郭卓钏,充满着追梦激情。2008 年 5 月 10 日,汕头,北京奥运火炬传递在广东省内的最后一站。天上飘着雨,淋湿了这座城市的大街小巷,却淋不湿人们的爱国热情。

火炬一路传递,到达第 49 棒火炬手的手中——这是一位帅气儒雅的年轻人。接过火炬后,他压制住内心的激动,深呼吸,然后蹬着地面,向前弹着脚步,缓缓地,却是坚定自信地前进。他昂扬着笑脸,锐利的目光充满自信,始终坚定地望着前方。是的,就像他当年从父亲手上接过的辉煌事业一样,火炬接力,也是这样一种辉煌的传承。这位年轻人,就是郭卓钏。几年过去了,今天的郭卓钏依然保持和充满着"火炬手"梦高峰的激情,他向往着"更高、更强、更快",这是他的梦想,也是他永远的追求!

■ 郭卓钏:商海新星

黄谦：三届世博会中的唯一

撰稿　陈向阳

　　2014 年 5 月 20 日，坐落于上海浦东最大的生态公园 "世纪公园" 7 号门口的世纪潮府馆，迎来了到上海参加亚信峰会的哈萨克斯坦总统纳扎尔巴耶夫。慕名而来的总统一行 20 人，对中国的饮食文化赞叹不已。

　　世纪公园潮府馆是 2012 年韩国丽水世博会中国国家饮食馆的复原馆，在韩国世博会期间，该馆作为中国国家饮食文化代表，接待了数位国家元首及世界各国几十位部长级官员。此次纳扎尔巴耶夫一行 20 人抵达潮府馆后，并未直接用餐，在潮府馆馆长黄谦的陪同下饶有兴致地参观了潮府馆，品尝了中国功夫茶，欣赏了中国乐器等世博元素。在听完黄谦馆长对潮府馆参加 2010 上海世博、2012 韩国丽水世博及 2015 意大利米兰世博的准备情况介绍后,他高兴地挥毫留念,并风趣地说:"作为下一届认可举办世博会的主办国哈萨克斯坦,希望中国潮府馆前往为中国饮食添光彩。"

中国上海世博会、韩国丽水世博会、意大利米兰世博会,作为代表中国饮食文化的潮府馆连续几届参与其中,这也许是创造了世博会历史的一个新亮点。这对于潮府馆馆长黄谦来说,他为潮汕文化乃中国饮食文化所作出的贡献,也被世人所赞誉。

黄谦,曾任中国最大的民营音乐公司"广东星文文化"董事总经理,担任文化部组建的"中国联合传媒有限公司"首任董事总经理。他在任期间成功地将中国音乐唱片传播和普及到了广大民众中间,并且联合中国的唱片业巨头对推行正版音乐产业作出了杰出贡献,两次代表中国文化界与前美国国务卿赖斯团队会谈音乐版权问题。

2007 年,黄谦组建香港潮府餐饮集团,开始致力于潮汕民族文化的推广和弘扬。当中国申办世博会成功之后,黄谦就盟发了参与世博会,向全球弘扬潮汕精神,传递中华饮食文化的信念。

黄谦,成功地将所属潮府馆推入 2010 上海世博会,成为 2010 上海世博会中华八大菜系粤菜唯一代表。同时也是潮汕地区在世博会的唯一展馆。同年,黄谦发起成立中华八大菜系联合会,并被推选为会长。他致力打造中国潮菜总部,整合和推动潮菜走向世界。

在上海世博会上,潮府馆作为八大菜系唯一举办国家馆日的场馆,在其接待的 20 多次外国国家馆日中,均以潮菜作为官方接待饮食,获得了诸多国家元首的青睐。包括马来西亚在内等多个国家的旅游部长当场就表示邀请潮府馆前往其国家建立潮汕文化城。潮府馆的设计理念,是让世界各地的游客在一座传统的潮汕民居中吃正宗潮州菜,喝古老功夫茶,切身感受广东的美食文化。

2012 年世博会于 2012 年 5 月 12 日至 8 月 12 日在韩国丽水举行,中国代表团再次以潮府馆作为中国饮食的唯一代表赴韩国参展盛会。潮菜首次登顶中国饮食文化巅峰。黄谦带领团队把潮菜、功夫茶、中国丝绸、中国瓷器等标志性中华传统文化在潮府馆内进行了重点展示。潮府馆受邀到韩国首尔设永久馆,打造中国饮食文化城。

在这次丽水世博会上,潮府馆是最大的饮食和文化专业馆,面积比一些 C 类国家馆还要大。潮菜代表的中国菜系也得以在世界最高的文化平台上发出声音,受到世博会来自各族人民的高度关注,中国饮食通过世博平台对未来中华饮食走向世界作出关键的推动,影响世界的饮食格局。这是黄谦对中华饮食文化的贡献。

丽水世博会期间,为了重塑中国饮食作为世界三大饮食文明之一的地位,也是为下一步将中国饮食和文化国际化做准备,在中国馆的支持下,潮府馆代表国家联合了 17 个国家,举行了 8 场国际饮食文化交流会。通过这 8 场交流会,大家都觉得非常有必要建立一种常态化的全世界特色饮食文化的合作交流机制。在黄谦的倡议下,这 17 个国家以中国为首共同发起了一个世界饮食文化协会(IGCA)。这个协会发起签约仪式于 7 月 27 日在中国馆举行。我国家世博会组委会副主任王锦珍先生,联合国政府代表 Enjun Lee 女士,韩国丽水世博会组委会秘书长朴永大先生都出席见证,17 个国家的政府代表共同签署。IGCA 的成立充分证明了中国饮食在世界饮食文化中的影响力和号召力。目前协会在日内瓦正式注册,作为联合国粮农组织的机构进行国际间饮食、食品、农业产品、厨师培训、文化的常态化合作交流工作。

2014 年 10 月 22 日,2015 年意大利米兰世博会中国路演北京站活动开幕式在北京王府井步行街举行。作为已经在米兰紧锣密鼓建设参展的潮府馆馆长,黄谦出席了这次活动,与意大利驻华使馆大使白达宁,意大利外交部公使迪卢卡,2015 年意大利米兰世博会政府总代表、执行总裁萨拉等国内外人士进行了友好交流。米兰世博会将于 2015 年 5 月 1 日和 10 月 31 日在米兰举行。主题为:"滋养地球,生命的源泉"。潮府馆将继续代表中国国家饮食,参展这届世博会。

三届世博会之路,是黄谦和他的潮府馆传承中国饮食文化之路。当 2010 年他被推选为中华八大菜系联合会会长后,他就主张以潮菜文化打造民族品牌,联合其他菜系,向世界展示中国饮食文化的魅力。

三届世博会,也体现了黄谦与上海的情义。当年,黄谦刚进入上海这个市场时,经过一番走访考察,结果发现潮菜在上海的发展还欠缺火候,即使在一些比较好的酒楼,他们烹制的潮菜品尝起来仍不够正宗。于是他产生一个心愿:"要在上海做真正的潮菜,让上海人和家乡人都能品尝到地道的潮汕美食!"这是一种冲动,也是一种努力。经过五年多的发展,黄谦在上海大宁潮府酒家,烹制的潮菜被公认为"上海最纯正的潮州菜"以及"上海最好吃的潮州菜",其所创造单位面积营业额和纳税额排名上海市同业前五之列。2009 年,上海大宁潮府酒家获选为上海首批(17家)世博会指定接待单位及首批精神文明餐厅,也是获选的唯一一家在沪粤菜餐饮企业,并于10月举办的上海世博会十家名店评比中获得"最佳造型奖"。同年,更是接待了包括时任国务院副总理王岐山、中国工商总局局长周伯华、上海市市长韩正等在内的169名部级以上干部,以及乌拉圭总统、格莱美总裁、彭丽媛、宋祖英、廖昌永、谭晶等上百位海内外名人。

2014年5月,当纳扎尔巴耶夫总统一行在黄谦的另一处——世纪公园潮府馆品尝了正宗的中国潮州菜后,也连连称体味到了"最纯正的潮州菜"。潮府馆的菜主要原材料全部由广东汕头空运到沪,启用全部潮汕厨师,确保口味的纯正,使菜式呈现潮菜传统经典,同时展示潮州菜注重时令、新鲜、本味、天然生态的安和之道。潮府馆的粥道立志于烹制上海滩最好的砂锅粥。在选材上极其严格,沿用了上海世博会对所有食材精挑细选、建档溯源的做法,全部食材可追溯到原产地、生产方式、生产过程、生长状态等详细资料,并且绝无添加剂,没有任何化工调料,粥的用水上,选用顶级的冰山矿物质水,出品的粥在清淡的味道中最大限度还原了食材的本味,符合现代人健康、养生的饮食观。纳扎尔巴耶夫总统品尝了潮府馆的功夫茶、粥、卤水菜等之后,总统女儿在潮府馆还对中国白酒杯爱不释手,餐后总统女儿向黄谦馆长索要了10个中国白酒杯作为留念。黄谦馆长餐后向纳扎尔巴耶夫总统及夫人赠送了代表中国文化的潮州单枞茶和世博纪念壶。黄谦让纳扎尔巴耶夫总统的中国亚信之旅也成为一次中国的传统文化之旅。

2014年10月20日,广东省汕头市政府有关部门正式宣布,在今年市十三届人大四次会议上,代表提出的《关于建造潮汕小吃一条街的建议》,经过汕头市各级政府及相关职能部门的全力推进,目前市规划部门拟选址引进上海世博会潮府馆在汕头市建设,初步选址中泰立交附近。这意味着,潮府馆不仅是"墙内开花墙外香",而且也同样"墙内香"。

"我们未来的目标,是站在更高的平台发出声音,以潮菜文化打造民族品牌;联合其他菜系,向世界展示中国饮食文化的魅力。"黄谦对未来发展充满信心。

黄朝栋：在商海搏击中奋起

撰稿　林介俊

　　海纳百川的大都市、人才济济的上海滩，伴随着改革进程的不断深入，在市场经济的大潮中，涌现了一大批杰出的民营企业家。他们以自己出众的才华、过人的胆识、独到的见解在创业开拓的舞台上尽展风采，赢得了由衷的赞誉。上海朝记商贸有限公司的创始人和掌舵者黄朝栋就是其中的一员。

　　黄朝栋，上海朝记商贸有限公司董事长，身兼若干社会职务，其中有上海市浦东新区企业家联合会副秘书长、浦东企联青年企业家联谊会副会长、上海市科技咨询服务中心健康管理中心副主任、上海潮汕商会常任理事，上海世界潮青执行主席。他在创业中做出了骄人的业绩，也获得"诚信中国北斗奖"、"中国食品行业最受尊敬的十大诚信企业家"、"中国杰出民营企业家"、

"十佳企业诚信经营领军人物"、"创业建功,为党争光"等荣誉称号。

"做生意必须先做人:一诚信,二服务,三创新,四坚持。"这是黄朝栋的人生格言。坐落在普陀区真北路上的上海朝记商贸有限公司记载了他十多年来艰辛创业的平凡而感人的风雨历程……

风险铺垫成功路

已是不惑之年的黄朝栋,虽说个头不高,却显得很壮实又大气,他那炯炯有神的目光透出睿智与刚毅,在他身上既有年轻人的凝重、刚烈,又有书生的机灵、文雅的气质。

农村出身的黄朝栋,由于受到家庭的影响,自幼淳朴、憨厚、诚实、平易近人。他读完高中便离开家乡潮阳孤身来到深圳,在一家水产公司打工。不久因好学勤奋、有闯劲,被老板推上了销售经理的岗位。从此,他如鱼得水、才华得到充分展示,带领部门员工把销售工作做得有声有色、有板有眼、很有成效。

人无远虑,必有近忧。3 年后,具有独特个性、独特思考和独特工作能力的黄朝栋认为,经过 3 年的艰辛拼打,自己在经商方面积累了一些经验,在经济方面也有了一定的积蓄,也在商界结识了一些朋友,应该有条件自己创业,以更好地实现自己的人生价值。

想到做到,这是黄朝栋的性格。1994 年 2 月,经过三个多月紧锣密鼓地筹建,一家颇有规模的海鲜供应企业,"新世界海鲜批发城"在广东省东莞市挂牌开张了。这是黄朝栋创办的第一家企业。当时,黄朝栋投了一笔巨资,添置了一辆小车、三辆运输车,建造了一个 30 平方米的冷冻库。"新世界海鲜批发城"供应的大龙虾和深水鱼等冻品也有一百四十多种,专供广东和深圳的大富豪、三亚、新世界及湖景等三十多家星级酒店。由于黄朝栋经营有方,第一年销售额突破 600 万元,掘到了第一桶金。此后,黄朝栋的企业销售额每年以 20% 递增。

又是 3 年后,因为创业一帆风顺,黄朝栋萌生再发展的念头。他认为自己供应的水产让饭店赚大钱,还不如自己开个饭店,不让"肥水外流"。于是,在 1997 年,他同朋友合伙投资 2000 万元,聘用近 200 名员工,开办了一家名为"天天渔港"饭店。此后,他一边经销水产品,一边经营饭店,常忙得"眼睛一睁,忙到熄灯"。人消瘦了,几乎累倒。然而,南海风云变幻莫测,黄朝栋万万没有想到,由于经营不善,加之酒店竞争激烈,仅一年多时间亏损2000万元。此时,他面临"山重水复疑无路"的窘境,饭店无法继续维持下去。最终,他只得忍痛关了自己苦心经营了3年的"新世界海鲜批发城",两手空空回家乡"闭门思过"。痛定思痛之后,他认识到,只要妥善应对创业中的各种风险,才能走向最终的成功。

永不言败再创业

黄朝栋是个"永不言败"、有志气和抱负的热血男儿。经过一番思索后,他告别双亲来到大都市上海寻机创业。起初,他到金海宫大酒店打工。由于他做过水产业务,又是开过饭店,黄朝栋很快脱颖而出。老板见他经验丰富,能力突出,不久就让他担任了业务经理。此后,黄朝栋又跳槽到渡金山大酒楼当上了总经理。后来,他又在上海飞昱食品有限公司担任董事兼销售总监,并负责经销燕、鲍、翅等水产。

在上海沉浮中,黄朝栋不仅掌握了丰富的行业知识和管理策略,而且深谙了"做生意必须先做人"的道理。更重要的是,他找到了人生的航标 。于是,黄朝栋又开始选择最适合自己最熟悉的行当——经销水产品。

2007年初秋,在一阵鞭炮声中,他创办的"上海朝记商贸有限公司"在真北路上揭牌后,生意十分红火。

居安思危。为确保企业稳步发展,黄朝栋探索与总结了"一诚信、二服务、三创新、四坚持"的企业管理方略。一诚信:树立"先做人后经商"的理念,宁可自己吃亏,不让客户损失;二服务:一是建立培训服务中心,花钱请行家上门为企业培训服务,二是成立现代化的加工厂,请专派业务人员上门进行供货配套服务;三创新:公司在制度上要创新,使各项制度不断适应生产经营发展的需要;在人员培训上要创新,要不断提高员工的素质和能力,让员工充分发挥积极性和创造性;在运营模式上还要进一步创新,更加方便客户和消费者;在产品上要不断推陈出新,研制出更多、更好的产品供应市场;在服务上要坚持创新,不断满足客户和消费者的需求;四坚持:一要始终坚持以法律和制度约束企业;二要坚持以客户利益最大化为中心;三要坚持以做燕、鲍、翅饮食文化倡导者为宗旨;四要坚持以成为燕、鲍、翅行业标准化的先驱,狠抓经营管理。先进的管理方略使企业快速、健康、协调发展。如今,黄朝栋的企业已成为全国首家国内高档酒店提供燕窝、鲍鱼、鱼翅等系列产品与配套服务的公司。公司创建成了大型商场和现代化工厂、打造了一支高素质的厨师、研究人员等人才队伍,创建了自己的品牌,还先后通过了 ISO09001:2000 质量体系认证和 ISO22000:2005 食品安全管理体系认证。为全国各地的(主要是上海市)五百多家高档酒店提供优质产品和优良服务。黄朝栋公司近几年来在餐饮业继续开拓发展,开办了"春季海港城"等连锁酒楼。同时,他又向多元化发展,成了益海嘉里(金龙鱼)食品油品中包装系列特邀经销商,为近千家宾馆、酒楼提供食用油。更为可喜的是公司燕、鲍、翅、参等众多产品连续两届获得了上海国际餐饮博览会金奖、特金奖。公司成为上海餐饮行业协会常任理事单位,被评为"上海著名餐饮品牌企业"、"最具生命力的民营企业"。黄朝栋本人还获得了高级经营师,并被吸收为民建委员。他还获得了"中国食品行业十大诚信企业家","中国杰出民营企业家"等殊荣。此外还荣获了"诚信中国北斗奖",受到了民建中央主席陈昌智和全国政协副主席郝建秀、王文元等领导的亲切接见。黄朝栋艰辛创业的生动事迹感动了许多人。空军中将,在朝鲜战场上打下美国王牌战斗机的英雄韩德彩为他挥毫题词"凌云志",国家经贸委原副主任杨昌基泼墨写下了"诚信赢天下"的字幅赠给他。领导的勉励,使他深受鼓舞,并决心再创辉煌。

好学求知添飞翼

综观上海朝记商贸有限公司的发展历程,不难看出黄朝栋董事长的智慧与才干,让人领略到了他那与众不同的创业风范。当前来采访的媒体记者问起企业发展的秘诀时,他深有感触地说:"在市场竞争十分激烈的情况下,要办好一个企业,经营者不仅要有坚定的信念和不懈的追求,还要有实干和苦干精神,此外,经营者不断学习充电,更新知识,才能开拓创新,使企业与时俱进。"正是基于此思想认识,近4年来,他孜孜不倦地攻读了吉林大学的本科,进一步地提升了自己。

"爱读书、善思考"是黄朝栋的又一个特点。他是个不吸烟、不喝酒、不跳舞、不打牌的"四不老板",常常在下班后回家吃完饭,便坐下来读书。不管工作多忙，他总是想方设法挤出时间读书……他以惊人的毅力在2年内仔细读完了《企业家实说》、《水产的营销与管理》、《竞争论》、《星级酒店的管理》、《员工心理素质训练》及《如何提高执行力》、《演讲与口才》、《孙子兵法》，还诵读了《朱镕基讲话实录》《中国民主建国会概述》等书籍。他读的书很广也很杂，书中的政治理论、思维方式和管理方略以及做人的道理，给了他运营企业、创业拓展的灵感与思路。他说："书籍是帮我办好企业、发展企业的最好助手。学习求知让我如虎添翼。"黄朝栋除了自己坚持读书学习外，还参加各类有益于提升自己的政治素质、管理能力、文化知识的培训班。2010年6月，他参加了上海市浦东新区组织部、统战部和新区党校联合举办的"第七期非公企经营管理人才研修班"学习，勤奋认真，学以致用，并撰写了《以人为本，提升自主创新能力》的学习体会一文，在《浦东之窗》杂志刊登后受到领导的好评。此外，他还先后参加了民建上海市委举办的"民建42期中青年骨干培训班"和"上海民建企业家培训班"的学习，受益匪浅。"学习重在运用"。他阅读了《做生意，先做人》一书后，对"诚信为本"加深了理解。他认为企业要发展，没有"诚实守信"的理念是不行的。因此，黄朝栋坚持做到诚信待客户、诚信待员工，进一步落实"朝记"的"诚信、团队、品质、创新、超越"的企业精神，为企业的发展增添了后劲。2010年7月，黄朝栋接到苏州一家酒店来电说：采购他们的几十包水产冻品鱼翅鲍鱼等即日过期，想与"朝记"商量一下处理办法。黄朝栋毅然回答说："退回来我们处理！"其实，这主要责任在对方，可黄朝栋硬是要承担。为此，"朝记"企业损失了三万多元。对方十分感激地说："黄朝栋是我们可以信赖的合作伙伴！"

"对客户讲诚信"是黄朝栋始终遵循的准则。3年前，"朝记"企业与多家酒店签订了3年供应海鲜合同，但合同签订不到半年，进口的鱼翅、鲍鱼、海参等水产上涨了20%，有人建议他与对方商量更改合同，可黄朝栋却说："得失是商场上的常事，重要的是讲诚信！"于是，他宁可蚀本也不肯更改合同。此举，虽自己亏了上百万元，却折射出了黄朝栋办企业的坦荡胸怀和无私境界，进而赢得了客户的信任，也给"朝记"带来了更多的生机。

"诚信待员工"，这是黄朝栋在创办企业中实施人性化管理的一大特色，体现在以下几个方面：

——加强员工培训。为了造就一支素质高、业务精、作风硬、思维新的员工队伍，他把培训作为企业给员工的一种福利待遇。为此，他每年花巨资邀请高校教授、专家到企业为员工授课,开发员工的潜在智能,激发员工为企业做出更大的贡献。

——向员工家属汇款。员工是第一生产力,财富是员工创造的。正是基于此理念,黄朝栋从 2010 年起决定并形成规定,凡在公司服务 3 年以上并为企业作出突出贡献的员工,公司为他家每月寄上 1000 元。这一措施不仅留住了员工,而且还调动了广大员工的工作积极性。

——邀请员工家属参观世博。"朝记"的产品进入了世博,这使黄朝栋感到光荣与自豪。他认为这是员工们努力的成果,决定回报对企业有卓越贡献的员工。他特地邀请外地的员工家属来上海参观世博会,费用由企业全包。一名员工的家属来沪参观了世博会后动情地对儿子说:"多好的老板,你要为企业好好干!"

中国传统文化崇尚"诚"与"信",自强不息的创业儒将黄朝栋就凭着这"诚信"和企业员工继续扬帆出征,搏击风浪……

路漫漫,我们期待黄朝栋一往无前、自强不息、再创辉煌。

143

詹明哲：义兴公司的上海发展之路

撰稿　简弘宙

　　义兴公司自 1988 年开始立足上海，是祖籍潮汕的第一代台商进军中国的代表之一，也见证了大上海的兴盛与发展。以竹木制品的制作开始，在詹明哲董事长筚路蓝缕的开创下，打造出上海友星家庭用品等多家公司，除了本企业的家庭用品外，近年来更开始涉足食品及农业领域，依托着民以食为天的想法，詹董事长再次展开他的开创之路！

　　台湾义兴公司在上海目前拥有上海永义家庭用品、友星家庭用品、提比森环保科技与提比森食品等多家涉足家庭用品、环保科技、食品及农业领域的子公司，低调而务实的作风，堪称第一代上海台商的典范。究竟已经年逾七十六岁的义兴公司詹明哲董事长如何在滔尽英雄的上海滩屹立不倒，并且一再地开创新事业,值得接下来有志来上海或中国市场的新进企业借鉴!

务实的西进梦想

詹明哲董事长在台湾南投竹山出生,拥有着潮汕人最纯朴,而且脚踏实地的性格。自 1976 年离开台湾财政部台北市国税局后,詹董事长便开始他的企业经营之路,从阿根廷到上海,他最常感叹的一句话就是,如果没有亲身撩下去,说要做什么大事业都是多余的。他一辈子见过太多商人每日花天酒地,以为只要指派经理或是委托管理就一切都没问题,好像急速发展的中国处处是商机,怎样都会赚钱;但是事实上,作为一个初入中国且无亲无故的企业家并没有这么容易,也因此在许多进军中国的企业经营者经营失败返台后,他却能一步一脚印地开创出现在的企业。

詹董事长 1988 年全家移居至上海,1992 年在上海市徐汇区设立上海义兴竹木业有限公司,1998 年成为徐汇区创汇百万美元的企业。1997 年因南站工程动迁至上海闵行区七宝华中路现址。其在上海青浦区 1.7 万平米的企业总部于 2012 年已完工启用,但至今他仍住在华中路的工厂二楼,始终以厂为家,一样每日一早即开始工作到深夜,没有多余的应酬,所有的一切都聚焦在工作。

作为企业经营者,凡事了解并能亲力亲为,才是企业成功的不二法门,在他的言传身教下,三位子女也都继承了他务实且负责的工作态度,也因此义兴集团才能在上海逐步站稳脚跟。

从家庭用品开始

义兴公司是从一个单纯的竹木筷及地板的加工企业,然后逐步发展成家庭用品与宠物用品的综合公司,其中 90% 外销日本,10% 外销欧美地区。众所皆知的是,日本对于产品质量的要求远高于其他国家,但在詹董事长的坚持下,除了造就高质量的外销产品,建立起与日本最大综合量贩店 Cainz、日本知名药妆店 Welcia、全日空航空、最大业务用网购 Askul、日本知名连锁餐厅和民、日本最大便当连锁店 Hotomoto、日本东大附属医院及日本最大杂品通路商友和等等客户的业务关系,更完成内销品牌的建立,这就是源于因为詹董事长相信创新与高品量的产品,才是企业生存的基础。

围绕着生活用品,现在义兴公司旗下的上海友星家居生活百货用品已经进入全国的 7-11、全家、LAWSON 等上千家的连锁便利店,而北京伊藤洋华堂、上海久光、CITYSUPER、CITYSHOP 等各大精品超市也均可见到,友星家居的产品更从基本的竹木制品发展至纸杯、吸管等生活杂货,现在更逐步迈入代理日系或其他国家的生活用品,因为詹董事长已经预先意识到,随着中国居民收入的增加,生活水平的提高,消费的层次也将日益地提升,日常生活的用品势必将再次面临转型,而将国外高质量且创新的产品推荐到上海,对于企业与消费者而言,都是一种双赢。

民以食为天,涉足食品与绿色农业领域

在友星家居业务逐步稳定后,詹董事长又开始他的开创之路。他在 2010 年成立上海松农粮食专业合作社,创立沪上好米的内地品牌,在 2011 年成立提比森食品,代理南美洲天然的酒类与农特产品。

在中国大陆的地沟油、毒牛奶等食品安全事件后,詹董事长有感于内地食品规范的不安全,所以有义务与责任提供优良的食品给广大的消费者,而中国自古以来即是食米大国,也因此创立了米粮食专业合作社,不仅引进台湾优良水稻品种及蔬菜,更以台湾技术的有机肥料进行绿色种植,提供给大家无污染的农产品。

此外,詹董事长因为拥有阿根廷籍的身份,目前也是阿根廷上海同乡会资深顾问,因此对于南美洲天然又健康的食品与农特产品引入中国一直都有所期待。而随着近年上海市场对于天然产品的认可与市场规模的扩大,旗下提比森食品开始进口南美洲的食品与农特产品,并通过两国政府的支持和民间的交流合作,期盼作为阿根廷在中国民间企业的代表,在上海建立起蜂蜜、咖啡、茶到葡萄酒等具有中南美洲特色的农产品交流平台,不仅可以共同开拓中国内需与消费市场,寻求中南美洲大宗农产品输入中国的可行性,同时中国厂商也可以通过这个平台向中南美洲国家输出中国的农产品加工技术和设备,将可为两国的民间交流开创双赢的局面。在食品领域提比森食品也将后来居上,为义兴公司开创出新的市场业务。

现在与未来展望

　　现在,詹董事长谦虚地说,只是初步的站稳脚跟,接下来是要看子女们怎么去发挥所长,让公司更加茁壮成长而已。而随着业务范围的增加与集团规模的扩大,詹董事长也逐渐将公司业务与家居用品事业交接到子女手上,逐步地退居第二线,毕竟年龄的逐渐老去是摆在眼前最现实的因素。

　　不过在谈到新的食品领域,詹董事长的眼中依旧散发着创业者的光芒,他坦言这块新的领域让他更放不下工作,又重新拥有当初创立义兴公司时的热情与梦想。我们在詹董事长的身上彷佛可以见到台湾经营之神王永庆的身影,勤恳踏实的做法,对工作兢兢业业的态度,这都是值得学习与借鉴的地方。

　　随着中国与上海的发展,詹董事长始终坚信,上海市场永远都有赚钱的机会,但是只会给予有准备与踏实的人,希望与有志进军上海的同胞们共勉!

蔡彤：让"雅本"走向世界

撰稿　陈向阳

　　蔡彤，被他周围的复旦学友称之为"儒老板"——2003年创立的雅本化学公司，2011年在国内创业板上市，并在2011年和2012年先后被福布斯评为中国最有发展潜力企业（Up and comers），任公司董事长、总经理。他以手性产品掀起传统医药的革命，成功实现了手性技术产业化目标，并立志构建一座属于中国人的"手性谷"。他荣膺"2013中国服务外包杰出贡献人物"。

初出茅庐

　　他，1970年出生于广东省揭阳，从揭阳一中毕业后，于1989年进入复旦大学化学系学习,是当时班上年纪最大、心智最成熟的学生。1993年,蔡彤顺利毕业,就职于广东省石油化学工业总公司,实现了人生的第一次定位。为了能与恋人汪新芽重聚,蔡彤听从未来岳丈的"训诫",在广东工作两年之后,考回复旦读研,就读于世经所,成为汪新芽的"学弟"。1997年,蔡彤利用两年的时间,以优异的成绩从复旦金融系获得硕士学位,提前毕业。

1997年,上海正大力宣扬"知识经济"和"资产运作"。在经济全球化的大背景下,上海市外经贸委决定将大国企"东方国际(集团)有限公司"从由服装贸易为主,转向以生物医药为主的多种经营模式,同时酝酿公司资产重组上市。具有化学和金融双重背景的蔡彤很快被东方国际集团录用。公司希望蔡彤能够拓展生物医药领域,做大做强该板块的投资和进出口。

加入东方国际后,初出茅庐的蔡彤很快如鱼得水。在短时间内,就帮助公司将不同板块——上海服装进出口公司荣恒国贸,包括经贸、货运、物流等进行资产重组,打包上市。1998年10月,东方国际创业股份有限公司成立,成为当时东方国际集团旗下唯一的上市公司。

工作第一年,就做公司上市,对很多人来说,是可遇不可求的机会。蔡彤觉得自己很幸运,为此,他也花了很多心血。做完上市,蔡彤在单位做得更加得心应手了。2003年,蔡彤被任命为东方国际集团医药分公司的总经理,对刚刚30岁出头的年轻人来说,他已经拥有了比常人更广阔的上升空间。

看着自己周围的人,熟悉的产业在自己身边如雨后春笋般萌发,蔡彤觉得机会似乎每天都从自己身边溜走。他开始躁动了。而国有企业固有的弊端也开始显现:"项目的负责人常常是工作一段时间就会被调离原岗位,导致很多决策急功近利,发展思路滞后,转型吃力。"同时,在"自主研发"和"品牌建设"上,国有企业与江浙、广东一带的民营企业以及国外企业相比,都有不小的差距。

潮汕人的基因开始在蔡彤身上蠢蠢欲动,他想要抓住机会,做一家自己心目中优秀的生物医药企业。蔡彤隐约觉得,这是一个可以实现梦想的伟大时代,错过了,自己会后悔。向来有行动力的蔡彤,酝酿着人生一次大的转型。

创建"雅本"

2003年,蔡彤和一批志同道合的同事、包括同学,在上海创办了"雅本化学有限公司"。公司英文名字叫做"Aba"，A取义 Advanced。蔡彤过去做外贸，经常看的报表中，公司名字按字母排序，映入眼帘的总是"A"字打头了，潜意识里他希望自己的公司以后可以位列其中。中文名字叫做"雅本"，"雅"谐音"汪新芽"的"芽"，又有大雅、儒商之风范，而"本"则寓意"本固枝荣"，打好基础，才能走好今后发展的道路。

雅本从创立之初就有做大做强的目标，高起点，高标准，高要求。"如果我不是学化学，那我做医药化学不会这么专业，这么有高度和深度；如果我不是学金融，我不会一出来就冲着上市去的。"蔡彤觉得，雅本从根本上和很多创业公司不同，"刚开始我们兼并收购苏州太仓的企业，我都是带着会计师、律师、投行一起去的。"面对创业前期生产成本投入和资金周转的困难，包括公司发展过程中需要面对的各类利益冲突与权衡，蔡彤和很多创业者一样，经历了种种考验。抵押过自己的婚房，用太太的钱发员工的工资。蔡彤感慨，"创业是一种信念，开弓没有回头箭，必须坚持，决不能放弃，否则背后几百人可能就没有了依靠。"

从 2003 年成立到 2011 年的创业板上市，雅本化学只经历了短短 8 年的时间，从报材料到批准也只用了 7 个月，这在业内简直是个奇迹。"要知道通过证监会的审核是有许多苛刻条件的，比如要连续 3 年盈利，经营规范，行业要有好的前景等。"蔡彤说。公司从成立之初，就非常规范，集聚了一批高端人才。目前，公司共有 1000 多名员工，其中博士 20 多位，硕士 50 多位，这代表了雅本的整体氛围和形象。"证监会觉得我们公司有朝气，有活力，有前途。"

有意思的是，当年蔡彤在东方国际的工作就是帮公司上市。十年后，他再次做上市，很多流程他已经了然于胸。这可能也是公司短时间内就得以上市的重要条件。当年随同蔡彤一起创业的同事、同学，如今都还在雅本，以强大的黏性，抱团组成一个稳定的核心团队。

让蔡彤倍感骄傲的是，很多当年出国的同学，也是小有成就的博士、研究员，他们纷纷回到自己的公司。这让当年的"班长"感到温暖，也有了新的责任与目标。

雅本成功上市后，蔡彤感觉肩头的责任更大了，他把上市看成第二次创业的起点，把资金投入研发和工艺制造两个重要环节，也给雅本赋予更多的社会使命。"前十年的发展是资本市场对雅本的肯定，但未来十年更关键，决定雅本能否成为中国先进制造业的楷模，成为中国新一代制造业的脊梁。"

雅本的口号是"发挥创造力",蔡彤解释,"创造力"意味着"创新"与"制造"的完美结合,"对于创新,行业内不同的人有不同的观感。设计人员认为制造行业冗长、繁琐,制造人员感觉创新投入收效不稳定。"事实上,"制造"需要"创新"提供制高点,"创新"需要"制造"工艺的完美承托,所以一开始蔡彤就把雅本定位为一个以研发为中心、以高端定制为经营模式的新型生物医药企业,希望能通过自己的不懈努力,至少在生物医药领域带动中国成为一个制造强国。

蔡彤比喻,关键中间体制造环节对于创新的意义就好比 Intel 处理器对于一台电脑。国家现在提倡先进或高端制造业,就是看到了它对于创新创意承托的重要意义,而雅本志在为民族创造力扮演一个"绿叶"的角色。

走进雅本位于上海张江药谷的新研发中心时,映入眼帘的是五个镌刻大字"发挥创造力",正是这五个字,成为蔡彤与他的伙伴们的事业成就之本。雅本初创时,他们经历了民营实业所面临的资金短缺、人才不足、客户质疑的种种困顿,他们不畏艰难,从学习技术到自主研发,从小规模切入到成为国际知名的化学品、医药、农药企业的稳定外包商,产业规模和实力每年都在刷新着新目标。蔡彤认为,创造 = 创新 + 制造,他以"更高、更快、更强"的眼光发展公司,以创新思维加上精密制造生产公司产品,要以雅本制造的高标准来改变世界对"中国制造"的偏见。从一片废旧的工厂工地到一个现代化、高科技的工厂,成就这一切的关键,正是蔡彤常常挂在嘴边的那五个字"发挥创造力"。

有了资本助力,蔡彤的发挥创造力之路显得更加顺畅。目前,雅本拥有13 项国际专利,37 项国内发明专利和 18 项授权专利。在实现资本扩张的同时,雅本化学大力提升高科技企业的创新力度。一方面,公司在自身经营领域纵向加强手性化学合成新药的研究开发,背靠药物创新技术实力非常强的中科院上海有机化学研究所,针对手性药物大品种技术改造和手性新药物产业化发展的关键环节,重点攻克严重制约发展的瓶颈技术,寻求盈利突破。抓紧落实美国 FDA 和欧盟 CEP 体系的认可,促进公司产品向更高标准转型升级;另一方面,公司亦在产业链上做横向延伸,2012 年斥资 1 亿元并购江苏建农,依托技术优势,加快农药原药及中间体定制业务成长进程,形成医药和农药中间体及原料药定制业务等盈利能力强劲的两大发展箭头。同时,雅本还在南通的洋口港化工园区投资建设近 300 亩的高端医药和农药国际定制生产基地。雅本化学致力于发展生命科学领域高端制造业,目前已成为国内精细化工行业的领先者。

走向世界

国内市场的成功，并不能满足蔡彤产业报国的梦想。"我要打造一条遍布全球的手性产业链。"蔡彤将创业蓝图指向了全球。凭借在医药中间体生产方面的核心竞争力，加之独家手性技术作为高效低毒产品的技术保障，雅本化学已经在国内企业中脱颖而出，经过杜邦公司和拜尔公司严格的审核而率先加入了跨国公司的全球供应链体系。

"如果只是研发的力量上去了，一个新药的分子在实验室做出来了，药效很好，如何大规模批量生产，长时间保持原有的药效，副作用小，关键中间体是重中之重，而只有靠高端的制造环节才能把原料关键的中间体（'母核'）做好，欧美在这方面做得很好，但我们总不能倒过来让欧美帮你生产（关键中间体），最后的定价权还是掌握在人家手里。通过'雅本制造'，把中国制造业的标杆提升到欧美水平，将来中国创新企业好的创意都能落地，真正用于国计民生，真正'飞入寻常百姓家'，才算功莫大焉。"

依靠高精尖的完美工艺流程，雅本直接跟欧美企业合作，将创新和制造有机结合，致力于合成高效、低毒、低残留的农药产品和新型、高端的医药产品。为此，雅本把别的中间商一步一步甩到身后，成为当前中国新型生物医药领域的高端定制、专利技术公司当中寥寥可数的几家之一。

不少全球生物医药领域的500强，如杜邦、默克、拜耳、强生、陶氏等行业巨头，原本都在日本、韩国、中国台湾等地生产药品，在与雅本的几次合作之后，基本都成为雅本的固定客户。

雅本化学开始全球经营的布局，在巴西、美国设立分公司。作为世界上第三大农业出口国，近年来巴西的农业经济保持了持续良好的增长，并于2008年超越美国成为全球最大农用化学品市场。巴西农药主要依赖进口，政府鼓励进口中国农药。圣保罗州作为巴西最大的工业及商业中心，也是巴西联邦政府农业监管部门所在地。雅本化学正在巴西圣保罗州设立分支机构，进行新型原药及制剂产品在当地市场的注册申报工作，提高运作效率。作为营销推广窗口，它们将给公司提供第一手的市场信息，为公司合理制定生产计划，组织产能提供依据，减少能源的消耗，加强与巴西当地农药企业的合作，拓展包括巴西在内南美市场的业务。在医药方面,美国是全球最大的市场。美国新医改法案的通过,对于国内从事定制研发和生产,又具备成本优势的雅本来说无疑是个利好。雅本化学拟在美国设立公司建立"雅本化学"美国销售信息平台,不仅有利于延伸公司的产业链和收集高端信息,更好地占领国际市场,参与全球竞争,也可更好地提升公司的可持续发展能力。

2011 年和 2012 年雅本化学先后被福布斯评为中国最有发展潜力企业。"争取用十年的时间,成为一家产值超百亿的高科技企业,让中国制造成为中国创造!"对于雅本化学未来的发展,蔡彤充满了信心。

魏舒明：在金融大海中创新

撰稿 方晓微

　　魏舒明先生，祖籍汕头澄海，本科毕业于人民银行直属院校湖南财经学院，后修读了中国人民大学 MBA 硕士，现任上海股权托管交易中心总经理助理。

　　上世纪 80 年代末，顺应时代思潮大方向，加之因缘际会，魏先生进入湖南财院攻读金融专业，自此与金融领域结下不解之缘，1993 年本科毕业即加入证券行业，已有 20 余年从业经历。他是国内首批取得证券咨询从业资格的专业人士，也是中国最早 30 位注册国际投资分析师（CIIA）之一。

　　90 年代魏先生曾在新兴的广州南方证券交易中心及南方证券登记公司任职多年，是国内最早从事场外市场及证券登记托管业务的人士之一；于

2001年回到上海,任职于申银万国证券股份有限公司,多年从事创新业务设计和运营,是国内最早研究和设计融资融券业务、上市证券融资业务的专家之一;2012年出于对场外市场的执念,他放弃了在申银万国已相当出色的工作,目前在上海股权托管交易中心致力于场外交易、融资、登记建设多方面的管理,2013年8月由他主导推出的新板块"Q板",自上线运营以来,受到业界广泛关注,发展势头迅猛,不到一年时间挂牌企业就超过了1000家!

魏舒明在证券行业的多年沉浮发展,让人看到其事业轨迹简单而明晰:场外——场内——场外,即由从事证券市场场外交易转向场内研究,而后又回到场外市场,这三个阶段紧密相连,一步一步见证了魏先生的成长,锻造了如今在证券行业独当一面的他,而同时我们也能看到他所处这三个阶段时不同的心境与抉择。

第一阶段,魏舒明初出茅庐,在南方证券交易中心任职多年,在这个新行业中不断摸索,与该行业一起接受时间的历练,在此过程中形成了对证券行业的整体把握及兴趣倾向。他敢为人先,成为国内最早涉足场外交易及证券登记托管业务的一员,为当时的南方登记公司撰写了一系列业务制度,这一阶段的历练可算是得心应手。可惜天不遂人愿,90年代末《证券法》实施,南方证券交易中心的存续出现不可逆转的外力阻碍,无奈之下他只能离开,然而也就此埋下了他对场外市场深深的遗憾和挥之不去的心结。

第二阶段,进入申银万国证券股份有限公司,对魏先生来说是一个相当大的落差,在这里要全部从头做起,但他兢兢业业的同时却不忘坚持创新,开拓前行,多年来一直专注于创新业务的设计和运营,并多次主持或参与创新业务研究,是国内最早研究和设计融资融券业务、上市证券融资业务的专家之一。其主持并作为主要执笔人的《融资融券业务标的证券、可充抵保证金证券实证研究》项目获中国证券业协会2009年度创新科研成果唯一一等奖,并由协会向业内推介。

对魏舒明来说,自2006年初开始对融资融券业务历经4年的研究,是一个困难重重但对其个人成长相当迅速的过程。一方面这是一个创新业务,在中国许多年来就没有人做过的一件事情,要如何将其落实是一个大问题;另一方面在当时的证券行业这实际上是重要性不被充分认知的一个业务,质疑之声不断。在这重重阻力之下,他作为一线负责人,带领着二十几人的团队,兼顾团队整合和新业务创新,对申银万国各个部门、证监会、上海证监局、银行、系统开发商、投资者等等进行全方位沟通协调,终于创造出来一个五脏俱全、完全新的业务体系并在一片质疑、推托之声中一步步将其推广,事实证明,融资融券业务的推出对证券业带来了相当可观的收入,对我国的证券业乃至整个资本市场的发展产生了长远的有利影响。而标的证券、可充抵保证金证券的管理是融资融券业务中一个非常重要的环节,《融资融券业务标的证券、可充抵保证金证券实证研究》一文的发表可谓是影响了整个证券行业,对证券公司该如何为融资融券业务相关证券定价起到了非常重要的指导作用,对整个行业的稳定和风险控制有巨大的贡献,至今仍有被作为一项行业参考标准。

这一阶段,既是挑战也是机遇,魏舒明在这里收获了令人瞩目并为之欣喜的成长,但这样的佳绩依旧无法留住他前进的脚步,在旁人相当不理解的眼光中,他主动离开了申银万国,追寻着心中的执念,踏上了新的创新之路。

第三阶段,他重新回到场外市场,就如重新回到海洋的鱼儿一般畅快活跃,上海股权托管交易中心给了他一片新天地。他分管多块业务,致力于服务中小微企业。

上海股权托管交易中心自2012年2月启动业务以来,在为中小微企业服务方面取得了丰硕成果,尤其是作为资本市场的核心功能——企业融资、交易、定价方面,各项数据均在业内遥遥领先。但在众多国内中小微企业中,有相当一部分或因还无法判断其持续经营能力、或由于其规范运营仍需长期整改、或是初次接触资本市场,对信息披露有一定顾虑等诸多原因,从而错失了与资本市场对接的机会;另一方面,一些银行、投资机构、个人高端投资者等在掌握大量资源的同时,却难以寻找到合适的投资项目或企业。魏先生主导设计推进的Q板即"中小企业股权报价系统",是上海股交中心根据企业的实际情况,秉承"宽申请、精挑选、优服务"的理念,打造的一个股权报价平台。它重点服务对象是处于初创和规范过程中的小微企业,这个平台对挂牌企业的形态、所有制成分和所处行业均不做限定,在信息披露上也有一定灵活性,为不同类型、不同状态的企业提供对接资本市场的机会及相适的资本市场服务,该系统已成为为中小企业提供展示、品牌宣传、专业指导等多功能、一站式综合金融服务的重要载体,自上线运营以来,已有千余家企业在此挂牌。

众多挂牌企业对此抱有很高期待。积点网络执行董事甘迪表示:"在上海股交中心挂牌之后,企业更容易获得银行授信。股交中心还会主动为企业与投资机构牵线搭桥,企业有更多的机会与投资机构接触,融资成功的概率也较大。"

上海华仕达是一家从事林业投资、加工、种植的公司,自成立以来始终以企业自有资金发展成长,业绩增长稳健,但规模效益一般。华仕达总工程师陈慈钦说:"银行、投资基金对我们这类企业根本不了解,找他们融资太难。上海股权托管交易中心中小企业股权报价系统为我们打开了进入资本市场的大门。"华仕达的挂牌推荐机构、上海林涌投资有限公司总经理查一亮表示:"华仕达希望通过资本市场的运作加快发展步伐,把企业做大做强,力争成为现代化综合性林业的龙头企业。未来1年,华仕达的注册资金有望达到1亿元。这个体量对一个发展中的企业来说可以用巨大来形容了。"

Q板挂牌企业借力资本市场,拓展了原有的业务渠道,2013年末多家企业捷报频传。上海大金湖创业投资发展有限公司是第一家实现股权转让并增资的企业,挂牌后一个月所接订单赶上了去年全年的订单量;鲁斯兰信息科技有限公司挂牌后即获得了800万元订单;上海飞擎网络科技有限公司已获红星美凯龙及宝信两大订单;上海和平发展起重设备厂有限公司参加投标的中央储备粮库梧州港集装箱龙门起重项目,在九家投标企业的激烈竞争情况下,以总分第一的综合成绩中标。而作为一家新成立的媒体公司,远近文化传播(上海)有限公司在股交中心挂牌后引起了业界的广泛关注,包括青岛啤酒、凡客诚品、奔腾电工与方太厨具集团等,都相继与其建立合作关系,成长相当迅速。

迄今Q板仍以其全方位、立体化、一站式的服务体系吸引着越来越多的企业,帮助它们快速成长。

对于上海股权托管交易中心的发展,魏舒明是自豪的,也是充满期待的,他认为这是一件可以坚持一辈子的事情,市场常变常新,企业也日趋多样,但不变的是帮助更多企业的初衷与坚持,这是他的希冀,更是他的追求。

"创新绝不仅仅是技术研究,更是机制、体制、流程、管理等各方面的整体创新;创新成果也并非课题组从无到有的创造,而是源自于公司长期的理论研究和丰富的管理经验积累"——魏舒明这20年来一直在搞创新,为证券行业不断注入新鲜活力,连带着他自己的人生也从不拘泥安定,而是不断尝试新天地新视野,如他所言,人生的创新也绝非一时的脑热,而是源于长期的实践积累和深刻的自我认识,当然更重要的一点,是有为之义无反顾的勇气与决心。

科教卫篇

潮府馆

马钦荣：从学生到大学党委书记

撰稿　陈向阳

　　一个理性、儒雅、认真的男子,放弃了青年葱茏里实现自己一辈子献身机电工业的念头,走上了三尺讲台,担任了高校领导,用真心和行动将教育理念化成教育实践,以爱育德,以德育才,培养出一届又一届莘莘学子。他用才学、能力、品德和魅力给他的学生以成长的力量,他兢兢业业为高等教育事业作出贡献。他,就是广东潮阳人,上海财经大学原党委书记马钦荣。

一

　　也许马钦荣命里就注定与学校有缘。翻开马钦荣先生的履历,发现他从小学就在"好"学校上学。1962年,从虹口区第四中心小学毕业后,考入上海市复兴中学。这是一所市重点中学,他在那里受到了良好的教育,打下了扎实的道德和知识基础。初中加高中按照常规需要6年读书时间。如果这样,马钦荣就是1968届毕业生。那时的上海,凡是1968届毕业的中学生,"毕业分配"是"一片红"——人人都上山下乡,到农村去"接受贫下中农再教育"。可幸运的是马钦荣就读的复兴中学是五年一贯制,他"轧进"了1967届毕业生的之中。这一届毕业生还没有搞"一片红",实行的是"四个面向"(面向农村、面向边疆、面向工矿、面向基层)的政策。因马钦荣哥哥姐姐均在外地就业,他就可以留在上海工作。

1968年,他被分配到上海先锋电机厂,当了一名车工。当时这家工厂是上海很有名气的"全民所有制"企业。这里有工人阶级的光荣传统,马钦荣接受到了师傅们优良品格的熏陶。他所在的车间,加工的大多数是小批量的非标准工件。加工工件的材料繁多,有一般的钢材,也有铜材、铝材、不锈钢材,有的小车床甚至加工过银材。工件的形状五花八门,光洁度、公差的要求大多较高。那时的他,下决心要把相关的技能掌握好。他经常记工作笔记,把当天做过的活认真记录下来,每个环节是怎样解决,有什么体会和感悟,点点滴滴都写在本子上。

1977年一股春风让马钦荣心中荡漾起浪花。当年9月,教育部在北京召开全国高等学校招生工作会议,决定恢复被"文化大革命"冲击而中断了10年的高等院校招生考试,以统一考试、择优录取的方式选拔人才上大学,中国由此重新迎来了尊重知识、尊重人才的春天。这次具有转折意义的全国高校招生工作会议决定,恢复高考的招生对象是:工人农民、上山下乡和回乡知识青年、复员军人、干部和应届高中毕业生。

马钦荣心动了。按照政策,他符合报考条件,而且可以带薪读书。父亲却不那么支持他再上学。在老人看来,上大学固然好,但家里几个大孩子上了大学的都到外地去了。马钦荣在上海有一份固定工作,单位好工种好,多么不容易。况且"文化大革命"刚结束,"读书无用论"的流毒还在。但是家里的其他人,叔叔、娘娘(父亲的妹妹)和姑父都非常支持马钦荣上大学,正是在他们的鼓励下,马钦荣进入了具有历史意义的高考考场。

1999年10月1日是国庆50周年纪念日。当年国庆期间播出的,由中共中央文献研究室、中共中央党史研究室、当代中国研究所、中央电视台摄制的十六集大型电视文献纪录片《新中国》的第十集有采访马钦荣的镜头。他向人们讲了一顶蚊帐的故事:"文革"前不久,大学毕业后到部队工作的姐姐买了一顶蚊帐,说马钦荣上大学时可以用上。没想到蚊帐一搁十年;更没想到,姐姐梦想成真了。恢复高考的第一年,从570万考生中录取了20多万大学生。马钦荣就是其中的一名。

1978年秋,又恢复了研究生招录制度。1979年春读本科才一年多的马钦荣毅然报名研究生入学考试。他的专业课在30多名考生中排名第1名,总分第2名,被录取为著名哲学家冯契教授的研究生。这样,从1978年春到1982年秋的四年半中,他在前一年半本科学习的基础上,后三年又顺利地完成了硕士研究生的学习。

二

研究生毕业后马钦荣留校任教。令他深受教育,又影响他一生的是,那时的高校老教师们,对青年人的爱护和教育是那么的无私、热情。留校报到的第一天,哲学系党支部书记与马钦荣谈话中说的话,至今马钦荣还清楚记得。"你原来是个学生,现在既是国家干部,又是大学教师。作为国家干部,行为言论都要符合这一身份。作为大学老师,不能像当学生时那样满足于考90分、100分。你面对的问题很多,一定要有足够的专业底蕴。"

1982年的高校,教师积极性很高。对于一名刚走上教师岗位的年轻人,老教师们给予满腔热情的鼓励。当青年教师有困难时托一把,青年教师顺利时就放手,张弛有度。马钦荣在完成被安排的教学任务外,还按照教授们的指导,花较多的时间对"西方逻辑史""辩证逻辑"进行研究。正是这种引导,为新教师的马钦荣指明了学术研究的方向,受用一辈子。

回顾几年的学术历程,马钦荣主要学术领域为传统逻辑、辩证逻辑、西方逻辑史。他主编或与人合作的著作有:《马克思主义哲学概要》《概念论》《哲学逻辑与逻辑哲学》《普通逻辑考试的命题与解题——普通逻辑考试学引论》《辩证思维论》《普通逻辑自学指南》《逻辑学引论》《新编普通逻辑简明读本》《怎样提高逻辑思维能力》《哲学与逻辑》《哲学大辞典·逻辑卷》和《逻辑学大辞典》。科研课题有:《辩证思维的理论与实践》《哲学逻辑与逻辑哲学》《经典测量理论与项目反应理论相结合,在题库建设中的应用》等。

三

1988 年,年轻的马钦荣担任了系副主任,分管教学工作。这是他留校后走上大学中层领导岗位的第一个职务。那时他的心里是有点忐忑不安的。他的面前,有全国著名的学者长辈。华东师大哲学学科又有着深厚的学术传统。论学识,论资历,他感觉担任系副主任的压力很大。但看到了系主任和周围教师乃至学生对他的发自内心的期望和爱护,他放下了包袱,虚心学习,扎实工作,既做好分工的管理,又认真讲课,并在学术上有所攻克。

1993 年 2 月马钦荣被任命为华东师范大学党委副书记。1997 年又改任副校长,分管教学、附属学校、继续教育和出版工作(当时学校有一个颇具规模的出版社和 20 多种学术杂志)。他乘着高校改革的东风,在自己分管的领域进行了改革。

他提出了"基本要求 + 需求选择"人才培养模式。当时,随着社会进步和经济发展,对人才提出了新的要求。据此,上述模式一方面强调了大学生培养应有严格的"基本要求",又对学校提出了应创造能满足学生多种发展需求的选修课平台的要求。马钦荣与职能部门和各院系一起采取措施,开发课程资源,让学生有较宽裕的选择空间。学校开设的本科课程几年里从 1200—1300 门,扩充到 2000 多门。

上世纪 90 年代,由于多种因素,高校存在不重视教学尤其是本科教学的现象。针对这种急功近利的行为,马钦荣提出了"教学为本,本科为本,质量为本"三个为本的理念,并认真加以落实。

他从招生入手进行专业设置和培养方案的改革。当时有个现象:热门的短线专业,院系招生的积极性不高,希望少招;相反,那些长线的冷门专业,招生的热情却很高。为了让招生计划与社会需求更加契合,从而改变为了让冷门专业教师有课上,不顾学生找不到与专业对口工作的情况,马钦荣在校内主持召开招生听证会,邀请校内教授和研究生、社会上用人单位、中学校长及考生家长代表,与学校职能部门负责人一起到会。会上先由每个专业的行政负责人报告相关专业的办学实力、专业改革和建设方案,并提出拟招生人数。据此,与会各方代表独立思考提出自己对各专业招生数的建议。职能部门综合上述建议和其他各方面的条件,提出各专业招生计划方案,供领导班子讨论、决策。这项改革措施,开阔了思路,打开了眼界,又调动了校内各方面的积极性,推动了改革。

在中山北路华东师范大学校园,有两幢"逸夫楼",先建造的是图书馆,后建造的是教育部中学校长培训中心。校长培训中心大楼(逸夫楼)正是在马钦荣兼任中心主任时获得资助并启动建设的。这个培训基地为提高全国的中学校长素质、推动教育改革作出了贡献,被称作是中国中学教育界的"黄埔军校"。每年,从全国来到这里参加学习培训的都是各地最好的中学校长。在马钦荣任主任期间,中心还先后开创性地在内地举办了香港、澳门、台湾地区的校长研修班,推动了两岸四地的教育交流,引起了极大反响。

马钦荣 2004 年 7 月起任上海财经大学党委书记。作为大学的党务领导干部,是对他新的考验和挑战。新时期建设新型现代化大学,面临的矛盾和困难很多。在党委班子里,作为班长的他,认真执行党的民主集中制,发挥党委"一班人"的作用。他抓校风,抓精神文明建设,注重校园和师生的形态文明、行为文明、精神文明建设。

马钦荣把育人寓于育才之中。他在指导博士生过程中,根据自己同时指导上海财大和华东师大两校学生的情况,他建立了博士生学术"沙龙",将两校的博士生组织起来。通过每年 2~3 次的沙龙活动,两校学生就论文开题、写作、答辩、课程学习、课题研究,乃至论文发表、论著出版等进行无拘无束的讨论,既交流了学术,又交流了思想,感受到了两个不同大学的学科传统、专业优势和学术风格。博士生们在这里碰撞出了思想火花,为走上学术道路迈出了扎实的一步。

当"诚信危机"侵袭到校园的时候,马钦荣提出"诚信教育"要实的思路,要针对学生的实际进行教育。他在财大倡导开展了"双零"即:"考试零违纪,还贷违零约"的活动。具体地说,就是要求学生考试不弄虚作假,上学期间向银行借的贷款毕业后要按协议如期归还。几年的努力,全校"考试零违纪""还贷零违约"已经渐成风气,尤其是"还贷",有些年份实现了全校"零违约"。

从学生到高校党委书记,马钦荣为潮汕人赢得了赞誉。如今,马钦荣已从党委书记的岗位上退了下来,他仍在为高教事业奉献自己的才华。

附录:

马钦荣,广东潮阳人。1982 年毕业于华东师范大学,获哲学硕士学位并留校任教。1997年获教授职称。1988年2月起历任哲学系副主任、党总支副书记、书记、校党委宣传部长。1993年2月起历任华东师范大学党委副书记、副校长，兼任教育部中学校长培训中心、教育部华东教育管理干部培训中心和教育部华东高师培训中心主任。2004年7月至2012年7月任上海财经大学党委书记。兼任中国逻辑学会副会长、上海逻辑学会会长。曾当选上海市普陀区两届人大代表，三次获得上海教育成果奖。享受国务院特殊津贴。

方小兰：红色人生

撰稿　许椰惜

　　广东省惠来县的方东平、方朗、方文、方小兰四姐妹，在南粤大地被誉为"红色的方家四姐妹"。旧中国犹如漫漫长夜，内忧外患深重，她们的知书达理的母亲，常说"社稷有难，应尽力效劳"。四姐妹次第成长，相继走上了革命道路。新中国成立后，她们继而献身于社会主义革命和建设事业，谱写了绚丽感人的篇章。

　　今日笔者终于有幸在上海潮汕联谊会的会所见到了方小兰前辈，亲切的家乡话问候暖彻心扉，不由得心潮澎湃。老人清晰的逻辑、铿锵有力的阐述，一度让我惊讶，这眼前真是一位 83 岁的老同志？

　　方小兰，又名方兰君，1931 年 9 月出生于汕头市。作为方家的小女儿，在姐姐们行动的影响下，方小兰耳濡目染，自幼便萌发爱国和革命的意识，8岁时随母亲到普宁县流沙镇大姐方东平家，配合大姐将该处作为中共潮普惠中心县委的掩护处，她小小年纪便当起了地下党"小交通员"，为罗天、王致远、陈初明等共产党人传递信息。1943年年初，方小兰考入惠来中学，受到中共领导的抗日救亡运动潮流的熏陶，产生了参加实际斗争的愿望，便投奔东江纵队，但因年龄太小未被接纳。1946年，15岁的方小兰加入中国共产党，先后参与组织了两次学生运动。内战全面爆发时，方小兰协助党支部想方设法为根据地购买药品、枪支、弹药，并输送党员和进步学生到游击队参加革命斗争。1947年10月，上级党组织派遣方小兰到香港由方方主持的香港分局无线电台工作，并进英文补习班学习。三个月后，方小兰带着两个任务被派遣回潮汕参加武装斗争，一是带回香港分局干部的两个两三岁大的小孩，一是携带一批党的秘密文件返回，而当时方小兰年仅17岁。1948年6月，党组织决定让方小兰到大南山参加游击队，先后任潮汕人民抗征队第五大队第一中队文化教员、副指导员、中队党支部书记。1949年2月，方小兰被调往闽粤赣边区纵队二支队四团三连任政治指导员、党支部书记，先后参加了解放隆江、惠来和普宁的战斗。建国初期，方小兰先后任惠来县青年团团委组织部长、青妇委副书记、县妇联副主任、第五区（溪西区）区委书记、县委宣传部副部长、第二区（隆江区）区委第一书记。1953年，方小兰被派往华南党校理论班学习，1954年考入中共中央马列学院（中共中央高级党校的前身）师资训练部学习，直至1956年2月毕业。毕业后，方小兰先回到广东任中共广东省委宣传部讲师团讲师，同年9月被调往上海与爱人宓殿群（马列学院同学，复旦地下党员）一同在复旦大学工作。

昔日"小战士"在复旦

方小兰在复旦大学工作了八年，直至1964年6月被调至中共上海市委教育卫生部。1956年，复旦大学办了一个马列主义基础研究班，共有50多名学生，主要是华东地区各个大学的政治课教师，由苏联专家授课。由于方小兰和其爱人宓殿群刚从马列学院毕业，于是一开始便在研究班中担任辅导员。研究班结束后，1959年1月，方小兰被调往生物系任党总支副书记，一年多后任书记。生物系为复旦当时最大的系，共有九个专业，六七位二级教授，内有民主党派的头面人物,比如谈家桢、卢于道。方小兰在生物系的六年时间里,为生物系的教育事业倾心倾力,在采访中,方小兰只谦虚地跟我们讲述了以下三件事情。

一个大学最重要的就是学科教育,复旦大学之所以现在被国内外大范围地认可,很多的学科基础就是在那个时候打下的。当时,党委书记杨西光和副书记王零发起创办了很多新专业,生物物理和生物化学这两个新专业则由方小兰配合党委创建起来,延续至今。第二是积极配合成立遗传研究所。生物系的谈家桢留学美国,师从摩尔根,是中国摩尔根学派的代表。而当时,从苏联到国内,很多人认为米丘林遗传学是唯物论,立意批判摩尔根学派的唯心论。谈家桢思想不通、压力很大,影响了科研工作开展。而此时,毛泽东主席多次接见谈家桢,支持鼓励他打消顾虑,一定要把遗传学工作搞起来。于是,校党委决定成立研究所。方小兰积极配合,从思想工作、人员配备到仪器设备等等,全力支持。终于,1961年建成遗传研究所,开展学科的系统研究,几年后成果累累,位居国内同行之首。此外,方小兰忆起,1959年她到生物系时,反"右派"斗争已经结束,有些"右派"不被允许到教学第一线给学生上课,只能搞搞资料工作,不加以重用。看着这些老师的才华被埋没,方小兰觉得十分可惜,同时学生们也非常同情有才的老师,于是方小兰等系领导向校党委努力争取,最终让"右派"回到了教学第一线,如高沛之。

创新,敢辩,惜才,方小兰用8年时间对这三个词进行了诠释。

屹立不倒于"文革"中

1964年6月,方小兰被调往上海市委教育卫生部任高教处副处长。这是因为原复旦党委书记杨西光被调去当教育卫生部部长,便把她调去。

那个时候,全国城乡开展"四清运动"。大学的四清运动以北京大学为试点,要求教育部下属的各个高校都派人参加,当时上海高校去了27个人,由教卫部副部长常溪萍带队。到了北大后,常溪萍、王季愚(上海外国语学院的院长)与方小兰三人被分配在西语系,方小兰为常溪萍的秘书。在那里参加了两个多月的四清运动之后,常溪萍、王季愚和方小兰三人愈发觉得张盘石(四清运动工作的队长,中宣部副部长)领导的四清运动有问题,全面否定北大以前工作,校系主要领导大都靠边、批判。经过讨论,决定由方小兰向杨西光通报这个情况。杨西光请示上海市委主要领导,同意常溪萍给总书记邓小平写信,反映情况。邓小平同志与当时的北京市委书记彭真进行研究后,决定撤掉张盘石的队长身份,另派中宣部副部长许立群来当队长,纠正了北大的四清运动错误。

出于对党的忠诚,方小兰在四清运动中的"纠偏"举动,也使她在"文革"当中无辜遭受了惨重的迫害。参加完北大的四清运动回来后,常溪萍转任部长,而方小兰则被调到办公室当主任。不久后,"文化大革命"开始,北大造反派头头聂元梓带着一批人来打上海市委,首当其冲便是常溪萍,被污蔑出卖了北大的四清运动,常溪萍被打成"大叛徒",且在残酷批斗中致死。而作为常溪萍的秘书,方小兰被打成"小叛徒",陪着常溪萍一起挨斗。更让人气愤的是,那个时候,方小兰已有四五个月身孕,还要经常一跪就是两三个钟头,累了睡着了被踢醒后继续跪。现在想想都觉得难以承受,但方小兰始终保持着革命乐观主义精神,被斗完后,经常到外头喝点鸡粥,以示对批斗的不屑,同时给腹中的胎儿增加营养。

此后,1969 年,方小兰的爱人宓殿群和上海市 1600 名干部一起被发配至黑龙江呼玛县农村插队劳动,方小兰那时带着一对子女在五七干校劳动,直至 1972 年初才获得"解放"。随后被调到"市革会"工交组工作了五年多。"文革"期间方小兰当过列车员,搬过生铁,种过菜,养过猪,备尝艰辛,她用坚定的革命信念熬到了"四人帮"被粉碎。1977 年 6 月,方小兰调到清查"四人帮"罪行办公室,在市委"清查办"工作了近七年时间,作为情况组的组长,方小兰参与平反冤假错案,掌握了大量一手资料,包括"四人帮"在上海所做的坏事、所谋害的干部等等,以及清查处理的情况,方小兰都有所了解,可以说是那个时期上海重大历史事件的见证者。

重返教育战线

在"清查办"的工作结束后,方小兰又回到教育战线。1984 年 1 月被调到了上海教育学院,继续从事教育工作,担任党委副书记。上海教育学院是全国最早成立的成人高等师范学院，为上海1000多所中学培养中学教师、中学校长。方小兰自1986年起担任党委书记，直至1992年离休，这一年，教育学院被国家教委授予"全国成人高等教育先进单位"的称号，当时全国只有一所高校获此称号。可以说，这为方小兰教育学院的工作划上了一个完满的句号，更是一个感叹号。

无论到哪里，方小兰总能出色地完成工作。教育学院为上海各区、县中学和机关培养、输送了大批优秀人才，这得益于学院灵活的教学办法，一是多层次，职前全脱产师范生、职后新教师见习培训、骨干教师研究班等教学模式；二是多规格，为上海普及九年义务教育培养紧缺教师，也为中高级职业教育培养师资；三是多渠道，接受上海各个委办局委托培养师资，也为新疆、云南、甘肃、宁夏等边远地区举办在职教师培训班。方小兰以其在教育工作和领导岗位上的思想与经验积累，全身心地投入到教育学院所主持的工作，充分反映出其开拓性和进取精神。

十五年，情系联谊会

1989年8月12日，上海潮汕联谊会成立，作为创会元老，方小兰功不可没。1988年8月24日，时任汕头市市长的陈燕发访沪，宣布汕头驻沪联络处（后称办事处）成立，同时提出要成立汕头特区上海顾问组，请较为熟悉的王亚夫、许惠君夫妇及方小兰负责提名顾问组成员。1989年2月12日元宵节，汕头特区邀请王亚夫、许惠君、方小兰等以顾问筹备组的身份参加汕头第三届迎春联欢会。1989年，经过一番筹备，上海顾问组成立，以王亚夫为组长，组员9人，当时王亚夫和老同志们都觉得在改革开放的形势下，仅有顾问组是远远不够的，于是便有组织联谊会之议。为了能更好地加强乡情乡谊，组织更大的力量为家乡服务，同年8月12日，上海潮汕联谊会成立。连任三届副会长的方小兰，为联谊会的组织工作效力了15年，做了三届领导班子的组织工作，会员数目从150多名发展到了八、九百名，并将其分成了十六个片，以区为组，广泛联络起来。15年间，联谊会陆续成立了潮商委员会、科技委员会、青年委员会和文教卫法委员会。此外，方小兰还发起成立上海潮史调查组，跑档案馆、图书馆，找老人口述，收集潮人在沪创业谋生与潮人社团的诸多史料，不管烈日严寒，坚持多年。斗转星移，潮汕人在上海已经经历了许多世代,但他们的生活和作为,"自来无史",方小兰和调查组所从事的工作,不仅给汕头潮汕历史文化研究中心输送了多批重要资料,撰写了 10 篇文章刊登在汕头日报上,最终成果是组织力量完成 20 余万字的《潮人先辈在上海》一书。作为此书的策划人,方小兰的付出,就如同被记载在书中的史实一样,铭记于世。

方小兰的人生充盈着磨难晕染出来的红色光辉。我们从方小兰身上感受到的,始终是充满激情、活力、冲劲的力量。它伴随方小兰的一生,谱写下了绚丽的动人篇章。

刘佐鸿：教育·改革·奉献

撰稿　许椰惜

　　"党需要你到哪里去，你就到哪里去"，正是这样的一种信仰，让刘佐鸿院长的人生经历在后辈眼中极具传奇色彩，也让我们看到了他满腔的爱国热情、高度的责任感以及一颗敢于改革的心。

　　刘院长祖籍潮阳，1930 年 4 月 21 日生于上海，随后在上海生活了大半个世纪。他不仅能说一口地道的上海话，而且跟我们说起潮阳话来依旧十分流利和亲切，乡音不改。

　　1949 年刘院长从上海南洋模范中学毕业后，进入圣约翰大学英文系学习。后来觉得英文专业在当时对于新中国的建设无大用，为效力祖国，他申请转到了建筑系。在建筑系学习了一年后，刘院长服从国家的安排，放弃了大学的学习，到新民主主义青年团上海市长宁区委员会工作，一转眼便是5年。1956年，刘院长响应国家号召，作为调干生重新回到了同济大学建筑系继续学习。以前跟他一起进大学的同学那时已经毕业工作多年了，而刘院长还要再用六年时间来完成学业，整整比别人多花一倍的时间。"有一个小我一届的学妹，在她圣约翰新生入学的时候是我接待的，在我之后到同济报到时，发现她竟成我的老师了。当时她见到我时比我还惊讶，呵呵。"在本次采访中，刘院长笑着说。

六年后，刘院长从同济大学建筑系毕业后，留在了同济建筑系民用建筑教研室工作，讲授设计课程。"文化大革命"期间，1968年他带领学生进行教育革命，参加南京9424和上海高桥化工厂工程设计。后被工宣队召回，参加五七公社的教学。所谓五七公社，就是由同济大学和校外的施工单位以及设计单位三结合办学而成立的教学组织，命名为"五七公社"，并在1969年7月，经批准招收了工农兵学员，到大学学习。刘院长当时就是被召回教授老工人班的。这个班的学员年龄都较大，有的还是全国劳动模范，教学难度较大。后来教师都要下放到"五七干校"劳动，接受"再教育"，进行"思想改造"。刘院长当时也被下放到五七干校劳动，被分配在干校的饲养场劳动，主要的劳动任务是养猪。在采访中，刘院长幽默地跟我们说："虽然是养猪，但当时五七干校也是按部队的'连'、'排'进行编制的，里面有连长、排长，我就当了排长，所以大伙儿都叫我猪排长。"把大家都逗笑了。在五七干校劳动了一年后，刘院长又被调回同济教书。那时国家开始恢复招收外国留学生，刘院长刚好在过去的教学中教过留学生，因此被调回来教留学生，直至"文革"结束。"文革"结束后恢复高考，教育事业可谓是百废待兴，刘院长毅然挑起了同济建筑系民用建筑教研室主任的重担。那时学生还很少，刘院长一边要负责招生，一边还要制定教学大纲以及课程设计。在其位谋其职，刘院长为了学生的切身利益，大胆对课程设置进行改革。当时上面规定工科大学学生都要学大学普通物理。由于建筑系学生本身的特殊性，他们要学习艺术类课程，比如素描、水彩，也要学习工科类课程，比如理论力学、结构力学、建筑声学、建筑光学等专业性的物理课程，而普通物理大部分学生在初中和高中就已经学过了。刘院长认为在大学里再次修读普通物理课程对建筑系学生既重复又浪费了学生宝贵的学习时间，所以果断把普通物理从建筑系学生的必修课程中删去，让学生有更多的自由和时间选读自己喜欢的课程。

在同济大学任教期间，刘院长曾赴阿拉伯也门共和国萨那技校任教两年。在这两年里，他和其他同事用责任心巩固了中阿两国的友好情谊。众所周知，到国外的一大挑战便是语言，刘院长虽然会英语，但对于阿拉伯语却是零基础，这使得他在上课的时候，需要一名翻译在旁边进行同步翻译。繁琐的教学并没有削减刘院长的耐心。他极其负责地把外国学生当做中国学生对待，为他们教授知识。除了白天辛苦地上课，晚上刘院长还给有需要的学生进行辅导。这时没有翻译，他便用简单的英语跟学生进行交流。阿拉伯国家对外来专家的待遇很好，刘院长也坦言，作为专家，他们在那边的生活条件要比国内好很多，而且收入也高，但他最后还是选择回到中国，因为祖国需要他，而且他感叹当时如此勤劳的中国人却活得比阿拉伯人艰苦。刘院长回国后在同济教书，从副教授、教授到系副主任、设计研究院院长，长期专注于建筑学的教学、科研、管理、建筑设计与室内设计，主要的研究课题包括有工业化住宅。退休后，他被返聘继续为设计院做技术工作。怀揣着帮助中国走上建筑工业化道路的美好梦想，刘院长曾与日本企业合作，设计预制装配式住宅。所谓的预制装配式住宅，就是用工业化的生产方式来建造住宅，将住宅的部件在工厂预制完成后运输到施工现场进行组装。当时双方合作的成果便是在同济校园里先后建成的两栋两层高的别墅，第一栋的材料都从日本进口。从基础开挖到室内装饰全部完成、建筑物可以入住，一幢250平方米左右的别墅，现场施工全过程仅用62天完成。后来建第二栋时，有一半材料是中国制造，一半为日本进口。本打算在建第三栋时争取材料全部国产化，可惜学生运动兴起，合作结束，刘院长对此感到深深的惋惜。作为教师，刘院长感到最大的幸福莫过于看到自己教过的学生的成就，看到他们成为服务国家的出类拔萃的人才，也包括来华的留学生成为他们国家的人才。

刘院长不仅有一颗潜心科研、设计的心，还有一颗敢于革新的心。除了上述的课程改革之外，在其担任设计院院长期间，他还曾对设计院的管理进行改革。那个年代设计院吃的还是大锅饭，无论干活多少，职工们的待遇差不多，即所谓"多做少做一个样"，缺乏"奖"、"惩"制度，这就使得大家工作的积极性大大降低。那时设计院负责福建漳州女排体育馆的设计，而当时中国女排崭露头角，修建训练基地迫在眉睫，但设计院没能按时完成设计工作，影响了施工进度。刘院长身为设计院的院长，在经历这个事情之后，他意识到

175

刘佐鸿：教育·改革·奉献

改革同样迫在眉睫。因此他承受舆论的压力,大胆地引入奖金制度,按照工作量和产值给予员工相应的奖金,"多做多得,少做少得,不做不得"。员工的积极性一下子提高了,但同时又有一系列问题摆在了刘院长面前,比如有的员工为了奖金揽下很多活,晚上加班加点,不仅降低了工作质量还影响了健康,还有就是内部团结的问题。刘院长凭借其出色的管理能力一一解决了这些难题。"管理工作也是个很大的学问。管理好了,企业就上去了","管理能出效益",这也是为何 1997 年美国 HLW 国际建筑工程公司聘请他为上海代表,帮忙筹备建立公司的原因。

论及潮汕情谊,刘院长虽然是在上海土生土长,但对潮汕依旧怀有浓厚的感情,"我们对潮汕家乡的贡献,主要是技术上的支持"。刘院长曾任上海潮汕联谊会的常务理事,并在其担任同济设计院院长时无偿兼任潮汕联谊会的海潮建筑设计事务所顾问,并协助其完成两项在潮州的中国人民银行和国家税务局大楼工程,后者刘院长承担了主要的设计工作。采访中听刘院长讲述设计过程时,笔者心里头就在想,以后到潮州时一定要仔细看看这两幢大楼,相信一定会有不一样的感受。

这就是刘院长的设计人生。有时候人们总苦于不知该如何规划、设计自己的人生,其实很简单,只要像刘院长一样,怀揣着一颗至真至诚的心,人生无需刻意雕琢也可精彩过人。

刘利民："学、思、钻、干"的人生

撰稿　陈怡航

刘利民是个教授级高工。

他是一位普普通通的教授级高工，但他经历传奇，多次转行却次次杰出。

1960 年 3 月，响应国家需要，青年刘工提前毕业进入中国船舶第九设计研究院。甫踏上工作岗位，正好赶上设计革命运动，青年刘工挑起广州船厂的木工车间设计。原专业是设计，对船厂设计一窍不通；重任在肩的青年刘工一方面向老同志积极请教，一方面下工厂摸索、研究、思考，很快摸清木工车间的设计诀窍，创造性地将车间设备"转向"，车间面积减少了 60%，大大节约了基建投资，通过了厂、院审查，并在其他工厂推广，出色地完成了他的第一批船厂设计任务，初出茅庐的他被评为当年的"九院先进工作者"。

1963年年初,他参加国务院号召在三年左右时间内消灭喷砂作业,保护工人免得矽肺病,领导要他参加研究小组。刘工又面临一个棘手的行业难题——改造船舶除锈的喷砂作业。为探索合适的除锈材料,刘工进行了不下百次的尝试,最终确定以铁丸代替黄沙。但是不同于黄沙的用之即弃,铁丸喷射更加讲究。原有一老同志带领他,但到现场不久就被调回院里参加运动,工艺方面只剩他一人设计。一心钻研的刘工加班加点,利用周末进行试验测定。为了测试喷铁丸时高度及空气压力与除锈效率的关系,他不顾危险把自己放进铁桶里,请工厂用高架吊车吊到25米的高空进行试验、记录。最终在两年内改造完成八个骨干船厂,全部实现机械化喷丸,彻底消灭了喷砂除锈问题并沿用至今。为此,刘工被评为1965年上海市"五好职工"、"劳动模范"。

1966年,参与091大型核潜艇耐压壳板爆炸加工研制小组工作。单向弯曲钣既大又厚,是高强度合金钢,单件重量达5吨,这是当时我国因尚未有大型弯板机而设立的课题。即使对爆炸加工科研者来说都是世界级的难题,更何况对于门外汉刘工。他从零开始,通过"模型律"缩小比例每天进行爆炸试验,自学成"爆炸达人"。随之而来,实体爆炸加工需要大型模具,制作难度大,而且寿命有限。刘工大胆提出了横向结构组合模具方案,在小组同志共同努力下,组合模具获得成功,总重由近百吨降为42吨,极为有效地解决了模具加工运输问题,经150多次爆炸加工模具未变形,获得了六机部嘉奖。

在实际研制中,刘工冒着生命危险进行了无数次实验。1972年受六机部推荐跟随华罗庚教授学习"优选法",对爆炸工艺、炸药量、介质等七项指标进行优化,使TNT炸药量由435公斤下降为110公斤,整个装置也大为简化,使原来三天炸一次提高到一天炸三次,精度提高到2毫米,提前完成任务。1974年10月通过国家验收,在北京受到余秋里副总理的接见。

1978年,随着科技发展,噪声危害已被进一步认识,并被列为五大公害之一。国家号召部分科技人员转到环保战线上来。国家的需要,工人的期望,使他再次改行,进入完全陌生的木工机床噪声控制研究领域。木工机床在现代工业中量大面广,是最大机械噪声源之一,木工机床降噪被国内外列为研究难题。通过对数百台机床测定分析,确认产生噪声最大的是锯、刨两大类。若噪声能得到控制,对保护工人健康及建成低噪声木工车间具有重要意义。国外基本采用隔声罩,这在流水线上尚属可行,但不适合我国一人一机的国情,必须从噪声源上着手研究控制,困难更大。刘工再次显示出优秀的学习能力,一方面自学"声学理论",进修高级专业课程,1984 年从同济大学"环境声学及噪声控制"专业毕业,研究大量国外文献。另一方面,动手操作反复试验,实事求是,独立思考,敢于创新,如园机锯,国外文献都报道锯片上不存在涡流,而我们试验确认涡流不仅存在,而且正是涡流的分离、汇合频率与锯片固有频率形成共振,是产生"尖叫声"的根本原因,研究成功"制流板"抑制了涡流,"尖叫声"消失了,噪声下降,跃居国际领先水平。又如在攻克木工机床噪声之王——功率达 140 千瓦的大型带锯机噪声时,国外竟在文献中断言,即使把它放在一个全封闭隔声罩内噪声也难以控制到 80 分贝(A),而且其噪声源多元化,难以确定。刘工经过几年数百次试验,有时通宵达旦,钻进去抓住实质,认定锯轮在高速旋转时与锯条的高速滑移,产生的摩擦噪声是主要噪声源,从而研究出高阻尼约束锯轮及"三点"控振装置,使噪声突降 30 多分贝(A),突破国际禁区。整机噪声降到 70 分贝(A)以下,1988 年通过国家环保局、中国科学院声学所鉴定,上海及中央电视台当晚直播实况。当年就受到国际噪声控制学会邀请,出席在法国召开的国际噪声年会,宣读"带锯机噪声控制研究成果"论文,受到热烈欢迎,为国家争得了荣誉。刘工勇于实践,坚持十多年,在经历数千次科学试验,取得六万多个数据的基础上,摸清了各种木工机床噪声特性及形成机理,把机床结构设计与噪声控制技术巧妙结合起来,终于完成锯、刨四型系列二十七种木工机床噪声控制技术研究,其中如能吸收低频声的系列微孔共振器、约束阻尼锯轮、"三点"控锯装置、"制流板",是一批独创性技术,全部获得国家发明专利权。新机床外形没有变化,几乎与老机床一样,但噪声却非常低,使鉴定专家很是惊奇。整个技术经国家环保局及上海著名声学专家进行多次复测,鉴定结论、控制技术及单机噪声均居国际领先水平。从 1985 年起,受到国际噪声学会邀请七次出席国际学术交流会,论文全部被选进论文集,在国内外学术会及重要刊物上发布论文 40 余篇,约 30 万字。这些成果经多年推广应用,已获得重大经济、环保及社会效益,并经船舶总公司推荐到新加坡、印尼等国展示及技术转让,共获重要奖项十七次,包括国家发明奖、国家科技进步二等奖,还有国际及国内三项金奖。1992 年 6 月被国家选送代表我国到联合国在巴西里约热内卢召开的"世界首届环境与发展首脑会议"上展示,为国家争得荣誉。1994 年 8 月,经国家审核及专家评审被国家科委批准为"国家级重点科技成果推广项目"(当年仅评 138 项)。

为表彰其多年来的突出贡献,刘工晋升为教授级高工;1986 年获国家级有突出贡献专家称号；荣获上海 1987、1989 年度劳动模范；1989 年 10 月获上海市首届"科技精英"提名奖；1991 年批准享受国务院特殊津贴；2003 年 5 月九院五十周年大庆时，被授予"九院功臣"称号。总结其 38 年辉煌的技术生涯，他用四个字进行了概括——"学、思、钻、干"。学，是指积极探索，虚心求问；思，是指绝不盲从，敢于创新；钻，是指不怕困难，精益求精；干，是指勇于实践，动手实干。

刘教授不仅业绩突出，而且为人耿直，讲真话，办事公道。为此，1997 年他全票当选为船舶系统党代表，从 1993 年到 2003 年，连续被选为上海市第十、十一届人大代表。他是个"令人头疼"的较真代表。他不是一位只"举手拍手"代表，是把代表职责与本职工作一样严肃对待，时刻关心老百姓"急、难、愁"的困难。他既抓紧科研工作，也全身心投入人大工作，公开自己住宅及手机电话，几乎放弃了节假日，深入基层，联系群众，定期下里弄，到社区听取意见，进行调查研究，刘代表做得很彻底。他常在早锻炼后听听市民聊天，还钻到三五元最低档澡堂泡杯茶慢慢听"草根"发牢骚。他的付出与奉献都体现在他厚厚的提案上。十年任期，他领衔提出的议案及书面意见共 427 件，被冠为提案"大户"件件事实明确，证据确切，整体建议具体，承办部门整改后，老百姓得到实惠，没有一件让承办部门对事实提出异议。其中不乏有 1997 年提出"调整煤气两步计价法"不妥当、烟花爆竹必须"禁放结合"、"武宁路桥是瓶颈"必须改造、提出尽快制订"见义勇为者保护法"，决不能让平民英雄流血又流泪，该议案被主席团列为"一号议案"、连续九年提出制订"领导干部公开财产申报法"。老百姓的"小"事也绝不放过，如"6 平方米"的贫困房，原承诺一年内通煤气，已过三年，居民跑断了腿，无人回应；有几户居民顶层漏水，几年来有关部门只是喷些沥青了事；居民家墙壁发霉，地板也烂了，呼天叫地都不灵；有一位九旬老太住二楼，抽水马桶常喷"粪水"，老人只好用痰盂，居委向有关部门反映，回答是没有办法。刘代表当即写了提案希望政府及有关区长承办。结果，煤气一星期就接通；楼顶防水层重做，免费给居民粉刷墙，重铺木地板，老太的粪水管也重新安装解决了。

刘代表为什么那么神？他有"六必"法宝，十年间他一直坚持：逢会必到、会前必准备、会上必发言、有问必答、调查必细、反映必实。这就是他的"秘密武器"。为了肯定刘代表全心全意为百姓服务，九院党委（1995 年 4 月 8 日）、普陀区人大常委会（1996 年 6 月 20 日）分别出版简报专集，盛赞刘代表尽心尽责的事迹,标题为"深受人们尊敬和赞誉的好代表"。

十年间,还先后兼任十几行业的行风监督员,刘代表发挥着他出色的学习功能和较真的个性,对慕名而来聘请他的行业领导实话实说:"我的话五分之一是讲好话,五分之一是建议,五分之三是批评,想听好话就不要请我当监督员。"各行各业的领导对他一针见血的建议和锐利的发言,都惊叹不已,"刘监督员太专业了。"他将研究视野拓展到社会领域,市领导赞誉刘代表为既懂技术的政工型人才,也是政工型的技术人才。

今年已76岁的刘教授退而不休,仍精力充沛,任九院顾问,还担任几个行业的行风监督员。他关心国家大事、政治动态、社会新闻,每天阅读大量报纸做剪报、上网,对有关部门请他作形势报告,给社区上党课,他都有求必应。他的形势报告引人入胜,生动有趣,有不少"老粉丝"只要知道是刘教授讲形势,就是坐着轮椅也要来捧场。

他关心家乡、支持同乡。作为第四届上海潮汕联谊会副会长兼秘书长,也是党支部书记,他热心联谊会的工作,他要求办公室讲原则、讲效率、公道、透明。严控"白条",勤俭节约每一分钱,用于联谊会发展。

谈到家庭,刘教授是既满足又愧疚,满足的是有一个美满家庭,近期他们刚欢度"金婚时光",一双儿女、媳婿全是名牌大学毕业的共产党员,均获得工程师以上职称,还有一个可爱孙女,今年也以503分高分考进上海"985"名牌大学。他们家庭1997年被评为上海市五好文明家庭。亏欠的是对老伴,他讲"我的成功她是付出巨大牺牲的,军功章里有她一大半功劳"。采访过程中,刘夫人时而被他逗乐,时而默契地为他补充细节。提到丈夫,刘夫人说:"他最大的优点是认真,最大的缺点则是太认真。"听到这样的评价,刘教授与夫人相视一笑,这份因几十年相守相携而产生的了解让我们感动,也让我们心向往之。

最后,刘教授讲,我们全家将继续做具有正能量的好公民、好党员!

许树长：行走医途　感受生命

撰稿　黄晓铨

　　许树长教授，一位将所有热情献给医学事业的医生，在医途行走间播撒着对生命的爱与守护；永远向上、奋斗不止的精神是他人生的解读。

同舟共济　守望梦想

　　1982年夏天，许树长揣着从小立志学医的梦想，离开了哺育自己成长、生活了18年的潮州古城，独自来到了上海 。当时的上海铁道医学院（现为同济大学医学院）位于闸北区的共和新路上，隶属于铁道部，近三十年来医学院经历了无数次调整、合并与变迁，而他是最忠诚的跟随者，并伴随着同济医院的发展而成长。

　　五年的临床医学学习结束后,在回家乡的铁道系统医院和留上海这两个选择之间他曾犹豫过,但是源于对母校的情感,作为"上海市高校优秀毕业生"的他选择了留校。留校后两年,作为年级辅导员,他一直没有忘记临床,没有忘记自己对医学事业的热爱和憧憬,在自己的学生进入临床学习的时候,他也回到了临床的工作上,进入了住院医师的轮转。当时恰逢铁道部为加强临床医学教学,在上海西北区筹建铁路南方区域的医、教、研中心之一的上海铁道医学院附属甘泉医院(现为同济大学附属同济医院),让他一直以来希望留在自己医学院附属医院工作这一愿望得以实现。兢兢业业,踏踏实实地完成了自己的住院医生、住院的轮转后,作为"上海市优秀住院医师",他圆满完成了自己的住院医师规范化培训。在毕业后第五年他便顺利晋升为主治医师、讲师,开始担任医疗、教学工作,并荣获了上海市高校优秀青年教师等多项奖项。

医路潜行　学无止境

　　许树长医师在追梦中不断地前进,进入了上海仁济医院的"全国消化疾病学习班"参加为期一年的学习,又成了他医途中学习的新起点。看到与自己的医院巨大差距和自己能力的提升空间,他萌发了继续深造的想法,并考取了上海交大医学院仁济医院上海市消化疾病研究所的硕士研究生。这一契机让他遇到了自己的导师、著名的消化内镜专家——胡运彪教授,并有幸认识了消化内科的奠基人——江绍基院士。那时国内的内镜刚刚起步,带着自己行医中的疑惑和明确的学习目标,仁济医院给予了他广阔的平台。在消化领域的权威专家指点下,他如虎添翼,临床技能迅速提高,在消化科,特别是内镜方面的技术和知识的积攒也逐渐趋于成熟。这四年的再深造收获的远远不是一个学位,娴熟的技术、临床诊断思路、科研思维和人脉关系更是他医途中成长与进步最为宝贵的财富。

　　面对导师对自己继续读博的挽留,他还是坚守着承诺回到了同济医院。理所当然地晋升为副高后,医院领导又一次恳求他回到行政工作,并给予他充足的时间兼顾临床工作,于是,他开始担任大内科和消化科的副主任、支部书记。2000 年,全国综合性大学和医学院校合作的浪潮促成了同济大学和上海铁道医学院的合并,迎来了诸多机遇与挑战。合并入同济大学后,借助综合性大学的平台,他们和德、法、美、英等国家的大学及医院建立了广泛的合作关系,对外交流的机会逐渐增多。在德国 Freiburg 大学 Loretto 医院消化内科进修学习让他在消化内镜的诊断和治疗上升到一个新的台阶,也使得在德国学习回来后能在医院发挥更大的作用。

2003 年,他正式担任医院领导的工作,从院长助理到党委副书记,他慢慢积淀着临床、科研、教学和管理的经验。在临床诊疗、医院管理、党政建设的巨大工作压力下,他还坚持着给本科生、研究生上课。他的课,语言精练、思维清晰、内容丰富、重点突出,深受学生的喜爱。然而,新的瓶颈又出现在他面前。合并后同济大学对于教职工的各项要求大大地提高,进一步的晋升唯有先取得博士学位。与此同时,受待遇的改变和晋升的限制等影响,员工的流动也变得频繁,安于现状还是继续前行确实是一个艰难的选择。但他的人生却能永远保持着一种向上的姿态,他不会安于任何一个已取得的成绩,他拥有一个个新的目标。他一直坚守着成功的理念:“第一是目标,第二是坚持,第三还是坚持。”在选择报考博士研究生时他也矛盾过,因为重返校园需要超人的恒心和毅力,而这也是一种双重身份的转变。最终,他仍然坚定地和其他应届生一起考取博士研究生,开始经历着早晨给自己的硕士研究生上课,晚上和自己的学生一起听课这样不断地进行角色转换的日子。2009 年,博士研究生毕业一年后,他成功地到达新的人生目标,成为主任医师、教授和博士生导师。

许树长曾到香港中文大学、英国剑桥大学研修学习,目前他还兼任上海消化内镜专科委员会委员兼秘书、大肠学组副组长、上海市胃食管静脉曲张专业委员会副主任委员、上海消化专业委员会动力学组委员、上海市中西医消化内镜专业委员会委员、上海市消化系病专家诊治会诊中心委员,这些头衔所带来的学术平台,让其带领的团队得以蓬勃发展。2002 年至今,他已经培养出 30 多名研究生,这些学子都在各自的岗位上传承了他的医术与医道,他的办公室里放满了学生的照片和学生写给他的满满的祝福。

他先后承担着多项国家级和市级的自然基金课题,已经在国内外核心期刊发表了一百多篇文章,主编和参编著作六部,在消化领域享有崇高学术造诣。

职业精神 医道医术

作为一名医生,许树长身上散发着一种对生命的深深的敬畏之情。在德国交流时,他从另一个角度看到了医生对生命的尊重。德国医生对人性有超乎常人的理解,那里的医生永远保持着一种敬畏生命的工作姿态。有些人可能会觉得,医生每天都要面对生老病死,他们对死亡早已麻木。可是,医生对于死亡是永远不会习惯的,他们最害怕看到自己的病人死去,但自己却无力回天,他们的心与病人紧紧连在一起,他们顽强地抵抗生命的脆弱,为病人全心全力地付出。许医生曾收治过一个十分危重的病人,大量的呕血和便血但没有完整的病史,一个治疗组几名医生一起抢救到凌晨 1 点多最终无法救回这条生命。他们在承受着内心抢救不回自己的病人的痛苦中,家属还一直跟医生吵闹,完全无法理解医生默默地付出和内心的痛苦。对于医生,就算只有万分之一的可能,他们都会付出百分之百的努力,可这样的医患矛盾在中国的医院常常发生。作为医生,许书记说:"我们要把行医救人当做在做善事、在积德,这样能让自己的心理得到安慰,再苦再累也是值得的,这是每一个医生都应该有的职业精神。"

许树长一直强调,医学是一门非常讲究团队的学科,唯有团队合作,团队中各个成员的互补互助,多科室合作、科内医生之间合作,才能达到一个最良好的状态,才能最高效地解决问题,靠单打独斗绝对是不可行的。这也是他在同济医院管理岗位、管理医院及科室,培养研究生的理念。

作为地地道道的潮州人,潮州文化已经深深地渗透到许医师的骨子里,他提到潮州文化时用"大象文化"来形容,大象是一种一直往前走的动物,一步一个脚印踏踏实实地向前,从来不会后退。许许多多离乡打拼的潮州人,都有这样一股劲,奋斗、吃苦、不服输,一定要创造出自己的一片天地。面朝大海的潮州还有着一种"渔民文化",敢于冒险,却又不夸大自己的能力做事情,潮州人务实勤劳,因为未来不可预测,会好好地珍惜当下。每一次朋友到潮州旅游,他一定会带他们去潮州的韩文公祠,尽管韩愈只在潮州待过几个月,但其思想对潮州的影响却是历久弥新的。几乎每一个成功的潮人身上都有潮州文化的烙印,儒家思想的精华被他们发扬光大,谦逊低调但胸怀大局的精神在工作上被广泛认可,尊老爱幼的美德被完整地传给下一代。

行走医途,感受生命。

余凯扬：传承的更是乡情

撰稿 黄梓灿

初次见到余先生，是在上海电缆研究所的办公室。他的和蔼和热忱让作为后辈的我感到十分亲切。谈及上海潮汕联谊会这些年的发展，余先生娓娓道来。作为联谊会的副会长和科委主任，他为联谊会作出了很大的贡献。在谈话中，他一再强调父亲多年来支持家乡建设，对他有着潜移默化的影响。

余先生的父亲余为豹同志生于1922年，抗战初期在家乡揭阳参加了中国共产党领导的"广东揭阳青年抗敌同志会"，同年加入共产党。"皖南事变"后揭阳党组织转入地下活动，余为豹同志遵从组织决定转移到后方，也因此失去了与党组织的联系。上海解放前夕，他积极参加与地下党领导的"护厂队"保护工厂生产设备，为人民解放事业作出了应有的贡献。1944年8月大学毕业后,他曾先后在原资源委员会中央电工厂、上海电缆厂、沈阳电缆厂、原一机部第四设计分局任职,工作期间成绩斐然,曾被评为辽宁省管理工作先进工作者,先后主编和撰写各种文章、书籍十余部,主持撰写了"中国电线电缆发展史",离休后被聘为汕头市经济特区科学技术委员会技术顾问。汕头特区科技局代表谭承豪回忆道:"余为豹先生生前热爱家乡,关心家乡建设,离休后不顾年事已高,为促进沪汕经济技术合作牵线搭桥,推动两地联络和交流。在汕头海湾大桥建设中,由于余老提供了钢索宝贵的技术和生产信息,并在余老的努力和帮助下,使中国的第一座大跨度悬索大桥得以按期保质地完成。如今家乡人民每每提到余老,无不称赞其高尚的人格和热爱家乡的崇高精神。"

尽管自幼在上海成长,对家乡揭阳,对潮汕地区并没有太多的记忆,但在父亲热心家乡事业的影响下,余凯扬先生自小就很热心潮汕联谊会的工作。余先生回忆道,联谊会筹建初期,各方面条件相当简陋,既没有活动经费,也没有活动场地。很多联谊会活动都在老会长、联谊会的创始人王亚夫家里召开的,而余先生的父亲也是筹建小组成员之一。那时候联谊会并没有专职工作人员,一些活动的准备工作就都由余先生去完成,租借布置会场,准备茶水午饭,印刷宣传资料,播放录像介绍汕头特区,买纪念品,还得为与会人员代购火车飞机票,有时去机场接机碰到航班延误,在机场一待就是几个小时。要知道当时这些付出都没有任何报酬,全是出于对联谊会的爱,对家乡的情。

上世纪九十年代初汕头地区进入了发展时期,特区规划中要建造一座海湾大桥,得此消息后,联谊会尤其是余为豹父子非常振奋,作为电缆研究的专家,该为家乡出把力的时候到了。余为豹老先生立即赶到海湾大桥指挥部,向他们重点推荐由上海电缆研究所所属企业上海浦江缆索厂研制的钢索。当时为了确保稳妥施工,海湾大桥指挥部已准备选用日本或德国生产的悬拉索,在余老先生的再三推荐下,海湾大桥指挥部一批同志来到上海做了一次考察,亲眼目睹建好的南浦大桥以及在建的杨浦大桥,被上海浦江钢索厂一流的厂房、一流的设备和一流的管理所打动,当即决定选用国产悬拉索,从而为国家节约了宝贵的外汇。但当时电缆研究所只有制作斜拉索的设备,并没有制作悬拉索的设备,最终在只有几张国外资料照片的条件下,余先生与课题组的同志,经过反复精心设计,研究出了合理可操作的方案。全体科技人员齐心协力夜以继日地工作,为了如期完成工作,身边的一位老同志为造一流大桥甚至倒在了他心爱的岗位上。经过无数次试验，悬拉索设备终于研制成功，一些技术指标甚至超过了国外标准，按期按质按量将重达3000吨的悬拉索交付使用。海湾大桥的建造既为家乡的发展谋得先机，也为上海潮汕联谊会争得了荣誉，大桥通车当日，江泽民总书记还亲自题字"海湾大桥"并到场剪彩。

余先生和他带领的电缆研究所不仅在海湾大桥的建造上体现了精湛的专业水平，在后来的南澳海上电缆的修复工作上更是攻克了艰巨的技术难题。时值南海"南澳1号"明代瓷器考古前夕，一根跨海300平方高压充油电缆却突遭损坏。南方电网在修复无果后，紧急致电上海电缆研究所求援。接到来电，余先生感觉这个问题很是棘手，因为根据以往经验，国内的电缆修复工作都是在陆地上进行操作，而海上维修至今还没有碰到过。况且，南海海面上环境恶劣，风高浪急，将很难保证维修的技术标准。为稳妥起见，电缆研究所首先派出考察小组前往南澳岛调研。从现场观察来看，电缆油压已经很低，并不断有油浮出海面，随时都有停电的可能，抢修工作刻不容缓。余先生当即组织相关部门成立了专门的技术小组，对事故进行专题研究，并制订了详细的维修方案和预案供南方电网审核。

在做完准备工作后，余先生和技术专家组赶赴南澳岛，争分夺秒与供电部门共同商讨抢修方案，力争每一个环节都考虑周全，万无一失。尽管如此，南方电网方面还是感觉心中不踏实，唯恐抢修失败，为此投入的上百万资金付诸东流，维修项目就无法交代，更会给考古工作带来很大影响。为了取得他们的信任，余先生亮出了"我是潮汕人，也是上海潮汕联谊会成员"这一响亮牌子。汕头方面工作人员得知后又惊又喜，他们没想到上海专家组中竟然还有老乡自己人。寒暄过后，讨论的氛围立刻变得轻松活跃起来。为了消除他们的顾虑，余先生再次详细介绍了高压电缆维修方案的全过程，以及产品工艺特点、安装结构、产品性能、操作程序等等。供电部门被电缆所技术人员一丝不苟的工作作风，细致周全的操作方案，严谨务实的工作态度深深地折服了，当即表示全力以赴配合进行高压电缆维修，并竭尽所能解决后顾之忧。双方达成共识后，思想顾虑消除了，但海上恶劣的天气却是更大的难题。连续多天的海上大雾，令施工船无法起航。大雾过后又是八级台风，大小船只一律停航，这彻底地打乱了先前的工作计划。等到天气适宜了，损坏的电缆一时却找寻不到了，此时离正式施工计划已时间不多。为保证施工质量和工期,余先生按照实际情况反复修改维修方案。全体技术人员更是全力以赴,最终克服重重困难,终于按期保质地完成了此次高压电缆的修复任务。

抢修任务完成以后,余先生和技术小组受到了南方电网方面的嘉奖,他们的事迹在多家网站转载。此次工作为考古工作的顺利进行赢得了先机,创造了有利的条件,再次为上海的科技人员,为上海潮汕联谊会争得了荣誉,为家乡作出了新的贡献。

作为上海潮汕联谊会的副会长,余先生见证了二十多年来联谊会不断成长壮大,余先生坚信联谊会是在沪潮汕人"和谐共处的大家庭,排忧解难的港湾,信息交流的平台"。在2007年,余先生牵头带领上海电缆研究所,促进了其与上海理工大学、上海理工大学所属的上海出版印刷学院、上海宇琛扑克实业有限公司四家学校企业研究所联合组建"姚记"研发中心,在技术交流、人才培养上进行广泛的合作,发挥了各自的优势,实现了多方双赢。

在上海成功举办世博会后,余先生考虑到随着潮汕在沪企业的发展,对外交流的增多,势必会迫切地需要更多的专业外语人才,提供更高质量的外语服务。怀着服务家乡企业的热忱,余先生积极帮助成立了,以上海外国语大学为主体的潮汕联谊会专业外语志愿者团队,为在沪潮汕企业提供优质的服务,从而帮助把握商机,实现更好更快的发展。诸如此类的事迹还有很多,不论是在沪的企业家,还是初到上海的潮汕籍学生,不论遇到生活还是工作上的难题,余先生总能竭尽所能,帮大家答疑解惑,及时送去一份关心。

吴楚武：春风化雨　润物无声

撰稿　林佳

他的名字，叫吴楚武。

1949年9月29日，他出生于广东普宁县。来自南方农村的他，跟随共和国的脚步一同成长。

穷人的孩子早当家。年少的他成绩优异，先后担任团支部书记、普宁兴文中学整团建团领导小组副组长、大队民兵营营长等，社会经验丰富。

1972年4月，作为全国招收的第一批工农兵大学生，他经过层层筛选，脱颖而出，来到华东纺织工学院(今东华大学)纺织系针织专业学习，毕业后留校工作。1975年10月起，他先后担任了华东纺织工学院团委副书记、党委秘书、党委办公室主任、工商管理学院党总支书记兼副院长、党委统战部副部长。1994年12月起,他担任了15年党委副书记兼8年副校长、当选两届校工会主席。2002年起,他又接过松江新校区建设指挥部总指挥的重担。2009年年底,他卸任东华大学领导岗位,被上海市教委任命为上海松江大学园区管委会常务副主任。

在上海学习、工作四十多年中,他经历了改革开放,上海的发展,东华的壮大,当之无愧为半个"阿拉"人。虽移民于沪无亲无故,但老吴一口地道的潮州话仍未变味。如今他略显稀疏、微泛银灰的双眉令笔者心生感慨——当真是"乡音无改鬓毛衰"!

岁月留痕　挥斥方遒

吴楚武长期从事高校管理和思想政治工作,参与了《新时期爱国主义教育论》编委工作,曾获"上海市精神文明建设优秀组织者"、"上海市法制宣传教育先进个人"、"上海市教育系统心系女职工好领导"、"全国禁毒宣传教育先进个人"等称号。2003年,他带领的东华大学松江校区建设指挥部获得"上海市重点工程立功竞赛优胜单位"的集体荣誉。

他在各社会团体中身兼多职,先后担任中国大学生体育协会副主席、中国大学生足球协会主席、全国纺织院校基建研究会理事长、上海市学校国防教育协会会长、名誉会长、上海高校基建研究会副主任、上海市高校后勤协会专家咨询委员会特聘专家、上海市大学生创业基金会松江分会理事长、上海潮汕联谊会常务副会长兼秘书长等。

他曾受教育部等委派作为校长代表团成员赴美国、澳大利亚、新西兰和中国香港等地考察访问,学习借鉴国外的社区教育、远程教育体系及终身教育理念,在澳大利亚、新西兰等国对国际羊毛局进行考察访问。他还曾多次带领东华足球队、手球队参加两岸四地的比赛,取得优异成绩,增进了友谊。

身体力行　尽职尽责

同事言:"老吴不仅是位优秀的教育工作者,还是位富有激情的社会活动家、出色的管理者。"

吴楚武从不摆架子,讲究"当领导要有艺术"。他乐于助人,热情细心,在校内有"自行车班长"、"小广东"等美誉。分管学生工作 10 年,他与学生打成一片。他带校队参加各级别的足球赛,参加联欢会、校运会,骑车巡视校园安全,骑车上下班;每年大年初一都在校园慰问职工,亲自进寝室发红包慰问留校学生;他作报告严格限时;他理解学生的心理,也养成了年轻的心态。当了两届工会主席,积极为教职工建立帮困基金,组织他们参加保险,维护妇女权益,多次被评为市教育系统"关心职工的好领导"。

无规矩不成方圆。校规严格,校风淳朴,学生善创造、敢担当。2000 年某日校内一楼宇失火,吴楚武为救火焦头烂额;晚上巡视校园,批评了举止不文明的一男同学,而该学生情绪抵触。但几天后他收到一封道歉信,男生反思自己,体谅校长当晚值班和处理危机的焦躁心情,也认识到净化校园环境、营造良好风气的重要性,这令老吴尤为惊喜和欣慰。

他重视提高学生的体育素养。在他分管体育工作期间,东华最早在上海高校中进行体育教学改革,建立体育俱乐部制度,至今已成立 30 多个体育俱乐部与多支实力雄厚的高水平运动队。东华大学连续两届成为全国大学生足球协会主席单位,校足球队先后夺得全国大学生足球三大赛事的冠军,射击、田径、手球等项目也多次参赛获奖。

基建新手　创新奉献

老吴经常说,要干一行爱一行。要想干事,干成事。在东华,他分管过很多部门工作。自 2002 年起兼任东华大学松江新校区建设总指挥后,他更忙了。在学校党政班子领导下,他带领团队共同努力,依靠全校师生,把东华大学松江新校区建设成融现代化、人文化、信息化、生态化为一体的一流教育园区。依据规划,校园内修筑了别具一格的镜月湖,优美的镜月湖被命名为"国家生态水利风景区",已成为东华大学的标志性景观。

为了节省投资,吴楚武又倡议与园林公司合作,实施"绿色银行"的计划。双方合作中,东华大学为园林公司免费提供暂时未建设的土地,作为园林公司的苗圃,既绿化了校园,又节省了投资,这样的双赢合作在全国高校还是首例。从 1999 年开始参与新校区的论证、筹资、谈判、规划等一系列筹备工作,到受命担任东华大学松江新校区建设总指挥,前后六七年里,吴楚武从对基建工程一窍不通到逐步入门再到熟练地指挥。作为一位大学的分管领导,老吴有一定的权力,但他清醒地知道,这是党的莫大信任,这是全校师生的重托,他决不辜负大家的期望。他给自己也给整个团队立下了廉政军令状,并且说到做到。建设工程自始至终直到今天宏伟的新校区屹立在万千师生面前,吴楚武和他的团队坚持"工程优秀,干部优秀"的目标,新校区建设指挥部被评为"上海市重点工程立功竞赛优胜单位"。他感到欣慰,更深切体会到这是一个党员干部应尽的责任。

人民代表　服务人民

作为一个大学党政管理的"老兵",到人大工作的一名"新兵",角色转换赋予了吴楚武更重的使命。

2011年年底,他当选为上海市松江区第四届人大代表、人大常委会委员。新兵需苦学,他在熟悉选区的基础上,积极了解人大工作,从相关法律法规和政策入手,订阅人大期刊,学习优秀人大代表的风采纪实和履职典范,体悟人大代表的责任。

除了苦学充电,吴楚武下大工夫关注民生、体察民情。2012年区人代会期间,吴楚武提交了一份《关于切实加强松江大学园区文汇路(学生街)综合管理的建议》。他以多年的工作经验犀利地指出了文汇路存在的消防、交通和饮食等方面的多个严重安全隐患,呼吁区政府立即行动,对文汇路这条近十万师生赖以生活的学生街进行综合整治。这一建议受到区委、区政府的高度重视。在细致的调研、决策和综合整治过程中,吴楚武承担起市教委和区政府之间的沟通纽带作用。11月,市教委正式将松江大学园区部分市政公共基础设施移交松江区,意味着正式进入"属地化"管理时代。曾让各方头疼的"市教委管不到,园区管委会管不了,属地不好管"的局面终于得到扭转。

代表是一种责任,要切实做实事,不喊空口号。每年"代表进选区"活动他都准时出席。平时不在选区,他也能通过邮箱及时接收民意。在人大代表感言册上,他写道:"联系群众,倾听呼声。认真履职,建言献策。"从亲民的好书记、好校长到亲民的人大代表,吴楚武人生道路的角色转换不仅顺利"上路"了,还上演得精彩纷呈。

绿叶对根的情谊

潮人观潮起潮落,随海而居。这也注定了潮人具有一种漂泊的海洋性格。40多载上海岁月,是从孤身求学到事业有成的漫长漂泊史。但浮萍亦有根,潮人重潮源。广东老家,自然永驻心中。作为第二批加入上海潮汕联谊会的潮汕人,吴楚武当为"联谊会元老"。他热心参与联谊会组织的活动,秉承"有钱出钱,有力出力"原则为联谊会贡献力量。1994年,他协助联谊会的领导在东华大学成功举办了上海潮汕联谊会成立五周年纪念活动,从迎宾、住宿到会议地点,安排细致入微,井井有条,广受赞誉。他对潮州话在上海年轻潮人的推广和普及尤为热心,支持在东华大学设立"潮语角",鼓励出生在上海的潮汕晚辈们习家言,承乡情;他在校内争取了固定会议室作为潮汕联谊会小组活动地点,以组员身份参加联谊会小组活动,接待组员参观游览松江大学城;他积极为家乡经济建设与高校牵线搭桥,组织学校相关教授专家前往家乡普宁视察调研,建立研发中心,实现高校产学研与地方经济发展的双赢。

有人问他:"上海空间这么大,这么多年你为什么不跳槽呢?"他幽默调侃:"我叫吴楚武,就是5除5等于1,我注定是个专一的人。人这一辈子,若能找到一件专心致志做到底的事情,就是莫大的幸福。"老吴在卸任东华领导岗位时,表达了自己的心声:"我在东华学习、工作三十八年,把最有激情的年华奉献给了东华。虽然现在离开了东华的工作岗位,但我把心留在了东华。东华永远在我心中。我感恩东华、祝福东华。"一辈子的东华人,以心耕耘留岁痕,却无怨无悔;对于第二故乡上海,他怀揣一份忠诚;个人生活上,唯留知足与感恩。

漂泊、专一、忠诚与吃苦耐劳,这是一位潮汕人多年在沪笃定行走的方向。当日升日落,代际更迭,它,也将是众潮汕晚辈们应以之为鉴的足迹。

张尚武：城市规划中的人生探索

撰稿 黄晓铨

张尚武，上海潮汕联谊会副会长，上海市潮籍博士团团长。同济大学建筑与城市规划学院副院长、教授、博士研究生导师，同时担任上海同济城市规划设计研究院副院长。他出生于 1968 年，1988 年毕业于同济大学城市规划专业；1988—1991 年在汕头市建筑设计院工作，担任助理建筑规划师；1994 年同济大学城市规划专业硕士研究生毕业；1998 年同济大学城市规划博士研究生毕业；1998 年起留校任教；现为同济大学城市规划系"城乡总体规划"方向责任教授。担任中国地理学会长江分会委员、上海市城市规划委员会地区委员会专家及多个城市的规划顾问。曾获得"上海市优秀青年教师"、"上海市育才奖"等。

在城市规划专业领域不同阶段不同侧重面的工作和学习经历,奠定了张尚武较为扎实和宽泛的学科基础。

毕业后,他毫不犹豫地选择了回到家乡汕头市建筑设计院工作,三年多的时间里,他独自承担完成了一大批建筑和规划设计项目,获得了极好的实践锻炼机会,积累了无数的宝贵经验。他也为家乡的发展,留下了自己一幅幅精湛的作品,包括汕头市林百欣中学、棉城中学、汕头市龙湖区检察院和法院办公楼的设计等等。在上世纪90年代中国改革开放日渐深入、建筑进入前所未有的高潮的时期里,张尚武深切地感受到了建筑设计对城市带来的巨大变化,也坚定了他进一步深造的想法。

于1991年到1998年在同济大学城市规划专业攻读硕士和博士学位期间,他开始对传统的城市发展理论和城市发展模式的重新思考,对长三角地区的城市和区域的发展进行了深入的考察和研究。他从关注建筑到更关注城市、区域;从关注工程,到更关注理论、科研;在学科视角不断深入和拓宽的同时,他更清楚地认识到城市规划专业的综合性、多元性和现实性。

目前,他主要研究领域为城市与区域发展和规划,长期关注区域与城市空间发展战略、城镇密集地区发展、城市设计等方向,并将学术研究成果应用于规划实践领域,主持完成了一系列地方重大项目。他曾主持和参加过国家"十一五"科技支撑计划课题"城乡动态监测信息集成的应用软件构建"、上海市优秀青年骨干教师后备人选资助课题"上海市郊区发展有效引导策略研究"、上海市政府发展研究中心决策咨询重大课题"上海城市专业规划有效覆盖郊区研究"等,近年来相继主持完成了上海、合肥、石家庄、汕头、西宁等城市的战略研究。作为核心团队成员,张尚武参加了上海世博会场址前期规划、北川国家地震遗址博物馆项目策划及概念设计等重大项目。

张尚武多次获得国家及省部级优秀城乡规划设计奖。"北川国家地震遗址博物馆项目策划及概念设计"获2009年度全国优秀城乡设计项目一等奖、上海市优秀城乡设计项目一等奖、四川省优秀城乡设计项目一等奖;"西宁都市区2030空间战略规划"获2013年度青海省优秀城乡设计项目一等奖;"昆明翠湖地区整治与提升规划"获2013年度上海市城乡设计项目二等奖;"青浦一站大型居住社区控制性详细规划"获2011年度上海市城乡设计项目二等奖;主持完成的"上海金山枫泾镇控制性详细规划"入选上海市改革开放30年建设成就优秀规划项目奖。"合肥市蜀山风景区及水源地保护规划"曾获中国城市规划学会创新规划项目奖;"浦东联洋居住区修建性详细规划和引导性规划"获建设部"人居环境规划设计金奖"等。

作为一个城市规划师,一个建筑设计师,曾经回汕头工作的经历也让张尚武对潮汕地区发展有更深刻的认识。汕头工作的时间给他留下了非常美好的印象。2003年他作为同济大学课题组负责人主持了"汕头地区空间发展战略研究"。他深刻感受到一个地区文化对于地区发展的重要性。

他说,一个地区文化源于历史传统和特定的地域环境,潮汕地区地理环境相对封闭,人多地少,自然灾害频发,造就了潮汕人勤劳智慧、刻苦拼搏、抱团和富于冒险的精神,有着非常强烈的文化认同感和浓厚的传统文化的烙印。汕头既是我国最早开埠的城市,也是我国最早改革开放的前沿城市,但潮汕地区现代化道路走得并不平坦,经历了几番潮起潮落,到现在仍然面临许多发展困难。这其中既有外因,也有内因。他认为文化层面的因素可能是解释潮汕地区发展历程最有价值的视角。可以说潮汕地区在文化发展上是一个非常特殊的样本,是传统农耕文化与海洋文化的混合体,具有外拓性和内聚性。但在传统文化与现代文化之间,潮汕地区尚未实现文化转型,尚未建立起与现代城市社会相适应的公共治理结构。因此,他提到,如何将经济繁荣与文化创新结合在一起,将是潮汕地区现代化进程走向成功的重要路径。

尽管工作非常繁忙,张尚武仍热心上海潮汕联谊会和博士团的各项工作。作为上海潮汕联谊会副会长、上海市潮籍博士团团长,他认为,繁荣家乡,振兴潮汕,是每个潮籍同胞的共同期盼。海外一个潮汕、海内一个潮汕、本地一个潮汕,三个潮汕加在一起将是无比强大的力量,是振兴潮汕的重要资源。潮汕人在上海已经有百年历史,这中间不仅有商业精英,还有许多科技文化精英。特别是改革开放以来,在上海这片热土上,新一代的潮汕杰出人才倍出。在上海有一大批潮籍中青年、青年的专家、学者和各领域的专业人才。

他见证了上海潮汕联谊会二十多年的历史,也为家乡建设作出了许多贡献。最近成立的上海潮籍博士团将为上海潮汕联谊会的发展增添活力,作为汇聚在沪潮籍智力资源的平台,将以打造公益性团体和学术性智库为方向,在上海潮汕联谊会和国际潮籍博士联合会的指导下,增强在沪潮籍人士的凝聚力,不仅要通过学术交流,促进在沪的潮籍专业人才发展,而且可以充分利用博士团的智力资源,团结广大潮商,服务家乡建设,服务在沪的企业发展。

无论在专业领域的科研、教学和实践,还是潮汕联谊会和潮博团大大小小的各项活动里,张尚武始终怀着满腔的热情和热爱,在他人生的词典中,他勾勒出四个关键词:专注、责任、平和、包容。他说,要做好一件事情,专注是必要的条件,专注能提高学习和工作的效率,达到事半功倍的效果。而责任,无论对待生活、工作还是事业,要有责任心,做不好自己的事就会影响别人,是对自己不负责,也是对别人不负责。对社会也一样,如果每个人都有把自己的事情做好的意识,社会就会和谐。平和即是要以平常心对待碰到的各种情况,不争小利,看似吃亏,其实是大智慧。最后是包容,严以律己,宽以待人是中国传统文化,也是非常重要的做人准则。

李秀松：追求厚德仁术

撰稿　黄晓铨

　　春秋十载，风雨芳华，瑞金医院已走过百余年征程。历史沉淀着前身广慈医院广为慈善的医学神话，崭新的建筑诉说着取得的一个个突破性进展和日臻完善的医疗技术。有一个老人，将自己的一生奉献给这个医院，与之共同度过半个多世纪的发展历程，他就是血液科专家李秀松医生。也许他只是千千万万医生中最平凡的一个，然而，他用尽心血，不负生命的嘱托，诠释了踏踏实实为病人、为医学事业付出的最高人生境界。

广博慈爱，默默奉献的一生

李秀松先生，生于 1938 年 1 月，潮阳峡山人。他出生在一个医学世家里，受伯父李文忠影响，李家从医的人很多。解放前，在上海生活的潮汕老人都会叨念着"潮州医院"，这是一家由潮州会馆捐助勉力维持，帮贫病乡亲免费诊治的上海潮州和济医院。其伯父作为当时著名的老中医，常常应邀到潮州医院义诊，为居沪潮人解决了诸多求医诊疗困难的问题。李秀松医生也在这样的家庭背景的影响下，17 岁到上海第二医学院医疗系学习，开始了他刻苦、扎实、奉献的医学生涯。

本科实习时，他很荣幸地遇到了中国心脏血管外科的奠基人——兰锡纯教授，是中国实行心脏手术的第一人。因为李医生自小喜欢国画，画画水平高超，这一技之长深受兰教授赏识。在兰教授为"国庆献礼"撰写《心脏外科学》时，他帮忙为该书画插图，用半年时间完成了书中每一张惟妙惟肖的心脏图解后，他也成为了当时小有名气的人物。作为预备师资的他毕业后留在了核医学系，主要从事肝扫描、肾图和眼科治疗等。

巨大的工作压力和过度的劳累，让李医生在一次检查中发现自己的白细胞数量仅 1700，骨髓穿刺证明为职业性接触放射射线所导致，于是，他决定离开核医学这一领域转向血液科。机会总是来得那么巧，那时正好赶上"文革"期间 703 组寻找"升白药"的研究课题，李医生便抓住契机投入到这一研究中，现在大家熟知的"鲨肝醇""利白生""单核苷酸"这些升高白细胞的药物就是李医生当年的研究对象。尽管当时所有的医院都流传着这样一句话："心脏扩大，消化不良，内分泌紊乱，血液贫血。"然而，在人们挤破头进入心脏、消化和内分泌等热门科室时，李医生坚定地选择了最为贫瘠，最不被看好的血液科，也在此时遇到了他一辈子的恩师，著名的血液科专家王振义。王振义院士在白血病方面作出了巨大的贡献，曾获国家最高科技奖和"王振义星"的命名。

"诱导分化"疗法的研究者

1986 年，李医生参与王振义教授成立的上海血液病学研究所对"维甲酸结合砒酸治疗急性早幼粒白血病"的临床研究工作。急性早幼粒白血病曾被认为是白血病中最凶猛且最易致死的一种，当时仅有美国的一种蒽环类新药,药价远非国人所能承受,而治愈率却只有1%。因为当时国外已有维甲酸在休外有诱导癌细胞分化的作用的报道,他们率先提出了用维甲酸治疗急性早幼粒白血病这一研究方向。维甲酸作为维生素A的一种衍生物,具有一千多种不同的结构,经过不断地分离和实验,他们终于发现其中的一种全反式维甲酸具有治愈白血病的功能。临床试验中,他们欣喜地发现,维甲酸通过纠正癌细胞内的基因,对早幼粒白血病的治愈率达到了80%,成为白血病治疗的一大突破。

但是,极高的复发率让他们团队转入下一步的研究。毫无保留地分享科研成果和高度的合作精神是这个团队最值得我们今天学习的地方,这也是他们最后研发出"诱导分化"新疗法的关键。当时上海血液学研究所陈竺、陈赛娟、沈志祥和陈国强等人与哈尔滨医科大学提出用中药砒霜治疗的张亭栋一起进行研究,成功地发现砷剂联合全反式维甲酸治疗白血病可大大降低治疗后复发率,并发现了砷制剂治疗复发性急性早幼粒白血病的细胞分化和凋亡的双重药理机制及药代动力学研究。提出了"癌蛋白"这一药物的新的作用靶点,提出了不同于传统化疗的"诱导分化"新疗法,使约90%的急性早幼粒白血病患者的无病生存期达到五年以上。

李秀松医生先后在国内外核心期刊上发表论文58篇,其中"Ph1染色体相关白血病细胞和分子生物学"研究共同获得国家教委科技进步一等奖,"砷剂治疗复发性早幼粒白血病药代动力学及凋亡机理"获上海第二届医疗成果三等奖。

全心全意在医疗第一线

在上世纪70年代中国化工矿业飞速发展的时期,与放射性元素钍铊铌钽相关的工厂很多。但由于工人保护意识薄弱、知识欠缺,大部分工人每天都处于直接暴露于放射射线的状态,出现白细胞普遍性降低的现象。作为曾经的放射线受害者,李医生曾亲自到跃龙化工厂实地考察,对工人进行升高白细胞的药物治疗。

李医生进入临床不久后,又响应号召参加了近十年支内的工作,整个皖南山区的血液病都由李医生负责诊治。在那个心肺复苏还没有完善指南的年代,李医生曾在急诊时全力抢救,将一个心跳骤停20分钟的心肌病病人从鬼门关拉了回来,这些艰苦经历也成为他宝贵的临床经验。

1989年，为了支援家乡医学事业的发展，李医生曾回到汕头大学医学院任教半年，聘为汕头大学的客座教授，大大地推动了汕头大学医学院和瑞金医院之间的交流合作。一直工作在临床第一线的他制订了上海市《内科常规》中血液病部分，编写了《现代内科疾病的诊断与诊疗》中血液部分，也参与了市医保药物中血液科药物审定。他在王教授的指导下成功地开展了急性白血病的分化诱导治疗，并在急慢性白血病、贫血及出血性疾病的治疗中，与外科合作，进行手术时的内科协同治疗的研究，将临床和科研紧密结合，用自己丰富的临床经验推动血液病研究的进展。

李医生曾经担任"癌症康复俱乐部血液肿瘤康复指导中心"顾问，中国福利会国际和平妇幼保健院常年顾问，松江区中心医院顾问；常年作为上海市医疗的志愿者，两次获得市劳模志愿者先进个人的奖励；出任瑞金医院卢湾分院、瑞东医院的专家门诊；做过医疗质量监督等方面的工作。他一直非常乐意和兄弟科室合作，尽自己最大的努力去帮助病人。他曾自制 P32 眼科敷贴仪为治疗眼科的炎症，也曾帮助整形外科植皮搭桥病人做术后的诊疗……李医生身上散发着作为医生时刻为抢救病人的责任感，担任妇幼保健院顾问时，他常常在半夜被唤去抢救 DIC（弥散性血管内凝血）的病人。他为病人的生命、为医学事业的发展倾注了一生的心血。

历时五十载，血液科渐渐走向成熟，早已扭转了当年人们印象中对血液科疾病都是治不好的印象。近年来，白血病患者呈现逐年增多的趋势，血液科从当年的冷门科室变身为现在最热门的科室之一。经过李医生这一代人的艰苦奋斗，辛勤耕耘，为血液科建立了无数的里程碑。他们当年一起成立的上海血液学研究所也已跃升为华东地区规模最大的血液病综合治疗中心。

李秀松医生参与编写过血液病、内科和家庭保健方面的很多书籍，也常常在一些杂志上发表自己的养生保健心得，或者是开展一些小讲座宣传健康常识。他希望将更多的医学知识传递给大家，通过一点一滴的习惯的改变，让大家拥有健康的生活方式。现在，退休后的李医生仍兼任着专家门诊、上课和医疗质量监督小组的工作，将自己行医五十多年积攒的宝贵经验，传递给新一代的医生。

李医生为人一直非常低调谦逊。他一直说，像王振义教授这样九十多岁高龄、有着最高造诣的人，还常常去查房、去看门诊，不断地为医学事业贡献自己的最后一份力，那他自己，更应该努力多为医学、为病人做些事情。

李基深：五十年的传承与坚持

撰稿　黄梓灿

　　些许银发，抖擞的精神，尽管已是 74 岁高龄，李基深老师身上还是无处不焕发着年轻的活力。作为享受国务院特殊津贴，超高压领域的专家，李老师却仍然十分谦虚，对于此次采访他表示十分的意外，可能这就是工科出身所散发出来的谦逊气质吧。

　　李基深老师 1940 年出生于潮州市潮安县，1963 年毕业于中山大学五年制数学力学系力学专业。后来在国家的安排下由上海市人事局直接分配进入上海大隆机器厂从事超高压机械技术和设备的研发工作。随即于当年的 9 月参加完成大型二氧化碳压机汽缸的应力应变测试，成功挽回了特大型零件汽缸的经济损失。

尽管刚踏上工作岗位不久，李基深在数学上的天赋迅速发挥了莫大的优势，次年他参与了人造金刚石的研制。在国外这一研究已经实现，但这在当时仍属于国内首创。正所谓"初生牛犊不怕虎"，在经历了各种困难后，通过对当时国际上报道的几种类型的超高压高温装置的优缺点进行分析后，他们的团队成功地实现了在十万大气压的高压下，2000摄氏度的人造金刚石的研制。这也是我国在超硬材料产业上的一大突破，具有相当重要的历史意义。

在其后的数十年间，李基深一直坚守在超高压的工作岗位上，其技术与国家超高压事业一同成长：从无到有，从简单到复杂，从不全到完善，形成了完整的超高压系统，打破外部高新技术封锁，一些方面不亚于外部的先进水平。截至目前，李基深基于自身工作和科研，在超高压领域发表论文多篇，其中发表于《力学与实践》的"多层套预应力厚壁筒体设计原理"解决了多层套筒体的最佳设计问题，"单层容器自增强"解决了国防工业的急需问题，"双层容器自增强"解决了更高压力的安全问题，"绕丝筒体设计理论"解决了我国新型大型绕丝容器的研制问题，"9195疲劳寿命估算"解决了超高压容器工况使用的安全问题等。

由于在超高压事业上的突出贡献，李基深获得了许多殊荣，其中省部级以上的科技进步奖有4项，这其中包括了"超高压容器自增强技术"获上海市科技进步三等奖、项目"800T高温高压伺服三轴流变仪"获国家科技进步二等奖，李老师负责其中围压增压系统的研制。可以毫不谦虚地说，李基深是我国超高压事业的最早工作者之一，在超高压压力源系统、管阀系统、测压系统、超高压容器等方面的理论和结构多项技术从无到有，不断创新，不断完善，形成了我国完整的超高压系统行业，填补了国家一项大空白，满足了国家经济建设和国防建设的需要。基于此，李基深获评"机电部有突出贡献专家"，并且享受国务院特殊津贴。

在退休两年后的2002年，李基深被聘为上海潮汕联谊会科技委员会秘书，负责组织二百多位副教授级、三十多位教授级科技人员的科技成果转化工作。任职期间，李基深作为科研单位和企业之间的桥梁，努力积极地促进双方的有利交流，为两者的发展带来了巨大活力。

尽管如今已是退休返聘后的第二次退休，李基深依然对自己的高压事业充满了无比热情。他仍然活跃于各种高压知识转化为生活中的发明创造。在业余时间,李基深研究的"高温高压石墨金属浸渍装置系统"参与了第十届全国"星火杯"创造发明竞赛,并获得了二等奖。退休后还参加并指导学生开发"超高压食品绕丝容器",将原本多用于与重工业领域的高压技术,应用到了与国计民生息息相关的食品行业,并且获得成功。他还透露,目前他的另一个发明专利"一种增大流量和密封压力的轴向柱塞泵"正在开发中。

目前,超高压技术又焕发新生,在全新的领域有着重要的应用,食品和医药的超高压灭菌保鲜技术正在全球兴起,我国正在研发,急需掌握超高压技术,李基深的知识积累在这方面很有用。为此,他正在写书,书名暂定为《超高压实践及其在食品工业的应用》,希望对超高压工作者有所参考帮助,为我国超高压食品工业的开发做一点微薄的工作。

正是这种对于事业的热情,李基深才能取得这么多的成就。他这种纯粹的热爱,任时光流逝经久不会褪色,也是我们潮汕大地不断涌现杰出人才,能为世人称道"海滨邹鲁"的根基所在。

205

李基深:五十年的传承与坚持

连希俊:"人生三部曲"

撰稿 金立恂

　　连希俊,1942年出生于上海,祖籍广东汕头潮阳,中国共产党党员。1965年毕业于同济大学数理系工程力学专业。从上海体育器材厂的技术人员,到二轻建筑设计研究院(现上海东方建筑设计研究院)院长,扎实的专业技术、积极的工作态度和不断进取的学习精神让他在职业生涯中游刃有余地迈向巅峰,为我国轻工业的发展作出了杰出贡献。同时,作为上海潮汕联谊会副会长,连先生不忘故土,情系家乡,热心于联谊会工作,关心家乡发展。

第一步：平凡岗位闪耀创新之光

　　1965 年毕业以后,连先生被分配到上海的一家体育器材生产厂,这个有些偏门的单位,让向往设计院、研究员和学院三院工作的他感到有些失落。第二年,"文化大革命"开始,他也只能"认命"留下了,这一留,就是二十来年。

　　连先生善于将学到的理论知识与工作实践相结合,并上升为一种创新能力,使他在体育器材设计上成功攻克了众多技术难题,硕果累累。1970 年,按照国家体委和市府的规划,上海市要兴建一座拥有"一流设备"的"万人体育馆"。连先生承担了主要的体育设备设施设计研制任务。回忆起这段经历,连先生对全自动翻转式电动篮球架的诞生最为自豪。体育馆建成后,篮球比赛前,空旷的场馆内,观众惊奇地发现篮球架慢慢从地下翻转到场地上,再缓缓地顶升到标准高度,比赛结束又自动折叠后原地翻转藏入地下。整个程序十几个动作全自动控制,一气呵成。这一创新设计当时在国内,乃至世界上都是最先进和独一无二的。连外国运动员见了,也会像小孩子般充满新奇,兴奋地坐上篮筐跷跷大拇指随之上升。1978 年,在邓小平主持的全国科技大会上,全自动翻转式电动篮球架获得全国科技大会奖。然而,成功的背后必然有许多不为人知的故事,每一个微小的环节,都是汗水与智慧的结晶。为了解决重负荷下由于液压系统泄漏而影响比赛时篮筐位置精度问题,连先生从飞机起落架中受到启发,研制一种特殊带自动锁紧及开启装置的液压缸,牢牢地把篮筐"高度"锁住,并实现了设备全自动的要求。连先生的勤奋工作与亲民作风也得到了同事们的高度肯定。"只要你能设计出来,我们就能做得出。"厂内各工种的技术老师傅如是(如实)说,他们(我们)的智慧和质朴的支持,让连希俊的创新能力得到进一步的发挥。其间,他完成了对举重、体操、球架、田径等器材的力学性能测试分析,设计研制了二十余项新型的竞赛器材。其中,获得三项轻工部科研成果三等奖。

　　1979 年年初连希俊随轻工部赴德国(当时的西德)考察体育场馆器材设施,了解到电子技术在体育器材和场地设施上广泛应用的前景。回国后,正值"文革"结束后我国第一次大型国际体育赛事——上海国际举重邀请赛在上海举行,国家体委下达研制电子举重成绩综合显示牌。这一 30 多平方米的显示牌要能记录显示比赛的所有成绩和有关数据,且要让缺乏电子技术的裁判员自如地操作。连希俊带领着技术团队研究系统控制电路和实施在大

207

连希俊：「人生三部曲」

屏幕上的显示。他更是日夜思索，过后他说：其关键电路还是在半睡梦中得到启发，马上起床记录下，再进一步完善后解决的。比赛顺利进行，比赛器材设施受到国际举重联合会的高度评价。第二年连希俊被邀请出席在匈牙利举行的国际举重器材标准会议，并发表了相关论文。连先生走完了技术员升工程师升高级工程师的职称晋升之路，也从技术人员到技术科长，最后提升为技术厂长，并被推选为上海市第八届人大代表。

第二步：管理工作的华丽转身

1984 年，连先生被选拔到上海文教体育用品总公司任总工程师、技术副总经理。他完全抛开了"图板"和具体的研制设计工作，向相对宏观的技术管理工作华丽转身，分管科研、技术开发、技术改造引进工作。他先后组织编制和实施"八五"、"九五"总公司的科技规划。其间，他参加了由国家经委举办的"总工程师现代管理研究班"，学习技术管理、经济财务分析、可行性论证等相关知识，也为以后的人生打下良好的基础。同时，他的视野不仅仅局限于国内，为促进行业的技术进步，积极参与和组织国际技术交流活动，带领着有关人员赴德、英、意、美、日等十来个国家进行技术考察、技术交流、技术引进和国际标准会议，博采众长，精益求精。他不断总结工作经验，结合学习的知识，撰写《上海钢琴厂引进扩建工程网络管理》等多篇论文，在轻工部有关刊物上发表。连先生就是在学习和工作中不讲名利，努力提升自我，从而有能力把握每一次机会实现飞跃。就如他自己所说"机会往往是向有准备的人倾斜。人生会遇到很多机会，只有有准备的人才会把握住。对于没准备的人往往是擦肩而过"。

第三步：逆境磨练大才能

1995 年对于连希俊先生而言又是一个全新的起点，一次全新的挑战。他被调任上海二轻建筑设计研究院任院长，从分管技术工作转向主持全面工作，成为了真正的"一把手"。然而，这个"一把手"起初并没有给连先生带来光辉与荣耀，反而使他经历了人生之中为数不多的逆境。当时的上海建筑工程、设计市场处于低谷阶段，又处于市场化转轨中，二轻建筑设计研究院的情况实属很艰苦。连先生就是带着扭转赤字、稳定民心的重任开始担任院长职务的。局长让他带着全院两个月的工资额上任。然而连先生发现院里更需要的是计算机的应用,设计手段的改善。于是,他毫不犹豫地提出他不需要那笔工资额度,希望局长能够给研究院足够的经费去购买计算机及相应CAD软件。他对待工作的热忱与责任心也得到了局长的支持,整个研究院硬件条件得到了很大的改善。连先生从战略上认为,二轻建筑设计研究院要走出困境,一定要从单纯工业设计向民用和工业建筑设计并重转轨。这个过程重点要提升技术设计力量,尤其是建筑设计力量相较于结构力量薄弱的问题。当时院里只有一位借用的注册建筑师,不符合建委至少有三名注册建筑师才可设计出图的规定,整个设计院面临无法继续经营的危机。连先生为解燃眉之急,在年会上对着所有员工承诺,若在一年内考取注册建筑师,奖励人民币一万元(在当时是笔可观的数目),员工们欢欣雀跃,报以掌声。果然,在一年之内,有两位成功考取,让技术力量得到了很大的提升,整个设计院逐步走出困境。"经历过逆境的人往往会更成熟",连先生在逆境中奋斗的历程,使他独立思考、把握全局、能力得到了进一步提升。连先生时任中国建筑设计协会常务理事。走了人生第三步。

　　2013年,年过七旬的连希俊先生第一次踏上家乡的土地,家乡的一草一木、人民的朴实温情都让他流连忘返。他感慨家乡在发展,早已不能用父母口中"贫穷"一词概括。虽然从小生长在上海,但连先生的父母将潮汕传统习俗原封不动地保留在家中,连先生从小会说潮州话,过年过节做粿祭祖感恩,继承了潮汕文化,同乡情节也在心中生根发芽。连先生的父亲连尹吾于上世纪30年代后期来到上海从事贸易工作,在当时的潮汕旅沪同乡会中曾积极组织赈灾,承担由同乡会创办的义务群安小学校长,帮助解决初到上海的乡亲贫困儿童的就读问题。受到父母影响,现在退休后的连先生致力于潮汕联谊会的工作。在组织区组活动中,通过"潮州话大比拼"、"四世同堂生日宴"、"中秋灯谜会"等丰富的主题活动,提倡"突出潮汕特色,明确活动主题,提升活动内涵";组织"潮语角"开展潮人学潮语等形式,推动区组活动开展。2013年8月中旬,潮汕地区的洪水灾情牵动了在沪潮汕人的心,联谊会在第一时间开展《情系家乡 赈灾募捐》活动,并迅速筹集善款300余万元。连先生积极组织赈灾,并受(陈振鸿会长和全体赈灾会员)委托,代表联谊会专程前往汕头慈善总会交接善款(其中,单上海明园集团董事长李松坚先生就捐出250万元）又赶赴潮阳灾区进行慰问送上爱心。联谊会及时组织捐款救灾活动也获得了汕头电视二台、汕头日报、广州日报、上海新民晚报、国际潮讯等主流媒体的报道和赞扬。

　　"科技英才"与"赤子之心"两个词语是对连希俊先生最好的概括。他做事忠于职守，为人善良乐观，在平凡的岗位上成绩斐然。

邹剑秋：理想与信念是毕生动力

撰稿 杨清銮

邹剑秋，1924 年生于揭阳市揭西县五经富洋盘寨，1938 年上半年加入中国共产党。1942 年冬，因"南委事件"，组织决定进行地区性撤退，到了重庆侨二中。1944 年夏进入复旦大学先修班（四川重庆北碚），一年后进入复旦新闻系，被选担任系主席。1945 年 5 月参加南方局青年组领导下的复旦大学"据点"核心组——复旦大学"据点"是周恩来同志指示建立的在蒋管区第一个大学"据点"。建国后，担任复旦大学总支书记，1952 年复旦大学党委成立后，任党委第二副书记。1959 年任复旦大学党委副书记兼党委教学、科学部长。1961 年 1 月至 1964 年 4 月调中共中央宣传部工作。1964 年 2 月，上海市委要求调回复旦大学，仍任党委副书记。1966 年 2 月任上海市高等教育局副局长、党组副书记(代理书记);1972年至1977年高教局与教育局合并,任教育局党委副书记、革委会副主任,还兼任上海市对外友协副主任;1980年4月至1985年9月任复旦大学副校长,1985年11月起,任复旦大学校务委员会副主任,1989年11月离休。

心存理想,耿耿忠心革命路

邹剑秋15岁的时候,参加了中国共产党。填入党申请书时,他给自己取了"耿崎"的党内名字,意谓忠心耿耿走上崎岖的革命道路。未曾离开过故乡的18岁的邹剑秋,毅然踏上了前途未卜的征程,奔赴四川重庆侨二中,准备有机会再赴延安。"丹心献故土,忠孝难两全"邹老后来写道。这一走,何时会回来都是未知数,心里想着回来的时候也许就见不到祖母了,伤感难以释怀。在入川路上,路途相当波折,交通十分不便,他在大冬天里冻得瑟瑟发抖。路过川黔路上七十二弯时,目睹山下翻车的死人,人间冷暖感受颇深,但一心向党的决心从未减弱。

在侨二中学习的日子里,邹剑秋与林兴祺等四位同学常一起分析国内外政治形势,讨论各种人物动向,还办了学校唯一的墙报,专门宣传国内外的形势。毕业后他和全班同学,利用侨委会的关系进入复旦先修班。组织在1945年5月通知他参加"据点"核心组,于是他便开始了更有作为的党内工作。身为复旦大学新闻系主席,他有了一个很好的阵地可以公开、合法地做群众工作,同时又掩护了"据点"核心组,相当出色地完成党交予的任务。其中,使延安广播电台XNCR被新闻馆的收音机收录就是一个例子。中共中央的重要声明可通过新闻馆迅速传送到各系积极分子并广为宣传,被广大群众誉为"复旦的延安"。"据点"核心组在党的领导下与祖国人民共命运,在嘉陵江畔进行很好的斗争!反苏游行、"谷风"事件……邹剑秋与复旦进步青年在斗争中不断提高自己的政治素质和革命胆略,抓住一切机会夺取一个又一个的胜利。这个"据点"曾被南方局青年组誉为"模范据点",还被周恩来同志批示的报告中表扬:"学校据点以复旦大学为最好、最典型"。邹老在《为了祖国的明天》(复旦大学出版社出版)中写道:我们没有虚度年华!我们是一些肩负民族命运的炎黄子孙,我们是一批把生死置之度外的革命青年!滚烫的文字,道出了邹剑秋同志为革命艰苦奋斗始终不渝的赤子情怀。

在蒋管区白色恐怖的政治形势下,邹剑秋曾三次上了"黑名单",亲历"大逮捕"。首次是1946年夏天在北碚,邹剑秋接到北碚地下党通知后即刻组织同学前往上海,这也是他第一次踏上上海这片土地。从北碚到上海这一路上异常艰辛,无顶棚的大卡车,地势险要的剑阁,木炭烧的老爷车,内战的炮火,回想起来历历在目。到了上海,邹要求打通与地下党的关系,联系人朱语今同志请示了恩来同志,没有同意。一直与以前一样,保持单线联系,直到1947年7月,包括邹剑秋在内的重庆地下党的关系才转入了上海地下党,实现了两股力量的汇合。第二次上黑名单是在1948年3月,邹接到通知后2小时内便离开了上海赴杭州,与浙大同学组织迎接复旦大学的春游活动。复旦大学联合暨南大学、大夏大学到杭州春游,实际上是对敌人显示力量——示威。结果敌人只在暨南大学逮捕两人后,没有进一步行动。邹遂回到复旦。1948年6月14日晚,邹剑秋和其他原核心组成员在大礼堂审查袁木等同志《万世师表》的彩排。当结束时,邹站起来便大吐血,被诊断是开放性肺结核,进了澄衷疗养院疗养。包括陈望道等100多名进步师生先后来探望。主治医生张觉人,有先见之明地认为探望人数过多会有危险,而嘱咐门卫推托:邹剑秋已转院。这才使1948年8月份上了第三次黑名单的邹剑秋逃过了一劫。

胸怀天下,殚精竭虑抓高教

1950年复旦党支部领导班子告急,邹剑秋在上级要求下提前出院参加党支部选举,任支部书记、总支书记,领导党的整党试点。1952年成立党委会,任党委副书记,既抓青年团的工作,也抓行政和校工会主席的工作,以后又加了党委教学、科学部长的工作,教学、科研都要过问。

他在任党支部书记时,就提出"我们的大学必须以培养红色专家为目标"的这一口号,在当时被全国媒体广为传播。1953年中央教育部召开第一次全国综合性大学会议,杨秀峰部长说:"我们的高教事业后继有人,南有邹剑秋,北有何东昌。"足见邹剑秋对教育事业所做的工作,早就引人注目。在50年代的复旦大学,一身兼任了党办、校办两个办公室主任、校工会主席和校共青团书记的职务,就是邹剑秋一个人。也因为责任在身,在大学成百、成千的干部中,只有邹剑秋和王零副书记,是从来没有假日的"老黄牛"干部。邹剑秋所以能夜以继日地埋头苦干,用他自己的话说,是"凭着党性,凭着建设社会主义强国的责任感,凭着从入党开始就磨练了的献身精神。"

1960年,邹剑秋被点名到中央宣传部国际处工作,分管美国、亚非拉整个资本主义世界,为中央领导"当参谋"、"当哨兵"。他每天要分析国际形势,每周要送机密的《情况反映》给主席、总理和陆定一部长。他们国际处的工作,得到中央领导的高度认可。此外,他还在教育处,全面负责高教教育,重点联系北大、清华和北京市委教学科学部。抓高教工作,邹剑秋最满意的便是将医学教育学制延长为八年这一举措。当时中央宣传部要恢复中国医科大学,领导把这任务交给了邹剑秋。邹认为培养一名医生,一定要有坚实的基础理论知识,才能掌握高深的医疗技术,三年打理、化、生基础,五年学医本科专业课,才能培养高质量的医生。这一套思路由程今吾同志向陆定一同志汇报,得到了陆定一部长的同意,很快就在北大实施。医科大学的学生在北大读基础课程后回到医大继续学习。这首例一开,全国医学院校都相继跟上来了,我国医学教育从学制上步入了正轨。在中宣部工作三年多后,上海市委正式打报告,要求调邹回上海协助石西民书记抓文教工作。回上海后,邹认为自己脱离实际工作太久,要求暂回复旦。经市委同意,仍任党委副书记。1966年2月调任上海市高教局副局长、党组副书记(代理书记),紧接着是长达十年的"文革",从此"靠边站",直到1972年夏,他被恢复教育局党委副书记、革委会副主任、副局长的工作。还兼任市对外友协副主任。在一次外事工作中,邹有意识地安排苏步青接待日本朋友,这为其他大学高级知识分子出来工作起指标性作用。

1980年市委书记决定邹重回复旦任副校长一职。在抓复旦大学教育期间,邹剑秋突出高校改革的重要性,努力提高教学质量和科研水平。以"将复旦大学发展为包括

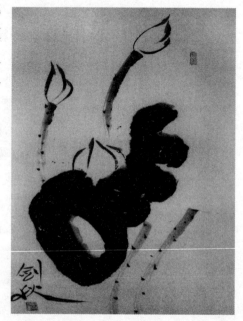

人文科学、社会科学、自然科学、技术科学和管理科学的多科性综合大学"为总目标，新建法律等系，恢复微电子学等专业；还以学科组合的指导思想，组建全国第一个管理学院和技术科学学院。同时将教学改革和管理改革紧密结合，为长远提高教学质量服务。这在八十年代改革开放初期，无疑是格外进步的思想。邹剑秋发表的《高等学校改革的指导思想与复旦大学的实践》(刊登在1999年9月出版的大型文献丛书《中国改革开放二十年》)一文，在高教改革中独树一帜，极具影响力，获得高校领导层的普遍支持。

邹剑秋在复旦工作中，另一突出举措是伺机建设文科大楼与文科图书馆。1983年，中央在国务院第二招待所，召开哲学、社会科学会议。胡乔木同志主持，大谈"哲学社会科学也是科学"的观点。在个别谈话中，胡乔木表露了建社会科学大楼的意愿。邹当即抓住时机提出建文科大楼的想法。胡乔木同志完全支持，说："抓工作就要抓住时机，'机不可失时不再来'。"结果两个目标都实现了，这对广大文科学者影响很大。

离休后的邹剑秋虽年过花甲，但仍笔耕不辍，活跃在教育战线前沿，先后发表了《论学科组合》《回顾、思考与前瞻》《论大局及大局意识》等文章，其中《论大局及大局意识》一文被中国纪实文学研究会、红色经典文化委员会评为"建党90周年"优秀征文特等奖，并被收入《鲜红的党旗——光辉的共产党人思想理论文选》及《红色经典——优秀共产党人经典文库》，剑秋同志也被评选为"建党90周年——光辉的共产党人"、"共产党百佳先锋人物"。2008年，邹老还致信教育部部长周济，以"让青少年焕发出光和热，还少年以幸福的童年"为题，字里行间洋溢着对祖国未来主人公殷切的希望与寄托。而今邹老已89岁高龄，但仍专注于论无产阶级教育的研究，今年六月，撰写了《论无产阶级教育》一文，最近又完成了《再论无产阶级教育》和《关于文科的教育问题》。他就是这样，以中国的改革发展为己任，努力为教育事业贡献自己的力量。

心系家乡，乡情浓浓爱学子

身为潮人，邹剑秋心系家乡的发展。自潮汕联谊会成立后十年，任副会长一职，并作为汕头特区的顾问委员会委员，为特区发展出谋划策。邹在复旦也曾为帮助汕头大学发展拟定过十二条意见(合作方案)，包括给汕大每年50名进修教师在复旦学习的资格等,但后因汕头方面的原因没有具体实施。即便如此,邹还曾派13位教授前往汕大授课三年之久,以壮大汕大的师资力量。

在上海,邹还与蔡北华同志一起,发起成立许涤新基金,支持年轻经济学人的研究,各方捐款达40多万。

复旦大学历届潮籍学子无一不认识邹老校长,这位生活朴素,和蔼可亲,待我们亲如家人的老校长。邹老校长每年开学初都会邀请潮籍新生到家里做客,虽年事已高却坚持亲自下厨。他还常常告诉潮籍学子有空就多到家里来坐坐,生活上学习上遇到困难了就告诉他,这样的叮咛与嘱咐让在沪求学的家乡孩子倍感温馨。

邹剑秋参加革命七十多年来,热爱党、热爱祖国、热爱社会主义,始终坚持党性,对马列主义坚信不疑,对共产主义充满信心。立足中华大地,放眼世界风云。面对诸多挑战,成竹稳握在胸! 时刻鞭策自己以及鼓励后人前进,前进。

216

陈作义：辛勤耕耘在科研岗位上

撰稿　陈重伊

　　陈作义，汉族，祖籍广东普宁人。致公党党员。1936年12月生于泰国曼谷。1950年8月，刚年满13岁的陈作义先生告别南洋和双亲，只身归国求学。1963年毕业于北京大学生物系，进上海生化研究所后历任实习研究员、助理研究员、副研究员，一直从事植物类菌原体和植物病毒的研究，辛勤耕耘在科研岗位上，为我国植物类菌原体与植物病毒作出了杰出贡献。陈先生不仅在科研工作上作出杰出贡献，同时也担任了许多社会工作。平凡的一生，绽放着不一样的光芒，为促进上海与潮汕两地经济发展和交流作出了积极的贡献。

"祖国需要你！"

生于泰国曼谷的归侨，陈作义先生就读于泰国曼谷大同小学，在那里就接受了进步思想的影响。讲起自己的归国经历，陈先生至今还清晰记得 1950 年在泰国小学毕业的时候，班主任老师对同学们讲的话："同学们，祖国解放了，需要大量人才，你们回到祖国去念书吧，去做新中国的主人。"尽管慈祥的母亲希望儿子 18 岁成年的时候再回国去，爸爸说："老二有志向，愿意去就让他去吧。"于是，13 岁的陈先生，背着一个行李包，里面放着母亲帮他整理的几件衣服，坐上了贵阳轮从泰国回到汕头，并于 9 月 3 日到达汕头港，"当时看到岸上的五星红旗，船上的华侨很兴奋。"成千上万的海外侨胞挥手相送，更是对他们寄予无限希望。于是，陈作义先生踏上了潮汕的这片热土，并在汕头华侨中学上学，之后到天津一中上高中。谈起这段年轻时的求学经历，这位白发苍苍的学者满怀眷恋。之后考上了北京大学生化专业，开启了自己生化科学研究之路。

从北京大学毕业，陈先生被分配到中国科学院上海生物化学研究所工作。刚刚来到上海，举目无亲。谈起当时的条件还是相当艰苦的，在上海的第一个春节，正当陈先生没有家人一起过年、思乡之情泛滥的时候，当时的上海生化所研究员曹天钦和其爱人谢希德（复旦大学校长）热情接待了陈作义来自己家里过年。回忆起这段经历，陈先生感慨道："当时作为一个 20 多岁的毕业生，什么都没有，能够受到曹先生夫妻的款待，非常感动。"

"对于祖国人民的疾苦，我们负有责任！"

从 1963 年以来，陈作义先生从事中国植物类菌原体和病毒研究工作 31 年。发表的研究论文 118 篇，编著有《中国植物类菌原体图谱》等。1982 年和 1984 年先后获得中国科学院科技成果二等奖，自然科学三等奖，总计从 1978 年到 1994 年获得中国科学院和省市、部级奖共 18 项。

开始的时候，陈作义先生在生化所研究沙眼病毒，1965 年，他转为研究植物病毒，经常到农村、边疆和草原进行科学考察。说到当时的工作环境，陈老提到了自己的老"战友"彭加木在前往罗布泊进行科研的时候被风沙掩埋的事迹，笔者不禁对许许多多像陈老这样的为祖国科研事业献身的英雄肃然起敬。

1965 年的夏天，陈老先生前往自己的家乡广东普宁，普宁是著名的橘乡，但是那个时候的普宁却饱受黄龙病的折磨，成片的橘林发黄枯萎，很少结果。当时的普宁柑橘经济价值很高，出口一斤橘子可以换回五斤面粉。陈先生感到自己责任重大，先后到广东、广西、福建等地做调查，天气炎热，路途遥远，从上海坐火车到普宁大概要两天一夜的时间，舟车劳顿也没有削减陈先生和小组成员了解这种病毒的决心。他们将采集的病树叶片运回上海进行研究，经过多次的试验毫无所得。但皇天不负有心人，终于在 1978 年有所突破。他们把采集到的病树叶片与柑橘传播媒介木虱作超薄切片，发现了一种类细菌体病原，通过实验证明，这是引起黄龙病的主要根源。经过十多年的研究，陈老先生终于为黄龙病起因找到明确的答案，为普宁的乡民除掉了一大害。

为了摸清植物病毒的情况，陈作义先生和彭加木同志应甘肃植保所的邀请，于 1978 年和 1979 年两次先后到达甘肃作考察，最远来到河西走廊的敦煌。通过仔细观察，他们发现了玉米的叶片上有淡黄色的条纹，在电子显微镜下，他们发现了一种弹状病毒，原来这就是造成玉米产量低、玉米秆矮小的罪魁祸首。

兢兢业业三十多年，陈老先生鉴定了中国植物类菌原体病毒 41 种，其中14 种病害在国际上都属首次报道：对植物病毒的研究，如粮食作物、经济作物如烟草、中药、水果、花卉等病毒病害做了研究与报道。如他所说，"我想作为一个科学工作者，对于祖国人民的疾苦，我们是负有责任的，如果我们能够早日把我国的植物病毒研究清楚，就可以促进农业现代化的事业，使更多地区的生产和人民生活改变面貌"。

"好在他能为我们大家讲话"

陈作义先生从 1983 年起就担任第八届、第九届、第十届上海市人大代表，第九届全国人大代表；中国致公党第八届、第九届、第十届、第十一届中央委员；上海市侨联第五届、第六届、第七届副主席。1988 年至 1993 年担任中华全国总工会第十一届中央执行委员。1982 年获"全国归侨先进工作者"奖。1985 年获"全国各民主党派、工商联为四化服务先进个人"奖；1989 年获"全国归侨、侨眷优秀知识分子"奖；1994 年获中国侨联"爱国奉献"（先进个人）奖。这些职务之外，还担任了上海第一、二届特约检查员，汕头市经济特区顾问和上海潮汕联谊会副会长。

在陈先生兼职当了工会主席之后，一方面要搞好繁重的科研任务，另一方面安排时间做好工会工作，为人民的利益据理力争。例如他之前所住的打浦桥地区，有一家活性炭厂，公害污染严重，甚至大量的活性炭污染会造成癌症并发率。6000户居民联名要向经济法庭起诉，陈先生毅然当起了出头人。经过他的大量工作，最终法庭同意责成该工厂限期搬迁。而陈老所做的好事远远不止这些。在上海市人大召开会议期间，陈先生提出要"落实私房政策"、"简化归侨出国探亲的审批手续"。访谈期间，笔者时时能够感受到陈老先生对正义和公平的执着追求。陈老还自豪地提到，当时有一项政策规定知青插队不算工龄，而下放到农场的却可以算工龄。这项政策是非常不公平的，因为同样是接受国家统一分配的知识青年，回来之后当然要享受到相同的待遇。于是陈老先生把这件事在人代会上提出议案，最终也得到公正的解决。他的一位同事这样评价陈老先生："老陈这个人当代表确实好，好就好在他能为我们大家讲话。"

扎根祖国

得益于潮汕联谊会会长王亚夫的组织，经年之后，陈先生再次踏上自己的家乡。陈先生回忆说："当时参加了汕头经济特区顾问会议才有机会看到了很多潮汕传统特色的节目，像英歌舞、彩带舞，很漂亮，这也是我第一次感受到潮汕的传统文化。"

而如今，陈老是家中唯一的泰国归侨，在泰国还有自己的兄弟姐妹。陈作义先生夫妇两人在国内，自己唯一的女儿也在国外留学读书。现在陈老先生因为年纪大的原因比较少回到泰国。陈先生没有辜负侨胞的期望，他一生的成就，印证了他那篇《我在祖国的怀抱里成长》那句誓言：我将永远记住海外亲人对祖国的热爱和对我的期望，永远扎根在祖国的大地上，把我毕生的精力贡献给植物病毒的科学研究工作！

望着陈老先生清秀的背影，尽管年过古稀，身体依旧健朗。"问渠哪得清如许，为有源头活水来"，我们伟大的祖国，正是千千万万像陈老先生这样无私奉献的劳动人民的努力，才会有今天举世瞩目的巨大成就！

陈章亮：为解放思想鼓与呼

撰稿　尹学尧

　　须知，在三十多年前，陈章亮教授的名气在上海可是如日中天，他的讲座也是一票难求啊。

　　我记得，当年他在文化广场作万人大会宣讲，我坐在会场的后面，只能远远地看着他。也就在那一年时间里，他竟然不可思议地作了一千场报告。这个记录，至今也无人突破。

　　一位当年为解放思想鼓与呼的人，如今怎样了呢？来到虹桥路程家桥路口的一幢公寓里，面对面地听他讲那既十分遥远又仿佛近在眼前的往事。

哲学是时代精神的精华

　　一辈子从事哲学教学的陈章亮教授至今也未改老师的本色。一落座，他就对我说，真理标准大讨论之所以惊天动地，震撼人心，就因为它是对新中国成立后遭受重大挫折造成灾难的深刻反思，是对发生重大事件背后思想根源的寻根问底，是对马克思对黑格尔和费尔巴哈哲学超越的返璞归真。"实践唯物论"的命题，一时刺向天空并不可收，是因为"凡是把理论导致神秘主义的神秘东西，都能在人的实践中以及对这个实践的理解中得到合理的解决"。所以实践标准就成为必然和现实的抉择，使真理标准大讨论成为从反思到超越的中介和结合点。在它的推动下，实事求是、解放思想和以人为本成为中国马克思主义哲学的当代新形态。

　　"哲学是时代精神的精华"。陈章亮教授说，哲学与时代在互动中发展，使哲学具有思辩、批判和超越的功能，与时俱进的品格和长盛不衰的生命力。黑格尔曾形象地指出，哲学具有"密纳发的猫头鹰黄昏时才起飞"的反思功能；马克思则说，哲学具有高卢雄鸡在黎明时报晓的超越功能。所以，反思与超越是哲学的两大功能。正如历史上只有对大革命失败和党内左倾错误的深刻反思，才会有《实践论》《矛盾论》和新民主主义论的新超越一样，只有经历了大跃进的曲折和"文革"灾难的寻根问底，最终才有上世纪 80 年代前后思想大解放和改革开放的历史性超越。

　　陈章亮教授认为，中国特色社会主义的形成，是马克思主义哲学中国化的最新和最大成果。苏联的解体，影响我国半个多世纪的苏联哲学教科书的退场，使在学科建设上具有中国特色的哲学教科书的产生成为可能。而主流意识的弱化和有被边缘化的危险，则催生了社会主义核心价值体系的诞生，并使之成为建设社会主义精神文明的核心，发展人文社会科学的灵魂以及构建民族精神家园的支柱。

　　担任上海哲学学会会长二十多年的陈章亮教授告诉我，上海凭借它在全国的特殊地位，成为中国近代文化的发祥地。被毛泽东誉为哲学大众化开拓者艾思奇的《大众哲学》、中国人自己撰写的第一本马克思主义哲学教科书李达的《社会学大纲》都是在上海诞生的。新中国成立后，上海哲学界人才辈出，他们都是这个时期上海哲学各个领域的领军人物，在全国发挥着不可或缺的作用。改革开放后，以真理标准讨论为引擎，上海哲学研究硕果累累，与全国同仁一起创造了哲学发展的新辉煌。

陈章亮教授强调说，哲学历来以"为天地立心，为生民立命，为往圣继绝学，为万世开太平"为己任，在现阶段就是要继续吹响解放思想的号角，进行智慧的凝聚和集结，为改革开放的新发展提供强大的智力支持。改革需要哲学，哲学也需要改革。中国哲学的"特"不是相互否定，而是综合。马克思主义哲学中国化不是儒家化，时代化不是西方化，大众化不是简单化和庸俗化。我们要在实现客体主体化和主体外化成客体中，使哲学变成人民大众改造世界巨大的物质力量。

哲学是要反思和揭示生活现象背后的本质或源头。哲学的独特之处，不仅在于它所探讨的是一些大的普遍的问题，更在于它不是用信仰、幻想的方式，而是用理性的方式去探讨、追问这些问题。哲学不能当饭吃，但哲学是我们吃好饭、做好人的根本前提和基础。生活没有哲学就像黑夜里没有明灯。正如古希腊苏格拉底所说："没有反思过的人生毫无意义。"

冲破思想禁区是理论工作者的责任

"文化大革命"结束后的 1978 年 9 月，光明日报发表了特约评论员文章《实践是检验真理的唯一标准》，在全国引起了强烈的反响，掀起了一场全民大讨论。

这场讨论是决定我国社会发展命运和前途的重大政治和历史事件，是从粉碎"四人帮"到以经济建设为中心、全面改革开放过渡中的必经中间环节的一次思想解放运动。波及之广，影响之大，令人无法想象。虽说它的发生具有必然性，但发生在上海的这场大讨论是通过长达一年的宣讲和群众的大学习实现的，这在全国绝无仅有，成为上海的独特现象。

随着时间的更序，以及那代当事人的退场，人们对那场真理大讨论已经逐渐淡忘，留下的只是思想深处的记忆、历史对这重大事件的记载。但作为身临其境的当事人，陈章亮教授提起当年仍然激动不已。

上海虽然不是真理标准大讨论的主战场，但它在全国举足轻重的地位却使它的立场和表现备受关注。打破沉默，为真理大讨论发声，打开新局面，成为推动社会发展的重要选择。

上海交大和全国一样也掀起了大讨论。校党委在校内联系回顾教育战线的经验和教训,通过联系上海交大的实际和现状,来认识这场大讨论的重要意义。同时,党委支持并鼓励校马列主义教研室中年教师陈章亮走出校门,走向社会,向上海党政机关、人民团体和企事业单位对"实践是检验真理的唯一标准"问题进行宣讲。

此时的陈章亮教授正在社会上讲授马克思主义经典著作的6本书,他义无反顾地走上了开展真理标准大讨论的宣讲之路。在上海社联和上海交大领导的支持下,陈章亮勇敢地走出书斋和课堂,他到上海图书馆,到上海工人文化宫,甚至到当时能容纳一万多人的文化广场去宣讲真理标准的讨论问题。他的宣讲受到了大家的欢迎,使当时沉寂的上海开始活跃了起来。但很快,陈章亮教授就发现自己捅了马蜂窝,陷入了政治漩涡之中,一股冷风向他刮来。有的时候,会议的主持人对他的讲课不予置评,有的人认为他的讲课是海内奇谈。好心的亲友也劝他:你因为反对"四人帮"已经吃够苦头了,现在要当心点。

宣讲不仅需要勇气,更需要智慧和知识。在这场斗争中,陈章亮不信邪,不怕压,旗帜鲜明,勇闯禁区。他认认真真备好每一堂课,讲好实践标准这个过去不成为问题现在却成为问题并争论不休的大是大非问题。

有一天,他清晨五点多钟从家里出发,八点钟在奉贤作报告到中午十二点。中午吃了一个馒头,又赶回市区作报告到傍晚。晚上回到家里,又有人在等着。由于天天讲课,他的嗓子满是疮和泡,吃胖大海也没有用,但他依然照常天天作报告。由于陈章亮的报告针对性强,能够讲到大家的心里去,而且他的报告深入浅出,加之语言生动,因此像磁铁一样深深地吸引着听众。

陈章亮认为,向干部和群众宣传马列主义真理,是理论工作者的责任。多宣传一分,就可以帮助大家减少一分盲目性。他说:"我要做理论战绩上的尖兵。"

在一次会议上,上海市委领导关切地问陈章亮:"老陈,有压力啊!怕吗?"陈章亮回答说:"不怕。"

正是凭着一个理论工作者的勇气,陈章亮在一年的时间里竟然作了一千多场报告,这个记录至今也无人能破。

献身哲学终不悔

陈章亮教授1933年出生于广东揭阳,1957年从北京师范大学毕业后到上海交通大学从事哲学教学和研究工作。改革开放后,他任上海交大哲学研究室主任,1988 年评为教授。1979 年后,担任上海交大党委委员 15 年,1994 年后担任了 15 年的上海市哲学学会会长。他还是全国马克思主义哲学研究会理事、社会主义辩证法学会常务理事。几十年来,他发表了 200 多篇论文和文章,论著和主编的书籍有 20 多部。不少论文和文章还获得了上海市、中国社科院、中央党校等部门的优秀论文奖。1978 年和 1980 年还被评为上海市教育战线和六机部的劳动模范(先进工作者)。

真理标准的大讨论是一场重大的思想解放运动,也解放了哲学自身。献身哲学一辈子的陈章亮也以真理标准大讨论为契机,把讲台从校内扩大到社会,顶住种种压力进行宣讲。他坚持理论联系实际,发扬哲学和理论在本质上是革命的、批判的精神,成为面向大众,宣传哲学和马克思主义时间最长、听众最多、影响最大的宣讲者。一位专家曾说过,陈章亮在上海讲课 30 年长盛不衰,始终受到群众的追捧,并能牢牢占据这个舞台,在上海和全国都是个奇迹。

真理标准大讨论是一场解放思想的运动,也是陈章亮教授思想最活跃、提出新观点最多的时期。在上世纪 80 年代拨乱反正中,陈章亮坚持认为中国建设的关键仍然是农民问题。他提出,市场经济取向和全面改革开放才是我国的重大选择。建国后,我们把我党和毛泽东的成功经验当教条,不是一般的教条主义,而是经验主义教条化。这个观点得到了京沪学者和专家的高度赞誉。在上世纪 90 年代,围绕“三个代表”的历史地位和如何理解它是马克思主义发展问题,陈章亮发文阐明了“三个代表”是把生产力、先进文化和人民群众作为整体提出来,对生产力和先进文化提升为宗旨地位,并把新经济阶层作为社会主体的一部分,赋于人民群众新的内涵等三个方面,丰富和发展了马克思主义。此文受到了有识之士的赞赏,《求是》杂志的内参采用后送中央高层参阅,并为 2003 年 7 月 1 日在全国《三个代表》的理论研讨会上的中央报告所采纳。

上海市哲学学会成立于 1950 年,是新中国成立后成立的全国第一个学术团体。陈章亮教授在其中担任了 7 年副秘书长、8 年副会长和 15 年的会长。陈章亮教授打破了过去关门搞学术,坐而论道,使哲学成为少数人空谈的课堂和书本哲学的禁锢,把哲学的研究和社会的普及结合起来,把学术搬到基层,与企业、党校、高校和研究所相结合,成为上海社联各社会团体中开会最多、影响最大、最具活力的学会。在世纪之交的 20 年中,他们就召开了 30 多次全国学术研讨会,召开了全国第一次和第二次经济哲学研讨会,还主编了全国第一本经济哲学著作——《社会主义经济学概论》。在陈章亮教授带领下,上海市哲学学会成为全国活动最多、最受学者欢迎、思想最活跃的省份之一。

回顾以往,陈章亮教授感慨地说,我选择了长期从事哲学理论研究和教学工作,无怨无悔。哲学和理论研究是一个伟大的社会工程和持续性的事业,每代人都会面临着所处时代的重大的课题。我相信后人会比我们做得更好,在发展中为哲学和理论工作开辟更加广阔的道路。

林章豪：倾力潮人工作的热心人

撰稿　陈依佳

　　有潮水的地方就有潮汕人。在上海这片繁荣的土地上，也有一群潮汕人士在这里勤勤恳恳地工作，在功成名就之时却不曾忘却家乡。身在外，心系故乡，他们关注潮人在上海的发展，关心家乡的变化，将团结互助的潮人精神一代一代传承下去。林章豪，就是这样一位倾力于潮人工作的热心人。

　　林章豪，1938 年出生于广东潮阳，自幼在汕头长大，1959 年从聿怀高中考上上海同济大学，就读于城市规划专业。进大学后，林章豪刻苦学习，每门功课都以优异成绩名列前茅。1964 年从同济大学毕业后，林章豪就一直在学校从事行政工作，后任同济大学校长办公室主任，前后共辅助过四任同济校长的工作，直到 71 岁退休。同时，林章豪也是原上海潮汕联谊会副会长，现任联谊会驻会顾问。

热心的天性、童年的经历以及潮汕人的传统精神铸就了林章豪的热心肠。少年时母亲去世，林章豪常寄住在亲戚家，得到了亲友的关怀，也得到同学朋友在学习与生活上给予的巨大帮助，让他取得优异的成绩，收获宝贵的友谊，渡过生活的难关。这些经历让林章豪深深感受到"在家靠父母，出门靠朋友"的真谛，注重团结的潮汕文化也深深扎根于林章豪心中。因而多年来林章豪也总凭借在长年工作中积累的资源与人脉，关爱潮籍学子，帮助潮籍商人，为潮人在上海的发展作出贡献。

对潮籍学生的殷切关怀

在同济大学工作多年，林老师总是十分关心考上同济大学的潮汕籍学子。每年林老师总会为考上同济大学的潮籍学生举办欢迎会，安排新同学与在校的潮籍老师见面、相识，让这些初到上海的潮籍学子感受到浓浓的乡情与温暖，也便于他们在今后的学习生活中向各位潮籍老师求教、咨询。学生毕业时，林老师也会为他们办欢送会，祝愿他们能得到更好的发展。

潮籍学子在遇到学习和生活上的问题向林章豪老师咨询时，林老师总是全力指点、帮助。就读于土木系的小方同学学习刻苦认真，考上了同济大学的研究生。然而，就在大家纷纷找到导师时，小方却苦于找不到合适的导师，于是向林老师求助。林老师了解情况后，便答应小方帮他找导师，并迅速与相识的相关系别的老师联系，介绍方同学的优异成绩及情况，小方的优秀成绩与林老师的诚意委托都让这个问题迎刃而解，最后帮小方顺利找到导师，解决了燃眉之急。同时，林老师的帮助也经常让学生像吃了颗"定心丸"。林老师介绍道，许多潮籍学生学习都非常刻苦用功，成绩优异，但面对同济大学设立的众多世界性校际交流项目有时顾虑较多，申请信心不足，他便力所能及地帮助学生打听申请的项目是否通过、申请的资助金额是否被批准，帮同学解决后顾之忧。

对于一些有志于转专业的优秀潮籍学生，林老师也是倾力相助，帮助他们走上心仪的学习之路，实现心中的梦想。原就读于同济大学交通工程系的小黄同学倾心于城市规划专业，并利用暑假时间勤奋学习美术课程，巩固绘画能力。在他向林老师表明自己的目标之后，林老师便为他介绍了两位潮汕籍老师,一位帮他细致地分析画作,对可以改进之处多加指点,另一位则为他讲解转专业考试中加试美术的注意事项、考试形式、考试重点。由于自己勤奋练习,加上老师们的耐心指点,黄同学在做了充分的准备之后顺利通过考试,最终以总排名第四的优异成绩顺利转入城市规划专业。

帮助学生找导师、了解信息、转专业、出国留学……在学习生活中向林老师咨询求助的潮籍学生不计其数,林老师总是在政策允许和力所能及的范围内帮助学生,希望每个潮籍学子都能在求学路上攻坚克难,走得更远,发展得更好!

对在沪商人的指点帮助

潮汕人自古精于经商,被誉为"东方的犹太人",到上海打拼的潮籍商人也是数不胜数。为人热情的林章豪也为不少潮籍商人解决了困难,上海宏伊置业有限公司的宏伊国际广场在建时,地铁 10 号线的设计工作正在进行,按计划 10 号线将通过宏伊国际广场并在底层建造一个占地上百平方米的地铁口,影响了宏伊国际广场的实际营业面积,预计会造成巨大的经济损失。此时总经理郑育健正在招收房地产人才,林老师便为他推荐了一个曾经担任三川房地产公司总经理的学生。这个学生听了郑育健对 10 号线建设计划的担忧之后,便为他介绍了上海地铁研究院的总工程师,这使郑育健得以跟总工程师进行交流,说明地铁口建设对宏伊国际广场的营业将造成的影响与损失。在进行深入的交流之后,该总工程师也十分关心地铁口的具体建设,并进行了更细致的考虑,最终修改了地铁口建设地点,使宏伊国际广场得以保留底层面积,为郑育健解决了烦恼,减少了损失。

上海姚记扑克股份有限公司早年拓展业务时,想迁移工厂以得到更大发展,却苦于找不到合适的地皮。此时,他便委托林老师能帮他寻找合适的建厂地点。林老师通过同济大学环境学院的朱副院长,得知系里的毕业生蔡政康、樊炳泉在崇明工作,就请他们帮忙注意相关信息,并了解到启东县启隆乡刚好有位范老板要出让一块地,就这样在林老师、朱副院长等人的搭桥下,双方顺利进行了交易,姚记扑克也得以在这 1700 亩地上继续发展自己的事业。与这些企业大老板来往,帮他们解决难题,林老师却不追求金钱回报,他认为同为在上海发展的潮汕人之间就应该互相帮忙,作为朋友更应该在需要之时伸出援手。

潮府酒家董事长黄谦是一名重视潮菜文化底蕴、立志推广潮菜的潮籍青年。同样热爱潮汕饮食文化的林老师与他相识后，也开始大量阅读有关潮菜文化的书籍。有一次林老师提了一个建议："能不能编一本有文化的菜谱？"在过去，第一代菜谱就是菜名和价格，第二代菜谱只是加了少量的照片。在得到黄谦的极力支持之后，林老师凭借丰富的潮汕文化知识，起草了第一份菜谱草稿，促进了一本全新的第三代潮州菜谱的诞生——不但有菜的菜名和图片，还配有整页的中英文介绍，说明菜品的特点和背后的故事。这本名为《领鲜天下》的菜谱首印三万册，很快被索取一空，后来加印的三万册也很快被要光。它对普及潮州菜，宣传潮汕文化产生了积极的影响。

对家乡社团的无私奉献

曾任上海潮汕联谊会副会长、现任顾问的林章豪多年来始终如一地关注联谊会的发展，早年曾首次提出要将联谊会成员拓展到企业界，有选择地吸纳潮籍人士，为解决联谊会经费问题、扩大联谊会的影响力作出贡献。

在得知世界潮籍博士联合会成立时，他也主动联系各位在沪博士，组成世界潮籍博士联合会上海博士团，并推荐了张尚武作为团长。

林老师还有一个特点：假如他得知还有某一位在沪潮人精英未联络，他就会想方设法去寻觅，主动联络甚至上门拜访。他还在企业家陈经纬家中组织联谊活动，把他们介绍给其他潮人精英。他说，把潮人精英介绍给大家，一是对离乡奋斗的潮人有激励作用，二是可以联络乡情，增进友谊，使潮人精英不落单，彼此间互相帮助。同时，也为继承和弘扬潮汕族群的优良传统创造了很好的环境和条件。

虽然多年来身在上海，但林章豪总是心系故乡，时刻关心家乡近况。他通过电视台和报纸关注汕头"南澳1号"古船打捞情况，在接受采访时，他不仅表达了对"南澳1号"里出水文物表示振奋，更提出了可以借此机会建设"航海博物馆"等机构，让它成为一个历史教育的载体，向下一代讲述潮汕地区的悠久历史，还可以丰富南澳县的旅游资源。在2013年11月3日，聿怀中学上海校友会宣告成立，林章豪当选为聿怀中学上海校友会首届理事会副会长，对上海校友会及校友会理事会的工作他也积极提出自己的意见，为校友会更好地发展出一份力。

　　无论是对于潮籍学子、潮籍商人,还是潮汕社团,林老师都日夜为潮人工作,在潮人服务中倾注自己的心血,不求利益回报。在他看来,潮籍学生的学术进步、潮汕商人的事业发展、潮汕社团的团结壮大、潮汕文化的弘扬发展就是最好的回报!出门在外,众多潮人正是这样相互支持,相互激励,紧密团结,才取得了今天的成就;潮汕精神、潮汕文化正是这样在一代又一代的潮人中传承延续,不断发扬光大,孕育了千千万万的潮汕人,传承着世世代代的潮汕情!

林尊琪：矢志不渝　追逐"神光"

撰稿　蔡子华

　　上海嘉定区古老的城厢，有逾千年的历史文化积淀，又集聚着众多现代科技机构，展现了一道传统与现代交融辉映的独特风景线。在城厢的清河路上，离嘉定西片护国寺不远处，有一座高功率激光物理实验室，隶属于中国科学院上海光学精密机械研究所。实验室的当家人是研究员林尊琪，中国科学院院士，远离市区的喧嚣，他默默地主持着实验室的各项工作。

出身名门家教好

　　林尊琪，1942 年 6 月生于北京（时为北平）。父亲林治远，是广东潮阳和平寨人,1935年毕业于天津大学土木工程学;母亲卢励智毕业于医科大专,一直从事医学工作。

林治远从事土木工程建设70多年。他领导并主持了首都许多重大道路交通工程设计和科研项目,多次主持天安门广场改造工程的设计与施工。他历任北京市市政工程设计研究总院副院长、总工程师,北京市人民政府顾问等职。1989年,国家建设部授予他中国勘察设计大师的称号,表彰他把毕生精力献给了中国道路交通事业。

林治远在家对子女既是慈父,更是严师。他教育子女要做老实人、做老实事,要刻苦学习,打好功底,将来为国家出力,为人民作贡献。他在家庭中十分民主,鼓励子女充分表达自己的意见。

林尊琪就是在这样优良的家庭环境中成长。他看到父亲每天早出晚归,回到家里经常伏案工作到深夜,一生兢兢业业,公而忘私。父亲任劳任怨,不畏艰险,不计名利,甘当人梯的奉献精神深深融进他的血液中,影响着他一生的生活、学习和科技攻关。

奋发攻读基础强

1959年,林尊琪从北京高中毕业,考进中国科技大学无线电系。优良的校风、学风,优秀的教师,还有严济慈、钱临照、张宗遂等大科学家亲临课堂讲授物理、化学、数学等专业知识,让中科大的学生们深感幸福,人人发奋学习、刻苦钻研。

林尊琪在大学里当了好几门课的课代表、学习委员。在进入专业学习阶段,他经常能比较快地解决不少老师在考试和测验中提出的超常规数学、物理等专业的课题。他脱颖而出,获得名列前茅的好成绩。平时,他还帮助学习有困难的同学,因而被评为学校优秀生。

在学习上积极思维的学习方法和锻炼,为他走上工作岗位后能深入思维快速解决工作中所遇到的困难问题打下坚实的基础。

林尊琪1964年大学毕业后,师从中国科学院电子所的黄武汉做研究生。导师黄武汉是广东人,是我国微波技术、量子电子学和激光技术三大领域的最重要开拓者之一,他为我国科技发展作出了不可磨灭的贡献,也为后辈构筑了全新发展方向。他在"文革"中遭迫害,含冤去世。1978年获平反昭雪。

1964 年黄武汉受命筹建中科院上海光机所,需要助理人才,林尊琪是电子所的研究生,便转为上海光机所的的第一批研究生。1968 年 7 月从中国科学院研究生院毕业。

科研攻关担重任

早在1964年林尊琪自中国科技大学毕业就分配进入中科院上海光机所,开始从事激光高技术应用与发展研究工作。

激光和原子能、半导体、电子计算机一起被人们认为是 20 世纪科技的最重大发明。

1960 年 5 月 15 日,美国物理学家梅曼的实验室里,一束深红色的亮光,从装有人造红宝石的装置中射出,它的光亮度是太阳表面的 4 倍,这光束被人们称为激光,产生激光的装置被人们称为激光器。

中国科学院长春光学精密机械研究所,在 1961 年研制出我国第一台红宝石激光器,它与世界上第一台激光器的诞生只相差一年多。

此后,几十年来在我国科学家的重视和不懈努力下,我国在激光基础研究和应用开发的不少方面始终保持在国际先进行列。我国当代科学技术史上,一项科学技术能如此迅速跟上国际先进行列,激光是个典型范例。

1980 年中国科学院上海光学精密机械研究所开始研制"神光一号"装置,它的输出功率高达 10 的 12 次方瓦量级(万亿瓦),所以,曾称为 12 号装置。1986 年夏天,激光 12 号装置建成在望。当年,张爱萍将军为实现实验室题写名称之后,又欣然题写了两个大字——"神光"。张爱萍将军的"神"字写得神采奕奕。此后,激光 12 号命名为"神光一号"装置。1987 年"神光一号"建成,它运行了足足 8 年之久。在惯性聚变能源 X 光激光和高温高密度等离子体物理领域取得了具有国际水平的科技成果。

为了适应更深入的物理研究的要求,1994 年下半年,"神光二号"项目启动。1996 年,"神光二号"各部件设计、加工安装到位,开始总体调试。1998 年,林尊琪参加"神光二号"科研,担任项目技术总指挥。

"神光二号"的研制,是我国当时规模最大、世界上为数不多的激光驱动器。

林尊琪作为该科研项目总指挥,在研制工作中,提出了许多创新的关键性的技术方案,组织有关科研人员进行技术攻关,圆满地解决了一度制约"神光二号"工程进展的众多技术难题,使"神光二号"装置性能全面达到世界先进技术水平,实现了我国 ICF 驱动器研究能力的重大跨越。

在研究工作中,林尊琪认为,"神光二号"是涉及面很大的大科学工程项目,不是部分人商量以后,少部分人钻牛角尖,而让大家处于等待的方法能做好的。因此,须改变工作方法。林尊琪第一个建议是:在实验室建立全实验室副高级和组长以上的科研人员参加的、每周工作和技术路线讨论的例会制度,简称为每周例会。这是林尊琪在英国、日本等国工作时学来的。这样所有的人可以发表看法,也可以明白地知道实验室各部分在做什么,因而发挥全体研究人员的作用。

第二个建议是:总体技术方案应该改的地方,坚决要改,新发现的技术问题应立即在每周例会上公开,并立即讨论以便做到真正有效工作,工作结果立即在会上报告。

第三个建议则是:在例会上要讲道理,但做出的决策要坚决贯彻执行,对的坚持下去,错的由主要指挥者个人承担责任。

林尊琪作为技术总指挥怎样才能组织好实验室这支百人团队?他认准了一条:让所有技术类事情公开化。于是,无论是大难题,还是好主意,人人都可以在每周例会上畅所欲言,"即使当时争得面红耳赤,那总比'闷罐头'强!"林尊琪把这件事拿到每周例会上一讨论,问题分析透了,办法也就有了,"以动制动"的金点子让百台光学设备跟着地基一起动。后来,这招儿成了"神光二号"15 项创新技术之一。

林尊琪处处严格要求自己,勇挑重担,身先士卒。常年的辛劳使其身体健康受到很大影响,就是在这种情况下,他仍然坚持在工程第一线日以继夜地开展工作,为了工程项目即使在病床上也仍然关心并部署工作,体现出高尚的情操和忘我的工作精神。1999 年连降暴雨,实验室受灾严重,他带领全室同志日夜坚守在救灾一线,两天两夜不曾合眼,待大水稍退后又率领全体同志迅速恢复科研工作。

那些年,林尊琪承担的"神光二号高功率激光系列装置的研究与发展"是国家重大科研项目,也是中国科学院知识创新工程试点重大项目之一,对我国开展激光惯性约束聚变研究以及尖端科研、国民经济的发展具有重要意义,项目总投资近亿元。

林尊琪和实验室的团队经过几年的攻关奋战,终于完成了任务艰巨、工程复杂的"神光二号"科研项目,解决了长期困扰激光技术的三大科技难题,不仅使"神光二号"装置全面达标,而且使我国激光研究实现具有里程碑意义的重大突破。

名至实归硕果丰

林尊琪在四十余年的激光科研实践中,刻苦钻研、攻克了一个个科技难题,被称为我国高功率激光驱动器及物理研究领域中优秀的学科带头人。他脚踏实地,不仅埋头进行物理实验,更注重理论创新。至今已发表科技论文200多篇,发表在国内外多家权威科学刊物上,广受引用、转载。他先后荣获中国科学院自然科学二等奖、中国科学院科技进步二等奖、上海市科技进步一等奖、国家科学技术部先进工作者、国家高技术突出贡献先进个人称号、上海市劳动模范。2003年,他当选中国科学院院士时,有位记者采访时问他,当选科学院院士是否压力倍增,他直爽地说:"当不当院士,我都要尽心尽力、认认真真做人、做事。"

在荣誉和涉及个人利益面前,林尊琪首先想到的是基层群众、团队的同志。他多次放弃个人荣誉称号和工资调整的机会。这位廉洁自律、处事公道、关心同志、热情扶持青年人的科学院院士,在科研所内外威信很高。

年逾古稀的林尊琪,身材挺拔,声音爽朗,一脸精神。他依旧坚守在实验室,继续进行光纤激光前端系统、光学传输等前沿技术的研究工作。他还在带教硕士、博士研究生。

走出嘉定的实验室,林尊琪还是离不开科技工作。2012年他应邀到江西南昌航空科技大学、西安电子科技大学作学术报告,向广大师生介绍激光技术的应用与发展;2013年,他到鞍山高新科技产业开发区,考察激光企业;到产业园,指导企业改进相关技术措施。他南下广东,为参加东莞市青少年科技创新大赛的年轻人作科普报告;他热情关心上海潮籍博士团的活动,勉励青年努力成为实现中华民族伟大复兴的中坚力量。

林尊琪一生在激光科研事业中不断攻克难关、攀登高峰,他的人生一次次发出耀眼的光辉。

(本文参考周昭京先生生前作品《矢志造"神光"》,采用文中部分内容。——作者)

范理宏：在奉献与登攀中实现人生

撰稿　黄晓铨

　　上海肺科医院是亚洲最大的专科医院之一。在这里，我见到了年轻的范女士，她身上散发着潮汕女性独有的魅力，美丽、聪明、勤奋、活力在她身上得到了最好的诠释。我就被她的美貌与气质所折服。她亲切和蔼，美丽知性，她那特有的亲和力马上拉近了与她之间的距离。

　　范院长是第二代在上海扎根的潮汕人，说到自己的家史，她告诉了我们一个有趣的故事。她的外公二十多岁就独自从潮汕来上海打拼，做过贸易、典当等行业，结识了一个护士作为自己的恋人。然而，由于潮汕家乡的风俗和家里的安排，当年厚道善良的外婆被家人挑中，耗费了三个月的时间和巨大的人力将她从家乡抬出来到了上海。无奈外公已经心有所属，一时难以接受,面对着两难的选择,如果把这个千里迢迢抬出来的女孩拒绝了,按当时的习俗她就会自杀。为了这一条人命,外公的善良本性让他服从了家中的安排,而那个失去了爱情的护士选择了去参军。外公与外婆这硬来的爱情听起来并不是那么美好,可却让他们美丽、聪明、勤奋、能干、善良的基因在子女身上遗传了下来,让子孙保持着潮汕人的优良品质。

范理宏,主任医师,教授,博士生导师,先后师从于著名肿瘤专家廖美琳教授、王杰军教授等人,获肿瘤学医学博士学位。2006年赴美国哈佛大学公共卫生学院进修学习;2012年赴英国剑桥大学进行医院管理高级研修班学习。曾任上海市第六人民医院呼吸内科主任医师,医务处处长,2011年起担任上海市肺科医院副院长,现任上海市第十人民医院党委副书记(主持工作)。范理宏从事呼吸内科医、教、研工作二十余年,主要致力于肺癌的早期诊断和个体化治疗的临床研究以及药物耐药的基础研究。近年来,她以第一作者身份在国内外核心期刊上发表文章已达50多篇,主持和参加21项国家级和市级科研课题,医院管理科技创新成果获得多个奖项并享有一项发明专利,是中国推动临床路径医疗管理改革的先驱实践者。现兼任中国抗癌协会康复及姑息治疗专业委员会副主任委员,"肺癌临床诊疗中心"副主任,中国女医师协会卫生发展与医院管理委员会副主任委员,上海医院协会医疗质量委员会委员、副秘书长,上海市女医师协会理事,杨浦区医师协会副会长,国家自然基金评审专家,上海市伤残鉴定中心专家,《肿瘤》杂志编委,《临床路径》杂志编委,上海市第十四届妇女代表,同时也是上海潮汕联谊会的副会长。

范院长认为医生这个职业必须甘于奉献、踏实工作、勇于进取,才能有所成就。她潜心钻研科研领域,一心为病人着想,了解病人需求,她关心医生工作负担,努力提高医疗效率,将医生从繁杂的重复性工作中解救出来,她不求私利,她敢于创新,有着发现学习新技术的慧眼。在外从事医学工作的潮汕人并不多,但是她在这个领域里如鱼得水,用潮汕人独有的智慧与勤奋闯出了自己的一片天空。

改革与创新 实践结硕果

管理学家彼得·德鲁克曾说过"不创新,就死亡",医院管理也是如此。在哈佛大学的进修学习让范女士深切感受到美国医疗管理方面信息化的优越性,回国后她迫不及待地将信息化这一管理方式与当时她所在的上海第六人民医院实践相结合,推行临床路径以及临床路径信息化的建设工作。过去就诊中"重病不重人"的现象让病人认为医生对他们不够关心,由于传统的工作方式都以手写为主,效率不够高,医生难以对病人有个性化的人文关怀;同时传统的纸质病历的撰写和申请单的填写花费了医生大量的时间,使医生减少了与病人的沟通时间;传统的方式还面临着大主任上手术台不在病房,进临床不久的医生没有经验不能准确及时地开出病人的医嘱。针对这一系列问题,她看到了美国"临床路径"这一新的医疗管理方式在中国的发展前景,它是医务工作者对诊疗行为规范化的全过程管理,对降低医疗费用、减少住院天数、提高医疗质量有着无可替代的作用。临床路径建立在"以人为本"的理念上,以患者为中心,充分照顾到了疾病、环境和心理因素对患者的影响,统一地提高医疗服务质量,根据患者的病情和需求,选择合理的治疗方案,让几百名资深医生共同制定的临床治疗指南,切实地变成每一个医生都可以以之为蓝本的公共知识,减少刚上临床的医生开医嘱时的盲目性和不确定性,让患者得到最好的治疗。同时,也让管理的创新带动技术的创新,推动医疗电子化、信息化的发展,更新医院的配套诊疗设施。

一个新的管理系统的引入绝没有想象中容易。以循证医学为指南,对医院各科常见疾病的临床路径的建设,需要全院各个科室的专家和管理人员的全力协作,全面实施更需要落实到每个医护人员的日常工作中。这一项庞大工程的实践倾注了她全部的心血,当时作为医务处处长的她凭借自己的智慧和魅力,很好地协调了医院上下各层关系,让整个医院团结协作,不断地尝试摸索出最适合自己医院情况的临床路径,使六院成为中国首个实施临床路径并拥有最完善的临床路径管理系统的医院。

上任上海市肺科医院副院长后,她以她独到的管理智慧和敏锐的宏观思维、出色的管理水平和组织协调能力,让这家专科医院的年服务量以两位数的速度增长,并进行了全临床路径的专科医院建设,她将这一套管理方式最大程度地电子化、信息化。此外,范院长还经常受邀到全国各地各大医院介绍她的新管理理论和临床经验,努力减少医生的工作负担,将原来两三小时的病历撰写缩短至几十分钟,使医务人员能够连续主动为患者提供规范化的医疗、护理服务,将高质量的诊治方案在全国推广,提高每一家医院的诊疗质量,保证医疗安全,降低医疗费用,缩短住院周期,提高患者满意度,实现医资源的共享。

在她的推动下，临床路径得到了中国医学界的广泛认可，她也因此先后在 2011 年因"加强医院平均住院日管理，提高医疗服务效率研究"获中国医院协会的"医院科技创新"二等奖，2012 年因"基于 3+3 信息系统的临床路径管理研究与实践"获中国医院协会"医院科技创新"三等奖。

耕耘与奉献　低调的人生

选择了医学就选择了终生的学习与无私的奉献，范院长的履历写满了她不断充实自己、学习新知识的人生征途。工作中她不断地发现自己需要进一步学习的新知识，除了获得医学博士的学位外，为了更好地从事医院管理工作，她还修读了一系列的管理课程，将自己的知识领域不断扩大，让自己在医学和管理两条路上齐头并进。从临床转到行政，大部分医生是不愿意的，收入少，操心的事情多，然而，她希望自己能更多地帮医生改善行医环境、帮病人改善就医环境，提高医生和病人的满意度，缓解医患矛盾，她真正知道医生面临的困境，知道病人需要什么，她坚定地认为自己应该去做这些管理工作。她继承了母亲作为潮汕女性那不求回报的奉献精神，母亲退休后在家里全职地为她带孩子，也让她更好地专心于自己事业的发展，而她则让这一奉献精神在自己的事业中发扬光大。

不断地学习让她享有多学科的综合背景优势。科研的道路充满艰辛与痛苦，作为教授的她带出了十余个硕士生和博士生，发表的每一篇文章背后都写满日日夜夜的辛勤耕耘。作为一名需要兼顾着科研、临床和行政管理的女性，她拥有的是超强的时间管理观念和技巧。享有这么多的头衔和荣誉，范院长却拒绝了所有媒体对于她个人的采访，她一直坚持着低调的人生态度，此次能访问范院长也让我们深感荣幸。

范理宏院长的人生就是一个不断登攀的奋斗历程，不断地学习与创新让她成为懂管理、精医术的专家；她二十多年如一日地不懈工作，为医学事业付出了青春，无私的医德得到了社会的认可和肯定，为医院管理事业作出了积极的贡献。

侯放：多姿多彩的法学生涯

撰稿　蔡沪生

　　2014 年 4 月 13 日，浦东新区世纪公园门口的潮府馆内，"上海自由贸易区与潮商发展机遇论坛暨上海潮籍博士团成立仪式"正隆重举行。会场上，高朋满座，才俊云集，气氛热烈。来自北京和上海的多位专家、学者一一登台发表演讲。上海社会科学院法律研究所研究员侯放作为嘉宾，也应邀上台作简短的演讲。

　　"为什么要搞上海自由贸易试验区呢？"

　　侯放说，直到现在还是有人发问。

　　"这是实现国家战略的需要，是通过开放促进改革，是深化经济体制改革的重大探索，是贸易法制化、国际化、规范化的重大举措……"侯放不急不慢、言简意赅的讲解,吸引着台下百余位各行各业的潮商精英与年轻的博士。只是时间不允许,否则,他们还想继续同这位法学专家进行讨论。

侯放,广东汕头人,1949年8月生于上海。"文革"年代,作为"老三届"学生,他到安徽农村插队当了5年农民,回城后又进工厂当了3年工人,从大学深造后到一所中学任教。后来为了进修外语,一个偶然机会让他走上法学理论研究的道路。1983年至1986年他北上首都,在中国政法大学研究生院攻读硕士学位。作为法学硕士,毕业后进入上海社会科学院法学研究所工作,曾担任法学所国际法研究室主任。30多年来,他主要从事国际经济法、经济行政法、知识产权法以及经济刑法的研究。

侯放是个甘于寂寞的人。他30年如一日,在法学园地默默地耕耘,踏实地劳作。他说,自己能沉得住气搞理论研究,这得益于务农务工8年经历对自己意志的磨练。就像种瓜得瓜,种豆得豆一样,潜心做学问,他收获了一项项学术研究的优异成果。

《中、日、韩三国外汇管理法规之比较》,这部16万余字的著作,是侯放主持上海市哲学社会科学"八五"规划中一个重点课题的最终研究成果,获得了1997年上海社科院科研成果奖。

此书从比较我国现行外汇管理法规与亚洲地区市场经济较为发达的日本、韩国的外汇管理法规入手,分析了我国现行外汇管理法规在维护正常金融秩序、促进对外经济技术交往和合作方面的积极作用的同时,比较出与市场经济条件和发展较为完备的周边国家、地区相关法律的差异,围绕接轨国际惯例,探讨了进一步健全我国涉外经济法规体系,完善外汇管理法规内容应采取的措施和应具有的思路。

《祖国大陆与香港、澳门、台湾地区法律法规比较丛书——继承法比较》,侯放是这一论著主要参与者,该书于2000年荣获上海市第五届哲学社会科学优秀成果著作三等奖。

他撰写的《WTO法律规则与我国服务贸易》,2003年荣获上海市法学会优秀成果著作一等奖。

他参与的许多研究成果连连获得国务院及上海市的嘉奖。他主持一系列法学课题的研究,大量有关国际经济法、经济行政法、经济刑法的论文,引起了学术界的广泛关注。

从1989年起侯放先后到荷兰海牙社会研究所、日内瓦联合国贸易与发展会议、香港大学、澳门基金会、加拿大不列颠哥伦比亚大学亚洲研究所以及日本早稻田大学访问、交流和研究,并利用访问、交流和研究的机会,与上述海外学术机构建立了广泛的学术交流和工作关系,也以他深厚的造诣展示了中国法学研究领域的特色与成就。

侯放一方面是走出国门开展国际交流,开阔研究视野;另一方面是走向社会,让理论与实践相结合,努力为社会服务。作为硕士研究生导师,他为研究生讲授国际投资法、WTO法律规则等课程以及担任研究生论文导师。多年来,他到本市小企业培训中心、电信培训中心、市环保局、上海银行、航天党校、申光工商进修学院等许多企事业单位,深入浅出地讲授合同法、知识产权法、担保法、招标投标法、破产法、银行法等法律知识。在人们眼里,他是一位出色的法律培训专家,又是普法宣传的能人。在以往多年里,他还曾经担任政法系统公务员考试的考官、公务员绩效考核评审组组长。

侯放30年的法学生涯是如此多姿多彩。如今,他已经退休,离开一线工作岗位。但是,他的同事,他的亲友都看到,这位富有造诣的法学研究专家,仍然在用他的学识与才干继续为社会、为大众服务。他深知,建设法治中国,任重道远,法学工作者大有用武之地。

姚志展：兢兢业业的气象达人

撰稿 陈依佳

　　"预报虽然达不到百分之百的准确,但是我们要尽百分之百的努力。"这句话是多年来奋斗在气象预报领域的姚志展先生对自己的勉励,也是一代气象人严谨工作的真实写照。

　　姚志展,祖籍汕头市潮阳区,1952 年 12 月出生于上海,1973 年进入南京大学气象专业学习,1979 年 3 月开始进入上海中心气象台工作,于 2000 年 11 月至 2006 年 3 月担任上海中心气象台台长。从 1979 年至 2012 年,在上海中心气象台工作的 33 年中,姚先生不仅用扎实的学术知识,致力于对公众进行提供精细化、准确的天气预报和个性化、温馨的气象服务,也为众多大型工程提供气象预报技术服务,更是气象预报系统中首席预报员制度、首席服务管理制度的创始者,为服务公众、完善气象预报制度作出了积极的贡献。

充满"潮味"的异乡童年

20世纪30年代,姚先生的父亲来到上海工作,40年代初母亲和奶奶也抵达上海。在上海出生、上学的姚志展先生虽然在异乡长大,他的童年却充满浓浓的"潮味"。生活于潮汕人聚集的石库门老房子,邻里间多用潮汕话交流;只会讲潮汕话的奶奶时常带他到充满潮汕方言的菜市场买菜;家里保留着简单的充满潮汕风情的祭祀风俗;小学同学中也有好几个潮汕同乡……多年后,姚先生在外遇到同样来自潮汕地区的老乡,仍能用潮汕话进行亲切的交流。虽然不在潮汕故乡成长,但是潮汕情结却已在幼年的姚先生心中刻下了深深的烙印,潮汕乡情也时时萦绕在他心中,让他时刻铭记着自己是一名潮汕人。

记忆深刻的三返故乡

谈起1976年第一次返回故乡潮阳,姚先生至今印象深刻。当时大学刚毕业,正在南京气象台实习的他到厦门出差时,便想着趁这个机会回家乡看看。"那时候从厦门到汕头交通很不方便,乘坐早上8、9点出发的长途汽车,下午四五点才到达汕头,那时没有桥,离开车站后还要乘坐轮渡过河,过河之后赶紧挤上最后一班公共汽车,又坐了半个多小时的车才到了棉城。一开始我一直找不到家人给我的地址,最后是一个乡亲骑着自行车带着我在临近的街道一户一户地找,在天黑了大家都吃完晚饭时我才找到舅舅的家。"聊起这并不顺利的第一次返乡经历,姚先生却充满着笑容,回味着当时初到老家的激动心情以及首见家乡的点点滴滴。当时,棉城给姚先生的第一印象就是"小,但是非常整洁干净,让人很舒服"。同时,当地淳朴的乡土人情以及与家人相差无几的生活方式都给姚先生留下了深刻的印象。

1989年,在故乡生活的外婆去世了,姚先生陪母亲回乡奔丧,这也是他第二次返乡。这次回乡,姚先生看到了改革开放之后成为经济特区的汕头正在逐步进行新的建设,"看到处都建新的东西,汕头的建设步伐逐渐加大"。在这次感受到喜人变化的返乡之后，2004年出差时，姚先生第三次回到家乡，这次他深深地感叹到多年前首次回来的小县城如今已经繁荣的发展，故乡的面貌已经有了巨大的变化！

这三次宝贵的返乡之旅让姚先生对故乡的情谊更加深厚。每次与在外的潮籍同乡聊起家乡的点点滴滴，姚先生心中都涌动着那股浓浓的乡情。

兢兢业业的气象工作

中学毕业后，姚先生被分配到安徽定远插队落户。1973年，在进行短暂而紧张的考前学习之后，他通过了县城的考试，被分配到南京大学学习气象专业。经过四年努力而扎实的本科知识学习，1977年年初，毕业后的姚先生进入安徽滁州市气象局担任预报员职务。1979年3月被调往上海中心气象台中长期组工作，从此在上海中心气象台工作了33年。从20世纪70年代末对气象情况进行人工的资料输入、填图、分析、预报，到如今通过求解描写天气演变过程的流体力学和热力学的方程组来预测天气的数值天气预报，姚先生不无感慨地表示，对自己能经历较为完整的气象预报技术发展历程倍感荣幸。

说到气象预报服务这一行业，姚先生深感责任之重，压力之大。"我们这个行业与社会、与老百姓关系密切，一次灾害性预警没报好，会造成社会损失；一次天气预报没报好，会引起社会不满。"也正因为如此，姚先生总是以"预报虽然达不到百分之百的准确，但是我们要尽百分之百的努力"这句话来勉励自己和气象台的同事们。在担任上海中心气象台台长期间，有时候半夜有突发的暴雨等天气状况，台里一个电话打过来，他便马上赶到气象台，与同事们进行气象分析、预报工作，有时则干脆在气象台过夜。"说来还有个趣事。当台长那段时间经常半夜三四点从家里赶到气象台，五六点又赶回家里休息，一开始小区的保安觉得我很奇怪，'这个人怎么经常在半夜天气不好的时候出门？'后来了解到我是气象台台长才有所理解。"谈及这段辛苦而压力极大的工作经历，姚先生也十分感谢家人的理解："那时经常在半夜电话响，我爱人也经常被电话声吵醒，好在她也非常理解和支持我的工作。"对天气变化情况的敏感也使姚先生养成了紧张的惯性："有一次预测次日有降雨，晚上睡觉的时候一听见外面滴滴答答的水声，马上起床跑出去看，结果才发现是空调在滴水……"多少个不眠之夜的背后,挥洒的是姚先生和气象台同事们兢兢业业,致力于为老百姓提供更精确的天气预报服务的汗水!

优秀卓越的工作业绩

凭借着扎实的学术知识以及与同事们的团结合作,姚志展先生在工作生涯中取得了卓越的成绩。姚先生于 2000 年获"全国气象系统先进工作者"荣誉称号,2004 年荣获"上海统一战线文明建设服务先进个人"称号,2010年荣获"上海世博会气象服务及参展工作先进个人"称号,2012 年荣获上海市科技进步二等奖。在他担任气象台领导期间,上海中心气象台始终将气象服务工作作为出发点,从气象服务体贴入微、温暖人心入手,不断创新气象服务手段,取得了优异的工作成果,多次荣获"上海市文明单位"、"重大气象服务先进集体"、"上海市春运服务先进集体"等荣誉称号。

多年来,除了为公众提供精确的气象服务,姚先生也从事多项重大的业务技术工作。在 20 世纪 90 年代,他完成了为南浦、杨浦、徐浦大桥提供合龙设计温度工程;2001 年组织了"8.5"持续性暴雨和"7.12"强对流天气过程专题研讨会;2009—2010 年主持世博公共气象服务系统的设计和研发……在多年的气象预报服务中,姚先生深深体会到丰富的经验、细致的分析、果断的判断、勇于担当的底气对于这一工作重要性。

谈及工作方面的创新,姚先生向我们介绍了他的两个"首创"与两个提案。1998 年姚先生首创首席预报员制度,提高了首席的核心地位和权威性,起到引领示范作用。如今,全国其他气象台以及其他组织机构也在取经学习,推动首席预报员制度;2005—2007 年,姚先生又倡导建议首席服务官制度,希望通过服务上的提高,使气象台的服务秩序更完善,让老百姓能够更好地理解天气预报的内容,让气象预报更好地服务百姓。姚先生也曾任上海市人大代表、上海市政协委员,在上海市第十一届人大代表大会上,他提出外滩气象信号台应恢复发布气象信号的功能,既是运用现代科技,在气象发布样式上予以创新,又是发扬上海城市文化精神的创举。此外,在经历 2001 年"8.5"持续性暴雨后,姚先生意识到建立规范的灾难性天气预警制度的紧迫性,因而提出相关提案,2003 年上海市开始制定、推广相关制度的应用。虽然在气象预报界工作几十年,但是姚先生却从不止步当下,而是时刻追求创新,在有

247

姚志展:兢兢业业的气象达人

新技术面世时便思考着如何运用于气象预报中,力求让气象预报有所创新,更细致地为公众服务。

时时刻刻心系故乡

1989年,在上海潮汕联谊会建立之初,姚先生在气象局里另一位潮籍同事的介绍下进入了联谊会,并从此他热心参与潮汕联谊会工作。2013年夏天,汕头地区遭受特大暴雨侵袭,造成罕见的洪涝灾害,身为气象方面的专家,姚老师时时关心家乡的情况。"汕头地区靠海,每一二十年就会有一次较大的天气灾害,由于特大洪涝灾害较少,公众和相关部门可能警觉性较低,防灾意识不够强烈,因而造成的损失较为巨大。此外,相关部门应当加大排水设施的投入,完善排水系统,让相关设备跟上城市发展的步伐……"在姚先生认真的讲解中,我看到的是他对家乡深深的关切之情,对家乡更好地发展的展望。

"要尽百分之百的努力"——追求完美,不遗余力的工作精神与生活态度,是姚先生在职业生涯中获得巨大成就的推动力,更是我们潮籍后辈们在发展道路中不可或缺的宝贵品质。他用自己的经历,感染我们年轻一代潮汕人如何在人生途中,踏踏实实地实现价值,绽放光芒!

郭迪：80年为孩子服务

撰稿　俊君　孙刚

　　1911年5月郭迪出生于广东省潮阳县的一个中医儒医家庭。幼时在家乡旧制小学念书。

　　1924年他来到上海，在复旦中学初中三年级插班。次年升入复旦大学实验中学理科。

　　1927年，抱着工业救国的模糊愿望，中学未毕业的郭迪就大胆报考交通大学机电系，被破格录取，时年仅16岁，后自觉体质不适应一些实习课程的要求，入学2年后转入圣约翰大学医预科，于1935年以最优异的成绩毕业，获医学博士学位，被推荐赴美国宾夕法尼亚大学医学院深造，取得儿科学硕士学位，从此立志投身于儿童保健事业。回国后，先后在同仁、仁济和上海圣约翰大学医学院担任儿科主任。

1952 年全国高校系统调整，他响应党和政府的号召放弃私人开业诊所，担任上海第二医学院担任儿科学系副主任。

1959 年起担任新华医院儿科主任。

1978 年，在新华医院成立了国内综合医院首个儿童保健科，为我国儿童保健事业打开了崭新的局面。郭迪教授 1978 年被任命兼任上海市儿科医学研究所第二所长，后任所长。

1983 年后退居二线，任世界卫生组织儿童生长发育合作中心主任。

"尽己所能让更多的生命转危为安，才是行医的根本意义。"

70 多年前学成归国，郭迪在上海成立儿科诊所。家境贫寒的病人来求医，郭迪分文不取。仁心仁术，慕名而来的患者越来越多。

正当自己的诊所初具规模时，新中国的医学事业向他发出了召唤。郭迪毅然关掉诊所，加入了当时刚组建不久的上海第二医学院。

当年郭迪与立志从医的青年人一样要朗读著名的希波克拉底誓言："我愿在我的判断力所及的范围内，尽我的能力，遵守为病人谋利益的道德原则，我志愿以纯洁与神圣的精神终身行医。"

言犹在耳。郭迪认为，自己的小诊所虽然也能治病救人，但只有投身新的医学事业，才能将医术惠及更多人。挣钱多少不过是私利，尽己所能让更多生命转危为安，才是行医的根本意义。

刚刚加入医学院，郭迪就接到了第一项重任：在上海第二医学院筹建儿科系。解放之初，医学事业百废待兴，于是，从选择院址、找实习基地，到成立各个教研室，郭迪和同事们四处奔波。1955 年，上海第二医学院的儿科系正式成立。

当时，全国已有 4 所院校开设了儿科系，却一直没有一部像样的儿科专业教材。郭迪拿起了笔，参与主编了《系统儿科学》《基础儿科学》等一系列教材。20 世纪 80 年代，为了赶上当时国际上先进的医学理念，他又召集全国有经验的专家编写了《小儿内科学》及《儿科症状与鉴别诊断》《儿科基础与临床》《中国医学百科全书儿科学分册》《基础儿科学》等。为了编出权威准确的教材，郭迪全身心地投入工作，查阅资料，逐字逐句修改书稿。这些教材的出版，帮助当时国内众多儿科医生摆脱知识上的"饥渴"、工作中"无助"的困境。

著名儿童保健专家金星明教授从 1979 年成为郭老的研究生起,一直陪伴在郭老的身边。金教授至今仍记得,老师当时住在淮海路附近的一所居所,他日以继夜地伏案工作,竟把一把椅子坐坏了。

院系建立起来了,教材也出版了,但科学的发展不能一成不变。当时,我国儿科系的教材大多照搬前苏联模式,这种教学模式容易造成一种趋势,那就是偏重治疗,忽视保健和预防。在郭迪的努力下,1977 年,我国第一个儿童保健科在新华医院诞生。与此同时,儿童保健教研室成立,开始招收儿童保健的硕士和博士研究生,培养儿童教育的高级人才。榜样的力量是无穷的。全国各地不少学校的儿科系群起仿效,纷纷开始建立儿童保健教研室。新中国的儿童保健事业,就此打开了崭新的局面。

"医学不仅是一门科学,更是一门人学"

对于儿童保健的研究,郭老的眼光是超前的。他是我国最早拓展儿童保健学内涵、关注儿童心理发育和行为发育的研究者。

20 世纪 70 年代,当儿科医疗模式还是以生物学观点为主流的时候,郭迪已率先将研究从生理拓展到心理、社会等层面。当人们只关心孩子吃得好不好、长得高不高的时候,郭迪就已经将眼光落在了儿童的发育行为上,研究孩子说得好不好、学得好不好、脾气好不好。

在以往很长一段时间里,多数儿科工作者囿于单纯的生物医学观念,对儿童的心理和行为异常视而不见。郭老始终倡导一个理念——随着儿童身体的生长,其运动、认知、语言、社交等心理、行为能力的发展,也是衡量儿童健康与否的关键因素。

现在看来,这样的理念比当时医学界普遍的观念领先 20 多年。

郭老始终认为:医学不仅仅是一门科学,更是人学。只有把病人看作社会的人,医学才是社会的医学;只有把病人看作是有感情的人,医学才是人文的医学,才具有人的温度。正是秉承这样的理念,郭迪带领他的同事和学生们,完成了新中国儿科史上一系列载入史册的研究。

1986 年到 1990 年,为了监测儿童的发育情况,郭迪率先在国内完成了《儿童生长发育保健卡》的研制。国外仅有儿童体重、身长的指标,而郭迪却坚持认为发育应该包括体格及心理两方面。为此,他组织东南沿海地区的医学院附属医院，对8000多名0至6岁的健康儿童进行体格及社会心理发育的调查，并根据实际调查资料，绘制既有体重，又有社会心理发育测查项目的《儿童生长发育保健卡》。在国际专业性会议上，这份来自中国的保健卡，得到了国际权威专家的高度评价。

上个世纪80年代，郭迪以医学家的敏锐眼光，预见到新兴工业的铅污染对儿童健康的危害。他指导其博士生在国内首次进行了儿童铅中毒系列研究。当时包括上海在内的很多城市铅污染情况严重，不少儿童的血铅水平较高甚至出现铅中毒。本着医生的高度责任感，郭迪带领他的弟子们四处奔走。大声疾呼：为了下一代，必须改善环境！他的学生沈晓明教授所开展的有关铅中毒系列研究结果，为后来无铅汽油的推广，起到了重要的推动作用，并获得国家科技二等奖。

"医生对病人要有同情心，这种同情不是用眼泪，而是用心血"

生活中，郭迪是一个不苟言笑的人。但只要一见到孩子，他的脸上总会露出慈祥的笑容。

2000年春节，90高龄的郭老到医院查房，他耐心询问每个孩子的病情，用心地逗孩子们笑。那慈爱的表情，常常浮现在当时陪伴在边上的张劲松的眼前。

郭老常对青年医生说，看病不是任务，而是要把它看作事业，用心用情去热爱的事业。在郭老看来，做儿科医生是最幸福的，因为每当看到一个个孩子摆脱病痛，蹦蹦跳跳地站在你面前时，会有一种莫大的快乐。有的医生给病人看病，没说几句话，就开一大堆化验单、检验单。病人看病，就是听一堆专业术语，碰碰冰冷的仪器，收到无法读懂的报告单。对于这种"冷漠综合症"，郭老深为痛心，他常常告诫他团队中的每个医生，任何职业都有基本的职业道德，医生基本的职业道德，首先就是表现在尊重患者、尊重生命。儿童保健科和其他科室有所不同，来这里看病的孩子，往往需要医生付出更多的时间，医生要做的咨询、解答工作也更需要耐心。孩子的营养好不好，会不会表达，聪明不聪明，吃、喝、拉、撒、睡带来的各类问题，都是儿童保健科的诊疗范围。医生需要付出更多的心血，对孩子开导、对家长引导，教会家长更多的育儿知识，但从头到尾可能不会开一分钱的药。郭老总是提醒年轻医生：世界上没有两个完全一样的孩子,治疗方法或药剂用量要因人而异,但"用心血去对待"是共同的要求。

1980年代中期,我国医院开始建立专家门诊,这既可以满足一部分人的特殊要求,也可以让专家的生活得到些改善,但是郭迪教授却坚持看普通门诊。他要从自身做起,倡导不管是特殊群体还是普通群体,都应该为他们提供同样的服务。那些年,国外的进口奶粉初入中国,当时就有一些利益熏心的经销商希望利用郭老在儿童保健领域的声望来打开市场。面对巨额"提成"、"回扣"之类的诱惑,他非但毫不动心,反而到处奔走疾呼,提倡母乳喂养,并亲自组织出版了一本母乳喂养宣传画册。

"对医学要常怀敬畏之心,做医生要如临深渊,如履薄冰"

每年春节,在丽园路上郭老的家总是特别热闹,因为学生们会从五湖四海相聚到郭老的家。

学生们都忘不了这位"严师"。郭教授的眼里容不得一丝马虎。学生请他审校一篇综述文章,必须附上所有参考文献的复印件;请他审改一篇论文,必须附上所有的原始材料。郭教授往往能从论文中发现学生不曾注意的一些重要论点,能从原始资料中发现学生尚未注意的一些新成果,每篇文章经他逐字逐句、一丝不苟的修改和润色,无论是立意还是表达总能有明显的升华。

1999年5月,郭老90岁大寿那天,学生们亲手为他赶制了一件毛衣。他们爱戴郭老,敬他治学严谨,更敬他为人正直。

2005年9月,95岁高龄的郭迪教授率子女向新华医院捐赠了10万元人民币,作为"儿科人才培养基金",用于资助优秀青年儿科医师出国培训。在给医院领导的信中,郭老写道:"区区人民币10万元,成不了大事,谨作为我们对医学事业、儿童保健事业的敬意。我们恭请医院不要张扬,唯求把每一分钱都用在培养医学人才的用途上。"

郭迪还是一个孝子,非常孝顺他的母亲。老太太60岁的时候,脚后跟长了一个黑色素瘤。病势极其凶险,可做完手术后,她腿上的大量黑斑居然自行消退。多年后,又有一个病人罹患了这种疾病,医生们认为,郭老太太当时的黑斑能自行消退,说明血液中已经产生了抗体,于是请求郭迪能否将老太太的血液抽出,为病人输血。那时尽管郭老太太已逾70高龄,早就超过了医学上界定的献血年龄,但郭迪毅然决定,亲自为母亲抽血,输给这位素不相识的病人,这一令人敬佩的举动显示出郭迪既孝顺自己的母亲,也情系天下患者的博大胸怀。老太太去世后,一些类似的病人再次找上门来,郭迪听说后,非常后悔,他说:"蛮好把老人的血多留下一点,这样,还可以多为几个病人解除病痛。"在他心里,永远装着病人,并愿随时随地解除他们的痛苦。

他留给子女的只有谆谆教诲:一个人一生要锐气藏于胸,才气见于事,义气施于人,和气浮于面。

2012年6月25日,郭迪教授走完了102载人生。他一辈子念着儿童的健康,怀着一颗"童心"安然而去。在郭老的追悼会上,一副挽联高挂:"仁爱仁心仁术儿科泰斗,良师良医良友医界楷模",堪称是对这位中国共产党优秀党员、中国儿童保健学的先驱和奠基人一生的真实写照。

郭济民：涵和理中　慈济民生

撰稿　黄晓铨

255

郭济民：涵和理中　慈济民生

　　一个风和日丽的下午，踏过沐浴在冬日阳光里的蒙自路，我们来到郭医生家，采访这位近九十岁的老医生，身体硬朗、思路清晰的他至今还为病人治病。回首六十余年，他轻轻地述说他波澜起伏的一生。

　　郭济民，男，1926 年 9 月 14 日出生于广东省潮阳县。初小毕业后，1936年，他跟随母亲到上海寻父。1942 年，16 岁的他进入上海中华国医专科学校，师从中医界一代宗师秦伯未和妇科泰斗朱鹤皋，开始攻读中医。郭济民天资聪颖、勤奋好学，在医林巨著中刻苦钻研，于 1944 年拜师期满，以优异的成绩毕业出师。

　　一年多以后，他正式在秦师诊所开业，悬壶之初，阅历不深，诊者寥寥，但是他对病人认真负责,诊疗过程全神贯注、立方严谨、用药果敢、注重整体,常常效如桴鼓,其名望渐渐为人所知。

郭济民的人生道路有过坎坷。1951年,他去苏北治理淮河劳动。在那艰难的日子里,瘟疫横行,幸凭自己的医学知识,用醋煮大蒜灭菌令他在痢疾中九死一生。1952年,他转赴滨海建设农场,在医院负责病房主治医师工作一年余,每夜值班要管一千余张病床,拯救重症病人很多,因此积累了无数的临床经验,见识了各种疑难杂症,由于形势和条件所限,仅能使用现代医学的治疗方法,这为他日后精湛的医术打下了坚实的西医基础。1954年,他被调回上海,得暇继续研究医学。1961年被安排在青浦县青东农场场部医院,担任主治医师达15年之久。

1976年,他正式进入蓬莱医院工作,由于学识渊博、经验丰富,在医院里中西医全科他均能胜任,先后主治中西医结合门诊、肝炎病房、高位截瘫门诊、保健科、外科门诊,并带教学生多人。他就这样兢兢业业地在这里工作直至退休,已经是1987年9月。在此期间,他曾获蓬莱医院的"先进工作者"称号、治愈上海曙光灯具厂厂长的面瘫、带教过同兴袜厂的厂医,先后担任该厂的中医顾问,深入工厂为工人治病三年有余。

诊务之余,他为民革工作的顺利进行热情奔走。1981年,他积极参加民革活动,被南市区政协聘为医卫工作委员会委员,兼任医疗咨询十余年。在民革市委担任医卫工作委员会委员期间,他深入工厂、企业、公园、大桥、工地等开展各种医疗咨询活动。他被评为上海市民革的积极分子,先进事迹多次被刊登在上海民革报上。

1991年,郭先生应邀到泰国曼谷为表嫂治疗中风面瘫,也因此得缘为泰国侨胞治病。郭先生精湛的医术和博大精深的中医文化吸引了大量侨胞,医名盛传曼谷,就诊者慕名纷至沓来。1992年,他回国前每天门诊量达40余人次,临别时侨胞纷纷要求郭先生再往。

郭先生十分关心上海潮汕老乡,在潮汕联谊会成立后,他担任了多届理事及医卫工作委员会委员,热心为乡亲提供各种帮助,造福乡亲,深得好评。

1993年,他受聘于上海老城隍庙童涵春堂中医专家门诊至今,带教多名博士生及中医副主任医师,言传身教,不遗余力。病人来自四面八方,因医疗有效,锦旗满室。上海电台曾邀请他播音讲解医疗知识,上海电视台直播他的诊疗良方,德国记者专程来访、号脉探奇,赞誉不绝。

道无数不行,术无道不久。医学为救人之仁术,自当鞠躬尽瘁,全力以赴。郭先生从医六十余载,学兼内外,为人谦虚爽直,平易近人,工作踏实。他擅长医治中风偏瘫、小儿遗尿、心血管疾病、妇科调经及不育症等,从医期间积累颇多心得体会。

郭先生认为,临床诊疗应主张整体观念,以中医理论为指导进行辩证论治,要借助参考西医的诊断但又不应受其束缚,要有信心和勇气使用中医的理法方药。他强调天人合一,强调异病同治、同病异治,诊疗应因时因地因人,要根据患者年龄、体质、发病经过和临床表现,运用中医理论辩证分析,确定治则治法和选方用药。郭先生以妇科见长,其学术上继承了良师朱鹤皋、秦伯未的思想。他认为,妇科疾病,总以肝脾损伤为源,故治疗月经病、产后症应重肝脾调理,面对不孕不育症,则应重视先天之本,以调理肾气为重,增强身体元气,疏通输卵管,必可做到百发百中。

郭先生一直强调,临床中医治疗不可以把某脏器与整体分割开来,脉诊尤为重要,持诊号脉便可知病之大概,治疗中有的放矢,即可药到病除。郭先生对不孕不育症的治疗,是他以整体观念进行辩证论证的成功典范。有一对夫妇,女方已经37岁,患有糖尿病并且长期使用胰岛素控制,男方患有脂肪肝和前列腺肥大,精子活力不足,长期不孕,多次尝试试管婴儿均未成功。2007年他们求诊郭医生,经识病辨证,顾护元气,疏通输卵管并于排卵期加强促进排卵,几剂调理,4个月后,成功怀孕且顺利生产。又如40岁的王女士,一直盼生一女,多次试管均失败,经郭先生数月调治,如愿以偿。郭先生重于探索归纳治疗规律,既顾及整体又对因对症,他的理论用于治疗不同原因或不明原因的不孕不育,均收到满意的效果。

郭先生一直奉行同病异治、异病同治,重视先后天病机,临症灵活机动善攻善守的诊疗方法。现代医学面前,医生往往只注重表症,对症治疗,哪里坏了就把它切掉,缺了什么就补什么。然而,有时完全一样的临床表现也不可固守一方。同为面瘫,66岁的顾老师采用平肝息风法即愈,10岁稚阳之体的叶小妹则择用正容散二次康复;而正当中年的一位厂长,由于舌苔腻脉细缓,乃风寒阻络,应运用温阳化湿之方,仅用药两剂遂痊愈。

中医重在溯源,究其根本,从繁症中抓住主症,明眼分辨其主要病机。曾有两个就诊的孩子,一名经常腹痛厌食,面黄肌瘦;另一名经常咳嗽,医治无效。最终,他们均被郭先生诊断为蛔虫感染,仅仅驱虫一次,病症悉除。迅速鉴别诊断出真实病因得益于郭先生丰富的临床经验和究本溯源的诊疗方法,小孩是蛔虫的易感人群,误吞入的虫卵在小肠中孵化后可移行到全身各处,引起患者不同的临床表现,寄生于胃肠道可导致小孩营养吸收障碍,消瘦面黄,若幼虫进入肺部则可表现为咳嗽。因此,诊疗中,应透过表象看本质,认清寒热阴阳,分辨表里虚实。

郭先生说:"诊治过程,泄其有余,补其不足,做到机体平衡,康复可期。"六十余年的医路潜行,学术造诣颇深,也令郭先生更加意识到学无止境。如今,他已耄耋之年,仍孜孜不倦地学习和工作。郭济民先生愿在有生之年多为社会作贡献,治病救人,培养后继人才,为中医事业的振兴和发展奋斗终身。

郭豫适：潜心研究　终成大家

撰稿　吴斯达

　　在我国著名高等学府——华东师范大学,其校园环境之优美,早已闻名海内外。数十年来,许多著名专家、学者就在这里教书育人、潜心研究,华东师范大学终身教授、原副校长郭豫适先生就是其中一位。

　　郭豫适先生 1933 年 12 月出生在广东潮阳,童年时移居上海,1953 年高中毕业考入华东师范大学中文系,当年为他们讲课的有徐震堮、施蛰存、许杰、徐中玉、钱谷融、程俊英、万云骏、史存直、赵善治、罗玉君、罗永麟、张耀翔、徐怀启、张世禄、张毕来、陈伯吹诸先生。1957 年毕业留校。1976 至 1980 年奉命借调在京参加《鲁迅全集》编注工作,此外一直工作、生活于母校。历任讲师、副教授、教授、博士生导师,担任中文系副主任、校副教务长、两届副校长、研究生院院长,兼任全国大学出版社协会副理事长、《高等学校文科学报文摘》副总编、中国古典文学理论学会会长、中国红楼梦学会顾问、上海古典文学学会顾问等职。他还被国务院学位委员会任命为中文学科评议组成员兼学科组召集人(第三、四届),参与学位点布局设置和学科点导师的评议审批等重要工作。他虽工作繁忙,却始终坚持科学研究,至今出版的著述有数百万字,多次获国家级和省部级奖励,从早年被授予"国家级有突出贡献中青年专家"称号到荣获国务院颁发的《政府特殊津贴证书》,可谓实至名归。

为红学研究建史

早在 1960 年,因中文系开设文学专题研究课程的需要,他编写了《红楼梦研究简史》的讲义,开启了他对红学史的潜心研究。他十分敬仰鲁迅,一直铭记鲁迅先生这 一番话:"中国之小说自来无史;有之,则先见于外国人所作之中国文学史中,而后中国人所作者中亦有之……"鲁迅以开创的勇气与坚韧精神撰写出一部系统的《中国小说史略》。鲁迅的榜样启发他产生了这样一个学术梦想:一部比较系统的红学史应该由我们中国人首先撰写、出版。此一设想得到出版界前辈吕贞白先生等积极支持和帮助。郭豫适首先必须在艰苦的条件下去了解历代研究状况和学术史料。图书馆的藏书和借自学界友人的书不能随便涂划,他只能随读随抄,常常是读完一本原著,抄下来的笔记也就成了一个小册子。随后他又一次次在上面勾画、眉批、提示注意点或写下感想。他对科学研究最坚持的就是"实事求是"的准则。在此编撰过程中,他碰到如何对待李辰冬及其《红楼梦研究》这个难题。李辰冬是国民党文化界要员,1949 年跑到台湾去了。友人曾好心劝他绕过有这种政治背景的人,以避免不必要的麻烦,但郭先生认为学术与政治有别,当年胡适、俞平伯说《红楼梦》毫无价值"、"不得入于近代文学之林",而李辰冬却深识《红楼梦》的价值和意义,公开反驳此类观点和评论。李辰冬自豪地将《红楼梦》和占居最崇高地位的世界经典名著并肩媲美,实在难能可贵,不但不应舍弃,而应突出评价。李辰冬的《红楼梦研究》全书不过七万字,郭豫适就为之写了两万多字,特意安排了一个专章《李辰冬的〈红楼梦〉》。充分反映出郭先生本人的学术精神和胆识。

　　郭豫适的红学史初稿完成不久，就来了那场"文化大革命"，书稿出版的事也就无从说起。"文革"结束后，郭豫适又将书稿进行增补修订。直到1980年1月，呕心沥血的专著《红楼研究小史稿》（清乾隆至民初）终于由上海文艺出版社出版，紧接着在1981年8月又出版了《红楼研究小史续稿》（五四时期以后）。这两本专著问世，立即在新时期开始复苏的学术界引起了巨大反响，获得很高的评价。黄霖、许建平等学者称赞说："这是《石头记》问世以来第一部研究红学发展史的专著，也是'文革'以来第一部文学类学术史专著，开启了红学史研究的新阶段，著者秉笔直书的著史态度与严谨求实的治学精神对学术史的撰写产生了积极的影响。为此，著书人被海外学者誉为"国际红学权威之一"。

　　郭先生的科研成果和著作其实远不止此，也常受到大家称道，只不过他的红学史著作尤为世人所敬重而已。

严谨求实，独立做学问

　　郭豫适曾经说过："学问之道无他，博学深思，实事求是而已。"在担任学校领导及许多社会职务的日子里，在繁忙工作之余，他抓紧点滴时间努力读书，坚持研究和教学工作。他反对那种"左手盘货点钱，右手著书立论"的思想和主张，经常与学生互相勉励，勿贪图物质享受，少受"红尘"干扰，无论市场上、社会上刮什么风，要静下心来做学问。郭先生目前年老多病，需安心养护，但他仍在书斋里继续关心学问。其"丰砖园"寓所面积不大，但客厅里那副唐诗雕刻对联："涧松寒转直，山菊秋自香"，友人所赠这副对联，以及家里到处都是书柜、书架的情景使人留下难忘的印象。

　　郭先生认为，学术研究要力求学、思、作三结合。他发表文章总是认真从事，不贪多求快。那些长文是长时间思考、研究的产物，即便一些短文，如发表在《新民晚报》上的千字之文《读书无定法》，也是斟酌再三后方才定稿。由于他的文章言之有物，写得切实深刻，所以有的已经发表多年，读者仍觉得读之富有教益。《上海作家》杂志社就征得他的同意，将十余年前发表的《胡乔木同志访问施蛰存先生记》配上相关的照片，在刊物上重新刊出。又如，他的短文《治学与做人（五则）》在刊物上发表后很受欢迎，并有一定影响，故被中国中外文化名人文化研究会编入《中华名人格言》(中国文史出版社 2009 年版)。最近又收到北京来函,要求同意编入即行出版的《中华名言词典》。郭先生在学术研究中始终坚持学术独立的科学精神。红学界的人都知道,早在"文革"之前,他就敢于肯定胡适《红楼梦考证》的学术性,同时也指出以胡适为代表的新红学派在观念和方法层面的缺陷;对于当代权威著作也不随声附和,指出周汝昌先生的《红楼梦新证》在"自传说"问题上彻底扩展了胡适的谬误,对红学研究产生负面影响。至于郭豫适对作家刘心武的创作及其"红学研究",一贯分别持鲜明的褒贬态度并一再评说,更为学界共知。

郭豫适治学严肃谨然,不随波逐流。他否定并批评红学索隐派的捕风捉影的研究方法,但对学术领域的各种研究仍抱着有容乃大的态度,所以在他的学术著作中,对各种不同观点和著作,都作出实事求是的介绍。

郭豫适治学严谨、求实,但绝不是迂腐的老夫子。谁会想到,过了古稀之年,他与时俱进编写出了一本在形式上令人耳目一新的"奇书":《拟曹雪芹"答客问"》。该书是他评述索隐派的论文集,其中最为人爱读的就是发表于《光明日报》上那篇文章,其文字之流畅活泼,设问和答问那样的奇妙而又恰到好处,一下子就吸引了众多读者,拿到手里便放不下来。对《红楼梦》本来就有种种说法,有人认为《红楼梦》是为明末秦淮名妓董小宛而作,有人认为林黛玉写的是明末清初的文人朱彝尊等文人,奇谈怪论,不一而足。郭豫适在这篇文章中,绘声绘色地让各种各样的来客向曹雪芹探询,曹雪芹则因人而施,对之一一作答。学术文章写得如此生动风趣,这跟他十分熟悉有关学术史料,而又善于灵活自如运用是分不开的。文章还涉笔"悼红轩"主人的音容笑貌,风度情怀,塑造了曹雪芹的生动形象,使人对这位伟大作家产生亲切之感,更加难以忘怀。

教书育人,乐当园丁

郭豫适 1957 年毕业后留校任教,长期担任中国文学史和中国小说史的教学与研究工作,主要研究中国小说史和《红楼梦》等古代小说名著,兼及鲁迅与文艺理论。

他讲授的课程学生是抢着听的,一些非中文系的学生也常过来听讲。在学生们眼里,这位身材中等,长相老成,架着一副近视眼镜的教师,在课堂上声音洪亮,讲课深入浅出,史论结合,又能自然地融入文艺学、比较文学知识,其富有个性的教学风格给学生们留下了深刻印象。有几次讲座安排在没有电梯的6楼教室,其时,先生年事已高,他硬是爬楼上来给来自全国各地的骨干教师讲课,讲述做研究的思想和方法。郭先生工作再忙,只要没有要事相牵,他该上的课从不耽搁,学生们也从不无故旷课。有的博士生即便已经通过了论文答辩,依然去听郭先生的课,直到最后离开学校,这既是为先生讲课精彩所吸引,也缘于对先生的敬爱。

郭先生对待教学严肃认真,教学内容丰富,随时加以充实,除了有关国内外学术界研究的热点、重点、要点,还有他自己的观点,讲述力求全面、客观和透彻。他的教学活动,很注意启发性,鼓励学生多思考、多读书、多写文章,激发他们的潜能。他对于博士生写文章的要求很严格,学术规范和论文质量是他最关注的。在先生的影响下,他们踏踏实实地做学问、写论文,得以较快地成长。老先生严谨、认真、负责的教学风格让学生们受益匪浅。有个学生说:"每次拿到老师帮我改的论文,都会有感激和不安。因为你可以想象他逐字逐句地在斟酌,不放过一个标点,不放过每一句引用话语的来源。他一向讲究实事求是,常对我们说,自己不懂宁可不说……"学生出书了,请求他写序,他当然很高兴和欣慰,但是在写的序言中,依旧是实事求是,评论得宜,有优点当然予以鼓励,有缺点照样提出意见,决不会因为是自己的学生就写溢美之词或故意袒护。

郭豫适一直很关心青年一代的治学问题,为此专门写了《和青年同志略读红楼梦》《和青年同志谈治学体会》等文章。他和学生相处时比较民主,注意教学相长,宽严有度。相处初期,可能并不让你觉得热情如火,但是接触多了,相交久了,就能深切感受到他的温厚仁慈,其言蔼如,谆谆教导总能让人感到心里很熨帖。

感悟生命,修己安人

2010年,向来烟酒不沾,生活十分简朴的郭豫适突遭胃癌袭击,给毫无思想准备的先生带来很大的痛苦。他以平和的心态积极配合治疗,胃全切后中西医结合,最终战胜病魔。在医生精心诊疗和家人的悉心照顾下,身体逐渐康复。

闯过生死关卡，郭豫适在感恩的同时，对生命、时间与自由有了新的认识和感悟。他从医院回到那座已居住近半个世纪的"半砖园"。当年他用残砖在这套旧式老公房底层小园子铺出一条小道方便行走，还起了个诗意的寓所名"半砖园"。其中也包含着要为国家事业添砖加瓦，想到自己只能添半块砖，但也要努力去做。如今，老骥伏枥，壮心不已。郭豫适大病康复后，依然关心着学校的事业。他要为教育事业继续添砖加瓦，继续当莘莘学子前进的铺砖石，经历九死一生，他更加珍惜时间。经过一番努力，四卷本《郭豫适文集》在2011年2月由华东师大出版社出版。这套汇集他数十年主要学术成果、篇幅167万字沉甸甸的文集出版，恰是上天给他的一份绝佳礼物。

郭先生身为我国著名的红学史家、文学史家，在学术界、教育界享有盛誉，名望很高。即使如此，他为人谦和，处事常为他人着想，唯恐给大家增加负担，带来麻烦。2012年12月是郭先生战胜病魔后迎来八十华诞，沪上众多师友学生早就要筹办一场隆重的纪念活动，一来祝贺先生战胜病魔迎来八十寿辰，为先生祈福；二来邀集学界同仁座谈先生卓越的学术成就，总结探究先生学术研究的理论与实践。郭豫适感谢大家善意，一再诚恳谢绝，唯恐劳民伤财，大家只好听从他的意见，取消了原定的多项纪念活动。相关人员后来经过磋商，决定为先生编纂一本文集以示纪念，他又婉言谢绝，说出版纪念文集，一来又要劳动大家写文章，占用很多时间和精力，实在没有必要；二来专为祝寿而写纪念文章难免溢美之辞，而自己各方面都很不够，盛名之下，其实难副。经过多次沟通，郭豫适方才答应出版纪念文集的要求，不过他强调，不能兴师动众，可在小范围内各人自由选交一篇已发表过的论文，汇编起来，彼此进行一次书面的学术交流。《纪念文集·前言》中记述的以上过程，使人深切感受到郭先生自谦、诚恳、"修己安人"的思想品性和人格魅力。郭先生真是个可爱可敬的老人！

读者要真正走近这位老人，最好的办法就是多读他的文章。四卷本《郭豫适文集》和一卷本《郭豫适文选》就是其主要代表作，如需更多了解，《郭豫适部分著述索引》(见《郭豫适文集》第四卷卷末)可供参考。

参考文献：

《郭豫适自述》国务院学位委员会办公室编《中国社会科学家自述》，上海教育出版社1997年12月版。

《〈郭豫适文选〉"前言"、"后记"》,《上海老作家文丛》第三辑,上海文艺出版社 2012 年 12 月版。

蒋星煜《郭豫适与红学》,《蒋星煜文集》第八卷,上海人民出版社 2013 年 10 月出版。

徐景熙《学术人生——记我的老师郭豫适》《郭豫适先生八十华诞纪念文集》,华东师大出版社 2013 年 3 月版。

朱自奋《闯过生死关,推出〈文集〉四卷》,见同上《纪念文集》。

《博学慎思,实事求是——郭豫适教授访谈录》钟明奇执笔,《文艺研究》2009 年第 5 期。

黄霖、许建平等著《中国古代文学研究史·小说卷》,东方出版中心 2006 年 1 月版。

郭豫适：潜心研究　终成大家

章基凯：探寻有机硅的奥秘

撰稿　许椰惜

　　"一个人的人生很短，做对得起自己的事情，发挥自己的作用，就死而无憾了"。这是现年76岁的上海潮籍科技专家、教授级高级工程师章基凯的人生追求。

　　章基凯1938年出生于汕头，祖籍潮安，1963年从中山大学高分子专业（化学系）毕业后，被分配到我国第一个特种高分子材料合成厂——上海树脂厂，从事硅油、硅脂、硅树脂、硅橡胶等新型合成材料的研究和应用技术开发。1965年采用暂时性催化剂和连续聚合新工艺，成功合成了国防军工和尖端技术十分急需的高新科技产品——110甲基乙烯基硅橡胶、120二甲基二苯基硅橡胶和硅脂，打破国外技术封锁，满足我国航天武器核潜艇、核武器、半导体器件和现代医学(我国首颗人造球形心脏瓣膜的主体材料)等尖端技术的急需,刚毕业不久的他便被上海市破格升为工程师。

"时间已不多,别浪费自己的技术生命"

在 1963—1995 年期间,章基凯先后完成了国家、部、上海市下达的重点科技项目共 25 项,16 项获得了国家部级和上海市重大科技成果奖、科技进步奖(曾获国家级科技进步奖二等奖),并均已全国推广生产并得到广泛应用,产生了显著的经济效益和社会效益。由于成绩突出,章基凯先后被授予国家级突出贡献中青年科技专家、全国国防军工先进工作者、上海 14 名优秀科技工作者之一、上海市劳动模范、全国优秀科技工作者、五一劳动奖章等称号,享受国务院长期特殊津贴和高干医疗待遇,并分别受到党和国家领导人的接见。此外,章基凯被推荐选举为中国有机硅材料工业协会和上海总工程师协会副理事长、上海化学化工学会高分子专业委员会副主任、上海市国家级突出贡献专家协会常务委员。

在专注研究工作之余,章基凯十分重视国内外科技交流,先后受国家科委与上海科委派遣到美国、日本、法国、德国、俄罗斯、乌克兰等国家进行技术考察和交流,并承担国际合作科技项目,在国内外一级刊物上发表论文 200 余篇,其中有 116 篇被美国 C.A 文献库收入,代表著作有《电子新材料》(合著,已出版)、《有机硅材料》(主编著,已出版)等 6 本有机硅专著,是一位多产学者。此外,他还热心于对青年科技人才和高级技师的培养,作过多次学术报告和参加硕士生、博士生、高级工程师的评审和答辩,多次担任复旦大学、浙江大学、上海大学化学系高分子专业学生毕业论文的指导教师,1996 年受台湾工业研究院邀请赴台作为期两周的有机硅专题技术讲座。

"时间已不多,别浪费自己的技术生命"。很多人可能会好奇为什么在 1999 年正式退休后,理应开始安享晚年的章基凯还选择到待遇不高、上下班路途较远的上海高分子材料研究开发中心,担任团队和学科带头人,那时他已是为上海树脂厂超龄服务多年了。章基凯的这句话便是答案,在有限的生命里,他要将科研工作进行到底,哪里需要,哪里有优越的创新研究条件,他便到哪里去。即便是 2012 年查出患早期肝癌后,章基凯在住院和出院后的大部分时间都离不开考虑有机硅新产品实验方案、产品创新研究总结、技术资料收集与分析。并且每周抽出一天到单位现场指导工作,其余时间都保持着与实验室科技人员和技师的联系。

在上海高分子材料研究开发中心工作的十四年里,他又承担并出色完成4项国家科技部和上海市科委下达的重点科技攻关项目,获得5项国家发明专利,有5项成果已被国防航天工业定点使用,在他带领下的团队开发出具有国际先进水平的用于塑料加工改性用的有机硅塑料母粒、阻燃电缆料增效剂和长期耐高温硅橡胶涂层、LED灌封用新型液态硅橡胶、有机硅防水剂和表面改性剂、新型苯甲基硅油等,分别在国家重点水利工程(黄河小浪底)、电视机生产流水线、新型纺织及高级化妆品行业中代替国外产品并实现产业化。他还承担国家科委下达的中俄两国总理签署的政府间国际合作研究如用于航天航空耐高温涂层的有机硅主体材料。

一直以来,章基凯始终坚守在科学研究的第一线,从未动摇,而且不管到哪个单位,章基凯总能交上一张完美的成绩单。他始终坚信:"没有深入实践,就没有创造力。"章基凯曾说,他所经历过的最艰难的时期是上世纪的六十年代,当时由于中苏关系破裂,苏联单方面撕毁军工合约,停止供应我国米格战斗机全天候瞄准器液压油,国防工办通过化工部二局下达特急军工科研任务,要求三个月提供60kg国内尚属空白的新型硅油。章基凯主动请缨,担起了这个重任,开始没日没夜地在厂里做实验。当时家中尚有两个幼儿,夫人白天要工作,工作的压力夹杂着家庭的责任,无论对谁来说都是一次巨大的考验。幸好,经过81天日日夜夜的攻关研究,冲破了重重难关,章基凯终于提前按要求研制成功并生产80kg260苯基硅油,满足一千多架米格战斗机的上天要求,受到了国防工办嘉奖。今天,当我们看到章基凯众多的荣誉勋章时,我们可以想到,这每一项荣誉的背后是汗水,是考验,是牺牲,都来之不易。

生活上的细节更让我们清晰感受到章基凯对科研事业的热爱,对他而言,工作是活着最大的意义。在2012年夏天,章基凯术后高烧不退,躺在病床上有时意识不清,子女给其擦汗时随口说起了神九发射成功的消息,只见章基凯伴随着非常清晰和愉快的笑容,说了一句,那个火箭上的耐高温涂层的主体材料是我们做的……

"为何成果这么多"

在工作上,章基凯是一个不断进取、刻苦勤奋、踏踏实实的人,在生活中,重情重义的他,同样让人钦佩。

据闻章基凯在中学和大学期间有四位非常要好的同学,亲如兄弟,他们先后去世,章基凯为此悲痛了好长时间。在本次采访中,当提及这几位故友时,章基凯的悲痛之情仍溢于言表。十多年来,每到清明、春节,章基凯都要通过各种方式表达他的哀思,从未间断,深深感动了对方的家属。

常言道,一日为师终生为父。同样为人师的章基凯一直在用行动诠释着这一思想,感动了身边的人。章基凯的女儿说,父亲至今仍与初中班主任保持着联系,每次到广东都要亲自上门拜访,平日也常常寄礼物和保健品给她。

章基凯非常看重与周围人之间的关系,不管是同事还是朋友。这也被他列为迈向成功的两大因素之一,"为何成果这么多? 第一,没离开第一线;第二,注意搞好周围各种关系,学习他人的优点,不针对别人的缺点,别人有需要能帮就帮。"章基凯虽早已功成名就,却丝毫没有架子,处处为他人着想。几十年来,章基凯每年春节都要花好几天时间去给他部下的科技人员、技师拜年。今年春节,虽然开刀出院不久,他仍去看望原与他同课题、现患帕金森病的张师傅。而在自己开刀住院期间,他却叮嘱子女尽量不要让大家来看望他,不要影响惊动他人。

"微笑里流露着甜蜜"

章基凯的夫人蔡璇琴同样也是我们潮汕人,是我国低压断路器的知名专家,长期在上海电器科学研究所从事新型低压电器研制工作。多次被评为上海工业系统的先进工作者和"三八"红旗手,至今也拥有多项专利。

章基凯夫妇一起在科技创新中寻求生命的价值,在家庭生活中相互扶持,就像他们的长子章海峰说:"你看见的是父亲,确有母亲的关爱在背后;你看见的是母亲,确有父亲的体贴在支撑。"两夫妇的生活平淡而幸福,平日结束繁忙的工作回到家,一起烧饭,一起带孩子,两人很善于用自己的智慧来解决生活中的小难题,比如冬天孩子们生冻疮,他们便做了一个有机硅雪花膏;冬天大白菜放在卫生间烂了,两人在一个袋子上剪了一个洞,贴上有机硅薄膜,这种膜透水汽透氧气但不透二氧化碳。在章基凯生病的这一年多,章夫人常常清晨四点多钟就起床到医院排队为章基凯挂中医门诊号。章基凯说起此事时望着章夫人,欣然一笑。章夫人还跟我们分享了一个小笑话,由于她跟章基凯都是家中的幼子,小时候家务都由哥哥姐姐做,所以初到上海时,家务零基础的两个人到菜市场买了一块猪肉回来烧汤,谁知一煮,飘出来的竟是羊肉的味道!听起来倍感温馨,而章夫人回忆式的微笑里也流露着甜蜜。章基凯在工作之余有着广泛的兴趣爱好,喜欢打乒乓球、游泳、拍照和喜欢俄罗斯歌曲,即便现在身体欠佳,声音发不出来,他有时候还会一个人哼几句歌。

"为乡亲们献计献策"

虽在沪多年,章基凯依旧情系家乡,在担任上海潮汕联谊会副会长兼任科委主任期间,一直为汕头的建设以及来沪创业发展的乡亲们献计献策。通过参加汕头市和潮州市迎春联谊活动,在联谊会几位老前辈的关心支持下,章基凯和上海联谊会科委领导班子、汕头特区科委主任以及潮州市20多家科技单位及企业协商后,分别成立了汕头和潮州两个科技联络站,通过交流,为这两地推介科技项目和技术信息,有的已经投入生产并取得一定经济效益。对于来沪创业的乡亲,章基凯带领科委本着"大的、好的企业要帮,小的、新的企业要扶"的原则,为这些企业的发展献计献策。

人生数十载,说短不短,说长不长,唯一可以肯定的是,章基凯在其有限的生命里为国家、民族和社会创造了无限的价值。他在科技的海洋中自由遨游。

谢德隆："银杏灵"的第一发明人

撰稿　杨清銮

　　"作为国粹的中医药，我们这一代人再也不能无所作为，这是一种责任！如果我们只能从外国人手里购买中医药产品的技术专利，我们将愧对祖先和后人！"这位为中国植物药大声疾呼的人物，就是让中草药挺进美国，为中草药"银杏"赢得四国多项专利的谢德隆先生。

　　谢德隆，祖籍广东汕头揭阳县，据《谢氏宗谱》记载为桃山炮台区人。上世纪三十年代，潮汕抽纱产业在沪蓬勃发展，抽纱产品风行海外，谢德隆父母便离开家乡汕头来到上海，父亲谢春悟通晓英语，母亲精通抽纱，在上海陕西北路开设了泰兴商行，从事抽纱对外贸易行业。1947年7月，谢德隆出生于上海，1977年毕业于上海业余制药学院化学制药专业，1982年毕业于上海中医药大学中药专业。他从一个新亚药业公司生产一线的工人，成长为我国中药开发的领军人物之一：上海市中药研究所所长、教授，国务院突出贡献津贴专家，国家科技部 863 计划专家库专家，国家发改委药品价格评审中心专家，国家卫生部、国家药品和食品监督管理局评审中心专家……被授予"九五"国家重点科技攻关计划先进个人、国家科技部和诺贝尔奖获得者丁肇中教授共同倡建的"刘永龄科技奖"等奖项。此外他多次在医药国际会议作主题演讲，在国内外杂志发表现代医药论文 20 余篇，获中、美、英、澳等国药物发明专利 20 多项，获国家新药 5 个。这些专利药物多次荣获国家和省市重点新产品奖。

"我们有能力争取中医药的世界第一"

谈及谢德隆，谁都不会忘记以他为第一发明人的"银杏灵"获得美、澳、英药物发明授权证书，通过美国 FDA 预审直接进入临床使用的壮举，这一壮举在国际国内掀起了"银杏热"，《人民日报》《文汇报》《解放日报》《新民晚报》等海内外主流媒体头版或整版追踪报道，在医疗界引起轰动。"银杏灵"开创了中药产品进入世界最高医药权威机构临床使用的先河！

银杏的药用价值早在明代李时珍《本草纲目》中就有记载；1977 版的《中国药典》中写道：银杏叶可用于"肺虚咳喘、冠心病、心绞痛"。受中国人启发，德国在上世纪七十年代开发出银杏植物药 GBE761，并取得了国际专利，德、法等国深入开发出的银杏制剂 GBE30，正成为人们治疗脑血管疾病首选天然药物。中国医药企业只能眼睁睁地看着"洋中药"独占了年销售额超过 10 亿美元的国际市场，还打入中国市场。拥有中医药宝库的中国，却无法拥有对中医药的知识产权；中国人发现的银杏药用价值，怎奈成为了他国的专利。这极大地刺激了谢德隆："为什么我们要将祖先首先发现的银杏药用价值拱手相让？"

怀着对祖国植物药事业的拳拳之心，谢德隆坚信"我们有能力争取中医药的世界第一"，他将研制银杏叶制剂作为主攻方向，开始了攻坚战。谢德隆和他的团队经过反复的研究和实验，终于在一个深夜，谢德隆想到了一个全新的提取工艺："双重去除、双重吸附"法。摒弃德国易燃易爆的溶剂法提取，谢德隆采用高分子层析纯化法，提取得到的银杏酮酯 GBE50（银杏灵原料）组合物纯度比德国标准高，而且 GBE50 的提取方法和途径与德国的 GBE30

不同,不存在碰撞之嫌。谢德隆提取的 GBE50 经国家多中心 I－IV 期临床验证,治疗胸闷和眩晕比同类银杏叶胶囊等有效性高 20%,每次服用量是国内外银杏制剂的一半。除了对脑血管有效,GBE50 还具有三大作用:心血管系统的调整作用,心脑血流动力学改善作用,心脑组织保护作用。这一结果在理论上为药物开发提供了一个全新视角,尤其鼓舞人心! 国家中医药管理局专门发文全国推广应用。

进入国际市场,尤其是欧美市场,有个通行证就是 FDA 的批准。由于中药强调协同作用复合形式,和强调单体成分清晰机制明确的西药之间差异很大,这使中药进入美方医药市场障碍重重。谢德隆的"银杏灵"因其严密的科学手段、精确的提取工艺,以及严格的临床试验,一举通过了 FDA 的预审。经美国 FDA 和德国波恩重点实验室检测认为质量全面超过德国。美国 FDA 心肾专家委员会认可中国 I－IV期临床,建议直接进入美国III期临床试验。银杏灵至此蜚声海内外! 在随后的几年内,分别在美、英、澳等国获得了 10 项以上的专利,并已被国家知识产权局列为专利技术产业化示范工程。银杏灵成为我国目前极少见的一项具有多项国际发明专利的植物药,结束了我国银杏提取物和制剂没有"国家药品标准"和自主知识产权的历史,无疑是中药走向世界的开路先锋。

不得不提及在开发银杏灵的过程中,尽管困难重重,谢德隆也未曾后退半步。即使德国医药公司总裁、董事长直接抵沪与谢德隆洽谈,谢德隆也不愿让出专利。因为站在世界重要研发领域第一线的谢德隆清醒地意识到,转让专利将给我国银杏药用的开发带来致命的打击,应走自主开发的道路。在研制出银杏灵后,谢德隆又将科技与市场结合起来,发起组建上海杏灵科技药业股份公司并任总经理、执行董事长,将银杏灵市场化,为企业带来了巨大的经济效益,让科技成果成为第一生产力,为国家创造效益。谢德隆振兴祖国中药的睿智大气的风范可见一斑。

"一个人只有做出了艰苦的努力,机会才会青睐你"

银杏灵的成功让谢德隆深受鼓舞。继银杏灵后,2008 年开始谢德隆又专注于中草药治疗老年性痴呆这一领域。随着中国首个老年人口增长高峰期的到来,阿尔兹海默病,俗称老年性痴呆在近年来发病率不断升高。众所周知,老年性痴呆患者认知、识别功能均发生障碍,以致记忆力下降,个性行为改变,最终发展成为痴呆。患者生活不能自理,生活质量受严重影响。秉承医务工作者的责任感以及中药研究员复兴中药的使命感,谢德隆以及他新的科研团队决定致力于中医药预防医治老年性痴呆的研究。

从中国草药千层塔(别名"金不换")中提取出的生物碱经纯化可得到石杉碱类,其中石杉碱甲因其有降低体内乙酰胆碱酯酶功效而成为治疗老年性痴呆的主要中草药原料。谢德隆从石杉碱甲得到启发,结合老年性痴呆发病机制的新研究进展以及对石杉碱类药物的组分研究,发现影响体内丁酰胆碱酯酶为主要作用的石杉碱乙对老年性痴呆有更显著的疗效。谢德隆以及他的科研团队又经过夜以继日的实验,研究如何把石杉碱甲与石杉碱乙的疗效综合起来,如何疗效最大化地合并这两种药物,终于找到了石杉碱甲和石杉碱乙组合物治疗老年性痴呆的最佳组分比例。这一研究成果先后获得了中国、美国药物发明专利,是谢德隆继"银杏灵"后对中医药的又一突出贡献! 为了支持家乡汕头在沪商人,谢德隆决定将这项专利转让给由潮籍商人承办的药厂,既将石杉碱组合物市场化,又为家乡同胞谋利益。

谢德隆深知要让中国左右整个世界植物药市场道路仍很远,他仍须一步一步地努力。即使已到了退休的年纪还辛苦奋战在科研的前线,即使获得了再高的荣誉也并未就此止步。

倾心于这项事业的推动力,来源于他对祖国传统医药的殷殷之情;他成功的秘诀,是内心无比坚定地力争世界第一的想法。正如他常常告诉年轻人的那样:"一个人只有做出了艰苦的努力,机会才会青睐你。"谢德隆用他的成功告诉我们,励精图治,不懈奋斗,务实的精神,科研的态度,才能在实现国家价值的基础上实现个人价值!

文化篇

吴青云：为读者找旧书，为旧书找读者

撰稿　韦泱

　　吴青云，广东潮阳人，在当地的世德小学读完高小后被父亲接到上海，并考入国立暨南大学附属初中，后因父亲患病去世而辍学，在一家杂粮点打工，业余时间在中华职业学校补习国文和英文。

　　吴青云不满 20 岁时就开始摆旧书摊，1951 年在襄阳南路开了家"进德书店"，1956 年经营旧书的小商小贩按国家政策进行公私合营；1958 年上海公私合营旧书店归并给上海图书公司后，吴青云被分配进公司担任上海收购员，到 1988 年退休时，由他收购回来的旧书，可让旧书店三年不会"坐吃山空"；1991 年，他来到当时经营困难的"新文化服务社"担任经理，上任不到一年即扭亏为盈。

2013 年 4 月 5 日，吴青云因感冒导致并发症在上海去世，享年 87 岁。吴青云育有一子，妻子在几年前去世。

中西融汇、华洋杂处的上海滩，从民国年月开始，就是中国旧书业的半壁江山。听上点岁数的文化老人谈起解放前后的上海旧书行当，似乎在听很遥远的童话故事。不用说四马路（今福州路）、平望街、麦家圈一带，也不用说著名文史学家、戏剧家阿英在《城隍庙的书市》中描写的盛况，即便在赫德路（今四川北路）一带，就有数不清的旧书摊。而今，上海的旧书式微了。一大批当年经营旧书的老人相继离世，成为一个时代的绝响，令人怅然。在如此无奈且无望的景况下，以往每每见到吴青云老先生，我便会徒生敬意，格外亲切，趋前与他聊上片刻，感受着他长期浸淫于旧书堆中特有的故纸温情。

早年摆过旧书摊

见到吴青云的地点，大多是在一家叫作"新文化服务社"的旧书店里。因为我爱好旧书，是这家旧书店的常客，更因为吴青云是旧书业的"老法师"，这样的文化老人，已属凤毛麟角。见到他，当是十分难得了。旧书店的店堂面积约有五六百平方米，四壁书架上密密匝匝排满了旧书，中间也被书架隔成一条一条弄堂似的，店堂中央还用小桌子拼成大台面，台面上整整齐齐码着旧书。环视一圈，真是书山书海，真有铺天盖地之势。在这书的丛林环抱中，我与吴老常常以书为话题，絮絮语语似无止境。

生于 1926 年的吴青云，本来可在家安享晚年，却退而未休，常常换两部公交车，花上一个多小时，来店里义务工作，分文不取，成为这座城市一名年长的"志愿者"。在店里，他帮着出出点子，为旧书定定价钿，或回答一些读者的咨询。依着对旧书业的一份朴素感情与热爱，他也不肯闲下来。

吴青云为广东潮阳人，于当地世德小学读完高小。此时，在上海闯荡有年的父亲，已在一家当铺站稳脚跟，做了部门经理，便把儿子从老家接去。到了上海，13 岁的吴青云考进了国立暨南大学附属初中。可是，不到两年光景，父亲因劳累过度，竟患病而死。此时离初中毕业还差半个学期，因交不出学费，吴青云不得不辍学回家，去投靠远房亲戚表叔父，为了谋生，到一家杂粮店做小伙计。学上不了，但求知的渴望在他幼小的心间却丝毫没有减弱。他利用工余时间，到中华职业学校补习国文与英文，又常常去附近的基督教青年会图书馆看书,晚上埋头阅读到关门打烊,才最后一个离开。靠着自己的刻苦自学,他打下了扎实的文化基础。

然而,在日寇铁蹄践踏下的沦陷区上海,一片萧瑟、沉闷的气象,使人压抑得透不过气来。吴青云与几个广东同乡,暗暗谋划着去苏北解放区投奔新四军。可一时因找不到关系而作罢。无奈之下,他考了上海中央商船船员养成所,类似于修理业技术培训学校。在第二期毕业后,即进入实习期,时值1945年8月日本宣布投降。他们这批实习生被海军接管,分配到高昌庙,即江南制造局的船上工作。此时,母亲带着弟弟来到上海,在陪母亲、弟弟逗留上海期间,吴青云看到弄堂口有一个邻居,不知从何弄来一批美国好莱坞电影杂志,摆着地摊,生意格外红火。吴青云看在眼里,觉得好奇。因为彼此相识,他就向其转批了一些杂志,下班后学着邻居样子,摆上几个小时的地摊。早几年在中华职业学校学的英文,这时派上了用场。他能把这些外文刊物分类,用英文向过路的外国行人作介绍。果然不出所料,他当天批来的外国杂志,当天都能卖完。初战告捷,让不满20岁的吴青云,尝到了旧书买卖的甜头。于是,从1946年开始,他索性辞去了船厂工作,专门摆起了旧书摊。这样,他常常去"别发洋行"开办的书店,以及到专门经销外文书刊的大华图书公司去进货,旧书刊生意越做越大。为了正规经营,1951年,吴青云在襄阳南路一隅租了一间街面房,正式挂出了"进德书店"的店牌,从事中西旧书的经营。从此,结束了散兵游勇式的流动摊贩生涯。

旧书收购他一直做到退休

新中国诞生后的几年中,许多外国侨民相续离沪回国,临行前他们清理出大批西文书出售。这段时间,正是旧书业兴旺、繁荣时期。吴青云主持的"进德书店"抓住这一良机,一手进一手出,旧书店也是越办越好,深得读者欢迎。从1956年1月开始,上海各商业系统,包括经营旧书的小商小贩,按照国家政策与要求,进行公私合营。吴青云因守法经营,并且生意与信誉都有口皆碑,经商业部门商定,公私合营后的该店仍叫"进德书店",仍由吴青云负责经营。1958年,上海所有的公私合营旧书店,归并给新成立的上海图书公司。此后,因吴青云对旧书市场的熟悉,被分配进公司下属外文门市部担任收购员。他走南闯北,在城市大街小巷,在偏僻乡间,从废品回收站、从市民家中,以及公共图书馆和造纸厂仓库中,收购到大量珍稀书刊,挽救了许多具有历史文献价值的"瑰宝",包括难得一见的明版刻本。

这旧书收购工作,吴青云一做就做了三十余年,一直做到1988年他年过六十正式退休,经他之手收购回来的旧书,少说也有几十吨,由此大大增加并丰富了上海旧书店的库存。有人笑说:老吴这些书,可让旧书店三年不会"坐吃山空"。

上世纪80年代后期,正是文化事业迎来兴旺繁荣期,旧书的经营也呈现新的发展势头。上海书店在恢复经营古旧书买卖后,又开出期刊部,专门从事老期刊经营。可是,经过"文革"十年,旧书业的专业人才青黄不接。在此状况下,上海图书公司无论如何都舍不得吴青云退休,从领导到普通员工,都一致恳切挽留他。吴青云一则不好意思违逆大家良好心愿,二则也可以在自己的旧书店里再发挥余热。这样,他答应了返聘,而将山东、江苏等地数家单位的高薪聘请一一谢绝。于是,在公司的会议室里,举行了一次隆重、简短的"欢送、欢迎会"。按国家规定,大家欢送他光荣退休。大家又如愿以偿地欢迎他受聘继续担任公司期刊部负责人。连他的办公桌都没有挪动过,继续每天到这里上班,从这里下班。

挑起旧书店的经营重担

1991年,对吴青云来说,是一个重要的转折点。这一年,他走上了这家叫做"新文化服务社"的领导岗位。

听听名称,一般读者不知道这是家什么店,望文生义,可能会想到,这大概是出售学生文具的商店,或是打字、复印的誊印社吧。其实不然。这是上海最大的一家专业经营古旧书刊的旧书店。

其时,这家旧书店成立已有两年,是图书经营业的改革产物。为了使上海旧书业走出一条新路,在上海图书公司的大力扶持下,十余名退休员工自发集资,创办了这家旧书店。原本没有领头羊,店里门庭冷落车马稀,业绩平平。再加上古旧书经营一度较为萧条,难以走出低谷,连职工每月的工资也不能足额发放。在"新文化服务社"面临困境的关键时刻,吴青云毅然来到这家旧书店担任经理,挑起了这副重担,可谓"临危受命",责任不轻啊!

毕竟是旧书业的"老法师",吴青云走马上任的重要一招,就是加大旧书收购的力度。他要求员工做到收购"三原则",自己身体力行,做在前头。一是坚持上门收购,只要客户愿意,他们把一些不能派用处的废杂旧书也一并收购,经整理剔除后,再送废品站处理,把方便让给客户。存书较多的单位图书馆及个人藏家,甚至远至南京、扬州,只要有需要,吴青云就有求必应,不管路途多远,坚持上门收购旧书。有的人家是简陋的老房子,旧书都堆在阁楼里,吴青云一边为他们整理旧书,分门别类按质论价,一边还为他们清理垃圾,进行大扫除,往往是旧书取出了,原来放书的地方也理得整整齐齐,深得客户好评。有"补白大王"之称的老作家郑逸梅先生去世后,家里藏书较多,而其后代都无力藏书,吴青云获悉后,主动上门了解情况,先后三次收得郑老先生的藏书,使这些书籍传承到可以派上用场的爱书人手中。吴青云还与各级宣传部门、大专院校图书馆,以及企事业图书馆等,保持了经常的联系,收购他们一时不用的旧书,来充实旧书店货源。平时,吴青云还善于结交书友、老作家、老艺术家,如柯灵、朱雯、赵家璧、张骏祥等,每隔一段时间,他们就打来电话,请吴青云协助他们整理旧书刊,卖给旧书店。每次他们看到吴青云七十多岁的身影,都肃然起敬,很是感激。吴青云就是这样,以上门收购的优质服务,结缘书友,为收购工作打下了扎实的基础。一些难得一见的珍本,都悉数收进旧书店,如早期延安的《解放日报》,复社版的《鲁迅全集》,英文原版的《莎士比亚全集》,以及《古本戏曲丛刊》《万有文库》等,都成了镇店之宝,也为店里创造了可观的经济效益。

吴青云上任不到一年时间,"新文化服务社"就扭亏为盈,走出了经营低潮。作为旧书店的老收购员,他凭着丰富的收购经验,广开收购渠道,掌握了极其可贵的第一手货源,显示出"手中有粮,心中不慌"的淡定自若的良好心态。

"旧书是为读者服务的"

吴青云口中常常说的是:旧书是为读者服务的。他秉承的是"为读者找书、为书找读者"的经营理念。这一理念用在旧书行业更为贴切,也更加需要。在这方面,吴青云有数不胜数的事例。为读者找书,尤其是为从事研究、写作的学者和作家找书,是他乐此不疲的服务方向与重点。而且往往给予十分优惠的售价。他认为,因为做学问来旧书店买旧书,与旧书商为贩卖赚钱来买旧书,有着本质的区别。所以,他对学者、作家来买旧书,总是"网开一面",关照有加。复旦大学著名教授周振鹤,是改革开放后复旦第一代博士生,他研究的领域主要是历史地理,他几乎每个月都要到旧书店来寻觅这方面的旧籍史料,一来二去,就与吴青云交上了朋友。吴青云知道他的研究方向及所需史料,就注意为他留着,如《中国进出口洋行录》《世界各国通商口岸概况》等旧书,在别处无法找到,在吴青云的旧书店却能满足需求,还得到了优惠价。周教授在研究成果迭出的时候,总不忘吴青云给予他一臂之力的"贵人相助"。

姜德明先生是《人民日报》副刊主编,现代文学研究专家,也是爱书的藏书家。每次从北京来上海,他都要到旧书店来淘旧书,而吴青云总是让他"乘兴而来,满意而归"。有时,姜德明需要的旧书,在店里一时找不到,就会给吴青云留下一张写有书名的字条。下次再来上海,就会意外地从吴青云手中得到他所需的书,让他喜出望外,如施济美的《鬼月》《凤仪亭》两本民国版小说集,姜德明寻觅多年未果,还是吴青云让他圆了书梦。姜德明每每说起,铭感不已。一介书生,无以报答,姜德明每有新书问世,总不忘给吴青云寄赠一册,以表达对吴青云的感谢之情。几年前,吴青云因年事已高,主动向公司提出辞呈,不再担任经理,最后他接受了担任顾问的聘请。他在给姜德明的一封信中说:"在有生之年,我还是愿意竭尽绵力支持,希望这个旧书店能发展和生存下去,为喜爱淘旧书的朋友,保存一个据点,一个悠闲的去处。您如果到上海,请到我单位来看看,我店库房中,可能会找到几本您喜爱的旧书刊。"

这是吴青云的肺腑之言。有他这样热爱旧书的"老法师",有他这样为爱旧书着想的旧书业老前辈,是爱好旧书的读者与学者的福音。

由于上海旧书店声名鹊起,美名远播,吸引了各地爱书人。从"文革"前一直到1980年代,京城高官胡乔木先生,常常一身便服,独自来到书店淘书。毛泽东的秘书田家英也是这里的常客,且选书的范围甚广。原上海市市长汪道涵先生爱书、读书是有口皆碑的,在公务繁忙的间隙,不忘忙里偷得半日闲,来旧书店逛逛。日长时久,汪市长与吴青云成了无话不谈的"哥俩好"。在淘进可用的书想处理掉,请吴青云多次登门,为他清理旧书,深得汪市长的赞许。汪道涵一手书法颇具文人气息,曾挥笔以"从善则明"四字的墨宝相赠。

因为吴青云的出色工作,他从1980年代起,年年被评为公司先进工作者,又连续三年被评为市新闻出版局先进工作者,还获得全国新华书店系统的先进工作者。

虽然,吴青云培养了一大批懂行的旧书经营人才,把"新文化服务社"旧书店的担子接力似的一程程传给了殷小定、仇冠华等青年干部,但他仍闲不下来。因为对书店难以割舍的一份情感,他仍隔三差五到书店走走。看着满眼的旧书,那么整齐那么多人淘着选着,他心里才会觉得踏实,有一股满足感、幸福感油然而生。

苏石风：白发苏郎豪气在

撰稿 钟和

    2006年5月，源于浙江嵊州、兴于上海的越剧，在和谐盛世迎来了她诞生100周年的辉煌与繁荣。上海市委、市政府向为越剧艺术作出杰出贡献的袁雪芳、范瑞娟等16位上海越剧艺术家颁发了荣誉牌，获取此殊荣的16位艺术家中，就有著名的舞台美术家苏石风。上海潮州联谊会的广大乡亲对此莫不引以为豪。因为，德高望重的苏先生是上海潮汕联谊会原副会长，是乡亲们十分熟悉和敬畏的一位老前辈。

默默奉献　硕果累累

苏石风 1921 年 2 月出生于广东潮安磷溪镇。1937 年侨居泰国,1939 年秋回国,考入上海美术专科学院西画系学习。1942 年上海美专毕业后去重庆,参加由地下党于伶、金山领导的中国艺术剧社,为金山、张瑞芳等人演出的话剧进行舞台美术设计。1945 年抗战胜利后,他在上海组办新美剧社,同时参加朱端钧主持的建文剧社担任舞美设计。1947 年参加范瑞娟、傅全香的东山越艺任舞美设计,先后为《怡红拢翠》、《梁祝哀史》、《宝莲灯》、《李闯王》、《万户更新》、《孔雀东南飞》等近 20 个剧目做舞美设计。1951 年春他参加华东戏曲研究院,先为华东京剧实验剧组的《皇帝与妓女》、《文天祥》、《铸剑》等剧组担任布景设计,又为华东越剧实验剧团的《梁山伯与祝英台》、《白蛇传》、《劈山救母》、《西厢记》、《春香传》等剧目担任舞美设计。1955 年上海越剧院建立后,苏石风一直担任该院舞美工场主任,负责剧院舞台美术创作,曾为《红楼梦》、《祥林嫂》、《西园记》、《关汉卿》、《汉文皇后》、《西施归越》、《紫钗记》等近百个剧目担任舞美设计。

此外,他还为昆剧、晋剧、潮剧、琼剧等剧种的近 20 个出国演出剧目担任舞美设计。在艺术实践中,苏石风从民族传统艺术和民间艺术以及其他姊妹艺术中汲取养料,融化到越剧舞美之中,把传统的山水画运用到《梁山伯与祝英台》等剧中,将皮影、剪纸艺术运用到《白蛇传》剧中。为寻求一种能与越剧优美抒情、虚实结合的艺术风格和表现形式协调、和谐、统一的舞美风格,而进行积极的探索。苏石风的舞台美术作品构思严谨,着重意境,清新秀丽与淡雅朴实相渗。他所设计的《梁山伯与祝英台》获第一届全国戏曲观摩演出大会舞美设计奖,《春香传》获华东戏曲观摩演出大会舞美设计奖。1987 年,他创作的《汉文皇后》舞台设计图曾选入参加布拉格国际舞美展,并获奖。他喜爱中国绘画和书法,作品曾多次入选参加上海市美术作品展。1981 年和 1987 年,曾在广东和美国、加拿大举行个人书画展。又曾担任业余编剧,所编的《李慧娘》、《百华衣》、《丹青泪》、《师与徒》、《三求亲》等剧目,均由上海越剧院上演。

苏石风在长期的艺术实践中不断总结经验,写出大量有关布景、服装设计的论文,主编了大型画册《越剧舞台美术》。他还注重接班人的培养,身为上海戏剧学院教授,他培养出一批技艺高超的舞美人才。苏老是我国较早从事戏曲舞美的专家，在国内外具有广泛的影响。他的生平业绩在上世纪60年代被列入《苏联大百科全书》，1983年又被列入《中国大百科全书》。

总理教诲　终身不忘

作为中国戏剧学家协会会员、中国美术家协会会员、中国舞台美术学会顾问、上海舞台美术学会名誉会长，苏石风先生在过去半个多世纪中，在舞台后面，默默奉献，甘当无名英雄，这与周恩来总理的教诲与勉励分不开。

苏石风曾四次受到周总理的接见，其中还曾与袁雪芬等同志一起，应邓大姐的邀请到总理家中做客。

那是1961年秋天，上海越剧演出团赴朝鲜访问归来在北京做汇报演出。周总理在人民大会堂接见全团同志，同演员们亲切握手。在一旁的邓大姐怕总理太累，示意他同主要演员握手就可以了。我们的总理在坚持同每一个演员热情握手后，又笑着说："可不能忘了我们幕后英雄！"说着就信步上前，同所有演职人员一一握手。当总理握着一位舞台队同志的手时，问道："你是干什么的？"那位同志说："我是舞台监督。"总理风趣地说："那我可是算你的同行了。当年我在天津读书参加话剧社，除了演出外，也搞过舞台工作呢！"

那一天，周总理对在旁边陪同的朱光同志（时任文化部副部长、是赴朝鲜访问的中国文化代表团团长）说："我考察你，不仅要看你认识多少演员，还要考察你认识几个舞台工人，认识得越多，就说明你工作越称职。"周总理如此重视舞台美术工作和这些幕后工作人员，令苏石风深为感动，并且一直鼓励和鞭策着他无怨无悔地在这个岗位上默默奉献出自己的才智。

令苏石风念念不忘的还有，袁雪芬等老一辈越剧表演艺术家，对舞台美术设计工作的高度重视，对舞美工作者等后台工作人员的尊重和关心。袁雪芳对舞台美术设计的要求很高、很严格，有时近乎苛刻，但同时又对舞美人员十分敬重，一有机会总是要把这些幕后英雄推到前台，让人们了解他们的劳动与贡献，她要让人们知道：舞美等后台工作也是越剧艺术事业不可或缺的组成部分。

心系桑梓　报效家乡

苏石风十分关心潮汕联谊会的工作。他当选联谊会副会长后,在联谊会的大小活动中,乡亲们都经常看到这位德高望重的老人身影。更为令人敬佩的是,苏石风时刻心系桑梓、不忘为家乡本土剧种事的发展尽心尽力。虽然身在上海,他不忘关心帮助潮剧发展,同家乡潮剧人建立起了深厚的友谊,亦师亦友,功不可没。潮剧有幸三赴上海演出都是苏石风多方引荐帮助的。特别是1957年广东潮剧团首赴上海,破天荒在中苏友好大厦友谊剧院演出并引起轰动,此举成为潮剧发展的一个重要里程碑。此后在1959、1983年潮剧两次冲击上海滩,场场爆满,场面热烈,意义深远。在1961年三年自然灾害期间,苏石风特意将到上海养病的潮剧演员姚璇秋和肖南英接到家中悉心照料。半年时间里,苏老时时关心她俩在艺术上的提高,特意安排她们学习越剧的化妆和声乐,让她们受益匪浅。

不仅如此,苏石风甚至直接参与到潮州艺术的创作活动中,为潮剧添砖加瓦、增色生辉。1987年,他与管善裕合作设计的《八宝与狄青》布景参加广东省第二届艺术节获舞美二等奖;1993年苏老与吴小南合作设计的《陈太爷选婿》获服装设计奖。管善裕是上海戏剧学院的高材生。是苏老的得意高足。学院对毕业生进行分配,苏石风一直舍不得爱徒,刚好时任中共中南局秘书长吴南生和汕头地委副书记的李雪光高瞻远瞩,认为当时潮剧要发展首先舞美要上去,并向苏老要人才,苏老适时动员,亲送管善裕到汕头工作。光阴荏苒,管善裕不负师望,作为一个无锡人勤勤恳恳地为潮汕人的潮剧奉献自己的汗水和才智,获过不少殊荣,直至从广东潮剧院院长任上退下后又任名誉会长,为潮剧艺术作出了宝贵的奉献。

"白发苏郎豪气在,珍翰百卷下潮州",这是苏石风在上世纪八十年代二度到汕头举办个人国画展览时吴南生同志所赠诗句,足见苏老的精神气质,而对苏老一向敬重的潮剧人也对其推崇备至,著名编剧李志浦先生曾在1988年作《赠苏石风》一诗:"道是乡亲亦艺亲,申江韩水自情深。呈潮舞榭添新貌,为有君家两份心"。诗意恳切,掷地有声,可谓是对苏石风先生风范写照。

2010年2月27日,苏石风先生因病医治无效,在上海逝世,享年90岁。上海越剧院为他举行了简朴又隆重的告别仪式。数百名文艺界好友为这位令人敬仰的戏曲无名英雄送行。

邱孟瑜：文字"老结"年纪轻

撰稿　朱全弟

　　未见其人，先睹其文，那是东方早报《艺术评论》两个整版的"仰俯天地大，局促南北宋——贺天健创作生涯研究"的洋洋洒洒的大文章。细读之下，便暗下思忖：一位女性文字写得如此"老结"，她年龄至少应该在"坐五奔六"之际。

　　错！我走进长乐路上一条深深的巷子，寻觅张望找门牌号，到底了，豁然开朗，上海人民美术出版社在一个闹中取静的院落里。我把身后喧嚣的马路抛开，心一下子静了许多。开门的邱孟瑜女士细长个子有点瘦弱，戴一副黑色的眼镜，四十来岁的模样，她招呼我落座。一间十三四平方米的办公室，因为堆满了各种图书，愈显狭小，我很快想起了故纸堆里那句话，但眼前的人却不是老学究、老先生,而是一个做事业正当年的现代知识女性。

我们开始交谈,很随意,从眼下的社会风气,到过去的读书方式,还包括修身养性、气息调理。总之,我的印象是,作为读书人、出版人的邱孟瑜女士世俗的很少,理想的很多,当然也有两者之间的平衡点,其实这也是一种追求。她拿出一本本厚重的书籍画册,看着精美的装帧,翻阅着质地挺括的一页页纸张,我感受到了她的用心,她没有直白地明说但也委婉地喻示着一位中年知识分子所走过的路。

接着从交谈得知,她一路走来,从家庭到社会,都是在中国传统文化的熏染下,顺风顺水一直走到今天。

她自述,祖籍与出身地是广东汕头市揭阳县。3 岁时,她随母迁居上海,就住在父亲工作所在的岳阳路上中国画院院内。以后渐渐长大,知道了同一个院子里有王个簃、程十发、周慧珺等书画家,那时候,人比较清静。书香味浓,书卷气重,从小耳濡目染的她,喜欢上了彩墨、水墨,就是觉得好玩,绝对没有日后成名成家的想法,就是那些大家不也是普普通通随意得很,哪有一点现在的"显赫"架子。

玩着玩着,邱孟瑜参加了徐汇区少年宫绘画兴趣小组,后来又参加了上海市少年宫绘画展览,还到日本去展览作品,参加比赛。小学时代的寒暑假,都是画,但也就是玩,所以很开心,一点不觉得苦。直到小学毕业考初中了,邱孟瑜进的是上海市第二中学,当时二中可是与南洋模范中学一个档次,不容易。邱孟瑜在填写主要学历时,二中的证明人是王镫令,这是一位沪上会写文章出名的语文老师。但是,直到考高中时,家里人才认真地讨论了一回。父亲的好朋友也是潮汕人的周里京赶来出主意,排来排去,是走绘画之路还是传统读书为好,一番思量,还是觉得画画好。于是突击学素描、色彩,准备报考美院附中。前三个月请人教,后三个月上大班,结果,专业和文化两项考试,邱孟瑜都是第一名,顺利地进入了上海大学美术学院附属中学,那年,进去了 20 多名学生。

读书,不仅仅是跟着读,用脑用心,要有自己的见解和主意。三年后,邱孟瑜直升国画系,她始终认为,国画与中国其他传统文化的教习一样,是不应该上大课、流水线式地进行知识灌输,而是应该因材施教,个性化培养。1995年她从国画系本科毕业后,留校担任教员。1997 年 9 月大学首度招考研究生,她有幸拜在徐建融教授的门下,系统学习中国美术史。由于是画画出生,理论基础比史论本科出身的同学薄弱,邱孟瑜开始"恶补"国学,从《说文解字》《草书千字文》《词源》等起步,到华东师大"蹭"课,听《文心雕龙》《声韵学》,如饥似渴地吮吸祖国传统文化中的宝贵乳汁,为日后的成长打下了坚实的基础。

徐建融教授是一位坚持走实践之路的贤人。对于怎样绘画、鉴赏、创作、研究都有独到的见解,至于汉语、古诗词他更是行家里手,他嘱咐学生应该看哪几本书,这让求知的学生少走了许多弯路。在有限和有效的时间里,学到最多的最好的东西。邱孟瑜至今回忆起来,庆幸自己遇到了国学传统学识渊博、对文化薪传有自己独特见解与教育方式的好导师,受益终生。

2000年,邱孟瑜从上海大学美术学史论专业研究生毕业,正式到上海人民美术出版社工作。扎实的学术理论基础,如有神助她一路走来,先后在合作出版部、文化编辑室、美编室编辑、美编室副主任、总编助理兼美编二室主任,2007年9月起担任人美出版社副总编。皆胜任,无畏难,她在策划、文字、设计等多种专业职能的转换中,崭露头角。她策划、责编的图书选题包括艺术与设计领域的学术类、教材类、技法类、文化普及类、艺术收藏类以及绘画与影像画册类等,其中《艺术风水》《丰子恺音乐夜谭》《丰子恺美术夜谭》《世界经典建筑图鉴》等多部图书成功输出版权至韩国和我国台湾地区,为拓展人美社图书品种的研发与品牌效应作出了贡献。

她给我看最新出版的一本大部头、薄松年先生所著的《中国绘画史》就是由她责编的。我是圈外人,不敢妄下评语,但是这本书对美术界的贡献却不容置疑。

获奖无数,没法一一举例。单从她2006年以来写的个人主要论文和论著看,《从任伯年与"海派"看绘画近代性的转向》《薪传火递——徐建融先生的美术史观》《现代名家翰墨丛书——贺天健》《视觉艺术原理》(译)《中国名画鉴赏辞典》(合著)等,便可知其的学术水准之高了。我想,在此不说也罢。但是,一个粗略的统计数字不得不交代一下,那就是——

2007年邱孟瑜被聘任为出版社副总编以后,承担了出版社部分美术、设计理论著作和重点图书的出版工作,其中担任主编、策划或责任编辑的图书选题完成97项,审稿共计1200万余字,主持完成的国家、市、局重点项目工程共8项,获得国家性奖项9次;地区、市局级奖项6次以上。

她还担任社会职务的有第六届上海市中青年知识分子联谊会理事、上海版协女编辑协会理事、青委会会员、上海市十四届人大代表。

　　扎实的文字功底，只是实现一个有抱负的出版人的必备条件，而为这个多少又有点浮躁的社会不断注入中国传统文化甘甜的乳汁，才是大事。长期以来，不是一直有人期望艺术改变社会，现在看来很难。不过云遮雾绕现在又多了几重雾霾，都不要紧，因为太阳总是要出来的。出版的力量，让人知道高尚，走向美好，追求光明，其义自见。

291

■ 邱孟瑜·文字「老结」年纪轻

邱陶峰：人格陈酿自然峰

撰稿　朱全弟

　　大自然中，三山五岳稀罕，因为不多，很少。大千世界，芸芸众生，堪称楷模者，虽不及名山大川般珍稀，但也时常可见，关键在于发现。所谓大隐隐于市，就看寻访人有没有悟性了。窃以为，乡音不改，今年七十有九，一口广东普通话的中国画院一级画师邱陶峰先生，就是一位持有高风亮节、心地坦荡的可为人师和可为榜样的名家。

　　与之交谈，前后两次。印象深刻、撼人心魄的是，说到有画商来请邱老临摹古画，性格儒雅的他，撂下一句轻轻的但一定是狠话：我还没有穷到这个地步。还有一句，邱老五十多岁时，院里有意让他当院长，他辞谢了，因为那时正当年，可以多画一点。

一个人,到老不为金钱所动,壮年时,不为官位所惑,此人庶几可以定论也。

青涩当年 从农民到工人

2014 年 7 月和 9 月,两次造访邱陶峰先生。他一生爱画,至老不改初衷。市区一幢高层建筑,里面一间画室。邱老自述,身体还可以,就是手有点抖。但是,一提起画笔,手不再抖。亲眼所见,煞是了得。

邱陶峰是广东揭阳市白塔区元联乡元埔村人。父母都是农民,邱陶峰读书到初中毕业就辍学了。当时,上初中每一学期有 80 斤稻谷补贴,高中到城里去就没有了。

中学毕业后,回到乡里务农,自小喜爱画画的邱陶峰,开始帮乡里搞宣传。随后,农村里的好人好事,搞卫生大扫除等,这些鲜活朴素的人和事都成了他笔下的生动题材。他给粤东农民报投稿,屡屡中鹄,最后还上了报眼。

正当邱陶峰乐此不疲之时,一个更大的人生际遇悄悄地向他走来。二机部到广东招工,招了几千人,他的家乡有 20 多人招进去。今天,我们无法想象那时的大手笔。原来,百废待兴的新中国建工厂招青年,邱陶峰有幸成为其中一员,当然只是一名青年学徒,却为他走出小山村进入大城市乃至后来进中国画院作好了铺垫。

邱陶峰被送到南京学习无线电技术,以后,邱陶峰又被分配到上海军工路上的无线电广播器材总厂工作。后来,他又被派往南京学习,学成后分到成都飞机厂工作。

也许是水土不服吧,邱陶峰总觉得成都天不开眼,阴霾天气多,人也不开心。回到上海厂里学习、画画都好。特别是上海工人文化宫,喜欢画画的邱陶峰找到了一块可以观摩可以交流的地方。在此期间,邱陶峰还成为小组里的技术革新成员。后来,工会知道他会画画,整天要他去帮忙搞宣传,有时还加班。加班没有钱,因为喜欢不觉苦不觉累。至今回忆起来,邱老先生没有一点怨言,还说了一句感恩的话:厂里伙食很好,吃饭不要钱。

这时,外面的报纸也频频来约稿。邱陶峰的画常常在文汇报、解放日版、劳动报亮相,他成了小有名气的工人画家。市里有活动会发通知给他。不过,在厂里上班的他最开心的是星期天,没有杂事,可以一门心思画画。

293

邱陶峰:人格陈酿自然峰

初出茅庐　从工厂到画院

纵观历史,每一个时代都有自己的幸运和悲哀。

邱陶峰学画路上顺风顺水,于今一想,让人难以置信。自学成才,初涉画坛,邱陶峰在那个充满开心回忆没有一点怨艾的工厂里,一直干到 1960 年 8 月。当时,国家为了培养人才从基层挑选了一些年轻的业余画家,到中国画院拜师学艺,以期继承著名画家的传统风格和精湛技艺。

老天有意,时代造就。邱陶峰拜在了我国著名山水画家贺天健的门下,不是自愿,而是组织安排。初始,邱陶峰很不愿意。他说本来不喜欢山水画,对此没有兴趣。出身在农村的他,到处是山水,看得都讨厌了。拜师之前,邱陶峰在厂工会买的电视机里曾看到贺天健老先生在开讲山水画,还曾腹议:这个老头子讲山山水水的有什么用? 没想到,现在要跟他学山水画了。画院领导也对邱陶峰说:这个是国家要培养你,山水画艺术后继乏人,如不抢救,就没有了。说得那么重要,邱陶峰也觉得有道理。然而,画院领导又说:你现在同意了,接下来还要经过老师这一关。

贺天健老先生见了邱陶峰,先问:喜欢中国画吗? 得到肯定的回答之后,贺老又说:你要跟我学,就要听我指挥,不能跟东跟西,否则学不好。末了,贺老让邱陶峰先画一张试试。邱陶峰画了一张山水,是临摹的,依样画葫芦,最方便了。贺老看了,觉得可以,就首肯了。

贺天健教画要求极严,从唐宋元明清上面下来,一星期上一次课。贺老教山水和别人不一样,有系统的,很仔细。唐吴道子的石法,学画山的结构。空壳子开始,先勾几条线,下次再来,加墨。还有王维石法,就是诗中有画,画中有诗的诗人王维,他的渲淡破勾斫法。对于画,我不懂,听邱老讲解等于上一次普及知识课。画虚线,先勾山石框廓,在脉络凹处勾斫钉头皴,再用淡墨水破凹处几次,使其有立体感。邱老说,以淡墨画远山,最后加苔点,用此法,去临国画,一看便知,否则无从下手。

贺天健先生逝世后,邱陶峰将当年老师每次授课时示范的画稿整理出版。他说,这本《贺天健课徒画稿》是对老师最好的纪念。这本别具一格、不同凡响的书,多次再版,深受欢迎。许多美术院校师生都买了《贺天健课徒画稿》,几乎成为他们的教科书。我从邱先生手里接过这本书,饶有兴趣地翻阅着,感觉大师课徒很有章法,且深入浅出,完全可以学而不忘。其中荆浩法,钉头、解索皴法,先勾山石轮廓,再在脉络凹处勾斫钉头皴,皴好后用淡墨画远山,这些被奉为圭臬的东西必须背出来。古代画家凡五六十家,每一家最少一样,一般有两三个方法。首先是继承,以后创新才有基础。

按照贺天健先生的这一教学方法,邱陶峰整整学了五年时间,还没有完成。跟贺老学画,第一阶段,了解中国画历史各时期发展脉络;第二阶段,临古代名家,临一张就要一个多月;第三阶段,外出写生;第四阶段,创新,有色彩,这就要靠自己了。邱陶峰在临古画时,贺老先生还在,并允诺,临好以后给他开一个画展。

在贺天健老先生的悉心传授下,作为其入室弟子的邱陶峰基础打得非常扎实。掌握了方法,画山画水都是胸有成竹。上一个世纪 80 年代开始,邱陶峰进入个人创作成熟期。1990 年,韩国举办"现代中国画代表作家画展",邱陶峰和陆俨少、谢稚柳、林曦明三位画家一起作为上海的代表画家参展。他最得意的作品之一《空谷鸣泉》被刘海粟美术馆收藏,1997 年还被收入《中国现代美术全集》之《中国画》分册。另一张《春山积翠》用创新手法泼墨泼彩,很难画,勾出来,又有又没有,虚虚实实、浓淡变化、枯笔涩笔都有。陶峰先生说,好画只有一张,再也复制不出来了。说这话时,邱先生显得十分感慨。我听着,也很受感染。

将近耄耋　晚年仍奋发

邱陶峰先生一口潮州口音的普通话,听起来颇费力。但是,近距离的聊谈没有妨碍我们的交流。那些年,北京、上海、广州等地的报纸与美术刊物都报道过邱陶峰的艺术造诣,上海电视台、上海教育电视台也有专题节目,介绍了他的山水画风格与特色。我手上有一大堆关于邱老的画风、画作的评价,我觉得我这个门外汉再加以褒奖和转述没有任何意义。

但我记住了,邱先生临摹的《富春山居》图几可乱真,谢稚柳先生为其题写"妙笔"。有画商看中了邱老的技艺,请他"复制"古画并包给他,却忽略了邱老的人品,外表是谦谦君子的邱老摔下一句"我没有穷到这个地步"的狠话。

我还记住的是,50 多岁时,画院意图请他当院长,他坚决地谢绝了。他说,他正年轻,应该多画点。这也不正是中国文人的风骨吗?当官不是不好,热爱艺术甘愿为艺术献身的人格更好,更值得赞叹。

哦,说到这里,回过去从厅里进画室,坐定瞥见对面墙上的一幅书画。那是 1961 年贺天健带着刚拜师不久的邱陶峰去杭州写生,一幅散淡天高远的西湖国画,题款是"春秋皆好,浓淡相宜"。有意思的是,贺天健落款称学生为"陶峰老弟,天健于西湖。"想到这一对师徒多么富有情调,现如今动辄就是名片后面印着的长长的头衔,他们之间,只一个老师和老弟尽在其中矣。

山水画,比较复杂,人物、布景、花卉,最难学。靠线条、笔划支撑,字写不好,画也不会好。邱老说,我一辈子练书法,从小时候开始写描红簿,别的可以放弃,书法不能放弃,天天练,进画院后也是如此。中国画人物、山水、花卉,三个共通的笔法是书法,中国画最难也难在这里。不去练字就停止不前了。

一位很有名望的年近耄耋的老画家,言谈之中没有自满的话语,讲的依然是怎样画好作品,让人顿生敬意。邱先生是画家,作品意境深邃、笔墨淡雅,我忽然觉得,他就是画中人,山峰是一笔一笔画出来的,人也是一步一步走到今天的。他与画,一样美妙,耐人寻味。

陈大燊：光明·革命·真理

撰稿　陈海燕

当我拿着一封给爸爸的信问爸爸："大燊的燊字为什么有三个火？这三个火的意思是什么呀？"爸爸停下正在写着旋律的笔，将我抱在腿上，在我耳边轻轻地，一字一顿地告诉我："这个燊字的三个火代表着光明、革命、真理！"然后他给我讲述了改名字的来由：

1921年2月冬天一个清晨，在广东省潮阳县溪西村铜盂的一户佃农家中，一个有着大脑门的男婴呱呱坠地，全家人围着他无比高兴，取名陈奎光。

这个剃着当时中国小孩子盛行的"桃子头"，被族长称为"天庭饱满，地阁方圆"的孩子，在南方天水秀丽的山色间浸淫，在绿意盎然的岭南文化中长大——

他聪明活泼,乖巧懂事,小小年纪便会帮着家中打理农事,捕鱼放牛。

上学的时候,对自己要求颇高,每每考试都得全班第一名,得到的奖品是父亲奖赏的一个鸡蛋。哪一次得了第二名,都会跑到练江边去大哭一场——

时光荏苒,好强的少年变成了英俊青年,中学毕业,当上了一个粮店的小伙计,他才情横溢,出口成章,会即兴创作打油诗,会哼唱潮剧《三娘教子》《陈三五娘》。对封建礼教深恶痛绝,渴望进步,不甘心过这样的生活。他向往光明,追求真理。在一位当时已是中国共产党党员的远房表哥指引下,开始接触共产主义,投身革命。

1941年,他一路辗转经泰国、香港绕道上海,在党组织的安排下,终于到达苏中解放区泰州,成为一名光荣的新四军战士。那一年整20岁,并将自己的名字改为陈大燊。

从此一个投笔从戎的陈大燊开始了他以文艺为武器的全新生活。

抗日战争时期,爸爸历任苏中新四军一师一旅服务团歌训队长,苏中解放区三分区专员公署文科教员,苏中解放区泰州第一中学教员,淮南解放区华中建设大学文教系学员,华中新四军直属政治部文工团音乐组长等职。在极其艰苦的斗争环境里,他不畏艰难,英勇作战,不怕流血牺牲,甚至冒着被日寇抓捕的危险,坚定信念,积极做好抗日宣传教育和发展地方革命力量的工作,为抗日斗争作出了不懈的努力和贡献。

解放战争时期,爸爸用在革命大熔炉里学到的专业知识,开始从事音乐创作工作。历任山东临沂新四军兼山东军区政治部文工团音乐股副股长,山东野战军政治部文工团第一队音乐组长,第三野战军政治部文工团第一团音乐股副股长等职。亲历无数战场并参加了伟大的淮海战役。不惧枪林弹雨,英勇顽强,为中国人民的解放事业作出了身先士卒的榜样和贡献。在淮海战役中因开展火线文艺活动有显著成绩荣立三等功,参与创作的《淮海战役组歌》(七首中的两首),不仅获得部队创作最高荣誉——特等奖而载入史册,还受到毛泽东主席的赞扬:"你们三野仗打得好,歌也唱得好。"1949年歌曲《爆炸英雄冯书记》,经三野政治部批准获一等奖。

讲到这些,爸爸会得意地笑着摇摇手说:"不谈了,不谈了。"当我问及那次日本鬼子突袭扫荡进村,隔着床边的蚊帐,差一点刺刀捅到胸口被抓去的险境怕不怕时,他说:"那时只能屏住呼吸,其他都顾不上想,真是千钧一发,箭在弦上。能躲过此一劫说明我命大。"

新中国成立后,爸爸继续努力,历任了华东军区第三野战军政治部解放军剧院音乐组组长,中国人民解放军前线歌舞团合唱队指挥、副队长。在上海音乐学院进修,上海警备区战力文工团团长,上海警备区政治部文化处处长,上海音乐家协会秘书长等职。

爸爸披着棉袄在台灯下微微摇晃着头哼着旋律的背影,是我小时候半夜醒来经常看到的情景。他创作了《一边倒》《小河水呀静静地流》《连长教咱打草鞋》,电影《烈火真金》《杨式太极拳音乐》《荷花赞》《梅岭三章》插曲,纪录片《丽水风光》等作品。特别是《小河水呀静静流》曲调优美流畅,经著名歌唱家陆清霜的演唱,很快在全国流传开来,深受群众喜爱。然而在"文化大革命",也因为这首歌,父亲被扣上"军内的小资"、"毒草"。我清楚地记得文工团趁爸爸被揪去批斗不在家的时候来抄家,当爸爸拖着疲惫的双腿扶着墙壁走进门来时,哭得声嘶力竭的我和哥哥扑上去抱住爸爸,他摇晃着身子,蹲下去抱紧我们,流着眼泪亲吻着我们,声音喑哑地说:"相信爸爸,爸爸是好人,不是修正主义。"就是在那个随叫随到的疯狂日子里,父亲创作出了男高音独唱歌曲《梅岭三章》,借陈毅将军的诗词抒发自己坦荡的心胸和无畏的革命情怀。

爸爸"文革"期间还当过上海市房地局的军代表。当时外公已是 70 多岁的老人了,腿脚早已不方便,挂着拐棍和外婆住在繁华地段的一间 8 平米的亭子间,在有着狭窄楼梯的三层楼上,终日看不到阳光。每次去,都看到外公坐在窗边的藤椅上,脚旁就是煤球炉,他已下不了楼了。外公要求爸爸是否能置换一间能看得到太阳,地段差一些的同等面积小房间,让他能享受到一点阳光和温暖。爸爸没有接话,平时,爸爸总是牵着我的小手,我们一路说笑着回家,那天爸爸沉默了。外公一直住在亭子间里直到去世,临终前在医院,外公说出了:"大燊啊大燊,你没帮我换房子,我不原谅你。"此事爸爸一直纠结着,许多年以后,当他得知当年与他同去房地局工作的两个下属,每人为自己搞了两三套房子时,他放下吃着饭的碗筷,拍着妈妈的肩膀说:"毛主席教导我们为人民服务。我这样做没有错!"

爸爸在离休后的晚年专心投入于书画艺术,他最爱画松竹,熟悉他的人称他"画如其人,人如劲松"。他在桌前一画就是三个小时,不思茶饭。一讨论起画作,他会眉飞色舞地夹带着那前后鼻音不分的潮州普通话兴高采烈起来。也许是艺术相通的缘故,以及他对书画特有的悟性和天分,他的书画水平提高之快,连教他的老师都惊讶。80岁高龄被吸收为上海书法家协会会员。他的作品不但在全国性大赛中连连获奖,还被美国、德国、加拿大、西班牙、泰国和中国香港等国家和地区收藏。

记得我刚学写字时,字写得七歪八扭,爸爸检查作业时,就握着我的手边教我如何一笔一捺边说:"写字要像你要求妈妈每天将你打扮得漂漂亮亮一样,干净的一横一划,才有骨架,写出来的字才能和你一样漂亮。"

记得我当年进"上海五七京剧训练班"(文革中的戏校)时很不适应,经常哭,想放弃,有一次借口看病逃回了家,打电话给爸爸,爸爸马上请假赶了回来,在我面前摆了许多橘子和当时市场上根本买不到的巧克力,用他充满爸爸味道的手帕,擦去我的眼泪和鼻涕,对我说:"吃吧,你大概是馋坏了,今天让你吃个饱吃个够。"我一口气吃了两大块巧克力和13个拳头般大的橘子。看着我狼吞虎咽的样子爸爸笑了,我也低下头不好意思地笑了。那天是爸爸牵着我的手送我到汽车站,临跨上车门前,爸爸撸着我的头说:"好了,小鲤鱼要去跳龙门喽!"

爸爸酷爱食糖,吃肉粽子也要蘸着白砂糖,是个每天都要将自己收拾得清爽洁净才出门的人,哪怕被批斗,被扯掉领章,被关押,我看到的爸爸始终干干净净,亲他的脸能闻到一股柠檬霜淡淡的香——

我的女儿长大后远渡重洋在海外留学。当时为了她的情感问题,我和女儿有过争执和隔阂,一段时间见面就会吵起来,她说她正在反叛期很正常。我非常伤心和担忧!可突然间她懂事了,不再和我争吵了。在我的询问下,她拿出了外公写给她的信,信中爸爸这样写道:生活是什么啊?生活就是在苦难中不断磨练自己,让自己能展翅飞翔,遨游陌生的世界。生活其实什么都有,一个人不可能永远幸福也不可能永远痛苦,低谷反弹,乐极生悲,都循环进行着,对一切都要泰然处之才会活得快乐一些。每个人的一生都会如此,不会有哪个人比哪个人过得好,大家看到的只是一个人的一个阶段,就像你认识一个人不会一辈子都是一个样,人在变,社会在变,一切的一切都在变。是的,虽然爸爸离开我十年了,其实他并没有走,一直住在我的心间,我们经常在说着话呢!

陈海燕：相伴"舞台梦"

撰稿　杨建国

　　当了几十年的歌唱演员，陈海燕喜欢保存各类资料。譬如父亲陈大燊题写给她的书法，作曲家黎锦光为她誊写的歌谱，还有自己设计毛衣款式的编织图录……所以，约定采访时间时，她脱口而出："到我家吧，找资料方便一些。"果然，到她位于新华路一个居民小区内的高层公寓里，她边讲述着过去的那些事，边拿出一本本资料集、相册、唱片，似乎在用这些记录，来印证她的回忆。这些记录也勾勒出了她艺术人生的轮廓——曾经在舞台上收获掌声和鲜花的歌唱家，走到了欧洲当起传播中国文化的学者，又回到上海在舞台背后默默担任音乐剧制作人。如今，她仍想回到舞台，在文化发展的建设中，去发出那一份光和热。

学戏曲选歌剧

认识陈海燕已有 30 年了。最初的印象,是她在舞台上扮演唱着《红梅赞》的江姐。陈海燕毕业于"上海五七京训班"。这是上海在特定的历史时期里兴办的特殊专业艺术教育机构,在"文革"期间,上海还有相当于后来的上音附中、舞蹈学校的"五七音训班""五七舞训班"等,少年学员们都是"根红苗壮",通过"百里挑一"的方式招收进来的。陈海燕的父母都是军队文艺干部,家庭背景无可挑剔,再加上人长得俊美,乐感和表演都似有天赋,入选自然毫无疑问。顾名思义,相当于上海戏校京剧专业的"五七京训班",侧重的是京剧表演才艺的训练,学成之后应该进入京剧院。不过,待到她毕业,却面临了两个选择:上海京剧院和上海歌剧院都要她。年轻人喜欢唱歌,未满 20 的陈海燕以为到歌剧院就是去唱歌,虽然与所学专业稍远了一些,但她仍然选择了上海歌剧院。这一个阴差阳错的选择,也让她从此走上了一条与其他同班同学迥然不同的人生道路。不过,一旦舞台需要她时,她"重操旧业"也毫不逊色。上世纪八十年代末,上海举行艺术节,京剧院创排了一部红色题材的《刑场上的婚礼》,因为公认陈海燕的形象气质与剧中主角陈铁军酷似,又让她走进了京剧排练厅。那一次,她因为成功主演了这部现代题材的原创京剧,获得了上海戏剧"白玉兰"奖,她的表演不但没有让人失望,更促使她感悟到了跨界融合的艺术新境界。

演《江姐》反响大

进入上海歌剧院后,陈海燕很少有机会演歌剧。在那些年里,民族歌剧进入低谷期,剧院难得演一部,演了也很少有人买票看。尽管如此,她还是比其他同事更为幸运,先后主演了《海峡之花》《江姐》《红珊瑚》《方草心》等 8 部民族歌剧。她是上海歌剧院排演的《江姐》第二代主角扮演者。有一次,该剧在美琪大戏院演出两场。第一场演完后,许多观众在剧场门口驻足长久不愿散去,大家虽互不相识仍意犹未尽地抒发观后感。他们纷纷夸奖陈海燕不仅唱得好,扮相美,还成功塑造了一位气场强大的共产党人形象,具有强烈的艺术感染力和现实意义。笔者混在人群里听到后,第二天便到陈海燕家转达了观众的意见。得知有如此强烈反响,她当时非常激动,也马上向领导进行了汇报,促使上海歌剧院重新调整了演出计划。那一次,这部歌剧加演了10多场,观众场场爆满,成了上海演出市场的一个热点事件。后来的10多年里,上海歌剧院在每年的"七一"前后便要安排《江姐》的演出,主角扮演者也由年轻人一代一代接班,但陈海燕仍然时不时地出场主演。她身穿蓝色旗袍,围着红色围巾,声情并茂地演唱《五洲人民齐解放》的舞台造型,至今还清晰地留在许多观众的记忆里。在民族歌剧不景气的年代里,她凭着自己的顽强坚持和出色表现,再一次获得上海市的"白玉兰"大奖,以及"宝钢杯"高雅艺术奖、国务院颁发的文艺人才政府津贴等荣誉。

钻声乐走新路

在今天,跨界融合已经成为所有艺术门类的一股发展潮流。但在上世纪八十年代,却会被人们称为"四不像"、"不正宗",甚至"背离传统"。而陈海燕能以非歌剧专业出身的学习背景,在高手如林的上海民族歌剧领域一枝独秀,却正是与她对艺术的自觉融合和勇敢探索息息相关。她认为从京剧转型到歌剧,首先面临的是戏曲发声和歌唱发声的截然不同要求,戏曲吐字要把一个字分为字头、字腹、字尾三个过程,歌唱发声侧重于字腹的饱满;戏曲因拖腔的需要,行腔中间可以换气、偷气,歌唱则要求乐句之间的连贯,不允许随便换气等。虽然不同发声技巧的掌握需要极大的精力去反复琢磨,这个过程非常痛苦,以至于她都想改行。有整整半年时间,她甚至都不愿意唱了,还停止了练声,但是,她又确实非常喜爱艺术,怎么能轻易说放弃?一旦想明白之后,她又在清晨骑上自行车,到文化广场空旷的场地里尽情地"咪咪咪,嘛嘛嘛"练声。在钻研和分析中,她觉得尽管戏曲和歌唱的发声技巧有不同,却也有相互借鉴的共融之处。于是,她根据歌曲的不同内涵,尝试两者的融合和交叉,倒是渐渐琢磨出了一些门道。而且,在歌唱中加入了流行、民歌和美声,又拓宽了她的演唱范围。譬如,她以前的低音区老是下不去,加入了戏曲和流行歌曲的发声技巧后,不仅得到了弥补,各种音域的歌曲,发声竟然都能来去自如。经过摸索和尝试,陈海燕渐渐感悟到了跨界融合的好处,她的歌声也以独特性引起了观众的喜欢和文艺界的关注,从1988年至今,她在国内外成功举行了11次不同类型的个人独唱音乐会,为《严凤英》《铁道游击队》《杨乃武与小白菜》《美食家》等126部影视剧录制了主题歌和插曲,还出版了多张个人唱片专辑。她的歌声,传遍大江南北和20多个国家。

父教诲情尤深

在民族歌剧低谷期,陈海燕不屈不挠地成功转型,成为一位艺术全面的歌唱家,来自于她血液中的潮人性格。她曾多次与笔者谈起自己的父亲陈大燮,认为自己的进取和坚持,离不开父亲对她从小到大的教诲。那天在她家,看到墙上挂着一幅毛泽东诗词书法,正是陈大燮所作。字里行间,笔力遒劲,确实有笑看山河风云、我自岿然不动的豪壮和淡然气派。陈大燮出生于潮汕,青年时期曾当过中学教师,但他不愿远离抗日战场,绕道泰国来到上海,1941年在江苏泰州参加新四军后,就一直随战斗部队活跃在前线。抗战胜利后,陈大燮所在的部队编入刘伯承、邓小平领导的第二野战军,他担任军部文工团音乐股长。淮海战役中,陈大燮与战友们在前线创作了《淮海战役组曲》,为解放军将士前仆后继英勇杀敌,产生了极大的鼓舞作用。解放后,陈大燮先在南京军区前线歌舞团任职,陈海燕就出生于部队大院。上世纪六十年代初,陈大燮奉命来沪创建上海警备区文工团并留沪任职团长,8岁的陈海燕也随父母迁到了上海。后来,陈大燮到上海音乐学院进修,还担任过上海音乐家协会秘书长,创作了大量军旅歌曲和人民群众喜爱的作品,连许多人打太极拳时的音乐,也出自他的手。还在陈海燕孩提时代,她父亲经常在谱写歌曲时,会把旋律哼给她听,这也养成了她从小爱唱歌的习惯。所以,直至现在,陈海燕仍会吟唱那些记录着时代情感的歌曲。她随口哼起了父亲创作的《小河的水静静地流》,浅吟低唱之间,对父亲的情深意切溢于歌声。也正是这个原因,后来从"五七京训班"毕业时,她选择了去上海歌剧院报到。

攻编织原创梦

"潮汕人不会轻易屈服于命运,也能够适应和融入各种环境,身上都有一种可以在任何地方生生不息的顽强生命力。"陈海燕认为。小时候,父母领着她回到老家探望亲戚;成为歌唱家之后,她也多次到潮汕地区演出,了解了很多潮汕人的奋斗经历,对潮汕人的气质也感同身受。因此,即使在艺术环境最为萧条时期,她也不会像有些人一样沉沦、跳槽。她相信,困难总会过去,曙光就在眼前,而且,要通过自己的努力,才会迎来光明。为此,那时她在参加演出之余,还钻研起毛线编织技术,设计了大批款式,竟然出版了《手编时装作品集》,此事在文艺圈一度被传为热门话题。喜欢听她唱歌的时任上海市委副书记陈至立,也欣然为她的著作写下了"艺术与生活的高度统一"题词。

上世纪九十年代中期,她边参加各类海内外演出,边编织毛衣,心里还酝酿起一个梦想:创作一部中国原创歌剧。这个梦想的由头,是时年70多岁的越剧表演艺术家傅全香引发的。傅老师找到陈海燕,说有一部以词人李清照生平为题材的越剧正在创作。她感到自己老了,觉得陈海燕的形象气质颇为合适,想请她来主演青年时代的李清照。由于种种原因,那部越剧最后没有演成,倒是勾起了陈海燕的民族歌剧情结。就当是旅游吧,她沿着古代李清照生活的地方走了一遍,又自费掏出2万元约请剧作家创作剧本。但是,排一部歌剧要有群众演员、合唱团、乐团、舞美,独自根本不可能完成。她找到剧院领导,领导却因为经费拮据表示无可奈何,还问她能否再掏出40万元投入到剧目排练里?那时的陈海燕,怎么可能有这么多积蓄?而且,主动请缨为剧院创作,竟然还要自己投钱?她感到非常失望,只得把剧本藏进了书柜里。但是,作为歌唱家,她依然没有停止歌唱。在电视荧屏上,在各类音乐会上,在中外文化交流的巡演中,她的歌声依然让人听起来那么美不胜收。在一次赴法国演出的聚会上,陈海燕认识了一位热爱中国艺术的西班牙某大学艺术学院院长,围绕中国文化的传承和发展的话题,让两人交谈十分投机。这位院长发出邀请:"我们成立了东方艺术研究院,您能来讲学吗?"正失去了创作原创歌剧机会的陈海燕欣然接受,于是,进入21世纪的最初5年里,她又拥有了传播中华文化的学者经历。

赴欧洲当学者

只身来到马德里自治大学东方研究院时,陈海燕并没有独自闯荡的孤独感,连语言也并不算是沟通的障碍。因为,作为一位有丰富舞台经验的中国艺术学者,她在国内时就做了大量的案头准备,顺便也对自己的艺术之路进行了一番总结。当然,为了更好地沟通,在艺术上找到共同语言,她还拜师学了弗拉门戈舞,"总觉得京剧花脸与弗拉门戈这两种不搭界的艺术品种之间,有着相通之处。我不学的话,就找不出相互的异同究竟在哪些方面。"陈海燕为自己在东方艺术研究院的讲课,设立了四个板块,分别围绕中国戏曲、中国民族歌剧、中国民歌与生活的关系、中国流行歌曲的现状展开。事实上,这四大课题都来自于她的艺术实践,有感而发去演讲并不难,难的是她要系统地、上升到史论的角度去阐述,还真是相当不容易。当然,要做就要做成最好的。刚到西班牙时,她随身带了大量书籍资料,根本没有时间去游览参观,每天就把自己关在房间里看书研究。结合自己的艺术经历和丰富的舞台积累,再加上学了弗拉门戈舞,她在研究中也形成了自己的中国文化艺术观,面对外国学生和学者们讲起课来,既有连唱带演的现场展示,又有古今纵横的材料和观点,还真是很受欢迎。数年之后,陈海燕凭着自己的努力,虽然在异国的学府里已经进入了如鱼得水的境界,她也有潮汕人身上那种"到哪里都能生根开花"的不懈精神,但是,心里的舞台梦想,仍然促使她放弃已经得心应手的工作回到上海。她说:"这个梦想的实现,只能在国内。有了国内的基础,才能走向世界。"

退幕后再转型

回到上海将近 10 年了,陈海燕曾经在上海举办了两次独唱音乐会。但是,更多的经历,是"躲"在幕后,用自己的艺术观和经验,为台前的年轻人服务。与歌剧有许多相似之处的音乐剧,在上海是逐渐受到市民欢迎的表演品种,但是,只引进海外经典,不推出原创剧目,无法拥有中国本土化的创作和表演资源。想到这里,一种使命感油然而生,陈海燕觉得自己有责任参与到本土音乐剧的建设和发展中去。她与合作多年的作曲家金复载教授再次握手,从歌唱家、学者,又转型为音乐剧制作人,创建了一家民营音乐剧剧团,她担任副团长兼制作人。音乐剧并非如其他国内舞台剧创作,能依托国营剧院想演就演。民营剧团的性质首先决定了创制剧目必须自筹资金、委约创作、招募演员、制作舞美,还要租借排练场地、核算运营成本。身为制作人的陈海燕,既是年轻演员们心目中的总管家,又是找资金的公关经理,还是置办舞美道具的剧务,更是推销门票的市场营销人员。苦和累,她已经习惯了,并无怨言。但是,社会上种种不理解和冷漠相待,却让她很是郁闷。从 2009 年接手制作人起,她就是在音乐剧成功与失败的喜悦和苦恼中度过的。2014 年 3 月,陈海燕从在意大利生活的女儿家过完春节回到上海,又马上投入到了新剧目的谈判与筹备之中,"做任何事,最初总会遇到种种困难,只要相信自己做的事是正确的,坚持下去,一定会成功的。"显然,说这番话时,她仍然充满信心。

有信心再圆梦

"躲"在幕后的陈海燕,并未放弃自己的舞台梦想。2013年5月,她在首届上海市民文化节举办独唱音乐会时,不但感到自己站在舞台上照样行腔自如,气息流畅,歌声也深受观众的欢迎。经过这么多年的思考和摸索,她对如何把握和发挥自己的艺术特色,也有了充足的底气。"年龄虽在增长,积累却在丰富,觉得自己还能在舞台上发出光和热,也没到告老退休唱不动的时候,那就继续去圆自己的舞台梦吧!"她笑着说道,神色却很坚决。

陈海燕:相伴「舞台梦」

周昭京：幽幽墨香，反哺情深

"奋笔沪江气似虹，现身说法励乡童。潮人俊彦入青史，闪烁文星众仰崇。" 2012年8月9日，一位鞠躬尽瘁的潮籍作家在上海逝世，享年77岁。他，正是周昭京。

2014年3月22日，笔者于上海潮汕联谊会办公室采访了周先生的爱人，一位气质优雅的女士。言及丈夫不平凡的一生，周夫人娓娓道来。

周昭京先生，1936年出生于粤东潮阳县峡山镇，50年代毕业于潮阳二中，60年代毕业于上海师范大学，后在几家报社任职，也从事过教育工作。80年代后专事写作，为弘扬潮汕文化作出了突出的贡献，是著名的潮籍作家、史学家。作为自由撰稿人，其作品以纪实文学为主。潮人写潮事，潮人写名人，形成了他鲜明的创作特点。半个多世纪以来，幽幽墨香，反哺情深。

勤奋多产，名扬海外

周先生是《上海潮汕人》副主编、香港中国文化馆《我的母亲》副主编。从上世纪八十年代起，他先后在美国《国际日报》、法国《欧洲时报》、泰国《京华中原联合日报》《中华日报》、香港《国际潮讯》等国际报刊，和《文汇报》《羊城晚报》《南方周末》《新民晚报》《汕头日报》等几十家国内报刊发表了两百多万字的作品。已出版《潮汕名人采访录》《潮州会馆史话》《中外名人风采录》《潮人八大使外交风采》《潮人十院士》《潮人八院士》等多部著作，在海内外引起强烈反响。

1976 年，周昭京在上海《文汇报》上发表《重评史可法》，将被"四人帮"颠倒了的历史恢复原貌，该文被扬州市史可法纪念馆展览于大展厅最显著的位置；1982 年，他在《文汇报》发表《纪年续谈——答瑞士著名汉学家终身教授胜雅律向》；1993 年在《汕头日报》发表《鲁迅、周恩来与潮阳泗水周氏同祖籍》，该文也为绍兴鲁迅纪念馆及周恩来旧居收藏。

《潮州会馆史话》一书，周先生花了 6 年时间写成。该书以清康熙年写起，前后写了北京、上海、广州、天津、南京、苏州、嘉兴、台湾、香港、澳门、新加坡、柬埔寨、越南、马来西亚、菲律宾、泰国、法国、加拿大、美国等 20 多个国内外潮州人三百多年在海内外建立同乡组织的业绩。"在会馆史正式出版物奇缺的情况下，《潮州会馆史话》一书，填补了潮汕会馆史的空白；从写国内又写国外的会馆史料上来说，它也填补了国内有关海内外会馆史的空白"（见《潮州会馆史话序言》）。后来，《潮州会馆史话》被列入台湾暨南国际大学历史学研究所课程纲要，授课对象为研究生，由徐泓老师授课。美国旧金山中国和平统一促进会主席翁诒裘曾在美国《中华论坛报》上发表评论，对《潮汕名人采访录》《潮州会馆史话》两书作很高评价。这两本著作是珍贵的乡邦文献，被列入潮汕文库，并获潮汕历史文化中心优秀奖。

《中外名人风采录》一书因采访人物众多，遍布世界各地，荟萃各方翘楚，在海内外新闻界、文化界产生了相当大的影响。周先生花 19 年时间完成该著作。此书记录了包括美国、法国、日本、加拿大、澳大利亚等十几个国家和我国港台地区及国内各界精英人物等 60 多人，内容涉及外交、侨务、教育、美术、音乐、电影、戏剧、翻译、文学、历史、新闻、金融、银行、经济、物理、化学、生物、数学、家谱、烹调、宗教等领域名人。笔触苏步青、刘海粟、赵朴初、秦牧、萧乾、贺绿汀、施蛰存、夏衍、冯德培、蔡哲生、陈香梅、李嘉诚、陈弼臣等名流。写这些人的目的，在发扬他们的创业奋斗精神。"走进名人，启迪人生。"

因其重大影响，《中华名人风采录》一书被中国文化名人手稿馆征集收藏。作品入藏美国国会图书馆、日本国会图书馆、英国大英图书馆、法国国家图书馆、俄罗斯国家图书馆、中国国家图书馆、中国现代文学馆、中国当代作家代表作陈列馆、上海档案馆、台湾台北图书馆，及台湾大学、台湾师范大学、台湾交通大学、台湾成功大学、香港大学、香港中文大学等大学图书馆。周昭京也因此名载英国剑桥《世界名人录》《国际名学者录》，美国《国际500名有成就名人录》，印度《国际美洲亚洲名人辞典》等。

自1977年起，历时30余年，周先生完成了六本著作，包括1991年出版的《潮汕名人采访录》、1995年的《潮州会馆史话》、2000年的《中外名人风采录》、2008年的《潮人八大使外交风采》、2010年的《潮人十院士》，以及2011年的《潮人八院士》。2012年8月9日，周昭京因病去世，潮人纪实小说《潮汕三姐妹》及自传《人生》尚未完稿，尤为遗憾。

乡音绕耳，反哺情深

周昭京采访写书，不辞辛劳，不计报酬，行程万里，四处奔波。5年时间采访潮汕名人，再用5年时间搜集、调查潮州会馆史料，然后坐下来，一格一个字地写，每个字都是他心血的结晶。他写作的费用都是自理的，每每有人说他傻，他总这样回答："煤火的生命来自大地母亲的哺育，我有三个母亲，一是生身之母，一是祖国，一是故乡。不为母亲做事是不肖的。儿女对母亲只有奉献两字，对母亲的奉献是一种人生的事业，人生的追求，它永远是没有下课铃的。"

多年来周昭京思乡情切。虽身居上海，仍坚持每年至少回一次家乡，探亲访友、叙旧抒情。在沪多年，他仍旧保持潮汕人的生活习惯。四海闻乡音，周昭京看书、读书都是用潮州话读、用潮州话思维。他最爱吃的，是家乡的鱼丸、虾丸、牛肉丸；最爱喝的，是家乡的功夫茶，出外访谈时功夫茶具也随身携带；最爱听的，也是潮汕特色剧种——潮剧，兴致高昂时还会随口哼唱。在上海的家中，买菜烧菜都由周先生一手包办。相伴一生，出身杭州的周夫人也习惯并喜爱上了潮汕风味的饮食。每逢在上海街上偶遇一口乡音的潮汕老乡,周先生都会停下脚步热情地寒暄问候,即使是陌生人,也盛情邀请至家中做客,并下厨以家乡菜招待。他的浓浓乡情,正如印度诗人泰戈尔的诗:"无论你走多远,我的心总是和你连在一起,黄昏时无论树影多长,总是和树根连在一起。""为什么我的眼睛饱含泪水,因为我见到梦魂牵绕的故乡土地。"又如宋周邦彦之阙词:"故乡遥,何日去,家住吴门,久作长安旅;从别后,忆相逢,几回梦里与君逢"。

潮人、潮心、潮汕文化,自其斗室可见一斑。周家收藏海内外有关潮人潮事的资料,满堂生辉的都是名人墨宝。这些名人墨宝有一种特点,就是都有一个"潮"字。赵朴初先生写的"同根花叶,四海潮音",启功先生写的"八方连汉胄,四海听潮音",刘海粟先生90岁时写的"潮音"二字,钱君匋先生写的"功夫茶香,潮汕水甜",还有胡问遂先生写的"功夫茶香"、谢海燕先生写的"休嗟城邑住天荒,已得仙枝耀故乡;从此方舆载人物,海滨邹鲁是潮阳"(陈尧佐诗),等等,都突出一个"心系潮汕"的潮人精神。

"潮人足迹印环球,筚路蓝缕春复秋。沪上周郎挥史笔,证今稽古添新猷。"这是汕头市委常委、宣传部长黄赞发同志为周昭京所著的《潮州会馆史话》所题的诗。如今,在海门莲花峰海边摩崖上,刻有他亲笔书的"思潮"两字,正是这位离乡赤子恋眷潮汕故土的最好写照。

粗茶淡饭,笔耕不辍

周昭京的生活非常简单,他不知享受,也不懂娱乐。他不肯请保姆料理家事,亦不愿烦劳儿媳照顾,只求清清静静写作。他待人平和坦诚,风趣健谈,喜广交文友。某次文友聚会交换名片时,他说:"这次我没有带名片出来。我的名片与众不同,上面印的头衔是'中国公民,潮汕移民,上海居民'。"大家听后都会意地笑了。若问其生平所好,他曾回答:"最喜窗头明月,枕边书。"他不抽烟、不喝酒、不打牌、不搓麻将、不跳舞。他充分利用时间读书学习,作为积累文化投资的"资金"。他自己开办"潮汕文化资料库",收集海内外著名潮人、古今潮人史迹、史书上摘录的潮人资料,包括拓片、图片、海外报刊报道等,还一一编号入库存档。

周先生多年自费奔波采访、写书,很多人并不理解;对于这种无私的执着甚至"一根筋",同执教鞭多年的周夫人却自始至终全力支持,令笔者尤为感动。夫人口中的周昭京,在外口若悬河,在家却安静寡言,这也许是文学创作者的性格特质。而在笔者看来,能拥有一位几十年如一日无怨无悔帮助自己校对、修改、誊写每一部作品的贤内助,也是周先生这一生中最珍贵的财富。

长年伏案写作的日子是单调而枯燥的,但全身心热爱这份事业的周先生,却一执笔杆便忘却时间。废寝忘食,正是他奋笔挥毫的生活常态。访谈中,周夫人无奈地皱眉:"他是怕断了思路,所以不肯吃。"长年熬夜写作、饮食无规律,也在无形中落下了病根。"从开始写书起,这么多年,我们几乎不曾同桌进餐过。"这句感叹饱含着爱人的心疼与惋惜。

周昭京认为,开拓潮汕文化也是投资,是文化投资。他说,每个人来到世界上时都带有一份财富,这笔财富就是时间。海内外不少成功的潮人,他们发挥自己的才干,抓住机遇,充分利用时间,将时间变成亿万经济财富。报道海内外有成就的潮人,宣传他们创业的奋斗精神和爱国爱乡的事迹,会鼓舞潮汕人民建设潮汕的斗志。

有人问他:你这是吃饱饭没事做,有钱何不做生意去。但他懂得:"文章千古事,得失寸心知",文章是经国之大业,不朽之盛事,金钱用得完,生带不来死不带去。人生的事业就是靠你自己的勤奋与努力,不能随便比较,人比人气死人,人家骑马我骑驴,回头看看推车汉,比上不足下有余。事业成功大与小,心态要平衡,这对事业、健康都有好处。"扫地烧香得清福,粗茶淡饭足平安。"古稀之年仍笔耕不辍,正是"年逾花甲再争春"、"老夫聊发少年狂",又何尝不是"留得残荷听雨声"呢?

他的名片上写着这样一首诗:来世不带印和财,意志蘸汗写舞台。白纸黑字任评说,正道沧桑看花开。"我虽然不能做呼啸的火车头,但是可做一根枕木,共同为建设潮汕而奔向前方。"幽幽墨香,反哺情深,吾辈深深敬仰。

周晓：学着写好一个"人"字

撰稿　方毓强

　　2011 年暮春时节,第二十四届陈伯吹儿童文学评委会宣布,年近八十的周晓先生获杰出贡献奖。这是该奖三十年来,自德高望重的任溶溶先生首获此奖后的第五位获奖者。作为潮汕人,周晓先生的肖像上了上海潮汕联谊会会刊《上海潮汕人》当年第三期封面。潮汕老乡见到他,打趣说:"封面人物来了!"人们还有些惊讶,此前虽因周晓是《潮人先辈在上海》一书的主编而为潮汕人熟知,但只知他是出版界资深编辑,并不知晓他在文学上的突出贡献。此番获奖,人们才明白——素来低调的他,在上世纪八九十年代的儿童文学界是一个何等响亮的名字,青年作家以"一面旗帜"推崇他,《文学报》为关于他的研讨会所作的报道,以《一个人和一个文学时代》为题,足见其业绩的分量。

　　说来也是有缘,周晓先生的夫人周宁霞,是建国后也是"文革"后才得以出版的首部《徐霞客游记》的责任编辑和"徐学"学者,而我则是一名"徐霞客迷",且刚读过周晓先生所作有关周宁霞与徐霞客研究的访谈录,所以对采访先生,便格外有兴致。

　　2013年12月底的一天,我来到宛平南路一处普通民居,叩响了周晓先生的家门。开门的正是先生本人,他头戴绒线帽,慈眉善目,笑吟吟地把我领进房内。我发现客厅很大,且映入眼帘的景象,立时使记者有"书剑琴心"之叹。便不忙落座,先趋壁而立,看厅堂南北墙上悬挂的名人书画:郭绍虞的行草、顾廷龙的篆书、王蘧常的章草条幅,以及韩硕、苏石风的画作。巧的是,顾廷龙所书为咏徐霞客诗,而我又是"徐霞客迷",周晓先生便随手从书橱里抽出其夫人所著《徐霞客论稿》,翻开书中彩色插页所载顾先生此手迹的文字说明。总之,老人宽敞的居所,给人以"书香满屋"、"文人之家"的雅致印象。

一

　　我们开始聊天。

　　他说,他和许多老知识分子一样,都经历了建国以来历次政治运动的"洗礼",1954年,21岁的他进入新文艺出版社(后为人民出版社上海分社、上海文艺出版社),即于次年"反胡风"这场风暴中受审查,遂后,达摩克里斯之剑即时时在头顶高悬;"如履薄冰工作,夹着尾巴做人",是准确的写照。1960年前后稍微宽松的年月,他写过几十篇随笔、杂文、书评,无非是显示作为一名文学编辑的存在,多为人云亦云之作,可取者寥寥。早年他处理过何其芳等老作家理论著述旧著的重版,参与过历时多年始编纂完成的以群主编的《文学的基本原理》的部分编辑工作(他自觉这对他认识文学的本质颇有裨益)。根据分工,他偏重于编辑文学评论家的著作,如侯金镜、马铁丁、冯牧、李希凡等的评论集,以及评论单部作品(主要为当时风行的长篇《红岩》、《红日》、《三里湾》等)的"文学作品分析小丛书"。这应了一句俗语,熟读唐诗三百首,不会作诗也会吟,他感到多少为他打下了日后写作评论的功底。令他感慨的是,他初涉理论著作编辑工作不久,接手责编的是侯金镜的《鼓噪集》,不料此书出版后竟一本也发行不到读者手里,其罪名仅仅是书中《1956年短篇小说选序言》一文肯定了王蒙的《组织部新来的年轻人》,仅仅为此便被勒令停售,收回销毁。为了这件事,1980年他写过随笔《"草菅书命"及其他》,此文于《上海文学》刊出后,他才知道侯金镜其人也被"草菅"了——侯金镜和马铁丁(即陈笑雨),《文艺报》的两位副主编,"文革"中均死于非命。至于他过去编辑工作中的局限和无奈,老人又感慨地说,文学理论、评论方面的图书,他编过的不下二三十种,最终能成为保留书目的,仅秦牧的文艺随笔集《艺海拾贝》一种,他连声说:可叹!可叹!

至于"文革"浩劫中他的遭遇,可谓九死一生,难以尽述,他说,也实在太"平凡",不必辞费了。

二

话题转到上世纪七十年代中期的"转行",老人倒有些兴奋起来,八十老翁有些浑浊的眼眸里显出些许明亮的光泽。他说"文革"后期,他和老伴周宁霞分别被分配到少年儿童出版社和古籍出版社,使得他俩日后得以或驰骋于儿童文学拨乱反正的战场,或因编辑《徐霞客游记》而成为"徐学"学者,他俩终于能分别写上"不负此生"的一笔了。他在《周晓评论选》后记中述及他"一生中这一最值得珍视的"转折时说:"给予我的后半生以无限的生机和活力的,是党的十一届三中全会的路线,是以'实践是检验真理的唯一标准'的讨论为发端的思想解放运动……与'文革'及其以前相较,我的精神状态判若两人,或竟可以谓之曰:'新生'。"在被称为新时期的八十年代,他自称是个年岁不小了的儿童文学新兵(他已经年近半百了呵),却以义无反顾的激情投入到"战斗"中去,为了催促因囿于"左"的和传统观念的束缚而陷于迟疑麻木、趑趄不前境地的儿童文学,能以汇入已形成井喷式发展之势的新时期文学潮流中去,老人说,他当时的确是不惮烦以单薄的一己之力和有限的支持,即使是孤军奋战也绝不退缩,希冀为滞后的儿童文学"击一猛掌",其核心观点,是强调儿童文学是文学,向"教育工具"论提出质疑。他渐渐地构筑和巩固了他主持的《儿童文学选刊》这一阵地——日后被誉为是一份"把整个新世纪儿童文学都带到了开阔的海面"的刊物;他本人则被称为在新时期儿童文学界跃马横枪、左冲右突的"一员骁将和老将"。

周晓先生对新时期自己的作为曾作以下自述:"我的儿童文学活动,大别之，前期着重于廓清'左'的思潮对创作的危害，近期则侧重在对若干传统观念的剖析；而归结到创作上，则是对创作中的若干新现象，力求及时作出反应，着眼与新人新作的扶持。为这一切，不遗余力。"有多位青年作家说，他们对他的提携"心存感激"，他说，其实说感激，倒应该是他自己，他正是青年作家们的创新潮流所造就，是这股创新潮流"裹挟"着他奋然前行。

谈话中，老人说，他颇感自慰的是，由于儿童文学界中、老年作家中的部分有识之士的努力，特别是青年作家们不甘落后的开拓奋进，和青年理论学者的脱颖而出，新时期的儿童文学终于如脱弦利箭般奋发向前。这时，老人似乎陷入了沉沉的往事之中，他说，这一过程里，他所主持的《儿童文学选刊》经历了重重阻力，他个人更是经历种种非议、压力，比如腹背受敌式的批评，包括他曾在压力下被迫以向作家协会请创作假的方式离开选刊的岗位，"赋闲"近一年。不过，老人似乎很快从回忆中醒来，他说这些实在是一段"很不光荣，

百年潮人在上海

很不豪迈"的经历。事过三十多年，这一切都成为历史的陈迹，已经被而后儿童文学闯将们雄壮的进军，冲得无影无踪了——老人有点自嘲也有点自得。

周晓先生所主持的《儿童文学选刊》，于1995年由著名青年女作家秦文君接任主编，之后他于65岁退休。退休时他"盘点"评论写作的成绩，其大部分评论已分别编入《儿童小说创作探索录》《少年小说论评》（上世纪八十年代）和《少年文学与人生》，《周晓评论选》（上世纪九十年代）之中；退休后的2004年出版了《周晓评论选续编》。他主编了《上海五十年文学丛书·儿童文学卷》、台北版三卷本《中国大陆少年小说选》等多种选本。文学活动方面，他主持了两次颇有影响的会议：1983年主持了《儿童文学选刊》在江苏江阴

召开的青年作家创作座谈会；1985年岁末，在贵阳花溪，以他为主，组织和主持了与贵州人民出版社联合举办的儿童文学创作研讨会（时任贵州省委书记的胡锦涛出席讲话）；他还多次出席文化部、中国作协举办的全国儿童文学创作与理论会议。此外，1993年和1997年，他两度受聘担任国家新闻出版署举办的第二和第三届全国优秀少年儿童读物奖评委；1996年，担任中国作协举办的第三届全国儿童文学奖评委，参与的社会活动颇为频繁。进入新世纪，退休有年，他自觉对创作与理论研究的发展状况已无力把握，遂逐渐推辞文学界、出版界的诸多活动，其中坚辞中国作协第五届全国儿童文学奖评委的再度聘任，为人所乐道。如今，老人自称是一名"文学过客"。

三

周晓先生退休之前的1989年，上海潮汕联谊会成立，他承邀入会，并于其建会五周年时，受托安排纪念刊的出版事宜。他生于上海，1937年"八·一三"抗战爆发，五岁的他与三岁的弟弟，随母亲返家乡潮阳避难。15岁，抗战胜利时重回上海。老人离乡至今已六十多年，仍能操一口潮汕话。他第一本评论集于1983年由广东人民出版社出版，《后记》有言："在上海工作了大半辈子的我，少年时代却是在粤东故乡度过的，家乡故里的人事风物，每每念及，仍使我萦怀不已。"因此，乡情乡谊所系，凡联谊会有所求，他必积极响应。

退休后，适逢联谊会成立十周年，又值创会会长王亚夫逝世，周晓先生"临难受命"成为撰写纪念文章的作者（原定作者变卦辍笔），草拟了一篇后来颇获好评的纪念文章刊于《王亚夫纪念文集》。自此，年近七旬的"老秀才"周晓先生已成为上海潮汕联谊会的"专用秀才"，而坐实此雅号的是2000年的又一次"临难受命"：他与夫人周宁霞，甫从澳洲探亲归来，又"被动"接受《潮人先辈在上海》一书的编纂任务。所谓"临难"，又是原定的合作者"借故推托"，不得不独力承担，后由本书策划人方小兰副会长力促并非潮汕人的周宁霞辅佐，以致这本书最后成书阶段的编写工作成为"夫妻店"（其间还商请宋钻友等两位文友"助写"少量篇章）。老人记得2000年深秋，他和周宁霞面对方小兰领导的上海潮史调查组多年来从档案馆、博物馆、图书馆搜集来的案上盈尺的复印材料和十余种图书，他俩埋首其间多日，迅即拟出提纲，经方小兰和联谊会领导讨论认可，即投入写作，因为"时不我待"——这本书的出版日期是"定死"了的：2001年，汕头潮汕历史文化研究中心成立十周年时，作为十册一套的丛书之一出版，如此留给本书编写工作的时间只有七个月，必须在2001年5月初交稿。此种"来料加工"式的写作，在他们夫妇俩实属前所未有，他们十分无奈，又感到既然承诺便无退路，只能半年内足不出户，"闭门造车"了。好不容易在这一年"五一"劳动节后，将全稿22万字发齐，8月便见书了。老人说，这样的"急就章"，当然无学术性可言，不过在首发式和讨论会上还是得到充分肯定。

老人说，这里他要多说几句周宁霞。写作时，他多次责怪她写得过细，进度太慢。比如在写作关于郑正秋为会长的潮州旅沪同乡会两文时，他曾嫌她引述过多，但她极力争辩，比如写《救国恤难，著称于时——"一二·八"抗战中的潮州旅沪同乡会》一文时，作为浙江人，她多次激动地说，想不到你们潮州前人的奋斗精神与意志如此坚强，可敬可佩，以致她从档案材料中获取的大量材料都不忍舍弃，认为应该让这些尘封于档案馆的"死"材料，尽可能都变成为可以流布于千百读者的"活"文字。她这样的历史书写态度应是可取的。书出版后，《文汇报》节摘版以四千字的篇幅摘载的《潮州音乐在上海》一文，即出自周宁霞的手笔。老人说，他多说了这几句话，算是对逝者的一点纪念吧，周宁霞去世已经八年了。

我最后提问：作为潮汕人，您有什么爱好吗？老人答道：少小离家，经常萦回于脑际的是家乡的戏曲——潮剧，俗称潮州戏。那当然是很模糊的印象，但却挥之不去。所以读鲁迅《社戏》，便由不得不反复诵读。也因此之故，上世纪五十年代，广东潮剧院首度莅沪演出，那时年轻的他便禁不住提笔写了散文《潮剧忆旧》刊于《文汇报》，很凑巧刊出那天正是剧院全体抵沪之日，此文成为潮汕人对家乡戏曲使者的一束欢迎的花束；演出过程中，他又写了题为《潮剧的瑰宝》的剧评发表于《解放日报》；一个对戏曲及演出仅有皮毛认识的青年人，居然敢于卖弄笔墨，老人说，现在看来，颇有鹦鹉学舌之嫌，不过当时的确对家乡戏曲一往情深。"文革"后潮剧多次来沪献演，周晓先生每每参与接待活动，他笑道，自己甚至还"粉墨登场"，上台主持演出开幕式，向观众介绍著名潮剧表演艺术家姚璇秋、名丑方展荣……

采访结束时，老人说，今天他算"破天荒"地讲了一生中一些鸡零狗碎、不是故事的"无趣之事"。我说，在关于他的讨论会上，作家叶辛说过："作为一个知识分子，周晓先生正直、诚恳，以说真话为己任……"我觉得"说真话"是最难的了。老人此时严肃地正色道,他服膺老作家贾植芳的人生感悟:一辈子努力把"人"字写周正。周晓先生说,前面他提到,他的前半生是"夹着尾巴做人",后半辈子他想做到的是真正做个人,学着写好一个"人"字——这是大半天里,老人说得很动情的话。

临别时,我告诉老人,1976 年我二十出头,单身一人带着相机,背着行李,靠双腿登上黄山(当时游客极少,也无缆车)。在山上游览了 10 天后,再从歙县的深渡镇出发,沿新安江或步行、或乘船,经富春江,最后到达杭州。一路上我对旁人声称自己是"方霞客"。后来早在1980 年就买了周宁霞编辑的《徐霞客游记》,"按图索骥"遍游中国了。只是与周宁霞老师无一面之缘。因我热衷于拍摄纪录片,好像在一两年前,还在中央电视台纪实频道上一个徐霞客的纪录片里,看到还拍摄了已故《徐霞客游记》责任编辑周宁霞的家。未料,今天我就坐在这个家里! 这或许是一种冥冥中的缘分吧。我起身到客厅正中周宁霞老师的遗像前,合掌致敬……

欧冠云：澄海之子

撰稿 唐宁

　　故乡在人的心中总是与纯真的回忆和温馨的感情连在一起的。祖籍粤东潮汕的新民晚报主任记者欧冠云先生，虽是少小离家，但是故乡的那条小河，如同一块蓝宝石，在他心中珍藏了一辈子。

　　1927年11月，欧冠云出生在澄海。那是粤东韩江下游平原地带的县城，一个物产富饶、景致秀美的地方。老家宅门前有一条逶迤弯曲的小河，清澈的河水缓缓流淌，在阳光下呈现浅蓝的色彩。在垂柳轻曳的小河边，欧冠云与小伙伴一起玩耍，度过了无忧无虑的童年时光。

　　小河中段有座小石桥，桥堍边有座小木屋，有对中年夫妻开了一家小杂货铺。幼年的欧冠云经常跟母亲去小铺子买东西，常常伏在临水的窗棂，在远处游戈而来的白鹅,有的成双成对,有的成群结队。曲颈向天歌的白鹅,就是澄海有名的狮头鹅。这一派充满诗情画意的田园风光,如同一幅美丽的油画,深深印刻在欧冠云的脑海中。欧冠云6岁时,跟随母亲去上海,与在那里的父亲团聚。多年以后,他仍然清晰地记得那一天,他的手上提着一只玻璃瓶,里面游着二尾观赏小鱼,瓶中盛满家乡小河的水。童年的欧冠云,以这种方式与家乡告别,小瓶子里装满了他的乡愁。

欧冠云跟母亲到汕头码头,乘船开往上海。蓝色的澄海渐行渐远,定格于他的脑海中,成为遥远的记忆。他常常独自呆在弄堂里,蹲在地上打玻璃弹子或翻看香烟牌子的画面,以排遣心中的孤寂。进了小学,他从老师手上得到附近华德大戏院(今长治电影院)的周末优惠券,第一次走进了电影院。大堂里挂着漂亮的电影海报,大"白墙"银幕上会动会跳会奔的"怪物",变幻无穷的动作既夸张又风趣,逗得少年欧冠云笑个不停。沃特·迪士尼的米老鼠和唐老鸭,让他获得了奇异的感受。从此,欧冠云成了"铁杆影迷",电影成了他读书以外的生活中的唯一爱好。

后来,欧冠云又看到了很多中国自己产的影片,《大路》《十字街头》《马路天使》《迷途羔羊》……他每每看到被金焰、赵丹、白杨、周璇、黎铿等众多电影明星塑造的人物及演绎的故事情节深深感动。1949年,欧冠云就读于上海中国新闻专科学校,他开始有感而发,写了许多影评文章,投寄给报馆。解放前夕,由于参加进步学生社团,欧冠云和一批进步教师学生一起遭到逮捕,并关押在闸北公园。幸亏解放军解放了上海,他们才被放出来,当时,华美时报还报道过这件事。

1953年,欧冠云进新民晚报当了记者。报社领导知道他爱好电影,便安排他在文艺新闻组负责电影采访。欧冠云如鱼得水,欣然从命。他开始跑摄影棚直接观看拍摄过程,从故事片、美术片、科教片,到翻译片,借着工作之便,能欣赏到风格迥异的各国原版片或经过译制的电影作品,还与电影工作者接触交流,观察了解他们创作的甘苦,再收集材料,通过报道介绍给读者。在报纸发表评论和散文时,他用"蓝澄"作为笔名,以此表达他对故乡的深情。

1957年起,欧冠云参加了民主党派九三学社,他曾任支委委员、顾问。十年动乱时期,新民晚报被迫停刊,欧冠云被发配到上海胶带厂"战高温"。运动后期,他到《上海文学》编辑部任编辑。1981年,新民晚报筹备"文革"之后的复刊工作,欧冠云才得以重返报社。我就是那一年,作为大学毕业生进入筹备复刊中的新民晚报社,认识了欧老师的。我学的不是新闻专业,对于将要从事的新闻采访心怀忐忑。欧老师却鼓励我说,新闻采访是有一定规律的,只要多动脑筋,勤奋钻研,你一定会胜任的。而后,他又带来一本红色硬封面的剪报本。里面整齐地贴着数十篇他在“文革”前写的报道。阅读那些形象生动、文笔优美的文化报道,令我受益匪浅。欧老师的剪报本,是我学习晚报式采访的最初的教材。之后,我又有幸跟欧老师一起跑电影条线新闻,成为他名副其实的带教学生。

　　1982年1月,新民晚报复刊刚过半月的一个中午,欧冠云老师在采访电影艺术家张瑞芳之后,回到报社,突然中风倒下。经过抢救,欧老师恢复了知觉。那天,我一直在急诊间陪伴着欧老师,当他清醒过来后,似乎意识到右侧身体的麻木,也许是想到握笔的右手不再听使唤,他的眼神中流露出深深的无奈与痛苦……我很理解他的心情。因为“文革”,新民晚报停刊了16年,这也是欧老师一生中最好的年华。此刻他虽年过半百,但能重回自己心爱的岗位,可谓意义非凡。

　　欧老师果然不甘被疾病打倒的。他个子瘦小,却有丰富细腻的情感,坚忍不拔的毅力,性格中还带着广东人的务实精神。躺在病榻上的他,分明还舍不得就此离开刚刚回来的岗位。于是,病情稍有好转,他就尝试左手拿起钢笔,颤抖着写起字来。起先是歪歪扭扭地,练习了一段时间,写得像点样了,编辑和排字工人都能看懂他的字了,他又像从前那样,辛勤采访,被晚报同仁称为“左笔记者”。

　　作为上海作家协会会员,欧冠云还于1982年6月由浙江人民出版社出版了《影坛人物录》一书,也是以蓝澄作为此书的笔名。重回晚报到1988年退休的6年时间内,他以左手写下了很多清丽的文章,与白杨、张瑞芳、孙道临、王丹凤、顾也鲁、韩兰根、阿达、特伟等很多电影艺术家继续了“文革”之前就结下的友情。故乡的潮剧表演艺术家姚璇秋随剧院来沪演出,他曾两次撰写采访记。而在报社同事中,他也有很好的口碑。同事李葵南,原先在戏剧家协会下属的一家杂志社工作,与欧老师同在作家协会大楼上班。在晚报复刊前夕,在欧老师的建议与鼓励下,性格活跃的李葵南进了新民晚报当记者。当与欧老告别之后,李葵南回想这段经历,在新民晚报夜光杯上发表了纪念文章,把欧老师称为“恩师”。

欧老师还有一个耿直脾气,从不向组织伸手讨名利。直到去世,他还住在虹口的老房子里。我去过那个大院,楼梯很陡。而我无法想象,晚年的欧老师,是怎样艰难地在这么陡峭的楼梯上行走。2007 年 5 月 13 日,欧老师终于走完了他 80 年的人生之路。当我在告别会的悼念厅中,看到一幢纸制的"九天别墅"时,我再也忍不住心酸的泪水。我在心中默默祈祷:敬爱的欧老师,愿您的灵魂返回您挚爱的故乡,在您惦记一辈子的蓝色的澄海里安息。

郭大湧：驰名海派画坛的潮汕人

撰稿　周永泉

　　在上海，有一位擅长书法精绘画、驰名海派画坛的潮汕人——郭大湧先生。

　　郭大湧先生，中国书画艺术家协会会员，上海市中西文化融合协会会员，民建上海书画院画师，上海交通大学思源书画研究院画师。大湧的书法，初学唐人书法，后上溯秦汉、魏晋，下及宋元，因而俊秀浑厚，兼而有之；大湧的绘画，工山水，擅竹、松、梅，亦精人物，主要有扎实的传统功力，用传统精湛的笔墨抒写出来，形成平易近人而又内涵甚深的个人风格，作品有品位，经得起推敲，自成一家，享有盛名。1990年，成功举办个人画展，获得广泛好评，石伽先生称赞道："大湧仁弟早岁即具绘画基础，从余研习墨竹十余年，得风晴雨雪之妙，秋间曾办个人画展，岭南郭潮之画名盛播艺坛，初战告捷，大可为贺。"2008年、2012年，两次应上海人民美术出版社约稿，编绘出版了画竹技法书《大画竹十招》和《画竹百态》，成为画竹爱好者的范本。2013年再次应邀整理申石伽先生画稿，出版了《申石伽竹石画谱》。

郭大湧先生的父亲郭鸣岐，出生于广东省潮阳县铜盂镇(今属汕头市潮阳区)铜钵盂村。历史上，潮汕地区人多地少，加上战乱、天灾频繁，激发了潮汕人喜欢出海闯荡，寻求出路，在潮汕大地长大的郭鸣岐也不例外。他十多岁就离乡背井来到上海谋生，从伙计学徒做起，磨砺出了吃苦耐劳、坚韧不拔的意志。而刚站稳脚跟的郭鸣岐心里有着很强的"老板"意识，潮谚有云："饿死不打工"、"工夫大大只度生，生意小小会发家"，就像许多潮汕乡亲一样有了小小本钱就开始开店办厂，自己做老板。郭鸣岐天生有着较强商业意识和拼搏进取、永不言败的精神，从酱油厂、豆制品厂到后来的明胶厂，一步一步地把自己的实业做大、做强，在上海潮汕人中颇有声望。抗战爆发，一向家乡观念重、做事喜欢抱团的郭鸣岐将历年积蓄在上海法华镇(今上海法华镇路)购买位于法华寺东边不远的地块，建造了一些民宅，接纳了许多逃避战乱的老乡，形成了一个潮阳人居住区——云亮坊。郭鸣岐全家也从上海南市区八仙桥搬进云亮坊。

1946年6月，郭大湧先生就出生在云亮坊。潮汕人不忘本、团结、积极进取的人生态度深深影响了大湧，他从小学会与人分享、团结友爱、尊敬长辈，一句"胶己人"(潮汕话自己人的意思)常不离口。由于长在潮阳人居住区，八岁的郭大湧进校念书时，因不会讲上海话闹了不少笑话。如今，大湧的潮汕话还是纯正潮阳口音。

郭大湧先生自幼喜欢东涂西抹，父亲郭鸣岐虽然不懂书画艺术，但非常支持儿子学习书画，他常教导大湧"字无百日功，只怕一日空"，要出人头地，就必须刻苦坚持，郭鸣岐还经常拿着大湧的作品在亲朋好友面前夸耀，增强了他学习书画的信心。

在学习书法上，郭大湧先生受到书法名家任政先生的启蒙传授，打下扎实的功底。每提起任政先生，大湧总动情地回忆："文革"初年，父亲郭鸣岐因曾是工商业资方人员而遭受批斗、抄家、强迫劳动。不久，父母相继去世。在这动乱岁月里，任政先生经常鼓励大湧要认真坚持学习书画；盛情邀请失去双亲的大涌到他家吃年夜饭；为大涌起名郭潮，意在不忘家乡，这些使生活在艰苦环境中的大涌在精神上得到了莫大的慰藉，成为敦促他加倍努力的强劲动力。

在学习书法上，郭大涌先生还得到另一位书法篆刻大家单孝天先生的悉心指导。单孝天先生对大涌要求相当严格，提出学习书法必须上溯秦汉，打好篆隶功底，从而使大涌明白，篆隶可致"结构淳古"，是成为大家的前提。大涌在两位书法大家的指导下，又求艺问道于戚叔玉、赵冷月等名家，先后临习几十种历代碑帖，博采众长，融古铸今，用笔隽秀，体格端正，在流畅中凸现出苍劲的气势，真、草、隶、篆、行诸体均有较深厚的功底。

郭大涌先生在勤练书法的同时，还热衷于书法普及教育，在长宁区少年宫当了十几年的书法教师，通过书法教学的实践，体会到教学相长的道理，使自己的书法艺术进一步得到提高。

郭大涌先生在勤练书法的同时，钟情于绘画。曾得到人物画大家刘旦宅先生的指点，从人物画最基础的技法学起，下过苦功夫，认真地临摹宋、元时期的经典作品，因此，郭大涌的人物画取法很高。他每构思人物画时，总数易其稿，下笔时追求线条刚劲、秀逸，所作人物生动传神。

后来，郭大涌先生又拜安徽画院院长徐子鹤先生为师，学习山水画，受益匪浅。

几年后，30岁的郭大涌迎来了人生一大机缘——有幸与书画大家西泠石伽先生认识，两人性情相近，谈起书画，相见恨晚，遂结成忘年之交。之后不久，正式拜申石伽先生为师，成为石伽先生的入室弟子。在石伽先生悉心指导下，大涌凭借自己深厚的书法功底，对画竹、松、梅下了一番功夫，同时专攻山水画。大涌山水画传承石伽画风，所作山水多为云雾变幻景象，颇得渲染润泽之意趣，使人在赏心悦目中感受到艺术的生命力。大涌的青绿山水尤为世人称道，他的青绿山水，古朴典雅，色彩经过多次渲染完成，鲜丽明亮，极富装饰感。由于大涌为人真诚，谦虚好学，深得石伽先生器重，常使之左右。1989年，与石伽先生合作山水画120幅，一部分刊印于台湾皇冠艺文中心出版《申石伽作品集》，一部分收录于1998年出版的《郭大涌书画集》，意义非凡。1993年，石伽先生第三次创作著名"十万图"时，特请大涌补画《万山积雪》与《万峰行旅》中的车马人物，师生深厚情谊可见一斑。

大涌画竹，追随石伽先生画竹的神韵，表现出风竹的势随风卷、雨竹的酣畅淋漓、晴竹的清劲坚挺、雪竹的傲雪凌霜等多种姿态,画法上又有所发展和创新,形成了自己独特的风格。大湧尤以画风竹著称,寥寥几笔,纸上枝叶摇曳,让人顿感风声四起,显出无限生机。而深受收藏家喜爱的是大湧的朱竹和四季竹,它寄托了作者美好的祝愿,清新脱俗,格调高雅,含文化、显艺术,给人以高度的审美意趣和视觉享受,体现作者丰厚的学养和高超的技艺。

　　郭大湧先生对于竹子一往情深,他爱竹子,画竹子,追求竹子的淡泊、虚心、清高、正直的品德。他长期从事书画学习、研究和创作,自认为是天生兴趣所在,特别是在物欲横流的今天,郭大湧先生依然生活俭朴,保持良好心态,静下来潜心从艺,永不满足地向着艺术高峰攀登。最难能可贵的是当艺术品像有价证券一样可以在市场流通时,大湧却多年来一直无私奉献墨宝,默默无闻地支持上海潮汕联谊会工作。当联谊会要支付润笔费时,一向热爱家乡的他坚决不收,还很认真地说:"胶己人还要付润笔费吗? 要我收下就不写了。"他重情谊,薄利禄,淡泊名利,人可索他,他不索人。难怪上海书法界的泰斗高式熊先生也常对我说:"你的老乡大湧,画好,人好。"凡与大湧有过接触,无不有此感受。

郭鹰：传播古筝艺术　弘扬潮州音乐

撰稿　郭大锦

　　郭鹰先生,学名明坤。上海文史馆馆员。原中国音协古筝学会顾问,上海古筝协会首任会长,生于1914年5月,广东省潮阳县人。郭鹰先生是中国著名的古筝艺术家,一代宗师。他一生致力于潮州音乐,传播和弘扬古筝艺术,从事古筝演奏、教育事业60多年,为潮州派古筝艺术在上海、江浙及全国的传播作出了卓越的贡献。

　　郭鹰先生的家乡潮州是一个富有南国情调和色彩的音乐古城,他自幼酷爱音乐,拜庄以莅先生为师,学习钻研潮州筝的独特演奏技巧,弹得一手跌宕有致、乡味浓郁、自成流派、流畅细腻的潮州筝乐。上世纪三十年代他到上海谋生,在工作之余,继续研究潮州音乐和古筝演奏技艺,经常参加沪上潮乐的民间组织"新潮丝竹会"的演出活动,他们演奏的潮州音乐优美典雅、悠扬悦耳,一些爱好潮州音乐的江南丝竹名家如卫仲乐、许光毅、林石诚、王乙等也时常来聆听、交流。把其中一些潮州名曲如《一点金》《过江龙》《骑骡吹仔》等移植到江南丝竹中。郭鹰先生对潮州丝竹乐曲娴熟于心,将许多平时合奏的潮州乐曲整理移植为古筝独奏曲,经常在舞台和上海文化电台演出。1941年,他第一个在上海兰心大戏院举行古筝独奏音乐会。把一批经过他精心整理的潮州筝曲介绍给上海听众,以其高超的古筝技艺、浓郁的潮州风格赢得民乐界同行和广大音乐爱好者的一致赞赏。梅兰芳先生在上世纪四十年代的一次艺术家聚会中,听了郭鹰先生演奏的筝曲后,十分欣赏,并结成忘年之交。

1951年11月,以郭鹰先生发起和组建了上海潮州国乐团,任团长。乐团成立以后,他积极组织乐团排练演出,到机关、工厂、街道宣传演奏潮州音乐,乐团参加过上海之春音乐会、接待外国元首等重大文艺演出活动。中央人民广播电台和上海人民广播电台多次为乐团录音、灌制潮州音乐唱片。杨澜工作室曾专访上海潮州国乐团并摄制专刊,在《潮人在世界各地》栏目中播放。上海潮州国乐团致力于宣传潮汕乡土文化艺术,弘扬潮州音乐。在上海国乐界享有盛誉。

1952年,郭鹰先生参加上海民族乐团,任古筝独奏演员。他到全国各地演出古筝独奏曲,其中经常演奏的有潮州名曲《寒鸦戏水》《过江龙》《一点金》《闺怨》《平沙落雁》《农家乐》《郭鹰曲》等,也为各国来访的国家元首演奏,如印尼总统苏加诺、苏联最高苏维埃主席团主席伏罗希洛夫、印度总理尼赫鲁等,深受赞誉。1953年,郭鹰先生演奏灌制的潮州古筝曲《寒鸦戏水》是我国首批向国外发行的唱片之一,畅销国内外。后来中央人民广播电台以36种语言撰文向海外介绍和播放,人们盛赞"闻筝见景,百听不厌",在东南亚爱好潮州音乐的华侨中掀起一股学习古筝的热潮。1956年郭鹰先生有幸与全国参加第一届音乐周的许多音乐家一起在中南海受到毛泽东、周恩来、朱德、邓小平等国家领导人的接见并合影留念。

郭鹰先生以传播潮州筝艺为己任,重视对古筝人才的培养。从1960年起,他应聘在上海音乐学院、南京艺术学院任教。他潜心钻研古筝教学方法,认真整理古筝教材,孜孜不倦地向学生传授潮州筝艺,南筝北传,使江、浙、沪、宁地区古筝艺术中的潮州筝得以继承和发展,国内许多音乐院校都采用他整理传谱的潮州筝曲作为教材。全国许多音乐院校和演出团体的著名古筝专业演奏家、教育家都曾师承郭鹰先生,他的学生遍及大江南北和海内外,其中有的已蜚声中外乐坛,如王昌元、项斯华、范上娥、郭雪君、张燕等。中国台湾、香港、新加坡及世界其他地区的筝家也纷纷来沪向郭鹰先生求教。1998年,郭鹰先生从电视上观看中央民族乐团在世界著名的维也纳"金色大厅"的演出,当他看到学生许菱子在维也纳"金色大厅"舞台上的古筝独奏曲《寒鸦戏水》时,不禁老泪纵横。为古筝这一中华民族的音乐瑰宝能在世界音乐之都展示她迷人的东方神韵而激动,更为潮州音乐在海外的得到传播而高兴。

改革开放以后,中国的古筝事业欣欣向荣,郭鹰先生的古筝艺术焕发出新的光彩。

他在古稀之年仍致力于古筝事业,应邀四处讲学,与世界各地的古筝演奏家交流筝艺。1980年及1996年他分别与来访的日本大阪市邦乐使节团及日本筝乐团进行交流演出、切磋筝艺;1988年他应邀到中国音乐学院做示范演出和讲学;1993年他到广东澄海参加古筝艺术节;他还多次出席全国古筝艺术交流会;1981年他和学生张燕合录潮州音乐盒式带《一点红》。1987年人民音乐出版社出版《郭鹰演奏的潮州筝曲选》《潮州筝曲选》,1993年上海音乐出版社出版的《中国古筝名曲荟萃》及《中国筝谱》将郭鹰先生演奏传谱的潮州筝曲编入书中。香港出版的《中国古筝艺大全》也介绍了郭鹰先生对中国古筝事业的杰出贡献。为了推动古筝事业在上海的发展,1992年在郭鹰先生等前辈的倡导和努力下,成立了上海音乐家协会古筝专业委员会,郭鹰先生任会长。同年12月,筝会在上海兰心大戏院举办了《百筝和鸣》古筝艺术家郭鹰先生从艺六十周年师生音乐会。上海古筝界老、中、青、少四代同堂演奏,称为一时之盛。上海筝会的成立极大推动了古筝艺术在沪的普及、提高和发展。从1992年初冬的《百筝和鸣》到2001年中秋的《千筝和鸣》创下了吉尼斯纪录。2012年盛夏在上海大剧院举行上海音协古筝专业委员会成立二十周年的隆重庆典,充分展示了上海古筝艺术的快速普及和发展。

郭鹰先生在离乡莅沪六十多年历程中,以传播古筝艺术为己任,研究和发扬潮州流派古筝技艺,从事潮州音乐的宣传、推广工作。使全国各地古筝艺术中的潮州筝流派得以继承和发展。他诲人不倦,不遗余力地培养古筝人才,正如著名国乐大师曹正教授所说的:"郭鹰先生长期以来以其高尚的古筝演奏艺术驰名国乐界,赢得众多国内同行的赞誉崇敬。他为潮州乡土文化艺术的宣传所作出的卓越贡献,在近代中国筝史上,也是屈指可数的。"

詹鸿昌：素朴而隽永的艺术心灵

撰稿　方晓微

　　詹鸿昌先生是一位具有丰厚的文化素养和艺术才情的油画艺术家，系国家一级美术师、中国美术家协会会员，曾任中国美术家协会壁画艺委会委员、中国油画学会理事及湖南省美协副主席、湖南油画学会主任。已年过古稀的他，双鬓与唇须均已染白，然面颊红润，精神甚是抖擞。詹老先生是个至情至真之人，忆及往昔趣事会爽朗大笑，动情之处也会不自禁溢出些许哽咽；他还是个可爱的人，自豪而畅快地细数着七十七载记忆中的珍藏，哪怕是忆及在荒诞的年代里被埋没的那段时光，也依然眉眼弯弯。

　　詹先生祖籍广东饶平，其爷爷乃一位大地主，詹父是詹家过继、领养的孩子，在家中地位并不高。詹父早熟，奋发图强、努力读书，不顾詹爷爷的多次阻挠,最终实现了自己的理想——于同济医学院毕业后留在上海开了一间诊所,并将在家乡遥遥等待他的妻儿接到身边。詹父是个广结善缘的人,1937年战乱时期,在朋友的帮助下,他携家带口到了泰国。不久,先生便降生在曼谷,并在那里成长,直至1952年,他在哥哥鼓励下怀着期盼回到新中国,开始了平淡而多彩的艺术生涯。

归国后,詹老就读于汕头华侨中学和一中。他在美术兴趣小组里得到一番绘画熏陶后决定报考中央美术学院,1957年春末之际,赴京参加考试,在3000余名报考学生中脱颖而出,进入油画专业。进校第一张作业,他画的石膏像敦厚结实,得到老师高度好评,颇受同学关注。但油画系十名新生,七名毕业于美院附中,另两名同样毕业于北京,都接受过几年画画基础训练,唯有他只凭感觉和兴趣作画。因此第二张作业开始,看到其他同学娴熟的作画方法与技巧,他手足无措,“我这时才发觉原来那套方法不行,必须要重新学,结果学得只讲究技巧和方法,把感觉都丢掉了,真是越画越糟糕。其他同学基础好,画得也好,自己真是很着急,心慌意乱。”詹老叙述得很细致,当时急切而又无助的苦闷溢于言表。无奈那时政治运动太频繁,上课时间少,学画时间更少,画得不好还要挨批评——一切突出政治,所以说画不好是政治觉悟有问题,要向党交心,他说:“那时思想负担很重,我十分苦恼,经常独自沉思,几乎绝望。”詹老初出茅庐便受此打击,他浑浑噩噩地度过了无望的三年,好在山穷水尽疑无路,柳暗花明又一村——四年级起他被分到吴作人工作室学习,在那里遇到了他的伯乐,如获新生!

在《回忆导师》一文中,詹老先生认真地回忆了吴作人、艾中信两位导师在相处的日子中,给他的温暖和指引。先生说,他永远也忘不了艾先生第一次看他的课堂习作,“从没有老师这样细致看我的习作! 艾先生指着我的画说这里画得不错,那里也不错,又告诉我哪里没画好,为何没画好,应该怎么画。”艾先生给了他前所未有的肯定,不仅教会了他如何画画,更像是照亮的灯塔,牵引着他走出了无望的深渊。“后来到同济任教,我带班的时候,都是用当初导师指点我的方法去教学生,多给他们鼓励,学生们学得很认真,也都很喜欢我。”

在工作室学习的时间虽只有四年,但是对他一生的影响很大,其作画意识、方向都是在这个阶段形成的。作为吴作人先生的研究生,他接受的是欧洲油画学派的再传,学习和心仪的是后期印象主义,其中尤以高更为宗。高更在艺术上的意义在形式语言之外,是对主流文化的疏离和抗拒态度,他是皈依了大自然的现代艺术家,詹老先生是从精神的深度上理解了高更等后印象主义大师的意义,而全身心投入到自己的艺术创作中去的。他的作品,自然、质拙、纯真、浑朴是其基本的美学要素,在追求心灵深度的同时,更具有形式的深度,其作品中,人物是没有被"文化"浸染的"静女",风景则是未被"文明"毁损的自然。这些特征在他的本科毕业创作《开会去》中可见一斑,而这些贯穿其一生创作的作画风格基本都是在这一时期形成的。

1964年春,湖南建毛主席革命纪念馆,詹老先生前往湖南画历史画,后又被分配到湖南省文化馆担任美干。古人言岁月如白驹过隙,那段特殊的岁月眨眼间改变了众多人事原有的轨迹线,然在那多变的社会格局下,也总有一些人不顾一切艰苦、牢牢坚守自己一颗热忱的心,先生就是其中一个。每一个曾与他共事过的人,在看了他从艺五十多年来,所有画作中所蕴含的始终如一、活泼泼的、质朴的一颗艺术心灵时,都难掩惊叹之音。他在美院的学友费正先生曾说:"詹鸿昌在湖南漫长的时光,我不十分了解,不知他是如何度过那个荒诞的年代。但我没有看到他画过违背自己的追求,而屈服于当时司空见惯的强势意识形态的画,他没有在自己的作品中揉进任何杂质。我真是有感于他那顽强的固执!"油画艺术创作,在那个红潮汹涌、左倾当道的岁月里,是属"白专"或"资产阶级思想"等非革命范畴的,詹老先生在那样严酷的政治高压下,令人感叹地没有向体制思想和世俗流行屈服,他的艺术风格和语言一直没有改变,坚持了自己的美学理想。他固执地坚持着自己的艺术追求和生活理念,曾固执地否决了领导对历史画的修改要求,也曾在"文革"运动中公开支持学生向上层提意见……尽管结果是他固执不改的那幅画作不可能被采纳、政治档案被附入"此人政治不可靠,不可重用"的字样长达20余年,他也不曾后悔过自己的坚持。

谈起那段被埋没的时光,詹老先生说这些都不是他最在乎的,他只是一心想要画画,只要有机会他就申请到农村去锻炼、画画,"去了农村我才真真正正知道中国农民是怎么过日子的,那时战乱加上饥荒,农民真的是没饭吃,穷困得只能喝辣椒水度日,但是他们很坚强,从来没有放弃过!我从他们身上学到很多东西,一方面觉得自己过去过得太好了,跟他们没法比,另一方面觉得自己不能离他们太远,要好好锻炼为他们做点事!"——"艺由心生",多次农村实践经历为他提供了丰富的创作素材和创作灵感,也奠定了其艺术特质。他说,中国的农民深深地打动着他,我们看到,他毕生的创作中有很大一部分离不开"乡土"这个母题,多少年来他一直用画笔深情地描绘着打动了他、并长久存在于他心中的那些乡土人情。然先生可能不知的是,他的人像他的画一样,朴实而重感觉,其中没有娴熟或惊人的技巧,情感质朴深沉,有一种自然的发自心底的对平凡生活的热爱,这种涓涓流淌的诚挚隽永的固执韵味,也同样深深打动了一代人。美院的老师詹建俊先生曾这么说:"詹鸿昌的艺术特质在于对农村淳朴生活情趣的喜爱,特别是对他的家乡和南方农村生活景象与自然风光的表现,在作品中凝聚了浓厚的田园意味。他画中的景物都很单纯,平淡无奇。他画的人有点笨拙木讷,动作平板和缓,画面很安静,阳光也不明媚灿烂,但画者真切,语言不拘一格,从画面中散发出一股素朴而隽永的纯真的艺术美感,使人产生温暖与纯净的感觉。"我想这也就是艺术的真谛了。

1991年詹老先生申请调往同济大学任教,2000年退休后在上海安享晚年。

他一生酷爱画画,留下作品不计其数,出版了《詹鸿昌画集》、《上海美术家画库·詹鸿昌》,多数画作被编入《中国现代美术全集》、《中国油画1700—1985》、《中国壁画百年》等书,还曾参展国内外如1979年建党60周年全国美展、1986年印度第六届世界现代美术展、1987年美国及日本的中国现代美术展、1997年中国艺术大展等近30场画展。1984年第六届全国美展上他与夫人陈行先生合作的《牧人与太阳》荣获金奖,一时改变了人们的偏见,使他在湖南终于得到了体制认可,还获得了公派法国的机会——1986年詹老先生到法国考察半年有余,还去了周边八个国家参观各个城市的博物馆和画廊,看欧洲各历史时期及各流派的油画原作,对于一个把艺术视为生命的人,这是一个迟来的机遇,同年,他受邀入选法国MELUN艺术沙龙展,并在巴黎国际艺术城开了个人画展。退休这十余年间詹老先生在上海又举办了个人画展,2013年还和夫人陈行共同在北京中国美术馆举办画展,艺界反响、口碑皆很好,其艺术成就之瑰丽又将感染和激励一代人,在艺术道路上越走越远!

赖少其：丹青乃本色　博爱是情怀

撰稿　黄可

他是杰出的革命文艺战士，中国当代书画艺术大师。

赖少其（1915—2000），广东普宁人，早年求学于广州市立美术学校西画系，偏爱版画。他与同样喜好版画的老师李桦，同学吕蒙、潘业、陈仲纲、张影等响应鲁迅先生倡导中国新兴版画运动，于1934年6月19日在广州美校创立"现代版画创作研究会"，积极开展新兴版画创作，举办版画新作的"周展"、"月展"、"半年展"等一系列展览，并创刊《现代版画》丛刊，共出版18集。

在"现代版画创作研究会"中，赖少其是最为活跃的作者之一。他既创作版画，又写诗歌和小说。他创作的描绘鲁迅肖像及其战斗精神的版画《阿Q正传》（又名《鲁迅先生》）寄给定居上海的鲁迅先生，被鲁迅先生改名《静物》，推荐发表在 1935 年上海的《文学》杂志第五卷第一号上；他写的小说《刨烟工人》亦由鲁迅推荐刊载在上海良友图书公司出版的《新小说》上。

鲁迅作为中国新兴版画运动的导师，每每收到赖少其的作品都给予热情回信，先后给赖少其回信有六次，特别是 1935 年 6 月 29 日给赖少其回信说："五月二十八日的信早收到。文稿、并木刻七幅，后来也收到了。太伟大的变动，我们会无力表现的，不过这也无需悲观，我们即使不能表现它的全盘，我们可以表现它的一角，巨大的建筑，总是一木一石叠起来的，我们何妨做做这一木一石呢？我时常作些零碎事，就是为此。"鲁迅给赖少其回信这"一木一石"之说，后来成为指导中国新兴版画运动的名言。后来赖少其自己的书房甚至亦定名为"一木一石之斋"。正因为当时赖少其在广州美校是最为活跃的新兴版画运动参与者，又与鲁迅先生保持密切联系、接受指导，所以在同学中威信很高，并被同学们推举为广州市立美术学校的学生会主席。由此引起国民党特务机关的注意而被列入跟踪控制的黑名单。为躲避国民党特务，他于 1936 年前往上海，与已在上海一家小学工作的同学吕蒙会合。

1937 年"七七"卢沟桥事变，中华民族抗日战争爆发后，赖少其以木刻刀为抗日武器，迅速创作抗日题材的木刻版画，投入抗战。

1939 年 9 月间，早先参加新四军的吕蒙写信给赖少其，信中附有新四军政治部主任袁国平写给八路军桂林办事处李克农的信，请李克农协助介绍赖少其以文化名人的身份参加新四军的抗日工作。在李克农的协助下，赖少其以《救亡日报》战地记者的身份，手持军事委员会政治部三厅厅长兼《救亡日报》社长郭沫若的介绍信，一路战地采访，每天以《走马日记》为专题发一篇采访记发表于《救亡日报》上，前后一个多月连载，影响甚大。1939 年 10 月下旬赖少其抵达安徽泾县云岭新四军军部，参加了新四军，从此正式加入了革命队伍，并于 1940 年 5 月在新四军军部加入了中国共产党。

在"皖南事变"中赖少其不幸被捕，囚禁于江西上饶集中营，劝降不成被认为是"顽固分子"而关入满是铁刺不能动弹的铁笼中，受尽折磨。后来在参加集中营剧团对外演出活动中他趁机脱逃而重返新四军。1943 年，在苏中新四军一师战地服务团的团部，赖少其和来自广东梅县的女战士曾菲举行结婚仪式。新婚之夜，不擅长口头表达的新郎作诗一首送给新娘："月印深潭两度清，春水绿波相映人。分明无法分光影，要把人心当天心。"

抗日战争胜利后赖少其随中国人民解放军南渡长江解放南京，参加接管南京的工作,担任南京军官会文艺处处长和中共南京市委宣传部副部长并兼南京市文联主席,还受聘为南京大学(原中央大学)和金陵大学教授。

赖少其与上海很有缘,早年与定居上海的鲁迅先生保持信函密切联系,其编译的《创作版画雕刻法》一书是在上海出版,并一度来上海和同学吕蒙会合。新中国初期 1952 年奉命来上海工作,担任中共中央华东局文委委员、华东文联常务副主席兼秘书长。1954 年华东美术家协会在上海成立时出任常务副主席兼党组书记,1955 年华东美协改组为中国美术家协会上海分会时继续担任常务副主席兼党组书记,并担任上海中国画院筹备委员会主任,领导华东地区和上海的美术工作,作出很大贡献。

重量级拍品登场

赖少其是学者型艺术家和领导人。他深谙学术研究和艺术创作之间互为作用的辩证关系,所以很注重学术研究。

赖少其担任华东和上海美协领导工作期间,除了将他创作上演过的话剧剧本《庄严与丑恶》作了修改,更名为《集中营里的斗争》由上海新文艺出版社出版;又写了一系列美术评论,并结集成《为了把艺术介绍给人民》一书由上海人民美术出版社出版;同时撰有长篇论文《论画》于《新民晚报》连载;他还结合画展,组织关于齐白石、黄宾虹等绘画艺术讲座和讨论会。

为加强学术研究,赖少其以党组名义写报告给领导部门申请学术研究专用经费,以收购美术作品和美术旧书刊作研究参考之用。随后,美协收购了包括古代的石涛、八大山人,近现代的任伯年、虚谷、赵之谦、吴昌硕、齐白石、徐悲鸿等相当数量的一批国画作品,其中还有国宝级的任伯年所作的金笺工笔重彩 12 屏条《群仙祝寿图》,以及收购了包括《美育》月刊、《美术生活》、《艺术月刊》、《漫画生活》等一大批旧美术书刊。为了保证所收购的这些古旧美术作品和旧版美术书刊的真实可靠性,还邀请丰子恺、贺天健、颜文樑、林风眠、张充仁、张乐平等资深老画家不定期地来美协,对画商和旧书店送来的古旧书画和旧版美术书刊进行鉴别考证审定。一次,从画商送来的书画中,被丰子恺先生鉴别出李叔同的书法对联是赝品,避免了收购的损失。对于一些艺术性欠佳、学术价值不高的书画作品亦作出审定不予收购。后来,上海美协在历次学术活动和一些美术展览中,都运用了这些收藏的美术作品。特别是在编撰有史以来第一部《上海美术志》时,大量利用了美协所收藏的旧版美术书刊。

诚交黄宾虹

赖少其深知上海是中国新文化的发源地之一,更是中国新美术的发祥地,云集着大量书画名家和西洋美术的传播开拓者,有深远影响的创新性画派"海派绘画"形成于上海,清末和民国时期的上海美术始终占据中国半壁江山。要做好上海的美术工作,首先要调查研究,拜访美术界前辈,听取意见和要求。他首先拜访了曾定居上海的书画篆刻家、诗人、画学理论家黄宾虹(1865—1955)。

黄宾虹当时身居杭州,赖少其到任上海之初,一代宗师黄宾虹已是89岁高龄老人,前往杭州拜谒黄宾虹时,得知他已患白内障眼疾多年,且越发严重。经赖少其多次劝说,并为其联系好上海医院,黄宾虹终于接受手术摘除了白内障。老人视力恢复精神大振,能爽快地作画写字,甚至能写蝇头小楷,老人心情大为愉悦,每日书画创作不辍。遂把赖少其视为可信赖的人。接着,1954年4月华东美术家协会在上海成立,经赖少其推荐,黄宾虹出任副主席,时任杭州市市长、雕塑家刘开渠担任主席,赖少其则担任常务副主席兼党组书记,承担实际领导工作。

黄宾虹90寿辰时,赖少其在华东美协联合中央美术学院华东分院为其主持祝寿会,并代表华东行政委员会文化部授予黄宾虹"人民画家"称号、颁发奖状。同时于1954年9月20日在上海茂名路长乐路口的文化俱乐部举办"黄宾虹作品观摩会",陈列作品110件。"作品观摩会"闭幕后,黄宾虹将展品悉数捐献给了国家,其中部分作品留给上海美协收藏,部分作品留给上海博物馆收藏。

请唐云出山

赖少其来上海工作后,还与书画家、诗人、文物鉴赏家唐云结交而成了数十年的知心朋友。

唐云(1910—1993)浙江杭州人。1938年起定居上海。

唐云为人正直,一身正气,爱国,对朋友的真诚,在上海画坛流传为佳话。一次,在一家古董店,唐云和一个日本人同时看中一尊六朝石像佳作。唐云为了避免这尊六朝石像流入日本人之手,以自己卖画所得凑成一百石米之价款,抢先购下该六朝石像。唐云的古画鉴赏水平也极高超。

唐云的人品和画品亦受到美术界的赞赏。赖少其了解唐云的情况后,觉得请唐云出山必将为华东美协工作增色。

赖少其为了表示恳意邀请,特地与著名漫画家米谷(亦是华东美协副主席)登门唐云府上拜访,诚挚请他参加美协的工作。

唐云到任华东美协后,任业务部主任,积极性甚高。为筹备"上海花鸟画展",唐云忙里忙外起着重要作用。他在国画界人缘好有亲和力,召开了一系列座谈会,还深入到画家的画室看画稿和交换意见。

唐云以其善于鉴赏古画文物的能力,为美协收购了大量古代和近代具有艺术和学术价值的绘画作品。

赖少其与唐云的友情一直保持到晚年。1990 年,两人还联袂在广东画院举办作品联展。

保护林风眠

美术教育家、中西绘画融合的卓越开拓者林风眠(1900—1991),18 岁那年,从广东梅县来到上海,补习法文后,报考华发协会招收赴法勤工俭学,其留学生涯以上海为起点,上海在他生命中是一个关键转折点,有着刻骨铭心的感情。

1952 年,林风眠辞职离开杭州,遇到了知心朋友、共产党好干部,亦为艺术家的赖少其。赖少其关心和同情林风眠,多次登门南昌路 53 号林风眠府上问寒问暖。

林风眠辞职来沪后没有工资,当时与法国籍夫人爱丽丝·瓦当及女儿林蒂娜一家居住上海,生活艰难。赖少其于是决定从美协经费中每月拨出二百元人民币作为生活补助费发给林风眠,并推荐林风眠担任华东美协常务理事,林风眠十分感激,每月将自己创作比较满意的绘画作品一至两幅赠给美协作为感谢。如今,上海美协收藏的不少林风眠绘画,就是当时陆续赠给美协的。

在 1957 年反"右派"运动中,赖少其全力保护了林风眠。

1957 年中共中央决定开展"整风",号召知识分子大鸣大放提意见,帮助党"整风"。5月,上海召开文艺界座谈会,林风眠应邀出席,真诚地作了题为《美术界的两个问题》的发言。不料"反右"斗争开始,他被划入"右派"名单。赖少其获知此情,立即找出林风眠在市文艺界座谈会上发言和事后发表在《美术》杂志上表示主动改正错误的文章,赶快到市委宣传部,找到石西民部长,专门汇报此事,表明不宜将林风眠划为"右派"的态度。

石西民作为老报人出身的领导干部,长期接触的多半是知识分子,很能理解和同情知识分子,所以同意赖少其的意见,不将林风眠划为"右派",就在上海市宣传系统的"右派"分子名单中,把林风眠的名字勾掉,保护了林风眠。

后来林风眠得知这一内幕真情,对赖少其肯冒风险敢于担当的为人深受感动。1960 年上海中国画院成立时,赖少其推荐聘林风眠成为画院画师,从此上海中国画院每月发给津贴人民币 80 元,以供他生活之用,亦使他更安心于美术创作。由此林风眠与赖少其结为终身挚友。

1956 年,周恩来总理在最高国务会议上提出在北京和上海各成立一个中国画院,组成融创作、研究、教学为一体的学术机构,以使中国画的优良传统传承下去发扬光大。这个决定经国务会议通过后,任命赖少其担任上海中国画院筹备委员会主任。

上海中国画院筹备委员会成立于 1956 年 7 月,可是直到 1960 年 6 月 20 日才正式成立,因为其中经过 1957 年的反"右派"运动,接着又是反"右倾"补课,在如此政治运动不断的时代阵痛中要筹建上海中国画院,诚然十分艰难。

筹建上海中国画院需要解决一系列的问题:吸收哪些画家入院,入画院后给什么职称(职务),发工资还是发津贴,其中谁来当院长和副院长,以及院址选在何处、日用设备的购置,等等。首先要作调查研究,甚至要对中国古代画院的设置和画师职称等在古籍中作了查证,以供参考。

经过反复调查研究,筹建上海中国画院首批聘请画师有著名中国画家:傅抱石、潘天寿、陈之佛、丰子恺、冯超然、吴湖帆、贺天健、刘海粟、林风眠、唐云、王个簃、谢稚柳、朱屺瞻、陆俨少、吴青霞、程十发等 69 位,为了有利于团结,只用画师一个职称,不分等级,学术地位相当于教授,每人每月发津贴费人民币 80 元。

原先设想,请在上海国画界影响力最大的吴湖帆和贺天健出任正副院长。

接着反"右派"运动开始,吴湖帆因写诗词中所谓发泄对现实不满情绪,而被划为"右派"分子。赖少其也因此被指"有严重右倾"被解除上海中国画院筹委会主任之职,并被责令写检讨书发表在上海市委党内刊物《党的生活》月刊上。后经再三研究,决定由学问修养精深的多才型艺术家丰子恺出任正院长,贺天健为副院长。1960年6月20日举行了上海中国画院正式成立大会。

上海中国画院建院初期,就注重从工农兵中物色艺术苗子吸收入画院加以培育。例如吸收具有艺术天赋的吴淞区乡村少年杨正新、松江区村姑吴玉梅,工人陆一飞、邱陶峰等入画院,由贺天健、唐云、程十发等画师以师傅带徒弟形式,一对一教学,加以培养,他们后来都成长为很有艺术成就的著名画家和画院的专业画师。

祸起同情贺子珍

赖少其真是祸不单行。他在负责筹建上海中国画院的过程中,落得个所谓"有严重右倾"的罪名而遭批评,撤去画院筹委会主任之职,被逼写检讨。与此同时,因同情当年在上海孤独生活的毛泽东前妻贺子珍,又遭到阴险江青恶毒的追责。

当时,贺子珍与毛泽东所生的女儿和毛泽东、江青在北京一起生活,她则孤独一人在上海,既见不到女儿,又不能与原来最亲的丈夫见面,精神陷入极度苦闷之中,并患了严重的抑郁症。她与哥哥贺敏学(当时在上海担任华东建设委员会主任)家一起生活,后来贺敏学和妻子李立英奉命调至西安从事三线建设工作,留下贺子珍,贺敏学委托赖少其和曾菲夫妇照顾。她因为赖少其、曾菲夫妇和贺敏学是新四军老战友,贺敏学在上海的居家地址,正好是赖少其居家的复兴西路乌鲁木齐中路口复兴公寓的附近,照顾起来方便。后来贺子珍病情严重,赖少其就向市委写报告,安排贺子珍进华东医院疗养。

后来,赖少其向市委第一书记柯庆施写了封信,反映贺子珍的情况,并建议因贺子珍在长征中受过重伤,应安排一处条件较好的住处,有专人护理调养。可是,由此却给赖少其带来了一场灾祸。因为赖少其的信被柯庆施通报给了江青。江青是一个十分自利、心胸狭隘的人。长期以来,江青知道毛泽东心底里还惦念着贺子珍,所以视贺子珍为眼中钉,认为只要贺子珍还存在,对她是一种威胁,所以对同情和保护贺子珍的赖少其怀恨在心。她暗示柯庆施要整一下赖少其,亦就责令赖少其写检讨。赖少其在柯庆施的压力下,只得反复多次写检讨。

时任上海市市长陈毅,对赖少其这位新四军优秀干部是很了解的。当时,陈毅正奉命调任外交部长,离沪之前,找赖少其共进晚餐和谈话,他安慰赖少其,认为赖少其出于革命同志之情,关心贺子珍并没有错。陈毅离沪搬家时,将原居住的湖南路一幢有花园的住宅让给贺子珍居住,并指示市政府机关事务管理局安排工作人员照顾护理贺子珍的日常生活。

作为勤奋多才的学者型艺术家的赖少其,在上海期间,已研究借鉴明末画家陈老莲的铁线描笔法,到龙华苗圃(今上海植物园)写生创作了七十多幅花卉画。同时,又着迷于研习清代书画家今冬心的运笔偏方,竖轻横重,风格奇趣的"漆书"字体,而使自己的字格独具魅力。

1959年2月,几经折腾,身心疲惫不堪的他不得已离开上海,调任安徽省委宣传部副部长,兼任省文联主席、省美协主席。

1986年,年已古稀的赖少其调回广州。第二年,他被选为广州市美术家协会名誉主席。

在晚年病重期间,赖少其仍然顽强坚持写字作画,为艺术生命不止、奋斗不息。逝世前一周,他还在病榻上写下"淡泊明志"、"生命不息"等警句。2000年11月27日下午,他用颤抖的手写了一幅"寿而康",送给住医院的夫人曾菲,表达对妻子无尽的爱与不舍。当天晚上,他安静地离开人世,享年85岁。

2014年2月,曾菲在广州逝世,享年93岁。按照赖少其夫妇生前的意愿,其子女将他们的骨灰送到上海,合葬在一座新四军战士墓园里,墓碑上镌刻着赖少其的亲笔题字:"赖少其 曾菲",侧面是赖少其写的诗,展现这对革命伴侣矢志不渝的世纪爱情:"月光如水水如天,不觉寻梅着衣单。夫妻本是同林鸟,同宿同飞上九天。"

蔡梓源：年轻的海派美术收藏家

撰稿　方毓强

2014年1月5日，蔡梓源创办的"桑浦美术馆"暨"海上扬芬"书画精品展举行了正式开馆仪式，众多在上海的领导、师长、同道、好友、同乡前去参加了盛会。我闻讯后，也与上海潮汕联谊会副会长李森华一起，欣然前往。

美术馆坐落于上海市商业中心——静安区江宁路356号行政公寓的25楼，整层有200多平方米，这个房产是蔡梓源个人购买下来，而不是通常的租赁下来的，用当下流行话语的一个字来形容，那就是一个"牛"字。众所周知，上海市中心黄金地段高质量的房产实在太贵了！

电梯升到了25楼，一打开电梯门，我迎面就看到了一块黑色的"桑浦美术馆"标牌，字体显得稚嫩、质朴，落款是"蔡晴浦"。我惊诧极了："这不是蔡梓源 10 岁儿子所写的吗？"要知道,当今社会上的人们也喜欢请名人题写店名、校名、小区名称,更不要说是美术馆了,但为何蔡梓源要让自己的儿子题写呢？

一见到蔡梓源,我就迫不及待地问:"难道令郎正在学习书法吗？"他回答说:"没有啊。"我好奇地接着问:"那为何要让他来题写这么重要的馆名呢？"答曰:"首先,找名家题写,现在比较难,牵涉到费用等问题;其次,艺术应该是自由、真实、无拘无束、天性使然。如果让大人题字,当然会很好看,但会受框框、结构布局所限,还不如让没有书法基础的儿子写,反而会有返朴归真的效果呢！"

我听后恍然大悟:"原来如此！"他补充道:"当然写这几个字,我还得要买礼物给他呢！"我们都哈哈大笑起来了。

今天我是第一次认识蔡梓源,但一下子就感觉到他的想法、思路与众不同！

走进馆内,但见装潢也是别具一格的。今天的人们一说到"中国传统",往往几千年分不清,很多朝代混淆,其实商、周、秦、汉、唐、宋、元、明、清历朝历代的风格都存在很大的不同。我看到,"桑浦美术馆"的风格则属于汉风唐韵,简洁而淡雅。蔡梓源还请人定制了与此风格相符合的座椅,并找来一块硕大的船板(这种船板由于长年浸泡在海水中,已经变得非常坚硬,价格昂贵),作为泡茶的台面,富有创意。于是,我们坐在这样优雅的环境中,品茶,听他讲述自己闯荡上海滩的人生经历。

蔡梓源 1976 年出生于潮安县彩塘镇。因为自幼爱好画画,1993 年,17 岁的他只身前往上海滩,追寻着自己的美术梦。1995 年,考进上海轻工业高等专科学校,就读于装潢美术系。毕业后又到复旦大学进修艺术专业,得到诸多大家名师的指点,画技日进,由此打下了扎实的绘画基础。

走出校门后的蔡梓源,专攻中国画。他尽量不错过每一次对吴昌硕、齐白石、刘海粟、唐云、朱屺瞻等艺术大师作品真迹的欣赏和研读机会,从他们的辉煌巨作中,如饥似渴地汲取艺术营养。他也曾追随大师们的足迹,到黄山、武夷山、雁荡山、四明山和江南水乡,去写生和采风,从大自然中寻求创作的灵感。他除了北上北京、南下广州,拜前辈为师,在上海更是勤于登门拜师,先后得到程十发、陈佩秋、邵洛羊等名家的悉心指教。他边学习边创作,着力专攻花鸟画。其作品大胆落笔,墨彩丰富,既透露着田园气息,又洋溢着现代感。早在 1998 年,22 岁的他就在上海朱屺瞻艺术馆举办了个人画展,从而在上海的画坛崭露头角了。

虽然中国的改革开放是从1979年底的十一届三中全会开始的,但最初是广东、福建沿海省份得风气之先的。严格地说来,上海是1992年邓小平南巡讲话以后,才真正大踏步地进入发展的轨道。所以蔡梓源说:"上世纪九十年代初,我来上海时,南浦大桥正在建造,东方明珠还未建好,整个上海没有一条高架。当时广东早已是改革前沿阵地。我之所以选择留在上海,还是因为喜欢这座城市的艺术和文化。"

机会总是青睐有准备的人,乡谊又一次神奇地发挥着磁石般的作用。在上海,他结识了同是潮安老乡的苏石风先生。苏老师是舞台美术设计专家,曾任上海戏剧学院的教授,因为喜爱书画,几十年前早就收藏了全国很多名家作品。蔡梓源因为帮助苏老师整理藏品、出版书籍以及参加拍卖,不仅自己在绘画技法得到了提升,同时也意外地萌发了收藏之路。

当时,如果在上海买房子,只要花10万元就能得到一个蓝印户口,并在5年后转为正式户口了,这样全家老小都可以顺理成章地成为真正拥有户籍的上海人,享受大都市所带来的一切优惠条件了。这对外地人而说,重要性不言而喻的。但因为实在是太喜欢画了,蔡梓源舍不得花钱买房子、要户口,他的钱都拿去买画了。

多年来,他广交收藏界师友,虚心学习收藏知识。他最后着眼于收藏海派书画。如今,他藏有任伯年、吴昌硕、吴湖帆、关良、陆俨少、唐云、朱屺瞻、谢稚柳、程十发、陈佩秋、吴青霞等海派名家大师的杰作,还有很多出自名家手笔的折扇。这些都成了蔡梓源自豪的"镇馆之宝"了。

这使我感慨万千。因为我本人二三十年前也逐渐开始喜欢收藏,蔡梓源所提到的当年仅有的几个拍卖公司,我也经常去光顾,说不定大家都在同一个拍卖会上擦肩而过的。但是由于自己在报社上班,属于工薪阶层,没有"破釜沉舟"的决心下海,也没有专门收藏某一个种类,就是随便收收,虽然也收到过一点精品,但没有专项。现在想起来是十分后悔的,因为有这样的经历,因而我就更加体会和羡慕蔡梓源独到的眼光,就像我看到的"桑浦美术馆"题字,他让自己10岁的儿子书写,而不是随波逐流寻求名家题写一样,不失为一种慧眼独具和另辟蹊径。中国的改革开放,像沧海横流,涌现出很多机会,而命运总是青睐像蔡梓源这样敢闯、敢干的人。

如今,"海派"一词变为了褒义词,经常挂在人们的口中。好像出生在上海,会讲上海话,不管怎样的成就,都算是"海派"了,拿这个标签到处乱贴。其实这完全是误解。我曾经脚踏实地地研究过"海派"起源的历史,知道"海派"的真正含义。真正的"海派"人物并不一定要在上海出生,也不一定要会讲上海话的。

我看蔡梓源倒是真正的"海派",他年轻时负笈上海,深受上海的教育及其城市氛围的熏陶。在上海先人一步,慧眼独具地收藏起无数海派书画,如今又在上海创办了以"海派"书画为主的美术馆。他既保护了"海派"书画文化,又讲究实惠,通过收藏为自己积累了立足上海的坚实经济基础。

我说:想成为画家的人很多,但想成为书画收藏家的人却很少,特别是很早就想成为"海派"书画收藏家的人更少了。

蔡梓源笑着说,当时的人大致就是三部曲:第一是看不懂;第二是看不懂;第三是来不及。我也笑了,绝大多数人都是如此,当然我也是如此吧。但我稍微有一点区别——第一是看不懂,第二是想看看,第三是来不及。他听完后哈哈大笑起来。

对书画收藏,蔡梓源是随缘而从,不去强求。当下收藏界,可谓鱼龙混杂、真假难辨,甚至于蔓延成混淆视听、甚嚣尘上的地步。连中国最权威的媒体,为了金钱,都参与到恶性炒作当中去了,收藏变成了一部分人或利益集团吸金的途径,这实在太悲哀了。

蔡梓源说,收藏好比走钢丝,要成功首先要做到心态平稳,心理平衡。有时收进赝品,你就当作以一笔昂贵的学费换取一点明辨真伪的本领,所谓从跌跤中学习前进。"收藏是一种文化活动,图的就是一个赏心悦目的情怀,一个胸襟饱满的状态,一个颐养心性的境界。"

"收藏就是意外惊喜",这几乎是蔡梓源的口头禅,书画对懂的人就有价值,对不懂的人就是一张纸。你先要学书画、懂书画,然后进一步研究书画,喜欢书画。买了书画回来收藏了,不时拿出来欣赏。如果升值了,这就是意外之喜了。但是,今天很多人购买书画,而是希望一买回来就立即升值,这种心态是要不得的。

现在拍卖展很多,为人们欣赏书画、提高鉴别力提供了良好的机会。但很多人是在着迷于艺术市场,而不是着迷于艺术本身。中国人有钱了,买书画的人固然多起来了,但大多是把艺术品收藏当作炒股了,长此以往,有文化素养、有艺术鉴赏力的收藏家就越来越少了。"书画一定要以收藏为目的,不能以投资为目的。"38 岁的蔡梓源这样抒发他的收藏追求与心得,他的年龄在收藏界圈子里来说,实在是太年轻了,真是前途无可限量啊!

积跬步以走千里。十多年来,蔡梓源认定的道路,在上海越走越宽广。如今,蔡梓源已经出版了《海上丹青》《名家扇集》等多本画集,里面都是他所收藏的大师们的作品。也许是出于一种对于上海的感恩,蔡梓源最终决定斥巨资建立了这座以海派书画为主的美术馆,希望为自己多年的珍藏有一个展示空间,也希望能与更多的同好分享和交流,而不是收藏在家里孤芳自赏,独乐乐不如众乐乐。此次"海上扬芬"展,既有近现代书画大家的精品,包括徐悲鸿、张大千等力作;也有任伯年、吴昌硕、刘海粟、唐云、程十发、贺天健、谢稚柳、吴青霞等海派画家的作品,可谓交相辉映,参观者无不驻足称赞。

"那么你现在在上海有户口吗?"我最后问道。"没有,现在这个时代根本不在乎户口了!"他回答道。他讲得对,今天的上海,对于没有户口的新上海人(多达 1100 万人)也是敞开胸怀的。像蔡梓源这样的新上海人,不啻是上海美术界和上海的幸运!

金融谷

劳模英雄篇

马桂宁：为人民服务，直到终老

撰稿　陈锡源

　　盛夏的一天，我荣幸有机会去采访上海潮汕联谊会副会长马桂宁先生。作为潮人的小辈，我一直对在上海奋斗的潮人前辈充满崇敬之情。

　　马桂宁先生 1939 年出生于上海，祖籍广东潮阳。他是我们潮汕人的杰出代表，曾获得上海市劳动模范，全国商业特级劳动模范，全国十佳营业员，全国十佳职业道德标兵，全国"五一"劳动奖章，全国劳动模范，全国优秀工人标兵等称号，是第七、八、九届全国人大代表，先后受到邓小平、江泽民、胡锦涛、温家宝、朱镕基等党和国家领导人的亲切接见。

　　采访之前，我就特别感兴趣以前听说的"马派服务艺术"，心里头就有这么一个疑问，为什么"马派服务艺术"这么神奇，能够使销路不太好的商品变得热门起来。马桂宁先生娓娓道来。他说，马派服务艺术以我的名字命名，却不是我一个人的创造，而是包括我在内许多营业员在长期的服务工作中创造的经验总结，是服务技艺升华的理论结晶，是大家的理论。马派服务艺术强调：做到真情服务，站在顾客的立场上真心实意地为顾客着想，才能真正地解决他们的所需所求，使他们满意而归。马桂宁先生怕我不理解，特意给了我一本他亲笔签名的《马桂宁服务艺术》。书中深入浅出阐述了马派服务艺术及消费心理学，有生动事例，有理论概括，不愧是一本可以活学活用的教科书。

　　除了把自己的服务实践作理论的升华，马桂宁先生还注意把他的成果分享给各行各业需要的人。在上海第一百货商店，富有远见的领导还成立"马桂宁服务艺术学校"，让马桂宁既当校长又当教师，向来自店内外学员讲课。迄今，马桂宁已经带教出徒弟564人。在他的悉心指导之下，他们中许多人成了各行各业的明星与精英。他们遍布银行、证券、销售、通讯、医药、交通等等各个领域，可见马派服务艺术的巨大效应和影响力。

　　在马桂宁漫长的服务生涯中，在三尺柜台边接待邓小平同志是不可磨灭的记忆。

　　那是1992年2月18日，农历猴年正月十五晚上8点，邓小平同志来到上海第一百货商店视察。老人家走到文化用品柜台前，兴致盎然地递给营业员马桂宁10元钱，说是要买文具给孙女。马桂宁为小平同志挑选了4封中华牌铅笔和4块口红形艺术橡皮。在马桂宁包扎装袋时，陪同视察的时任市委书记吴邦国同志风趣地对老人家说道："这是我们的劳模在为您优质服务。"小平同志微笑点头，连声称好。

　　马桂宁精心为顾客服务的故事举不胜举。

早年有一个老华侨从国外归来,他在海外时常听说国内旅馆、商店的服务不那么好。正好他想要买一身衣服,就到第一百货来量身定做。给他提供服务的正是马桂宁师傅。当顾客转身走了以后,马桂宁猛然注意到老人的双肩有明显高低,当即将情况反映给相关的领导,领导安排了最好的师傅和马桂宁赶到宾馆给老华侨又量了一次身。这件事使老华侨非常感动,感慨万分地说:"我在国外的时候,听人说祖国的服务质量不行,但我今天碰到的不是这回事。不久我要去东南亚,我要穿上这套十分适意的衣服去告诉亲友,祖国的营业员是怎样为我服务的。"后来老华侨收到服装后,特地给第一百货商店写了一封感谢信,赞扬商店服务一流。

有一次,马桂宁的柜台前来了一个女顾客,她手指一勾,"喂"的一声,示意马桂宁走过去,言语中又不太礼貌。马桂宁并不计较,仍然热情地为她出主意,详细介绍各种布料特点,女顾客非常满意,末了还向马桂宁道歉说:"师傅,刚才我真没礼貌,这是我一个不好的习惯,我在家里吆喝我爱人也是这样的,请你不要动气。"每天接待很多顾客,难免有些人对营业员不太礼貌甚至不讲理的,马桂宁总是用满腔的服务热情感动他们。

马桂宁为顾客量体派料具有"不用尺、一看准"的高超本领。他一直以王府井百货大楼优秀营业员张秉贵为学习榜样和赶超对象,两人都成为全国商业战线的劳模与标兵,人称"南马北张",名闻遐迩。为了提高服务水平,马桂宁刻苦钻研社会学心理学等现代科学知识,努力学习一些哑语和各地方言,逐渐形成"满腔热情,科学售货"的马派服务特色。凭借这套独特的服务艺术,他不仅帮兄弟商店迅速卖掉了滞销数月的布料,还神奇地使本店生意比较清淡的照相机等柜台的营业额翻番。马桂宁服务本事一时在全市传为佳话。

我们的社会,我们的时代,依然在大力弘扬劳模精神。2009年10月,建国60周年大庆,上海《解放日报》出版了特刊《60年60人》,图文并茂地介绍了上海各条战线60位功勋卓著的代表人物,马桂宁的业绩和形象就出现在这个历史性的光荣榜上。

2013年,党的群众路线教育实践活动在深入开展。复旦大学党委宣传部特地邀请了马桂宁为党员师生上党课。党龄近半个世纪的马桂宁,介绍他在平凡的劳动岗位上践行党的为人民服务的宗旨。朴实的话语,真实的事迹,高尚的精神,让大学师生受到一次鲜活的党课教育。

数十年来,马桂宁一心扑在为"大家"服务的岗位上,对自己的小家少了许多应有的照顾,他知道自己对家人亏欠的太多,只能深深感激他们无怨无悔的支持和关心。所以现在他对他的每个徒弟,都一再强调,一定要做到工作与家庭两不误。

马桂宁出生在上海,一直生活在上海。但是从小父母亲就教育他,不要忘记我们是潮汕人,要说家乡话。谈及对于家乡的感情,马桂宁用一口潮阳口音说:"我就是潮汕人,我的血液里流着潮汕人的血,这一点我很是骄傲。"讲到故乡的亲人,马桂宁讲到一件很有意思的事情。由于以前交通不方便,跟老家的联系没有那么密切,马桂宁先生后来意外发现汕头的一个堂兄跟他有一模一样的名字,是广州某报社的记者。有一次,这位马桂宁记者采访了劳模马桂宁,回到报社后,主编拿到马记者写的稿子劈头就问,让你去采访一位全国劳模,你倒省事把自己给写上去。马记者不由得解释了一番这个巧合。

马桂宁,在平凡岗位上创造了不平凡的业绩,在全国商业系统中树起一面夺目的红旗。如今,马桂宁已 75 岁,仍是市百一店的顾问。老有所为的马桂宁前辈动情地说:"一直以来,我有个心愿,全心全意地为顾客服务,为百姓服务,直到终老。我这个想法,到现在还没变。"

方忠：一名军人的足迹

撰稿　陈重伊

　　尽管年过杖国，方忠依旧面泛红光，身上洋溢着一股稳重、健康的气息。他，1932 年出生于海丰县的田墘镇，祖籍是广东潮阳，现在属汕头市潮南区仙港乡。18 岁当兵后在航校学习，随部队到过华南、东北、西北，后来在上海空军政治学院担任学员政委和高级讲师至离休，是上海潮汕联谊会杨浦区多年组长，热心联谊会工作作出了贡献，现任顾问。方忠老师的一生，概括起来主要分为三个阶段，尽管没有惊天动地的事迹，却能将祖国的嘱托、军人的使命牢记在心，用铮铮铁骨铸就固若金汤守卫之城，他，是当之无愧的"最可爱的人"。

青年时代

广东海陆丰是大革命时期革命运动比较活跃的地区。这里曾经诞生过全国第一个工农民主政权,也是中国革命早期农民运动领导人彭湃的故乡。方忠就在这个红色老区比较早地参加了革命。当时,中学里的老师已经有地下党党员。周末的时候,常常带领一些进步学生到沿海地区郊游,借机向学生讲述革命故事,灌输共产党的进步思想,于是方忠先生开始受到了老师们进步思想的影响,秘密加入了我地下党领导的学生组织。他当时担任组长,这个小组初建只有 5 个人,负责宣传党的思想、散发革命传单和动员青年学生参加游击队,必要时还掩护革命同志在该地区开展工作。由于工作的特殊性,当时家人并不知道方忠在参加革命工作。晚上常常要开小组会,方忠就瞒着家人说学校有活动。这样"瞒天过海",一个热血的青年人在地下党的领导下一边学习一边进行革命工作,他们所处的环境虽然没有枪林弹雨的硝烟,却战斗在旧中国的"白色恐怖"下的隐蔽战线上,积极地为革命解放事业贡献自己一份力量。

鉴于地下工作的经历,1950 年方忠有机会被保送到广州南方大学(现华南师范大学)继续深造。当时正值抗美援朝时期,方忠怀着一种新中国好儿女当兵的理想和保家卫国的丹心,积极响应祖国抗美援朝和毛主席"建设一支强大人民空军"的号召。经过严格的政审和身体素质的检查,1951 年终于如愿加入到人民解放军空军队列。尽管母亲不同意其远离家乡,年仅 20 岁的方忠抱着为建设强大的国防军,反击侵略者的坚强信念,背井离乡,远赴遥远的东北,来到东北长春航空学校正式学习航空知识。方忠开玩笑说:"一个广东人跑到寒冷的东北,很担心鼻子耳朵被冻掉。"然而,寒冷的天气并不可怕,虽然东北冬天天寒地冻,但只要有一颗报国的热心,什么寒冷都不怕,什么困难都可以克服。笔者被方老的乐观情绪和坚强意志所感染。的确,这应该就是当兵的艰苦岁月磨练出来的铮铮铁骨吧。

回首起这段往事,方忠流露着点滴的自豪。当时参军需要经过严格的政审、体检及各方面知识的考察。方老眉毛一扬:"当时考的政治题目我还记得很清楚,'为什么要抗美援朝',后来数学及其他学科都考得不错。"

到军校后,虽然军队生活紧张,但井然有序、典律清晰的军校生活、学习和训练,催人奋进。它是一所大熔炉,是能锻炼人、学会本领的地方。方老非常珍惜这一增长才干的学习机会,因此学习努力、军训刻苦。讲起当时的学习,方忠顿时神采奕奕,仿佛回到青年求学时代。为了尽快壮大人民空军力量参加抗美援朝,当时学校缩短了学习时间,两年课程缩至一年半完成。学习机种是苏联杜-2轰炸机,有些课程是请苏联专家来讲,由于一些专家老师不会中文,上课必须把俄语译成中文,但是翻译过来的意思毕竟有差别,所以有些讲课内容听不太懂,学习起来比较吃力。加上学习时间短,内容多,为了完成学业,大家都加班加点,几乎没有节假日。除了学习航空理论知识,学生们还要进行机场操作实习。解放初期,多数机场是解放前国民党留下的旧机场,机场设施设备条件差,他们进入机场实习教学阶段正遇上冬季,经常在零下二三十度,有几天是在零下三十多度进行实习训练。方忠还清楚地记得,有几次在上实习操作课时,寒风刺骨,温度极低,他的鼻子比较高就被冻白了,连自己都没有发觉。教练员每次发现他的鼻子变白就急忙抓起雪在他的鼻子上擦,从而防止鼻子被冻伤,最终方忠的鼻子还是保住了,但是毕业时冻伤的疤痕却留在了鼻尖上。他,怀着一颗保家卫国赤热的心,在一年半的学习中,不畏艰苦、刻苦学习,在毕业考试时取得了优异的成绩,被上级组织评为"优秀学员",荣立了"三等功"的奖励。

1954年正是中华人民共和国建国五周年,在军校的方忠同志有幸参加航空学院地面阅兵方队,到首都天安门广场光荣接受毛主席等国家领导人和人民的检阅。在长春和北京为期几个月的方队训练中,要求极严、标准极高。为了铸造"钢铁长城",上面要求参阅方队在训练时都脸朝太阳晒,把脸晒成棕红色。虽然每个阅兵方队通过天安门只有短短十几分钟,礼步也只有几十步,但是背后隐藏着军人多少的汗水。因为方忠在方队训练中的表现突出,被组织评为优秀列兵,又一次荣立"三等功"。我们为这样坚不可摧的和平之师、威武之师感到无尽的骄傲!

鉴于在学校的优秀表现,方老毕业后就留在航校工作。之后凭着自己的努力和表现,一步步在航校从区队长做到中队长。方老动情地说,我在长春那里一待就是20年,也在那里成家立业,长春就是我的第二故乡。

中年时期

或许是命运的安排,或许是军人的使命。国家哪里需要你,哪里就是你的家。为了贯彻落实毛主席"深挖洞,广积粮"和"备战备荒为人民"的战略思想。1970年,方忠服从组织决定,从待了20年的东北调到大西北,到部队担任政治部主任。西北的部队生活条件是比较艰苦的,而他去这个部队的生活工作条件更差,更艰苦:部队驻扎在大山沟,干部战士住在大草棚,在这样的环境下战士们一年又一年完成了国家的战略任务。方忠老师在西北一待就是8年,也与妻儿分居了近8年,其间母亲病重逝世无法分身去送别,爱人生育无法去身边相陪,每逢节日留在部队跟战士一起守卫边疆无法回家探亲过节。方老谦虚地说,自己的一生是平平淡淡地度过,平平常常地工作,没有什么惊天动地的事迹。回忆自己的一生,是戎马的一生,把自己的一生无私奉献给军队的建设事业。但是作为一个平凡的人,却是那样坚定地在践行着自己军人的使命,将国家和集体的利益置于个人利益和私人情感之上。这样"平凡而又不平凡"的人生,怎能不让人肃然起敬呢?

　　方忠在西北度过了8年之后,1978年改革开放的春风,吹动着中华民族腾飞的脚步。为了适应新时期军队建设的需要,邓小平同志要求建立和恢复中国人民解放军各类学校,随后,空军政治学院从全国各个军区和单位选调一些有工作经验的人来到上海,建设新军校。方忠就这样被调到上海空军政治学院。在空军政治学院,他当过学员政委,上讲台做过讲师,政治学院是为部队培养合格的政工干部而建立起来的,教学内容为了适应部队的需要,方忠多次深入空军部队进行调研,通过与部队指战员深入交流,他掌握了部队思想工作的第一手材料。在调查过程中发现,有些部队在八小时外的思想政治工作比较薄弱,针对这一情况,他编写了《八小时外的思想政治工作》等论文,并结合军队政治工作教学要求编写教案,把加强八小时外的思想政治工作内容充实进了教学课程。随着改革的推进和社会事业的发展,学院第一次为地方单位培养政治工作干部,方忠也受托承担起地方企业政治工作课程的教学任务。他白手起家,根据教学大纲并结合地方工作需要自编教材,圆满完成了两个学期的教学任务,为地方单位培养了大量政工干部。

　　在军队开展生产经营时期,学院创办了"蓝天宾馆"等部队企业,为了规范宾馆管理,1997年方忠担任副主编,与其他同志共同编写了《现代宾馆管理范例——上海蓝天宾馆服务规程》一书。

　　由于工作上认真尽责,方忠多年被评为"优秀干部"。方忠被调到空军政治学院之后,终于可以跟分离8年的妻子儿女相聚了。他并没有对自己不断辗转的人生感到不值得,老人家幽默地说,本来是计划从东北去西北,再到西南的,这样就可把全国都跑了一圈然后回到广东,落叶归根。

老年时期

1988 年离休之后,方忠在林文浩等老同志的邀请下加入上海潮汕联谊会,为家乡的繁荣发挥一点余热,担任第一任杨浦区组组长。当时杨浦区最大的困难就是会员人多面广,不易联系管理,活动无经费,开会无地点,组织活动非常困难。怎样解决这个问题,他和大伙开动脑筋想办法,采取分小片管理,同时以同济大学为依托,在同济大学林章豪、朱锦富等联谊会会员的支持下,充分利用大学资源来开展活动。正是把集中的资源充分有效利用起来,杨浦区小组联谊会的工作才得以顺利展开,也受到了方小兰副会长的表扬。方忠当联谊会顾问后,还十分关心小组工作,经常参与小组相关活动,与组长们共同商讨小组活动安排,共谋小组发展良策。

跟着方老的思绪回首起老人家的一生,确实受益良多。军人,他们是一个平凡而坚毅的群体,在维护国家和人民的安全利益、参与祖国各项事业建设中起着举足轻重的作用。"不张扬",是他们最重要的特点,怪不得方老觉得自己的历程很平淡,但这样平淡的人生,他却用自己高尚的灵魂,唱响了一曲不平凡的军人之歌。

李革：清贫人家出才俊

撰稿　黄奇伟

　　出生贫寒，为国崛起读圣贤；国难当头，披甲从戎卫河山；恪尽职守，身先士卒为人先；老当益壮，流芳后世美名传。如此评价李革老先生，也许不够全面，但却是我品读过老前辈的传奇人生之后油然而生的感慨。李老一生，正如其名，是革命的一生，战斗的一生，为党为国奋斗的一生。

贫寒子弟多上进

　　1917年6月，李革（原名陈少册）出生于广东潮安一贫穷人家，同时他也是中国新闻家、翻译家梅益（原名陈少卿）的弟弟，在家排行第四。李革自小家庭生活就十分贫困,全家七八口人只靠大哥一人在药材行当会计那点薪水度日,入不敷出已成家常便饭,童年时的他有时也不得不为家里的柴米油盐费心。

即便是经常要去当铺当东西补贴家用,他仍然没有放弃上学读书。买不起课本就向高年级同学借,甚至手抄同学的课本。每天他即使再劳累,也会抽空看书学习,这既是为未来能报效祖国,同时也是为争取学校少数优秀学生才有的减免学费名额。这样的坚持,这样的勤奋,使他顺利考上潮州最高学府金山中学,并且完成了初中学业。

积极奋进系苍生

出生于俄国十月革命时期,李革自小就受到布尔什维克主义的熏陶。刚上小学二三年级的他,便从参加革命的大哥那里听说了为全世界穷人谋出路的列宁,听闻了旧中国穷苦百姓水深火热的罪恶源头。小小的心灵,在那时候便已立下为国崛起、为解救穷苦人民而奋斗的决心。

青年时期的李革,在已是党员的三哥梅益的影响下,同当时千千万万进步青年一样,怀着满腔热情,认真学习马克思主义,进而反观海内时下态势,不禁深感国之落后,忧黎民百姓之疾苦,急社稷众生之困顿。与此同时,他在闲暇时还会读书看报拓宽视野,并积极参加各种各样的爱国运动。

1937 年 7 月 7 日,日本发动全面侵华战争,作为爱国青年的李革,立即投身到轰轰烈烈的抗日救亡运动中。他先是在上海参加"救亡演剧队",并到汕头演出,宣传抗日,后又在汕头参加"救亡同志会"。积极奋进的李革,攥紧了手中的文化武器,欲求唤起国民抗日救国的热血。

烽火岁月荡气回肠

1938 年 10 月,日寇的铁蹄正肆虐着神州大地。不愿沦为亡国奴的李革,在三哥梅益的指引下,毅然到安徽参加由叶挺和项英领导的新四军,从此走上了革命道路。次年 2 月,李革光荣地加入了中国共产党。"为了解放全人类的自由幸福,我愿不惜牺牲自己的生命而奋斗终身",入党的宣誓如同座右铭,时刻提醒着他自己,也坚定了他自己愿为国家肝脑涂地的信念。

在抗战时期以及解放战争时期,李革先后任职新四军军部军法处股长及科长、新四军第七师政治部特派员、锄奸科科长、皖江专区临江公安局局长、华东野战军10兵团28军82师245团政治部主任、10兵团政治部青年干部大队政治委员等职务。而他参加的战役也是不胜枚举,如众人熟知的济南战役、淮海战役以及渡江战役等。

对于每一个战役,李革都抱着一颗时刻准备为革命事业牺牲的心。"醉卧沙场君莫笑,古来征战几人回。"这一千古名句,道尽李革视死如归,舍生取义的精神。而济南战役前的一纸遗书,更是成了他愿为解放事业牺牲的最好见证。1948年9月16日,即济南战役打响前夕,李革向当时的司令员宋时轮递交了一份战前遗书——"因为我是一个共产党员,必须做到一切为了人民,为人民牺牲一切。在今天为打下济南,全歼山东守敌,转变中原战局的战役中,我将尽一切力量工作,直至牺牲自己生命……"仅仅从遗书中这几句话,一个有血有肉、无所畏惧、勇往直前的时代先锋形象已跃然于纸上。然而,像这样一支不怕牺牲又士气高昂的军队,又何尝会战败呢?经过八天八夜的激战,济南战役取得了重大胜利。这份遗书自然也回到李革手中,成了那个烽火岁月最为荡气回肠的纪念品。

敢为人先拓荒牛

随着新中国的成立,全国各地开始进行社会主义经济建设。李革也由部队转业到了地方,离开部队后的他精忠报国的热情并未消退,反而把他在部队中那股干劲用到了经济建设中——无论是在党政部门还是在公私合营企业或者国营企业,李革都继续保持着其一贯以来在部队的那种艰苦奋斗的作风。夫贤人之处世也,非易境而变更也,或许李革正是此类贤人吧。

1949年10月,李革转业到福建,先后担任福州市公安局副局长和福建边防保卫局局长。

1953年12月,李革被调到上海正泰橡胶厂担任党委书记兼厂长。有着几十年历史的正泰橡胶厂,是上海为探讨私营企业如何走向社会主义道路,并实现公私合营的重点试点单位。而橡胶工业,在国民经济中又起到了举足轻重的作用,并且在现代化国防建设中又具有重要的战略意义。这些都使得正泰橡胶厂受到市领导的重视,也让身为厂长的李革感受到肩上的重担,但却更加激发了他投入其中的热情。

1954 年春节过后,上海市市长陈毅对正泰橡胶厂进行了为期四天的视察。视察期间,陈毅对基层劳动者的关怀体贴,以及对橡胶厂各项工作的意见和建议,皆给一直陪同视察的李革留下深刻的印象。陈毅的到来也大大鼓舞了全体职工的士气,给橡胶厂带来了生机勃勃的景象。

接下来在管理正泰橡胶厂期间,李革对职工们进行了社会主义思想教育,大幅提高了职工的思想觉悟,使他们意识到现在他们才是企业的主人,也使他们自觉重视起产品的质量。没有了偷工减料,也没有了违规操作,正泰橡胶厂的次品率得到了极大的降低。要知道,曾经的正泰,一个月因为次品而造成的损失最高可达 7 亿多元。正泰橡胶厂正是在李革的管理下,逐渐实现了扭亏为盈。

不仅如此,李革提高对高级技术人员的教育工作,在为正泰解决了许多技术难题的同时,更是给我国的橡胶工业乃至整个国民经济带来了莫大的利益。作为生产轮胎重要原料的炭黑,在建国初期,主要是依赖进口,但当时进口却比较困难。在李革的领导与影响下,技术人员的研发积极性和创新精神得到了空前的激发,国产炭黑也在他们的努力研究下,基本达到生产轮胎所需的要求。此举不仅可让我国的轮胎生产摆脱被动的局面,更是产生了巨大的经济效益——据计算,若我国轮胎生产全部采用国产炭黑,国家一年可以节省外汇 546000 万元。这对百废待兴、国力尚弱的新中国来说,无疑是件天大的好事,其对国家贡献之大,必将功载青史。

李革自己对于公私合营,也别有一番体会与见解——在 1954 年 9 月 9 日的人民日报和 1955 年 11 月 5 日的上海新闻报上,都曾刊登过他在公私合营方面的文章。

认真负责,兢兢业业,是所有与李革共事的人对他的一致评价,他的敬业精神也很受领导赏赞。或许正是基于此,上海化工局才把另一重担交付给他。1958 年春节刚过,上海市化工局决定让李革挂帅,组织筹建浦东高桥化工厂,研究石油的综合利用,以改变我国石油化工落后的局面。离开熟悉的橡胶行业,面临他的将是另一更大的挑战。他明白,石油化工当时在国外也算是一项新技术,在国内就更是一件新鲜事,各方面尚处于学习阶段,一切都只是在摸索中前进,任务难度可想而知。然而,党和国家对他的信任,就像给了他一剂强心针,让他鼓足了勇气,带领着众人来到浦东高桥,当起了石油化工产业的拓荒牛。

环境恶劣的高桥,杂草丛生、蚊蝇如麻、蛇鼠横行,既没有职工食堂,更谈不上有厂部办公室,而住的,也仅仅是拆迁农民留下的房屋。就是在这样的一片土地上,李革带领着一支充满激情的创业大军,餐风露宿,埋头苦干,只为不辜负国家对他们的期望,只为在上海、乃至中国的经济建设中献上自己的一份力量。有志者,事竟成,靠着众人的齐心协力,并经过不断的摸索,高桥化工厂终于建成,现也已发展成为我国重要的化工原料基地之一。李革这个名字,从此在高桥化工厂的历史上写下了光辉的一页。

无论是在接管正泰橡胶厂还是筹建高桥化工厂,李革所做的一切,对上海的发展都作出了不可磨灭的贡献,真可谓,经济建设先头兵,敢为人先拓荒牛!

为霞尚满天

"人的一生应当这样度过:当他回首往事的时候,不会因为碌碌无为、虚度年华而悔恨,也不会因为为人卑劣、生活庸俗而愧疚。"三哥梅益翻译的《钢铁是怎样炼成的》中的这一句话,永远都是李革老先生的人生警句。这句话也一直鞭策着他,直到他的离世。

"文革"期间,李革受到"四人帮"的迫害,但他坚持真理,敢于斗争。粉碎"四人帮"后,李革又于1979年6月,被任命为上海市医药管理局党委书记。在任期间,他依然保持着自己一贯无私奉献的品质,为上海的医疗事业奉献出了一份力量。

1983年,李革离休。身为党员,他依然关心国计民生,时刻想着为国家为社会减轻负担,为百姓为大众作贡献。一旦有某一地方发生灾害,他总会为灾区人民捐资捐物,为他们渡过难关助上一臂之力。更为令人动容、为之钦佩的是,李老于1994年就决定了将自己百年之后的遗体捐献给国家,即使将来自己已经不在人世,也能尽自己所能再为国家的医疗事业出一份力。在那个遗体捐献实为罕见的年份,做出如此伟大的决定,着实叫人肃然起敬。

胡马依北风,越鸟巢南枝,作为潮汕人的李革,自然也有着所有潮汕人一样的爱乡情结。虽然大半辈子都没有在潮汕地区生活,虽然上海也早已成为他的第二故乡,但是,哺育他长大的潮汕大地仍是他心中永远的牵挂,一直以来,他也在寻思着能为家乡做点什么。1989年,李革和其他在沪乡亲协力创办了"上海潮汕联谊会",并通过联谊会,为众多在上海打拼的潮汕人提供帮助,让远离家乡的他们,感受到家一样的温暖。"还记得有一次他生病在住院,然后听说我们联谊会这边在举行会议,他也顾不上那么多,穿着住院的衣服就跑过来参加了,印象特别深刻!"上海潮汕联谊会的前副会长方小兰甚是激动地跟我说。无需多言,李老对潮汕大地感情之浓烈,可见一斑。

莫道桑榆晚,为霞尚满天。夕阳的余晖,仍然无私地温暖着家乡,温暖着祖国。

2005年2月,李革老先生因病不治,驾鹤西去,永远地离开了我们。回首其一生:青年时,他积极进取,心系国运;部队中,他赴汤蹈火,在所不辞;经济建设中,他恪尽职守,身先士卒;退休后,他老有所为,心系国家。李老这一生,将自己所有的一切都奉献给了国家、奉献给了社会,也奉献给了家乡;他这一生,为我们树立起一个好战士、好党员、好乡亲的楷模典范。

李纯光：搏击长空真英雄

撰稿 黄奇伟

　　"就算是炮打不中，我也要把他撞下来！"如此铿锵有力的一句话，从眼前这位耄耋之年的爷爷口中有力地蹦出。眼前这位眉发雪白的老爷爷的只言片语，当年他那种无所畏惧、视死如归的英雄形象已然清晰浮现在我眼前。

　　他就是李纯光老英雄。他是潮汕的骄傲，更是中国的骄傲！

雏鹰初展翅

　　1931年7月17日，李纯光出生于广东省揭阳市揭西县灰寨镇河五村老坎塘。谁又会想到,这个呱呱坠地的婴儿,日后改写了这个普普通通的小村落的历史呢?

和其他小伙伴一样,李纯光上了私塾,后又转到灰寨小学。聪明机智是老师们对他的评价。小学毕业后,1947年12月毅然参加广东潮汕游击队。虽然只有16岁,但正是这样一个年轻的战士,发明了夜晚遭遇敌人时的S形走法。更不可思议的是,他还缴获了敌人的驳壳枪,因此受到了首长的表扬。1948年5月,李纯光被调到潮揭丰行政委员会,跟随杨世瑞主任,任其通信员、警卫员。1949年揭阳解放,又随杨世瑞县长到县政府工作。年纪轻轻的李纯光,便已初露锋芒。

1951年,李纯光响应"抗美援朝,保家卫国"的号召,在杨县长的举荐下,参加空军部队,开始飞行员的军事生涯。在学习飞行的过程中,天资聪慧的他用心学习,即使面对为了赶进度的速成突击训练,依然练就了精湛的飞行技巧。之后他被分配到驻扎在江西省向塘机场空军航空兵第24师。

若言飞行技术高超之师,非24师莫属,而24师中水准最高的又数李纯光。他是师中飞行技术数一数二的攻坚好手。1956年的一次空中反侦察战中,在我方雷达丢失敌机位置的情况下,李纯光仍然凭着个人超强的应变能力找到并追击敌机,使之抱头鼠窜。李老回忆说:"我们师的光荣榜上有近百张照片,我的照片最大,是八寸的,放在最上面一层,'光荣榜'三个字的中间,单独一张,下面一层层才是战友们的四寸照片。"李纯光的高超空中飞行技艺可见一斑。

雄鹰划苍穹

何为令敌人闻风丧胆?且看威震长空者——李纯光。

1958年,李纯光被任命为24师70团中队长,10月9日进驻福建漳州机场值班。后又在1960年升为70团副大队长,带领其尖刀部队镇守漳州及福州一带上空。时值"两弹一星"研发时期,资金紧缺,飞机研发放慢,因此部队里仍旧使用着速度较慢的歼5。敌方飞机速度明显快于我方,这一点无疑成为空中防线的一大问题。然而这并不能难倒李纯光。他在飞行训练中摸索出一套"斜对头攻击战术",并得到了推广应用。在敌方应用了速度为歼5近两倍的侦察机RF-104后,李纯光更是首创出"负速度差截击战术",利用有利的指挥引导条件，争取到位置上的优势，从而冲击掉敌人在飞机性能上的优势。

由于李纯光在战术上的卓越贡献，敌军即使拥有先进的侦察机，却也因为李纯光部队的存在而不敢踏入防区半步，以至于作战参谋都忍不住说："RF-101怕你，RF-104（速度2400公里／小时）也不敢进入你的防区，你是个真正的威震长空者！"真可谓不战而屈人之兵，这在空中战争历史上，也可谓是前无古人。

然而，上述种种只是李纯光人生经历中的小篇章。一直为人称颂、为人敬仰的光荣一仗是他截击国民党军接送我军叛徒吴献荀的飞机这一战。

1966年1月8日深夜，叛徒吴献荀伙同其警卫员，偷袭警卫战士多人后，到水上大队骗取福州部队某守备师船运队的小登陆艇出逃。驾艇投敌一事震惊上下。中央下令，必当诛杀此贼于飞往台湾的路上。这个艰巨的任务也毫无悬念地落在了李纯光肩上。

即使是身经百战，战功累累，连续跑过六次一等（一等起飞准备）的李纯光，也无十足把握能安全顺利完成任务。据李老回忆，当时去打的危险性是很大的。一是要在海里打，二是接近台湾，再一个就是要打的飞机速度慢。平时训练从没有过海上训练，而这次作战要延伸到外海，同时在超低空又会遇到各种各样的复杂气象；打击位置为妈祖岛上空，殊不知妈祖岛上就有国民党飞机八十多架。但李纯光抱着"就算是炮打不中，我也要把他撞下来"的态度毅然接受了这一艰巨任务。

风萧萧兮易水寒，壮士出征兮凯旋还。在空中，他灵活使用各种飞行技术克服了速度低易失控的问题，在战友胡英法的配合下将愤怒的炮火精准地打在敌机身上。没多久，载着叛徒的飞机就冒着黑烟，坠毁于海上。

1966年1月13日，庆功大会在福州军区大礼堂召开。大会收到国防部的贺电，并且给李纯光和胡英法记一等功。同年3月份，李纯光等战斗英雄来到北京，得到了中共中央、中央军委领导人周恩来、邓小平、彭真、叶剑英等的接见。见到完美完成任务的李纯光，首长们的喜悦之情无不溢于言表，对李纯光他们的英勇之举更是赞不绝口。李纯光从此成为24师70团众所周知的英雄。

振翅冲向云霄之时，雄鹰便是苍穹之主。拥有惊人飞行技艺的李纯光，俨然是划破苍穹的雄鹰。

军中处闪灵光

正如众人对他的共同印象一样,李纯光的大脑从没停止过思索。灵光的闪现,总能给部队带来很多新发明或者改革。

1975 年 5 月 10 日,李纯光到沧州十一航校参加空军训练部对空军训练大纲的编写。编写完成后,他针对飞螺旋提出了五大建设性意见:1. 所有要飞螺旋的飞机,都要经过大检查,几何数据调整好;2. 所有飞机的弹射座椅的弹射弹都要换新的;3. 如果出现事故空军要主动承担责任。不能出了问题就算哪个部队的;4. 如果飞行员牺牲,要做好烈士家属的抚恤工作;5. 训练地必须远离居民。虽看似平常,然而正是这些改进,大大减少了空军部队因为飞螺旋产生的空中事故的发生,为我国减少了经济以及人才的损失,保存了空军实力,同时也解决了军属家庭的后顾之忧。新的训练大纲的出炉,以及五大意见的得以采纳,很大程度上又为空军人才的培养贡献了不可小视的力量。

一个洞库能放一百多架飞机,如果敌人用火箭机导弹打洞口,击中飞机,炮弹爆炸煤油起火,洞口的大风助长火势,则飞机和指挥所必将在短时间内被夷为平地。为了解决该问题,李纯光和训练科科技参谋章调玉经一年多的时间,成功发明了洞库自动灭火器,更好地保障了部队的安全。

更加值得一提的是他发明的吹雪机。为了清除掉机场跑道上的坚冰,李纯光聪明地利用报废的发动机造出了吹雪机。而这种吹雪机,直到二十一世纪初,仍在广泛使用。

勇可当关,智亦称奇,智勇双全,李纯光实乃我军一员福将也!

纵观从戎三十六年,李纯光获得战功无数。影响重大的,便有:1954 年在空 24 师进行飞行训练中安全飞行,荣立集体三等功。1966 年在福建福州击落敌机,荣立一等功。1966 年中国人民解放军福州军区空军授予他技术能手称号。1982 年安全飞行 1800 小时以上,荣立个人二等功。

余晖不忘暖故乡

1983 年,在前线打拼了半辈子的李纯光,不舍地离开了记载着自己光荣战绩的 24 师,被调到上海南空 26 师任顾问,驻扎在上海江湾机场。两年后,李纯光正式离休,与家人在上海定居。

作为战斗英雄的李纯光,离休后在上海依旧发挥着光和热。他多次接待参加夏令营的孩子,孜孜不倦地为他们讲解有关飞机的各种知识,讲述他及战友的英雄事迹,激励并鼓舞一代又一代的青少年。

作为一名潮汕人,和众多在沪潮人一样,时刻都在考虑着怎样为家乡作贡献。他乡邂逅故人的机会,让这一想法得到了实现,李老不但与其他潮汕同胞协力创立了潮汕联谊会,同时也在会中担任理事,帮忙打理会内事务。而今,年迈的李纯光,依然是潮汕联谊会的顾问,为千千万万来沪打拼者或学子提供帮助。迟暮的太阳,依然无私地散发着灿烂的余晖。

"哎,这些都没什么好提的啦。"李纯光老英雄只是这么轻描淡写地总结自己叱咤风云的历史。相反,他倒是感慨妻子徐翠娥对他一直以来的支持和理解。"一方面她尽心孝老敬亲,苦心抚养子女,生活上从未让我分心;另一方面,在分配到危险系数大的任务时,她给予的极大支持也让我多了一份信心。"在李纯光眼中,军功章的一半是属于妻子的。

现在已至耄耋之年的李纯光,和自己的妻子以及儿子媳妇住在一起,还有一个伶俐可爱的孙女。李纯光每天的饮食起居依然和军队一样有规律,良好的生活作风让李纯光保持健康的体魄,一颗年轻的心支持着他接受各种新知识。时不时李纯光还携家人回到广东老家探亲,也参加联谊会的各种活动。告别了彻耳的螺旋桨的声音,告别了陪伴自己多年的蓝天白云,今时李纯光的生活,也不失多姿多彩,可谓乐享天伦。

这就是李纯光,不怕艰苦、无惧无畏、智勇双全、精忠报国、热爱社会、热爱家乡,他是我们潮汕人的骄傲,更是我们中国军人的自豪!天赐聪慧智过人,保家卫国义从戎。呼啸直上统苍穹,勇搏无惧浩气荡。廉颇老矣,虽难再傲视沙场,尚留余晖暖神州!

林影：无形战线上无名英雄

撰稿　敬禾

　　林影，人民解放军的高级领导干部。1936年参加泰国华侨革命团体——抗日联合工会，并展开革命活动。1938年4月归国参加新四军，同年8月加入中国共产党。抗日战争时期任新四军教导总队干事，军司令部第3科科员、新四军第3师电台队队长、军部调研室第3科代理科长。解放战争时期任山东军区教导大队政治协理员、华东军区暨第三野战军第二局第3处处长。中华人民共和国成立后，历任华东军区二局办公室主任、总参三部第3局处长、副局长、福州军区第3局副局长、局长等职。

在泰国曼谷的侨居生活

林影,原名林逸辉。1922 年出生于泰国曼谷柴珍。祖籍广东潮安。他的父亲早年因生活所迫,漂泊南洋做苦工,有些微薄的积蓄。后在泰国曼谷柴珍镇开办了一家南货店,由母亲在店内充任帮手,林影懂事后也到店内帮忙做杂活。由于父母的苦心经营,家境才逐渐好转。1932 年已满 10 岁的林影才开始上学,学校的教师大多为华侨知识分子,具有极为强烈的爱国心。在他们的影响下,林影知道日本帝国主义侵占中国东北,日寇的滔天罪行激起林影强烈的爱国心。1936 年在启明学校校长许侠(该校是中共在泰侨中培养和选择干部的一所学校,许侠为中共党的地下组织负责人之一)的影响下,参加了华侨抗日联合工会,并积极参与了抗日救亡的一系列革命活动。

从曼谷到新四军军部

1937 年 7 月中国国内全面抗战爆发,曼谷华侨掀起了抗日救亡运动的高潮,在中共党的地下组织及其他进步团体的动员和号召下,组织了泰侨青年归国抗日义勇队,刚满 15 岁的林影就报名参加了。次年 3 月,地下党组织通知林影准备回国。为防止家庭阻拦,林影瞒着父母悄悄地进行了归国准备。为确保行动顺利,在党组织的精心安排下,林影被秘密藏进了船舱。启程那天,林影只能从船舱窗口偷偷往码头张望。当看到母亲拿着照片大声呼唤林影的小名时,林影大串的眼泪忍不住掉了下来。但是,为了祖国,为了打败日本侵略者,为了中华民族不当亡国奴,林影咬紧牙关随船出发了。当泰侨青年归国抗日义勇队的轮船抵达汕头市时,汕头青抗会接待了他们。在泰侨中共秘密党员的带领下,他们又冲破了各种障碍,在 1938 年 3 月底到达了福建龙岩新四军办事处。此后,林影即随队奔赴抗日前线,经过一个月的长途跋涉,于 4 月底进入皖南泾县新四军军部所在地,被编入军部教导营 4 连(政治连)开始了新的革命生涯。

开始隐蔽战线工作的生涯

1938 年 8 月,在皖南泾县云岭,林影光荣地加入了中国共产党(因革命斗争需要,当时中共党组织在新四军中尚处于秘密状态)。10月,为了适应发展的抗战形势,新四军教导营扩编为教导总队并移驻泾县中村,林影留校任政治干事。1939年年初,林影被选调到军部3科学习无线电技术,并携带电台随第3支队傅秋涛司令员和谭震林政委行动,参加了一次次战斗。1941年1月,蒋介石悍然制造了皖南事变,林影随同叶挺军长执行特殊战斗任务,并一直战斗到了最后时刻,才迫不得已分散突围。在突围战斗中,他曾两度落入敌手,但他凭着坚定的信念和机智果敢,两度脱险,最后游过冰冷刺骨的滔滔长江,于1月20日在江北找到了新四军第7师部队。

在江北第7师待命不久,林影接到返回重新组建的新四军军部的命令。在途径江苏阜宁时,一同由皖南事变突围出来的原军部3科副科长曹丹辉派林影去新四军第3师黄克诚师长处,任电台队队长。同年5月,军部电令林影速返苏北盐城,经新的军部参谋长赖传珠和军部原3科科长胡立教布置任务后,林影立即参加了新四军司令部的重建工作。在重建工作中,林影由于工作展开快并取得许多成果而受到军首长的好评。1942年春,他参加了粉碎日伪"扫荡"和"清乡"的斗争。同年冬,新四军军部转驻淮南,林影与调研室一同度过了抗战最艰苦的日子,并开展了大生产和整风运动。

在华东解放的特殊战场上

1945年9月,日本无条件投降后,国民党政府为独吞抗战胜利的果实,发动了全面内战。为挫败其反共反人民企图,新四军即北撤山东,林影随同军部行动,并参加了鲁南战役,一举歼灭全副美式装备的国民党军第1快速纵队。1947年春夏,在蒋介石发动重点进攻,山东解放区斗争形势十分紧急的情况下,林影奉命星夜赶赴东线兵团司令部开展对敌工作,并担任了司令部第6科科长。在此期间由于林影及其他6科人员的努力工作,使东线兵团司令部在战役指挥上获得了很大的主动权并成功地进行了内线和外线作战,取得了歼敌55万精锐部队的重大胜利。林影所在的第6科因工作成绩突出,受到了谭震林副政委的表扬。

1949年4月22日,林影随华东野战军东线兵团强渡长江并直捣浙江杭州,于5月3日解放杭州。同年夏,他奉命调回华东军区暨第三野战军2局任第3处处长。

参加攻台准备和解放江山岛

1950年1月，华东军区暨第三野战军司令部首长亲自到2局部署对台作战任务并为由林影率领的侦查先遣队送行。林影受命后即率全队赶赴福建前线展开工作。1957年在组织和配属对一江山岛的作战中，因工作出色，使登陆作战部队一举击沉国民党海军"太平"舰，受到人民解放军总部的通令嘉奖。1955年人民解放军实行军衔制度，林影被授予上校军衔，同时荣获3级独立勋章和2级解放勋章。1959年冬，他担任三局副局长。1963年晋升大校军衔。次年10月任福州3局副局长。1965年被定为国家行政10级。1966年任福州军区3局局长。

"文化大革命"中身处逆境

在"文化大革命"运动中，林影因华侨出身的海外关系问题遭受了不白之冤。1968年冬，他突然遭无理由关押长达14个月之久，并被诬陷为"叛徒"、"特务"、"里通外国"分子，受到了残酷折磨。与此同时，还将他爱人叶钟英从地方强行押到军队囚禁，逼迫她"交待"林影的"罪行"，并将她也扣上了"叛徒、特务、反革命"等几顶大帽子。当逼供毫无结果后，又将她重新押回地方继续批斗。更令人不能容忍的是为"清理"林影的所谓"罪行"，林影的胞弟林逸光被折磨致残。在林影受到关押期间，许多无辜的人员也受到林影的所谓"牵连"，遭到了不同程度的打击迫害。1969年，他由于被关押审查，被免去了3局局长职务，离开了曾工作和战斗过多年的重要岗位。

冤情大白重新工作

1970年，林影获释后被安排到福建省工作，担任了福建省机械局局长兼党的核心小组组长。但冤案直到多年后才得以纠正。1973年中共中央军委重新任命林影为福州军区第3局局长。他重新工作后，继续在无名英雄的岗位上努力工作，于1978年年底取得了科研工作的重大突破。次年初，中共中央军委给予林影领导下的第3局以通令嘉奖，并给予有功人员提前晋级的奖励。

1985 年为落实中央军委关于精简整编和实行军队干部年轻化的战略部署,他由第一线的重要岗位上退居三线离职休养,享受正军职待遇,并于 1987 年荣获中共中央军委授予的 2 级红星荣誉勋章。

关心上海朝汕联谊会

1985 年林影同志从部队离休后来到上海生活。1989 年 8 月,上海朝汕联谊会成立后,林影同志被聘任为上海潮汕联谊会顾问,联谊会的刊物上曾载文介绍了他作为归侨将领的戎马生涯,尤其在隐蔽战线上不平凡的业绩。

身为革命老干部,为国家为人民立下赫赫战功的将领,他仍以一个普通的乡亲参加联谊会的活动。

乡亲们与他交往时,他已是七旬老人。即便在他年近八旬的耄耋之年,他依然身板挺直,不改老军人本色。他的军人的威严是含而不露的,他给予乡亲的是蔼然长者、平易可亲的印象。联谊会的领导及工作人员,多次去他简朴的住所或医院看望他,向他介绍会务和会员活动情况。他言语不多,每每是十分专心地听着,不时露出高兴的笑容。

2001 年 8 月,联谊会编辑的《潮人先辈在上海》一书出版后,联谊会副会长、该书策划方小兰特意给在华东医院住院的林影同志送上一册。他立即很有兴味地翻阅,还郑重其事地招呼说:"来,请在书上签个名,留作纪念!" 后来方小兰同志又去看望过他,见他又在浏览这本书,他拍拍书页感叹地说:"早年我们先辈做了这么许多事,很有作为呵!"

最令联谊会乡亲感动的是:2001 年元月二十日潮汕联谊会举行第十一次会员大会暨新春联欢大会,是日晴好,但仍属春寒天气。八九百名会员陆续入场,只见一位体魄魁梧的老人挂杖进入会场——老顾问林影同志抱病赶来出席大会了! 人们趋前问候,并引领他到会场前排落座。陪同他前来的林影同志夫人叶钟英悄声说:"林影说他自己年迈,身体不好,今后参加联谊会活动的机会越来越少,所以这一次大会他坚持一定要来。" 在一旁照应的乡亲闻之无不动容。

林影同志一直端坐在会场里,听着会上各项报告和发言,又观看文艺演出。本想听好乡亲歌唱家陈海燕的演唱后再走,但因身体原因,他只好提前离开。大家目送着他的身影,心中也深深地烙印下了这位可敬的老人对联谊会,对乡亲诚挚的关爱和情谊。患病在身,经常有战友去看望林影,他常常表示,等病愈后要再一次回家乡潮安看看,了却心愿。可惜他这个深切的愿望没能实现。

2002年5月10日林影同志因病医治无效在上海逝世。在林影同志遗体告别仪式上,上海潮汕联谊会代表在沪乡亲敬献了挽联:

战功已归前辈路,已见勋业垂史册。

典型留与潮人看,犹存大节励后人。

【题头照为林影(右)与杨成武上将合影】

林文浩：精忠报国

撰稿　黄奇伟

　　一幅幅精美的画作,让我感觉自己仿佛置身于美术展览馆。林文浩老前辈流畅的画工,着实令人称叹,如此高的艺术造诣,不知者还以为这些作品是哪位大师的得意之作。"他平时闲下来有空就会画这画那娱乐自己。"同为革命前辈的林国乔女士笑着告诉我们林老的日常生活。悠然自乐,怡然自得,林老的生活就是如此淡雅闲适。然而,他却有着感人肺腑、令人钦佩的过去。

国家兴亡　匹夫有责

1936年，林文浩出生于揭西县棉湖镇。在那个战火纷飞英雄辈出的年代，儿时的林文浩便有投身疆场，报效祖国的雄心。杰出的人物注定有不凡的经历。童年时，他就当上乡儿童团团长。而在揭阳县二中，他不但是三好学生，更是新民主主义青年团的团支书。少年的林文浩，就已崭露头角，小有名气。

1953年，神州大地到处响彻着"雄赳赳，气昂昂，跨过鸭绿江"的抗美援朝的号角。在校园征兵中，年方十七的林文浩毅然报名，践行了"国家兴亡，匹夫有责"的信念。同年9月，他如愿参军。热血男儿，义披戎装，自此踏上空军生涯，报效祖国。

在空军第六航校学习期间，林文浩一如既往地延续了敢于担当的作风。各方面的优秀表现，让他多次立功并受到表扬。仅1954年一年，他带领的分队便立下集体三等功，同时自己又荣立个人二等功。该年，刚满18岁的他又光荣地加入了中国共产党。1956年，他又被评为一级优秀学员，被授予军旗前照相和奖金奖励；同年又作为代表出席了空军英模大会。1958年，在空军26师任机械师的他，又靠着精湛的技术荣获了技术能手的称号；同时，由于各方面的突出表现，也让他被推崇为代表出席了广州军区空军积极分子代表大会。

1959年，林文浩转为负责部队的保卫工作。经部队的培训，以及在中央人民公安学院的专业学习，他最终成为一名出色的保卫工作者。在此后20多年的保卫工作中，他坚持依法办事、求真务实的工作作风，圆满地完成了各项保卫工作。令他自豪的是，这其中包括了多次中央首长的专机专线保卫任务。

夫贤士之处世也，譬若锥之处囊中，其末立见。林文浩正如投入军队之囊的利锥，锋芒所至，无不为之倾倒。凭借自己在军中出众的表现，他不断得到提拔。退休前，他已是南京军区空军保卫部部长，军衔大校。

废寝忘食，倾为乡情

1968年，跟随26师驻地的转移，林文浩来到上海，远离了他魂牵梦萦的故乡。月是故乡明，水是故乡清，身在上海的他，无时无刻不思念着故乡的一景一物、一声一息。对家乡的拳拳之心，伴随着他，度过了他的保卫生涯。

1988 年,林文浩光荣退休,告别了二十多年来一直奋战的保卫工作。也许你会认为这代表着清闲的退休生活即将开始,殊不知这却是他人生中另一场奋斗的开端。

对家乡念念不忘的他退休后最关心的,莫过于家乡的方方面面。身在上海,心系潮汕,是林老内心世界最生动的写照。浓烈的乡情,让他时刻感受到来自远方母亲大地的呼唤,团结在沪潮人的使命感也随之油然而生。

1989 年 8 月,在王亚夫老红军战士、方小兰革命前辈以及邹剑秋等的带领下,一个凝结了众多在沪乡亲辛勤汗水的大家庭——潮汕联谊会诞生了。作为创办期间的积极分子,林文浩在联谊会中被任为常务理事。在任期间,他不负众望,不遗余力地宣传联谊会的宗旨以及章程,同时又介绍了部队中团级以上的干部到联谊会中,使联谊会日益壮大。

对家乡的赤诚之心,对乡亲的关切之怀,给了林文浩源源不断的动力。在后来成立的上海潮人服务部中,他又与黄锦文、刘建南和刘敬麟等不辞劳苦地联系一百多家单位帮助乡亲们解决了一系列的实际问题。在此期间,他更是组织成立了文教商会、五金装潢商会等,给在沪潮人提供了更多的便利和帮助。

林文浩所做的这一切,都为联谊会的发展作出了巨大的贡献。乡亲众人看在眼里,记在心头,他也无可争辩地成为在沪潮人倾力为乡的典范,赢得众人的赞叹。1997 年,他又有幸作为代表出席了国际潮团联谊会。如此种种,既是对林老辛勤付出的肯定,也是对他的鼓励。

对潮汕大地一如既往的炽热之情,驱使着林文浩在联谊会建设中忘我地添砖加瓦。然而这种赤城之情,非但没因时间的流逝而减退,反而愈发浓烈。由于长久的劳累,加上工作繁忙而没有按时吃降压药,过度辛劳的林老终因积劳成疾病倒了。

林文浩接受了开颅手术,虽保住性命,却带来语言功能以及行动能力的障碍。这无论对林老本身来说也好,或是对所有关心他的人来说也好,无疑都是一个很大的打击。"出院时,他走路还是摇摇晃晃的,说话也不清楚。作为同乡,我们看了也很心疼,毕竟他是为了乡亲,为了联谊会才导致这样的……"曾在联谊会中担任副会长的方小兰女士回忆说。

然而,不凡的人注定有超凡的品质。在众人皆为林文浩叹惜时,他却依靠坚强的意志克服了种种困难,恢复了正常语言及行动能力。这其中的艰辛,只有他自己最清楚，但这种精神，却是我们所敬仰的。

老骥伏枥，志在千里。林老如此鞠躬尽瘁志在为哪般？唯因乡情之浓、爱乡之切。

悠然自得　笔乐晚年

画画，是林文浩放松身心的一大爱好。在客厅，我们看到最多的就是画作。既有绚丽的油画，也有淡雅的水墨画，更有线条明了的铅笔画和钢笔画，其中有些作品曾多次作为展品展出。除了画画，在其他艺术上，诸如雕刻、摄影和书法等等，他也颇有研究。值得一提的是，他创作的铜雕《雄鹰展翅》现在就矗立在他家小区的空地中央，尤为雄伟，甚是壮观。艺术素养陶冶了情操，也给林老的生活带来了乐趣。画中绘世界，书中品人生，古有文人墨客吟诗作对为乐，今有林老泼墨挥毫书绘人生，真可谓老有所为又乐在其中。

艺术的熏陶，让年近八旬的林老给人一种温文尔雅之感，言谈举止间无不透露出一股超凡度外之觉。然而，正是这位老前辈怀着一颗对潮汕大地的赤诚之心，不辞劳苦、竭尽全力地为联谊会，为在上海的乡亲同胞无私付出，甚至因此积劳成疾。独在异乡为异客，每逢佳节倍思亲，林老等老一辈的付出，却让远离家乡身在上海的潮人，虽在异乡，即使为异客，却并不感到孤独，也同样能感受到家乡的温暖、亲人的关怀。

也许你还没记住上海潮汕联谊会何时成立，也许你也不了解联谊会的影响力有多大，但请记住有这么一位为乡亲、为联谊会呕心沥血鞠躬尽瘁的老前辈——林文浩。他为潮人无私奉献，倾尽全力，他是天下潮人一家亲的最好见证，更是我辈为之钦佩而又值得学习的楷模。

综合篇

马侨：不待扬鞭自奋蹄

撰稿　慕星

2006年8月28日，上海主要的报纸和电台、电视台，先后都在头版显著地位或黄金时段的新闻节目，报道了一条消息：11路电车今起"剪辫子"，世界首条超级电容公交商业示范线运营。《文汇报》头版登刊的通讯《创新晚了一步，上路早了一步》中还突出地写到一位老公交马侨为电容车行驶在上海马路上所作出的贡献。

翌日，上海潮汕联谊会顾问方小兰老大姐欣喜地告诉乡亲：这位马侨，就是我们联谊会徐汇二组的会员马侨啊！老顾问还建议在联谊会内部会刊上介绍这位光荣的潮汕乡亲。

60万元引发电车革命

过去,我国不少大城市的交通线路使用有轨电车,由于妨碍市容等原因,目前大都改用汽车。但是随着城市环境污染中气排放量的增加,以及日趋严峻的能源问题,新一代无轨电车的开发和研制也就列上了议事日程。2002年1月,上海市科委正式立项《创新登山行动计划——变频驱动电车研制和应用》,由上海市交通管理局组织实施。时任上海市市南公共交通有限公司总经理的马侨,担任了这个科技项目的负责人。

这位在公交行业摸爬滚打二十多年的老公交深知自己的责任重大。自1908年上海诞生有轨电车的近百年历史中,电车从有轨发展到无轨,又从无轨逐步退让给汽车。看着电车在上海一天天衰退,时任三电市南公交有限公司总经理的马侨有些不甘心。作为一个入行20多年的老公交,马侨比谁都清楚电车的优点:没有尾气排放,100%环保,但同时,他也知道电车的"致命"弱点:机动性差,常常引起交通堵塞,头顶那些纵横交错的架空线更是给城市景观带来了严重的"视觉污染"。

如何才能两全其美? 1998年,在全国电车会议上,一个叫做"超级电容车"的新名词让马侨茅塞顿开。如果把电事先装在车"肚子"里,何需再拖着两条累赘的"辫子"满街跑?当时马侨所在公司花7万元从哈尔滨买回一台超级电容器。谁知,往车上一装,根本不行。

马侨仍不甘心。一个偶然的机会,马侨和市科委的社会发展处处长马兴发等同志聊起了自己的想法。没想到,超级电容车的概念立刻引起了市科委的重视。2002年,市科委正式立项,拨款60万元资助三电市南公司搞研发。短短8个月后,一辆脱了线的电车沿西藏路从淮海路开到了新疆路,一口气跑了5公里。时隔一年半,全国首辆超级电容公交车满载着各地汽车专家,在浦东新区张江迈出了第一步。

马侨要感激的何止这60万?当初,项目一筹莫展时,是市科委牵线为他找到了合作伙伴;去年,超级电容车想在工博会会场与龙阳路地铁站间做示范,又是科委出面解决了充电站的用地问题;今年,为了11路车的商业运营,市科委又忙着在供电、交通、规划等多个部门间协调。几年来,市科委主任、副主任都亲自到现场调研……

这笔最初的启动资金背后蕴藏着一股四两拨千斤的神奇力量。4年来,它先后凝聚起了上海巴士实业(集团)股份有限公司上海巴士电车有限公司、上海瑞华(集团)有限公司、上海奥威科技开发有限公司、上海交大神舟汽车设计开发有限公司等 7 家企业投身超级电容公交车的研发团队,累计带动企业投入达 1000 万元。

自主创新超越"老大哥"

其实,在超级电容车的核心部件——超级电容器的研发上,上海比俄罗斯晚了整整 50 年,但却在应用上走在了世界前列。在"晚一步创新,先一步上路"的背后,有政府的战略眼光,有企业的内在动力,也有科研人员对于技术创新孜孜以求。

2003 年 10 月,马侨随同上海市科委组织的考察团赴俄罗斯观摩考察,当时,俄罗斯将超级电容车技术仅仅应用在面包车等小型机动车上。而我们的目标是应用到大型的公交车上,难度显然相当大。

2004 年"五一"长假,几家参与超级电容车研制的项目单位共同做出了一个决定:用一个月的时间,为首辆超级电容公交车在张江建一个充电站。对于这道"附加题",市科委一时来不及立项,建站经费也就成了问题。一番商量,大家提出了"AA 制"的设想,即不向政府要一分钱,而是自掏腰包。于是,奥威公司负责从电网引线,瑞华公司买来了整流器,景观式候车亭则由马侨联系的一家广告公司埋单。为了一张建站许可证,奥威公司的人士居然在一周之内跑了 22 个部门,敲完了办证所需的 22 个图章。

事实上,这种"AA 制"的精神一直贯穿于项目研发的始终。从第一辆超级电容车,到今天这条商业运行线,几乎每家参与企业都在做亏本买卖。即便是作为 11 路的运营公司,巴士新新公司也承担了司机工资、车辆折旧等费用,以及车辆可靠性、安全性等运营压力。而所有这些,无人计较,更无人埋怨。

如今,没有传统电车"辫子"的 10 辆超级电容车已经行驶在上海市黄浦区内(原南市区域)的 11 路线路上,成为一道亮丽的绿色交通风景线。今年9 月中旬,马侨带着这项公交科技的最新成果,参加了在洛阳举行的全国公交行业协会年会,与同行们进行交流。经过两个月的磨合与改进,备受考验的11 路超级电容公交车开始"超水平"发挥了。运行测试表明,每辆无辫电车平均每公里耗电仅 0.88 度,比普通电车节能 50%,甚至比当初的设计指标还要省电 20%。

马侨现在有两张名片,一张名片上的职务是:上海市公共交通行业协会安全行车委员会、技术专业委员会副秘书长;另一张名片上的职务是:建设部科学技术委员会城市车辆专家委员会委员、中国燃烧电池公共汽车商业化示范上海项目经理。现在,马侨和科研团队一起,继续为改进和完善超级电容车的科技含量而努力;制定超级电容车的技术标准,商业化示范运营标准,充电系统技术标准。他们下一个奋斗目标是:在2010上海世博会开幕时,在世博会展览园区建成一条环园区超级电容公交车线路,每750米设一个车站,让零污染的无"辫子"电车,同绿水绿地和蓝天一起,向来自海内外的客人们展现上海世博会的主题:"城市,让生活更美好!"

而作为"燃料电池商业化"上海项目办公室经理,马侨也以巨大的热诚投入这个高新科技项目的启动工作。这是国家科技部与联合国环境发展署联合投资在北京、上海两地进行的重大项目。

燃料电池是以氢气为燃料,通过氢氧化合作用产生电能,具有能量转换效率高、无污染排放、运行噪声低、稳定可靠等优点。因此燃料电池公交车是未来公共交通发展的一个方向。

据介绍,将燃料电池与超级电容车结合,整车完成以后客车的各项参数是最高车速为 90 公里 / 小时,爬坡斜度是 20 度,续驶里程 300 公里。目前,各项参数已经基本达到甚至优于普通城市客车的参数,产业化的情景已是十分光明。

马侨,就像一匹勇往直前的骏马,马不停蹄地奔驰在上海公交的征途上。

传承潮汕人的美德

近 60 年前,马侨的父母亲离乡背井,从广东潮阳来到上海谋生。1952 年,马侨在上海出世。读小学时,曾经跟随双亲回到故乡潮阳成田镇祭祖探亲,对家乡开始有了一点印象。4 年前,他到广东出差办完事后,又顺路到汕头探望一位表叔;到潮阳,看望他父亲的姑母、他应敬称"老姑"的老长辈;到故乡的马氏祠堂,祭拜列位祖宗。他永远不会忘记自己是潮汕人的后代。

虽说是在上海出生、成长,毕竟血管里流着潮汕人的血,家庭环境的熏陶,父母亲的教导,使马侨身上承袭了潮汕人吃苦耐劳、做事认真、乐于助人、孝敬长辈的好品德。1969年在那个上山下乡"一片红"的非常年代,马侨中学毕业,他与成千上万上海知青一样,从黄浦江畔到了黑龙江北大荒,在"广阔天地"一干就是十年。直到1979年3月,才按政策返回上海,并跨入公交行业。潮汕人的刻苦勤奋,加上北大荒艰苦岁月的磨练,使他在平凡的劳动岗位上,一步一个脚印前进,并取得可喜成绩。他从公交车售票员、驾驶员到办事员,从办事员到车队长,1991年又被提升为市公交二汽公司副总经理,1997年公司改制为三电市南公交有限公司,他任总经理。不管在什么岗位上,他总是以苦干实干巧干赢得群众和领导的信任与赞誉。他两次获得"上海市重点工程立功竞赛记功个人"称号,十余次获得上海市公用事业局优秀共产党员、优秀工作者光荣称号,他还当选为徐汇区九届、十届人大代表。

有一年,时任公司副总经理的马侨,邀请了著名的全国劳模马桂宁同志来公司与干部职工传授先进经验。在叙谈中,当时任上海潮汕联谊副会长的老马,获悉马侨也是潮汕籍人,老乡见老乡,心里喜洋洋。老马当即向小马介绍了上海潮汕联谊会的组织情况,后来,又欣然介绍马侨加入联谊会。

作为联谊会徐汇二组的一名会员,马侨对小组活动十分热心。又一次,小组举行座谈会,他二话没说,拿出1000元给组长,作为活动费用。还有一次,小组组织会员进行学习参观活动,马侨为乡亲们联络提供了一辆大巴士,让大家在舒适的车厢里,愉快地饱览申城新面貌。

方修仁：平凡之中见坦诚

撰稿 方晓微

　　初见方先生，斜分短发下有张普通的脸，身着白底蓝条短袖衬衫，透出一股温和干练的气息，与自己印象中党政人物的形象基本无二。

　　但是与传统党政人物相较，方先生凝练的气质中又带给人不一样的感觉，一时间我竟说不上这感觉到底是什么，直至采访结束我才恍然大悟，那是一种安静的气质——属于文人特有的气质，就像是民主党派大厦和陕西北路旁林立的各式古典建筑，历经百年的沧桑，融合并挺拔于现代文明建筑群之中。

一

方修仁,祖辈系普宁鸣岗村人士。据方先生回忆,民国时期广东因为地少人多,大部分人选择下南洋,或是到上海以谋求发展。方先生的父亲兄弟几人是解放前到上海来做生意的,当时上海的广东人多做与纺织相关的生意,他的父亲一开始也从事抽纱(刺绣工艺的一种)和印花手帕方面的小本经营,规模并不大,解放之后随着社会主义改造,走上公私合营的发展道路,后来他父亲所在二轻系统的厂家先后转行做过戏曲服装、塑料、玩具、电子元器件等生产……出生于20世纪50年代中期的他,是生在上海、长在上海、学在上海的众多潮汕子弟中很普通的一员。

方先生回忆,"文化大革命"时他正上小学四年级,由于那段特殊历史时期的影响,直至1972年中学毕业,他基本上处于知识匮乏的状态。在这之前,上海大批青年响应毛主席"上山下乡"的号召奔赴农村,他哥哥选择去了江西插队落户,排行老二的他这才有机会留在上海被分配进上海绒布厂工作。这是一家专门生产灯芯绒、平绒等各类绒布的中型工厂,方先生开始在锅炉房当司炉工,做了两年学徒,又带了一年徒弟。随着工厂机械化水平提高,厂里增添了许多专用机械设备,他成为工程车辆的专职修理工。

从17岁进厂工作,到离开那年方先生已三十挂零。这十余年间,在辛苦的体力劳作之余,方先生广泛涉猎各种书籍,努力汲取精神食粮,那时每月才几十元的工资收入,其中不少被用于买书,到后来整理住处时蓦然发现,不经意间各种书竟积有七八箱之多。机会总是留给有准备的人,方先生随后参加高等教育自学考试,那些书籍成为他从复旦大学新闻系毕业的重要阶梯。

社会经历了十年动荡,方先生也经受了十余年难以想象的考验,作为后辈的我,在深受启发的同时也不禁心生崇敬,而他叙述时却非常淡然,让我感觉到从那个年代过来的前辈,都怀有这样一种坦诚的胸怀!

二

进入八十年代,整个社会处在拨乱反正恢复发展期,许多报社和政府部门都向社会招聘才能出众的人才,方先生长期的努力终于得到认可和赞赏,1985年他进入静安区工商局参与行政管理方面的工作。

389

方修仁:平凡之中见坦诚

在工商局,企业登记科、检查中队、合同科等部门先后留下过方先生认真工作的身影,在此期间,他加入了致公党。不久他调动到如今的工作单位——中国致公党上海市委会。

方先生说,因为长期以来对写作的爱好,也基于自身的新闻专业背景,他一直都希望在这方面能有所发展,他在致公党市委机关宣传部门的主要工作,就是负责机关刊物的组稿编辑,原本只有十几页的刊物,在这些年发展到每月44页,图文并茂且深受党员欢迎的读物,方先生说:"主要归功于领导的关心和广大致公党员的支持,才能取得比较好的效果。"午后的阳光暖暖地照在他身上,他露出了笑意,盈盈地有些自豪。

因为编辑这本刊物的关系,方先生先后采访过数百位致公党党员。他感慨地说:"在采访中很有收获,每一次接触到一位致公党员,都可以看到不同人身上的亮点,对自己也是一次学习。"翻阅他提供的部分采访稿,文字与构思的细致、流畅让人惊叹。他兴致盎然地讲起发生在采访过程中的轶事,生动的描述也让人惊叹于他细致的观察。方先生清楚记得,致公党员、杂技艺术家周演吉精湛的蹬伞演出,曾经给世界各国人民送去艺术的美,以及当周老师看到方先生将她的故事演绎成一首富含韵味的叙事长诗时那惊讶的表情;还有在采访著名诗人黎焕颐时,傲气的黎老先生一开始因怀疑他的写作能力而对他不屑,仅采访半个多小时便被打发走的场景,而他却不服输地将黎老先生的诗作精读了一番,并写出了一篇令黎老先生都意想不到的稿子,稿子后来一字未改被推荐在国内著名诗刊上登了出来,而方先生与黎老先生就此成了忘年之交。

如方先生所说,采访的过程也是学习和自我完善的过程。现年已57岁的他,还殷殷期待着在退休之前能多采访一些致公党员,为自己的采访生涯画上完美的句点。可以倾听和述说的故事太多太多,变的是故事,不变的是完善的过程,能拥有这样的人生,方先生已是无憾了。

2004年致公党上海市委成立参政议政部,方先生被任命为部长,到2008年,再兼任宣传部部长,2013年7月才将宣传部部长辞去,此时,已担任副秘书长两年多的方先生继续兼着参政议政部部长。参政议政是我国民主党派的主要职能,在共产党领导的多党合作与政治协商框架内,积极为经济建设与社会发展建言献策。所有的建言献策都是民主党派成员经过广泛调研和深思熟虑形成的。方先生如今就是组织致公党内专家学者进行调研,将调研取得的成果提交给致公党市委领导,作为致公党市委参加各级"两会"的大会发言或者提案。方先生举了一个例子:有一年他接到致公党中央起草全国"两会"小组发言稿的任务,与领导商量下来准备就境外中国人保护问题提出建议。近年来随着综合国力不断增强,走出国门的中国人越来越多,受伤害的风险也在增大,比如欧、非等地抢夺中国人财物的事时有耳闻,还有不少企业承建国外项目,也常遭遇侵扰,特别是由利比亚政局动荡引发的撤侨事件,成了此类案件的典型。方先生就此与侨务等部门联系,与专家学者们讨论,形成了"应加大保护境外中国人安全的力度"的发言材料,结果在全国"两会"期间的小组讨论会议上一经提出,即引起高层领导的重视,终于促成有关部门研究保护境外中国公民的新机制。

参政议政部的另一重要工作是社情民意,即把致公党员对社会生活中某些问题的看法反映给相关部门。比如有一位致公党老党员,注意到液态、气态的危险化学品运输存在很大风险,他运用自己的专业知识和经验,并经过大量实验,认为采用电子标签的做法可以做到危化品运输全程监控,他的建议被整理出来转送到国家有关部门,终于有效解决了长期以来困扰人们的棘手难题。类似的例子,在方先生这里非常多。

方先生说:"你如果问我取得了什么科研成果或者著书立说,我都没有,但我认为自己做的都是一些很有意义的工作。"在旁人看起来也许都是一些平凡的事,而就在这种平凡中,方先生将自己的大半生都奉献给了社会!

三

说到潮汕联谊会,方先生回忆说,致公党市委机关中的潮汕老乡林妙卿偶然知道他是"自己人",便热情地邀请他参加刚成立的联谊会,并介绍他去见老会长王亚夫。方先生清楚地记得有一次在浦江饭店举行会议,第一次走进如此大的潮人圈子,扑面而来的家乡气息令他倍感亲切,此后,联谊会每有活动方先生都会积极参加,一度还当过静安区潮人分组组长,当然主要也是为大家服务。

因为王会长认为方先生写文章尚可,所以方先生曾承担过联谊会的部分文字工作。谈起对此次采编《百年潮人在上海》的看法,他说:"我感觉这本书很好,现在年轻人都忙于工作,平时沟通不是很多。把老一辈的事迹写出来,对工作、生活在上海的潮籍青年来讲其实是一种激励！"方先生认为，凡事贵在坚持，只要坚持了，我们都可以走得很远！

"中西文化在这里和谐共生，风云人物在这里指点江山——陕西北路见证了中华百年的崛起"，方先生也见证了这一片土地上五十年来社会的发展与进步。像他这样，身上流淌着融汇有上海气息的潮籍血液，同样诠释着在上海的热土上，潮籍人的奋斗与骄傲！

朱国安：在苦难中奋斗的"潮二代"

撰稿　郭慧纯

　　2014年3月1号，采访已经92高龄的朱国安老先生，他仍然精神矍铄，说起话来更是中气十足，让我们感受到了一股温暖。

　　朱老先生是一位从苦难中走来的人，正是曾经的艰苦也让他更加珍惜眼前的生活，而他也一再地表示是共产党使他能够拥有现在的生活，他对党的热爱贯彻了整一场谈话。朱老先生的父亲朱煜臣从小也是贫穷中走来的，十几岁的时候到上海的当铺中当学徒打拼，有了一些积蓄后经人介绍，与在扬州同为潮汕人的周清顺相识结婚。不幸的是，自幼多病的朱煜臣不久就因病去世，留下刚怀孕三个月的朱老先生的母亲。尽管丈夫临去世前劝其打掉孩子改嫁，周围几乎所有人也都这样劝告她，20岁年轻的周清顺遵循封建社会三纲五常的传统思想,还是决定自己一个人抚养朱家的这一个孩子。不幸中的大幸是,周清顺的堂兄周月坡在上海当时是颇有名气的生意人,拥有七家当铺,而其同为寡妇的母亲也极为同情周清顺,更是将她视为自己的女儿。从此,周清顺在堂兄家中打工,同时也受着堂兄的资助,在艰苦的环境中带大了自己的孩子。不仅如此,在朱老先生8岁的时候,她还收养了一个在当铺门口被丢弃的小男孩。 当时家乡的人对周清顺一身守寡,艰辛拉扯大孩子是极为崇拜的。一方面由于经济条件不允许,另一方面也是受封建思想中女子无才便是德的影响,周清顺作为一个女孩子并没有受到好的教育,而她自己因为不识字也吃了不少苦,所以内心有这么一个信念就是一定要让孩子读书受教育。而朱老先生知道家里的困难,也肯读书、够勤快,想要为母亲争气。正所谓"穷人的孩子早当家",他知道家里苦,要想改变艰难的生活,就得有自力更生、奋发图强的理念,要靠自己的努力来扭转命运。凭着堂舅父周月坡的经济资助和自己半工半读,别人上四年的大学,朱老先生上了八年,终于从当时的震旦大学毕业。在大学期间,朱老先生攻读了法律专业,这也使他自身更加坚定了自己的阶级立场,他还创办了《大众文艺》,他也领会到要成功就得团结一切能团结的力量,而这恰恰也是党的三大法宝中"统一战线"的精髓。

朱老先生曾经在材料厂中工作,艰难的环境为他日后的病痛埋下隐患,在频繁吸入石英砂的环境下他还患过肺结核。后来调到上海市委炼钢指挥部和运煤指挥部,朱老先生都是奋战在第一线,每天几乎都在紧张地工作中,更是没有周末休息的概念。言及运煤工作,朱老先生谈到上海缺煤导致供电紧张的时候,党一个号召让包括山西、内蒙古在内的煤炭大省抢运煤炭接济象征中国经济风貌的上海,就立即得到了有效地执行,南京东路和外滩依旧灯火通明,霓虹闪烁。访谈中,朱老先生多次感叹共产党是一个伟大的组织,在党的领导下,大家向着一个目标奋斗努力。今天的我们或许没有这样深刻的体会,但是对于朱老先生来说,是共产党给了他新生活,使他能够通过自己的努力有一个翻身的机会,新旧社会的对比对他来说是尤其深刻的。老先生说起自己以前在淮海路的房子就像电影《七十二家房客》中展示的那样,众多户人家挤在一起生活,正是因为有共产党,他此刻才有这样舒适的房子,看病的时候也会有公费补助。在上海市政府协作办公室工作时,朱老先生主要负责对外联络、以及协调和接待各省市政府代表来访的工作,主要是集中于经济领域的协助。在这个岗位上，朱老先生发挥职务优势，与马佩霞等一起发起了潮汕联谊会，为在沪的潮汕人提供了一个便利的联络、互助平台。当时有不少潮汕人在上海做鱼丸和鸭脯的生意，老先生通过联谊会这样一个平台去帮助他们推荐销售。尽管年事已高，身体状况不复当年，朱老先生仍心系潮汕联谊会，热心参加联谊会发起的各项活动，也包括接受此次访谈。正如他自己所说的，只要一气尚存，就要为党、为国、为家乡做点贡献。生存多一天，就要多做一点好事，即使是小事。他认为人的精神面貌和身体健康是相挂钩的，所以应该树立正确的世界观。正如他本人在 38 岁时得了甲状腺癌，但在接受治疗后仍以积极的心态好好地生活，奋斗向上。在参加工作中朱老先生体会到政策和策略是党的生命，以及实事求是的唯物主义的伟大之处。他告诉我们毛主席著作的伟大之处，认为要树立正确的唯物主义观点、树立正确的思想，这一些是非常重要的。而在他的家中，还挂着毛主席的照片。在墙壁上还挂着鲁迅的"横眉冷对千夫指，俯首甘为孺子牛"的书法作品。在他看来，这句话正精炼地概括了共产党员的世界观。在整一场谈话中，我们深刻地体会到朱老先生内心对共产党深深的热爱。自递交申请书起，他的入党之路持续了整整 11 年，但在漫长的等待审批的过程中，他从不灰心，信念笃定。并且在他的影响下，他的三个儿子也都加入了共产党。他的三个儿子或参军当兵，或上山下乡，以"工、农、兵"的身份遵循着党的理念，自己的岗位上为党贡献着自己。在孙子们出国留学前来和朱老先生告别时，他对孩子们的寄语语重心长——"不要忘记祖国，不要忘记共产党"，而他的孙辈们也没有辜负他的期望，在国外学成后也都回到了祖国。

除了在工作岗位上兢兢业业，老先生在生活中还是个非常热爱阅读的人。在采访中，家政阿姨为朱老先生端了药来。原来他的右眼不久前还动过手术，医生再三地叮嘱老人家不要过度用眼。尽管如此，满室中外文经典著作的老先生仍然还是坚持着读书看报的习惯。他已逝的爱人曾经劝过他说眼睛不好还这样看书眼睛早晚会坏的，而他却认为宁可瞎了，也不能不学习。他至今仍在积极地学习中，认为不学习就会退步，而这正是他所不愿意的。作为与癌症抗争过的人，他还积极翻阅医学报刊，了解养生防病知识。作为一个过来人，他深刻地体会到人生就应该在该做什么事情的时候就做什么事情，而这样也能够身心处于一个健康、平衡的状态。除读书学习以外，朱老先生平时还喜爱听音乐，尤其是贝多芬的音乐，也许正是这一些积极的生活情趣和积极的心态使得眼前的九旬老者能够保持如此饱满的精神吧。

到了中午的时候，朱老先生热情地邀请我们一起在他家中吃午餐。而在朱老先生家中帮忙的家政阿姨也一直称赞老先生平时为人友善，待她就像对待自己的家人一样温暖，知道后辈今日来访还特意早起准备午餐的潮州鱼丸等食材。这短短的几个小时，使我们深深地敬佩眼前这位老者的风范。他在苦难中成长，从苦难中奋斗，脚踏实地、一步一个脚印，在自己的岗位上发光发热。"穷则思变，变则通。"朱老先生走过的这些岁月，正是党的领导下新中国建立后普通百姓自立自强、扭转命运的缩影，令笔者尤为感慨和动容。

观性法师：德法兼济，尼众楷模

撰稿　李诚扬

　　上海有豫园,闻名遐迩,豫园外有城隍庙,无人不知,而离城隍庙不远处还有一座历史悠久的寺院——沉香阁,晓得的人并不多。而知道寺内有一位潮汕籍的尼僧观性法师,恐怕寥寥无几了。观性法师因病医治无效,已于2011年5月25日在沉香阁圆寂,享年100岁。这里,让我们怀着虔诚之心来缅怀这位沪上佛教界一代耆宿非凡的一生。

法脉渊源

　　观性法师,俗名赵蟾君,女,生于1912年3月,广东省潮阳县峡山镇西港村人,出身于农民家庭。

1924年,12岁的赵蟾君于潮阳白云庵随静香法师出家为正学女。

1936年她随静香法师到江苏镇江定福寺,后又一同迁居上海华山路白云庵,随师学法修持。

1941年她削发剃度,法名观性。并于当年在沉香阁应慈老法师座下求受三坛大戒,受赐法名衍超,号才华,圆满了僧格。戒为修行之指南,成佛之准绳,观性法师得戒后始终遵守不渝。

观性法师后皈依静香法师座下,追随其师学法弘法。静香法师,也是广东潮阳县人,出身书香门第,她依当代名尼阿坛法师出家。静香法师戒律精严,善讲经说法,对信众循循善诱,解说因果轮回,止恶行善,导归极乐的义理。主持上海白云庵时,皈依者甚众。阿坛法师祖籍广东番禺,出身名门大族,年幼即发心学佛,童贞入道。先住香港大屿山楞严堂研修楞严经。后住蓬莱闭关,苦行参禅。19岁在镇江丽华寺出家。1922年(民国11年)接法于镇江定福持妙莲法师。1924年(民国13年)妙莲法师圆寂,继任定福寺住持,阿坛法师精研佛法,并深通汉文翰墨,精通英文、日语。严净睥睨,风范超群绝俗。阿坛法师曾东渡日本求法,为当时各方所推崇,成为当代尼众代表人物之一。阿坛法师1953年5月就任上海三昧寺住持,曾任上海市佛协第三届副会长、中国佛教协会第一届理事及第二、三届副会长、中国佛教协会第一届理事及第二、三届常务理事,上海市二、三、四、五届人大代表。

阿坛法师被公认为中国尼众代表性大德,阿坛法师传法于静香法师,而后观性法师接法于静香法师,此即观性法师之法脉渊源。

阿坛法师,“文革”之初在三昧寺受到冲击,生活困苦,当时静香法师远在泰国。上世纪七十年代之初,观性法师为了照顾年老多病的阿坛法师,将阿坛法师和三昧寺同修的比丘尼觉师公,一同接到华山路住所同住,侍奉生活,把自己的卧室让给阿坛法师和觉师公,自己就睡在走廊里。直至1976年阿坛法师圆寂,一切后事都由观性法师尊师嘱如法料理。出家无家,而接承法脉者,即为法子法孙,观性法师堪称依教奉行,知恩报恩,尽心尽孝。

静香法师于上世纪四十年代中奉阿坛法师之命去泰国弘法,建立泰国白云庵道场,弘扬大乘佛法,在泰国受到佛教界及社会上普遍敬重。圆寂后,泰国白云庵法幢,由观性法师遵师遗命,安排比丘尼住持道场,并多次亲自前往指导,受到泰国佛教界的尊敬,对沟通中泰佛教界交流作出了贡献。

劫后重光

观性法师在"文革"期间受到非公正的待遇,被迫到针织厂当工人。但她虔诚的信仰矢志不移,每日念佛、礼佛、诵经,抵制外界压力,严持尼戒体,如风中青松屹立,毫不动摇,在非常时期是极其难能可贵的。在工厂用膳时,她把在食堂中买的菜送给身边的同事,自己只带小瓶萝卜干,冲点开水吃饭,坚持素食不改。她还以微薄工资收入,自制可口素斋,经常供养有德长老,如真禅法师、明旸法师和上海佛教崇德会了愿法师等老和尚。她尊敬三宝,礼敬比丘僧,遵守佛法的八敬法。在2002年中国佛教协会第七届会议上,上海代表与山西代表为一个小组,山西佛协会长根通老法师为组长,根通老法师对大家动容地说:"观性法师的德行了不起啊!她在三年自然灾害期间,自己省吃俭用,千方百计换来数百斤全国粮票,寄给五台山老年僧人,都是我经手的,她却从未对人提起。"根通老法师的话,引起大家对观性法师的深深敬意。她超凡脱俗,出淤泥而不染的风范,受到众多佛教信徒的由衷赞赏。

叹与仰止

党的十一届三中全会,给观性法师的信仰生活带来了新的活力。1982年,作为尼众佛教事业难得的继承人,观性法师由上海市佛教协会聘请到慈修庵住持道场,续佛慧命,以弘法为家务,利生为事业。她全身心地投入到寺院的修复工作中,重振道场及尼众接班人的培养等佛教事业中。

1990年,由于落实宗教政策,百年古刹沉香阁(又名慈云禅寺)得以收回恢复,观性法师毅然挑起再建沉香阁的重任,并于1992年荣膺沉香阁住持。她不遗余力地奔走呼号,争取各方对修建沉香阁的支持,并在八十高龄之际,风尘仆仆地亲赴泰国、香港等地,募捐沉香木,重塑沉香观音。经过她多年呕心沥血的不懈努力,终于使沉香殿宇恢宏一新,道场重振,百年古刹得以再现辉煌,并于1996年被列为全国重点文物保护单位。

观性法师从戒得定,由定得慧。她纳于言而敏于行,内具大智慧。沉香阁能重建得又快又好,是由于观性法师知人善任,她主持全局而分工明确,把佛像塑绘以及佛殿设计聘请胡建宁居士全权负责,胡居士全身心投入,以一比一精心绘制佛像及佛殿法物,成为一代杰作。观性法师把修建的工程请丁明居士负责,完成得又省钱又快。

沉香阁原是一代高僧应慈老法师弘扬华严宗的道场,观性法师一直尊崇应慈老法师之遗教。在沉香阁设立应慈老法师纪念堂,并经常率领大众诵读毕业经,举行华严法会,使佛灯永传。

赵朴初,当年中国佛教协会主席,视察沉香阁时,赞叹沉香阁道场恢复得好,与众不同。他评价沉香阁四个字为"古、雅、静、净"。

精进修持

观性法师一生精进修持,突出体现在严持戒律上,由持戒精进而得到光辉的成就。观性法师申明戒律的意义,她受戒数十年来,刻苦自律,精进修持,内则持戒如护生命,外则示慈、悲、喜、舍,于平常心中度众生。观性法师行、往、坐、卧都依律学,外示四威仪,不杂坐,不嬉笑,正身端尘念佛,她步行稳重,如履薄冰,畏惧足践生灵。在2003年全国佛协第七届会议期间,代表们在会议休息时,漫步在人行通道上,时值雨后初晴,两旁草地中蚯蚓都爬到通道上,观性法师不顾年迈弯下腰去把蚯蚓放回草地,身旁代表们见状,便和老法师共捡,其他人亦皆恐践踏生灵蹑步避开而行,众多见者莫不动容,对观性法师肃然起敬。观性法师一生严持戒律,已达到持戒自在的境界了。观性法师严持戒律于自身断惑修正,言谈举止,自然流露慈悲,得到四众钦敬;对寺庙管理,则以戒律摄持僧团。沉香阁大殿中卢遮那佛殿顶上方藻井塑有三百四十八尊小佛,塑得极其庄严精美绚丽,金碧辉煌,乃沉香阁佛寺特色之一,为他处佛殿所稀有。观性法师常向尼僧教戒说,这三百四十八尊佛,就是象征比丘尼的三百四十八条戒律啊! 条条戒律通佛的法身性海,人身难得,佛法难闻,出家就是要学佛成佛,出家是十分珍贵的,我们出家必须依照佛的教导,戒律是事相大般若。沉香阁在观性法师摄持下,尼众有纪律地共修,息饥止谤,道风清净远近闻名。"静、净"两字是赵朴老对沉香阁道风的由衷赞美。

观性法师十分注重绍隆佛种,培养僧才。观性法师的悲天悯人,体现在日常生活中。她像一个慈祥的祖母,生活上体贴慈爱地照顾尼众和学僧,她对众尼饱含感情,于严格要求中体现慈悲情怀,于诲人不倦中融入殷切期望。使尼僧们学修并重,健康成长,依照佛所教导每年结夏安居自姿,三个月不出门,继承弘法大业。在她至诚恳切的慈愿引导下,上海佛学院尼众班已经培养了六届毕业生,她们带着沉香阁优良的道风,走出佛学院,成为佛教弘法的栋梁,不仅在全国各地的寺院中弘法度生,甚至远游美国、泰国、斯里兰卡、新加坡等国弘化一方,普渡众生,担负起如来家业,使法轮永转。学僧们虽已外出,大家仍时时感恩观性法师和沉香阁祖庭对她们的培育之德。

爱国爱教

观性法师爱国爱教,时时不忘国恩,十分关心社会,积极参与社会主义两个文明建设。她参政议政,同时又以无缘大慈,同体大悲的精神,时刻关心着社会福利事业,特别关怀下岗人员。她历任市区人大代表,特别关心下岗人员,在历届区人大会议上为下岗人员的再就业呼吁。沉香阁聘用人员也以下岗工人为主。

她把自己节俭下来的钱财,多次捐赠给上海残疾儿童基金会、儿童福利院、社会灾民、孤老及贫困山区的希望工程,认养野生动物,显示出她上报四重恩,下济三途苦的慈悲精神。

观性法师是上海佛教界爱国爱教的典范。几十年来与党和政府同心同德。观性法师曾被推选为中国佛教协会咨议委员会委员、上海市佛教协会副会长、咨议委员会理事、咨议委员会名誉主席,曾出任上海佛学院副院长。同时,她曾先后当选为上海静安区政协委员、原南市区人大代表、黄浦区人大代表。

观性法师广结善缘,为促进佛教界的联系与交流,增进海内外佛教界的友谊与了解,做了大量工作。多次出访美国、泰国、新加坡、加拿大、缅甸等国和香港、澳门地区,接待了许多海外、港、澳及全国各地佛教界诸山长老、法师、信徒居士。

观性法师门下皈依弟子数千人。老法师生活朴实,戒行清净,严于律己,宽以待人。不论贵贱尊卑,长幼内外,悉皆平等。她从容处世,淡泊名利,清净无求,音容言行。慈悲至极,成为一代持戒清净比丘尼稀有僧宝,深得海内外佛教四众弟子的敬仰爱戴。

观性法师因病医治无效,于 2011 年 5 月 25 日(农历 4 月 23)在上海沉香阁圆寂。2012 年 5 月 13 日,上海沉香阁隆重举行缅怀观性法师圆寂一周年纪念活动暨观性慈善基金会揭牌仪式。观性法师圆寂以后,上海佛教界四众弟子对她老人家的思念和缅怀并未因时光的流逝而减退。沉香阁及尼众寺院的法师们,在定慧法师的倡议下,为观性老法师安排了简朴的传供法会。法会上宣读了《祭文》,高度评价观性法师光辉的一生。同时,为恒久地缅怀观性法师,继承和实现观性法师慈悲济世的情怀,发扬她老人家一生践行佛陀的教义,积极弘扬佛菩萨精神,慈悲为怀、乐善好施的优秀传统,沉香阁决定成立观性慈善功德会,设立"观性慈善基金",以积极倡导"慈悲济世、积福行善、奉献社会"的思想理念,积极向广大信徒,倡导以"行善不在少、行善不负担、行善在当下、行善积福报、每天省一元"的行动,积极开展助学助残,扶困济贫,赈灾救难的社会慈善事业,救世利人,奉献社会,以报四恩。

张弘：新四军老战士

撰稿　黄晓铨

　　踏着泛黄的梧桐落叶，行走在浓郁法国风情的武康路上。在这里，几乎每一个庭落都有一个长长的故事。穿过巴金的故居，我们去拜访一位与巴金有着深厚友谊的新四军女战士张弘同志。一位96岁的老奶奶，精神矍铄，与她交谈，像是翻开了一本厚厚的历史书，她脑海中一幕幕悲壮的记忆，如开闸的潮水，奔涌而来。

　　在南太平洋马来西亚，有个城市叫古晋，因"KUCHING"在马来语就是猫的意思，这座城市也称为猫城，它是婆罗洲沙捞越的首府，也是世界上唯一崇拜猫的城市。这座饱经沧桑的古城，不是潮州的潮州，90%的商店为潮人所经营，沉淀着背井离乡潮人的浓浓乡情。1917年，张弘同志出生在这里一个经商的华侨家庭,祖籍广东潮州人。当时的古晋作为英国殖民地,华人对殖民地的统治相当不满。虽然张弘上的英文学校,但深受儒商父亲张开裕的影响,家里的孩子自小要背唐诗三百首,而深爱中文的她,每日坚持阅读中文书籍。

目睹了日本鬼子对亲人的迫害,当国内"九·一八"事变传来时,在马来西亚的侨胞无不震惊,在人人顿首捶胸、义愤填膺、臂缠黑纱,为国土沦丧哀悼时,年仅 14 岁的张弘写了一首《哀"九·一八"》——"血雨腥风遍神州,游子空负少年头。有心枕戈闻鸡舞,无处请缨报国仇。"贴在书桌前的墙上,并按母亲的要求加上"毋忘国耻"这一横批。父亲是一个有着朴素爱国思想的书法家,母亲则常常教她唐诗,给她讲岳飞精忠报国的故事,在侨胞家庭的爱国教育下,她幼小的心中扎根的爱国主义的种子逐渐发芽。外公外婆等众多亲人被日本鬼子杀害,她的内心一直无比痛苦。1935 年,当她读到巴金的《家》中觉慧十几岁独自一人离家,投身时代的激流,她受到了强烈的触动。她斗胆给巴金写了封信,诉说了所处环境的恶劣、自己内心的苦闷和对投身激烈生活的渴望后,收到了巴金热忱的回信。1937 年 7 月 7 日,张弘同志在从未谋面的巴金先生的帮助下,强忍着骨肉分离的痛苦,乘坐的海轮靠上了上海汇山码头,见到了她在大陆唯一认识的,胜似亲人的巴金先生。

在巴金的委托下,张弘受到了侨界的先驱者伍禅(广东海丰人,曾任致公党副主席)夫妇的照顾,后来她被安排进入暨南大学,立即投入了抗日战争的洪流。在上海文化界救世歌咏协会里,她学会的第一首歌就是我们今天的国歌《义勇军进行曲》。"八·一三"全面抗战开始不久,她又加入了上海国民救亡歌咏协和宣传团,由《新四军军歌》的作曲者何士德任团长,全团 17 人,他们沿着浙赣线前进,杭州、金华、永康、武义、衢州……他们抗战的歌声回荡在走过的城镇乡村、伤兵医院的每一个角落,他们排演的独幕剧鼓舞了无数的士兵和民众。

1938 年 1 月,宣传团到达南昌。在新四军驻赣办事处,张弘见到了陈毅同志,那场面,她终身难忘。一个海归的游子,为了祖国的安危,为了雪国仇家恨,投笔从戎,第一次穿上了军装,也令她曾经的感慨变为"日日枕戈闻鸡舞,有处请缨报国仇"。战争的岁月不堪回首,日寇的罪行,惨绝人寰。他们走过了苏北、苏南、山东等城市,目睹了日本鬼子对无辜群众犯下的滔天罪行。由于身材瘦小,在物资缺乏的年代里,老百姓送的鞋子都太大了,她便赤脚走过了无数战场,后来战友们看不下去了,一起用衬衫撕开为她编了一双草鞋。这双意义非凡的草鞋,伴着她走过抗战的日子,一直保留到不久之前,不小心被不知真相的人丢弃,实为可惜。

1945年8月15日,当抗战胜利的消息传来时,正在广场上看话剧的人们瞬间像开了锅一样沸腾。"中国共产党万岁!""打倒日本帝国主义!""我们胜利啦!"人们的欢呼声此起彼落,响彻云霄,夜空如白昼,欢呼、雀跃、拥抱、握手,泪水与汗水,交织流淌……浴血奋战的八个春秋,海内外炎黄子孙的同仇敌忾,为家离子散的烈士,在狱中被蹂躏致死的亲人。抗战时,马来西亚沦陷后,她的亲人多被日本侵略军杀害,小哥哥在马来西亚被日军以莫须有的罪名,关了2年8个月,差点被活埋,直至日军投降才死里逃生。小哥哥来信倾诉"北望神州情未了,以泪和墨诉哀吟",此时,喜出望外的她回道:"劫余何须作哀吟,炼狱又存赤子心,喜看残日坠东海,且伴同侪弄好音。"

解放战争胜利后,张弘同志开始参加上海的接管工作,接管国民党教育局,主要分管上海各个中学。在教育机关工作的十年里,张弘同志和他的战友们逐渐完成了教会学校等的接管、接办和改组工作,指导各个中学的管理机构、课程设置和教学改革,对上海教育事业作出了巨大的贡献,也奠定了新生人民政权后教育改革的发展根基。

身为爱国的华侨同胞,又精通英语、马来语、普通话和潮州话,1959年,她被组织调到侨务机关和侨联工作。秉承1949年建国初期毛泽东提出的护侨思想:"尽力保护华侨的正当利益。"作为连接海外华侨与祖国血脉的桥梁,她致力于各党派的统一、加强爱国统一战线、帮助大批海外华侨回国定居发展。

1973年,她又随组织的安排来到上海激光所情报室工作。后来,由于外事接待和翻译的需要,1980年她开始担任上海计划生育科研所所长,面对组织的安排,在这个于她并不熟悉的领域,她只好同意只管外事,不做业务,主要负责接待各国访问学者并从事与世界卫生组织、联合国等的联络工作。为新中国的成立和发展奉献了一生的张弘同志,终于在1983年正式离休。她倾尽一生,诠释了什么是游子对祖国的满腔热血,什么是侨胞"水溯源、树寻根"对祖国的难舍难分。

谈到潮州、谈到古晋、谈到家人,张弘奶奶几度哽咽,湿润的眼睛里流露出对家乡、对亲人的无尽思念,深邃的眼神诉说着对日本鬼子的深恶痛绝、对回不去的家深深的牵挂。谈及巴金老人,张弘奶奶心中有无尽的感恩,半个多世纪里,巴老与她结下的深厚情义,像亲妹妹一样照顾着她,常常一起讨论文学、讨论人生,给予了她无穷无尽的鼓励,也是她一步一步走到今天,永远充满奋斗热情的动力源泉。

　　沐浴着午后的阳光,有一个老人,手持报纸,望向远方,绿叶的缝隙里,闪射出她对美好生活的憧憬与期望……

郭九如：实实在在为乡亲办事

撰稿　胡宝珍

郭九如1881年出生在广东潮阳。他是1931年10月11日潮州旅沪同乡会成立后,继郑正秋之后、郭承恩之前的第二任潮州旅沪同乡会主席委员。

第一任主席委员郑正秋是我国著名的电影事业开拓者,第三任主席委员郭承恩(字伯良)是交通部管铁路的一名官员,潮人常称他为"铁路长"。唯独第二任主席委员郭九如,不是达官显贵,也不是豪富乡绅,他是一个无党无派的平民百姓,可他对旅沪同乡有一股难能可贵的亲情,故他在潮人乡亲中是个威信很高、极受尊敬的人。直到现今,无论在老家或上海有些特高龄老人和他们后辈还记得他的名字。因他在家里排行老九(他有十一个兄弟),故乡亲人们爱亲热地叫他"九爷"、"主席爷"。

郭九如是一个实实在在为乡亲办事的人,无论是腰缠万贯的富商,还是一贫如洗的贫民,只要是乡亲他都一视同仁,不为财大气粗而躬腰,不为贫穷落泊而漠视。

郭九如和郑正秋、郭承恩都是 67 位成立潮州旅沪同乡会的发起人之一。在潮人旅沪同乡会成立后,郑正秋任第一任主席委员时,郭九如任监察委员(郭承恩任候补执行委员),后郭九如任执行委员时(郭承恩任监察委员)。

1932 年"一·二八"淞沪抗战爆发后,第二天潮州旅沪同乡会马上行动,当即成立"救国委员会"。这是当时上海"一·二八"淞沪抗战爆发后成立的第一个"后援组织"。经同乡会执监委推举产生的"救国委员会"11 位委员中,郭九如就是其中一位,并担任副主任。

郭九如的特点是思维敏捷、处事严谨、口才超群、组织能力强,他还乐施好善、仗义无私、广交益友、热情真诚待人。所以乡亲中无论富人、穷人,遇有困难、麻烦都会来找他商量,他也都会竭尽全力帮他们排忧解难,使同乡会像一个和谐温馨的大家庭。

在那国难当头、百姓贫穷的年代,穷乡亲有困难特别爱来找他。当时他自己家里经济也不富裕,但无论是由潮来沪失业的,还是上海的穷乡亲来了,他都热情留饭管饱,决不会让他们饿着肚子走,还尽力设法为他们找工作和安身之处,并常把家里仅有的买米钱和孩子要交学费的钱拿出来给上海的或要回潮而路费不够的乡亲救急。为此他三寸金莲、没进过学校门的妻子急得双脚直跳、又哭又叫,常为此和他争吵,说他"只管乡亲不顾家",但再吵也改不了他为穷乡亲留饭、慷慨解囊的品格。

乡亲中时有年轻气盛、剑拔弩张、一触即发、要打架闹事时,郭九如闻讯总急奔现场,直言规劝,阻止事态的发生,乡亲们被他的诚言打动,口服心服地握手言好。以后一有此类事发生,总想着前来找他一一化解。

他还不定期地到同乡会演讲,并常提醒乡亲们要"爱国、爱家",要乡亲们在任何地方都要严以律己,要多做好事,不做坏事,要堂堂正正地做人,不要给潮州人脸上抹黑,还常讲"国家兴亡、匹夫有责"的道理,鼓励大家多为抗日前方出力、捐助。

对某些官方人员,做了不利于同乡会、损害同乡会形象的事,他也不畏强势,主动上门批评,据理力争,直到对方认错道歉、改正为止。

为了给乡亲们解决问题,交流潮沪两地信息,他常不辞辛劳地在潮沪两地奔走。回到潮阳家乡时,祠堂里每天人流不断,乡亲们纷纷来找他谈心、反映问题,了解在沪亲人情况,他都不厌其烦地一一回答。

郭九如是一个终身从事潮人同乡会工作的人,从他年轻时就在家乡搞同乡会工作,后又到上海落户,但潮沪两地奔走从不间断,直到1941年生命结束为止,享年60岁。在他故世时,身边只有三寸金莲、没工作能力的妻子和11岁的幼子。他的长子当时随单位迁往内地,次子瞒着他在少年时已早早地参加了党的地下组织,说是在外地工作,但下落不明,解放前回到了上海,他们家就成了党的地下联络站,幼子也常在不知晓的情况下,听哥哥使唤,起到站岗放哨的作用。

郭九如的三个儿子在他的言传身教下,都热爱祖国忠于党,没有给潮人脸上抹黑。他的长子是一个勤勤恳恳、遵规守纪、一心无二的金融工作者;早就参加革命的次子,中共党员,解放后,无论在政府部门还是在大型国企当领导,都尽心竭力地工作,在上海解放50周年的日子里,上海解放报等多家报纸还刊登了他次子解放时,带领解放军行进在南京路上的照片,解放报还刊登了解放前夕,他们的地下党组织秘密在南京路大楼里向下散发传单和集体签名的文章及照片。离休后他云集国内医药、化工工业近百名离退休高、中级工程技术人员组成的科技私营企业,并任董事长。当时他们的单位是一个遵纪守法的缴税户和优秀的民营企业先进集体单位(曾见报)。在郭九如去世后,由于家庭变故、生活艰难,导致染上伤寒、差点夭折的幼子,一个11岁的小男孩,靠自己的奋发努力和两个哥哥及小舅的关爱及资助,后来也成了一个"一生耕耘勤、桃李满园春"的音乐家、教育家、民盟委员、政协委员,所以,在他的人生中,他始终把两个哥哥及小舅当父亲一样地尊重。

凭郭九如的智慧和才干,生前他无论从事什么工作或办企业都会成功,使他的家人过上富裕、美满的生活,可是他没有,从年轻到变老,从不考虑做其他工作,搞其他事业,全神贯注、毫无二致、全力以赴地扑在旅沪同乡会工作上,为家乡的父老乡亲尽"犬马之劳",好像老天爷赐给他生命,就是要他和同乡会命脉相连似的。

解放前这几任主席委员及全体旅沪同乡会领导班子成员和所有同乡会会员,如在天有灵的话,他们看到如今的中国如此"繁荣昌盛"、"民富国强",同乡会如此的越办越兴旺,他们激动和欣喜的热泪,定会滂沱而出,洒向旅沪同乡会遍及的祖国各地,滋润那里肥沃的大地。

郭予力：“堂堂正正”的潮州人

撰稿： 胡宝珍

　　音乐教育家郭予力，广东潮阳人。是原中华人民共和国教育部全国中小学音乐教材审定委员会审定委员、上海市艺术教育委员会委员、市中小幼音乐教学研究会首任副秘书长(会长贺绿汀)、市中小学教材编写委员会审定委员、市教育系统高校讲师评审委员、市黄浦区政协委员、民盟区委委员、中国音乐家协会上海分会成员等等。

　　郭予力是一位和同乡会有特殊渊缘的人。他1930年出生在上海，父亲是建国前上海《潮州旅沪同乡会》继郑正秋之后的第二任主席委员郭九如。

　　郭予力从小聪颖活泼，能说会道。五六岁开始父亲出去演讲，他也常跟着去，父亲的箴言他听之入神，特别是提醒乡亲们的“要堂堂正正地做人，要多做为潮州人争光的事,不做给潮州人脸上抹黑的事"等真诚话语,他都铭记在心,成了日后为人处世的准则。

郭予力的童年是不幸的,1941年他11岁时父亲就早早地离开人间,这对家庭的经济和他幼小的心灵打击很大。从此他格外懂事,白天认真学习,晚上到小舅家求他教英语。小舅许德泰是《上海法商水电交通公司》的翻译,还被励志中学成人晚班进步的青年工人、学生请去上英语辅导课很忙,但被他的勤学精神打动,一个坚持教,一个持之以恒地学。14岁他就到浦东高桥一所小学去教英语。如果说父亲的教诲给他指明了人生路,那小舅就是这路上一盏不可缺少的灯。

在中学时他和二哥(地下党)参加了"团圆"剧团,用"团圆"之名,是为了掩人耳目,实际参加的人,除中小学生外,还有教师职员等。他们用几个月的时间排练了《三千金》一剧,那场演出观众满座,掌声、叫好声不断,特别是郭予力兄弟俩的演技得到大家的一致好评、至今不忘(1991年《上海滩》刊物11期中登载)。可惜这是第一场,也是最后一场,因敌伪时只准演一场,尽管只准演一场,对他们来讲,也是胜利! 当时青年的这种精神感染了郭予力,1946年2月他考入了上海戏剧学院建国前第二届表演系,师从于黄佐临、师陀两位著名话剧大师。

郭予力天生一对听觉特灵敏的耳朵,外婆看他什么歌一听就会,在他九岁生日时送他一架小风琴,他高兴得手舞足蹈,从此放学一直在弹。后向父亲提出要学钢琴,他的钢琴启蒙老师是潘美多(李斯特的第三代传人),她那美妙的十指之功倾倒了郭予力,从此专注勤练,一发而不可收,谁料外婆的小风琴竟成了他音乐之路的基石。

1947年国立福建音专到上海招生,各科名额极少,他决定前去一试,结果钢琴唯一录取的一名就是郭予力。福建音专新迁在仓前山上,校舍由7座洋楼组成,宁静安逸、鸟语花香, 条件之好屈指可数。在他的心目中母校不仅是音乐的仙境,更是音乐家云集的地方。校长是留法的著名音乐家唐学咏(马斯涅第二代传人),教务主任刘质平(弘一法师李叔同的音乐大弟子)、钢琴老师是外籍曼者克夫人(她的丈夫是著名大提琴家),郭予力如鱼得水,决心珍惜时光,决不让它白白流去。

有幸音乐理论课由唐校长亲任,老师们那"音纶满腹无私传授、琴技高超一点则明、深入浅出循循善诱"的高超水平,使他钦佩不已。他把全部精力都扑在学习上，夜半三更同学们熟睡时，又悄悄起床到琴房去练。每学期考试他的钢琴、音乐理论、英语成绩都在90分以上。在以后几十年的教学生涯中，他充分发挥了唐、曼等老师的教学特色，均获得了极佳效果。

戏剧学院学到的本领在母校也得到了发挥，每逢节庆日公演话剧时，他都担任主演和男一号，他校的演出总得到嘉宾和各级领导的一致好评。郭予力的演技和热忱启发其他演员的好名声也随之扬开，邻近学校公演话剧时，还专程来请他当导演。

1949年暑假，他和一些教授、同学到了香港，正逢香港水灾，九月三、四两日香港联合公演《赈济水灾音乐会》，请他担任钢琴独奏，他以郭牧音之笔名参加了演出。接着他又应邀为《香港永华影业公司》电影"海誓"作钢琴配乐，还在"香港音乐院"、"海沿钢琴社"教授钢琴，为一些学校导演了话剧如"孔雀胆"等。在香港的几个月，他做了不少事得到了大家的公认，这对一个19岁的小青年来说实属不易，但他的心在生他养他的祖国大陆。这时上海已解放，地下党的二哥和搞金融的大哥都在有关部门从事着稳定的工作，得悉他的心意，立即写信要他尽早回来。1950年5月他欣然回到了上海。

回沪后他先后在上海第二师范、工农师大、华东师大、上海教育学院、黄浦教育学院等学府负责音乐系科的教学、教材编写、审定、科研、上海十区十县中学音乐教师、音乐教研员的师资培训、深造等工作。

1952年，他参加市教委组织的《中学音乐》编辑工作任主编；1960年参加上海解放后第一套中小学音乐教学大纲的编写工作任主编；1960年全国大力提倡电化教学时，他发明了"声光风琴"（同年4月21日上海《解放日报》刊登），被科教电影制片厂选用，并上北京群英会参展。

在改革开放后有些城市、特区的艺术学校以高薪聘请他去办校和做顾问，他都一一婉谢，坚持在上海教育学院、黄浦教育学院创办了六届（二年制）得到国家教育部认可，可获合格毕业文凭的半工半读大专班，使十区十县有资质无学历证书的中学音乐教师、音乐教研员经考试入学攻读后获得了梦寐以求的大专文凭。在以后的职称评定中，他们绝大多数获得了中学音乐高级教师职称。

1985年国家教育部成立了《全国中小学教材审定委员会》，音乐学科审查委员会由4人组成，指定北京、上海、四川、南京各选派一人，上海选派的一人就是郭予力。另一位审定委员兼召集人，由教育部指定北京《中国音乐学院》副院长张肖虎担任,共 5 人(1986 年 10 月 4 日《中国教育报》头版刊登)。1990 年郭予力接任召集人、1992 年接任继张肖虎之后的第三届第二任审定委员,直到 2003 年共服务 18 年。

他在全国各音乐教育刊物中发表的论文因 "针对性强,适用性高",很受广大音乐教师欢迎。2001 年他入选中国当代教育专家学者大典(上海卷)、2002 年入选世界优秀专家人才名典(中华卷第二卷下)、同年获世界优秀专家人才证书、并被邀参加俄罗斯国际音乐学术交流会、2003 年获中华人民共和国教育部感谢他为我国中小学音乐教材建设作出贡献的 "奖牌" 等。

郭予力不仅是一位忠诚于党的教育事业 "一生耕耘勤、桃李满园春" 的优秀园丁,还是一位遇事为他人着想、干实事的 "堂堂正正" 的潮州人。

黄式玫、黄式玖：航运女杰走天堑

撰稿　陈依佳

　　"男儿如鹰，女儿似燕，更有长江舵把，千里楼船飞驾。"诗词界前辈沈吟先生曾赋词一首来赞颂由汕头本土培养的新中国长江第一代女驾驶员。她们在长江天堑中艰难前进，在险滩恶浪里历经摔打，如同一颗颗耀眼的明星闪耀大江南北。黄式玫与黄式玖，便是这支富有勇气的队伍中的一对姐妹花。

　　黄式玫与黄式玖，祖籍广东潮阳，1936年这对双胞胎出生于上海，1940年举家迁回潮阳老家，不久定居于汕头市区。1954年均毕业于广东省立潮汕高级商船职业学校，1956年一同考取三副，1957年都分别派上汉—渝线客班轮任三副。黄式玫于1963年在行驶申—渝直达航线的客货轮任三副后升任二副,1973年调至汉—申线的东方红七号二副及代理大副,1976年担任东方红十四号见习船长,1978年以优良成绩考取一等船长证书,翌年转为正式船长留任。1985年调任长江港行监督局上海办事处及南京港监局驻上海引航办事处主任兼南京引航站副站长,1992年正式退休。黄式玖于1964年调至行驶渝—申直达航线的大货班轮任三副后升二副,至1976年调至汉—申大型客班轮任大副,1991年正式退休。在三十年的漂泊生涯中,她们凭借果断勇敢的刚毅性格和细心周到的细腻心思,在不同的岗位上辛勤地工作,共同为祖国的航运事业留下了动人的一页。

报考商船　刻苦学习

成长在南海之滨的汕头,黄式玖、黄式玖姐妹从小向往着大海。抗战胜利时,由普宁籍爱国人士、国民党将领黄绪虞呼吁创办旨在培养海运专才,振兴中华海运事业的航海学校——广东省立潮汕高级商船职业学校(简称"商船")于1945年秋成立,只招收男生,因为在旧中国,有所谓的"行船走马三分命",航运是一个高风险行业,而女人上船则视为彩头不好,更别说上驾驶台了。新中国成立后,妇女社会地位提高了,1950年起,"商船"驾驶班开始招收女生。1951年秋,黄式玖、黄式玖姐妹怀着浓烈的兴趣和好奇心一同报考了这所学校。经过严格的选拔,先后有包括黄式玖、黄式玖姐妹在内的十多名女生被录取,学习的课程包括天文航海、地文航海、海上通讯、船艺、气象等,游泳则是体育课的重点内容。

1954年黄氏姐妹从商船学校毕业,由于当时我国沿海地区被封锁,故海运事业停滞,毕业生的分配也受到影响,于是,先后毕业几届学生都来到长江,转向内河。在校学习的一部分航海课程并不适用于内河的航道和引航技术,因而一切都必须重头开始。

上船之后,学生们先进行三个月的水手工作实习,将船艺学的理论知识结合到实际工作中去,如敲铲铁锈、调配油漆和刷漆、插钢丝、打绳结、舷外作业、上桅杆、钻双层底、船舶补漏等。三个月水手实习结束之后便正式上驾驶台学习航道和引航。经过近两年的刻苦钻研学习,她们熟练地掌握了自汉口至重庆1370公里航线上的航道、河床、礁石、障碍物、水流、气象、各季节水位变化的影响、各类船舶的避浪原则、各个航标的方位、距离和时间……1956年秋天实习期满后,她们都顺利通过考试取得三副资格证书。在各自的岗位上担任正式三副职务。

乘风破浪　勇走天堑

从 1954 年开始,在 30 年的航运生涯中,黄式玫每天面对着变幻莫测的天气及充满不可预见因素的复杂航道,始终以"上班有如上战场"的严谨态度对待工作,一到驾驶台便全神贯注,做到望远镜不离手,认真瞭望,谨慎操作,每一个口令务必做到准确无误。回想起并非风平浪静的航运生涯,最让黄式玫心惊肉跳的是在她当见习船长时发生的一件事:当时船上驶至九江港,停靠码头上下客完毕后,离开码头继续行驶。正要进入九江大桥引航道时,黄式玫调整航向,叫了左微舵,后面的舵工回答左微舵,但船首未见动静。她又大声叫了左舵,舵工回答左舵,船头却向右偏去。黄式玫急得大喊怎么回事,引起在驾驶台监舵的老船长的注意,才发现舵工拿了反舵。他立刻夺过舵轮,纠正了航向,顺利通过大桥,避免了一场灾难。原来是这名江西籍舵工在九江听到老家宜昌的消息后,上班时心神不定开了小差。从驾驶台下来后,黄式玫回想此事不免后怕,幸亏当时情况发现及时,有老船长在场,也幸得船在上驶中,船速船位较易控制,一旦发生在船下驶时,流速大,船位不易控制,大桥水域又不好调头,这艘五千吨级、搭载一千多名旅客、几百吨货物、一百多名船员的大船如果撞到大桥主墩,后果不堪设想!

这种认真负责的工作态度也为黄式玫赢来荣誉。早在 1956 年实习期间,她作为代职舵工便尽职地做好舵工职责内的一切工作。在她换下来休息的那个小时,她也协助驾驶员和引水员瞭望。有一次为了赶到奉节过夜,船驶过黛溪时天已黑了,进入瞿塘峡必须找到锁在峡口雄踞江面的两块高度在 100 米以上的大石——南黑石和北黑石。黄式玫首先发现了南黑石的红色灯光,便立刻提醒大副和大引水。这时船距南黑石已经很近,由于黄式玫的及时提醒,避免了一次触礁事故发生。这件事让大副一直念念不忘,当他当了船长与黄式玫的妹妹黄式玖同船时还多次提起,心中充满感激之情。那年,还未当上三副的黄式玫作为实习生已被评为先进生产者,而后又被推选到重庆市妇联,作为重庆市的代表到成都出席四川省妇女代表大会。1957 年 9 月,作为四川省的妇女代表,她参加了全国第三次妇女代表大会,在中南海怀仁堂见到了毛主席、周总理等中央首长。70年代后期她又先后出席湖北省第三次和第四次妇女代表大会。

在1959年夏季，黄式玫当三副才两年多。有一次船行驶到武汉港作业完毕后，移至华年码头待航。此时大部分家住汉口的船员包括船长政委都回家了，各部门只有少数船员留船。半夜，江面刮起了八级以上大风，风急浪高，轮船带动趸船不停地互相撞击，眼看承受不了撞击的趸船有断缆断链的危险，趸船水手长便强烈要求黄式玫所在轮船即刻离开，另择锚地停泊。时值深夜，港内不可以使用电台，又没有其他通讯设备，无法通知船长。在危急情况下，这位年轻的女三副立刻召集在船的副水手长，布置安全措施，安排副水手长带领其他部门留守人员负责船头作业，两名熟练水手负责船尾，自己则在驾驶指挥操作，并在轮机人员的配合下冒着大风大浪，将船安全移至武昌一纱锚地锚泊，次日傍晚再移靠至上客码头上客开航。后来当船长政委得知夜里经历的惊险一幕后，对黄式玫这位年轻的三副敢挑重担敢于负责的气魄大为赞赏，当年她得到长航团委和团中央的表彰，团中央书记胡耀邦同志授予她"全国青年突击手"称号。

1968年，黄式玫实现了重庆—上海全线2500公里全线自主引航，成为全长江为数不多的能够全线引航的驾驶员之一。1959年初调到引航站工作期间，经过考核被评为副教授高级工程师。

同样经历了三十载的航引生涯，妹妹黄式玖有一半时间在大型货轮人民十七号上度过。至今让她记忆深刻的是1960年春运期间在民权轮工作时，有一次按调度命令要求该轮由重庆直达上海，船过江阴，虽然早有气象中心预报风力将增强，但在大跃进年代，批判消极安全论之风盛行，船长对于是否应及时择地抛锚停泊十分犹豫。随着夜幕降临，江面一片漆黑，风浪越来越大，过了南通，情况更是险恶，风浪一波接一波地盖过船顶，船只剧烈摇晃，被高高抛起又深深跌下，已不能用正常速度航行，为防止螺旋桨打空，只能减速顶住，在风浪中漂流前行。更严重的是船舷总被风浪击破，江水涌入舱内，船长遂下令电台发出SOS求救信号，在船上漂流至长江6号灯浮时才望见吴淞海军舰艇前来护航，当船终于脱险进入黄浦江时已是午夜零点时分，船上乘客和船员也安全到达目的港——上海。

在这种充满不确定因素的航运生涯中，也需要黄式玖以敢于担当的勇气来应对。1979年，她在汉一申线大客班轮任大副时，汉口港设有大班轮的专用码头,通常轮船到港作业完毕不需移泊,但也偶有例外。在夜里遇到这种特殊情况,船长以及其他驾驶员都回家了,黄式玖作为唯一的值班驾驶员挑起重担,果断安排好守船的几位舵工水手,组织其他部门的餐服人员协助,有条不紊地指挥驾驶台的车舵操作,安全顺利地完成每次移泊作业。她也多次被评为船上的先进工作者,并得到上级公司的表彰。

光辉背后　苦乐自知

黄氏姐妹将人生最美好的三十年献给了长江航运事业,在出色成绩的背后,她们挥洒了无数汗水。黄式玖向我们回忆起那些缺乏规律的作息时间的日子:每天 4 个小时夜班和 4 个小时日班,在 0~4,4~8,8~12 间每两个航次轮转一次,上驾驶台前半小时要开一次班前会,布置安全措施;下班后要进行 1 小时的"干部参加劳动"和学习毛主席著作,或是参加全体船员大会,听政委作报告。然后,还要抓紧时间做好职务内船舶管理方面的业务工作。有时抽空正想睡觉为下一班积蓄精力时,刚迷迷糊糊睡着广播便响了:"旅客们,早上好……现在转播中央人民广播电台新闻……""旅客们,×× 港就要到了,请下船的旅客做好准备……"每天加起来她也只能睡三四个小时,一年 365 天,只有在 52 天公休假才能睡上通宵觉。除了常年的辛劳,多年来她们还不得不牺牲家庭生活,无法给孩子应有的照顾,使他们失去了温暖幸福的童年和少年时代,在孤独中成长,这也在姐妹俩心中留下了无法抹去的歉疚和无法弥补的遗憾。直到八十年代后期,她们才有机会回归家庭,过上正常的家庭生活。光辉事业的背后,她们苦乐自知,一切只有默默承受。

滚滚长江见证了黄式玖、黄式玖洒满青春与热血的引航生涯。上世纪五十年代从潮汕大地来到长江共有二十余名女同学,上船实习考上三副之后大多陆续上岸工作,在船上坚持工作数十年的,有包括黄式玖、黄式玖在内的四位女生。她们展现了潮汕女性坚忍不拔、睿智勇敢的可贵品质,是新中国妇女解放历史舞台上绚丽的彩虹,为新中国的航运史写下了动人的诗篇!

联谊会巡礼：乡音遍申城　潮人有家园

撰稿　申韩君

　　潮汕人漂泊异地创业谋生，古已有之。处于江南海滨的上海，以其特殊、优越的地理位置，一二百年来，吸引着华夏四面八方的移民纷至沓来。其中便有一代代潮汕人，走出韩江，千里迢迢来到黄浦江畔落地生根，在上海滩谱写了一页页勤劳奋斗的历史华章。

应运而生　续写华章

据史料考证,早在1843年上海开埠之前,旅沪潮人即于1759年建立以商人为主体的族群组织——上海潮州会馆。1931年10月,一个更具广泛群众性的乡亲组织——潮州旅沪同乡会诞生,首任会长是中国电影奠基人郑正秋。百多年中,潮州会馆和同乡会凝聚广大乡亲,薪继火传,为上海这个近代商埠的崛起与繁荣,作出了可贵的贡献。

1949年,随着上海解放和新中国诞生,于特定时代建立的潮州会馆和同乡会,在发挥了一定的历史作用后,随着历史变迁而退出历史舞台。

1978年末,中国共产党十一届三中全会开启了中国改革开放的新时代,百废俱兴。在大变革大发展的新形势鼓舞下,上海潮汕联谊会于1989年8月应运而生。

这个新型的地域性群众组织的成立,起源于1988年汕头市在上海聘请一批潮汕籍领导干部、专家学者担任汕头经济特区顾问。受聘中有上世纪三十年代就投身革命的王亚夫同志(广东揭阳人),时为上海市社会科学界联合会领导成员、《学术月刊》主编。他被聘任为这个顾问组的组长。为了调动和组织更多的潮汕籍人士来支持帮助汕头特区的事业,顾问组酝酿成立一个潮汕联谊会。其中王亚夫发挥了卓越的核心作用。在他与邹剑秋、胡志远、侯旅适、方小兰、周勤庭、郭大同、许惠君、朱国安等同志的共同努力下,经上海市社团管理局批准,上海潮汕联谊会于1989年8月宣告成立。这是建国以后,上海第一个建立的地域性同乡会性质的社会团体。

依照联谊会章程,成立大会上,150名会员选举产生了领导机构组成人员。王亚夫任会长,还有多位领导干部、知名人士、企业家分别担任名誉会长、副会长及顾问。大会还产生理事、常务理事、秘书长、副秘书长等成员。一届任期均为5年。

其后,在历次会员大会上当选担任历届联谊会会长的人士是:

第二届(1994—1999)会长王亚夫(连任)。

第三届(1999—2004)会长李春涛(上海市建设委员会原党委书记、主任,广东澄海人)。

第四届(2005—2009)会长刘育长(中国交通银行原副行长,广东潮阳人)。

第五届(2009—　　　)会长陈振鸿(中共十六大代表、中共上海市委委员、中共上海市静安区委原书记兼区人大常委会主任,广东潮阳人)。

求真务实　与时俱进

上海潮汕联谊会是一个新型民间社团,要继承早年潮州会馆及同乡会的优良传统,更要开拓创新,顺应新时代、新形势的新要求。一开始,王亚夫先生发挥集体智慧,为新生的组织制定了联谊会宗旨:联系在沪各界潮汕籍人士,沟通信息,增进友谊,弘扬潮汕传统文化,服务乡亲,服务在沪潮汕籍企业,促进沪潮两地经济、技术、文化交流,积极支持家乡各项建设事业。

王亚夫会长不仅高瞻远瞩确定办会宗旨,还特别提出"勤俭办会"的原则,并身体力行,率先垂范。他为联谊会开展工作经常外出,却从不报销车资,自掏腰包。1995年他率团赴香港参加第8届国际潮团联谊年会,自己不住宾馆,借宿于友人家,其他团员则入住简陋廉价的招待所。就是联谊会办公场所也多年借用广东省驻沪办事处的一间屋子,直到1999年,由会员集资购置了武定西路一处房舍作为会址。

联谊会成立后,在探索中稳步前进。初期,在经商大潮的感染下,联谊会先后创办了上海潮汕科技开发公司、上海申潮贸易公司以及海潮建筑设计事务所等经济实体,希冀能为联谊会提供经济支撑。经过几年的实践,联谊会审时度势,调整了这些举措,实事求是地停办这些经济实体。

此后,联谊会尽力之所及,为沪上的经济建设和文化项目引入外资牵线搭桥。联谊会创建人之一、常务理事许惠君,以其上海对外友协常务理事和泰侨身份,为泰国正大集团来沪发展产业发挥了沟通联络的作用。1996年初,许惠君还促使一位早年同在泰国求学而后去新加坡发展的校友,与东华大学联合创办拉萨尔学院(设有5个专业、千名学生的规模),这是上海地区中外联合办学最早的尝试。2001年10月,李春涛会长在北京会见著名企业家、香港丽新集团董事局主席林百欣先生,向他颁发上海潮汕联谊会名誉会长证书。在此前后,林百欣先生在上海的房地产开发项目迅速发展,并多次为上海的城市建设捐赠了巨额资金。

联谊会的入会条件、内设机构、下属组织等会务工作也根据形势的发展、乡亲的意愿要求适时加以调整、改进、拓展,使得联谊会队伍不断壮大、活力不断增强,凝聚力不断提升。

1994年,联谊会建会5周年时,会员增至400余人。9月11日隆重举行建会5周年纪念大会,海内外嘉宾莅临盛会。时任上海市副市长孟建柱代表市政府到会热烈祝贺,他在讲话中热情赞誉在沪的数十万潮汕籍人士是上海改革开放和经济发展的重要的方面军。

1999年,联谊会建会10周年,会员数又增至700多人。至2014年底,会员数更已超过1000人。近几年里,由于特别重视发展中青年会员,逐渐扭转了会员老年化的状况。

队伍在壮大,事业在发展。联谊会的新亮点一个接一个在闪光。

2001年,由方小兰策划、周晓主编,凝聚了一批会员心血的《潮人先辈在上海》一书成功出版发行,让广大会员、乡亲领略了先辈们的奋斗伟绩与不朽风采。

2005年,将编印了100多期的联谊会《简报》发展成为杂志型会刊《上海潮汕人》,国学泰斗饶宗颐先生欣然为刊物题写刊名。联谊会和会员们有了一个加强服务、交流信息、增进情谊的新园地。

2013年,联谊会决定编写出版《百年潮人在上海》系列丛书,为在沪潮汕人树碑立传。编辑组经过一年多的努力,60万字的丛书第一、二辑即将出版。

2014年5月,联谊会市北分会宣布成立。这是联谊会组织建设的一项改革与试点,有利于发挥基层组织的积极性和创造力,进一步增强联谊会的活力。

2014年7月,在陈振鸿会长和联谊会原副会长林章豪先生的组织与指导下,上海潮籍博士团宣告成立。这个与注册在香港的国际潮籍博士联谊总会一脉相承的社团,有一大批中青年高级人才,是上海潮汕联谊会弥足珍贵的新鲜血液。

2014年11月,联谊会珠宝玉石专业委员会成立,在联谊会支持下,潮籍珠宝企业抱团共谋发展,实现双赢的前景令人鼓舞。

求真务实,努力开创新局面,使上海潮汕联谊会不断焕发出生气与活力。

联谊服务　精彩纷呈

每年春节前夕,上海潮汕联谊会举行一年一度的会员大会暨新春大联

欢。逾千位会员和各界嘉宾欢聚一堂。会场外,有特设摊位供应来自潮汕地区的家乡特产。会场内,笑语欢声,乡音袅袅,大家互致新春祝福,洋溢着亲切、欢乐、祥和的气氛。会议中,会长作年度工作报告,会员代表作交流发言,人人情真意切。会后的文艺表演中,潮州国乐团的演奏、会员自弹自唱的节目总是博得最热烈的掌声。享誉国内外的儿科医学家郭迪乡贤,在近百岁高龄时,仍多次亲临联谊会大小聚会,与大家畅叙乡谊,乡音不改,令人感动。

联谊会是乡情乡谊的集聚地,最讲究的就是"情"与"谊"。联谊,是联谊会工作的一大重点。立足基层区片小组开展形式多样的联谊活动,是联谊会的一大特色。会员们在一起听点乡音,谈谈家乡的事,交流一点信息,其乐融融。

黄浦组、卢湾组不时开展歌咏活动,还联合静安组邀请潮州国乐团举办潮州音乐演奏会;举办讲座,介绍电脑、手机、新媒体的知识。

徐汇组经常组织会员旅游观光活动,举办别具一格的"潮汕人文景观"讲解会,以特殊形式领略家乡名胜风光。

虹口组里来自部队的老领导多、爱好书画的会员多,他们就请老英雄讲战斗故事,办小型书画展;还创办"潮人服务部",为会员办实事做好事十余年不辍。

闸北组和杨浦组经常联合举行学习讲座,邀请有关领导、专家作形势报告、解读新政策。

静安组组织会员参观钱学森图书馆以及报社、电视台等媒体;举行"潮汕

话大比拼"、"中秋灯谜会"等主题活动,妙趣横生。

闵行组请会员中的医生为大家讲中老年人保健养生知识;在会员中建立由电话、短信组成的信息联系与传递网络,做到"铃声不断,乡情常在"。

在许多小组里,每逢敬老节就为老会员举办敬老聚餐;每逢高龄长者生日,就为老人送上生日蛋糕,送上乡亲的祝福;遇有会员生病,就登门慰问。

经联谊会副会长连希俊倡导,从 2012 年起,联谊会在市区 陆续找了五个场所,搭起"潮语角"这一平台,通过编写对话教材、讲解潮汕民俗风情、朗读潮汕民谣、学唱潮汕歌谣等形式,热热闹闹地开展学讲潮州话的活动。活动日一到,许多不会说家乡方言的会员,尤其是年轻人纷纷赶来学几句。老会员李佩雄先生为配合"潮语角"活动,他花了一番功夫,编制了一张光盘《电子潮声 15 声——潮汕话自学教材》,在会员中演示,很受欢迎。老李的这个作品,在 2014 年还荣获汕头潮汕历史文化研究中心举办的"潮学奖"三等奖。2012 年 8 月,耄耋之年的会员马智行老先生,绘声绘色地写了一篇数千字的故事《"潮语角"里会乡亲》,发表在新民晚报上,文字加上插图,整整一大版,令潮汕老乡的这个活动一下子声名远播。

在这些丰富多彩、温馨美好的活动中,各个小组的组长、副组长等骨干深情地倾注了自己的时间、精力和智慧。翁绍东、李佩雄、萧镜明、黄锦文、谢钦熙、刘利祥、林振颖、翁湘娥、范伟民、陈小茵、赵巧仙、许丰林、魏之菁、蔡迪戳……一位位组长用任劳任怨的奉献,赢得了会员们真挚的敬意。而各个小组所在地的许多潮籍企业家更是热情慷慨地为乡亲们的联谊交流活动,提供场所和物质、经费方面的宝贵支持。

服务乡亲、服务沪上的潮汕籍企业,是联谊会另一项工作重点。

那些年,联谊会多次组织会员中的医务工作者、法律工作者为乡亲提供咨询服务。郭济民、许树长、李秀松、张丽华、郭娥

珊、翁文玲、朱锡锋、肖美蓉、侯放、陈泽嘉等资深医师、律师,热情地为会员解疑释惑,备受欢迎。

马佩霞、黄式玫、刘咏兰、涂天富、李基深、林明达等老同志也都不服老,不怕麻烦,默默无闻地为会员、为潮企乡亲操劳,一个个都是联谊会领导的好帮手。他们热心为乡亲服务,深受会员们的敬重。

在家靠父母,出门靠朋友。这个"朋友"往往首先是"老乡"。上海中可房地产开发公司董事长黄平忠不会忘记,20多年前他只身闯荡上海,人生地不熟,首先找到上海潮汕联谊会。在联谊会关心下,在会里办公室的一张小写字台开始他的打拼。他的创业从这里起步,从市区走向郊区,从上海发展到河南地区。还有现任联谊会副会长、潮汕商会常务副会长的林钟城先生,也是20多年前到上海做家电小生意时,得到联谊会乡亲的帮助。如今他创业有成,也热心帮助乡亲。

联谊会下属机构"科技委员会",拥有300多名高级科技专家。过去许多年里,科技委为沪上潮汕企业提供各种资讯与信息服务。他们两次编印并向企业发布可开发的科技项目信息资料。联谊会副会长、科技委主任章基凯带领专家为潮籍企业上海宇琛扑克实业有限公司举办企业发展研讨会,参与该公司的节能技术改造。科技委还组织专家为在松江的潮企——上海朝翔生物技术有限公司献计献策,引进俄罗斯专家前往商讨合作项目。

那些年,银行界的会员为老乡企业的贷款业务热情提供指导与具体支持。联谊会老会长李春涛、周勤庭、郭大同等老领导更是悉心指导从事房地产产业、商贸业的乡亲。

而近年来,联谊会为潮汕籍企业的服务更是马不停蹄。

2013年7月,陈振鸿会长带领20多位潮汕籍企业家前往奉贤区考察。区委书记、区长亲自介绍该区经济发展规划及招商引资政策。

2013年11月,在参加于武汉举行的第17届国际潮团联谊年会后,陈振鸿会长带领与会的上海企业家就近赴河南商城县工业园区及兴建中的旅游园区考察,寻求发展商机。

2014年4月,联谊会举办"上海自贸试验区与潮商发展机遇论坛",邀请多位专家讲解形势,解读有关政策。

为乡亲服务,为潮商服务,联谊会始终在路上。

不忘桑梓　情系故乡

无论是上海潮汕人还是潮汕上海人，身居上海滩，而潮汕永远是难以割舍、难以忘怀的家园。感恩家乡是大家共同的心声。上海潮汕联谊会成立以来，就持续不断地从敦睦乡谊，感恩家乡的角度开展会员活动，推进沪潮两地互访和文化交流活动。

上世纪八九十年代，上海顾问组的成员一次次地应邀参加两年一度的潮汕地区春节联欢活动。1992年12月，王亚夫会长率方小兰、郭大同，并特邀上海市规划局局长施宜及上海社科院经济所所长谢自奋，赴潮州市出席该市经济社会发展研讨会。近几年，每年春节前后，上海市人大常委会副主任、潮汕联谊会名誉会长郑惠强，联谊会会长陈振鸿等同志一次次地赴汕头、潮州、揭阳等地，访问三市领导，带去上海乡亲的情谊与祝福，商讨加强交流合作的大计。

2012年12月，联谊会组织了一次"寻根之旅"，20多名会员奔赴汕头、潮州等地参观游览。他们当中多数人出生在上海，第一次踏上养育了他们的祖辈、父辈的故乡土地，无不心潮澎湃，感慨万分。大家拉开"寻根潮汕"的红幅，在一处处故乡美景前留下难忘的镜头。

联谊会下属的上海潮州国乐团，早先以古筝大师郭鹰先生为首，活跃在乡亲之中乃至音乐界。近年来，乐团在音乐学院专业出身的刘先义、肖辉东、郭雪君的积极组织下，精心排练节目，克服困难，一次又一次地赴汕头参加国际潮剧艺术节等交流活动。

早在十多年前，联谊会下的"科技委员会"曾经在汕头和潮州设立两个科技联络站，与当地的科技单位、企业开展交流合作活动，先后为两地推荐了30多个科技项目，有的区域结出硕果。例如，帮助汕头的日化企业研发并成功投产有机硅新型化妆品系列；向汕头市"海湾大桥"工程推荐上海电缆研究所研发的"悬拉索"等建桥材料,为大桥工程节约了大量外汇。

联谊会成立以前,广东潮剧团于1957年首度来上海访问演出,轰动申城。1958年。广东潮剧团改建为广东潮剧院,下分一、二两个团,并于1959年、1983年分别来沪献演。联谊会成立后,潮剧院又于1995、2002、2008年,三度前来参加上海国际艺术节;1995年5月,潮州市潮剧团也专程到上海访问演出。沪上乡亲一次次地大饱眼福耳福,陶醉在家乡的戏曲艺术天地里。

2004年11月,汕头市的"濠江潮州音乐团"在赴京演出后前来上海,让乡亲们欣赏到原汁原味的潮州古乐。

每一次潮汕艺术院团来沪访问演出,联谊会都热情接待来自家乡的艺术家。联谊会顾问苏石风、周晓等文艺老专家,不仅多次热心穿针引线,协助潮剧院团来沪,还与家乡艺术家进行切磋交流。乡亲们更是喜出望外扶老携幼前往观看演出。每一次看潮剧、听潮乐,都会勾起沪上潮汕人浓浓的思乡幽情和对家乡的美好回忆。

身在上海,心系家乡,感恩图报,是沪上数十万乡亲,特别是企业家们的赤子情怀。多年来,在上海的知名潮汕籍企业家陈经纬、罗康瑞、姚文琛、李松坚、郑育健、柯树泉、蔡彤、马兴松等,都以十万、百万、千万计的数字捐资奉献家乡的教育、建设、公益、慈善等事业。

身为经纬集团董事局主席并担任多个重要公职的联谊会名誉会长陈经纬先生,一直以来十分关心和支持家乡的建设事业,作出了许多贡献。2013年11月,他又捐资1亿多元,在其故乡——汕头潮南区陈店镇兴建一所九年制高级中学。他的赤子之心与无私奉献,令广大父老乡亲无比感动、无比感激。

2013年8月17日,汕头地区遭遇50年一遇的强台风袭击,引发特大洪灾,损失巨大。消息传来,联谊会乡亲迅速动员起来,纷纷争先捐款。8月27日,寄托着沪上乡亲手足情的300多万元捐款就送达汕头市慈善总会,并转送到潮阳、潮南等重灾区。

岁月如歌,踏石留印。25岁的上海潮汕联谊会,在过去的25个春秋,伴随祖国的改革开放的伟大进程,留下了一个个坚实的脚印。为上海更繁荣,为家乡潮汕更美好,为中华民族伟大复兴的中国梦早日实现,上海潮汕联谊会广大会员和乡亲正阔步迈向明天。

潮汕商会：举旗抱团　共谋发展

撰稿　宗合

　　自 1980 年代以来,在国家改革开放大好形势鼓舞下,涌向上海创业、发展的潮汕人络绎不绝、迅猛增加,潮汕商帮逐渐成为上海经济发展不可忽视的一股力量。而 2009 年 12 月 19 日,经上海社会团体管理局批准正式成立的上海潮汕商会,标志着潮汕商界在上海有了自己的新家,揭开了在沪共谋发展的新篇章。

　　潮汕商会现任会长是姚文琛(上海姚记扑克股份有限公司董事长),现有会员企业 300 多家。商会地址在上海市黄浦区徐家汇路 550 号。

　　上海潮汕商会以“邓小平理论、三个代表、构建和谐社会”和“科学发展观”为指导思想,以“精诚团结、共谋发展”为服务宗旨,不断发扬“勤劳务实,创新拼搏"的优良传统和开拓精神,更好促进潮商的持续性发展。

上海潮汕商会积极参与潮人事业的建设和发展,现已加入国际潮团联谊年会、国际潮青联谊年会、潮商大会等国际性潮人社团活动。

2010年11月13至15日,在举国欢庆中国上海世博会获得圆满成功的大喜日子里,由上海潮汕商会承办的第四届潮商大会暨全球潮商投资发展研讨会在上海国际会议中心隆重召开。海内外70多个潮商团体1200多位潮商精英代表济济一堂,睦乡情、谋发展。大会为海内外潮商提供了交流互动的良好平台,是加强世界潮商紧密联系、拓展合作、扩大影响、大力推动潮商经济繁荣的盛会。

全国政协副主席郑万通,全国政协港澳台侨办主任、海峡两岸关系协会会长陈云林,全国政协常委、中国对外友好协会会长陈昊苏,全国政协港澳台侨办副主任蔡东士,上海市委常委、统战部部长杨晓渡,民盟中央副主席、上海市人大常委会副主任郑惠强,全国政协经济委员会副主任、全国工商联副主席陈经纬,广东汕头市市委书记李锋,香港潮州总会会长陈幼南、上海潮汕联谊会会长陈振鸿等领导和嘉宾出席了大会开幕式,热烈祝贺潮商大会的胜利举行。

第四届潮商大会的圆满成功,进一步提升了潮商形象,展现了潮商风采,为潮商的可持续发展提供了新的历史机遇。大会期间,上海潮汕商会、香港潮州商会与上海市浦东新区人民政府签署了战略合作框架协议。

随着上海经济和城市建设的快速发展,来沪经商创业的潮商日益增多。据不完全统计,目前潮商在上海经营的各类企业达10000余家,经营资本规模在百亿元以上。行业涉及房地产、电信、服装、金融、文具制造、机械制造、物流、医药、生物技术、餐饮业等。经营规模和市场不断扩大,涌现出了一大批知名企业,如经纬集团、姚记扑克、明园集团、晨光文具、宏伊置业、浦银通信、杰汇置业、创宏建设集团、天万物流等。许多企业一年一个台阶、一年一个飞跃,步入了持续快速、健康和谐发展的快车道。

上海潮汕商会依托上海国际金融中心、航运中心和经济中心的优势,努力构建在沪潮商企业的经济信息交流平台,广泛团结在沪潮商企业,开拓进取、优势互补、资源共享、共同发展,打造潮商企业新品牌,树立潮商企业新形象,为上海的经济建设和中华民族的腾飞作出更大的贡献。

致富不忘回报社会、感恩家乡。上海潮汕商会热心社会公益,商会旗下企业迄今各种公益捐赠资金累计逾亿元,支持教育、体育、文化、艺术、慈善等事业,为学校和社区兴建图书馆、教学楼、老年人活动室等设施。2013年8月,汕头地区遭遇强台风袭击引发严重洪涝灾害。上海潮汕商会迅速组织所属会员企业募捐300多万元,支援家乡同胞抗洪救灾。

博士团：知识精英　服务家乡

撰稿　黄晓铨

　　潮汕地区历来有崇商重教的传统，培养出一大批潮籍精英，遍布全国乃至世界各地。上海作为全国最重要的经济中心和科教中心，既是潮籍商业精英汇聚之地，也是潮籍智力精英汇聚之地，最适合建立一个智囊团——上海潮籍博士团，以服务家乡和社会。上海潮籍博士团的筹建有赖于"国际潮籍博士联合会"的成立，该联合会最早由陈幼南博士发起，在香港正式注册，并于2013年11月正式在汕头挂牌。其宗旨是团结世界各地潮籍博士和专家学者，凝聚学术资源，共谋发展，服务社会。

　　目前全球潮籍博士人数达两三千人，涌现了一大批高端的杰出人才，将这些有着共同地缘的潮籍博士聚集起来，发挥他们的才智，可以为祖国、为家乡作出巨大的贡献。在北京、香港、广州、新加坡多个地区成熟经验的基础上，2012年5月在香港正式组建"国际潮籍博士联合会"，由陈幼南博士担任筹备小组组长。经过一年的努力，筹备小组在全球近20个国家和地区初步建立了博士团召集人。2013年11月，在汕头市举办的第五届粤东侨博会上，国际潮籍博士联合会正式挂牌成立。联合会成员主要包括境外潮籍后裔、国内留学海外及国内各高校科研机构培养的博士组成。作为在国际潮团总会指导下独立运作的群体，联合会秘书处设于香港，并在香港潮属社团总会和香港潮州商会秘书处协助下，负责处理日常事务。

上海潮籍博士团于2013年11月开始筹备组建，在陈振鸿、林章豪的倡导下，多位发起人于2013年12月1日召集了首次筹备会议，开始起草上海潮籍博士团组建章程。2013年12月7日，陈振鸿会长在上海潮汕联谊会迎新聚会上，向在座的100多位潮商宣布"上海潮籍博士团"成立，由张尚武任团长。在2014年1月19日举行的上海潮汕联谊会迎新联欢会上，陈振鸿会长向"上海潮籍博士团"授牌。

上海潮籍博士团的成立，得到了广大在沪青年潮籍人士的积极响应，会员招募工作十分顺利。其组建过程得到了陈经纬主席、郑惠强主任、陈振鸿会长、林章豪教授等前辈的关心和支持，也得到了潮汕联谊会诸多同仁的帮助。短短3个多月，博士团首批确认的会员人数达到80余人，其中博士人数超过40位，并有大量活跃在各领域的专家学者、青年才俊。按照组建章程，博士团组成由博士会员和邀请的专家会员、顾问会员组成，同时积极拓展优才会员，吸纳在读博士生、硕士生作为后备力量。

张尚武担任首届上海潮籍博士团团长，赵克锋担任常务副团长，范理宏、许树长、黄昭雄、陈楚裕任副团长，由黄昭雄担任秘书长，洪苏骏、王玉冰任副秘书长；同时聘请第十一届中华工商业联合会副主席、第十二届全国政协经济委员会副主任陈经纬担任特别荣誉顾问，聘请全国政协常委、民盟中央副主席、上海市委会主委、上海市人大常委会副主任郑惠强、上海潮汕联谊会会长陈振鸿、国际潮籍博士团理事长陈幼南、宏伊集团董事长郑育健、潮府酒家董事长黄谦担任荣誉团长，聘请了中国科学院院士林尊琪、中国工程院院士饶芳权、上海财经大学原党委书记马钦荣、上海复旦大学原副校长邹剑秋、松江大学城管委会常务副主任吴楚武担任荣誉顾问，聘请了上海潮汕联谊会副会长余凯扬、郑韶、萧思健、上海社科院研究员侯放担任顾问，聘请了林章豪担任驻团顾问。

博士团可谓人才济济。在博士会员中,张尚武现担任同济大学建筑与城市规划学院副院长、上海同济城市规划设计研究院常务副院长,曾负责2005年《汕头城市发展战略规划》项目咨询,作为核心团队成员参加了上海世博会场址前期规划、北川国家地震遗址博物馆项目策划及概念设计等重大项目。上海财经大学经济学院赵克锋副教授,该校"明星教师"得奖人,历任北京大学光华管理学院应用经济系、管理科学与信息系统系讲师、纽约大学科学家与运营总监等,在网络经济领域富有影响力,其反垃圾邮件的经济机制发明在国内被广泛运用,经常受邀在各大媒体如中央电视台英语新闻频道解读网络经济热点话题。范理宏担任上海第十人民医院的党委书记,在肿瘤学研究取得突出成就,是临床路径管理系统的开创者。许树长担任同济大学附属同济医院党委副书记,是消化内科的的权威专家。黄昭雄现担任中国城市规划设计研究院上海分院所长,负责上海各大高校的潮籍学生之间的联系工作,负责林钟城中电助学金项目。该项目持续11年资助上海地区20个高校近600名潮籍在沪就读的困难学生。 陈楚裕是上海元竹律师事务所主任律师,协助了潮汕人在沪大量的经济、刑事案件。陈泽佳是竞天公诚律师事务所的合伙人,为多家著名公司的境内外证券交易所公开发行与上市工作提供法律服务,曾辅助6个潮汕本地公司上市。林燕丹是复旦大学信息学院副教授,国内照明研究领域的知名专家。许乙弘是同济大学创意设计学院副教授,曾获上海市十大优秀青年室内设计师称号。高镇光担任上海大学MBA管理中心主任。吴禹江担任富贵资本有限公司执行董事。此外还有许多有影响的博士团优才成员,如杜戈立担任博世(中国)副总裁、陈佳铭担任上海朝翔生物技术有限公司董事长、魏舒明担任上海股权托管交易中心总经理助理、吴少敏担任长江证券上海公司总经理、林焕波担任交通银行上海分行预算财务部副总经理、胡泽民担任网龙公司、博远无线CEO、苏敏生担任潮州府连锁酒楼董事长等。

上海潮籍博士团作为汇聚在沪潮籍智力资源的平台,将以打造公益性团体和学术性智库为方向。在上海潮汕联谊会和国际潮籍博士联合会的指导下,增强在沪潮籍人士的凝聚力,服务家乡建设,服务在沪的企业发展。同时通过学术交流,促进在沪的潮籍专业人才发展。博士团内部根据专业方向建立在沪博士团专家库,分为城规建筑、行政法律、生物医学、经济管理、科技应用、文化艺术及其他等七大领域。同时成立执行委员会,由各大专业领域负责人组成,策划并协调开展各专业方向的活动。

博士团已初步拟定了工作开展计划。通过开展座谈、沙龙及与潮汕地区的联络和宣传工作,广泛了解各方需求,逐步建立起畅通的沟通渠道。上海潮籍博士团正在发起并开展"潮汕之光(暂名)——中小学教室照明改造工程"的公益活动。该项活动由复旦大学林燕丹博士无偿提供专利和技术支持,将在上海开展中小学教室照明改造的成功经验基础上,在潮州地区首先试点,稳步推进,积极倡导并发挥各方力量,逐步覆盖整个潮汕地区。首期捐助由博士团成员竞天公诚合伙人陈泽佳、百度副总裁胡泽民负责,第一批48间教室的灯光改造项目已经落实。此外,博士团还在筹划开展的活动包括策划系列论坛和主题沙龙、筹建淀山湖上海市潮人文化研究中心活动基地、设立在沪潮籍学子奖学金、搭建科技成果孵化平台等。

首届上海潮籍博士团主题论坛:"上海自由贸易区与潮商发展机遇"暨上海潮籍博士团成立大会,于2014年4月13日成功举办。此次论坛由赵克锋博士领衔的"经济管理"专家咨询组发起,并联合"行政法律"专家咨询组共同组织。活动邀请了国际潮籍博士联合会陈峰副理事长及兄弟博士团、汕头博士流动站代表参加。陈经纬主席和陈振鸿会长在成立仪式上致辞,对博士团的发展寄予了深切期望,并宣布将筹划成立博士团发展基金,由宏伊集团董事长任筹委会主任。陈经纬主席以个人名义拿出20万元作为首笔基金,并倡议各位潮商积极参与。上海财经大学国际工商管理学院陈波教授、北京大学光华管理学院应用经济系副系主任颜色教授、博士团成员陈泽佳博士和魏舒明先生在论坛上发表了精彩演讲。

博士团的成员们因地缘、学缘走到了一起,怀着一颗炙热的心,衷心希望以自己的才智促进家乡的发展、促进国家的发展;也衷心希望所有热爱家乡、热爱国家的潮籍同胞共同参与,为博士团的发展献计献策,共同为服务家乡、服务社会作出努力!

上海"潮语角"里会乡亲

撰稿　马智行

乡音乡情乐融融

2011 年 10 月 23 日,闸北区共和新路街道锦灏居民区内洋溢着浓浓的潮汕乡音乡情,沪上首个"潮语角"在这里正式成立了。二十多位潮汕乡亲欢聚一堂,品茗交谈。大家说,终于有了一个学讲家乡话的平台了! 我这个"老潮州"忝列其中,感觉乡音亲切无比,心中暖意融融……

记得上海市潮汕联谊会会长陈振鸿曾在一次电视台专访时介绍:上海的潮汕乡亲已达 60 多万人,工商人士超过 10 万,拥有企业近万家,注册资金超过 300 亿元,实际运作资金千亿元,已经成为一支投资上海、建设上海的生力军。潮汕人讲的是潮州话,是中国八大语系之一,近似闽南语,也是广东话的一种。除潮汕地区外,在宝岛台湾,台湾同胞也能听得懂潮州话。而东南亚的泰国,潮州话几乎就是该国的第二种通行语言。当地有一句话:到泰国谋生不会听、讲潮州话,将寸步难行。

但如今,旅居上海的潮汕人士,除父母辈的的老人外,年轻一点的,会讲潮州话的已不多。原因主要是在沪的潮籍乡亲,家庭组成部分发生了很大变化。夫妇的结合已由"同乡"为主,发展到"五湖四海"的组合。不同籍贯的夫妇,就无法用潮州话交谈了。上世纪二三十年代,上海南市老城厢的露香园路"九亩地"地区,是潮汕人集居的地方。1926年我就是在这个地方出生的,那时可是处处乡音贯耳。解放后、尤其是改革开放以来,人民生活提高,许多人购置了新的房产,搬离了这个老城区。没有了同乡的攀谈,久而久之,年轻一代对家乡话就慢慢忘却了。

2010 年 1 月,我参加了潮汕联谊会的一次大会。在会上,姚记扑克股份有限公司董事长、上海潮汕联谊会第一副会长姚文琛先生就对这个现象表示非常担忧。他大声疾呼:今后开联谊会、开潮商会,要用家乡的潮州话发言。那天他还讲了一个真实的故事:有一次,他在深圳街头看到两个孩童,边走边讲潮州话,而且非常流利。姚会长就问两位小朋友来自哪里。两位孩童说,他们是从柬埔寨金边来的。他们家里有一条严格的家规,在家里都要讲家乡的潮州话,谁违反了家规,父母就不给谁吃饭。姚会长很深情地对与会的全体同乡说:他们远离祖国,这样忠心耿耿地爱国爱乡,我们应该向他们学习!为弘扬潮汕文化,应该让在沪的第二代、第三代潮汕人有一个学习潮州话的场合。姚会长的话激起台下七八百联谊会会员的深深共鸣。

一年后的一天,我在上海潮汕联谊会办的杂志——《上海潮汕人》2011年第二期上,看到一条令人振奋的消息:上海潮汕联谊会决定,在全市开办四个"潮语角"。闸北、普陀、宝山三个区的联谊会小组首先积极响应,去年 10月 23 日,他们在闸北区延长路锦灏小区,联合开办了全市第一个"潮语角"。时隔一个多月,静安、黄埔、卢湾、浦东四个潮汕联谊会小组接着开办了本市第二个"潮语角"。目前长宁、徐汇小组的第三个"潮语角"也已成立,而杨浦区的第四个"潮语角"正筹备开张。

资深学者讲潮州

再回到文章的开头，10月23日那天下午1：30，我到锦灏小区"潮语角"参加活动。会场是借用潮汕乡亲肖先生公司的一间大会议室。肖先生不但免费出借活动场地，还提供铁观音功夫茶，让参加活动的乡亲们一边品茗、一边学讲潮州话。这一天有二十多位乡亲从普陀、宝山赶到闸北区参加活动。上海潮汕联谊会副会长、复旦大学党委宣传部部长萧思健也到场表示祝贺。陈贤安、翁振焕、苏绍锋等多位潮籍资深学者，用纯正的潮州话讲述潮汕文化、潮汕历史、潮汕建设情况，并有翻译将深奥的潮汕词汇翻译成普通话，使潮州话讲得不够利索的乡亲也能了解意义。

之后，"潮语角"逢每个月的第一个星期日的下午1点半到3点半开展活动，由主办方邀请热心推广潮州话的乡亲讲解潮州话日常生活用语、潮州的风景典故、潮州的功夫茶，等等。讲解人为推介家乡文化，花大量时间备课，自费复印潮州风景地图等，以加深听讲人的了解和记忆。在讲解潮州话日常生活用语时，讲解老师先把日常生活用语用普通话读一遍，再用潮州话反复读数遍。例如"吃饭"，潮州话讲"甲奔"；"白相"，潮州话讲"踢桃"；"吃茶"，潮州话讲"甲呆"；等等。在讲潮州风景时，老师一边指点地图，一边结合历史名人如韩愈的生平和民间传说予以讲述，乡亲们都感到获益匪浅。讲潮州功夫茶时，讲解老师对选用茶叶、用水、燃料、茶具、茶叶的储藏罐等等知识，都作了一丝不苟的介绍。

有位叫郭予诚的乡亲，是退休中学教师，学习非常认真。因职业习惯，他喜欢"打破砂锅问到底"。在听功夫茶课时，他就问，为什么第一泡茶水不能

喝？老师答，第一遍是把茶叶的杂质、灰尘泡出来，所以要倒掉，如喝了会影响人的身体健康。这样的知识，"老潮州"肯定是知道的，但郭老师的发问让许多"小潮州"知其所以然了。

两老太不约而同

虽然我年已87岁，但"潮语角"活动我都尽量参加。因年纪大了，家人不放心我外出，但"潮语角"活动家人还支持我去，前提是必须打的。

"潮语角"活动不仅是乡亲们每月难得的一次相聚，大家用家乡语交谈其乐融融，而且参加活动，我这个"老潮州"也学到很多知识。更值得一提的是，认真听取老师和乡亲们的发言，再检查自己发音的不足，加以纠正，我的潮州话也更加纯正了。我祖籍潮阳和平人，1926年在上海出生，仅10岁时回过家乡一次，至今印象已经模糊。每每我与家乡的乡亲通电话，他们都说我的家乡话硬邦邦的（沪语）。我要把家乡话练好，跟乡亲们通话才更亲切。

我常对儿子说，你有机会一定要回家乡去寻寻根，拍些照片回来让我看看。因我年纪大了，已走不动了。今年，也已经六十多岁的儿子终于去了潮阳，我的阿侄带他到村里寻根，他拍了好多照片回来，我看了真是很开心，这些照片解了我几十年的乡愁啊！

去年12月4日，我参加"潮语角"活动，看到令人感动的一幕。

当时我们正在听讲潮州话日常生活用语，有人敲门，进来两位七老八十的阿婆，她们手里拿着闸北区共和新路街道编印的社区小报，询问这里是否是"潮语角"。大家热烈鼓掌欢迎她们坐下。

未及入座，其中一位86岁的庄阿婆就用潮州话向在座的乡亲介绍起自己的经历：十年前她先生病逝，少了一个用潮州话交谈的知心人，心里非常痛苦和寂寞。庄阿婆说，老伴临终时再三嘱托，要她不能忘记广东潮阳这条根，更不能忘掉潮州话。去年11月，阿婆的儿子从信箱里拿到街道编印的社区小报，上面有《上海第一个"潮语角"启动》的报道，就交给她看。庄阿婆看了欣喜万分，今天就按图索骥来寻找，没想到在小区又与一位肖阿婆不期而遇，肖阿婆也是拿着社区小报在寻找"潮语角"。两位老同乡碰到一起，真是开心得不得了，于是双双地走进了"潮语角"。听了庄阿婆的话，大家都发出会心的微笑。

我们中华民族源远流长,中华文化博大精深,而这博大精深的民族文化,就是由地域文化和方言的共性和特性构建组成的。我们要把老祖宗的语言和文化传承下去,让我们的文化之根在新时代扎根发芽,开放出更加绚烂的民族文化之花!

后　记

　　历经近两年的酝酿与辛劳,《百年潮人在上海》一书终于面世了。我们为此甚感欣慰。曾有人说过,中国历史,三千年看西安,一千年看北京,一百年看上海。无意之中,近代潮汕人的人生轨迹与上海历史的变迁交集了。过去的一个世纪里,落户上海的潮汕人在不同领域、不同行业中孜孜劳作,为这座都市的崛起与繁荣作出了值得追忆的努力及贡献。在纪念上海潮汕联谊会成立25周年之际,联谊会响应汕头市历史文化研究中心关于出版《潮人在神州》丛书的总策划,组织力量将沪上潮汕人的一部分事迹编撰成这本《百年潮人在上海》。书中记载的人物,有早年为革命理想英勇奋斗、可歌可泣的潮人先辈;有建国以后、特别是改革开放以来,在各行各业中开拓进取、尽显风流的第二三代潮汕人。他们的事迹是留给后来人宝贵的精神财富,是勉励我们前行的行动指南。

　　本书的"缅怀篇",大部分选自由方小兰策划、周晓主编,于2001年7月出版的《潮人先辈在上海》一书。全书其余文章均系新作。参加本书采写工作的人员,除本联谊会人士外,还特邀新民晚报记者唐宁、姚丽萍、宋宁华、朱全弟、司徒志勋、习慧泽、尹学尧、方毓强和文汇报记者冯扬天鼎力相助。复旦大学潮汕籍学子许椰惜、陈华略、陈依佳、陈锡源、陈怡航、陈重伊、陈沛转、陈景莉、黄晓铨、黄奇伟、黄梓灿、方晓微、金立恂、郭慧纯、林佳等小老乡,利用假日、课余时间,满怀热情地承担采写任务。我们对所有参加本书采编工作的同志,谨表示诚挚的敬意和谢忱。

　　本书的出版,得到了沪上潮汕籍企业家的大力支持与帮助。在此,我们要特别感谢陈经纬、罗康瑞、郑育健、赵增杰、许宜豪、李焯麟、黄谦、洪荣辉、詹明哲、许礼民、蔡钦源、翁锦明、蔡梓源等企业家和乡亲对出版工作给予的可贵资助；感谢国画家邱陶峰先生、庄淑平女士捐献珍贵画作支持出版工作。

我们还要感谢为本书的采编出版工作进行联络安排、资料搜集、图片收集处理等事务付出大量辛劳的联谊会办公室主任洪苏骏及魏之菁、陈小茵、范伟民等同志。

对本书中疏漏不足之处，欢迎读者乡友批评指正。

上海潮汕联谊会

2014 年 11 月

441

百年潮人在上海
（一）

总　主　编／陈振鸿　李森华

执行主编／陈向阳

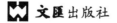

文汇出版社

图书在版编目（CIP）数据

百年潮人在上海：全2册/陈振鸿，李森华主编．
—上海：文汇出版社，2015.1
ISBN 978-7-5496-1368-7

Ⅰ．①百… Ⅱ．①陈…②李… Ⅲ．①文化史－研究
－潮州市②文化史－研究－汕头市 Ⅳ．K296.5

中国版本图书馆 CIP 数据核字（2014）第 292869 号

百年潮人在上海（一）

总 主 编 / 陈振鸿　李森华
执行主编 / 陈向阳
责任编辑 / 乐渭琦
特约编辑 / 玲 凤　亚 承
装帧设计 / 张 晋　陈嘉敏

出 版 人 / 桂国强

出版发行　文匯出版社
　　　　　上海市威海路755号
　　　　　（邮政编码200041）
经　　销 / 全国新华书店
照　　排 / 上海歆乐文化传播有限公司
印刷装订 / 上海新文印刷厂
版　　次 / 2015年1月第1版
印　　次 / 2015年1月第1次印刷
开　　本 / 787×1092　1/16
字　　数 / 600千
印　　张 / 44.75

书　　号 / ISBN 978－7-5496-1368-7
定　　价 / 98.00元（全二册）

潮汕精神的未来在青年

（代序）

陈振鸿

　　我站在这讲台,面对这么多年轻的朋友们一张张生气勃勃、意气风发的面孔,不由得思绪万千。我仿佛乘着时间隧道的高速列车,回到了四十年前自己的青年时代,真是长江后浪推前浪,世上后人超前人!看着我们这些年轻的面孔,看着我们这些潮二代、潮三代正在不断地成长,我就感觉到看到了我们潮汕的希望、潮汕精神的未来。我们潮人的事业后继有人。

　　我们从小就沐浴着潮汕大地的阳光雨露,接受列祖列宗的谆谆教诲,在潮汕大地的亲吻中成长、成熟。世界上有潮水的地方就有我们潮人。今天,年轻一代的潮汕人踏着先辈的奋斗足迹,继承先辈的光荣传统,生活、学习、工作在上海的这片热土上。70万上海潮汕人,其中有二三十万朝气蓬勃的年轻人,生龙活虎地工作、生活在这个城市的各行各业和浦江两岸。江山代有人才出。近百年来,沪上潮汕人在第二个故乡生息劳作,贡献良多。如今,我们上海潮汕联谊会决定编辑、出版一套《百年潮人在上海》的书籍,记载百年来潮人在上海的脚步和光荣史,让我们的子孙后代永远瞻仰,永远不能忘记我们潮汕人在上海的奋斗历程。譬如今天出席大会的代表,上海市人大常委会副主任、同济大学副校长郑惠强先生,他是我们潮人的杰出代表,做人做事做学问,都受到人们的尊重。还有经纬集团的董事长陈经纬先生,瑞安集团董事长罗康瑞先生,"姚记扑克"的姚文琛先生……他们都是卓越的企业家,在上海都很有知名度。我们尊敬他们,因为他们在上海,在这片陌生却又充满生机的土地上自强不息,艰苦奋斗,他们的创业精神值得我们学习,是我们的榜样。多少年来,始终有一大批优秀人士,他们默默无闻,活跃在上海各条战线,这是我们潮人在上海的骄傲。所以,借此机会,我要对青年朋友说几句心里话:

第一,我们要发扬老一代的潮人先辈永不言败的创业精神。古人说过,有志者事竟成。只有自强不息、永不言败,才有成功的未来。与在座的各位一样,我也是潮籍人。我出生在潮汕平原,我是读小学来到上海,跟着父母亲到上海读书。上海是个海纳百川的移民城市,在融入这个城市和社会的过程中,我和成千上万潮汕人一样,坚持发奋努力寻找自己生长和发展的机遇和空间。上海是一个开放性、包容性很广的城市,它为我们每个有志的青年提供了成长和有作为的空间。青年朋友在上海的学习和事业的发展过程中,有时会碰到困难和挫折,千万不要气馁,不要沮丧,不要屈服,不要低头,不要甘于失败。很多时候,很多事情都是在再坚持一下的努力之中,只要你坚持目标,认准方向,我想你终究会成功!

第二,我们要发扬潮人先辈吃苦耐劳的奋斗精神。哪个出来打拼的潮人没有吃过苦?如果你没有吃过苦也没有吃苦的思想准备,哪有以后的苦尽甘来?你看那些成功的企业家和社会人士,哪个不是吃苦奋斗出来的?潮汕人能吃苦、会吃苦,我们年轻人必须具备这种精神,一定会苦尽甘来。我们离乡背井在外面发展不容易。俄国诗人莱蒙托夫,他出身贵族,但是,他立志要成就事业,每天要他的家人,早晨天不亮要把他从床上拖起夹,并向他大喝一声:起来吧,伯爵,伟大的事业正等着你呢!最后他终于成为了一个伟大的诗人,旷世的文豪。我记得小时候背过的一首诗:"明日复明日,明日何其多,我生待明日,万事成蹉跎。世人苦被明日累,春去秋来老将至。朝看水东流,暮看日西坠。百年明日能几何,请君听我明日歌。"这诗意味深长,希望青年朋友们能领悟。

第三,我们要发扬潮人先辈聪明好学的求实精神。我们潮汕人勤奋好学,世人皆知。上海有一句话说我们潮汕人,"潮州人门槛精"。潮汕人勤奋、好学,当然就聪明,头脑精。古近代中国四大商帮就有我们潮商。一是徽商,从清代的李鸿章和胡雪岩代表的官商结合;二是晋商,他们利用山西天然的资源和经营的结合;三是浙商,利用长三角这个天然的地理优势和人脉关系的结合;四就是我们潮商,以精明能干著称于世。但是,我们也要"大气",不能过于斤斤计较；要聪明，不能过于精明；要包容，不过于狭隘；要诚信，不能失信。只有这样，才能受到社会的尊重。

第四，我们要发扬潮人先辈相亲相爱的互助协作精神。我们潮汕是文化悠久、文化积淀源远流长的礼仪之邦。我们潮人的血管里流淌着的是潮人先辈的血。血浓于水，哪里有潮人的地方，那里就有涌动着爱的凯歌。那是我们相亲相爱的凯歌，因为我们都是"芥给人"（潮汕话"自己人"）。我们青年朋友一定要互助互爱，倡导正确的人生观、财富观，热爱祖国、热爱家乡、热爱家庭；关爱社会、关爱朋友、关爱家人。要懂得知恩图报，助人为乐。要学会滴水之恩涌泉相报。要懂得回报社会，回报家乡，回报父母，回报一切对自己有恩或者帮助过自己的人们。

我记得有一位伟人说过：生命属于你，只有一次。当他回首往事，并不因为虚度年华而悔恨，也不因为他的碌碌无为而羞愧。人生就像一本书，走马观花随意翻卷是读，而聪明人会用心去读才是一种真正的读。因为他知道这本书，一生一世只能读一次。这些经典的格言，相信对青年朋友们是富有启迪与教益的。

青年朋友们，时代在召唤着我们，事业在呼唤着我们，父辈在期待着我们，社会在关注着我们。而你——青年朋友们，你准备好了吗？我深信江山代有人才出，一代更比一代强！今天你以潮汕人为荣，以父辈为荣：明天，潮汕将会以你为荣，父辈将会以你为荣。让我们共同努力，共同追求，共同去奋斗，去拥抱光辉灿烂的明天。青年朋友们，这就是我，作为一个潮汕乡亲，作为一个长辈的一种真挚的期望和美好的祝辞。

（本文系上海潮汕联谊会会长在 2012 年 11 月 14 日
上海潮汕青年大会上的演讲摘要）

目　录

潮汕精神的未来在青年(代序) ·············· 陈振鸿

缅怀篇(选自方小兰策划、周晓主编之《潮人先辈在上海》)

上海"左联"潮籍作家群(朱家) ················ 003

郑正秋：一代艺宗　潮人之光(宗河) ·········· 017

蔡楚生：奋斗与辉煌(朱家　陈琳) ············ 036

陈波儿：明星·战士(朱家　陈琳) ············ 049

冯铿：岭上寒梅　胸中热血(培根) ············ 059

潮州音乐在上海(林夏) ······················ 069

旅沪潮人创办上海贫儿教养院(培根) ·········· 074

上海潮州和济医院廿五载(石干　刘咏兰) ······ 086

糖行、钱庄与押当(宋钻友) ·················· 092

郭子彬、郑培之与鸿裕、鸿章两厂(石干) ······ 102

潮人抽纱行业与印花手帕业(石干　刘咏兰) ···· 108

"老婆饼"与"茶食泰斗"(石干) ·············· 112

上海潮州会馆历略(周晓) ···················· 117

潮州旅沪同乡会的成立与发展(林夏) ·········· 136

会长篇

王亚夫：誉载潮汕　建功沪上（周晓）·················161

　　（第一、二届会长,1989~1999年）

李春涛：一心为了"上海大变样"（卢方）·················167

　　（第三届会长,1999~2004年）

刘育长：转型中稳扎稳打的潮汕人（陈沛转）·················173

　　（第四届会长,2005~2009年）

陈振鸿：忙碌在国际大都市（宋宁华）·················176

　　（第五届会长,2009~　　）

党政篇

郑惠强：一颗平常心,多做不寻常事（姚丽萍）·················185

　　（以下按姓氏笔画为序）

马杰富：百年老城区"垦荒牛"（郑惠民）·················190

许涤新：理论界的经济雄才（敬忠文）·················196

吴盛裕：开创房改金融（林佳）·················202

陈才麟：积极进取的"潮二代"（郭慧纯）·················207

周修翼：一生守卫在"上海电力"（陈依佳）·················212

周厚文：心底诚实天地宽（习慧泽）·················216

周勤庭：搭建沪汕之桥（金立恂）·················220

郑韶：且行且探索（陈若云）·················224

郑健龄：恪尽职守的"经济卫士"（陈若云）·················229

侯旅适：党的需要就是我的选择（尹学尧）·················234

胡志远：勤勉　律己　奉公（许椰惜）·················239

郭大同：谦逊实干　古道热肠（陈沛转）·················244

黄瑞玲：一直走在"服务"的路上（许珂）·················248

谢天寿：心系上海医药行业（杨清鉴）·················252

詹益庆：将一生奉献给党（许椰惜）·················256

缅怀篇

上海"左联"潮籍作家群

撰稿　朱家

　　上世纪三十年代以上海为基地的中国左翼文化运动,是继"五四"新文化运动之后,被史家称为中国现代文学史上又一个有着光荣地位的重要发展阶段。中国左翼作家联盟(简称"左联")是这一光辉的文化运动的发端和主体。"'左联',在党的领导下,以鲁迅为旗手,在三十年代,在继承'五四'文学革命的传统,倡导无产阶级革命文学,介绍马克思主义的文艺理论,培育一支坚强的左翼、进步的文艺队伍等等方面,都作出了辉煌的成就,有着不可磨灭的功勋。"(茅盾语[①])

　　1927年大革命失败,一大批参加革命的文化人,从"实际斗争的前线撤退"而聚集到上海。夏衍这样回忆说:"……郭沫若、李一氓、阳翰笙等同志是在南昌起义之后,经潮汕、香港等地来到上海的。杜国庠、洪灵菲、戴平万等同志是在海陆丰起义失败后到上海的。钱杏邨、蒋光慈、孟超等同志是在武汉陈独秀背叛革命后经安徽撤到上海的……"[②]这里,夏衍所列杜国庠、洪灵菲、戴平万都是潮州人,他们到上海的时间约为1927年秋冬之间。其后到达上海的潮人作家,还有冯铿、许美勋,他们在1929年于辗转流亡中从潮汕抵沪;梅益则是在北平参加"左联"而于1935年转至上海的。此外,参加上海"左

---

① 《在纪念"左联"成立五十周年大会上的书面发言》,《左联回忆录》第1页,中国社会科学出版社1982年版。

② 《"左联"成立前后》,《左联回忆录》第36页。

联"活动的潮人作家还有唐瑜、侯枫、杨邨人等。

活跃在上海左翼文化战线上的潮人作家有近十人之多。其中,有的是骨干人物,如杜国庠、洪灵菲、戴平万;有的在国民党反动派白色恐怖中英勇献身,如"左联"五烈士中唯一的女性冯铿,洪灵菲其后也在 1933 年于北平牺牲。可注意的是,也有中途"转向"(变节)者,如杨邨人。上海"左联"作家中潮人众多这一现象颇引人注目,以致当时在文化压迫下此起彼伏的进步书店里,有一家"南强书店",传闻中竟被认为系潮汕籍文人中的共产党员所集资创设,其实并非如此。①

以下分别对几位作家作简略介绍。冯铿烈士已有专文记叙,本文不再赘述。

杜国庠

著名学者杜国庠,是活跃于二三十年代之交上海文坛上潮人革命文化人中最年长的一位。早期,作为职业革命家,他同时从事马克思主义理论(包括文艺理论)的译著,后期转事社会科学研究,尤其是中国史和先秦诸子的学术研究,著述甚丰,卓有建树。

杜国庠,清光绪十五年(1889 年)生于澄海县莲阳乡兰苑村。1907 年,十八岁时赴日本留学,历经早稻田大学普通科、东京第一高校预科和京都帝大政治经济学科的逐步深造。1916 年,杜国庠 27 岁,他和李大钊以及一批同道在东京组织丙辰学社,又先后结识了留日的郭沫若、彭湃等人,并几度与周恩来会晤。1919 年 7 月,30 岁的杜国庠毕业,取得经济学士学位,回国后在北京大学任教,同时在中国大学、平民大学等学校兼课。1922 年夏,曾同时留日的同乡革命者李春涛经潮汕来北京,杜国庠介绍其在中国大学、高等女师诸校讲授唯物主义课程,两人同住于名为"赫庐"的住处;1924 年春,杜国庠与李春涛在《社会问题》杂志上编辑悼念列宁逝世专辑。1925 年,杜国庠 36 岁,因母丧离北京返里。当年 8 月,任家乡澄海中学校长,决定招收女生,开

---

① 南强书店系澄海人陈卓凡所开设,陈并非共产党人,但他支持工农运动,后参加邓演达创立的中华革命党(即农工民主党前身)。他以其父在印尼的全部资产在上海开设了南强书店,聘李达为总编辑,请社国痒主持编辑业务,出版了大量进步书籍,并成为中共地下联络点之一。该店位于虹口北四川路,1937 年毁于"八·一三"日寇炮火。详见陈梦熊《夏公九十忆"南强"》,新民晚报 1998 年 1 月 14 日。

男女同校新风；11月，奉东征来潮汕的周恩来指派，任著名的金山中学校长。1927年"四一二"政变后避匿于乡间。其挚友李春涛在此次反革命政变中遇害。南昌起义部队于九月进入潮汕，杜国庠赴汕头会晤周恩来、郭沫若。

　　1927年秋冬间，杜国庠到达上海。1928年2月，他由钱杏邨、蒋光慈介绍加入他梦寐以求的共产党，这一年他40岁。此后便是他作为职业革命家和著名作家、学者战斗于上海革命文化战线的时期。这期间，他主要使用林伯修这个名字，后期学术著述则多署杜守素等笔名。

　　初期，杜国庠与同乡洪灵菲、戴平万同为蒋光慈、钱杏邨等发起成立的太阳社主要成员（均为共产党员）。5月，杜国庠又与洪灵菲、戴平万组织"我们社"，出版《我们月刊》。这一时期，杜国庠集中研究日本和苏联的马克思主义文艺理论和文学作品，并勉力加以译介。这一年，杜国庠在《太阳月刊》《我们月刊》上发表的译作，有日本藏原惟人、田口宪的论文，日本林房雄、藤田满雄、苏联塞甫琳娜等的小说。1929年上半年，在《海风周报》上发表的译作，有卢那查尔斯基、藏原惟人等的长篇论文，以及他自己写的评论《几个关于文艺的问题》；又在《新流月报》上发表译作俄国马拉修金、日本窪川稻子的小说和德国著名剧本米尔顿的《炭矿夫》可以看出，1928-1929年杜国庠初抵上海这两年间，译著十分勤奋。他还应邀主持南强书店的编务，编辑了大量进步社会科学图书；他与同乡学者柯柏年、王慎名合编了颇有影响的《新术语辞典》和《经济学辞典》。

　　三十年代前期，是党领导革命文化战士在国民党的白色恐怖中进行坚决斗争的时期。1930年年初，杜国庠作为"左联"发起人之一，结识鲁迅、夏衍、田汉等，并出席了于3月2日在中华艺术大学召开的"左联"成立大会。此后，杜国庠以他的坚强的党性和声望进入了党在左翼文化运动中的领导层，他是左翼文化总同盟（"文总"）中的党团（即"文委"）成员。继"左联"之后成立的"社联"（左翼社会科学家联盟），杜国庠曾担任其党团书记。

　　在此期间，杜国庠既参与着艰险的党在左翼文化运动中的领导工作，又从未放弃马克思主义的译著（后期从文艺方面转为社会科学的研究），工作十分繁重。他还时时关注培养青年文化战士，包括关心来自家乡潮汕的革命青年。1929年春，冯铿、许美勋经过一段在家乡的逃避追捕的生活来上海，很快找到杜国庠。就年龄和学养论，杜国庠是他们的师长辈，但他们在潮汕时即亲昵地称杜国庠为"老大哥"。杜国庠十分赏识冯铿坚韧的革命意志，对她倍加关怀，不久即介绍冯铿入党，使她迅速投入战斗。著名经济学家许涤新，1929年从中山大学、厦门大学辗转来沪时，是个20岁出头的潮汕革命青年，晚年他在回忆录中说，初到上海在劳动大学就读时组织了读书小组，不时请杜国庠来指导，"杜老要我们学习哲学，为我们讲辩证唯物主义和历史唯物主义。"1930年"社联"成立后，杜国庠即介绍许涤新加入，支持他编辑《社会现象》杂志，撰写社会科学评论，并先后推荐他担任多项"社联"的职务。在三年多的考察中，杜国庠极为器重许涤新对革命的忠诚和学识，坚持不要再把他"作为保留在党外的社会科学家"，而是吸收入党。1933年4月，许涤新终于实现了入党的愿望。不久，许涤新担任了"社联"党团书记；1934年调上级组织"文委"，与周扬、于伶组成"文总"常委。可以说，许涤新在成长为一位坚强、有作为和学者型的革命战士、重要干部的过程中，杜国庠是起了关键性的作用的。[1]

1935年，党在上海的中央局地下组织遭到大破坏，杜国庠、许涤新与田汉、阳翰笙等同时在不同地点被捕。杜国庠入狱后被解至苏州"反省院"关押了两年多，在西安事变后，于1937年6月获释。之后，在国共第二次合作的格局中，随着抗日战争局势的发展，杜国庠在武汉、重庆先后担任多种文化宣传职务。皖南事变后，曾一度由党组织安排转赴香港开办书店。其间，曾致力于中国思想史的研究。抗战胜利后，杜国庠随周恩来率领的中共代表团于1946年重来上海。此后的两年间，他以文化人的身份在上海从事学术研究。他完成了《先秦诸子思想概要》一书，在大学任教、主编文汇报"新思潮"副刊，还与侯外庐、赵纪彬等学者合作撰写了史学巨著《中国思想通史》。1948年，解放战争节节胜利，杜国庠离开上海再次撤往香港。新中国成立后，杜国庠主要在中南军政委员会、中共华南分局及广东省委、省政府担任文教与宣传部门领导职务。他的大量著述，曾编为《杜国庠文集》出版。1961年1月12日在广州病逝，终年72岁。

洪灵菲与戴平万

学友·挚友·战友 洪灵菲、戴平万先后生于清光绪二十八、二十九年

---

[1] 见许涤新回忆录《风狂霜峭录》第50、54、74、93页，三联书店1989年版。

(1902、1903 年)，同为潮安人，均同年毕业于潮州著名的金山中学，一同赴广州考入大学，相继参加学生运动、投身革命，又共同辗转到达上海从事革命文学创作，同时成为"左联"骨干成员。他们俩是从滔滔韩江之畔走出来的一对相知的学友、挚友和战友。在曲折艰险的人生历程中，洪灵菲、戴平万长期并肩战斗，殊属难能可贵，他们的革命业绩和创作成就都已载入史册。洪灵菲为革命捐躯，戴平万卒于苏北根据地。作为为革命贡献了一切的共产党员，他们令广大潮人骄傲；作为中国无产阶级革命文学的先驱，又令潮汕文化人引以自豪。

洪灵菲原名洪伦修，潮安县江东红砂乡人。其父早年弃儒从医，家境清贫。戴平万原名戴均，生于潮安县归湖溪口世代书香门第。两人均分别于八九岁时进乡村私塾读书。

非常凑巧，洪灵菲、戴平万于 1914 年一同进入潮安县城南小学就读，从此结下人生道路上同校求学和共同追随革命的不解之缘。1918 年他们联袂考入广东省立金山中学。次年，在"五四"运动影响下，他们大量阅读进步书刊，参加爱国宣传活动。洪灵菲于 1921 年秋在金山中学"进化社"出版的《金中月刊）创刊号上发表评论《潮州风俗和舆论的弱点》，坦陈了他作为青年学子崇奉科学与民主的精神。戴平万从小博览群书，熟读中外大诗人的诗作，很崇拜英国诗人雪莱、拜伦，他和洪灵菲尝以雪莱、拜伦自比，相互激励。他们都在五四反帝反封建浪潮中接受新思想的洗礼，为后来走上革命道路奠定了思想基础。

1922 年夏，洪灵菲、戴平万均以优异成绩中学毕业，相携赴广州考入国立广东"高师"（广东大学、中山大学前身）西语系。当时许美勋在《大岭东报》上倡议结社以推动潮汕的新文化运动，洪灵菲与戴平万在广州表示响应，于是异地同好组成"火焰社"，并在《大岭东报》上创办《火焰周刊》，他们陆续发表了若干诗文。"高师"改为广东大学后，他们又参加了中共广东省委负责人之一许甦魂为团结同乡青年而组织的广东大学潮州学生同学会，此时正值"大革命策源地"的广州革命高涨时期，洪、戴两人都在同学会会刊上发表诗文，表露了追求革命、寻求出路的心声。洪灵菲还发表了论文《到革命的前线去》。大约在国共尚处于合作时期的 1926 年，洪灵菲与戴平万均加入中国共产党，他们是同时或分别入党已不可考，但他们的入党介绍人同为上面提到的同乡人许甦魂，则是可以肯定的。许甦魂在国共合作时期是党的骨干人物,当时他以个人身份加入国民党,并负责整顿和改组国民党海外部,其间曾安排洪灵菲、戴平万进海外部工作(许由于这复杂身份,1931年在中共苏区任红七军政治部主任时在"肃反"中含冤被杀)。洪灵菲日后曾把自己的这位政治引路人摄取入创作之中,小说(前线)中的人物黄克业的生活原型便是许甦魂。

1926年夏,洪灵菲、戴平万大学毕业,戴平万由海外部派往泰国开展工作。洪灵菲则在海外部从事《海外周刊》编辑、撰述和海外工作者的训练等多项工作。但不足一年,1927年4月国民党右派发动反革命政变,捕杀大批共产党人,洪灵菲避难香港,后潜回故乡,又不得不流亡于新加坡、泰国等地,屈辱与艰辛备尝。戴平万在泰国也处境艰难,时时处于特务跟踪的威胁之下。8月南昌起义的讯息传开后,洪灵菲、戴平万决定结束在南洋的流亡生活,相邀返国追赶起义部队,他们于8月底经香港抵上海,闻起义军已进驻家乡潮汕,迅即从上海赶赴汕头,时起义军刚刚撤离,洪灵菲、戴平万随部分撤至海陆丰的部队之后也到达海陆丰,参加彭湃领导的农民运动。

这年初冬,农民运动失败,他们决定:到上海去。洪灵菲、戴平万经历了大革命失败后一年多颠沛流离的曲折磨难,他们的人生之旅终于将迈上新的征途——投身于左翼文化战线的斗争,进入他们作为最早一批无产阶级革命文学运动拓荒者的光辉时期。

革命文学的开拓之功 在上海,此时的洪灵菲、戴平万,作为职业革命者,他们历经磨难,具有不可摧折的坚强意志;作为革命作家,他们所亲历的斗争和磨难,是一般作家所不具备的宝贵财富,他们拥有丰富的创作素材。他们是中共闸北区委第三街道支部(即文化支部)成员,从事党的地下工作,又和同一支部的钱杏邨、蒋光慈、孟超等共同组织著名文学社团太阳社,共同编辑《太阳月刊》;不久洪灵菲、戴平万又与比他们年长的同乡学者杜国庠共同组成"我们社",创办《我们月刊》。

初抵上海,环境险恶,生活贫困,洪灵菲仍以抑制不住的激情投入创作。1927年年底到次年短短一年多时间,他将自己刻骨铭心的切身经历融入于作品之中,完成了《流亡》《前线》和《转变》三部长篇小说,这三部曲具有作者自叙传的性质,展现的是青年知识分子如何从小我、从情感纠葛、从迷惘、消沉中挣脱出来,投身革命洪流中经受考验的历程。有评论家指出,洪灵菲创作初期这种"自叙"的特点,颇受其大学时代授课老师、著名作家郁达夫作品的影响,但洪灵菲并不囿于"自叙"个人的情愫,而是将个人置于火热的革命时代大背景去表现。三部曲分别以大革命风涛的来潮期、高潮期和低潮期为历史背景,从参与革命的青年知识分子的心路历程,再现了省港大罢工、革命军东征以至"四·一五"大屠杀一系列重大事件。因题材的亲历性,和郁达夫"自我解剖"式的自叙风格,三部曲不论思想与艺术,作为革命文学草创期的作品,确实如作者自己所说,是一种"新的倾向","新的努力"。

　　1929 年之后,洪灵菲继续写作了题为《两部失恋的故事》(包括《残秋》《兰穰》两部中篇)但实际上仍寄寓着"暴风雨时代"青年知识分子矢志革命崇高理想的作品;除此之外,他将他的创作才华显现在:他将他的创作视点从关注知识分子的命运扩大到更广阔的领域,比如农民运动和土地革命——这也是他和戴平万所亲历的,他创作了一系列中篇和短篇小说。其中代表性的作品为中篇《大海》,以他所谙熟的家乡潮汕滨海农村为故事发生地,表现了生活重轭下觉醒了的农民"咆哮着,叫喊着,震怒着"的无穷力量,讴歌了党领导农民所创建的苏维埃政权。《在洪流中》(短篇)从一个农运战士的隐蔽逃亡,刻画了一位无畏的农妇形象,她丈夫早年横死于官府刀下,如今她不因儿子投身农民运动遭到通缉而怯弱畏缩,而是鼓励儿子义无反顾继续战斗。作家是怀着深深的敬意来塑造这中流砥柱式、"半神性的巨人"般的母亲形象的。小说颇具南方乡土色彩和生活气息,"穷人们唯一的生路只是向前"的呼喊,也显得真实而响亮。这一时期洪灵菲还有《家信》《归家》《在木筏上》《气力出卖者》等中短篇小说。

　　洪灵菲的作品努力切近大革命时期的社会现实以及血与火的斗争,是恪尽了文学的战斗任务的,如当时的评论所说:"在新进作家中间,洪灵菲也是被读者大众所热烈欢迎的一人。"他的作品,符合革命剧变时期知识青年迫切追求进步的思想需求,影响了不少青年走上革命的道路。洪灵菲的长篇三部曲分别销行五至七版;直至他牺牲数年后的 1940 年仍再版发行,即可资佐证。蒋光慈曾推崇他是"新兴文学中的特出者"。

　　戴平万的创作以短篇小说著称。抵沪初期,他在《太阳月刊》《我们月刊》上先后发表了多篇短篇小说,除《树胶园》是描叙漂泊于南洋橡胶园的中国劳工的苦难生活之外,其他均取材于工农革命斗争生活,而且多以少年为主人公。《小丰》写入夜校求知的铁路工人的孩子小丰,目睹纪念"五卅"惨案示威游行群众昂扬的斗志和帝国主义凶残镇压的罪行,反抗的精神"搅动了他天真的心儿",小说纯朴地诉说着斗争中人们的感受,小丰的父亲祈盼似的说:"这孩子是革命的希望。"《激怒》从一个农村放牛娃的不平遭遇,写村民最后在革命者的启发下群起抗争。1929 年,戴平万在《海风周报》《新流月刊》上又连续发表了四个短篇,也多为取材于海陆丰革命根据地斗争生活的作品。《山中》写农运失败被诬为"农匪"的男女老少避难山中形形色色的表现,突出描叙赤卫队青年不屈的斗志和老辈人从保守、麻木到醒悟的过程。中篇小说《前夜》则是写大革命前夕和革命中大学生们不同的追求和命运的。钱杏邨颇为看重戴平万的短篇创作:"我敢说戴平万的短篇,在目前是比较能令我们满意的了。"他尤其称许《小丰》,认为是"戴平万短篇中最好的一篇,是对于反帝运动很有力量的一篇"。钱杏邨还对戴平万其后的创作作"追踪"式的评论。在"左联"成立后戴平万又发表了多篇新作,钱杏邨既肯定了《陆阿六》塑造了新兴农民的形象,又指出"《村中的早晨》的魏阿荣是比陆阿六更进一步展开了革命农民的性格"。《村中的早晨》曾入选蒋光慈编选的《中国新兴文学短篇创作选》第一集。

到上海之后的几年间,戴平万笔耕甚殷,他逐年出版有短篇小说集,发表有苏联早期作品《如飞的奥式》《美国人》等译作和评论美国革命作家的论文《约翰·李特的生平及其著作》,出版专著《俄罗斯的文学》。

从文学创作角度说,洪灵菲与戴平万的作品当然是存在局限性的。作为职业革命者,在社会矛盾十分激烈的现实状况下,他们自觉地为革命呐喊,其作品和当时的革命文学一样都带有明显的宣传性,"思想大于艺术",这种创作现象,在中国现代文学特定发展阶段,也许可以说是历史的必然。

1929 年年底,党指示文学社团创造社、太阳社联合鲁迅酝酿成立"左联"时,洪灵菲、戴平万都以其作品的影响成为知名作家了。他们作为太阳社的重要成员进入了 12 人组成的"左联"筹备组。关于"左联"筹备组成员有不同说法,据夏衍的回忆是:鲁迅、郑伯奇、冯乃超、彭康、阳翰笙、钱杏邨、蒋光慈、戴平万、洪灵菲、柔石、冯雪峰、沈端先(夏衍)。[①]处于国民党文化"围剿"的形势下,1930 年 3 月 2 日下午"左联"的成立大会必须秘密举行,事先经过周详筹划与安排,包括如发生意外,如何保护鲁迅安全撤离等。夏衍回忆说:"三

---

① 据阳翰笙回忆"左联"筹备组十二人中,有潘汉年、李初梨,无彭康、戴平万。见《左联回忆录》第 65 页。

月一日（即会前一天）下午，潘汉年（当时党的中央宣传部代表）和闸北区委一位负责人找到我，说要先看看会场的情况，他们同我和戴平万四个人一起去看了。从北四川路与窦乐安路（今多伦路）的交界，到艺大（中华艺术大学）二楼的进口处，直到全校的房间，都仔细作了视察。有哪几个门可以出口，有没有后门，经过后门可以从哪条路出去，都作了周密的检查。"①幸好成立大会得以顺利举行。这次意义重大的会议，出席者五十余人（有一说三四十人），潮人作家杜国庠、冯铿等均与会，气氛严肃、热烈而又有些紧张，至傍晚，为安全计，还有几位原准备发言的作家来不及讲便宣布散会。会上，推定沈端先、冯乃超、钱杏邨、鲁迅、田汉、郑伯奇、洪灵菲七人为"左联"常务执行委员，洪灵菲还负责"左联"属下工农兵文化委员会的工作。

这一年，洪灵菲、戴平万一面从事创作，在"左联"机关刊物《拓荒者》上发表作品，一面做"左联"及党所安排的实际工作。至岁末，国民党当局加紧对进步文化的摧残，洪灵菲、戴平万都把主要精力集中在开展党的地下工作上，做工人和青年学生的宣传发动工作。1932年"一·二八"事变以后，更是全身心地投入抗日救亡运动，他们都是上海反帝大同盟的成员。

牺牲与坚持 1933年2月，洪灵菲被调往北平，在中共中央驻北方代表处工作。7月，因叛徒出卖被捕，不久即被杀害，时洪灵菲才31岁。屠杀者凶残地扼杀了一位不屈的革命战士，一位极富才华的作家。牺牲前洪灵菲正开始创作长篇小说《童年》，仅写成前三章。

1933年至1934年间，戴平万也曾一度被派赴东北做抗日工作，后在哈尔滨遭日本人驱逐，返回上海。1936年"左联"解散，6月，中国文艺家协会成立，戴平万是发起人和成员之一。1937年抗战全面爆发，他参加上海文化界救亡协会，是地下党在文艺界的领导机关"文总"的成员。这一年，上海失守，党根据他在上海长期工作的经历和实际工作的经验，指示他留在日寇包围中的租界——时称"孤岛"，参与领导文艺界的抗日活动。其间，戴平万做了大量的组织工作，如与从北平到上海的潮人作家梅益和林淡秋等创办《上海人报》《每日译报》，并发起"文艺通讯"运动，团结了数以千计的文学青年；为纪念"八·一三"抗战一周年举办征文，编辑成影响广泛的《上海一日》，梅益任主编，戴平万作为编委参与其事。戴平万还出席和主持了多次关于抗战

---

① 《左联回忆录》第48页。

的文艺座谈会。1940年,协助陈望道编辑《新中国文艺丛刊》,同时参加《文艺新闻》周刊的编辑工作。著名学者王元化曾动情地回忆说,他当时很年轻,从北方来到上海,他的论文（鲁迅与尼采）发表于《新中国文艺丛刊·鲁迅逝世纪念特辑》,戴平万在编后语中给以热情的鼓励:"《鲁迅与尼采》的作者,还是一位20岁左右的青年;他以这样的年龄,而能有这么严正的精神来治学,真是可敬。"

这一年岁末,党调戴平万赴苏北根据地。其后几年间,他先后任鲁迅艺术学院华中分院教授,《抗敌报》主编和苏中区党校副校长兼教导主任。1945年戴平万在根据地去世,终年42岁。和他在上海又在苏北共同战斗的作家林淡秋为他写了墓碑:作家戴平万之墓。

梅益

梅益是"左联"后期在上海参与活动的骨干成员,是三十年代后期党在文化界的领导成员中迄今唯一健在的潮籍作家。

梅益,原名陈少卿,1913年出生于潮安县。有意思的是,梅益少年时代也就读于洪灵菲、戴平万求学的城南小学和金山中学（当然要晚七八年）;1926年入"金中",又是时任校长的杜国庠关心帮助下入学的。1930年,17岁时到上海入中国公学学习,因经济拮据和患病,不久返回家乡在母校城南小学任教。1932年,19岁的梅益,怀着追求进步和深造的意愿,积攒了路费,便赴北平,寄住于北平潮州会馆,经常在北京图书馆自修英语。自1934年起,陆续在北平《晨报》、天津《庸报》、上海《申报》副刊和一些刊物上发表散文和译作,开始依靠稿费生活。1935年加入"左联"北方部。不久他被列入黑名单,便南下上海,在"左联"任机关刊物《时事新报·每周文学》编委,并在民立中学执教。次年,"左联"解散后,参加创办《文学界》;在两个口号的论争中,梅益在报刊上发表多篇支持"国防文学"口号的文章。1937年,在抗日高潮中加入中国共产党。

在"孤岛"时期直到上海全面沦陷后的1942年,梅益一直是党在文化界的领导机构"文委"委员,参与领导抗日宣传。据资料,"孤岛"时期地下党创办的第一个刊物是《上海人报》,梅益、戴平万、林淡秋等为主要组织者和编辑者,不久被迫停刊。后梅益与夏衍等筹划,为冲破敌伪的文化封锁,利用英、美与日本帝国主义之间的矛盾,以外商名义出版小开张《译报》,全部译载外国通讯社可"为我所用"的新闻和文章,很受群众欢迎;后改为大开张的《每日译报》,增发多个版面的副刊,梅益任主编,戴平万、王任叔、钟望阳等参加编辑。1938年春,地下党在学生和青年职工中发起"文艺通讯"运动,这是一个动员反映抗战时期社会生活的群众性文艺写作运动。"文委"决定以征文形式进行,其结果是从大量来稿中编辑成书,这便是梅益主编,王任叔、戴平万、林淡秋、王元化等参与编辑的大型图书《上海一日》的由来。

这一年,地下党收到一位美国友好人士推荐的一本英文版《钢铁是怎样炼成的》,负责人刘少文把书交给梅益翻译,作为组织交托的任务。当时梅益工作任务繁杂,妻儿均患重病,翻译这本长篇小说的工作不时中辍,但他一直坚持,至1941年冬他撤离上海前夕才译完。1942年夏,新知书店将其出版时,已是太平洋战争爆发之后,书店出版它是冒着极大风险的,有的同志还为此被日伪逮捕。这是《钢铁是怎样炼成的》这本苏联名著在中国的第一个译本,也是销行量最大、影响最久远的译本;半个多世纪里,以各种版本重印近百次,印数达五百多万册。

1941年年底,党安排梅益撤至苏北根据地,参与筹办新四军江淮大学及南通学院等多项工作。抗战胜利后,重返上海筹办《新华日报》上海版,并任中共"文委"书记。因受特务监视,周恩来将其调至南京中共代表团任新闻处长,是代表团发言人之一。1947年被迫随代表团撤至延安,任新华社副总编辑,同时主持延安和陕北新华广播电台的工作。新中国成立后,曾任中央广播事业局局长。七十年代末起,先后任中国社会科学院副院长、顾问,中国大百科全书出版社总编辑、社长。

唐瑜及其他

"左联"曾先后设过几处秘密办公处所。夏衍曾回忆说:"'左联'成立后不久,就在(南京路)先施公司附近的贵州路建立了一个秘密机关——我记得当时管这个机关的是唐瑜同志。"

唐瑜,1912年生,潮阳人。自幼酷爱文学,十四五岁时曾和伙伴们编辑出版过一种小刊物《激流》1927年秋南昌起义部队进入潮汕,他又在《岭东民国日报》上读到郭沫若的《红军进入了汕头市》一文,深受鼓舞;是年冬离开

013

上海「左联」潮籍作家群

家乡走向社会。其间，他曾至缅甸，1929 年从仰光到上海，即参加革命。起初潘汉年安排他在一家书店工作，"左联"成立后即调至秘密机关处理日常事务。同年五月参加"五卅"示威游行而被捕，坐牢半年，经营救出狱，后继续为"左联"工作。

六十多年后，唐瑜著文生动地描叙过"左联"机关活动的一些情景："左联的机关找到这个地点真是一件杰作：上海市最热闹的市中心，一座唱京戏锣鼓喧天的更新舞台后楼，周围是喧嚣的人群，交通四通八达。但尽管有这些优越条件，在那严重的白色恐怖之下，小心的沈端先（夏衍）、华汉（阳翰笙）还是时常警告会议发言者放低声量，特别是在有争论的时候。"又说，"左联的会议，真可算得是南腔北调的大合唱。我虽然听懂不多（唐瑜当时到上海不久——引者注），但兴趣还是非常浓厚，静静地、专心地听着每个人的发言，大多数都说着家乡官话……郑伯奇像一个慈爱的婆婆在谈家常，冯乃超缓慢细声说着带广东调的话，阳翰笙则带浓重的四川音，冯铿激昂的潮州音，这些人的话我比较多懂几句，冯雪峰、孟超的话我简直无法分清，特别是周起应（周扬）急促而有力，后来我才知道是湖南话……夏衍、潘汉年和阿英（钱杏邨）的杭州、江苏官话不久我也能听懂一些。只有杨邨人，他一见到我就要和我说潮州话。"①

1932 年党的电影小组成立，夏衍等进入电影界，唐瑜也随同开始长期从事电影评论和电影报刊编辑工作，结交和团结大批进步电影、戏剧艺术家。抗日战争期间，唐瑜的长兄（缅甸侨商）赠金梳一柄给他，以备逃难之用；他将金梳变卖在重庆盖一房名碧庐，接待吴祖光、金山等多位在重庆无家可归的文化界人士住宿，碧庐和唐瑜后来被夏衍等人戏称为"二流堂"、"二流堂主"。几十年后，此事在"文革"中竟被荒唐地诬陷为"二流堂反革命集团"。1996 年，唐瑜 84 岁时著有《二流堂纪事》一书，仍不时撰文刊于报端。

侯枫，原名侯传稷，1909 年生，澄海县人。1925 年于澄海中学毕业前后即投身五卅反帝爱国运动，同年加入共青团。翌年先后入广州革命军东征后设立的黄埔军校潮州分校和东江农民运动讲习所学习，由彭湃介绍加入共产党，曾任彭湃秘书。1927 年 4 月反革命政变后，按组织决定转移至上海入暨南大学读书，组织暨大文学研究会，邀请鲁迅、蒋光慈等演讲。"左联"成立后

---

① 引子唐瑜《在左联——上海杂忆》，新民晚报 1998 年 7 月 1 日。

为盟员,主要从事戏剧创作与演出,与郑君里等同为时代剧社成员,编辑《中华日报·戏剧新闻》周刊。1937年赴日留学,次年回上海主编左翼刊物《东方文艺》。"七七"事变后从事抗战戏剧活动,编辑《战时演剧》月刊,参加上海戏剧界救亡协会,任理事、抗敌演剧队第十一队队长。1937年率演剧队离沪至苏、赣、鄂等地从事抗日宣传,后进入四川。四五十年代先后长期在川、桂担任戏剧方面的领导职务。创作有话剧《大家一条心》《歧路》《铁蹄下的怒吼》及传记文学《彭湃》等。1979年70岁时调回广东,任省剧协副主席、广东潮剧院副院长,1981年病逝。

潮人作家中还有一位文学史上颇不陌生,因鲁迅斥其为"革命小贩"而闻名的人物杨邨人。

杨邨人,曾用笔名柳丝,1901年生,潮安庵埠镇人。出生在破落工商地主家庭。其继母为大革命时期牺牲的共产党员。杨邨人1925年在武汉"高师"(武汉大学前身)就读时参加学生运动而加入共产党,结识蒋光慈、阿英、孟超等人。1927年杨邨人与蒋光慈等人到上海创办《太阳月刊》,发起成立太阳社,杜国庠、洪灵菲、戴平万均由杨邨人介绍加入。他的创作以小说为主,郁达夫对其初期作品曾给予好评:"虽系幼稚得很的作品",不过有"一种新的革命气氛……逼上读者的心来"。但他笔下的题材和人物不仅有当时革命文学的"左"倾通病,有时还有诸如工人暗杀工头之类的盲动的描写。

杨邨人一方面对鲁迅当面表示尊敬,一方面又长期攻击、辱骂鲁迅。他加入"左联",又以"翻筋斗的文学家"翻到"左联"的对立面。1932年,杨邨人自己请求派往洪湖苏区工作。时任苏区负责人的谢觉哉曾回忆说,"杨邨人是一位小资产阶级型而神经脆弱特甚的人","是在敌人围剿湘鄂西苏区时逃跑","经不起刺激,受不了艰苦,不知为什么要加入共产党,且要求到游击战的苏区来。"1933年杨邨人在《读书杂志》上发表《离开政党生活的战壕》一文,自白脱离共产党。之后,在以"第三种人"面貌出现的《现代》杂志上,发表《揭起小资产阶级革命文学之旗》的文章。

鲁迅对杨邨人的剖析可谓一针见血,认为他是"革命场中的一位小贩,却并不是奸商"。革命小贩指杨邨人投机革命,还不是奸商指其为变节但还没有叛变,还不是革命的敌人。后来有的论者认为杨邨人"叛变革命",而《中国现代文学词典》说杨是"宣布脱离共产党",是比较审慎的说法。鲁迅又曾在致

上海「左联」潮籍作家群

友人的信中说:"此公(指杨邨人)实在是一无赖子,无真情,亦无真相也。"①

抗日战争期间及胜利后,杨邨人经历复杂,主要在四川任职,曾由侯枫介绍任教。新中国成立后为四川师范学院中文系教授,1955年肃反运动中受审查时因惧怕而自杀身亡。近年他的历史问题已作了人民内部矛盾的结论。②

---

① 转引自房向东著《鲁迅与他"骂"过的人》第214页,第216页,上海书店出版社1996年版。

② 参见上海社会科学院出版社1988年版《三十年代在上海的"左联"作家》下卷陈梦熊作《杨邨人》一文。

郑正秋：一代艺宗　潮人之光

撰稿　宗河

少年郑正秋的叛逆与追求

育才书院是一所由英籍犹太人嘉道里创办的兼收中外人士子弟的学校，郑正秋入校读书三年之后的 1902 年的一天，突然发生了一场小小的"学潮"，一个瘦瘦小小的学生领头反对洋先生"体罚"学生："先生对我们讲授'平等、自由、博爱'的道理，可为什么常常体罚学生呢？"这一事件的发展，最终迫使校长宣布会后取消体罚。这个善于运用学到的知识反对不合理现象的孩子，不是别人，就是十四岁的少年郑正秋。可是，小正秋的父亲郑让卿知道了这件事却勃然大怒："小小年纪，竟敢目无师长，这还了得！混蛋！"他决然中止小正秋的学业,任凭郑正秋怎样为继续求学而哭诉哀求也不予理睬,而把他安排到自己所经营的郑洽记行中去"学生意"。这是发生在郑正秋身上的进步的教育思想和封建伦理观最初的抗争;小正秋虽然失败了,然育才书院教育的影响却贯穿着郑正秋的一生,郑正秋的民主主义思想,自此奠定了基础。

郑让卿,广东潮阳成田上盐汀村人。他以光绪年间顺天府试进士第三十一名的资格,当过江浙盐运使,后调任三穗知府。他的父亲郑介臣于鸦片战争后上海开埠之际来沪经商,开了家郑洽记土栈(鸦片批发栈)而成巨富,早年上海潮州会馆发起人之一。郑让卿是他第二个、也是最聪明能干的儿子。郑让卿30岁以上久婚无子,经友人介绍,在众多候选的男孩中选中他认为将来会大有出息的一个,抱进家门为螟蛉子(义子)。时值秋高气爽,因此取名正秋,又按潮阳老家的排行,为孩子取字"芳泽"。这个生于1888年12月24日的上海小男孩,① 从此入了广东潮阳籍,在优裕的官商家庭中生活成长。

小正秋7岁了。为了"让孩子认得老家",母亲张太夫人带正秋回到上盐汀村祖居。老家美丽的田园风光,生活风情,婚丧习俗,家祠私塾的学习经历,以至独具特色的潮州音乐,潮州戏曲,处处令小正秋既新鲜,又激动,留下了一生难以忘怀的印象。

两年后,小正秋随母亲返回上海,受教于嘉定人庄乘黄。在庄老师的点拨下,小正秋不仅打下了较好的国学基础,练就一手好字,思想上更深受老师不满清王朝腐朽统治的影响。一年以后,10岁的小正秋带着庄老师的口授心传,进了育才书院。

这期间,家里添了个弟弟郑正冬(后由郑正秋为之改名正栋,寄寓了他希冀弟弟来日成为国家栋梁的愿望)。正冬是父母亲生的孩子,小正秋不久便感受到自己和弟弟在家庭中位置的区别。敏感而聪明的孩子显得早熟了。

正秋从小体格羸弱。气急、腰痛成了久治不愈的痼疾。当官却无知的父亲为减轻孩子病痛,横下心让服鸦片止痛。从此,鸦片烟毒渐渐侵袭了小正秋全身,形成难以抗御的毒瘾。也是14岁那年,一位西医诊断小正秋患的是先天性心脏病和肾结石。经治疗,结石似已排出体外,可心衰依旧,还多了个

---

① 本文素材主要取自谭春发:《开一代先河——中国电影之父郑正秋》,国际文化出版公司1992年版。郑正秋生辰采郑儒新《郑正秋小考》说,见《潮阳文史》1988年第四辑。

咳嗽、多痰的毛病。47岁就过早辞世的郑正秋,一生就在和疾病的斗争中,以过人的精力,完成了惊人的工作量。

父亲领着被他断然中止学业的14岁的小正秋来到郑洽记土栈,让他熟悉土栈业务,认识四方商贾。就像在书院是个受尊敬的好学生一样,渐渐地在土行小正秋也成了里外受欢迎的"少老板"。郑让卿暗自得意:不去书院来土行这一着,走对了。

可是,"读书"仍然是小正秋心中最最解不开的情结。学校去不成了,只有自己找书看。什么《再生缘》《推背图》《左氏春秋考证》《三国演义》,乃至戏曲唱本,逮着什么看什么。家里的书看完了,上街买书看。书摊上琳琅满目的各式图书打开了小正秋眼界。他渐渐有所选择了:《警世钟》《西太后》《扬州十日记》《革命军》《大革命家孙逸仙》……书海遨游,郑正秋仿佛进入了一个广阔、崭新的世界。每日里土栈归来,就一头栽进书海。他没日没夜,读着,思考着,学识长进了,眼睛却坏了。鼻梁上架着深度近视眼镜,早熟的孩子又平添几分老成。

读书之余,郑正秋还迷上了京剧,以致哪天没去茶园看上一场戏,吃饭也不香。他偏爱毛韵珂、潘月樵和梨园世家夏月珊、夏月润兄弟的戏,一来二去,和他们交上了朋友。

这再次惹恼了父亲。为使郑正秋远离他鄙视的"戏子",郑让卿可谓用心良苦。先是,为17岁的郑正秋娶妻。可是儿媳俞丽君不但没"拴"住郑正秋,反倒也爱上了京戏。郑让卿左思右想,觉得儿子既不能一心一意经商,不如走仕途。他花钱在湖北张之洞那里买了个"候官"的位置,逼着郑正秋立即去湖北任职。可现在的郑正秋已不再是5年前任由摆布的孩子了。他在湖北勉强耽了近两年,深感"宦海茫茫,不可以居",决定"洁身而退"再次从商。郑让卿苦心孤诣安排的"官商门庭后继有人"的计划破灭了。他很生气,却也无奈。

再次回到土栈,郑正秋还真用了番心思。他揣摩经商规律、顾客心理,确定他的"八字方针":"以义为利,薄利多销"。一个"义"字,一个"薄"字,使他广交朋友,近悦远来。土栈生意比他父亲、弟弟经营时好了不少,短短两年,获利无数,少老板郑正秋的名声一时大震。可是郑正秋没有想到,生意场上多的是不义之人。善良正直的他缺了这份警惕,就得摔大跟头——一些奸猾之徒利用少老板的信任胡作非为,土栈亏损数万。郑正秋(可能也包括郑让卿)最终明白了：他不是经商的料。他把土栈交给弟弟正栋，自己钻进钟爱的戏曲中去了。

剧坛奇才　一鸣惊人

摆脱了商务，父亲也不再干扰，郑正秋沉醉在戏剧世界里，就如蜜蜂进了花丛，左右逢源，可供采撷、思索的东西，目不暇接。他发挥自己善于模仿的长处，学习孙菊仙、汪笑侬、谭鑫培等名伶的唱腔，最终达到声、神俱备，惟妙惟肖的程度。戏看得多了，对剧目、对演员的表演也有了想说的话。在友人夏月珊的启发下，郑正秋开始以《丽丽所戏言》、《丽丽所伶评》为题，尝试着写下自己的所思所感。

当时的中国，正是"山雨欲来风满楼"之际。上海滩上各种报纸风起云涌。然郑正秋最喜欢的，是一份于右任主办的《民立报》。这是同盟会会员于右任自郑正秋日本回国后，继 1909 年 5 月创办《民呼报》《民吁报》之后的第三份提倡反清反外侮的革命报纸。《民呼报》发行仅 3 个月即被迫关门。继之而起的《民吁报》面世才一个多月，于右任即遭逮捕，报纸被勒令停刊。可于右任方一获释，又于翌年办起了《民立报》。《民立报》言论之激烈一点也不亚于前两报，但风雨飘摇中的清政府已顾不上再管它了。郑正秋由衷地认同《民立报》的观点，尤其心仪于右任不屈不挠的斗争精神。他将自己的第一篇文字《丽丽所戏言》送到《民立报》，也见到了于右任。可正忙于发稿的于右任，一句"敝报自创立以来还没登过这方面稿子"，无疑是对郑正秋的一盆兜头冷水。郑正秋快快归去。

万万想不到的是，第二天他就收到了于右任的亲笔信："正秋友：大作已经拜读，很好！很好！不日可望见报。祝贺你，剧坛奇才，一鸣惊人！"年长郑正秋 12 岁的于右任也万万没想到，这封发自内心、真诚肯定并给予高度评价的信，竟使他当了一回伯乐，为中国早期话剧事业和电影界送去一位开创性人才。

1910 年 11 月 26 日，署名正秋的长篇评论《丽丽所戏言》开始见报：《戏言》开宗明义指出戏剧的教育功能："戏剧能移人性情，有俾风化"，指出演员的文化素养、思想品德直接关系到表演的水平——艺品系于人品。在具备一定的戏曲表演手段的前提下，人品高尚的，艺品也自高。《戏言》于剖析、阐述戏曲表演的基本要素：声调、唱工、说白、做工的同时，对当时主要的戏曲演员一一分析评论，指出各人的表演特色，所长所短。《戏言》的发表在戏曲界引起极大反响，"誉满众口，传诵四座"，不少艺人从中深得启发、教益，有的研究者称《丽丽所戏言》"是我国现代剧评的滥觞"[①] 是很确切的。

生活掀开崭新的一页

也是由于《丽丽所戏言》，"自创立以来还未发表过类似稿子"的《民立报》，自 1911 年 2 月起正式办起了戏剧副刊。郑正秋应于右任之邀担任戏剧副刊主编。这位主编从确定刊名《民立画报》到组稿、写稿、编辑，以至版面设计都一手包了。于右任不仅以郑正秋为戏剧的内行，而且从对他的了解中视为革命的同志，对他给予了最大的信任："你会干得比我还好。"从此，郑正秋的生活掀开了崭新的一页。

华洋杂处，得风气之先的上海，是我国新剧（早期话剧，又称"文明戏"）发源地，演出活动最活跃的地方。早在 1903 年，育才学堂于孔子诞辰演出新剧《张文祥刺马》，郑正秋即应同学之邀回校观看。此后，郑正秋就没有间断与新剧的接触。这种摆脱了京剧表演程式，便于感时忧国的文人志士或托古人、洋人之口，或取材时事，抒发胸中块垒，弘扬兴邦救国主张的戏剧样式，逐渐引起郑正秋的注意和兴趣。当时，也有一些日本的新派剧剧团来沪旅行演出。"郑正秋看了日本的新派剧，开始认识到中外戏剧的区别：'以为他们才是假戏真做，中国人在台上则有假戏假做的表示'。"[②]《民立画报》也不时发表有关新剧的评论："新剧固有佳者，独惜当时编剧者，所创体例，未能尽惬，致有一出台即开口向台下看客自背履历……若只求视者明白，不念合乎情理与否，则……失戏剧现身说法，以假作真之真义矣。——（辛亥）闰六初七日。""西国新剧脚本，优伶不得更改一字，吾国则否，编者但将剧本情节，口述数遍，伶之颖悟者，即能从老戏者，东拉一句，西凑一句，自编白口，自编唱工……然未有不蹈

021

■ 郑正秋：一代艺宗 潮人之光

---

① 谭春发：《开一代先河——中国电影之父郑正秋》32 页；36~37 页；37 页；98 页；242 页；177 页；243 页；379 页。

② 徐半梅：《话剧创始期回忆录》，中国戏剧出版社 1957 年版。转引自葛一虹主编：中国话剧通史》7 页，文化艺术出版社 1990 年版。

千篇一律之弊者……是盖素未受过教育之故。愿各艺员公余之暇，从事学问为善。——辛亥闰六月初八日"① 一针见血地指出当时新剧一缺好的剧本，二缺有文化素养的演员，而且总体构思、表演尚有戏曲程式深刻烙印的弊病。

10月，人们期盼已久，推翻腐朽的满清朝廷的暴力革命——辛亥革命终于发生。郑正秋热血沸腾，剪掉了辫子，以短短一个多月的业余时间（为适应革命需要，于右任于10月13日停办《民立画报》，郑正秋负责编辑《民立报》本埠版），写就歌颂辛亥革命的长篇时事新剧《铁血鸳鸯》，于右任当即决定在《民立报》连载。这是郑正秋创作的第一个剧本。说是时事新剧，却没有硬贴上去的口号。他将推翻满清的革命思想很好地熔铸于人物的身世、命运之中，戏剧冲突也在适合人物身份的关系中层层推进，最终得到合理的解决。郑正秋曾说艺术家需要"有思想力、有记忆力、有机警力、有史学力、通晓各省乡风俗人情"。《铁血鸳鸯》可以说是郑正秋对自己艺术智慧的一次实践和检验。

辛亥革命很快失败了，袁世凯篡夺了国家大权。对革命抱着极大希望、十分热衷的郑正秋陷于深深的失望。他九转回肠，想到自己的一贯主张："戏剧者，社会教育之实验场也；优伶者，社会教育之良导师也；可以左右风俗，可以左右民情。""无如吾国优伶，白知负绝大责任者，实鲜；而戏剧进化是以迟钝不前矣，是以非有文学士出而更始不可。"② 最终决定用自己所擅长的戏剧艺术和戏剧批评，来为孙中山的革命事业服务。1912年3月，郑正秋于编《民立报》的同时，又应戴季陶之邀主持剧评专刊《民权画报》，随后又兼任《中华民报》剧评专栏主编。《民权画报》于同年10月停刊后不久，郑正秋又自己创办了剧评专业报纸《图书剧报》。在现代剧评的拓荒中，郑正秋从对京剧的评论开始，逐渐由兼评新剧进而大力鼓吹新剧。郑正秋每日里从一家报社赶往另一家，还要看戏、写稿，每每工作至深夜。有这样一件事，足以说明他下笔之快，效率之高：一天晚上，一位声称从不看剧评的《天锋报》主编李怀霜登门拜访，请他为《天锋报》写剧评文章，并称给郑正秋两天时间。

"两天？太久啦。还是现在就写吧。"郑正秋为李怀霜沏了一小壶茶，自己转身进屋。这位主编向来最不耐烦坐等别人的文章。不料这边茶还没凉，

---

① 谭春发：《开一代先河——中国电影之父郑正秋》32页；36~37页；37页；98页；242页；177页；243页；379页。

② 同上。

郑正秋已从屋里出来,把稿子交给了他。李怀霜不能不深深折服这位为读者和戏剧界公认的剧评权威。

编导中国第一部故事片——《难夫难妻》

1913 年春,郑正秋应友人张石川之邀,开始了拍电影的尝试。

张石川,宁波人,与郑正秋同年。15 岁上随当房地产买办的舅父经润三来沪谋生,在经润三当总经理的华洋公司任"小写"(抄写)。1912 年初,经润三的生意眼看中当时颇为红火的新剧,投资成立个新剧团体立鸣社,让张石川任经理。张石川希望这位著名的剧评家为立鸣社写些文章而结识郑正秋。待人亲切诚恳的郑正秋对此一口答应。对新剧事业同怀美好向往的两人,从此成了无话不谈的朋友。

也是 1912 年,美国人依什尔买下了美籍俄人本杰明·布拉斯基投资创办的亚细亚影片公司。依什尔认为搞电影要赚钱,必须请中国人来当顾问或助手。他找到在美国洋行做事的张石川和经营三(张石川的另一舅舅)。"为了一点兴趣,一点好奇的心理,差不多连电影没有看过几场的我(张石川),却居然不假思索地答应下来,[1] 担任了顾问"。拍电影离不开编剧,张石川于是想到了既熟悉戏剧又熟悉演员的郑正秋:"这件事能不能办成,全看老哥您啦!"为了取得更多的主动权,张石川、郑正秋、经营三和杜俊初(依什尔的翻译)等自己组织一个机构,承包"亚细亚"从编剧、导演到制片的全部工作。美国人只管出钱和发行。机构由郑正秋命名为新民社,寓三民主义常新之义,确定由郑正秋负责编剧,挑选演员,指导演员表演(当时还没有"导演"这个词),张石川负责指挥摄影师依什尔拍摄。

出自郑正秋笔下的中国第一部电影剧本,是矛头直指封建婚姻制度的《洞房花烛》(后改名《难夫难妻》)。郑正秋运用他所熟悉的家乡潮阳的婚俗细节,配上时而热烈、时而悠扬轻快的潮州音乐,淋漓尽致地揭露、讽刺了包办婚姻的全过程,体现了他鲜明的民主主义立场。程步高 60 多年后回忆这部电影时写道:"诉说乾坤二家……男家要娶媳妇(不是儿子娶妻子),女家要嫁闺女(不是女儿嫁丈夫)……男女两家,门当户对(男女双方年龄、性格、

---

① 刘思平:《张石川从影史》7 页,中国电影出版社 2000 年版。

思想、爱好对不对,完全不理),双方父母,愿结秦晋之好(子女愿不愿亦不理会)……央请媒妁代为奔走。男女……两个傀儡,任人摆布,结拜天地,送入洞房……双方家长,希望明年今日,早生贵子,传宗接代。"①

郑正秋按照自己注重观众欣赏兴趣,"寓教于乐"的一贯主张,在创作目的在于教化,在于批判封建婚姻制度的《难夫难妻》时,也注意到影片的娱乐性。如"说媒"这场戏,媒人的表演夸张滑稽;"两仆厮胡闹"一场,把杂技、戏曲和新剧中的丑角表演适当地引入电影。由于主题的严肃性、典型性,《难》片放映时剧场笼罩着严肃的氛围,然也不时爆发出轻松的笑声。

作为我国的第一部故事片,《难》片的拍摄条件其实十分简陋:摄影场是郑正秋、张石川跑了几天好不容易选定的圆明园路上的一块空地,用竹篱笆围个圈,就是。当时拍的是默片,也不怕周围声音干扰。圈内三面挂幕布,布景画在幕布上。也没有照明,全靠好天气的阳光。由于大家都是第一次,在导演、化妆及演员的表演上都带着深深的舞台剧痕迹。就这样,从编剧、物色演员到拍完 4 本 200 英尺一盒德制胶片,前后总共一个多月,一部现在看来十分粗糙、幼稚的影片完成了。可是在当时,对看腻了千篇一律不是又打又杀就是大耍噱头、滑稽无聊的西洋影戏和国产戏曲短片的上海观众来说,这部有情节有故事,反映自己生活的影片无疑如拂面春风,耳目一新。《难夫难妻》放映后观众摩肩接踵,反响奇佳。

郑正秋自己也挤在观众中。当他感受到观众对《难》片的认可时,就像自己的孩子通过了考试,感到无比欣慰:自己把电影由戏曲短片过渡到故事片的尝试,成功了;多年来追求的通过戏剧(电影)教化社会的愿望,正在实现。

柯灵在 80 年代参加"中国电影回顾展"时,还念念不忘这部早已亡佚的影片,给它以极高评价。他说:"中国电影世家中,郑正秋是最有影响的老一辈编导,筚路蓝缕,功绩不可磨灭。他的第一部创作,也是中国第一部长故事片《难夫难妻》,就把批评锋芒指向不合理的封建婚姻制度,比胡适1919 年在《新青年》发表著名的独幕剧《终身大事》,还早了 6 年,内容也比后者有深度。"②

---

① 程步高:《影坛忆旧》,98~99 页,中国电影出版社 1983 年版。

② 柯灵:《从郑正秋蔡楚生看中国电影美学》,载《电影故事》1984 年第四期。

十年坎坷新剧路

拍完《难夫难妻》，依什尔突然宣布：手头胶片用完了。这时欧洲诸国正在酝酿世界大战，海运滞阻，电影胶片何时到港，谁也说不准。影片停拍就意味着薪水停发，各谋生活。郑正秋不同意这种不负责任的做法，去找经营三、张石川商量，他们一个装穷不管，一个真穷，管不了。郑正秋不能眼看16个专程投奔他而来的演职员流落街头，经反复思量，决定：一、供吃供住，负责大家的生活；二、成立新民新剧研究所，组织伶人学习文化，交流琢磨表演艺术，或去寺庙、市井体验生活。

三个月过去了，电影胶片杳无音讯。郑正秋为供养新剧研究所人员（最初的16人已增至20余人）衣、食、住，已陷于由妻子上当铺当衣物、首饰的窘境。何以为继？演员们决心开演新剧。他们脑子里储存的新剧剧目，不消费劲就能凑个一箩筐。可当时的上海正是新剧剧坛最不景气的时期：辛亥革命失败了，附丽于革命的新剧不可避免地遭到军阀统治的镇压。一些社团被迫解散，另一些社团离开上海，对革命极度失望的百姓也厌倦了徒然呼喊革命口号而找不到出路的新剧。

郑正秋决定另辟蹊径。当年曾和他一度在《民立报》共事的章士钊"科学救国""教育救国"的主张浮上心头：《难夫难妻》的受欢迎更坚定了他以戏剧教化社会的信念。郑正秋从自己比较熟悉的家庭伦理剧入手，埋头创作了《苦丫头》《奶娘怨》，后又将两剧合并，改为长篇新剧《恶家庭》，同时正式组建新民新剧社。《恶家庭》以丫头阿蓬、女佣小妹的不幸命运为线索，编织了一个曲折离奇的罪恶故事，善良的卑贱者（阿蓬、小妹）与罪恶的高贵者（主人、官僚卜静丞）在剧中形成尖锐对立，折射出社会的黑暗侧面，形成一种独特的"劝世"戏剧。

起初，《苦丫头》《奶娘怨》演出时，新剧不景气的阴霾犹存，观众寥落，及至《恶家庭》登场，竟座无虚席，连过道也挤满了人。几出戏郑正秋自己也参加演出，先后饰演过卜静丞、奶娘、小妹等角色，展现了他戏路宽广的表演才能。他饰小妹一角（当时女角都由男演员扮演），一出场，那身装束，那副神态，那一口地道的浦东话，就博得一阵响亮的掌声。《恶家庭》演出的成功，令"整个舆论转变了对新剧的态度，由否定变为肯定，由指斥变为赞扬"。《申报》、《新闻报》、《时报》、《民报》等，纷纷报道"，"并因此重倡新剧"，称"新剧之感人，胜于旧剧万倍"。①

继新民社打开新剧沉寂的局面之后,一系列新剧社如雨后春笋般纷纷萌发,组建起来。话剧史上所称"甲寅中兴"的局面,于是出现。郑正秋则是公认的"甲寅中兴"第一人②。自此,郑正秋从剧评人转为集编导演于一身的新剧艺人;他从理论上提倡新剧进而亲自实践,踏上了一条充满成功的欢乐和失败的痛苦的坎坷的新剧艺术之路。这一上路就是十年。

十年,郑正秋以不计利害,仗义扶困的义举为开端,却也遭遇过友人的不义和暗算:张石川在经营三指派下以重金利诱10余新民社骨干不辞而别投靠经、张的民鸣社,致新民社差点开不了场。十年,郑正秋经历过新民舞台(新民社改组后名称)被迫并入民鸣社的无奈,也对经营三执意上演恭维"袁大总统"的连台本戏作过坚决的斗争:他针锋相对,饱蘸血泪连夜创作连夜赶排了揭露袁世凯罪恶,描写人民在军阀统治下苦难生活的新剧《隐痛》。他不顾经营三、张石川的一再阻止,坚持在上海正式演出,并在剧名前面冠以"警世时事新剧",写明"凡爱国志士,不可不看",表现了他关心现实政治,敢于为正义而斗争的大无畏的品格。十年,郑正秋曾因为同意内容恶俗的《果报录》演出三天而遭到友人、观众的愤然指责,也曾因演出《隐痛》而受到观众的舍身保护。那是在武汉,他正在台上声泪俱下痛斥袁世凯的罪恶,当地军宪冲进剧场要抓捕他,全仗观众一拥而上把他团团围住,最终人流步步进逼把军宪赶出剧场。

十年,郑正秋创作、改编新剧达百余部,有旨在劝善惩恶的一系列家庭剧,如《恶家庭》《义丐武训》《义弟武松》等,揭露抨击窃国大盗袁世凯的系列剧《窃国贼》《退位》《祸国将军》……歌颂革命精神的人物传记剧《秋瑾》(又名《徐锡麟秋瑾合传》)、《蔡锷》《石家庄》《桃源痛》(写宋教仁投身革命的崇高精神,宋系湖南桃源人,故名),现实题材剧和革命事件剧,如响应五四运动、批判封建婚姻制度的《新青年》,写辛亥革命的《光复武昌》,等等。郑正秋研究者谭春发将这类剧作归为"教育主义的",它们体现着郑正秋热烈的爱国主义情怀,是他剧作的主流。另一类是"营业主义的",多是些讲求趣味、噱头的爱情

① 谭春发:《开一代先河——中国电影之父郑正秋》32页;36~37页;37页;98页;242页;177页;243页;379页。

② 参见葛一虹主编:《中国话剧通史》26页,文化艺术出版社1990年版。

戏、侠客戏、侦探戏,如《中国女侦探》。这些剧作,尽管不同程度地反映了一些社会问题,但毕竟是"取悦和迎合社会心理的营业主义戏剧"。

这段时期郑正秋怀着深深的忧患意识,反省着近代中国历史,试图追寻祖国积贫积弱的根源:"天赋人权该享用。独吾华人言论不自由,行动不自由,闭口结舌,缚手缚脚,受气受逼,苦不胜苦者。苦根何在? 曰: 在甲午战争。"他苦苦挣扎,一而再、再而三,不懈地争取剧社的独立,企求摆脱资本家的束缚,实现自己以戏剧教化社会的艺术主张,却由于剧人、剧社生存的需要,不得不创作和演出某些迎合观众的剧作。这种矛盾相当集中地表现在郑正秋与张石川的几次分而合、合而分之中。郑正秋回答笑舞台老板批评他不如张石川会赚钱的话:"石川他们走的是一条路,我走的也是一条路嘛。我演戏不是为了钱",一语道破郑、张两人的分歧;由于两人的相知、更由于郑正秋的宽容,存在分歧而不影响他们的友谊,奠定了他们日后在电影事业中的亲密合作。

真正的中国电影之父

1922 年 2 月 19 日,《申报》刊登了一则 "明星影片有限公司"的招股启事。其中有一段话说明了郑正秋、张石川、周剑云、郑鹧鸪、任矜苹五人筹组影片公司的缘由:"将要普及到全世界的影戏潮流,问我们中国人:究竟要不要在世界的艺术上占一个位置? 我们想了,我们想定了,我们承认影戏是确确乎能够代表观众心理的,确确乎能够代表新人生的真意义的。我们认定影戏是大可以补家庭教育、社会教育和学校教育的不足的。我们并且看到,假使中国人不办,恐怕外国影戏也要蓬蓬勃勃地蔓延到全中国的。我们所以亟于起来组织这一公司,替中国人争回一点儿体面……"①

这则启事从文字到思想感情明显地出自郑正秋手笔,是郑正秋、周剑云等艺术追求的公告。至于张石川,他追求的重点首先是一项可以发财的生意——在此之前,他见上海掀起一股办交易所的热浪,便也作为主要投资人在贵州路开了家 "大同日夜物券交易所" (这时张石川已是大皮货商何泳昌的乘龙快婿,加以这些年他新剧、电影、游艺场等数管齐下,经济实力也已今非

---

① 谭春发:《开一代先河——中国电影之父郑正秋》32 页;36~37 页; 37 页;98 页;242 页; 177 页; 243 页; 379 页。

昔比），同时邀约朋友参加，"旧交新知，联袂参加者，计有郑正秋、周剑云、郑鹧鸪、任矜苹等"。可是市场风云突变，没等正式开张，又刮起一股交易所倒闭之风，这才决定转向电影。这也是贵州路"大同"招牌旁忽然出现"明星影片股份有限公司"牌子的原因。

打这以后，郑正秋就开始了和张石川、周剑云在电影事业上的长期合作，直至他去世。郑正秋之结识周剑云，晚于结识张石川。然在为人处世与艺术观点上，周剑云则与郑正秋有更多一致。周剑云曾记述与郑正秋订交的经过："予嗜剧，并喜为剧评。初涉世途，血气方盛，时于报端指斥恶伶，不稍宽假。君读而异之，辗转托人，始获订交，恨相见之晚。"①

创办中国第一所电影学校　公司成立，如何开始工作？郑正秋根据他从事新剧痛感伶人文化思想素养太低，严重影响艺术质素的经验，认为训练合用演员，建立一支基本队伍是第一要义，建议先办个明星影戏学校，培养一批具有文化素质和艺术、技术素质的人才，为明星公司所用。与此同时，认真准备影戏剧本，双管齐下。五人小组一致通过。由郑正秋任校长的第一所培养电影专门人才的明星影戏学校于是出现在中国大地上。这桩新鲜事顿时在上海飞快地传播。学校招生之日，有争相报名的，有围观看热闹的，贵州路南京路口，途为之塞。郑正秋得知，高兴得大笑："电影大有希望，大有可为！"他已经好长时间没这样开怀大笑了。

郑正秋为培养电影人才倾注了大量心血。他又独具慧眼，后来在影坛大放异彩的蔡楚生、胡蝶，都先后得到他的大力奖掖。这在本书《蔡楚生：奋斗与辉煌》中有所记叙，本文不再赘述。

追求"真善美"与"唯兴趣是尚"的分歧　在讨论拍什么样的影片时，郑正秋、张石川艺术主张的分歧又不可避免地摆了出来。郑正秋认为："影戏必须是'人生真理的发挥''人类精神的表现'，具有'真、善、美'三个条件。因此，'明星'作品，初与国人相见于银幕上，自以正剧为宜，盖破题儿第一遭事，不可无正当之主义揭示于社会。"张石川则认为："拍摄影戏应先行尝试，'处处唯兴趣是尚，以冀博人一粲，尚无主义之足云。'"②联系郑正秋关于戏剧教化

---

① 谭春发：《开一代先河——中国电影之父郑正秋》32页；36~37页；37页；98页；242页；177页；243页；379页。

② 同上。

功能的一贯主张,及他对戏剧表演要素的分析,可以明显地看到他电影思维形成的由来。这些观点虽免不了幼稚和粗糙,却是我国自己的电影理论的滥觞。

可是,正如过去郑正秋和张石川的分歧常常以他的让步来了结一样,这次郑正秋也没有坚决维护自己"以正剧为宜"的正确主张;而接受了张石川"唯兴趣是尚"的意见,以致他付出了汗水和心血,竟书写了明星公司史上本可以很有光彩、现在却毫无价值的开篇《滑稽大王游沪记》,使他日后一想起来就后悔。在这个闷热的夏天,郑正秋接着又按张石川的艺术取向写了《劳工之爱情》(又名《掷果缘》)、《顽童》、《大怪闹剧场》和《报应昭彰》(又名《张欣生》)四部电影脚本。

值得一提的是《劳工之爱情》:一个卖水果的小人物郑木匠爱上祝医生女儿的故事:两人一来一往以果传情。祝医生对郑木匠的求婚也没有横加干预,只说:谁能使我医业兴隆,我就把女儿嫁给他。郑木匠就运用他木工的智慧,在一家俱乐部的楼梯上暗设机关,使下楼的赌徒一个个从梯上摔跌下来。跌伤者纷纷找祝医生治疗。最后有情人终成眷属。在这样一个按照"唯兴趣是尚"的艺术取向构思的脚本中,郑正秋通过看来荒诞不经的逗乐情节,把笔触伸向被视为卑微下贱的劳动人民郑木匠,描写了郑木匠的智慧,以及他与医生女儿企求自由恋爱的愿望,明显地透露出"五四"运动提倡"劳工神圣""自由恋爱"的信息。这是作者在娱乐片中注入清新的思想内容,使其尽可能向教化电影靠拢的尝试。以果传情的细节源于我国古代美男子潘安掷果盈车的故事。中国古代文化与"五四"新文化相融汇,使本片充满浓浓的本土风味,与当时流行的着洋装、仿洋味的逗乐滑稽片(《滑稽大王游沪记》就写的是卓别林)大异其趣。这些,都是《劳》片可贵之处。

《滑》、《劳》两片都由张石川导演,郑正秋在两片中分别饰乡绅和祝医生。10月5日两片一同公映,观众还颇踊跃,可是《顽童》、《大怪闹剧场》、《张欣生》都失败了。《顽童》很短,只一本,《大怪闹剧场》是《滑》片的续集,这种思想贫乏、格调低下,单纯取笑逗乐的片子不能不陷于流俗化的泥淖,放映后观众寥寥,舆论冷淡。取材于一个凶杀案的《张欣生》姑且勿论其内容如何,仅张石川极力渲染的血腥杀人过程,即引起观众不满,舆论谴责,放映不久即被当局禁映。

一部电影救了一片厂 事实证明张石川"唯兴趣是尚"的路走不通。但他还不愿接受郑正秋"长篇正剧"的意见,而提出拍"长篇趣剧"。这次郑正秋寸步不让了。终于诞生了"一部影片拯救一爿厂"的《孤儿救祖记》。《孤》片写了两个家庭：豪富杨寿昌之子骑马摔死，杨是非不分，认恶侄杨道培为继子，又听信道培谗言，将怀孕的媳妇余蔚如逐出家门。诞生于贫困农家的余蔚如之子余璞，得母亲辛勤劳作供他上学，终于成长为一个品学兼优的好学生。一个偶然的机会，余璞奋不顾身救下了眼看要被道培杀害的杨寿昌，但祖孙相遇不相识。最后杨道培临死前道出自己为夺财产对蔚如的诬害，翁媳、祖孙团圆，蔚如则捐献家产办教育。郑正秋之子郑小秋饰余璞，郑鹧鸪饰祖父杨寿昌。郑正秋贯彻了他教化电影的主张，立意于向善、办学；戏剧矛盾设置于社会常见的财产继承问题，又编织了一个曲折紧张的故事，形成一部真正意义上的艺术电影，一放映就引起热烈的反响，被认为是开创我国艺术电影的始祖。《孤儿救祖记》救活的何止是一爿厂！这也是我国第一部以儿童为主角的影片。声誉及于全国，人人争相观看。一个片商以8000元高价买下《孤》片在南洋的放映权，为国产片在南洋群岛的放映奠定了基础。由于前三部片子的失败，明星公司经济已拮据到极点。《孤》片的成功不仅使公司从危机中解脱出来，而且为以后的发展提供了坚实的基础。

有的研究者指出，影片过分强调富豪家庭的团圆，忽视人际的阶级关系，企图用伦理关系去解决普遍存在的贫富间的社会矛盾，这显然是剧作者认识上的局限和失误。

对封建制度的抨击　特别是封建道统对妇女、对人性的迫害，一直是郑正秋艺术思维的重点。他据畅销小说《玉梨魂》改编的同名电影，在我国电影史上首次塑造了一个被封建礼教生生扼杀的妇女形象，郑正秋着力描写寡妇梨娘的爱情悲剧：她挚爱的丈夫死了，渐渐地，她和孩子的家庭教师何梦霞产生了炽烈的爱情。但传统礼教不可能允许他们结合。梨娘让小姑筠倩嫁给何梦霞。何离家远征。但这一切都不能令她从爱情、情欲中解脱，最后在痛苦的折磨中离开人世。比起抨击一般封建婚姻的《难夫难妻》来，这部指向封建礼教扼杀人性的剧作，其反封建的思想深度已大为前进。

接着，郑正秋又接连创作了把目光由富贵之家转向贫民的《苦儿弱女》(1923)，抨击军阀混战的《好哥哥》(1924)，鞭挞为富不仁，要童养媳和死人牌位"成亲"的《最后的良心》，以及据《苦儿流浪记》改编的《小朋友》。紧接《小》片，郑正秋又着手写反映妓女悲惨生活，寄托他解放妓女理想的《上海一妇人》。这些影片，反映郑正秋的艺术思维已深入社会各阶层，涵盖生活各方面。

从热烈的憧憬到失望的谷底 1925年2月15日，郑正秋为儿子郑小秋举行了一个隆重的拜师典礼。老师就是郑鹧鸪。从《孤儿救祖记》开始，小秋已和郑鹧鸪合演了四部影片（另三部即《玉梨魂》《苦儿弱女》《好哥哥》）。或许是自己身为螟蛉子总感到在父母之爱上有所欠缺吧，郑正秋对同为螟蛉子的小秋分外疼爱，自从看到小秋有演戏的天分，更是带在身边加以培养。把儿子交给挚友郑鹧鸪带教，是他计划已久的心愿。

喜事刚过去一个月，传来了孙中山逝世的噩耗。孙中山是郑正秋毕生服膺的伟人。近年这位伟人提出要建立"联俄、联共、扶助农工"的和平统一国家的主张，更激发了郑正秋的美好憧憬。郑正秋泪眼迷蒙，不由得想起1916年他生平唯一一次见到孙中山的情景。那次是因为演出《孙中山伦敦蒙难记》受租界当局阻挠而去见正在上海的孙中山。当年伟人的每一个动作、表情再次来到眼前。郑正秋编了一出新剧《孙中山之死》在笑舞台演出，亲自饰演孙中山。他倾注了自己的全部感情，用心灵说话，只觉得自己就是孙中山，全然忘了自己又瘦又矮和孙中山相去甚远的外形。当演到孙中山临终时呼唤"和平，奋斗，救中国"时，全场震撼，观众有的顿足呼号，有的失声痛哭。

不久，又发生五卅惨案。在五卅惨案和上海反帝爱国风暴激发下，郑正秋的眼光一直没有离开工人群众。反映缫丝工人生活和反抗的《盲孤女》很快诞生于他笔下。

1926年至1927年5月，郑正秋又编导了《小情人》（写寡妇携子再嫁）《挂名的夫妻》《二八佳人》（写婢女的痛苦生活和她们反抗意识的觉醒）等女性题材影片。

上述出自郑正秋笔下的影片，几乎是出一部成功一部，无不引起社会的关注和赞誉，体现了作者了解人生，洞察社会，善于积累调动丰厚的生活经验的艺术素养。这些影片的现实主义人文思想特色，蕴含着磁石般的感人力量。

1927年3月上海80万工人武装起义给郑正秋带来热烈的憧憬："孙先生要使中国成为社会主义国家的愿望，这次就实现也是有可能的。"他带病上街慰问北伐军，以"言论老生"的当行本色登台表演他拿手的"黄老大说梦"，一场接一场，声嘶力竭却毫无倦容：可是"梦"毕竟是梦。紧接着的"四一二"大屠杀又令郑正秋从兴奋的峰顶一跤摔到谷底。他在痛苦、悲哀的深渊中彷徨，没有出路，看不到希望。不仅仅是郑正秋，许多百姓也一样。就像有些人在灰心绝望之际到虚幻的武侠世界去寻求消遣那样，在白色恐怖笼罩下，社会上刮起一股武侠、神怪、侦探、爱情片的浊流,郑正秋也未能幸免,创作道路出现了一个大转折。

出自郑正秋的这类影片,即通常称为"教乐合一"的电影,虽也充斥着神秘莫测的武功,变化多端的机关布景,紧张离奇的情节,却仍处处体现出作者的善良和社会责任感,宣泄着作者对现实的愤懑和不满。最有代表性的是《火烧红莲寺》(1集)。这部由郑正秋改编自武侠小说《江湖奇侠传》、张石川导演的影片,打斗到最后,仍是个除暴安良的结局,有相对的积极性。由郑正秋编剧,郑正秋和程步高联合导演的讽刺武术侦探片《黑衣女侠》,当时的评论说,"此剧大段情节,系影射近年来军阀恣睢之状。郑导演运其生花妙笔,大加渲染,故全局精彩,益见紧凑"。[①]

看清前进方向,吹响进军号角　在明星公司,这种状况至1932年才开始有所改变。这年,左翼文艺运动的发展使郑正秋看清了前进的方向。他决心复归教化电影的严肃创作。用他自己的话说,他重新走上了前进的路。这年夏末,在郑正秋、张石川、周剑云的请求下,经洪深联系,三位陌生的文化人黄子布、席耐芳、张凤梧来到"明星",被聘为编剧顾问。直到很久以后,郑正秋才知道原来他们就是著名的左翼作家夏衍、郑伯奇和钱杏邨。郑正秋和夏衍等相处坦诚,合作融洽。他赞成夏衍们创作中的新思想,但不同意出现超越我国此时此地观众文化、欣赏水平的表现方法。20多年之后,夏衍对郑正秋对他们某些脱离群众倾向的批评记忆犹新。他给电影学校学生讲课时说:"电影界的老前辈郑正秋先生,不同意我们的这种新文艺工作者的技巧。他说:'伊拉(他们)看不懂呀。'这说明他比我们有更多的群众观点。"

夏衍们企图在"明星"扩大左翼电影的队伍,郑正秋心里一清二楚,他不但不阻挠,相反大开方便之门,帮助他们顺利实现计划。他安排柯灵任《明星月刊》编辑,吸收沈西苓任《姐妹花》助理导演。蒋介石要张石川注意共产党在"明星"的活动,郑正秋关照张:绝不能当蒋介石的特务。从此对夏衍等人处处加以保护。

夏衍们的工作令"明星"以崭新的面貌出现在人们面前。第一部影片《狂流》公映时,舆论惊呼:"这是中国电影有史以来最光明的开展","明星公司划

---

① 谭春发:《开一代先河——中国电影之父郑正秋》32页;36~37页;37页;98页;242页;177页;243页;379页。

时代的转变的力作"。接着,《脂粉市场》《前程》《春蚕》《上海二十四小时》等陆续问世,带给人们一次又一次惊喜。明星公司奇迹般的变化震撼了浦江两岸。郑正秋无比高兴,拍着洪深的肩膀说:"多亏了你啊!"

1932~1935 年间,郑正秋先后编导了四部比较优秀的影片:《自由之花》、《春水情波》、《姐妹花》和《再生花》,人称"三花映在春水上"。其中最早的《自由之花》是郑正秋反对日本侵略中国的强烈呐喊。《自》片改编自郑正秋当年创作的新剧《蔡锷》,首映于 1932 年 7 月。这时正值我国人民抗日情绪高涨,"明星"在郑正秋倡导下组建的"抗日救国团"刚刚亮相,《自》片的放映反响强烈,也极大地鼓舞了群众的抗日热情。

最深刻地体现郑正秋的复归,也是他整个电影创作生涯中最优秀的影片,则是《姊妹花》。《姊妹花》系郑正秋据自己轰动 1933 年话剧舞台的两幕舞台剧《贵人与犯人》改编,自己导演。故事通过一对在一穷一富截然不同环境里成长的姊妹间的矛盾纠葛展开,由胡蝶、郑小秋主演。胡蝶一人兼饰姊妹,郑正秋饰淳朴忠厚的木匠桃哥,正是郑正秋最驾轻就熟的家庭伦理片。《姊妹花》于 1934 年 2 月 15 日公映,首轮影院连映 60 余天,二轮、三轮影院共连映 50 余天,营业收入高达 20 余万元,全国先后有 18 个省、53 个城市和香港、南洋群岛 10 个城市放映了《姊》片。《姊妹花》被评为当年国内十部名片之首,1935 年参加苏联莫斯科影展,得到很高评价。半个世纪后的 1982 年 2 月 25 日意大利比埃蒙特大区在都灵举办 1925~1980 年中国电影回顾展,首先拉开展览帷幕的,便是《西厢记》和《姊妹花》。

1933 年 2 月,郑正秋参加了中共地下党领导的群众团体"中国电影文化协会",并被推选为执行委员。1935 年 5 月,郑正秋在《明星月刊》上发表了他著名的"革命宣言"——《如何走上前进之路》。文章旗帜鲜明地写道:"电影负着时代前驱的责任……我希望中国电影界叫出'三反主义'的口号来,做一个共同前进的目标","什么叫'三反主义'呢? 就是反帝一反资一反封建。"[①] 这是郑正秋的电影革新宣言,也分明是革命战士向战友们吹响的进军号角,号召战友共同对中国电影正本清源,把电影从极度混乱的状态中引上一条新的前进道路。

---

① 《明星月刊》,1933 年 5 月第一卷第一期。

猝然离去，遗下未竟之志

历史给予了郑正秋新的机遇。然而，令人痛惜的是，时间老人留给郑正秋的只有两个月了。他还有许许多多重要的事要做，还有许许多多精彩的电影设想来不及变为现实。1935年7月16日，这位热烈的民主主义者、爱国主义者、卓越的戏剧家、中国电影之父，以47岁的壮年就闭上了他智慧的也过于疲惫的双眼，永远地安息了。

郑正秋是长期忧心祖国前途、民族命运，长期超负荷工作，心力交瘁而倒下的。怀着深深的平民情结，感情长系劳苦大众的郑正秋，在从事繁重的电影编导的同时，还承担着大量社会工作。潮州会馆1929年创办济危扶困的上海潮州和济医院，第一任院长就是郑正秋。其后一直连任至他生命终结。1931年10月潮州旅沪同乡会成立，正是郑正秋和60余位旅沪潮人眼见国难当头，为广泛团结乡亲抗日救亡而发起的。以郑正秋为会长的同乡会成立之初即投入声援东北马占山部队、批判蒋介石不抵抗主义的抗日洪流。在紧接着的"一·二八"淞沪抗战中，郑正秋领导同乡会作出了无可替代的卓越贡献（参见本书《潮州旅沪同乡会的成立与发展》）。面对日寇步步紧逼的侵略野心，郑正秋在同乡会特刊《救国号》上发表万言长文《几个责任问题》，大声疾呼："中国乃中国人之中国。唯中国人自觉自决自助自强，方足以救中国。救国救国，责任所在，愿我国人亟起负之。"郑正秋连任潮州旅沪同乡会三届主席。在他为1935年1月出版的同乡会年刊撰写的《发刊辞》中，说同乡会各项工作"比较别的团体，似乎认真而实在"，但"又非常之惭愧起来了"，那是因为"关于消极方面的多，积极方面的少。关于救济方面的多，关于建设方面的少。好像义务补习学校，以及义务小学校，轻工业机厂……等等，不但可以救失学，不但可以救失业，而且可以造成……新事业的各种计划……终于没有开办出来。""我无论如何，要拉人帮助，奔走劝导，来使得它早点儿成功的。哪怕我退为会员，也是不肯放弃这个计划的。"这是郑正秋对发展同乡会事业的理想，是他对乡亲们最后的承诺，却已来不及付诸实践。1933年广东旅沪同乡会成立，郑正秋又被推举为常务董事、副董事长兼宣传部主任，还负责主编《广东旅沪同乡会月刊》。他以吐血带病之身，先后为《月刊》撰写表明办刊宗旨的《卷首语》和《努力做人呢，还是做牛做马做奴隶》等文章。1934年夏，郑正秋以体力日衰，"月来又见咯血"，坚请辞职，总算辞去"宣传部主任"，副董事长仍被挽留。

从一件小事,可见郑正秋热心公益之一斑。那还是早年新民剧社时期。5月的一天,一位素昧平生的城东女校校长来访,述说学校经费困难,希望得到郑正秋的帮助。郑正秋回答:"我演剧一天,所得票款,全部送给学校,行吗?"他当即排起了趣剧《小学教员之妻》和正剧《苦儿流浪记》于5月30日公演。那时红遍剧坛的郑正秋和新民社,一天两场下来,票款数百。31日,数百元票款解了城东女校之困……

郑正秋终于倒下了。这样一位挚爱人民,毕生为弱者鸣不平,也为人民所深爱所崇敬的艺术家、社会活动家的猝然离去,哪会不引起社会的强烈反响?正在南京的田汉,送来了他亲笔写的挽联:"早岁代民鸣,每弦繁管急,议论风生,胸中常有兴亡感;谁人舒国难,正火热水深,老成凋谢,身后惟留兰桂香。"深情、准确地概括了郑正秋的一生。一连几天,通向上海殡仪馆的徐家汇路上,人流络绎不绝,认识的、不认识的人们,哀痛满面,步履沉重地向遗体深深鞠躬。大殓之日,上海各大汽车出租公司主动地部分停止营业,司机们竞相开出大小汽车百余辆,齐刷刷停在殡仪馆门前,供治丧处无偿使用。那家曾以郑正秋屡屡光顾而自豪的著名的冠生园酒家,为送殡者用作午餐的千余盒免费奶油蛋糕,也已早早送到。灵车在郑小秋和郑正秋的异姓兄弟张石川、周剑云,学生蔡楚生、胡蝶及后辈沈西苓、李萍倩、程步高、高季琳(柯灵)等护送下离开殡仪馆向江湾潮州八邑山庄缓缓开去。沿途数十里,人们注视着灵车前"郑正秋先生之丧"的黑色横幅,驻足默哀。有的人忍不住心头悲痛,热泪滚滚。一位诗人说过:"有的人死了,但还活着。"郑正秋正是这样一个人,活在他所热爱的祖国和影剧观众、潮汕乡亲心里。

蔡楚生：奋斗与辉煌

撰稿　朱家　陈琳

　　潮汕人杰地灵,人文荟萃,古称"邹鲁之邦"。宋陈尧佐诗有"滨海邹鲁是潮阳"之句,潮阳泛指潮州、潮汕。在现代,有两大文化现象很使人注目:其一,十九、二十世纪之交,潮州诞生了一个又一个后来活跃在现代文学史称为"左联"时期的著名革命作家。其二,同一时期,潮州又诞生了一个又一个而后在中国电影史上熠熠生辉的人物。蔡楚生便是其中一位。

童年与少年时代

　　童年生活　蔡楚生,1906 年 1 月 26 日生于上海。六岁时,随在沪经营洋杂百货生意的祖父母和父母回到潮阳故乡铜盂镇神仙里(今集星村)。小小年纪,不时和大人一起下田劳作,跟随住在海门的外婆,赤着脚在准备扬帆出海的渔民中挤来挤去,在一望无际的海滩上奔跑嬉戏。童年的蔡楚生读过四年私塾,但生性倔强的他对要求死背四书五经和古怪粗暴的塾师格格不入,颇有文化修养的父亲决定让儿子离开私塾,除自己管教外,主要请精通书史且博学多才的祖伯父蔡范之精心教习古文与诗词。暇时他随父亲习字,并自学绘画。

十多年后,蔡楚生曾在日记中忆及年少时与哥哥下田劳动时作歌,且歌且耕时的情景:"偶忆十五年前深秋时节,我与兄劳动于田中,因受责备与感于岁月之悠悠,乃作歌以寄慨,歌云:

耕田哥,耕田哥,

劳苦犹怨奈尔何!

秋风从东起,

满眼悲感多,

人生数十年,

虚度等南柯!

可见其已具备颇强的以文字表达情感的能力。

初涉人世 十二岁,蔡楚生初涉人世,被执意要他从商的父亲送往汕头,学习批销百货,其时楚生的祖父不甘寂寞重操旧业,在汕头与人合伙开设百货批发店。他当学徒也当得很出色,接货送单稳当快捷,人称"出街经理"。他一面做他的小小"出街经理",一面在夜晚利用微弱的灯光刻苦自学。路过几所中学时,他只能投以羡渴的目光。强烈的求知欲使他以垫货的旧报纸作为文化学习的教材,借来小说入迷地阅读。读过的报纸用来习字和画水墨画。几年之后,他居然不时为亲友写条幅,为店家题店招。幼时栽培过他的祖伯父逝世,蔡楚生于悲痛中研墨展纸,凝神挥笔勾画出记忆中老人端庄逼真的画像供奉于灵堂。二十岁时,一位堂叔父请他为居室题匾,他所题"锦华斋"三字被勒石置于门楣,至今尚存。蔡楚生自学书画已有相当造诣,可见其艺术天赋之不凡。

大时代洗礼 1925年,十九岁的蔡楚生在"五卅"运动、省港大罢工的影响下,积极参加汕头店员工会的活动,他邀集同好组织了一个"进业白话剧社",他写过一个剧本,编、导、演什么都干。一次返里,蔡楚生曾即兴教子侄们排了个独幕剧,小演员们在剧终时齐唱"打倒列强,除军阀……"。次年,上海华剧影片公司到汕头为影片拍外景,邀蔡楚生和剧社伙伴们协助工作。在新奇和向往中,蔡楚生兴奋地创作了一个以买彩票为题材的滑稽短片剧本《呆运》。"华剧"摄制组离汕之前,导演指导"进业剧社"把这部无声短片拍摄出来,后来在汕头戏园上演。当年的蔡楚生大概不会想到,一个话剧剧本和一部短短的无声影片,居然使他走上了终生为之奋斗的电影艺术之路。

1927年大革命失败,白色恐怖也笼罩着南中国。蔡楚生虽然并未置身于斗争的漩涡中心,但他从事工会活动,频频进行街头宣传,被列为"活跃分子",为安全考虑他必须离开汕头。蔡楚生想起了他的出生地上海,那里有他向往的电影事业,有他认识的华剧影片公司的朋友。父亲已不可能阻拦他了,他毅然离开汕头,告别故乡,只身闯荡上海滩。

十里洋场上的十年奋斗

迷茫中的挣扎 上海,蔡楚生的出生地,但1927年暮春,二十一岁的他,从轮船踏上码头,面对远比汕头喧闹杂沓的繁华大都会景象,他一片陌生,茫然而孤独。他蜗居亭子间,天天外出,一家家寻访电影厂,陈述自己的志愿。可是,迎接这个一天正规学校也没上过、说话带闽南口音的青年的求职,不是白眼就是冷漠。终于,还是靠着在汕头时认识的那几位"华剧"公司朋友的帮助,他进入了这家电影厂工作。

起初,在"华剧",他什么都干,当杂工、搭布景、当剧务,至于写字幕、做美工,凭他的基础更是很快就适应了。他的工作十分繁重,不仅收入仅能够糊口,而且时不时要承受势利眼们鄙视的目光。但他不以为苦,也不气馁,一方面如饥似渴地阅读大量中外文学名著以及社会科学、自然科学著作以充实自己,一方面又陆续在几家影片公司担任临时演员、场记和美工师,努力积累电影摄制过程的各方面的知识。同时他还在报刊上发表具有反封建精神的文章,抒发他对"黑暗人世之旧家庭、恶社会"的愤懑。

第一位良师 仅仅两年,也仅仅是在几家电影厂干杂活,有抱负的他,却已经形成了自己对电影创作的一些见解,特别是对当时武侠神怪片泛滥感到切肤之痛,也为自己的无所事事而苦恼,盼望着自己能有出头之日。终于,郑正秋先生赏识他,向他伸出了援手——蔡楚生面临了一生中的一个重要的转折。下面是他当年动情的自述：

"1929 年的秋天，我从天一公司退出来……在忧急中，我顾虑不到自己的见解是否可靠，知识能力是否胜任，在一个黑夜里，我鼓着全身的热力和勇气，把头躲在大衣领里，冒着寒威，跑到正秋先生家里，劈头就如翻江倒海似的，敷陈我对于中国电影的意见，和很冒失地请他信任我做他的副导演，他起初也许对我那极度神经质的举动，感到有点错愕，但后来竟承嘉许备至，和慨然答应了我的要求，而使我感到万分的兴奋！那时……颜鹤鸣兄，已经担任正秋先生的摄影，刚巧他也在座，于是，我们三人经一夜的讨论，就决定请正秋先生采取最接近现实的故事做题材，而以真、美、善为前提，来处理剧本的内容和演技、布景、光线等，依照这方式陆续摄制到五部以上，以期推动电影的正规发展。

清晨，我和鹤鸣兄从正秋先生家里出来，踏上马霍路，迎着晓雾中的朝光，我在庆幸着我将得到最多学习机会，和将从事于最有意义的工作，而高兴得几乎要飞跃起来！"

郑正秋，著名的戏剧家，中国电影的拓荒者、奠基人，民主主义社会活动家，他和蔡楚生同为潮阳人，作为前辈，他"照拂"蔡楚生，固然有同乡情分在内，但更主要的是伯乐式的激赏，赏识蔡楚生的才华，赏识他对电影艺术的追求与执着的精神。他毅然推荐蔡楚生进入当时规模最大的明星影片公司，担任自己的副导演。在此后的两年间，蔡楚生协助郑正秋摄制了《战地小同胞》《桃花湖》《碎琴楼》(蔡楚生兼饰片中老仆人一角)《红泪影》等六部影片。他十分珍惜这样的学习机会，日以继夜地勤奋工作——有时连续工作二十几小时。郑正秋常常劝慰他说："你太辛苦了，艺术固然要紧，身体也是要紧的。你要休息休息才好！"他知道蔡楚生没有钱看大影院放映的好影片，就不时来邀他："阿拉搭侬偷盘出去 (沪语：我和你悄悄溜出去) 看影戏好么？"也生怕蔡楚生"闷坏或饿坏"，不时拉他和三两个朋友上饭馆开怀畅饮、饱吃一顿。不难看出，郑正秋对蔡楚生的关爱，包容着真切的乡谊乡情，尤其是那深深的师生情，是多么地真诚！而蔡楚生也把郑正秋尊为从事电影艺术创作的第一位良师，时时处处如海绵吸水般地虚心求教。郑正秋经历逊清、辛亥革命至民国初年的社会大变动，熟悉各阶层的社会生活，长期从事"新剧"(文明戏)的编、导、演，熟稔观众的心理，故而从事电影创作十分注重生活气息，追求区别于当时充斥市场的西方电影的中国民族特色。此时的蔡楚生虽然年轻，但他自幼生活在下层,有着痛苦的社会生活的直接感受,以致文化知识也都是靠自己摸索累积的;他所接受的艺术熏陶主要也是中国古典的和民族的。因而在艺术上,他们能够合拍,在蔡楚生从影的起步阶段,跟随郑正秋,可谓获益良多。但在"明星"这样的大公司,没有资历的蔡楚生,虽有郑正秋的提携,他依然免不了遭受歧视和排斥。

曲折与转折 三十年代初,一批受过五四运动深刻影响的电影工作者形成了以联华公司为基地的"新派"群体,在"明星"公司郑正秋处结束了类似"见习"阶段雄心勃勃的蔡楚生,于1931年底,离开"明星",由史东山等著名导演推荐加入"联华",开始独立拍片。

翌年,他先后独立编导完成了影片《南国之春》和《粉红色的梦》。遗憾的是,蔡楚生除这一年年初因"一·二八"事变爆发,他以强烈的爱国热情在几位著名编导协助下突击摄制了《共赴国难》一片受到赞誉外,《南》《粉》两片,虽前者有一定反封建的意义,但都具有脱离现实生活、追求"诗般的幻梦"的低沉感伤的情调而引起刚刚兴起的左翼电影界的尖锐批评,聂耳恳切地告诫他"不要再做艺术家的迷梦",期待他"能很快走上一条正确的大道"。应该说,蔡楚生是幸运的,他在起步时的弯道口上就受到痛切的批评,迅速从"纯艺术"的迷梦中清醒过来。事后他回忆说,他认识到《南》《粉》两部影片实在是"两个盲目的制作",他决定"我以后的作品,最低限度要做到反映下层社会的痛苦,而尽可能地使她(指影片)和广大的群众接触"。后来的事实证明,他实现了创作上的转折,走上了现实主义的正确道路。

奋斗与丰收 1933年岁首,蔡楚生发表了富有象征意义的宣言式的散文《朝光》,表示要"开始我的未来"!当时民族危亡的残酷现实,左翼电影运动的兴起,是促使他警醒和振奋起来的契机。二月,他加入并被推选为党所领导的中国电影文化协会执行委员。三月,他完成了标志自己思想和创作重大变化的力作《都会的早晨》。这时的蔡楚生,正在逐渐实现着人生奋斗目标的转变,即从争取"出头之日"、在纯艺术的天地里成就一番事业的个人奋斗,转变到为人民大众服务的电影艺术的发展而顽强奋斗。他已经能够以朴素的阶级观点看待错综复杂的社会生活了。

《都会的早晨》有两个主要人物:资本家的两个儿子——一个被抛弃的私生子和一个被娇宠的婚生子。蔡楚生把这两个人物放在充满尖锐阶级对立的社会生活中去表现,那个私生子在被收养的工人家庭中成长为一个有骨气的建筑工人；在富家长大的儿子则成为只会寻欢作乐的花花公子和恶棍。随着曲折的戏剧情节的展开，影片既揭示了当时中国都市社会的不平和黑暗，暴露了所谓"上层"阶级的腐朽，又歌颂了劳动者的觉醒和凛然正义。蔡楚生把一个家庭伦理剧拍摄成具有相当深刻性、启发观众思考，特别是鼓舞劳动群众起来与不平的社会抗争的社会剧。无疑，这具有强烈的现实意义。《都会的早晨》放映后轰动一时，受到进步舆论的热烈赞扬，和《狂流》（夏衍编剧）、《三个摩登的女性)（田汉编剧）等优秀左翼影片一起，被称为"具有伟大未来性的萌芽"，是"对观众投掷了几颗炸弹"（洪深语）。

有意味的是，差不多同时期，郑正秋也拍摄了根据自己的舞台剧《贵人与犯人》改编的影片《姊妹花》。郑正秋在这部影片里表现了可贵的进步，表明他的人物处理已从以往抽象的善丑、贫富对立而改变为具体的阶级对立，并且具有较为鲜明的爱憎。有人指出，蔡楚生的《都会的早晨》曾受郑正秋的影响，两部影片的主人公一为孪生姐妹，一为同父兄弟。这是可能的。蔡楚生深得郑正秋精巧的艺术构思的精髓，他们有着艺术上的共同的探索与追求，但蔡楚生借鉴中是有所创造的，情节并不雷同，尤其在戏剧矛盾冲突的结局上有了大的突破:《都会的早晨》中的主人公与生父彻底决裂，这与《姊妹花》阶级调和、改良主义式的大团圆结尾，大异其趣。《姊妹花》虽有美中不足之处，但它不失为优秀影片，是郑正秋晚年的代表作，也是他一生六十多部剧作中影响最大的一部作品。

1933年，《都会的早晨》和《姊妹花》都取得成功，也许可以说，四年前蔡楚生夜访郑正秋，师生相约"以最接近现实的故事做题材"，"而期推动电影的正规发展"，此时，终于分别结出了令世人瞩目的硕果，产生了实实在在的影响，共同实现了当年的夙愿。

此时，蔡楚生的创作视野，仿佛也豁然开朗，变得开阔起来了。他紧接着完成了《渔光曲》剧本的写作，昔日潮阳故乡滨海渔民的苦难生活所留给他的难忘印象，在新的创作思想激励下，此刻便汩汩地流注于笔端。当年九月，一次台风过后，为抢拍真实的外景，蔡楚生迫不及待地率摄制组乘船出发，赶赴浙东象山一处渔镇开拍。正当《渔光曲》处于拍摄的紧张时刻，国民党当局加紧了文化"围剿"，白色恐怖也笼罩了电影界。而《渔光曲》的揭露黑暗，"反映下层社会的痛苦"，正是国民党当局所禁止的。可是蔡楚生不畏强暴，义无反顾地坚持将《渔光曲》于1934年春末摄制完成。六月中旬《渔光曲》上映后产生了比《都会的早晨》更为轰动的效果，连映八十四天，创造了当时中国影片票房的最高纪录。

蔡楚生在《渔光曲》中，描绘了一个贫苦渔民家庭的破产、流离失所以至死亡的命运，老少两代渔民伤心悲惨的苦难经历，具有凄婉悱恻而又动人心魄的艺术力量。影片深刻地揭示了军阀混战、盗匪横行、渔霸的剥削和帝国主义经济掠夺下三十年代中国农村悲惨的社会面貌。《渔光曲》的主题歌，由于唱出了当时人民的悲苦的心声，随着影片在各地的热映而传遍了全国各个角落，成为家喻户晓的流行歌曲。

《渔光曲》上映的盛况，也引起国际影坛的注意，九月，法国很快以重金购买了在全欧的放映权；翌年，即 1935 年 3 月，《渔光曲》在莫斯科国际电影节上获得"荣誉奖"，成为中国电影在国际上获奖的第一部影片，评奖委员会的评语是："蔡楚生以其勇敢的、现实主义精神深刻地反映了中国的现实生活。"值得高兴的是，郑正秋编导的《姊妹花》也在此次电影节上参映，颇获好评。

有评论家认为，"如果说，《都会的早晨》奠定了蔡楚生在中国电影史上的地位，那么在这之后的《渔光曲》，则使他一跃而成为一个世界性的优秀电影艺术家。"这是很准确的评论。

《渔光曲》问世这一年，蔡楚生 28 岁，尚未过"而立之年"。1927 年，蔡楚生来到上海，是一个"从南国跑来的野小子"，到 1934 年，仅仅八年时间，他已经是享誉中外的著名电影艺术家了。

从 1933~1934 年拍摄《都会的早晨》《渔光曲》，到抗日战争全面爆发的 1937 年，即蔡楚生三十一岁之前这几年，是他创作力最为旺盛的时期。继《渔光曲》之后，蔡楚生又摄制了多部为左翼电影获得声望的优秀影片。他导演的《新女性》，由于内容切中社会时弊，拍摄中，国民党当局以宣传阶级斗争的罪名强令删剪，放映后又引起轩然大波。影片以当时自杀身亡的进步女演员、作家艾霞为原型而创作的，著名演员阮玲玉饰演女主角韦明，她以自身坎坷多舛身世的深切体验演得十分真切感人，影片控诉了进步妇女所身受的摧残。影片放映后遭到反动当局和社会恶势力的攻击，作为导演的蔡楚生不为所动，绝不退缩；但饰演主角的阮玲玉却在黄色报刊文痞和无赖的恶毒污蔑中，走上了她所饰演的韦明含恨自尽的道路，在遗书中留下"人言可畏"的悲愤的控诉。《新女性》编剧孙师毅在祭奠的挽联中有"群犬吠声杀弱者"之句。鲁迅当时写了《论"人言可畏"》的杂文，表示了深切的同情。《新女性》的拍摄本身和放映后引发的事件,就是对当时黑暗的社会现实的抗议和斗争。《新女性》事件和阮玲玉之死,给予蔡楚生的,不仅仅是愤激和伤痛[①],更重要的是启示:决不能放下手中的电影武器,只有面对血淋淋的现实,进行韧性的战斗!

　　《迷途的羔羊》是蔡楚生电影创作中酝酿、构思和摄制时间最长的一部。在1935年3月8日阮玲玉死于非命的惨剧发生之后不久,蔡楚生目睹国民党当局无耻地利用当时4月4日的儿童节大肆粉饰太平,便萌发了以上海十里洋场上随处可见的流浪儿为题材进行创作,此时的他已不满足于急就章,而是力求生活素材挖掘的深刻和更强的艺术魅力。他身着破衣滥衫混迹于流浪儿童群中,成为他们的知心朋友,他深入地了解了都市社会最底层的这些孤苦无依孩子们的生活,看到了他们在肮脏、"无教养"外表下的聪明、勇敢和纯真、善良的人性。看到这一切,更加强了蔡楚生"为这些无告的人们而呼吁的决心"。历时一年多,他终于在1936年盛夏摄制完成了这部影片。这是中国第一部取材于流浪儿的影片,其中没有说教、没有空洞的口号,它是蔡楚生电影创作中追求思想与艺术完美结合的成功之作,一部现实主义的力作。影片放映时强烈地叩击着观众的心弦,催人泪下。蔡楚生借鉴潮州故乡《莲花落》民谣写成的插曲《月光光》也以其感染力而在街头巷尾流行一时。评论界高度评价了《迷途的羔羊》,有人直称其是高尔基《在人间》式的优秀影片。

　　可以顺便一提的是,《迷途的羔羊》在各地放映后,家乡的"三正顺"戏班将其改编为潮剧"文明戏"。1937年该戏班来沪演出,蔡楚生曾看望戏班并与编剧谢吟讨论改编中的问题。[②]

　　1937年上半年,民族危机日益严重,抗日浪潮高涨。日本帝国主义的侵略及其策动的汉奸活动变本加厉,国民党当局一方面千方百计压制民众的救

蔡楚生：奋斗与辉煌

---

① 唐瑜曾撰《可怜的阮玲玉》(见2000年)5月10日《新民晚报》)一文,文中说"1947年,我从新加坡到上海,恰好是清明节,于是与蔡楚生、陈曼云及他们的子女同往广肇山庄,只见(阮玲玉)墓冢上平坦如故,荒草萋萋,黄土漠漠,有谁能知道这里长眠着当年的一代艺人呢!"由此也可见蔡楚生对阮玲玉的痛惜和忆念之情。

② 蔡楚生曾自称儿时就是潮剧"小戏迷"。解放后,广东潮剧院于1957年、1959年二度晋京演出,蔡楚生欣喜万分,撰写了多篇评论。1961年又曾应潮剧院之请,执笔为传统剧目《芦林会》作细致的修改加工。同年,蔡楚生在广州"珠影"拍摄《南海潮》,适值"珠影"与香港凤凰影业公司合拍潮剧艺术片《荔镜记》,他经常过问此片的拍摄情况,关怀备至。

国运动,一方面又纵容默许汉奸的卖国行径。当时时局动荡不安,蔡楚生仍没有放弃上一年他参与发起成立的上海电影界救国会宣布的"摄制鼓吹民族解放的影片"的承诺,他克服重重困难,编导了《小五义》《王老五》两部影片。《小五义》是一个寓言式的讲述团结御侮的故事,曲折地反映了人民群众激昂的抗日呼声,蔡楚生形象地将这部影片比喻为是一把"有缺口的大刀"。《王老五》则通过城市贫民王老五企求"像人那样"做人而不可得的愤怒和斗争,直接表现了迫害王老五的汉奸的无耻和罪恶。这两部影片都起了动员抗战、打击汉奸的积极作用。

历经磨练重来沪滨的辉煌

颠沛与磨练　1937 年末上海失陷前夕,蔡楚生离沪返回阔别多年的潮汕,这是他一生中最后一次返回故里,这一年他三十二岁。在家乡逗留近两个月,蔡楚生旋即于 1938 年 3 月 31 日经汕头乘轮船赴香港。是日傍晚,"船于七时二十五分离岸,夕阳闲悬船后,映海波作金黄色,景至静穆"。时值国难当头,大半国土沦入敌手,蔡楚生顿时记起唐人名句"独怆然而涕(泪)下",悲国伤时之情油然涌上心头。是夜,"与船买办纵谈时局至十二时余"。(以上引号内语均见蔡楚生《返乡日记》最后一日之日记)

抵达香港至 1941 年底太平洋战争爆发香港陷落近四年期间,蔡楚生发表了一系列有影响的文章,如《战后的中国电影动态及目前的改进运动》《电影界的人兽关头》等重要评论,并且与司徒慧敏等人一起在香港电影界从事了许多扶正祛邪的工作,特别是帮助粤语抗日电影的发展,以发挥其在香港及东南亚抗日宣传的作用。抵港当年,即与司徒慧敏合写了《血溅宝山城》(以上海抗战为题材)和《游击进行曲》(叙写内地游击战故事),由司徒慧敏导演摄制成粤语片放映。1939 年,蔡楚生依托"大地影片公司"编导完成了表现上海沦陷后爱国青年与汉奸特务进行殊死斗争的《孤岛天堂》。1940 年参加"新生影片公司",编导了以香港汽车工人等劳动群众抗日爱国斗争为题材的影片《前程万里》。

香港沦入敌手后,蔡楚生混在难民群中逃过日军的搜查到达桂林。避难桂林的两年间,他在贫病交迫中仍不忘战斗,在桂林没有拍电影的条件,他便创作话剧,抱病写了五幕剧《自由港》,叙写了香港陷落前后人民群众身受的踩躏摧残和斗争。由于日寇大举进犯湘桂,1944年5月,他以病弱之躯开始了历时七八个月,行程一千余里的流亡逃难的生活,历尽艰辛始抵重庆。他目睹数万难民颠沛流离的惨状,自己也置身其中,深刻体验了痛苦之烈。他看到湘桂、湘黔道上混乱、可怖的撤退中国民党的种种倒行逆施,跋涉到达"大后方"重庆后则满目是达官贵人醉生梦死的生活,从极端的反差中,他彻底看清了国民党当局不可救药的腐败本质。抗战胜利前这一段充满苦难的流亡经历以及在途中、在重庆目击的黑暗现实,给予他的刺激是强烈的,对他的思想与创作都产生了深刻的影响。

创造辉煌 抗战胜利后,1946年,蔡楚生满四十岁;作为一位艺术家,无论生活积累,无论思想与艺术素养,正达于最成熟的时期。年初,他和阳翰笙、史东山等人接受周恩来的指示,从重庆回上海重建进步电影基地。6月,他们会同郑君里、孟君谋等以战前联华影业公司同人名义,组建"联华影艺社",次年春与"昆仑影片公司"合并,具有了拍摄大片的实力。

一项堪称巨制的电影创作活动开始了:蔡楚生与郑君里通力合作,将他酝酿已久的影片《一江春水向东流》推进摄影棚,1947年10月,全片摄制完成,分上下两集——《八年离乱》、《天亮前后》。其时国民党正利用"劫收"之机,企图垄断电影市场,推出了《天字第一号》等美化国民党特务的影片,并且大肆吹嘘、大造舆论,影坛一片妖风迷雾。进步电影工作者实现了以进步影片打击反动影片的预定方针,继一批较有影响的进步影片陆续上映之后,《一江春水向东流》犹如一声春雷,震撼了当时影坛,形成了进步电影胜利进军的高潮。

《一江春水向东流》反映了从抗日战争至国民党统治区人们称为"惨胜"前后十年间中国社会复杂的社会面貌,背景广阔、线索纷繁、人物众多,蔡楚生和他的合作者郑君里,以高度的概括力,把这一切都融注入一个家庭悲欢离合的遭遇之中,编织了一个错综复杂、跌宕起伏而又真实动人的故事。白杨饰演的女主角素芬,一个善良、贤慧的中国妇女形象,陶金饰演的张忠良,一个堕落者的形象,这一正一反两个人物,分别成为中国电影画廊中出色的艺术典型。蔡楚生丰富的生活阅历,他对生活的洞察力,他的艺术才华,在《一江春水向东流》中得到最充分的运用和发挥。

当时的人们坐在电影院里看《一江春水向东流》,刚刚过去的噩梦般的生活重现了,社会现实的绝望与希望也都一一显现于人们的眼帘。电影院里时而一片寂静,时而是一片啜泣之声。无怪乎《一江春水向东流》甫一献映,立即旋风式地占领了上海影坛,引起空前强烈的反响,出现了"成千上万的人引颈翘望,成千上万的人踩进了戏院大门"的沸腾景象。蔡楚生刷新了由他的《渔光曲》创造的连映八十四天的中国电影票房纪录,《一江春水向东流》在上海首映时连映三个多月,欲罢不能。蔡楚生实现了电影走向大众的艺术追求。

《一江春水向东流》被誉为"战后中国电影的指路标"、"里程碑"。这部艺术长卷式的巨片,是蔡楚生从影以来最成功的作品,也是中国电影发展史上具有重要影响的影片。蔡楚生创造了辉煌,成为中国电影工作者的骄傲。

1948年冬,上海解放前夕,蔡楚生在党组织安排下转移至香港。1949年5月前往北京,出席了于7月举行的第一次全国文学艺术工作者代表大会,会议期间毛泽东写了"奋斗"的题词,勖勉蔡楚生。全国解放后,蔡楚生先后担任中央电影局艺委会主任、电影局副局长及中国电影工作者协会主席、中国文联副主席,在新中国电影工作的领导岗位上为谋求电影事业的新发展而费尽心力。他多次率电影代表团出国访问,参加国际电影活动。1956年他加入中国共产党。

最可遗憾的是,他的电影创作却中断了十多年。蔡楚生对此是深有感慨的,他说:"艺术家是通过他的作品与读者或观众建立友谊的,如果停止了创作,他的艺术生命也就完结了。"法国著名电影评论家乔治·萨杜尔和著名演员菲利浦十分欣赏《一江春水向东流》,都表示,拍摄了这么出色影片的编导不再拍片,是"很可惜"的事。五十年代末,蔡楚生终于在过去于香港写成的《南海风云》剧本的基础上重新构思,邀清陈残云合作编剧,创作了反映广东渔民生活与斗争的《南海潮》,于1963年春与王为一共同导演摄制完成此片的上集,放映后广受欢迎。可是,还没有等到他着手筹拍下集,"文革"的狂涛黑浪就已经席卷中国大陆,蔡楚生饱受迫害,于1968年7月15日饮恨逝世,终年六十二岁。

蔡楚生虽然在解放以后只编导过一部影片,但他三十年代以来在上海拍摄的优秀影片,如《一江春水向东流》、《新女性》、《迷途的羔羊》等,现在的观众还不时能从电视上的电影频道看到它们,也可以买到这些影片的VCD碟片。蔡楚生逝去了,但他的影片活着。他为电影开辟了走向大众的道路,更是功不可没。人们会铭记着这位从潮汕大地走出来,在上海登上中国和国际影坛的电影艺术巨匠的名字。

附：郑小秋、陈铿然与周达明

与蔡楚生、陈波儿同时代，并一同活跃于上海影坛的潮籍著名影人，还有郑小秋、陈铿然和周达明，后者还是蔡楚生的合作者——多部影片的摄影师。

郑小秋，1910年生，潮阳人，中国电影奠基人郑正秋之子。七岁就在舞台上扮演角色，十二岁时主演其父编导的影片《孤儿救祖记》（明星公司出品）大获成功，轰动一时，一举成为著名童星。他主演的影片还有《小朋友》《啼笑因缘》《春蚕》等。郑小秋与著名演员胡蝶搭档主演郑正秋编导的力作《姊妹花》，成为郑正秋、郑小秋父子合作的代表性作品。

郑正秋于1936年去世，廿多岁的郑小秋继续活跃于影坛，任大同、大华与香港大中会等影业公司导演，与洪深合作导演《弱者，你的名字是女人》，独立导演《热血》等多部影片。作为历经从无声片到有声片整个过程，参加近百部影片的演出和导演工作的郑小秋，是早期中国电影事业的拓荒者之一。

新中国成立后，郑小秋服从安排，投身科教片事业，任上海科教电影制片厂导演，其作品有《保养耕牛》《粮仓典范》等，与人合导的《水土保持》1956年获第一届威尼斯国际科教片电影节奖，《中国武术》1963年获第二届中国电影百花奖荣誉奖。

郑小秋曾为上海市第一、二届政协委员。1989年9月13日，因脑溢血去世，终年79岁。

陈铿然，1906年生，潮州人。青年时代就读于上海沪江大学时自编话剧《秋扇怨》，后与友人合作创办友联影业公司，将此剧搬上银幕，意外获得观众欢迎，遂使"友联"得以立足上海影坛。1925年"五卅"事件中，惨案发生一小时后，陈铿然不避艰险，偕其妻徐慧芳（演员）及摄影师飞速赶到南京路现场，躲在汽车里（徐将摄影机掩藏于裙下），伺机将屠杀者正在冲刷一摊摊血迹的实况秘密拍摄下来，又驱车外滩抢拍英军从黄浦江登陆以及军警殴打、驱赶游行群众的场面，在南码头同仁辅仁堂拍摄了遇难烈士的镜头，和同济大学学生抬了烈士棺材游行的镜头，并在医院配合下，拍摄人员乔扮成医生、护士将摄影器材藏于手提药箱内进入被租界捕房严密把守的医院内采访受伤者。陈铿然迅速制成纪录影片《五卅沪潮》放映，虽遭禁映，但屡禁屡映，且在各地陆续放映，控诉与揭露帝国主义暴行，产生极大的影响。

1930年，陈铿然导演拍摄过中国最早的蜡盘发音有声片之一《虞美人》，和由徐琴芳主演的武侠片《荒江女侠》等影片。1932年，友联公司因地处虹口毁于"一·二八"日军炮火。

陈铿然作为爱国主义者和进步导演转入明星公司。其代表作是与《狂流》《春蚕》等左翼影片齐名的《香草美人》,此片直面处于重压下工人的苦难生活与斗争,首次以含蓄蕴藉的艺术手法,塑造了觉悟了的中国工人的先进形象。

抗日战争全面爆发后,陈铿然任上海戏剧界救亡演剧队第十三队队长。次年,在艺华影片公司拍片,他所导演(于伶编剧)的《女子公寓》,因严肃地反映现实生活而颇获好评。

五十年代,陈铿然在解放后的上海电影制片厂曾导演纪录片《郝建秀工作法》,应邀为长春电影制片厂导演陈伯华主演的戏曲艺术片《宇宙锋》。后因长期患病未能拍片,1958年病逝。

周达明,电影是综合艺术,电影的主创人员,除编、导、演之外,其成败还系之于摄影。著名摄影师周达明,1906年生于潮阳县农村。十三岁离乡背井来沪谋生,一面当店铺学徒,一面刻苦自学。1927年二十一岁时入友联影业公司摄影部,仍只能当学徒,虽"偷"学苦学,仍只能干杂活。终于有一天,一部影片的摄影师病倒了,为了不耽误拍摄,导演临时让周达明代替拍摄,周达明有条不紊地布光,熟练地操作摄影机,一天拍摄下来,所摄制的样片,其效果让人啧啧称奇。从此周达明开始独立拍片。

周达明有幸和同乡蔡楚生合作拍片,蔡楚生导演的著名影片《新女性》、《迷途的羔羊》、《王老五》,都是由周达明摄影完成的。周达明逐渐形成了能充分体现蔡楚生影片的社会内容、表达创作主题的深沉而庄重的独特低调的摄影风格。尤其在《迷途的羔羊》中,周达明调动摄影镜头,取景用光中的低调氛围,其深沉、浑朴的拍摄风格,与蔡楚生强劲、刚健的导演格调配合,可谓相得益彰。

抗日战争爆发后,周达明与著名导演费穆合作拍摄了抗战题材影片《北国战场精忠录》,又到香港拍摄了由夏衍编剧、司徒慧敏导演的《白云故乡》。在"孤岛"时期的上海,他又和费穆合作,以一年的时间完成了古装片《孔夫子》的拍摄,以表现孔子"勇者不惧"、"匹夫不可夺志"的浩然正气,曲折地表达了中国人民不屈的气节与意志,在沦陷中的上海放映时社会反响强烈。

新中国成立后,周达明成为上海电影制片厂总摄影师,多部名闻遐迩的优秀影片,如《宋景诗》《上甘岭》《不夜城》《燎原》《舞台姐妹》都是由周达明拍摄的。周达明颇为长寿,1995年九十高龄时去世。

陈波儿：明星·战士

撰稿　朱家　陈琳

　　时序已进入廿一世纪，人们仍经常能从电视荧屏上看到上世纪30年代中国电影第一个兴盛期的一批优秀影片。其中有一部拍摄于66年前的《桃李劫》，今天的人们，至少是知识界的不少人并不陌生。这是来自潮州的女影星陈波儿从影的成名作。"明星"这个称谓，因《桃李劫》而和陈波儿联结在一起了。当时曾有不多的几名明星名闻遐迩，炙手可热。但人们并不清楚，成为众所艳羡的明星，这并非陈波儿的意愿；在30年代，心气高远的女青年陈波儿，她怀的是别样的人生理想。

一

　　陈波儿,1907 年 7 月 15 日出生于潮州庵埠镇一个侨商家庭,取名舜华,十岁随父母去香港读书。十四岁时因祖母病故,为奔丧回原籍继续读小学。1911 年辛亥革命的浪潮激荡着地处粤东的潮州,也影响着小舜华所处身的封建家庭。舜华的二哥便是一个富有新思想的青年,他曾就读于新式小学,又随经商的父亲往返于南洋、港澳一带,既痛恨旧社会的黑暗,曾在南洋发表痛斥袁世凯窃国行径的文章,也不满封建家庭的陈规陋习。他对聪慧的小舜华十分爱护,不断对她灌输进步思想,从对封建社会伦理道德的批判,到"国民革命"进展情况的介绍等等,还不时带一些进步画报给她阅读。耳濡目染中,一个出人意料的"事件"发生了。小舜华看到画报上国民革命军中有女兵,并且女兵军帽下檐是齐刷刷的齐耳短发,她既羡慕又兴奋,决定自己剪辫,并且鼓动几个和她情投意合的小女孩和她一起剪成一样的"革命头"。这是小舜华接受进步思想启蒙的结果。这当然引来了小小的风波:街头巷尾惊愕的目光和窃窃私语,家庭的群起反对。小舜华是"为首分子",十四岁的她,不得不只身远行,到厦门集美学校读书。可是年底即因病休学回家。次年,她仍决心离家,于秋天考入南京江苏基督女子中学求学。1925 年,十八岁时转至上海,进入也是教会办的晏摩氏中学读高中。

　　1927 年是革命风涛动荡起伏的一年,上海尤其是社会风云变幻之地。四月,晏摩氏中学校方因陈舜华思想激进、拒绝入教,便以她违反校规参加"四·一二"事件后的反蒋游行为由开除了她。陈舜华不得不离开上海又一次回到家乡。此时正值白色恐怖时期,一个神秘人物来到潮州庵埠,舜华有幸和他结交,这个人就是大革命时期的农运领袖彭湃。陈舜华多次将这位革命者作为朋友邀至家中深谈。陈舜华已是初沐革命风雨的热血青年,从彭湃热烈的言谈中,她懂得了不少马克思主义和工农劳动大众翻身救国的道理。在她的心目中,彭湃是一位值得崇拜的真正的布尔什维克。彭湃悄然而来又悄然失踪了——他回到与潮州相邻的他的根据地海陆丰,发动了又一次农民起义运动。后来彭湃于 1929 年在上海被国民党逮捕并杀害,彭湃的思想及其后为革命献身的事迹,深深地教育和激励着尚是一个青年学生的舜华。

二

1928年，二十一岁的陈舜华重来沪滨，入上海艺术大学求学。她读的是文学系，聆听过鲁迅的演讲，聆听过创造社多位作家的讲课，读了大量中外文学名著，形成了颇好的文学素养，一面勤勉地练习写作，一面很有兴味地参加课余戏剧排演。这时的她，"为了表达自己敢于追求革命、坚决追随共产党的顽强意志，便把'布尔什维克'译音两个字'布尔'的谐音——'波儿'作为自己的名字，勉励自己不断进步"。[1] 上海艺大和中华艺术大学都是当时在党影响下创办的学校，陈波儿经常参加党所组织的群众性的革命宣传，包括戏剧演出活动。

陈波儿进入上海艺大第二年，即1928年10月，由党直接领导的第一个演剧团体——上海艺术剧社成立，这个剧社公开提出了"普罗（无产阶级）戏剧运动"，在这一口号指引下开展左翼戏剧活动。创造社、太阳社多位有名望的作家及从日本回国有戏剧演出和导演经验的人士是剧社的骨干成员，沈端先（夏衍）是主要负责人，郑伯奇任社长。中华艺大、上海艺大不少进步学生都有一定的业余演剧实践经历，也便成为这个剧社的群众基础，因此艺术剧社在当时是一个有相当实力的革命演剧团体。陈波儿是第一批加入的文艺青年之一，也是艺术剧社成立后，1929年1月首次公演的主要演员之一。

迫于国民党当局的白色恐怖，从策略上考虑，艺术剧社选择了三个外国著名剧本作为首演的演出剧目：法国罗曼·罗兰的《爱与死的角逐》（沈西苓导演）、美国辛克莱的《梁上君子》（鲁史导演）和德国米尔顿的《炭坑夫》（夏衍导演）。"就三个剧本内容来看，是从小资产阶级的恋爱与革命的问题开始，而后是失业工人生活的某些反映，最后一剧在舞台上表现了工人阶级的群众力量和革命精神……这次演出的主要演员有陈波儿、王莹、李声韵、凌鹤、刘保罗、唐晴初等。"[2] 陈波儿在《梁上君子》中饰演一名律师太太，出场时着黑色天鹅绒拖地长裙，俨然贵妇人气派。这是她第一次在专业公演中扮演主要角色，既紧张又兴奋。《爱与死的角逐》里的三个女主角，分别由陈波儿、王莹、李声韵饰演，陈波儿的表演也十分投入。

---

① 《中国电影家列传》第一集，第133页，中国电影出版社1982年版。

② 《中国话剧通史》，葛一虹主编，第117-118页，文化艺术出版社1990年版。

艺术剧社首次公演大获成功，学生和工人群众反应热烈，"剧场里弥漫着一脉新锐之气，使得剧坛知名之士如洪深、田汉、朱穰丞、应云卫等前来观看的也无不深为激赏。外国记者史沫特莱、尾崎秀实等都曾写报道发表"。在处于大革命失败后情绪黯然的进步演艺界中也起了振奋人心的作用，如冯乃超所说，是"在没有方向的戏剧里找出了一条路线"。① 此次公演，对于陈波儿，更是树立了通过进步戏剧演出活动参与革命宣传的热情和信心，也使左翼演艺界和观众欣喜地认识了陈波儿的表演才能。

艺术剧社紧接着在三月间举行第二次公演，剧目是日本左翼戏剧家村山知义根据德国著名小说《西线无战事》改编的大型多场次同名话剧，借第一次世界大战的题材揭露帝国主义战争的非正义性和残酷性；以及冯乃超等创作的独幕剧《阿珍》。第二次公演中，陈波儿也作为主要演员参加演出，她在《西线无战事》中饰演妹妹一角，较之首次公演，其角色情感的抒发显得较为沉着了，演艺技巧有了明显的进步。

国民党当局为艺术剧社的活动在社会上的突出影响而震慄了，悍然在4月28日查封剧社，逮捕部分社员，迫使剧社停止活动。艺术剧社发表了《为反对无理查封、逮捕告上海民众书》，陈波儿以愤怒的心情在这份文告上签名。此后国民党又凶相毕露地查封了田汉领导的南国社。进步戏剧界没有被国民党当局的迫害所吓倒，在党领导下成立了"上海戏剧运动联合会"，在1930年春"中国左翼作家联盟"成立之后不久，又改组成"中国左翼剧团联盟"，其后再次改组为"中国左翼戏剧家联盟"，所有这些进步组织，陈波儿都加入了，她不仅是一名崭露头角的演员，而且是党所领导的左翼戏剧运动的一名活跃的成员。

1930年冬，因参加左翼文化活动，特别是参与发起以宋庆龄、鲁迅为首的"中国自由运动大同盟"，陈波儿被国民党当局列入黑名单，不得不于次年避居香港。两年多的时间内，陈波儿在中学执教，主要授英语课，相继在学生中进行爱国主义宣传，其间正值"九·一八"和"一·二八"两次内地抗日高潮之时。

---

① 《中国话剧通史》，葛一虹主编，第117—118页，文化艺术出版社1990年版。

三

1934年初,陈波儿怀着迫切参加国内社会革命实践的心情返回上海。最初她只能以写作得来的微薄稿酬勉强维持生计,这一年她发表了政论、杂文和短篇小说共二十余篇,她是极少数能同时以笔参与社会斗争的知名演员(只有陈波儿和王莹曾被称为"作家演员")。她一心希望投身社会革命的实际工作。曾经同为艺术剧社成员的党员梅公毅却极力劝她,即使做一个职业革命者,也必须有公开的身份做掩护,而陈波儿有演剧的特长,当演员是最好的选择。陈波儿的老师郑伯奇也从发展进步电影的需要的角度开导她,终于使她打消了不愿混迹电影界,"做个'电影明星'总不大好"的顾虑,当年四月,经郑伯奇、夏衍介绍进入明星影片公司。

1933年至1934年,是党领导的进步电影队伍在反动统治高压下"在泥泞中作战",进行韧性战斗时期。党的电影小组努力为影响所及的制片厂推荐进步剧本和演员,又组建了"电通公司",成为可直接控制的阵地。就在陈波儿刚进"明星"主演一部内容平庸的《真春线》不久,夏衍和司徒慧敏安排她随后去拍摄一部"重要的影片",这就是1934年年底"电通"的第一部作品《桃李劫》。

《桃李劫》果然是一部重要影片,袁牧之编剧,应云卫导演,由袁牧之和陈波儿分饰男女主角;此片整个创作过程中,夏衍、田汉不断给予切实的帮助。《桃李劫》叙写一对一身正气、耿直不阿的知识青年男女,从初涉社会时的满怀幻想,到目睹和亲历种种社会丑恶现象及不平表现出的义愤和反抗,直至幻想破灭最后家破人亡的悲剧。这既是对知识青年命运的深刻剖析,也是对反动统治下黑暗现实的揭露和控诉。影片在上海放映时以震撼人心的力量引起轰动。袁牧之在话剧舞台演出时已有"千面人"的美誉,他在《桃李劫》中对备尝劫难的男主人公陶建平的刻画更是入木三分。陈波儿则准确地把握了女主人公黎丽琳贤良柔美而富有理智的个性,细致入微地表现了人物在曲折坎坷生活遭际中的种种情感变化。她和袁牧之合作默契,表演真实,赢得了观众的热烈赞赏。影片中由田汉作词、聂耳作曲,陈波儿和袁牧之主唱的插曲《毕业歌》,"同学们!／大家起来!／担负起天下的兴亡……"昂扬的富有鼓动力的旋律,随着影片的放映,在上海,在国难日深的祖国大地四处传扬。

现实主义力作《桃李劫》的成功,确立了陈波儿在影坛的地位,是名符其实的明星了。但使陈波儿无限欣慰的是,《桃李劫》使她看到了一部成功的影片在社会斗争中所发挥的无可替代的伟力。她终于充分体验到她从影的意义。就在影片拍摄中,她全身心融入影片人物的塑造时,深切地体察到,只有改变吃人的社会现实,才能使陶建平、黎丽琳们免于被葬送的可悲命运,因此,也更加坚定了她追随和要求参加中国共产党的信念。可以说,《桃李劫》也决定了陈波儿作为一位以推动社会变革为己任的电影艺术家一生的道路;电影,是她可以寄托人生理想、值得毕生为之奋斗的事业,已是确定无疑的了。这一年,陈波儿二十七岁。

四

1934 年冬至 1935 年初,陈波儿曾应邀赴香港为"全球影片公司"主演了一部名为《回首当年》的影片。返沪后埋首书案,发表了一批评论香港影剧界现状及议论时政的文章,如"港行杂想"《东方的马尔泰—话剧的无人境—电影的牟利场》,阐释电影与揭露日本帝国主义侵略之间的关系的《电影与反战运动》,以及剖析不平的社会现实和电影界畸形现象的论文《女性中心的电影与男性中心的社会》。后一篇文字,与过去她发表的《中国妇女的前途》的评论相较,更显得鞭辟入里。当时有记者报道说,陈波儿"自从香江回沪迁入电通公司后……深居简出,埋头写作,一张写字台,简直不像女明星的雅座,堆满了零乱的参考书、原稿纸,杂着许多剪贴的报纸,人坐在里面好像被埋在故纸堆里一样"。

1935 年初春,另有《现代演剧》杂志发表女记者吴湄的《陈波儿访问记》,编者以幽默的反语写了一段按语,称"波儿还不够女明星资格",理由是"女明星第一要紧的是涂脂抹粉,然而,她竟把'雪花膏'当作'珍珠'看,一瓶用上两年还多着。女明星第二要紧的是'假',假的手段愈好,那她的地位也愈高。波儿呢? 真不懂处世之方……"这些,从一个侧面生动地描摩出了身为明星的陈波儿的抱负和为人的严谨、朴素和坦荡。可以说,陈波儿是一位极为注重操守,以"把言行来证实自己的人格"的电影艺术家。

这一年初冬,华北危急,北平爆发了"一二·九"抗日救亡运动,上海各界群起声援,"电通"的演员也涌入了这一抗日反蒋大游行的洪流,国民党警察用高压水龙和警棍拦截、殴打示威群众,特务恣意捕人,陈波儿和伙伴们手挽着手无畏地前进,"在同警察搏斗时,游行队伍里的蓝蘋,胆小怕死,中途悄悄溜走了。后来在宿舍里,陈波儿斥责她道:'干吗要临阵脱逃?胆小鬼!'蓝蘋强词夺理地辩解说:'我小时缠过足,跑不快,就被挤出队伍……'"[①]

　　其时,局势日见严重,"电通"公司成了特务不断捣乱、日夜监视的目标,继田汉、阳翰笙被捕之后,"电通"被迫结束;创作人员在党组织安排下,陆续分批转移至其他影业公司。1934年夏衍、郑伯奇等人被迫退出"明星"公司,后"明星"陷入困境,此时要求与郑伯奇等再度合作,于是陈波儿与袁牧之、应云卫、沈西苓、赵丹等相继转入该公司改组后成立的二厂。而与田汉同时被捕押解南京的阳翰笙,由于他们是著名人士,国民党当局不敢处置而施以软禁,阳翰笙在此处境下处之泰然,仍执笔写了几部剧作,其中有一部以1927年大革命时代为背景的《生死同心》。

　　1936年7月新组建的明星二厂投拍的第一部影片就是《生死同心》。有意思的是,这部以十年前的革命历史为题材的影片,导演与男女主演均为《桃李劫》的原班人马:应云卫、袁牧之与陈波儿。《生死同心》以1927年的大革命为背景,袁牧之一人兼饰两个面貌相似的人物:一位坚贞不屈、多次越狱的革命者李涛,被逐归国的爱国华侨青年柳元杰。陈波儿饰演柳元杰未婚妻赵玉华。柳元杰确系甫归的华侨,仅仅因为与李涛面貌酷肖,即被军阀逮捕判刑。赵玉华多方求告无门,后在李涛帮助、启发下参加地下革命斗争,当北伐军逼近这个城市时,李涛与赵玉华等一批革命志士配合北伐军共同战斗,同时救出柳元杰,李涛在战斗中牺牲。阳翰笙的创作意图是,在日本侵略者步步进逼,"在这千钧一发的危急存亡之秋",希望能"在观众中激起一点御侮救亡的热情"。

　　影片中,袁牧之一人扮演两个角色,演来各具鲜明的个性,不愧"千面人"之誉。陈波儿扮演的赵玉华,是一个最初只知有自我的女性,经过大起大落的变故和磨练而逐渐转变,成长为一名青年革命者。严谨而认真的陈波儿并不满意自己的表演。她撰文说:"我在这部片子里没有很忠实的演出,原因固然是我们开拍时间太匆忙,没有工夫把全剧统一去理解它,以致不能将赵玉华这个意志模糊的女性,很细腻地从心理上如何受客观环境所影响而转变到

---

① 引子潮州日报1995年1月连载的《陈波尔传略》(王勇芳)选载稿。

她参加革命的阶段来演出,只是依靠故事的自然开展而转移而已。"她还表示,从这部影片,她"知道了一些自己的长短"了。其实,陈波儿还是相当朴实、真切地塑造了赵玉华这个大革命时代的女性形象的。田汉在评论中说,正当国难当头而反动当局仍在进行"攘内"的"无耻的战争的时候,看到《生死同心》这样以中国民众艰难困苦再接再厉组织反帝反军阀斗争的英勇壮烈的故事为题材的影片,是非常使人意远,使人气壮的"。

《生死同心》在电影史上自有它的地位,它是一部不侧重于暴露,而是着力于创造战斗中的革命者正面形象的影片,以不同流俗的艺术面貌出现于救亡图存的非常时期,具有不寻常的意义。这也是陈波儿参与主演的又一部重要影片。

五

1936 年秋,国内日益高涨的抗日救亡运动,举国上下要求"停止内战,一致对外",使"西安事变"后仍一心继续"剿共"的蒋介石坐卧不宁;十一月,他下令在上海逮捕了"全国各界救国联合会"领导人沈钧儒、章乃器、邹韬奋、史良等七人,制造了震动全国的"七君子事件"。此时举国公愤,陈波儿也投入了以宋庆龄为首的营救"七君子",抨击蒋介石迫害爱国志士的活动之中。次年,在"七君子"被羁押已达半年之际,宋庆龄等十六人决定以特殊方式和蒋介石作斗争,于 6 月 25 日发表了十六人联名致"江苏高等法院"的呈文,并发表要求与"七君子""同罪入狱"的《救国入狱运动宣言》。这十六人除宋庆龄之外,是何香凝、胡愈之、沈兹九、张天翼、刘良模、潘大逵、王统照和陈波儿等知名人士。7 月 5 日上午,宋庆龄冒着酷暑率其中的胡愈之、陈波儿等十一人悄然赶赴苏州,又昂然进入"高等法院"会客室静坐"等待羁押",使国民党当局措手不及,尴尬不堪。傍晚得到初步答复后,宋庆龄由陈波儿、沈兹九陪同至女监探望史良,她们互相拥抱,竟忍不住地热泪滚滚而下。胡愈之等则赴男监探望了沈钧儒等六人。此事随着中外报纸的报导,产生了重大影响。两天之后,卢沟桥事变爆发,七月底,"七君子"获释。

1936、1937 年冬春,陈波儿以演剧界著名人士身份参与组织领导上海妇孺前线慰问团,赴绥远向国民党士兵进行抗日爱国宣传,在归绥、百灵庙等地,陈波儿和崔嵬等多次演出街头剧《放下你的鞭子》和《张家店》《走私》等国防戏剧,以及临时编排的短剧,反应十分热烈。

1937 年"七七"事变后,七月底上海文化界救亡协会宣告成立,陈波儿被推选为理事。八月初与赵丹、崔嵬等多名著名演员一起参加救亡协会组织的规模盛大、轰动全市的抗敌话剧《保卫卢沟桥》的演出。随后陈波儿即加入救亡演剧第一队,离开了她生活、战斗了十年的上海,转赴内地。八月底,在南京,由叶剑英、李克农介绍,她实现了多年的夙愿,加入梦寐以求的中国共产党。这一年,陈波儿三十一岁,已经是一名成熟的共产主义战士了。

六

在整个抗日战争曲折发展过程中,陈波儿投身党在电影、戏剧方面的组织工作和创作活动。1937、1938 年在武汉期间,曾参加以上海抗战中著名的"四行仓库之战"为题材的影片《八百壮士》的拍摄,饰演代表上海市民向死守中的孤军营冒险送旗的女童子军杨惠敏,后抵延安,于 1939 年初参加抗日军政大学排演、袁牧之编导的三场话剧《延安三部曲》的演出。不久陈波儿负责领导"战区妇女儿童考察团"从延安出发,经晋西北、晋察冀,两过黄河,最后经西安始到达重庆,遍尝磨难,历时一年有余。在重庆险遭特务加害,1940 年底返回延安,入马列学院学习。其间,曾导演《马门教授》《俄罗斯人》等名剧。1942 年 5 月参加延安文艺座谈会,聆听了毛主席的讲话。1943 年春与姚仲明共同创作四幕话剧《同志,你走错了路》,并任导演,成为延安整风后演出的优秀剧目。在导演这部戏时,由于忘我地工作,两次晕倒在排练现场,开始发现患心脏病。又曾创造条件拍摄了《保卫延安和陕甘宁边区》等珍贵的新闻素材,筹拍由凌子风等参加演出的故事片《边区劳动英雄》,未能最后完成。1944 年获陕甘宁边区甲等文教英雄,中央党校模范党员等荣誉。

抗战胜利后,1946 年陈波儿奉派至重庆,后转赴南京接受周恩来委派赴东北兴山(鹤岗)参与东北电影制片厂的组建工作,是年年底,袁牧之任厂长,陈波儿任党总支书记兼艺术处处长。在解放战争激烈进行中,向东北前线派出多支摄影队,摄制《民主东北》17 辑;陈波儿还运用了木偶艺术的形式编导了尖锐辛辣地揭露、讽刺蒋介石面目的木偶片《皇帝梦》,成为中国电影史上第一部木偶片。"东影"于 1949 年完成《桥》《中华女儿》等长故事片。

新中国成立后,陈波儿任中央电影局艺委会副主任兼艺术处处长,努力调动广大电影工作者的积极性，并发挥自己的组织才能和创造精神，于1950年领导摄制完成《赵一曼》《白毛女》《钢铁战士》等建国初期的多部优秀影片。同年，陈波儿倡议并主持成立电影表演艺术研究所，兼任所长，次年扩大为中央电影学校（即今北京电影学院前身），在培养年轻电影人才方面起了重要作用。

1951年11月，陈波儿从北京至上海，9日上午在上海电影制片厂，下午在华东影片经理公司调查研究，当晚在"上影"艺委会与创作人员座谈，讲话时心脏病突发，经抢救无效，10日凌晨不幸辞世。陈波儿英年早逝，时年四十四岁。

20世纪30年代中期，在风雨如磐的旧中国，陈波儿从韩江之畔来到浦江之滨，崛起上海影坛，成为一颗璀璨的艺术之星；50年代初，正当新中国的人民电影事业期望她有更大作为之时，陈波儿却倒在了她的岗位上。她从影的出发地上海，成为这颗电影艺术之星陨落之所，令人痛惜。但是，作为一名电影艺术家，陈波儿在短暂的生命历程中，充分地实现了她的人生理想和崇高的抱负，她是无憾的！

冯铿：岭上寒梅　胸中热血

撰稿　培根

岭上寒梅

一首唐诗，引出一位英雄的名字。

一千多年前，唐代诗人樊晃写下一首感怀身世的七绝《南中感怀》："南路蹉跎客未回，常嗟物候暗相催。四时不变江头草，十月先开岭上梅。"这是诗人传世的唯一一首作品（见《全唐诗》）。

一千多年后，这首诗与一户书香门第，结下了一段令人难以忘怀的情缘。户主冯孝赓原籍浙江杭州，多年客居广东潮州。清光绪三十三年丁未十月初十日，即公元 1907 年 11 月 15 日，这家女主人卢椿生下一个女婴。由于她出生于十月这一特别的时节,娴于诗文的大哥便从这首诗里受到感应,给她取了一个又文雅又有意味的名字——冯岭梅。这就是后来为中国人民的解放事业英勇牺牲的"左联"五烈士之一的冯铿的原名。

岭梅父亲冯孝赓精于经学,母亲卢椿长于方言、刺绣,大哥冯印月工于诗文,均先后担任教师。二哥冯熊为庶母所生,少小离家,不知所终。三姐冯素秋年长10岁,亦工诗文,20岁时反对家庭包办婚姻,虽然争得自由恋爱结婚,但终于郁悒早逝。四哥冯瘦菊,诗文俱佳,从事文艺编辑工作。尚有三个兄姐无可稽考。岭梅排行居八,最小。家学渊源,诗书承传,她自小接受熏陶,酷爱文学。8岁开始,便阅读《三国演义》《水浒传》《红楼梦》等古典小说和林纾等人翻译的外国文学作品。三姐敢于反抗、敢于斗争的风骨及其所经历的痛苦遭遇,对岭梅的人生道路,产生了很大影响。她从此立志向女中英烈秋瑾学习,反对压迫,主张独立生活,走自己的路,像岭上寒梅,抗严寒斗冰雪,以飒爽英姿,迎接春天降临人间大地。步入文坛以后,她曾先后用过岭梅女士、绿萼、冯占春、梅等有关梅的笔名,直到她牺牲前一年发表短篇小说《乐园的幻灭》时,才开始用名冯铿。从这一侧面,可以看出她做人的品格。

冯岭梅8岁开始在潮州上小学。10岁时全家迁居汕头,入当地小学继续学业。1920年升入汕头正光女校,成为该校一名初中学生。以后转入汕头友联中学。

随着年龄的增长,岭梅生得浓眉大眼,长相貌似男子。她禀性坚毅果决,"从来不把自己当作女人"。她主张正义,憎恶社会上以强凌弱、以富压贫的不平等现象,常说"敢打老虎的才是武松,欺负弱小不算好汉",立志做一个为大众谋利益的人。

1925年,广州革命形势空前发展;上海五卅运动,更是给广东的工农运动以极大的推动。广州革命军前后两次东征,沉重地打击了盘踞潮汕地区的军阀和地主豪强的统治势力,革命浪潮席卷岭东大地。其时,冯岭梅已是友联中学的高中学生,她积极投身于革命洪流中,担任友联中学学生会执行委员,在学艺部负责编辑《友联周刊》。她在周刊《开篇语》中明确提出:学生应以"改造社会为自己的神圣职责"。她还被选为岭东学生联合会代表,积极参与学联会、妇联会的工作。每天除上课外,就是写文章,印传单,编刊物,或者演出文艺节目,欢迎欢送东征军,总是从早晨一直忙到深夜。革命军第二次东征期间，岭梅参加了庆祝十月革命节暨军民联欢大会，见到了东征军总政治部主任周恩来和苏联军事顾问加伦，使她受到很大的鼓舞。1926年，她会见了潮汕地区革命运动的领导者彭湃等共产党人和她称为"老大哥"的杜国庠以及李春涛等人，他们的一言一行，都加深了她对中国共产党、对革命的理解和认识。经过革命熔炉的锻炼，在她的头脑里逐步形成了反帝反封建的民主主义思想。

1926年夏（一说年底，见许美勋著《冯铿烈士》），岭梅在友联中学高中部毕业。她不同意父母亲把她许配给有钱人家的婚事，而和一位穷青年许美勋（又名许峨）相恋。次年春，她便和许由热恋而同居。不久，广州"四·一五"反革命大屠杀开始，《岭东民国日报》社长、左派人士李春涛被杀害，不少共产党人和工农群众相继惨遭残杀。接着，反动派四出剿乡，追杀革命分子。革命者的鲜血，染红了南国的山山水水。冯岭梅和爱人为了躲避清剿追捕，辗转流徙于潮安、澄海和汕头乡间，过着居无定所的流亡生活。1928年夏秋之交，她和爱人来到汕头以北的庵埠，寄居于友人一处闲置的书斋——亦园。这里，藏书甚多，岭梅抓紧时间，日夜读书、写作。她说："我要赶紧练好本事，掌握文学这一种武器，替我所敬爱的人复仇，实现我的理想。"她15岁时，便开始在许美勋主编的汕头《时报》副刊上发表文艺作品，抒写的大多是有关友情、亲情和爱情的内容。经过革命斗争的洗礼和实际生活的体验，此时，她开始写下一些触及社会矛盾和人物内心世界思想冲突的作品。其中突出的如新诗《晨光辐辏的曙天时分》，是一首政治抒情诗，歌颂劳工，歌唱革命，慷慨激越，格调高迈，具有较强的鼓动性。这一年岁末，她完成了中篇小说《最后的出路》，这是她创作中最长的作品。全文二十八章，七万余字。其最初六章，后来以《一个女学生的日记》为题，发表于1929年9月出版的上海《女作家杂志》创刊号，署名冯占春。小说以大革命时期广东潮汕地区为背景，描写女主人公郑若莲在封建大家庭中的曲折遭遇，其间，经历了读书、恋爱、苦闷、沉沦，直至重新振作，最终以逃婚作为"最后的出路"的生活历程。通过作品所展现的一幅幅生活场景，控诉了封建制度压迫人、禁锢人的罪恶，表达了"为自己为群众"为妇女解放"努力奋斗"的主题。

寒凝大地孕春雷，十月先开岭上梅。冯岭梅的人生之旅，从此将迈上新的征程。

胸中热血

1929 年年初,南国岭东大地寒气袭人,白色恐怖逞凶肆虐。面对国民党反动军阀的累累暴行,冯岭梅抑制不住心中的仇恨。她了解到她所熟悉的老大哥杜国庠和一些共产党人已转往上海,在党的领导下继续开展革命斗争,她决心和爱人一起前往上海,寻求真理,寻找中国共产党,把整个生命献给革命文学,献给为真理而奋斗的事业。2 月 24 日,她和许美勋到达上海时,正是农历己巳年元宵节。

岭梅到上海后,住在四川路公益坊 38 号南强书店的亭子间,顾不得安顿停当,便怀着急切的心情,于第二天偕爱人前往南京路一带,凭吊五卅运动遗迹。她徘徊在三大公司周边街区,仿佛见到前仆后继的上海民众的游行队伍,联想起当年自己在汕头演剧募捐支援上海工人的场景,不禁心驰神往,思绪万千。她的心更是系念工作战斗在上海的亲朋挚友,终于与到上海后已加入共产党的老大哥杜国庠重新见面,与党取得了联系,就像流落在外的孤儿,重又回到母亲的身边。她又会见了正从事革命文学工作的潮州老乡也是共产党员的洪灵菲、戴平万诸位师友。她如饥似渴地阅读唯物主义哲学著作、革命文艺理论、苏俄文学作品及秘密出版的革命报刊,用以武装自己的头脑,提高思想认识,增强知识营养,努力从各方面磨砺自己的斗争本领。

春深时节,冯岭梅和爱人一同来到龙华塔下,观赏迎风盛开的桃花。她留连于生机勃发的桃林花海,但见树树繁花,洁如粉妆玉琢,灿若云锦朝霞,不由得意气风发,浮想联翩。可是,她绝没有想到,这里日后竟是她为革命壮烈献身、慷慨就义之地。后来鲁迅悲痛地说过:龙华,我的几个朋友死在那里,那里的桃花,我是不去看的。

初到上海时,她曾先后在持志大学和复旦大学学习英语,后因经济拮据及斗争需要,而不得不辍学。不过,她并没有因此而放弃对于英语的学习,在繁忙的工作之余,除了继续学习英语,还同时学习日语,还不时把英文本和日文本原著同中文译本对照阅读。她不止一次地表示,多学会一种外语,就多掌握一种从事工作的武器。

在党组织的领导下,岭梅积极投身于革命者的战斗行列,全身心地从事各项实际工作。当时党内受"左"倾机会主义路线影响,经常组织群众举行"飞行集会",她不顾危险和大家一起行动,向过往行人散发传单,进行宣传鼓动工作。她还在夜深人静的时刻,和战友们分头在街头巷尾,用粉笔在电线杆上书写革命标语。戴着深度近视眼镜的她,书写得分外认真,也分外吃力,以致她的大鼻梁几乎触到电线杆上了。

最使冯岭梅难忘的是,她第一次参加纪念五卅运动的示威游行。几千人的游行队伍,四人一排,手挽着手,迈着有力的步伐,浩浩荡荡行进在南京路上。高昂的口号声,雄壮的歌唱声,前呼后应,此唱彼和,宛如一股炽热滚沸的铁流奔涌向前,充分显示出中国人民不可侮的大无畏英雄气概和誓死反抗帝国主义侵略的坚定信念。街道两旁的行人也深受感染,他们或奋臂高呼,或热烈鼓掌,纷纷以各种方式,向游行队伍表示声援。面对如此雄壮的游行场面,租界当局如临大敌,派出步兵和马队,荷枪实弹,随处监视,虎视眈眈的外表,也无法掩饰帝国主义者卑怯的心理。这一次行动,使岭梅更深切地体验到群众运动的强大威力。

经过一个时期实际斗争的考验,1929 年 5 月,由杜国庠、柯柏年介绍,冯岭梅终于实现自己多年的理想,光荣地加入了中国共产党。从此,标志着她从具有反帝、反封建的民主主义思想的知识分子,成长为坚强的无产阶级先锋战士,最终成为一位职业革命者。

随着斗争环境的日益严酷,他们的活动更为紧张艰险。岭梅和爱人在一起相处的时间愈来愈少,有时深夜赶回住处,见对方还未回来,更是为亲人担惊受怕,其焦灼之情,真是难以言表。有时实在放心不下,以致各自到外面寻找对方,上演了一场让人揪心的"二人转"。有时甚而十天半月,互相不得见上一面。一天,岭梅带着稿纸和食物,深夜回到住处。见爱人仍未回来,只得在书桌上留下一沓稿纸、一包糖果、两听奶粉罐头;写了一张字条压在罐头下面:"H:今天是你生日,我没有忘记,特地抽空回来,但不能等。稿纸和食品我已拿走部分。F"……岭梅还利用工作间隙,采用元宝针款式,精心为爱人编织了一件墨绿色羊毛对襟背心。这件背心,许美勋穿着一段时间以后,又让给岭梅自己穿。她也万万没有想到,二十多年之后,这件编织着真挚爱情和战友情的毛背心,竟会成为记录着反动派的凶残和疯狂杀戮的血衣,出现在人们肃然瞻仰的烈士遗物的陈列橱内。

岭梅还抓住一切机会,接触文化界可以信赖的朋友,其间,结识作家柔石(赵平复)。通过交往,两人交谊日深,不论从事革命活动,还是参与文学活动,他们相互支持,相互鼓励,成了志同道合的同志和密友。她在给柔石的信中写道:"我们互相搀扶着走上创造和寻求真理的道路。"

柔石带着岭梅谒见了她素来敬仰的鲁迅先生。岭梅向先生请教创作,多次在鲁迅家里聆听教诲。这种师友之间的情谊,在《鲁迅日记》里也有记述:1929 年 12 月 31 日记"上午寄还岭梅诗稿";1930 年 11 月 22 日记"晚密斯冯邀往兴雅晚饭,同坐五人";1931 年 1 月 12 日记"晚平甫(柔石)及密斯冯来,并赠新会橙四枚"……

岭梅在紧张地从事各项革命活动的同时,也尽力坚持文学创作,1929 年冬,她先后写出了《乐园的幻灭》和《突变》两篇短篇小说。前者(载 1930年 2 月《拓荒者》月刊第一卷第二期)描写一位 18 岁的南国乡村青年女教师,本来过着恬淡安宁的生活,一心把她所在的学校当作实现自己理想的乐园。可是,广州反革命屠杀发生以后,反动军队扫荡农村,强占了她的学校作"办公的机关",赶走了学生,她也被从"乐园"中赶了出来。她愤怒,她抗议,一切徒然。最后,随着"乐园的幻灭",女教师被迫离开学校,去寻求"合力反抗"一切丑恶的新的道路。这篇作品发表时,开始用冯铿这个名字。后者(载1930 年 5 月《拓荒者》第一卷第四、五期合刊)描写女工阿娥,饱受种种凌辱和压迫,却虔诚信奉基督教,信仰梦幻中的天国。其间,一系列贫富悬殊的严酷事实,终于使她产生"天国在哪里"的疑问,觉悟到"我应该参加工友们的集团,和他们采取一致的行动",去"找求世上现实的天国"。这两篇小说,主人公的转变有点突然,但作品紧密结合当时的社会现实,分别从农村和城市的两个侧面,反映反抗压迫寻求解放道路的特定生活风貌,表现工农民众的觉醒意识;这是作者当时作为一个革命者,在创作思想上发生根本性变化之后的成果。《突变》发表后,被蒋光慈作为无产阶级革命文学创作初期的代表作编入《现代中国作家选集》。

1930 年 3 月 2 日,冯铿作为发起人之一,和许美勋一起出席了中国左翼作家联盟(简称"左联")在中华艺术大学举行的成立大会。鲁迅先生在会上发表了《对于左翼作家联盟的意见》的讲话,强调作家要"和实际的斗争接触","明白革命的实际情形",尤其要脚踏实地做"现实的事","对于旧社会和旧势力的斗争,必须坚决,持久不断"。特别指出"在文学战线上的人,还要'韧'","要在文化上有成绩,则非韧不可"。鲁迅先生生怕大家听不清他讲的绍兴普通话,还用粉笔在黑板上书写了一个大大的"韧"字。冯铿体会到:先生在这里再三强调的"韧",是对他的讲话要点最切实最精辟的阐述和概括,十分深刻,具有警示的意义。

会后,冯铿积极投入"左联"工农工作部的工作。她常常活跃在暨南、复旦、光华、中华艺术等大学的校园里,在大学生中间组织读书会和文学小组,与同学们一起学习文艺理论,阅读文艺作品,议论政治时事,探讨有关创作问题。这些活动,对于争取团结广大青年学生,启发引导他们走上革命道路,产生了积极的推动作用。

加入"左联"以后,冯铿的创作热情空前高涨,可以说是到了废寝忘食的境地。其作品,在思想和艺术上,都取得了前所未有的成就。其中,最为人所称道的是短篇小说《贩卖婴儿的妇人》和中篇小说《重新起来》。《贩卖婴儿的妇人》(载1931年1月《妇女杂志》第十七卷第一期)讲述一名劳动妇女的悲惨故事:李细妹饥寒交迫,不得不去为资本家当奶妈。但当奶妈不准带自己的孩子。细妹出于无奈,原想将出生才两个多月的男婴送到育婴堂去;但有好心人相劝,育婴堂摧残孩子,不如卖给人家收养,将来母子还有见面机会。细妹别无选择,为了活命,只得抱了婴儿到菜场去出卖。租界工部局的巡捕以贩卖婴儿的罪名,将她逮捕。小说通过有血有泪的艺术形象,揭露了社会的黑暗,反映了生活在最底层人民在死亡线上痛苦的挣扎,控诉了资产阶级法律的虚伪和冷酷。小说的情节安排,跌宕有致,人物刻画,细腻生动,标志着冯铿的创作在生活提炼和艺术熔铸上,达到了一个新的高度,是颇见艺术匠心的佳作。《重新起来》(原为手稿,直至五十多年后,始见于1986年卫公编、花城出版社出版的以此文为书名的冯铿文集中)全文十三章,四万余字,讲述大革命前后南国一对青年男女革命与恋爱的矛盾纠结和悲欢离合的故事。小说通篇紧扣现实斗争的重大主题,通过血与火、激进与畏缩的冲突和搏击,表现了工农革命运动时代风云变幻中具有典型意义的人物形象。以上两篇小说,在主题开掘以及艺术经营上,各有特色,各见功力,一中一短,相映生辉,堪称冯铿创作中最成功的作品。

1930年5月20日,全国苏维埃区域代表大会在上海法租界爱文义路、卡德路口一座红色三层洋楼(今北京西路690~696号)秘密召开。柔石、胡也频与冯铿代表"左联"出席。会上,听取了来自各革命根据地的红军、赤卫队、少年先锋队和工农代表的报告和发言,使他们第一次见识到了另一个充满希望的崭新的世界。听着一位又一位代表介绍自己亲历的战斗生活的发言,冯铿激动不已。其间,她又进行了个别访问。她还和一位农民代表洪妹,

065

冯铿·岭上寒梅　胸中热血

结下了深厚的情谊。

会后,冯铿根据所了解到的生活素材,迅速创作了短篇小说《小阿强》和《红的日记》(原名《女同志马英的日记》)。《小阿强》(载 1930 年 6 月《大众文艺》第二卷第五、六期)以参加会议的一位湖南籍小代表——16 岁的少年先锋队长作为原型创作的,柔石在通讯《一个伟大的印象》中也曾经描叙过这位小代表。小说写了小阿强如何在党所领导的土地革命风暴中经受磨练,成长为一名红色少年英雄战士。冯铿在小说末尾情不自禁地呼喊道:"新时代的小弟妹们!你们都愿意做这样的小布尔什维克、小斗士吗?"《红的日记》(刊载于 1931 年 4 月出版的纪念她及其他四位"左联"烈士的《前哨·纪念战死者专号》上),以红军女政工组组长马英的六天日记的形式,反映了红军战士攻城战斗、宣传群众、发动群众、建立政权的斗争历程和动人的场景。这两篇小说,分别以不同的视角,不同的样式,着力表现土地革命和武装斗争的重大主题,形象地反映了中国革命发展历程中的前进轨迹,从中也可以看出作者澎湃的政治热情和抑制不住的艺术创造激情。当然作品也存在不足之处。鲁迅先生曾就冯铿的创作,提出过婉转而又十分中肯的批评:"我疑心她有点罗曼蒂克,急于事功。"实在是一语中的。由于这一根源,以致她的这些作品,显得生活准备不足,酝酿构思仓促,因而显得思想大于形象,生活气息也不足。不过,这似乎是无产阶级革命文学初期创作的通病,是常见的,或许也可以说是难免的。

铁血桃花

1930 年 6 月,冯铿接受指派,到中华苏维埃第一次全国代表大会准备会(简称"苏维埃准备会")秘书处工作。当时,环境一天天恶化,白色恐怖十分严重,国民党的特务,在全市各个角落,虎视眈眈,伸出他们罪恶的黑手。而当时李立三又在党内推行"左"倾冒险主义路线,致使每天几乎都有革命同志被捕和失踪。冯铿常常收到"即刻搬家"或"连夜离开,勿在屋内"的字条或口头通知,不得不常常变换住处。但她还是冒着极大的风险,带着左翼美术家为苏区小学课本画的插图原稿,机智闯过巡捕和包探"抄靶子"(拦路抄身)的关卡,安全送到印刷厂去制版。在灼热的阳光下,匆匆赶到玉佛寺附近弄堂里的"德馨小学",出席讨论中央苏区领导捐款的秘密会议。还到法租界金神父路(今瑞金二路)一座小楼参加胡也频、丁玲夫妇举行的"汤饼会"……

对于当时的局势,夏衍曾经详细地回忆说:"'左联'成立时正碰上'左'倾路线时期。十个月后,1931年1月,王明召开了六届四中全会,决定了更'左'的错误路线。这时'左联'已经在南京路跑马厅西边另建了一个秘密机关,是在一家很有名的木器店'王兴记'的楼上。为了掩护,还挂了一块洛阳书店的招牌。1931年1月下旬(应为中旬——引者注),潘汉年召集'文总'所属各联的盟员在这个楼上开了一次传达会议。由于部分党员已经在立三路线时期受到不应有的损害,因此对于王明的那条路线很有反感。报告中途就有人窃窃私语,表示不满。散会后我们下楼时,胡也频、冯铿等还对我说:对这个报告我们有意见……"①

1931年1月17日下午,冯铿与柔石、殷夫、胡也频以及林育南、彭砚耕、李云卿、苏铁八人在上海三马路二二〇号(今汉口路六一三号)东方旅社31号房举行秘密会议,讨论反对以王明为代表的"左"倾教条主义(一说讨论中华苏维埃全国代表大会准备会秘书处的工作。见许美勋著《冯铿烈士》)。由于叛徒告密,到会同志全部被租界工部局逮捕。次日清晨,在原处守候的捕探,又将前往31号房的李求实、王青士等三人逮捕,一并拘禁在租界巡捕房。十九日,英租界地方法院开庭审讯。冯铿与李求实、柔石、胡也频、殷夫五位"左联"作家被押到法庭。只见他们蓬头垢面,满脸浮肿,尤以冯铿浮肿得最为厉害。审问只进行一刹那工夫,便宣布判决:"引渡"。他们高举拳头,大声高呼:"我们抗议!""我们没有罪!"但立即被租界法警强行拖走,引渡到国民党上海市公安局。23日,又被押解到龙华国民党淞沪警备司令部看守所。他们被捕后,党领导的中国革命互济会和社会各界进步人士组成营救委员会,多方设法进行营救。豺狼当道,哪有法理可言?狱中,他们人人被锁上镣铐,受到严刑毒打。冯铿和战友们坚贞不屈,表现出共产党员的铮铮铁骨,经受住血火煎熬的最严重的考验。

1931年2月7日,是一个令人诅咒的日子。深夜时分,看守所阴森的铁门,骤然重重打开,一队荷枪实弹的国民党军警冲了进去,七手八脚将包括李求实、柔石、胡也频、殷夫、冯铿五位"左联"作家和何孟雄、林育南等党的重要

---

① 见《左联回忆录》,第48页,中国社会科学出版社1982年版。

干部共 24 人①,分为几组,各用手铐相互联锁,然后把他们拖到荒野,用最卑鄙最野蛮的手段,秘密枪杀、活埋。立时,悲壮的《国际歌》歌声,高昂的口号声:"打倒蒋介石!""中国共产党万岁!"夹杂着凄厉的枪声,掠过夜空,传向四野,冲破沉沉死寂的寒夜。冯铿身中七弹,柔石身中十弹……冯铿是牺牲烈士中唯一的女性,英勇就义时,年仅 24 岁。

"左联"五烈士牺牲后,"左联"立即发表了《中国左翼作家联盟为国民党屠杀大批革命作家宣言》和《中国左翼作家联盟为国民党屠杀同志致各国革命文学和文化团体及一切为人类进步而工作的著作家思想家书》,出版了《前哨·纪念战死者专号》,鲁迅悲愤地写了《中国无产阶级革命文学和前驱的血》,后来又写了《为了忘却的记念》。革命作家国际联盟和各国进步作家也纷纷发表声明,掀起了抗议和谴责国民党罪恶行径、声援中国革命文学运动的浪潮。

新中国成立后,发掘烈士遗骸时,发现冯铿烈士生前身上穿的墨绿色羊毛背心,其上斑斑血渍,犹然可辨,七个弹洞,赫然在目……烈士们的遗骸被安葬在龙华革命烈士陵园,四周松柏苍翠,繁花生辉,一片庄严肃穆的气象。前往凭吊者,络绎不绝。鲁迅那篇著名的长篇纪念文章《为了忘却的记念》,被全文按先生的手稿镌刻于陵园的碑林。

冯铿和先烈们,用他们的生命和热血,巍然铸立起一座光照日月的时代丰碑!

---

① 有关文章多记叙为二十三人,剧上海龙华烈士陵园墓碑铭文,应为二十四人。

潮州音乐在上海

撰稿 林夏

乡情与乡音

人们常用"凡海潮到处就有潮人"来形容广东潮州人的足迹遍四海,而潮州人自己又加了一句:"有潮人处即有潮乐",以喻潮人视潮乐为魂魄的感情。潮州音乐以它形式灵活乐器可繁可简的特点,增强了它的普及性和传承性。1993年和1999年在汕头举行的两届国际潮剧节上,有来自洛杉矶、巴黎、悉尼等地的潮剧团,不少演员以英语、法语为母语,有的根本不会讲潮州话,可出演潮州传统剧目却十分投入,倾注了浓烈的乡情。"不会讲潮州话,会唱潮州戏"成为一时佳话。

在上海,早在乾隆二十四年(1759年)就有了潮州会馆。二十世纪二三十年代,潮人在沪从事工商各业,居留人数近20万,租界内外亦已形成多处潮人居住相对集中的所在,其中尤以八仙桥、九亩地(今城隍庙附近)一带为著,人数众多;住地相近为潮州音乐的繁荣提供了良好条件。一些潮乐爱好者相邀聚合演奏交流技艺的民间音乐组织纷纷出现,这是潮州音乐在沪发展迅速、影响剧增的时期。著名的潮州音乐乐曲如《过江龙》《海棠花》也在此时由百代公司灌唱片发行。据现已86岁高龄的原上海潮州国乐团团长、上海筝会会长、古筝名家郭鹰回忆,他1934年来沪后即听过郭沧洲弹古筝、郭豫立操琴的《过江龙》唱片。

潮州音乐在上海得以超越地域局限而赢得不少非潮籍人士的钟爱,这应和潮州音乐丰富多样的变化,以及非凡的艺术感染力密切相关。潮乐的一个重要特点是各种乐器的不同组合,以及演奏形式、演奏风格的变化,可以演绎出锣鼓乐、笛套古乐、弦丝乐、细乐、庙堂音乐、汉调音乐等等迥然各异的音乐品种。演奏时以大鼓指挥,配以大小唢呐、洞箫、椰胡、秦琴、三弦等管弦乐,时而是雄壮粗犷的大锣鼓,时而是悠扬悦耳的管弦乐声,刚柔相济,撼人心弦。二弦、三弦、椰胡、提胡、竹弦、小笛等等乐器的组合则用以演奏弦丝乐。这种组合轻灵便捷,可多可少,三四人到十余人均可表演,是最具群众性的室内轻音乐。弦丝乐乐曲有的含蓄蕴藉,有的优美典雅,《寒鸦戏水》即其中代表性乐章,演奏得好真令人有绕梁三日之感。

初登大雅堂

沪上潮乐的民间组织"新潮潮乐丝竹会"活动时期,正值国难当头,上海先是沦为孤岛,继而全面陷于敌手。丝竹会中不少人因战争失业,生活困顿。年轻的郭鹰就当过小学教师,跑过单帮,画过扇面,搞过活动广告,收入极不稳定。即使在这样窘迫的情况下,他们仍不离不弃,坚持每周两次在桃源坊二号客厅演奏心爱的潮乐。反复的合乐令郭鹰对潮州弦丝乐曲娴熟于心,从而将不少乐曲整理移植为潮州筝曲,形成可以独立演出的曲目。

1941年,郭鹰见一些江南丝竹、古琴民乐家相继在兰心大戏院举行独奏音乐会,不觉跃跃欲试。他想,古琴演奏能开音乐会,我这古筝不也一样可以!仗着年轻气盛,又有丝竹社朋友们的支持,他也在"兰心"举办了一次古筝独奏演出,把旖旎委婉扣人心弦的《寒鸦戏水》《一点金》《平沙落雁》等潮州筝曲介绍给上海听众。这是古筝第一次不再作为伴奏乐器而作为主角登上中国现代音乐的大雅之堂。

1947年经友人推荐,郭鹰为上海文化电台演奏古筝。志在弘扬潮州音乐的他和电台约定:我义务演奏不收你们钱,你们也不要在这个时段做广告。电台欣然同意,并为他安排了最佳时间:每天21:00~21:30。自此,优雅华丽的潮汕筝曲每每在晚间此时流淌在上海弄堂里、大街上,过路者不觉驻足倾听。短短两个月,郭鹰收到了大批听众来信,有年老的,有年轻的,有上海的,还有来自山西太原等地的;来信者有的是潮籍,然大量的是非潮籍人士。郭鹰通过电台与听众交流,结交了不少"空中朋友"。相隔半个世纪,我们在采访郭鹰时，他还讲了个有趣的故事："有位姓蒋的听众，是上海某纱厂的高级职员，写信说他特别喜欢我的筝曲，要和我交朋友。于是我们约定时间在老西门一个地方见面。可到时候等了半天也没见有人找我。后来我们终于见到了，我问："那天约好的，你怎么不来？"答："我来了，可没看见那里有老先生呵，都是年轻人——他把我当成老头了。"

"儒家风骨在"

与新潮等丝竹会差不多同时，活跃在十六铺一带的，还有十六铺小工栈（十六铺货运码头工人住处）的锣鼓班。这支锣鼓班全由潮籍小工自发组成。他们身为码头装卸工，收入菲薄却省吃俭用凑钱，置备了大鼓斗锣唢呐椰胡等等全套潮州音乐乐器，以及舞狮的全部行头，于工余闲暇吹拉弹唱自娱自乐。每年正月初一、初五，就出动潮州大锣鼓和舞狮队伍去码头演出，在外滩一带巡游，过往市民驻足观赏的，有时多达百人，道路为之堵塞。和某些街头演出要观众给钱的"卖艺"截然不同的是，小工栈锣鼓班的表演既是自娱，也是将欢乐带给别人，和住地百姓共庆佳节，全然没有"收费"一说。节日里穿街走巷响起潮州大锣鼓，原是家乡习俗。"每逢佳节倍思亲"；小工栈锣鼓班借此营造了近似家乡的节日氛围，同时聊解乡愁于万一。喜庆盛典，但有友人相邀，锣鼓班也总是无偿演出致贺。

另一支成立时间较晚（1946年），性质与小工栈锣鼓班相近的元龙里丝竹社则还留下一些资料。四十年代中，澄海人卢良炎在沪创办了一家兴利搬运公司。搬运工人全系潮籍。酷爱潮州音乐的领班（工头）魏锐恭、魏锐丰兄弟遂组织公司内有基础的爱好者成立丝竹会，以公司所在地永安街元龙里命名，称元龙里丝竹会。从此元龙里工余时间乐声不绝，逢年过节、开工庆典，更是热闹非凡。元龙里乐声初起时，首先吸收了两位虽不在兴利工作，却同样痴迷于家乡音乐的乐师谢声、谢焕生。谢声在八仙桥一家当铺打工，善于唢呐；谢焕生在一家食品公司任职，精于锣鼓。两人一有空闲就去元龙里参加排演。得此两位能手，元龙里丝竹会如虎添翼，演出的潮州大锣鼓名噪一时。和上述各潮乐丝竹会及小工栈锣鼓班的表演一样，元龙里丝竹会的种种庆典演出，也都是自愿参与，不收分文。

从郭鹰的义务为电台演奏古筝，到各潮乐丝竹会、小工栈锣鼓班在各种场合的无偿演出，我们可以感受到潮人潮乐的一个显著特色，这就是不逐利，不追名，只执著于一份对乡土音乐的热爱。这种"只求知音，不问报偿"的演出风格，潮州音乐人自豪地称之为"儒家风骨"。

从1948年至1949年，面临崩溃的国民政府为准备逃亡，大肆搜括民间财货，其发行的金圆券形同废纸，市面上百业凋零，一些原本处于社会底层的潮州音乐人纷纷失业。为了糊口，他们或制作木屐、腌制蜜饯，或替人画画书签。困顿之中，谋生之余，聚在一起演习家乡音乐，更成了生活中唯一的欢乐。一些爱好潮州音乐的江南丝竹名家如卫仲乐、许光毅、王巽之、李廷德、林石诚、王乙等，时而也到谢焕生、郑仁海、郭鹰等聚会的地方聆听、交流。一些潮乐名曲如《一点金》、《过江龙》、《骑骡吹仔》等，于是也移植到了江南丝竹中。一次著名民乐家卫仲乐见到谢焕生肩背大串木屐在街上叫卖，不觉尾随他走了一程。想到这个演奏潮乐锣鼓时神采飞扬的谢焕生，竟如此艰难度日，卫仲乐深深感动了，他伸出大拇指对谢焕生说："真是佩服你！"

弦歌终不废

1950年10月，带着庆祝解放的欢快心情，潮音国乐社在成立的当年就参加了于兆丰公园（今中山公园）举行的国庆游园会，痛痛快快地展现了一番潮乐魅力。但少数人的聚合演奏显然已满足不了需要。上海的潮籍音乐人酝酿着成立一个大型的业余潮州音乐团体。1951年由郭鹰倡议牵头，郑仁海等四处奔走，又得刘寄远主要捐资，租赁永寿路立贤坊21号前厢房一大间（带有天井阁楼），于11月正式成立上海潮州国乐团。消息传出，原先分散活动的潮乐好手聚于国乐团旗下者达五十余人，成为超过过去任何一个潮乐组织的大型民间音乐团体（后属上海音乐家协会领导，成为国乐团体会员）。

因为汇集了上海几乎全部的潮乐好手，有了条件较好的排练场所，潮州国乐团显得生机勃发，演出活动也颇为广泛。多届"上海之春"音乐会，都少不了潮乐团的乐声。郭鹰还曾为印度总理尼赫鲁、印尼总统苏加诺演奏。1954年为庆祝新中国成立五周年及人民代表大会的召开，中央人民广播电台特地为潮乐团的演奏录音。上海人民广播电台为之录音次数则更多。乐团的精彩节目《龙摆尾》《蜜蜂忙》《倒骑驴》《一点红》《画眉跳梗》《掷钗》和《寒鸦戏水》，均灌制了唱片广为发行。其中郭鹰的筝曲《寒鸦戏水》是我国首批向国外发行的唱片之一,经中央人民广播电台以英、法、越南、泰国等36种语言介绍和播放,反响很大,人们盛赞"闻声见景,百听不厌",海外筝乐爱好者来沪购买古筝,有的竟称之为"郭鹰筝"。平日里乐团排练之日,则是立贤坊周遭群众一饱耳福之时。鼓乐响起,人们扶老携幼循声而来,或自备椅凳,或一旁站立,把排练场围个水泄不通。进不了门的,伫立于大门之外作隔墙有耳状的听众,也是秩序井然,至排练结束方依依不舍离去。

潮乐团成立次年,郭鹰成为上海民族乐团古筝演奏员。1956年周秋帆任上海杂技团乐队演奏员。谢焕生也被上海民族乐团吸收为专业演奏员。1960年到1961年间,上海音乐学院先后聘郭鹰、谢声为兼职教授(郭鹰还兼为南京艺术学院教授)。潮州音乐杰出的乐师从此步入高等学府讲坛。

著名二胡演奏家闵惠芬就曾向郭鹰学习潮州椰胡,并将郭鹰用椰胡演奏的《寒鸦戏水》改编移植为二胡独奏曲,受到国内外听众的欢迎。自建国至"文革"前这短短十来年,是沪地潮州音乐最辉煌的时期,其发展之迅速,影响之深广,至今仍是历史上任何时期所不能比拟的。

"文革"期间,上海潮乐团被迫挂弦息鼓。团址被侵占,大量乐谱和部分乐器也遭散失。

二十年后,1986年秋,上海潮乐团假座市文联礼堂举行恢复活动大会。老一辈音乐家贺绿汀为潮乐团题词:"天涯存知己,四海有潮音。"市文联副主席、著名画家沈柔坚题词:"潮音天下扬"。闵惠芬健康欠佳,潮乐团未敢邀请她参加大会,她却自己赶来,在会上发言道:"我很小的时候在学校(上海音乐学院附中)图书馆唱片室就被潮州音乐《出水莲》迷上了。那委婉深沉含蓄缠绵的曲调让我听也听不够。这么好的音乐如果不把它继承发扬,我们将愧对后人。"这段话可谓道出了所有关注和热爱潮乐者的心声。

旅沪潮人创办上海贫儿教养院

撰稿　培根

提起"教养院",于今的人们往往会把它和"劳动教养院",或"少年教养所"等同起来,这可是人人见而生畏避之唯恐不及的一方禁地,是教育改造失足者的场所。可是,八十年前,也就是上世纪二十年代初,上海曾经创办一所也叫"教养院"的特殊学校——上海私立贫儿教养院。其特殊之处在:它位于当时上海寸金之地的租界,是一所由旅沪潮人创办、主要吸纳潮汕旅沪贫寒人家孩子入学、具有慈善性质的半工半读学校。

20世纪初,面对列强的侵略、国家的积弱,许多有识之士倡导"教育救国",如"五四"运动打出"平民教育"的旗帜,在北京创办了平民学校。在上海,比此略早,1917年,著名社会活动家、教育家黄炎培即创建了中华职业教育社,次年开办中华职业学校于小西门陆家浜,设机械、商、工木等科,培养中级技术人才。此后还有陶行知的努力探索和实践,成为平民教育运动卓有建树的后继者。

当此时也,旅沪潮人已达数万,从事商贸各业,其中颇有一些事业有成或发财致富者,且形成了足以与甬帮、徽帮、广肇帮等鼎足而立的潮州帮。当时一些有实力者在"实业救国"论激励下创办工厂,又在"教育救国"口号鼓舞下决心兴学办校。而潮州人客居异乡,经过长期客旅谋生历史风雨的磨砺,形成重乡情乡谊、讲团结互助、帮困济贫的传统;鉴于居沪潮汕人中谋生艰难、生活贫困者众多,其子女普遍存在入学读书和尔后择业的困难,于是决定斥巨资创办一所沪上前所未见的特殊学校——上海贫儿教养院。1920年,这所学校由黄炎培先生题写校名,创设于当时租界内的胶州路上。教养院主要由潮惠会馆会董筹款公建,故初期校名又称"潮惠公学"。又由于建于租界内,有在租界工部局任职的洋人担任校董,第一任院长又是美籍英国人,所以又有一个英文校名:Shanghai Benevolent Industrial Institution(意译是上海慈善工艺院)。

可惜的是,这所学校的历史档案如今已经荡然无存。现在这篇文字,只是根据雷驾白、郑克芗、翁绍庆等几位老先生——当年学校的老师和学生——几年前的零星回忆文字或口述辑录写成。其中转引较多的是来自雷驾白先生(该校毕业生,以后长期留校任教)所写的自传体油印件《我所走过的生活道路》。疏漏之处,自然很多。一些重要史实,竟告阙如,诚为莫大的憾事。

一、学校资金　贫儿教养院的办校资金,由潮惠会馆统筹,主要来自分别创设于 1915 年和 1918 年的鸿裕纱厂、鸿章纺织染厂的两位大股东郭子彬、郑培之等人的捐赠,建校资金总计白银四十万两。主要创办人郭子彬、郑培之均为潮阳籍,系表兄弟。鸿裕、鸿章两厂长时间成为贫儿教养院的主要经济支柱。

二、学校产业　校址占地六十亩。从今武定路至胶州路口,康定路至延平路口,这两个十字路口区域范围内的土地、房屋建筑等,当时均属于贫儿教养院的校产。从胶州路至康定路口,包括康定路庆余坊内所有房屋,也是贫儿教养院的产业。写到这里,使人不能不感叹,这样的一所"贫儿教养院"真够特殊的,创办者除创设校舍及一应教学设施,还为学校得以长期维持,置办了可以有常年收益的土地、房产等产业,于此可见捐资兴学者的气魄,也不难窥见旅沪潮人从事慈善公益事业义薄云天的风采。

三、学校设施　学校设在胶州路 397 号。校门左侧有一排砖木结构的三层楼房,进入校门便是一个花园,种植有各种树木花卉。有一间温室。园内常年绿树荫翳,花木争荣,是学校一道诱人的风景。环绕花园,南、北、西三面建有三幢两层楼的学生宿舍。有综合楼一幢,供作学生教室和教师办公室;楼下有大礼堂,设有近六百个座位;楼上图书馆,藏书数万册。其中备有商务印书馆出版的全套万有文库和一部分世界文库。常年订有主要报纸杂志数十种。

体育设施相当完备。有一处大操场,内分设足球场、篮球场、排球场,四周铺设有田径跑道;另有一处网球场,还有乒乓室、文娱活动室等等。

生活设施也是应有尽有。有膳厅,厨房,盥洗室,浴室,洗衣间,医务室等等。

四、学校董事会　学校的决策机构是董事会,凡重大校务和院长的任免等事项,由董事会讨论决定。主要成员有郭子彬、郑培之、陈青峰、郑琪亭等;其后出任校董的还有郑培之的儿子郑耀南及张春台、郑梅庵等。每年开学之初,校董们都要到学校出席开学典礼,发表演说,阐释办学宗旨,鼓励在校学子们努力学习文化知识,学习劳动技能,重视品格修养,加强体育锻炼,自小养成艰苦朴素、团结友爱、积极进取、奋发图强的精神,为将来立足社会或继续深造打下坚实基础,使自己将来成为造福桑梓,报效国家的有用人才。

　　五、学校建制　贫儿教养院于1920年春季成立,秋季开学。学生一律住读,全部免费,实行半工半读。学生来源,以旅沪潮人子弟为主,首先照顾贫寒子弟,而且必须经过校董为之介绍,方可入校就读。不收女生。也有极少数来自其他地区的贫寒人家子弟,同样必须经过校董介绍。学校分设小学部和中学部,小学五年,中学三年。学生升入中学部学习时,必须选学一种工科,实行半工半读。学校分设四种工科,分别为铁工科、木工科、农科和化学科。学生毕业,相当于现今的职业中专毕业程度。建校初期有学生百余人,教职员工三四十人;以后学生逐渐发展到四百余人,教职员工增至六七十人。

　　六、数任院长与教职员工　学校日常行政和教学,由院长负责。另设教务处和庶务处,具体负责教学和事务工作。

　　贫儿教养院前后经历数任院长。首任院长为英国人傅步兰。他是著名汉学家傅兰雅(清政府曾颁给他奖状)的儿子,后入美国籍。校董会聘任傅出任首任院长,大概是出于这样的考虑:贫儿教养院地处租界,由英人负责学校行政工作,对外和各方面的联系,可以得到租界当局的关照。傅步兰来中国的时间较长,能讲中国话,还能说一点拗口的上海方言,开口动辄"学生子"怎样、怎样……"格辰光"怎样、怎样……学生听了忍俊不禁,但并不觉得难听。他所采用的教育方式,不免带有殖民色彩,搬用的是奴化教育那一套东西,结果引起师生的不满和反对,不得不自动辞职。在任时间,还不到一年。

　　第二任院长是四川人朱懋澄,上海同济大学毕业,学的是建筑工程,后留学德国。其夫人是德国人,金发碧眼。朱对学校教育这一门学问不甚熟悉,一切自行其是。平时神情严肃,不苟言笑。学生对他难免怀有敬畏心理,彼此很难亲近。卒因工作办法不多,业绩平平,自觉难以为继,不满两年便自行辞职。

　　第三任院长为郭守纯。他是中国当初派遣的首批留美学生之一,学的是农科,留美博士。郭学成回国后,先在著名实业家张謇(清末状元)创办的南通大学农学系担任主任教授;后任实业家荣宗敬创办的无锡江南大学农科教授;其后又转到扬州苏北农学院任副院长。贫儿教养院前后两任院长离任后,校董会考虑还是聘请潮州同乡人担任院长较为适宜,于是一致同意敦聘乡人郭守纯出任第三任院长。郭是潮阳县铜盂乡人。他毅然决然接受重托,舍去大学的名位和优渥待遇,衔命赴任贫儿教养院院长。从1923年上任,到1944年辞职,前后担任院长长达21年之久。

他恪尽职守,治校有方,对学生循循善诱,爱护有加,在师生员工心目中,他既是一位懂行的教育家,又是一位忠厚长者,深受全校师生员工的尊崇和爱戴,也深得各个方面和各界人士的好评。贫儿教养院在他的辛勤耕耘下,逐步走上正轨,无论教学、生活以及劳动技能训练和参与社会实践诸方面,均形成秩序井然的运作系统,全校面貌焕然一新,被称誉为贫儿教养院发展历程中的鼎盛时期。可以说,郭守纯院长把毕生的精力和心血,献给了为乡亲培育人才的神圣事业。

1941年年底上海全面沦陷,教养院迁至苏州白浮山,十分艰难地继续办学。郭守纯1944年辞职,学校由校董张春台负责维持,从此时起至抗战胜利后学校回迁,曾先后聘请梅务本、周曙天担任校长,上海解放前后院长为郑梅庵(潮阳县梅花乡人),直至1955年贫儿教养院改为新教小学,郑继续留任校长。

据雷驾白回忆所及,在教养院先后任教的教师有:俞弗候、郭大雄、邹依萍、王宏德、陈雪峰、杨定远、周鼎、韩云兰、沈以芬、唐慕三、史伟其、顾胜泉、吴雪琴、许力生、周宗昌、韩淑英、陈则民等。这份名单疏漏甚多,可是目前已难觅完整资料。

在校担任教师时间最长的,当数雷驾白先生。他是湖北武汉人,家境贫寒,13岁时由其表叔带到上海。他的表叔熟识傅步兰院长,经傅的介绍进入贫儿教养院读书。雷是极少数入校住读的外乡人子弟,所以读书特别认真刻苦,成绩一直保持优等。前后读了七年,于1928年中学毕业(小学跳了一级),后留校任教。一边教书,一边外出进修文学和图书馆学。他长期担任班主任,以教育为自己的终身事业,勤勤恳恳,任劳任怨,对学生总是热情相待,感情非常融洽,深得学生们的爱戴。他从1921年进校,直到1944年因病离校。前后在校时间长达23年,几乎经历了贫儿教养院历史的主要过程。

贫儿教养院给予教师的待遇也较普通学校优厚。以建校初期为例,院长月薪为三百银元,教师月薪一般都在四十到五十银元之间。还为老师提供免费住宿。为老师特开小灶伙食,每天提供免费中餐。

由于学生实行免费住校,学校庶务工作非常繁重。这里,值得特别称道的是建校初期负责庶务工作的黄水佩。黄先生是一位女性,川沙人,是黄炎培先生的胞妹。她留学日本,回国后组织"新妇女家庭日新会",为妇女走出家庭走向社会奔走呼号。她受聘后,学校草创伊始,庶务工作可谓千头万绪,她总是不辞劳苦全力以赴。对学生更是慈爱为怀,在生活上关怀备至。逢年过节,总是带领学生们动手制作各式糕饼,并增加一些特色菜肴,以改善师生生活。

学校设有医务室,有专职医护人员负责全校师生员工的日常保健工作。前期校医是顾兆铭。这里,介绍一位颇受大家尊敬和爱戴、对学校后期(即三四十年代)医疗保健工作作出贡献的医生——贫儿教养院特约医生郭迪医师,他出生于潮阳一个中医世家。1937年留美归国后,即长期为学校义务工作。每遇学生患病,总是不辞劳苦,细心诊治。"八·一三"抗战期间,贫儿教养院临时改为红十字医院,当时郭迪医师归国不久,积极参加救治受伤战士的工作,受到大家的称誉。为了答谢和表彰郭迪医师长期为学校所作的贡献,1950年3月12日贫儿教养院专致感谢信,并颁赠题有"博施济众"四字的镜匾一方。解放后,郭迪医生成为我国著名儿科医学家、教育家、儿童医疗保健事业奠基人。[①]

七、学习纪要 每周星期一至星期五全天、星期六上午半天,共计五天半为上课时间。晚上还有两至三小时的自修。小学部学生只上文化课。小学毕业升入中学部以后,学生除了学习文化课外,还要同时学习工科课程。

铁工科设有实习工场,配置有翻砂、钳床、车床、钻床、刨床、磨床等机械设备,可以进行一般零件的加工;木工科设有操作间,有刨床、锯床等,设备比较简单,大多采用斧、刨、锯、凿等工具进行手工操作,能生产木制玩具和家具;化工科设备更形简陋,只能配制一般的雪花膏。农科置有一处农场,拥有十

---

① 上海第二医科大学、中华医学会儿科学会于2000年6月17日,举行"庆祝郭迪教授九十华诞暨学术报告会",隆重表彰和研讨郭迪教授在儿科医学方面的开创性贡献,及其"德艺双馨,为人师表"的高风亮节。

多亩生产用地,是学生学习农业生产技能的基地。

工科教习(教员)大多来自黄炎培创办的中华职业学校的毕业生。他们熟悉业务,工作热情,指导学生学习相关技能,讲求实用。

农科,可谓得天独厚。郭守纯院长原是农科留美博士,农科大学教授,他亲自兼任农科顾问,指导学生学习生产。教师戴召伯,扬州人,具有农科方面的教学经验。

学校规定,每星期六下午和星期天放假,各自整理内务,清洗衣物,清扫环境,开展各类文娱体育活动。逢到每月月底的星期六下午,学生可以回家,星期天傍晚或星期一上午课前必须返校。每次均须家长亲自接送。寒暑假期间,学生可以回家度假,但亦须由家长负责接送。

完善的秩序,严格的管理,艰苦朴素的生活,浓郁的学习氛围,促使学生从小就逐渐养成吃苦耐劳、自强自立、团结友爱、尊敬师长的品格和作风,对他们的一生,产生了至为重要的作用。曾在该校就读、解放后曾任上海社会科学院副研究员的郑宝珊,至今回忆起当年在贫儿教养院的学习生活时,对此有切身的体会。他动情地说:"八年教养院学习,给我一生打下了坚实的基础。促使我养成了刻苦耐劳的作风,树立起奋发进取的信念,明白了做人的道理,明白了爱国爱民的道理。"

在贫儿教养院读书的学生,对母校一直怀着深厚的感情。当年在该校小学部读书、现在已年逾古稀的翁绍庆老人,经历了近六十年的岁月,至今还珍藏着1942年郭守纯院长颁发的小学毕业证明书;时值上海沦陷,条件困难,毕业证书是油印的,却弥足珍贵。

正是由于教养院教育的特殊而成绩斐然,深得各方面人士的称誉和信赖,有的校董虽然富有,但也乐意将子孙辈送入贫儿教养院学习锻炼。如郑培之的孙子郑克功、郭子彬的两个孙子,都曾先后入校住读。郭子彬、郑培之自经商而从事实业,历经人生的沧桑,创业的艰难,他们不愿后代养尊处优,是很有远见卓识的。

八、生活综录　举凡学生日常学习、生活一应用品,全由学校免费供给。

每学期使用的课本、簿册和文具等,全由校方发给学生。穿着方面,全院学生穿用的衣服鞋袜等,悉数由鸿裕纱厂和鸿章纺织染厂负责按时发放。所穿衣裤,全由棉布制成。中式对襟内衣用白布缝制,外面的中式长衫和罩衫以及中式长裤,也是用蓝布缝制而成。黑布鞋,鞋底很厚实;白布袜,高过脚踝的袜筒,既实用,又耐穿。所有衣物用品,均实行按时轮换。衣服等小件,由学生自己动手洗涤;被褥等大件,由学校洗衣房按时换洗。全校学生一色穿着,整齐划一,显得朴实而庄重。

饮食方面,平时一日三餐青菜和豆制品为家常菜。有一个时期,每逢星期一供应猪肉,数量不多,只有薄薄的几片,往往学生只动动筷子就碗底朝天了。星期三供应牛肉,数量较多,烹调也比较可口,在学生们眼里,这是一个星期当中难得的一次"美餐"。星期六供应羊肉,由于烹调不得法,总带有一股膻味,学生们先是不免闻而生畏,后来慢慢习惯下来,终于明白羊肉毕竟比青菜豆腐要强得多。

就餐时八人一桌,每人有固定的席位。主食以大米为主,饭管吃饱。每餐四菜一汤。学生每次就餐,必须整队,由两位管理员引导进入膳厅,按照各人规定座次入坐,然后一声号令,大家同时举筷开饭。

住宿方面,学校有三幢两层的宿舍楼,每间寝室设置双人铁床六只,可住十二名学生。床上用品诸如被褥、床垫、床单、蚊帐等,也全由校方供给。每个楼层的寝室,头一间专供管理员住宿,由一至两位教师担任管理员,负责日常管理事务。

在衣食住各方面,教养院都力求在简朴的环境中,形成学生生活自理的能力,和俭约朴实的好习惯。

九、课外活动 校方为了促进学生身心的健康成长,精心安排了丰富多样的课外活动,以充实校园生活。

读书活动 图书馆由雷驾白老师领导学生轮流管理。设有阅览室,学生可以自由借阅书刊。每星期出一期书写工整的图书周报,由雷驾白负责编辑,各班学生投稿。内容有读书心得,校园采风,专题讨论等。周报颇受学生欢迎。

童子军乐队 教养院也成立了当时部分学校设立的童子军。中学生人人参加,着统一的童子军服装。同时成立童子军乐队。乐队队员所着的服装和所装备的乐器,均由校董郑培之捐赠。学校聘请专门的老师(最初是彭一林)为之进行训练。凡遇学校举办诸如野营、郊游、游行等活动,童子军乐队都全体参加,行进时走在整个学校队伍的前列,进行展示性表演。贫儿教养院的童子军乐队在上海市颇有名声。校董们凡有重大礼仪活动,每每邀请他们去演出助兴。值得一提的是,抗日战争胜利后,上海跑马厅第一次举行升旗仪式,就是由贫儿教养院童子军乐队担任奏乐。

文娱体育活动 学校对体育运动十分重视。郭守纯院长善打网球,在他的带动下,有多位教师参加该项运动。篮球项目,教师组织有"大风"队,学生组织有校队,各个班级有班队。在校内,除师生之间时常进行比赛外,还举行班级联赛。有时也到校外参加慕尔堂(基督教堂)和精武体育会组织的篮球联赛。足球项目,师生各组织有足球队,平时举行师生足球赛,有时也请校外有名的足球队(如著名的上海东华足球队)来校,举行小足球义赛,以其门票收入充作学校发展体育活动的经费。最值得一提的一次活动是,1937年"八·一三"事变中,著名的"四行仓库之战"后,谢晋元将军率"四行八百壮士"① 撤至沪西租界营地,时称"孤军营";一次,教养院教师的"大风"篮球队与"孤军营"球队比赛,表达了对坚决抗战的爱国壮士的慰问和崇敬之情。

学校经常举行音乐会,师生联欢会演出声乐器乐节目和自编的小品以及独幕剧。其间,曾演出著名戏剧家田汉的剧作《父归》、《刘三爷》和《回春之曲》等。

最难忘的是1941年5月,庆祝贫儿教养院成立二十周年时,上演曹禺的著名话剧《雷雨》。这次演出,由雷驾白老师担任总干事,总管演出事宜。参与舞台工作的学生,先后到当时颇具盛名的、由唐槐秋领导的中国旅行剧团参观,学习舞台装置和各种演出道具的制作。回校后,以翁甲波为首的一些学生,利用工场废旧材料,自己动手,按照自绘的草图,居然制作出演出需用的舞台布景和各种道具。

演员阵容,除了学校师生参与演出,另外还邀请校外专业演员和友好人士担任角色。并聘请国华影片公司专业演员秦烎担任导演。

《雷雨)演员表:

剧中人　　扮演者

周朴园……雷驾白(教师)

旅沪潮人创办上海贫儿教养院

---

① 四行仓库之战,是"八·一三"事变中中国军队抵抗日本侵略军的著名战斗。1937年10月26日,扼守闸北的中国军队一个营奉命掩护部队撤退,后由团附谢晋元率领退守位于苏州河北、西藏路桥西的四行仓库,凭借钢筋水泥六层高楼建筑抗击日军得包围,拼死坚守。28日,一壮士身裹手榴弹,从楼顶纵身跃入日军群中与敌同归于尽。上海人民热情支援,称其为"八百壮士",有人冒着生命危险送去国旗,插于楼顶。谢晋元率领战士们坚守四行仓库四日五夜,歼敌百余人,壮士殉难十余人,至31日凌晨孤军奉命撤入沪西租界内的营地。

繁　漪……马锡坤（学生反串）

周　萍……黄　金（客串）

周　冲……许鹤鸣（学生）

四　凤……邹依萍（音乐教师）

鲁　妈……陈　坚（客串）

鲁大海……王宏德（体育教师）

鲁　贵……秦　炜（客串）

秦炜既担任导演又兼演鲁贵，热情可嘉。中国旅行剧团的专业演员邵华，曾扮演过周朴园，也特地赶来临场指导。演员所需服装，全向教师和家属借用。郭守纯院长夫人更是慷慨支持，从家中拿来不少衣物。所有舞台美术工作，全由学生担任。

出任角色的演员，经过反复排练，一般均能体现剧中特定人物的性格和内心感情，特别是两名学生演员，一反串繁漪，一饰演周冲，这两个人物是一对母子，繁漪在剧中更是处于举足轻重的地位，由男学生反串其表演难度可想而知。两位少年演员，在导演的悉心点拨下，在演出中也能大体上表现出各自人物的复杂感情纠葛，真是难为了他们。① 所有参加演出工作的演职员，不分校内校外，人人满怀热情，忘我工作，任劳任怨，不取丝毫报酬。从筹备到正式演出，其间未花费学校一分钱。

十、救护伤员　1932 年 1 月 28 日，日本帝国主义军队悍然进犯上海，驻上海的第十九路军奋起抗击。此次对日抗战，全国军民同仇敌忾，上海人民更是处在抗日第一线，纷纷积极支援前线。贫儿教养院郭守纯院长在校董会的支持下，为了配合上海红十字会拓展义务救治伤员的医疗工作，毅然将学校临时改为"红十字医院"，收治负伤的将士。学校师生立即行动，组织救护队和服务队，不辞辛劳，夜以继日，救助伤员，做护理工作，为伤员端饭送水，搀扶他们上厕所，为他们读报纸、讲政治时事故事，并在病房里表演节目，如戏曲和活报剧等，想方设法减轻伤员的痛苦，鼓舞他们的情绪。

1937 年 8 月 13 日，日本侵略军大举进攻上海。贫儿教养院再次临时

---

① 饰演周冲的学生许鹤鸣，毕业后四十年代曾于多个剧团参加郑小秋导演的《热血》、吴仞之导演的《哑妻》，以及《夜半歌声》等剧的演出；解放后曾参加上海市政工会业余剧团排演的话剧《光明的守卫者》的演出，并在一些电影中扮演角色。

改为"红十字医院",师生一如既往,日日夜夜,全力投入救治伤员的医疗救护工作。

十一、避难太湖 1941年12月7日,日本偷袭珍珠港,次日,英美对日宣战,太平洋战争全面爆发。在上海,日本占领军随即进占租界,全上海陷入敌手。贫儿教养院原在学校周围的房产,大多被日伪掠夺,学校处境日益困难。为了维持学校的生存,维护学生的安全,郭守纯院长在校董张春台的热心支持下,不顾自己年老体弱,凭着坚韧不拔的毅力,多方奔走,历经艰难,最后商定将贫儿教养院迁至苏州太湖中的一个小岛白浮山,继续办学。

迁校途中,这时的交通已经十分困难。全校师生除向内地疏散流亡的以外,尚有近一百人,连带教学设备和生产工具以及一应学习生活用品,行李不少。临行时,根本找不到机动船,只好雇用五条木船,沿苏州河逆流而上,向目的地白浮山进发。沿途日伪军封锁控制甚严,大米和面粉禁止随意运输和买卖。老百姓大多以杂粮糊口。时值严寒天气,师生饥寒交迫,只好买来土豆充饥,每日勉强维持两餐。经过五天五夜的艰苦航行,抵达苏州光福镇。师生在此地经过几天短暂休整,然后步行十华里,到石壁渡口,乘渡船穿越太湖,最后到达目的地白浮山。

这次迁校,校董张春台热心热肠,率先垂范,从上海筹款,不顾日伪的封锁和环境的险恶,还亲自到白浮山附近农村采购建筑材料,监督兴建简易校舍,终于在偏僻荒凉的白浮山小岛上,建成数间校舍和一间礼堂——春台堂。学校还买下山上原有的一座小农场,作为生产基地。

就这样,在抗战最艰难的时期,贫儿教养院——这所特殊学校,在特殊的湖中小岛,开始了特殊的生活,其时约在1942年冬到1943年初。

当时,学校的教职工如下:

院长:郭守纯;秘书:崔理卿;教师:雷驾白、周鼎;农场负责人:郭大全;铁工教员:杨桂荣;木工教员:张顺兴;生活管理:刘舜荫(雷驾白夫人);工作人员:陈则民、李锡蕴、郑纯气、王三铜、黄英碧;工友:潘根土、陈官松。

白浮山四面环水,对外交通异常不便。本地又不产粮食,师生食用,全靠外运接济。平常主食多为玉米、高粱,只有少量大米。副食多为素菜。随着时局愈来愈恶化,粮食供应也愈来愈紧缺。

师生不但要面对险恶的时局,还要面对险恶的自然环境。每到夏秋季节,山上疟蚊猖獗,师生们深受其害,其中不少人因此感染上疟疾。其中一种恶性疟疾,为害至烈。山上水质又差,有的人饮用以后患上痢疾。加上缺医少药,患者往往得不到及时有效的治疗。学生陈南熹患上痢疾,他的父亲陈雪峰(原学校老一辈教师)赶来探视也被传染,后来父子同时病危,被送入苏州博习医院抢救,两人均不幸亡故。

当此国难当头和周围险恶的环境,暂迁白浮山办学的师生同患难,共命运,但困难重重,形势也时有变化。当时太湖地区包括白浮山,既是日本侵略军不时进行"清剿"的地区,也是新四军十分活跃与日寇不断周旋的地区,有几位学生凭着一腔热血,参加了新四军,此事曾引起学生家长和一些校董的担忧,加以学校经济困难、学生伤病甚多等等原因,1944年郭守纯院长被迫辞职离校。学校主要由校董张春台负责主持,坚持到抗战胜利,学校迁回上海胶州路原址继续办学。

解放以后,贫儿教养院持续到1955年7月,学校主办单位潮州会馆①呈请政府接收,遂由民政局转为教育局管辖,改名为私立新教小学。原贫儿教养院宣告结束。1956年私立新教小学改为公立胶州路第二小学。

贫儿教养院从1920年建校到1955年结束,前后历时35年。

十二、造就人才 贫儿教养院办学35年期间,先后有不少学生从这里起步,有的直接走向革命第一线,为抗战和新中国的解放和建设,作出了贡献;有的继续升学深造,在科研和其他工作岗位上,取得了不平凡的成绩;有的跨出国门,在国外创业发展,事业有成。这里,仅据目前有限的材料,略作一些介绍。

王健行,原名王年根,1935年初中毕业,旋即进入商务印书馆,不久,加入中国共产党,成为中共地下党员。1940年参加新四军,历任参谋、团长、军分区领导。1970年任第29军军长,后任福建军区副参谋长。

朱皓群,曾任中国人民解放军上海警备区司令部联络部部长。

郭丰文,在校学习时,曾获得上海市中学会考第九名,后考入圣约翰大学并攻读博士。解放后任国家医药总局一级高级工程师。医药专家。

郭纯涛,留美回国,解放后任广州电器科学研究所总工程师。

王苏生,重庆大学毕业。解放后在上海纺织机械厂任职。擅长铸造工艺,有多项创造发明。被评选为上海市劳动模范。

---

① 解放后潮属潮惠会馆、海澄饶会馆与揭普丰会馆因业务萎缩,合并于潮州会馆。

郑宝珊,后进入上海商学院。解放后为上海社会科学院副研究员。

周鼎,上海英国人办的雷士德工专毕业。解放后一直在中国人民解放军南京部队担任高级工程师。

此外,在香港有翁甲波、郭予书、郭秀仁(郭梅麟),泰国有张祖奇、周修敏,在新加坡有马伟雄(贞俊)、马贞煊兄弟等。

他们生活道路不同,人生经历各异,但对当年贫儿教养院的校园生活,大家仍然充满深切的眷恋,对母校的辛勤培育,怀着永远难忘的感激。

上海潮州和济医院廿五载

撰稿　石干　刘咏兰

　　有一所设在弄堂里的小型医院,一些解放前即在上海生活的潮汕老人每每念叨着它。它就是简称潮州医院的上海潮州和济医院。一所不起眼的小医院令老人们念念不忘,总有它的特别之处吧,且听笔者慢慢道来。

　　二十年代末,居沪潮汕人已达十万之众。为了帮助贫病乡亲解决求医诊疗困难,旅沪的"三帮"会馆 ① 各设有一所名为医院实为诊所的简陋小医院,即潮阳、惠来帮的宏济医院,澄海、饶平帮的广济医院和揭阳、普宁、丰顺帮的普济医院。由于小而分散,治疗能力极为有限,不能满足愈来愈多贫病乡亲,尤其是重症者求诊的需要。为此,上海潮州会馆 ② 董事会决定将这三所小医院合并,组建一所规模大一些的医院,于是便有了1929年上海潮州和济医院的诞生。

　　潮州医院设于吕班路蒂罗路口(今重庆南路兴安路口,即现在的上海妇女用品商店后面),吕班路鸿安坊内,占有15至18号四座房子。医院地处法租界,经向租界公董局备案,于1929年11月挂牌开业。医院院舍在当时是比较高档的弄堂房舍建筑,当然其规模和医疗设施、诊治能力远不能与大医院相比,但较之以前的三家诊所式的小医院,毕竟条件有所改善。不过,它仍

---

① 潮汕旅沪"三帮"商人合建有潮州会馆,各帮又各有自己的会馆,即潮惠会馆、海澄饶会馆和揭普丰会馆。详见本书《上海潮州会馆历略》一文。

② 同上①。

然只能算是一所规模稍大些的小型医院而已；现在我们所熟悉的上海地段医院的任何一家，其条件恐怕都比当年的潮州医院要完善得多。

这所小型医院开业之初，即"中西医并重，内外各科兼备"。除内、外、妇、儿、伤、眼耳鼻喉各科之外，还根据疾病流行状况增设专科，如肺痨科、皮肤花柳科及戒烟（鸦片）科。病房数间，床位十余张。医护员工共三十多人。西医部主任前期为庄德（名誉主任），后期为许龙章，医师先后有丁一心、颜伯权、任煜吾、许锦全，并先后有特约医师刁信德、古福康、骆思谨、王士廉、吴轶群、郑定竹；中医部主任一直为丁仲英，医师先后有谢也侬、郑捷三、黄启周、吴建鸿，特约医师魏指薪。医务力量不弱。潮汕人中声名卓著的文化人郑正秋出任首任院长，他曾邀请一些中西医师来院义诊。①

潮州医院开办之初，主要由潮州会馆提供部分经费，并向各潮人商号筹募，规定为慈善机构，曾有公告云："本院系潮州旅沪同乡所公立，纯属慈善性质，不分畛域，无论何方人士来院就医，一律虔诚诊治。贫苦病人，免费施诊给药。"实施过程中医院主要免费收治潮汕贫苦病人，及部分非潮籍贫病者（其中又以粤籍者为多）。获免费诊治或住院者，均需有相关单位或医院董事签署介绍，其余则按章收费。

从档案中，我们查阅到仅存的两份申请免费治疗的保荐信，均系经广东旅沪同乡会保送粤籍贫病者，其一是1936年身受日本侵略军折磨受伤者，故列其函如下：

　　迳启者，兹有同乡黎锦文君，年二十三岁，广东顺德人，寓东长治路永昌里三十四号。前曾被日军拉伕身受创伤，现因经济缺乏，拟投本市潮和医院（按即潮州和济医院）医治，即请贵会出面保送为荷。

　　此致　广东旅沪同乡会

　　　　　　　　　　　　　　　　　　　　　　欧伟国启

---

① 因材料不全，本文所列医师为后期在院医生，早期医师缺漏甚多。如1935年郑正秋逝世时，有悼念文章提及和济医院谢、蒋两名医师为其诊治，这谢、蒋两医师即未见著录。再，据瑞金医院李秀松教授提供的材料：李秀松的堂兄李秀国说，其父李文忠（老中医）曾于1933~1937年间经常应邀请参加在潮州医院的义诊。

信末批有"即免费保送"字样。

其二为介绍番禺贫民郭诚德入潮州医院免费治疗,信末也有广东旅沪同乡会"即发保送书候床位"的批核文字。

经查阅潮州旅沪同乡会 1933 年 7 月至 1934 年 6 月年度会务报告,有以下内容:"本市潮州和济医院,救济同乡贫病不遗余力,故贫病同乡投请本会救济者,悉函送该院免费医疗;该院尽量容纳,殊可感佩。计本年度内,函送各件如下:1. 陈日新君介绍张汝达一名。2. 许兴铭君介绍许步衡一名。3. 仁和号介绍郑锡金一名。4. 迳自投会请求之陈光耀一名。5. 连尹吾君介绍连清锦一名。6. 本会代理茶役宋德银一名。7. 庄晓亭等四人联名介绍庄礼奎一名。庄礼奎病重在院身故,由本会函请潮惠会馆施衣给棺成殓。"[1]

潮州医院因其公益、慈善性质,十分强调医德,曾向病家告白说:"年来各方保送住院病人,类皆患病日久,势已垂危,设在其他医院,必予拒绝。而本院向遵董事会命令,独予通融接受;冀救其一息尚存之身。惜乎!病入膏肓,施救不易,结果在本院为徒劳,而病人生命终难挽救。嗣后务望各界人士,亟劝患病之人,尽速就医。慎勿任意迟延,致成不治之症!"言词很是恳切,为病家精诚服务的精神于此可见一斑。

然而,医院自创办之始,以至其后长期困扰着院方及董事会的,是医院的经费开支问题。潮州医院成立次年,便显经济拮据,年初即致函恳请潮州会馆按月捐助经费。查档案,1930 年 2 月 16 日会馆会议有"兹据潮州和济医院来函恳请捐助月费一节,议决本会馆现拟捐助,无需分别月费,特捐助该医院经费三千元。"是年年底,即 12 月 4 日,有潮州医院院长郑正秋亲自出席潮州会馆董事会会议,报告医院状况的记录:"郑正秋君……宣布现在院内基本金无着,每月常费甚形支绌,度日维艰,要求本会馆每月捐助常费洋七百元,藉维公益而济要需。"会议讨论时,强调"办理公益须欲求其实效,按照医院目前情形,允于民国二十年(1931 年)一月一日起每月捐助常费四百元。并由本董事会推举稽查员六人调查院内一切进行,以资核办。嗣后办理如无成绩即行宣布止付。"1933 年潮州医院以现院址租金昂贵拟另觅地建院,虽经筹划而未果。

令人感叹和痛惜的是,作为中国电影的先驱和开拓者的郑正秋,他同时

百年潮人在上海

---

[1] 引自 1934 年《潮州旅沪同乡会年刊》。

担任旅沪潮州同乡会会长和潮州医院院长,也无不惮精竭虑,以致积劳成疾,于1935年英年早逝(终年仅47岁)。

潮州医院除争取潮州会馆及其他社团的社会经济支持之外,还专设有募捐组,常年在外奔波,向各方劝募经费,郭启祥曾为组长。前述潮州旅沪同乡会会务报告有以下记录:"潮州和济医院筹募基金游艺会:二十二年(按即1933年)九月,潮剧老三正顺班函赠公演三天,充作善举;经议决:转赠潮州和济医院筹募基金,由本会协助办理。于十月五、六、七三日,假黄金大戏院,举行游艺会,五日映电影,六、七两日演潮剧,计售券所入洋三千余元。"次年又有同乡会与潮州医院联合举办游艺会的记载:"二十三年(1934年)六月,潮剧老怡梨春班分函本会与潮州和济医院,愿捐赠演戏两天;经议决:联合举办游艺会,于六月二十八、二十九,假座恩派亚大戏院举行两天,券资除开销外,余洋三千余元,分配如数。"①

医院也尽力樽节,即如日常应用的单据册页,有的也由乡亲印赠。现存档案中有一纸八开大小的住院医药费清单(号码第2764号,1945年5月15日,病员为住福熙路的朱吴氏),页边印有如下字样:"本单印刷费,系陈朝宗先生,于民国二十七年(按即1938年)十一月二十八日,新张嘉新宝当,节省筵资捐助,为诸亲友造福,特此致谢!"

最使人感动的是,四十年代的一九四七年,潮州旅沪同乡会属下成立有一以提倡俭德改革陋俗为宗旨的组织曰"俭德社",曾公开刊登如下启事:

> 同乡亲友,如有喜事,及创立事业,协订议据,或人事关系等,需请本社张侃龙先生为介绍,或主持订婚,或证婚,或致颂词,或为见议等,务希先期约定,再行柬聘。时间应请准确,如逾期三十分钟,仍未举行,则先签证;另由主人倩友代为主持仪式。往返毋劳接送,并辞任何馈赠。祇请主人,酌捐五万元至五十万元,送至上海重庆南路鸿安坊和济医院,救助贫苦免费病人医药之资;或送交潮州旅沪同乡会慈善股,代济贫苦难民,为主人及亲友造福……诸君乐善好施,希慷慨捐助,广事救济,是所至祷。

> 俭德社敬启
> (民国)三十六年一月一日

上海潮州和济医院廿五载

---

① 引自1934年《潮州旅沪同乡会年刊》。

潮州医院于多年间艰难维持过程中,当然也时有办理不善的问题,故医院机构屡经变革。至四十年代前期,院长为柳柳谷,副院长张伉龙,医院董事会成员有:郑笑海、周德三、郭承恩、林慧波、颜盛珍、萧子贞、翁雨田、翁耐圃、郭促良、萧哲明、周月坡、林俊庵、邓介卿、郑俊亭、郭伯威、李耀庭、张职三、郑玉书、洪宪廷。

四十年代后期至新中国成立初,医院领导机构组成人员为:

董事长:周德三(德泰锱纱行经理);副董事长:郭企青(大新肥皂厂经理)、郑俊亭(上海工业银行副总经理)。

常务董事:张伉龙(明记行经理)、翁耐圃(源通行经理)、柳柳谷(通安行经理);董事:刘世忠、郑跃南、林有通。

下设管理委员会,由七人组成:柳柳谷、姚亦泽、刘世忠、林有通、周德三、周云峰、郑玉书。

院长柳柳谷,副院长张璇,医院法人代表张伉龙。

上海解放次年,即1950年9月,潮州会馆批准柳柳谷辞职,又免去张璇副院长职务,任命颜伯权为院长(颜为医院资历最老的医师),辜占梅为副院长。

查1951年潮州会馆档案,其春季工作总结有以下内容:"改善和济医院行政措施,添聘住院医生及护士,不足经费由本馆向热心同乡人劝认月捐,大约每月可增加三百个(折实)单位收入,以资弥补。"岁末,会馆业务概况汇报中,列有潮州医院一年间施诊送药的具体情况:

项目	门诊施送号金人数药费金额	免费住院人数金额
1月	168人	2人
2月	77人	6人
3月	58人	2人
4月	58人	2人
5月	110人	10人
6月	84人	15人
7月	50人	17人
8月	78人	10人
9月	95人	10人
10月	108人	3人
11月	107人	3人
12月	82人	4人

上表中,本文引录时略去每月施送费用金额。全年施送费颇巨,总计则为 34,391,820 元。

可见上海解放初期,潮州医院业务仍勉力维持。为增加经常收入,潮州医院于 1951 年 5 月与康福织造厂及中国科学图书仪器公司订立了职工劳保特约诊疗合同。

但是,由于医院主要经济来源的潮州会馆自身业务萎缩,所提供的补助费锐减,向各潮人私营企业要求捐助也日益困难,虽经多方筹划,医院仍无法摆脱日见严重的困境。1952 年 2 月,院长颜伯权致函潮州会馆,直陈医院窘状,欠债累累,不日势必停医。终于,1954 年 6 月,中国人民救济总会上海分会正式同意接收,潮州医院宣告结束。

潮州和济医院在上海从诞生至结束,始终惨淡经营,凡二十五年。这所医院的创立体现了潮汕人传统的勤劳、团结、互助的美德,其长期的艰难维持更突显出了潮汕人刻苦与坚韧的品性,难能可贵。作为公益、慈善机构,其救死扶伤、济困解危,发扬的是崇高的人道主义精神,也是毋庸置疑的。它在一定的历史时期适应需要应运而生,在新的时代因结束历史使命而不复存在。旅沪潮汕老辈人怀念它,历史也不会忘怀它!

糖行、钱庄与押当

撰稿　宋钻友

上海开埠以后,大批移民从四面八方涌向上海,强韧的乡情乡谊纽带把来自同一地区的移民凝聚在一起,形成一个个地缘集团。不同的地缘集团不仅文化上有差异,他们的职业分布,所开拓的商业经济疆域也各有特色,比如徽商在茶栈、典当业,湖州商人在丝绸业,山东商人在杂粮贩运业都有很大势力。一个地缘商业集团的行业开拓既受特定自然条件和商业传统的影响,也和他们在迁入地的机遇有关。地缘商业集团的行业分布虽然各有畛域,但都为上海的崛起作出了贡献。本文着重介绍旅沪潮商在土糖输入、钱庄与押当业的活动。

潮商与上海的土糖进口

1840年以后,沿江沿海不断有港口城市被迫开埠,随着商业活动的急剧增加,开埠城市越来越密切地联结起来,形成一个全新的商业网络。在这些网络城市,几乎都可看到潮商的活动。诸如牛庄、营口、天津、烟台、青岛、镇江、芜湖、汉口、上海等地。潮商在通商口岸的主要活动是商业流通,即从事进出口埠际贸易,把潮州、华南各地的土糖、烟叶、瓷器、神纸(又叫金纸)等从潮汕运往北方通商口岸,从北方口岸组织大宗杂粮(大豆、生仁)、米、棉布、棉纱以及国货商品输往潮汕、华南、南洋。

糖在潮商的出口中具有重要地位。潮州韩江流域是我国甘蔗的主要产区之一,除部分产量在本地销售以外,其余向外出口。潮糖的质量不错,在国际市场上有一定竞争力,清咸丰年间曾有过向外出口的历史。但潮糖的主要出口地区是国内沿江沿海通商口岸。

潮糖的出口规模受两方面因素的制约,一是爪哇、台湾糖的价格和进口数量。当爪哇糖、台湾糖的价格降低,产量增加,进口数量提高,潮糖的出口必然萎缩。二是潮糖的生产规模、成本。与潮州其他土货如瓷器、神纸、烟叶等相比,潮糖的生产成本偏高,销售价格受洋糖的打压,无法提高,很长一段时间,甘蔗的种植得不偿失,蔗田大面积缩小,蔗糖产量也大幅度下降。但即便如此,潮糖对国内商埠的出口,也一直没有中断。1933 年,陈济棠执掌广东省政,为复兴糖业,特创设新式制糖厂 6 所。鉴于以往产销未能合作,造成失败,而上海既为商业集散之中心,尤为净糖转运之总汇,乃与上海方面联系,由上海糖商组织"兴华行"与粤省当局签订承销协约,负责推销,一面由上海糖商集股组织"上海糖业合组公司"以作营运之机构,更联系全国糖商组织全国国糖产销协会,大量推广,以与洋糖竞争。由于产销互相协作,颇有成效。

潮糖对上海的出口有悠久历史,明清时期潮糖便已向上海及江南地区出口。乾隆上海县诸生褚华指出:"闽粤人于二三月载糖霜来卖,秋则不买布止买花衣以归,楼船千百……"[①]开埠前后,来沪经商的广潮商人以土、糖、烟贸易为主。19 世纪 50 年代洋糖对上海的输入还不多,福建和潮州糖行在上海糖市上势力很大。1868 年建立的糖业公所即点春堂是豫园内的六大公所之一。

上海潮州糖商以潮糖的批发为主,不参与零售,上海经售土糖的主要是甬帮和本帮。上海市糖业商业同业公会是一个食糖零售商的同业组织。1946 年以前建帮和潮帮糖商不参加同业公会,另建同业组织。福建帮属于泉漳会馆、晋惠会馆,潮帮属于潮惠会馆,后建潮糖杂货公会,广帮属于广安堂。

潮州糖号按对市场需求的预测或订单,购进一定数量的潮糖,然后批发给本市的甬帮、本帮零售商,按规定赚取微薄的佣金。批发商的利润虽然很薄,但他们的商业活动服务于家乡的农业生产,丰富了上海市场,对两地经济发展起着推动作用。

上海的潮州糖商不同时期数量不同,30 年代上海潮州糖商有通安公司、

---

① 褚华:《木棉谱》。

振新、仁诚、懋记、宏发、裕丰、德发祥。1946年的上海糖业同业公会有潮州糖商31家，即许省记振丰号、和丰祥、永顺利、茂丰号、大信行、荣新、恒余正记、柴记糖行、志成行、广恒和记、林宜记、德发祥、陈万美、振生记、新新糖记、庆丰号、合顺祥、三泰（德记）、裕昌隆、仁承记、信丰行、华兴、信和发、鸿昌号、通安祥、德记糖行、益和行、成兴发、恒信号、陈万顺、信丰。上述商号除少数几家专营潮糖批发外，大多数还兼营其他潮州土货诸如瓷器、烟叶、神纸等出口、杂粮进口。由于南京国民政府规定从事一种货物进出口的商家必须参加经营该货物贸易的同业公会，因此参加糖业同业公会的潮州商家较前大大增加。如林少卿的鸿昌号，就介绍了六家潮商糖号入会。在加入糖业同业公会前，潮州糖商一直只参加潮糖杂货公会。潮糖杂货公会又加入潮州会馆，公会会长柳柳谷自30年代起长期担任潮州会馆的执行委员或董事。

潮糖在上海市场的数量虽然远远不敌洋糖，但其销价低于洋糖，也受到一部分市民的青睐。此外，当抵制日货运动高涨时，日本糖受到华商的一致抵制，客观上为潮糖和建糖的销售扩大了市场。

潮州糖号多采用合伙制，个别的系独资，资本来源呈多元现象。有的商号是汕头总行的联号，有的则是申庄。合伙者除上海潮商外，相当一部分来自汕头的同乡商人，还有的合伙者是新加坡或南洋的潮侨。资金来源的多元化，是近代上海能迅速崛起的重要原因，例如永安集团的环球百货公司以及纺织厂，中国内衣厂和景纶内衣厂的投资者，相当一部分是海外广东华侨。上海潮商所经营的糖行、贸易行也能吸纳汕头和南洋的资金，这是广潮商人对近代上海的独特贡献。

这里对部分潮州糖行作一些剖析。

通安祥，由柳杰夫以2万国币独资创于民国8年。设办事处于金陵东路37号，经营进出口业务。民国14年于汕头永泰东路91号设分办事处，民国8年于广州抗日东路56号设分办事处。同年由柳杰夫之子柳克昌继任店主。民国31年改为伪中储券30万元。太平洋战争爆发，营业停顿。抗战胜利后恢复，改法币100万元，并于香港永乐东路101号设立分办事处。业务专营糖、杂粮、什货、油类、纱布、棉织品、化学原料等进出口贸易。进口货多向汕头分办事处、广州办事处、镇江祥余号、天津义德昌、兴发行购入。出口货有米、麦、豆、面粉、豆饼、纱布、海味、北货等，均在上海采办，销往广州、香港、汕头、新加坡等地。每年进出口总额，据中国银行1947年调查估计，进口总额为法币五亿元,出口不详。往来之银行、钱庄,有浙江实业银行、中国企业银行、民孚银行、上海商业储蓄银行、宝丰钱庄等。[1]

陈万美行,始创于清末,独资组织,总行设在新加坡,在上海、汕头、香港、天津均设分行。上海分行成立于1938年,地址永安街永安坊2号。新加坡总行负责人陈云翔、上海分行负责人陈惠荣、汕头陈乙峰、香港陈子吾、天津陈立藩。陈云翔、陈惠荣、陈乙峰、陈子吾乃兄弟4人,继承父业,各人负责一处。40年代末期尚未析产。上海分行资本国币150万元。主要商业活动是采办糖、杂粮、南北货、药材、纱布及洋杂货等销售各地。由延源、源康、日新、乃鼎裕等商号供给货源。客户有惠源、通德、大明、沈万义等厂商。[2]

鸿昌,1936年潮州揭阳林少卿设于上海,鸿昌是汕头鸿盛昌行的联号,从上海、青岛、天津、张家口等地采办豆类及面粉运销汕头。1945年抗战胜利后,林少卿迅速恢复上海鸿昌行与汕头鸿盛昌的业务,并有所扩大,除营销土糖、什货外,大量增加布匹与棉纱,销往汕头。长子林辉耀亦于此时入行,不久成为商行代表人。[3]

潮州土行钱庄

除贸易以外,潮商在上海的钱庄业也有一定影响。众所周知,宁绍帮在上海的银行、钱庄业居老大地位,上海的华商银行可说是宁波人的一统天下。宁绍帮在钱庄业也举足轻重,实力在各帮之上。除宁绍帮外,镇江帮、广帮、潮帮都有一定影响。

和宁绍帮相比,潮商投资钱庄业要晚得多。开埠以前,上海的钱庄多为绍帮开设。开埠以后,广帮凭借雄厚经济实力也开设了多家钱庄。潮商资本进入钱庄业始于1912年,其背景和潮州土行的衰亡有关。上海潮商长期从事烟土买卖,并依靠对土行近半个世纪的垄断,积累了巨额资金。1906年,清

---

[1] 见上海档案馆档案,卷宗号 Q78-2-13238。

[2] 见上海档案馆档案,卷宗号 Q78-2-13293。

[3] 据林少卿先生哲嗣提供的书面材料。1949年上海解放后,泓昌行由林辉耀与其弟林辉实负责经营。八十年代林辉耀任汕头特区顾问、揭阳市政府协委员,林耀实为上海市政协常委、复旦大学校董。

朝政府宣布禁烟,民间舆论对此反应积极,一时禁烟团体蔚为壮观,禁烟集会及禁烟宣传搞得轰轰烈烈。在舆论的压力下,清朝政府和上海租界当局采取措施,实行禁烟,潮州土行成为查禁重点,加以上海外鸦片进口越来越少,国内土烟的价格节节上涨,顶风售土的风险与日俱增。正是在这样的背景下,潮州土商将资金大量投资于钱庄。

潮商投资钱庄的时间虽然始于1912年,但他们与钱庄在这以前很早就有密切的联系。原来潮州土行购进烟土的资本并非全部是现金,一部分来自钱庄的放款。在多年的贩土生涯中,潮州土行与宁绍钱庄的跑街混得相当熟,所以当潮州土商多年销土积累的巨额资金闲置时,宁绍钱庄跑街凭以往的关系,请土行商人合伙开办钱庄,很容易获得对方的同意。自1912年起至1926年,上海潮州土行商人一下子投资开设了33家钱庄,资本总额207万两,平均每家钱庄6.6万两。这33家土行钱庄是:

年份	庄名	土行投资人所持股数	资本额
1912	鸿胜	10	40000
1912	信成	10	60000
1913	永余	4	16000
1913	鼎新裕	2	8000
1914	信元	10	40000
1914	茂丰	10	20000
1914	丰裕	8	14400
1914	源恒	8	12000
1915	信裕	10	60000
1915	征祥	10	20000
1916	鸿祥	10	60000
1916	聚康	10	60000
1916	益大	10	40000
1916	衡通	不详	
1916	通和	不详	
1918	信孚	9	54000
1918	光裕	10	80000
1918	大成	10	60000

1918	晋安	12	72000
1918	益丰	10	60000
1918	宝昶	10	120000
1918	祥裕	10	120000
1918	润余	不详	
1919	仁亨	7	70000
1919	德昶	10	60000
1919	鼎盛	10	100000
1921	鸿赉	11	110000
1922	鸿丰	11	110000
1923	鸿利	6	120000
1924	宝成	10	120000
1925	信丰	7	140000
1925	义兴	10	200000
1926	成丰	2	30000

投资这些钱庄的潮州商人,有的以个人名义投资,也有的以土行行名投资。郭子彬是上海潮州土商巨头,姚公鹤的《上海闲话》指出:潮州"土栈之尤著名者,为郭姓之鸿泰号"。又说:"中英禁烟约期以十年,而潮州帮与郭鸿泰之鼎鼎大名,今犹喧传一时。"[1] 郭子彬系鸿泰和鸿裕两家土行大股东,民初均用行名投资钱庄。他在鸿胜钱庄持 6 股、鸿祥 5 股、信裕 3 股、晋安 4 股,其子郭辅庭在鸿丰持 2 股。另一潮州土行巨商郑培之为信和土行股东,他以土行名义投资鸿胜,持 4 股、鸿祥 4 股,以个人名义投资晋安持 2 股,鸿赉持 3 股、鸿丰 3 股、成丰 2 股。

钱庄是中国土生土长的金融机构,它和银行的功能在许多方面十分相似,但也有区别,例如放款和汇兑是银行和钱庄的基本职能,但银行的借贷是押贷,即担保借贷,没有可靠的担保,难以从银行取得贷款。钱庄采用信用贷款,他的跑街天天在商家那里转,对商家的信用和家底相当清楚,因此敢于发放信用贷款,这也是钱庄比银行更有竞争力的地方。潮州土行钱庄放款对象不限于同乡商人,但它们和潮商集团业务往来相当密切,则是事实。潮

---

① 姚公鹤:《上海闲话》,第 17 页,上海古籍出版社 1989 年版。

州进出口商人大多专营批发,需要经常向金融机构贷款。《上海钱庄史料》指出:"糖行资本岁不甚大,营业额颇巨,普通恒在六七十万元之间,大者至一百五六十万以上,营业既巨,进货必多,所需金融上之周转颇大,其方法或为信用往来,与钱庄为多,或为押款,与银行为多。"[①]

潮州土行系钱庄能够一直开设到1949年的不多,据统计,只有信裕(1950年)、征祥(1950年)、聚康(1951年)、衡通(1950年)、信孚(1950年)5家,其余的均在1945年前歇业。这里将其中的3家钱庄作一简单介绍。

信裕钱庄,成立于民国4年(1915年)3月,由陈青峰、郭子彬、郑建明等合伙组织,资本规元6万两,1933年改组,加安记字祥,由柳生源、郭辅庭(郭子彬之子)、傅全贵等接办,资本增至国币56万元。1936年年底增资至76万元。1942年增资至伪中储券900万元。抗战胜利后改为法币900万元,并更新组织,改为股份有限公司。又该庄名称因与温州信裕钱庄相同,奉令更改,于1947年7月1日改名为信裕泰钱庄。[②]

信孚钱庄,成立于1918年,由郑友松等发起,系合伙组织,资本规元6万两,迭经增资,太平洋战争前资本为法币50万元,1942年改为中储券50万元。1943年2月4日改组为股份有限公司,数度增资,直至抗战胜利,资本为中储券1200万元。战后调整为法币1000万元。董事长郑友松。[③]

鸿祥裕记钱庄,成立于民国5年(1916年),由郭子彬、郑培之、秦润卿、冯受之等合伙组织,资本申元30万两。1933年改为国币42万元。1938年起停止营业。1946年7月复业,10月改组为股份有限公司。1947年迁天津路145弄19号营业,资本法币1亿2千万元。董事长秦润卿,董事有郭亮甫、郑耀南等人。[④]

市民金融机构——潮州押当

典押业是一种遍及中外的金融机构。典押分为典当和押当,两者的区别

---

① 《上海钱庄史料》,第176页。

② 上海档案馆档案,卷宗号 Q78-2-14366。

③ 上海档案馆档案,卷宗号 Q78-2-14367。

④ 上海档案馆档案,卷宗号 Q78-2-14413。

在于资本额大小不同,典当的资本大于押当。押当也称为小押。典押在开埠以后的上海相当普遍,从19世纪70年代的《申报》上可以看到不少关于典押的报道。押当因扣息重,押期短,经常受到舆论的责难,官府对此采取严加监管措施,对押当的经营作出种种限定,对敢于违法的小押严加惩罚。但清朝地方官员充分认识到典押业对平民的重要性,地方官员加强监管不是有意和典押商人为难,而是为了更好发挥典押铺在缓解平民生活燃眉之急方面的作用。由此,对典押他们又是大力扶持,予以保护的。例如,1872年某月,上海县知县发布告示,"严禁滋扰典商"。步入民国,上海历届地方政府对典押的作用也相当重视。民国2年,江苏省颁布《江苏全省典业通行规则》,民国6年上海县署颁布《押业改典特定木榜规条》。上海市政府1930年颁发《修正上海特别市押店营业规则》。公共租界也曾颁布《取缔押铺执照营业规则》。这些法规对规范典押业的经营起了一定作用。

社会舆论尽管对典当铺尤其是押店有许多尖锐的批评,甚至责难,但民间也有另一种说法,即把典押铺说成是"穷人的娘舅家",意思是情急之下,可到典押店想想办法,渡过难关。《上海之典押业》一文作者指出:"上海之典押两业,执平民金融之枢纽者也,在我国现时经济状况之下,使无典押,则平民资金之周转不灵,而有捉襟见肘之患,铤而走险,将为事势所至,此典押业功用之所在也。"①

在上海开典当铺的以安徽人为多,徽人有徽州朝奉之称,各通商口岸开设典当铺的商人不少来自徽州。在上海开设押店的主要是潮人。《上海风土杂记》指出"操此业者十之八九为潮阳帮"。②同业公会理事籍贯的构成也反映了潮人的影响。1946年上海典当业同业公会实行典当业与押业同业组织合并,合并后的上海典当业同业公会22名理事中,9人是潮人,4人是安徽人。1947年第二届选举,5名常务理事,4名是潮州人。

对潮州押当商人,上海市民有不少批评,"潮州门槛"就是其中之一。"潮州门槛"之说在上海非常流行,但它的来历能说清的人不多。笔者通过采访潮州老人,尤其是查阅大量文献资料,初步查明,所谓门槛主要指这几个方面:一是当票上的文章。到潮州典押铺当东西,除拿到当钱外,还有一张白毛边纸

---

① 《上海之典押业》,载《社会月刊》第1卷第12号。

② 《上海风土杂记》,第31页。

印着蓝字的当票,数目和所当东西的名称,用毛笔填写,"这一行画符式的字,任你笃腹饱满,总是看不懂的",原来"他们日常用的字,不过百几十个字,完全是草体而只写一半边旁。在这当的东西名称上加一个'破'、'毁'、'烂'、'坏'等字样,为将来起了交涉时的伏笔。所以上海人叫潮州门槛,再精也勿有了"。二是所谓"押箱钱""包袱"钱的名目。比如您当了四块的当头,他在票面上写四元零四分,这四分即是押箱。大当铺收百分之一,小押头店收百分之二。笨重的东西取百分之五的也有。其他尚有所谓挂失、提看、补票、另放等等名目。遗失当票之后,必须前往声明遗失原因,所当何衣、当时时日、当价若干,才得挂失,并按当票价纳一笔十分之二的失票钱。[①]

但所谓潮州门槛,并非潮州押店的专利,不少是典当业通行的惯例。典押商如此刻薄,固然缺乏商业道德,也和恶劣的商业环境有关。一位深谙典押业经营不易的记者曾经写道:

有人说典当是剥削平民的店,这一个印象最为普遍,可说每个人都把它印在脑子里。无论你这儿典当,是不是真的剥削,或并不剥削,总指住你是剥削,百口莫辩。其实典当开出来,每日开销相当地大,所下的资本至少是十万以上,大典当的资本的架上存货,多至一二十万和二三十万的都有,当进来的货色,要代为你管一年半以上,这一年半以上的利息可想而知。然而所得到你顾客利息,每块钱只有二分钱,当得多还不到二分,只有一分四五厘而已。第一个月去取,还有宽放五天,有三十五天作为一个月计算的便宜,譬如当千元以上,只取你一分四厘利息的,到三十五天去取,典当实实在在要蚀本。这是硬碰硬的事实,因为典当的资本原也从钱庄、银行去吃来的,吃来的利息都超过一分以上。典当拿一分以上拆息的钱来做生意,每当满一千元的出本,工部局要抽典当二厘的巡捕捐,再加印花税,种种名目,合下来已经要一分四厘光景的血本,开销还不打在内,试问顾客到三十五天来赎,是不是要蚀本?[②]

此文说的虽是典当,但押当的情况差别不会太大。尽管赢利极为不利,但典当和押当还是大量开设出来。"八·一三"淞沪战争以后是潮州押当最为兴盛的年代。战争爆发后,江浙地区的难民大量涌入租界,人数在二百万左右。这二百万人口都是无职业的,到上海来可说是做一个高等难民,上海

---

①　纯之:《当票》,载《上海生活》第2年第4期,1938年9月出版。

②　浅草:《上海的典当业》,载《上海生活》第3年第12期,1939年12月出版。

生活成本又这样昂贵,他们生计的唯一来源,便是典当。据统计,"八·一三"前,上海有老同行大典当115家、新同行典当57家、质典5家、押当787家。"八·一三"后,虹口、闸北、南市被灾者,约有大小250家。未几即在租界内重行复业者,超过此数。有一种估计,"两租界的押当,比战前倍增,真可谓满亢满谷。"国军西撤后,原先开设在杨树浦、虹口、沪西的押当,先后迁回复业,还有许多新的押当开设出来,"有五步一家十步一爿之概"。[①] 在以后的两年,即1939、1940年,上海孤岛的市面在投机商人的操纵下,金价物价飞涨,押当里堆积起来的当物价格也随之上扬。最高时,一满元的货,可卖到二元七八角至三元之间。所有的存货一扫而空。这是潮州押当最风光的时期。但这样的日子并不持久,随着战争渐趋激烈,特别是太平洋战争爆发后,日军进占租界,典押当卖包(即出清存当逾期的当货)越益困难,押当陷入困境。战后国民党政府实行旨在掠夺的经济改革,使经济金融陷于崩溃,潮州押当和上海其他行业一样,只能在风雨飘摇中熬日子,闭歇的押当不旋而踵。

据1948年的上海典当业同业公会会员名册,全市有典当押当800余家,其中潮州典押当291家(因店号过多,难以备录),开设时间较早的是民国元年设立的洪兴满记当。押当通常雇佣工人3至4人,资本额在8000至2万元之间。总计全市潮州押当资本总额在300万元以上,高于潮州土行对钱庄的投资。

糖行、钱庄与押当

---

① 萧亢石:《三年来押当业的动态》,载《上海生活》第4年冬至号,1940年12月出版。

郭子彬、郑培之与鸿裕、鸿章两厂

撰稿　石干

　　1993年,《潮学研究》创刊伊始,第一期上有一篇文章颇引人注目,从翔实的史料引出了发人深省的见解,实在是不可多得的潮史研究文字——这就是杜桂芳的《重贩运,轻实业——试论明清时期潮商经营活动特点之一》。杜文剖析潮商追逐商贸贩运的近利,而不思兴办实业的弱点,可谓鞭辟入里,又由于其勾勒出的是潮商的典型特点,所指虽为"明清时期",然至民国依旧如是,直至今天,恐怕还不能说已有根本性的改变。

　　杜文又指出,"凡在潮汕办实业者,大多是海外华侨而非守居故土者"。其实外出的潮商,比如旅沪的潮商,何尝不是如此,多少世代中也是以商贸为主,鲜有从事实业者。至民国初年,寓沪潮商始有先驱者从商海中"浮出水面",携巨资投身实业;固为凤毛麟角,且难称轰轰烈烈,可也创下了虽未能根本改变潮商形象,但也一时令世人瞩目,有一定知名度的实业。

　　20世纪初爆发了第一次世界大战,欧洲列强无暇东顾,对于中国的民族工业的发展,不啻天赐良机。后来成为"面粉大王"、"棉纺巨子"的无锡荣氏的实业便是发轫于此时,而在沪潮人的商业资本转化为工业资本的尝试也发端于此。清末宣布禁烟,潮商依仗不光彩的贩卖烟土所积累的巨额资金,需要寻求出路,从1912年至1918年,潮商土行投资开设的钱庄达33家(详见本书《糖行、钱庄与押当》一文)。郭子彬、郑培之表兄弟俩,均为先后经营土行的潮商中数一数二的富商,他们成为1912年起新开设的鸿胜、鸿祥、信裕等钱庄的主要投资者。有资料表明,无锡荣氏兄弟荣宗敬、荣德生于1913年在上海创建福新面粉厂时，因资金不足，还是商请郑培之出银三万两建造厂房由荣氏租用的，"福新按建筑费年利一分计，每年付租金三千两，租期十年"。①当时设厂获利甚丰，而建厂房收租仅得小利，何不自己设厂？又鉴于需要改变鸦片烟商给予人的不良印象，郭子彬、郑培之遂决定投资实业，集巨款创建纱厂——于是便有1915年耗银150万两的鸿裕纱厂之设。也是在这一年，荣氏兄弟又继面粉厂之后，创立了申新纺织厂。所以可以说，郭子彬、郑培之表兄弟的鸿裕，与荣氏兄弟的申新几乎是同时起步的。

此时欧洲大战方酣，棉纱出口锐减，中国民族棉纺业销售甚畅，鸿裕厂宝鼎牌棉纱运销各地，以至出口东南亚。三年之后(1918年)，以郭子彬、郑培之为大股东，筹规银10万两，在顺光织布厂基础上，于是年4月创办又一家企业——鸿章纺织厂。1919年"五四"爱国运动爆发，席卷全国的提倡国货、抵制洋货的活动进一步给予民族工业以发展的机遇，1920年鸿章厂又增资10万两。一年多以后，1922年，鸿章厂大幅增资至150万两，形成为新式纺织染大型企业，厂名也改称鸿章纺织染厂。此为鸿裕、鸿章两厂同时发展的兴盛期。

同时期，荣氏的申新已从一个厂发展至四个厂(申新一、二、三、四厂)，福新面粉厂则自1914年至1921年8年间，从一个厂发展至8个厂。荣氏兄弟不断地以抵押贷款、负债经营、最大限度利用业外资金创设新厂，这实在是大实业家的手腕和气魄。与之相较，潮人的郭子彬、郑培之不免逊色，但从潮商实现经营实业、创办大型工业的零的突破的角度看，并且从一个厂发展至两个厂，其成绩也算不俗了。郭子彬、郑培之成为众多潮商中敢于闯入实业界创业的佼佼者，其地位是毋庸置疑的。

鸿裕纱厂厂址在麦根路(今淮安路)491号，建厂时购地近百亩，延聘英国工程师设计，拥有纱锭62816枚，布机244台，实为纱厂和布厂两厂，产品以宝鼎为牌号。郑培之为总经理(时年41岁)，总揽全厂事务。鸿裕厂开工后获利甚丰，经营颇佳，曾获孙中山手书"衣被群生"牌匾。据传郭子彬的大侄儿郭渔舟在霞飞路(今淮海路)渔阳里有一幢花园洋房，孙中山曾于此小住，此匾额可能是孙于勾留时所题。

鸿章纺织染厂地处麦根路康脑脱路口(今泰兴路北段康定路口)，1918

---

① 见《中国近代面粉工业史》第115页，中华书局1987年版。

年初创时有木织机 400 台,染缸 8 只,职工 300 余人,董事长郭亮甫(郭子彬三子),经理郭文钧(郭子彬幼子),厂长郭子东。1920 年增资时,增添铁木布机 216 台。1922 年进一步增资扩厂,添置纱锭 24536 枚,线锭 6400 枚,布机增至 440 台(其中铁织机 25 台),并购进染色机械以代替老式染缸,成为机械化的染布车间,职工也激增至 1200 人。棉纱以宝彝为商标,棉布以鸿章、双凤、三羊,同时也以宝彝为商标。此时的厂长为郑懋庭(郑培之四子)。

有必要介绍郭子彬和郑培之及其家庭的若干情况了。

郭子彬,生于清咸丰十年(1860 年),潮阳铜盂镇人。昆仲三人,郭子彬行二,兄早逝,少年时(光绪初)只身至上海谋生,由其弟郭濬之在家继承父业行医并侍奉老母。在烟土行学徒数年后,自设郭鸿泰土行,且业务发展迅速,姚公鹤著《上海闲话》一书云沪上潮人"土栈之尤著名者,为郭姓之鸿泰号",一跃而为潮商中的巨富。清末禁烟后,鸿泰号随烟土行业的衰落而歇业。辛亥革命后,如前所述,挟巨资与郑培之参股开设多家钱庄及创办鸿裕、鸿章两厂。郭子彬旧宅在吴淞路,后于大沽路以家乡传统宅院建筑形式,营造"四点金"豪宅一座,旁有二层"厝包"。郭子彬发妻亡故后,续弦为方姓家庭女教师。郭子彬有七子一女。[①]

百年潮人在上海

郑培之,生于同治十三年(1874 年),潮阳金浦乡人。幼家贫,15 岁时,按乡俗与二弟郑翼之商定,由其在家务农奉养父母,自己则赴沪,在表兄郭子彬(郑比郭小十四岁)的鸿泰烟土行当学徒。后辞出自营烟土生意,开设信和土行(曾兼营崇裕当铺),致富后与郭子彬联手,先后创设多家钱庄及鸿裕、鸿章两厂。郑培之有大批房产与地产。在海防路营建有五开间三进三层中西合璧式豪华别墅宅院,以及中西式的园林,有亭台书屋、池塘水榭、草坪球场。郑培之有一妻二妾,子女十二人(八子四女)。[②]

郭子彬、郑培之民初即为潮州会馆三帮董事会中的潮惠帮会董中的核心人物。民国 12 年(1923 年),仅郭子彬、郑培之和中华面粉厂经理陈干庭[③]

---

① 据郭子彬之侄郭迪教授口述材料。

② 据郑培之亲属所撰《郑培之传》打印稿及口述材料。

③ 中华面粉厂系除泓裕、泓章之外,潮商创设的第三家实业,1918 年创设,先后由郑观庭、陈干庭经营,陈干庭曾为上海面粉交易所理事会候补理事。中华厂日产面粉能力为 2000 包,有钢磨 11 台,职工人数近百人,商标为"飞艇"、"如意"、"绿三星",为中型面粉工厂 1926 年至 1936 年曾两度出租又收回自营。1937 年抗战中被日寇炸毁。

三人以实业家身份进入由 24 人组成的潮州会馆董事会。潮州会馆及潮惠会馆所属慈善公益机构如上海贫儿教养院、潮州和济医院、八邑山庄、潮惠山庄等，均获郭子彬、郑培之经济上的鼎力支持。郭子彬、郑培之还通过潮州会馆在汕头创办大中学校，在各自的家乡铜盂镇、金浦乡办学并修桥铺路，为桑梓建设多有贡献。

值得一记的还有郭子彬大力襄助复旦大学的建设，于 1923 年捐资 5 万元创建心理学院教学楼（此楼俗称"子彬楼"，作为颇具规模的教学楼，至今尚存），其子郭辅庭捐助四千元开办费。复旦大学心理学院及其后设立的生物学科培养了童第周、冯德培等多位著名学者。

郑培之于 1928 年去世，时年 54 岁。郑培之与杜月笙、黄金荣为姻亲，其一女为杜的儿媳，另一女为黄的孙媳。[①] 郑去世时丧事大事铺张，丧仪规模空前，与此有关。郭子彬较为长寿，1932 年去世，终年 72 岁。

1928 年，郭、郑两家决定出售鸿裕厂。此事系郑培之患病和去世的影响，抑或事后所称为集中财力办好鸿章厂，已不可考。据档案材料显示，1928 年 3 月底，永安系统的郭乐、郭顺兄弟察看了鸿裕纱厂，厂董事会议决开价 200 万两，经过一番讨价还价，4 月 7 日董事会又开出 130 万两"为最低限度"价，后以 128 万两成交，"鸿裕纱布两厂全部机器、地产、厂基、栈房、工房、物料及注册商标"，悉归永安纺织公司所有。[②] 郭氏兄弟以永安百货公司起家，1920 年底创办永安纱厂，1924 年收购大中华纱厂为二厂，今又收购鸿裕为三厂，次年又创建四厂，以类似无锡荣氏的发展速度"滚雪球"般发展起来。较之荣、郭两家之经营实业，潮人望尘莫及。

其实，就二三十年代民族工业的发展环境而论，虽"一战"结束后，外资与洋货卷土重来，1923~1924 年民族棉纺业一度萧条，停产、转让者不在少数，但 1925 年震动中外的"五卅"反帝爱国运动，举国再次掀起抵制外货的高潮，鸿裕、鸿章在民族棉纺业喜获转机之时经营业绩颇佳。1932 年受"一·二八"淞沪战争影响，闸北、杨树浦、浦东棉纺厂多数停工，处于英租界的鸿章厂，毫发无损，且因市场普遍抵制日厂纱布，纺部增产，染部生意更好，利润大增，1935 年 3 月鸿章厂登记资本为国币 210 万元。

郭子彬、郑培之与鸿裕、鸿章两厂

---

① 据郭子彬之侄郭迪教授口述材料。

② 引自宏裕厂董事会致郭顺、郭乐涵，材料藏上海档案馆。

1936年鸿章厂一度受挫,因股市风潮,鸿章股票大跌,鸿章厂遂抵押于上海银行,由上海银行派员管理。1937年上半年,全国民众反对日本侵略斗争风起云涌,又一次抑制了日货包括日本纱布的销售,鸿章厂的鸿章、双凤、三羊牌号产品十分畅销,利润数倍于昔,遂将上海银行押款全部还清。这一年,鸿章厂纺部扩大拈线等设备,织部染部翻建厂房,新建仓库及办公大楼,工人增至2000多人。"八·一三"第二次淞沪战争及上海沦为"孤岛"时,鸿章厂又因地处租界得以照常开工生产。受战事影响不少工厂停产,鸿章厂却因市场供货减少而增产获利。

1941年年底太平洋战争爆发,日军进占租界,鸿章厂遂亦处于日本侵略者铁蹄之下。1943年资产折算为中储币(伪币)1000万元。在日寇严厉的管制下经营日见困难,原料来源大大减少,生产大幅度萎缩。1938年产棉纱2万件,1939年棉布出品34万疋,至1944年棉纱产量降至968件,棉布仅生产5万余疋。1944年工人减为1000余人,至1945年初全厂停产。

1945年夏抗战胜利后,工厂于10月逐步复工。初开工时,据11月具报的工人数为587人。董事长郭亮甫,常务董事郑耀南(兼厂长,郑培之长子)、郭企青。至1946年6月,经核算整理及补充后资产为法币1000万元,工人数增至近2000人。此时鸿章厂设备,计有纱锭28372枚,线锭9600枚,布机594台,各种漂染机20多台。生产逐渐恢复后,1948年棉纱年产10942件,为十年前(1938年)最高产量二万件之半。

据解放后鸿章厂党委领导编印的厂史记述,40年代后期国民党政权摇摇欲坠,金融混乱,法币疯狂贬值,1947年底,厂资产核算为法币20亿元。

1949年5月,上海解放之初,因原料缺乏,生产不正常。当年底,为解决拖欠工人工资,将306台布机及附属设备作价出卖。1950年"二六"轰炸后全厂停工。在人民政府支持下于10月恢复生产,为花纱布公司代纺代织,以渡难关。

又据上述厂史记载,"解放前后,资方已无心开厂",遂于1951年5月18日,以当时币制340亿元将鸿章厂出售给人民解放军华东军区后勤部和华北军区后勤部,改称公营新利丰纺织染厂。有33年厂史的旧鸿章厂至此宣告结束。1953年初新利丰改称国营上海第十三棉纺厂,划归华东纺管局领导。物换星移,37年之后,改革开放中,1988年4月,"国棉十三厂"又以"上海鸿章棉纺织厂"为新厂名。

如今历史已迈入 21 世纪,新旧鸿章在风风雨雨、是是非非中已经历了八十三个春秋。潮人郭子彬、郑培之创办的旧鸿章虽已成为历史陈迹,较之无锡的荣氏、广东的郭氏等大纺织实业家,郭子彬、郑培之算不上业中翘楚,但毕竟是潮人从商业转营实业的可贵的实践者和成功者,他们及其后代的奋斗与努力,是不该被遗忘的。作为旅沪潮人从事实业的先行者,20 世纪初创办了一个近一个世纪之后其厂号尚存的企业,值得人们崇敬和怀念,历史也会有它应有的一席地位。

■ 郭子彬、郑培之与鸿裕、鸿章两厂

潮人抽纱行业与印花手帕业

撰稿　石干　刘咏兰

　　20世纪上半叶,尤其是三四十年代,潮汕抽纱织造产量颇多,缘于汕头尤其是潮汕人在上海所设销售商号众多,故而产销两旺。关于手帕,我国在20世纪20年代始有民族手帕工业,至40年代,潮人在沪首创浆印工艺,大大促进了印花手帕工业的发展。

　　由于上述潮汕人在上海的两个颇有地位的行业状况均未见于史籍,我们只能访问健在的当年从业人士,并请他们提供材料,故本文远难称完备,只能分别记录其发展过程的点滴。

　　抽纱,或称花边抽绣,是刺绣的一种。用亚麻布或棉布等材料,根据图案设计,将花纹部分的经线或纬线抽去,然后加以连缀,形成镂空的装饰花纹。产品多为台布、床罩、枕套、窗帘、盘垫、椅靠、手帕、服饰及装饰性小饰件,当年主要为农村妇女手工织造,产地除江浙、山东烟台外,也盛产于潮汕农村。据不完全的统计数字,全国农村"抽纱工人约三十余万,而潮州则占其半,出产价值数百余万元"。①

　　30年代抽纱产品已风行海内外。在上海潮人抽纱商行从业数十年的詹益健老人,在向我们提供的资料中说:"在沪抽纱业,首创于何时,是哪几家,以后陆续跟进的是哪些商行商号,何时开张,无法查明。只闻有一家经营汕头抽纱批发的潮州公司是带头羊;但在'七·七'事变前即已停业,故无从查

_____

① 《旅沪潮人生活概况》,翁克康,载《广东旅沪同乡会月刊》第一卷,第十一期,1934年。

访。"虽然如此,在上海潮人所从事的诸种行业中,抽纱业中的零售与批发占有全市的大部分份额,则是可以肯定的。由于潮汕村镇从事抽纱手工生产者甚众,产量颇巨,在上海设众多商号广为贩运、批发、销售,从而进一步促进产地潮汕经济的发展,也是可以肯定的。

潮汕人的抽纱商号多数开设于租界内,因为其地市面繁荣,聚居者生活消费水平相对较高;境况稍优裕而又讲求生活情趣者,特别是较有文化素养者,每每对抽纱织品十分爱好,对其中设计雅致、制作优美的精品,更是爱不释手。许多外国居留者也十分喜爱抽纱织品,购买踊跃。当时外商以租界为依托,其商船麇集黄浦江,众多洋行大批接受潮州抽纱行的批发;其时黄浦江面上还随处可见恣意闯入的外国军舰停泊,水兵上岸也大多以抽纱织品作为礼品争购,成为抽纱商店的顾客。以上种种原因,使潮人抽纱零售店与批发行号同时不断增加,"造成潮人在沪抽纱业演主角的局面。潮人除经营汕头抽纱之外,上海、海门、苏州的绸缎绣花服饰批发,也占有相当份额。至潮人商行自行出口至香港、新加坡、仰光、马尼拉、澳洲等地的生意也蓬勃发展"。

据詹益健老人提供的资料,他1936年从家乡来沪时,潮汕人所经营的抽纱行号已多达七十余家,其业务多数经营或兼营各地抽纱、绸缎绣花服饰及工艺品,零售或兼营批发,有的专营出口。少数行家专营汕头抽纱批发,或专营北平十字花台布、温州十字花台布等的批发。不少行号先经营抽纱,40年代潮人印花手帕业发达后陆续兼营印花手帕。

从地理位置看,大多数行号开设于近外滩路段如虎丘路、四川路、大名路和南京路及与之交叉的新昌路、石门路、陕西路地段,以上均处于租界繁华地区。近外滩三处路段潮人抽纱商号十分集中,短短的一条虎丘路行号一家挨一家,鳞次栉比,几成"抽纱街",足见潮人抽纱行号气势之盛,占了上海抽纱行业的半壁江山。以上30年代七十余家行号的开设,是潮汕人在沪抽纱业的鼎盛时期。30年代后期,由潮人厚生行经理、抽纱业领袖人物林作诗(时任上海市抽纱行业公会主席)出面组建,以潮人抽纱界从业青年中的篮球爱好者为基础成立的"汕队男篮",曾长期雄踞于强队如林的上海篮坛,成为旅沪潮人的骄子,于此也可见潮人抽纱行业的实力。

抽纱行业的发展受时局的影响十分明显。上述商号开设的地理位置即是其影响的表现。潮汕地区于1939年沦陷,而成为"孤岛"的上海租界依然存在,设于日占区内(如虹口大名路)的抽纱商号陆续迁入租界。这一时期

潮人抽纱行业与印花手帕业

外国船只仍不断进出于上海口岸,惟数量有所减少,故抽纱行号生意尚能维持;不少汕头抽纱业主及从业人员转移来沪营业,在当时百业凋零的局势下,抽纱商号却有增无减,并不冷落,虽货源逐渐困难。至1941年年底太平洋战争爆发,日寇进占租界,上海全部落入敌手,尚能维持的抽纱业便普遍陷入困境,出口断绝,进货更加困难,零售萧条。部分商号歇业,但多数仍勉力支撑。抗战胜利后,上海抽纱行业的发展状况,据詹益健老人的说法,是"抛物线形"的经营时期:胜利初期曾形成了对抽纱各货的强大购买力,一时大小抽纱商号的批发与销售生意红火,这对久困的潮人抽纱业,无异久旱甘雨。可是好景不长,国民党发动内战,通货膨胀,市面萧条,这时抽纱业也在劫难逃,生意落入空前的低谷。直至上海解放后才进入恢复期,随着经济方面的社会主义改造,抽纱行业接受联营和公私合营。至此,潮汕人在沪的私营抽纱业,终于成为一页已经过去了的历史。

手帕古已有之,因古代手帕悉以丝罗织制,故古籍中多称为"罗巾"或丝巾。清代新嫁娘手中均持有刺绣极为精致的手帕作为装饰品。近代我国国门被列强打开后,手帕市场为日、英等国所垄断,至20年代初,始有民族工业出产的丝光手帕与外货竞争,1923年进一步发展到用石印图案套色名为文明手帕的产品盛销一时。潮汕人的手帕业开始时只是商业销售,如在抽纱行号中批销。后来陆续进入印花手帕生产领域,也只是家庭小作坊制作,工艺简单,用油纸刻版水印,染料质量差,图案与色彩粗糙,且易褪色,一般只好批给地摊出售。

据前述詹益健和手帕业从业人士黄敬道、蔡碧初等老人提供的材料,我们知道,时至1948年,有鉴于当时局势下抽纱业的萧条,经营华达抽纱行的揭阳人刘子达锐意从手帕生产方面发展。他与友人李梓江合作,研制出印花手帕的浆印工艺,这在我国手帕工业中属首创。李梓江在技术方面颇具钻研精神,他先后请教了曾在瑞士染料行工作多年的友人和印染工程师方乃容,印花版采用特种技术化学感光,配色采用瑞士染料及相应的添助剂浆印,产品色泽鲜艳,不褪色,其光洁度、渗透性均优于石印、水印。此项技术在当时印花手帕工业中属于领先水平,工艺比较复杂。研制成功,刘子达遂将原华达抽纱行扩充创办了华达印花工业社,并将这种浆印产品的商标注册为"双鱼牌"。投产后行销甚广,成为名牌手帕品种,虽成本较高,但获利也颇丰。这是潮汕人在手帕印花工业方面对社会的一项较突出的贡献。

一年之后,刘子达的朋友吕学义、吕学典兄弟,依照此项技术创办起第二家印花手帕厂——华达印花厂,两厂均以"华达"命名,只以"工业社"和"印花厂"相区别。吕氏兄弟的制帕厂开办也颇兴旺。此后,行业间,人称前者为"大华达",后者为"小华达"。

技术难关一经打破,潮汕人的浆印手帕厂、社一家接一家接踵诞生,有庆和、潮汕、裕记、再容、华扬、兴昌、诚安诸家,资本雄厚的上海人也办起颇具规模的五和印花厂。

新中国成立后,具有优势的浆印手帕厂继续发展,一批水印家庭作坊也依然存在。1956 年在公私合营过程中,由著名的"大华达"和"小华达"等十余家厂、社合并组成新的华达印花工业社;由潮人的"诚安"和上海人的"五和"等合并为五和印花厂;由潮人的"庆和"和其他厂、社合并为东方印花厂。此后又几经变迁,如 1964 年"华达"并入仁丰染织厂并改建为手帕一厂,成为产品行销国内外的上海市主要手帕生产厂家。八十年代改革开放后,手帕出口量剧增,上海曾专门成立了手帕进出口贸易公司,各生产厂内销产品贴各自的商标,出口产品则严格统一质量,均贴"双鱼牌"商标。由此可见,当年潮汕人所创办的制帕厂的名牌,几十年后仍拥有很大的知名度,这也是历史对创业者的最好的褒奖。

"老婆饼"与"茶食泰斗"

撰稿　石干

潮汕风味风靡上海滩

　　我国的饮食文化具有以地域划分的特点。如菜式中即有京帮、川帮、扬帮、杭帮、上海本帮等等；糕点茶食也受地区物产和习俗影响，形成不同的地方风味。就广东而言，便有粤菜和潮州菜，中秋月饼则有广式和潮式之分。近十多年来，得改革开放风气之先，潮州菜在上海曾一度独领风骚，至今风头尚健，而过去远没有今日之风光。解放前只有潮式月饼作为茶食闻名于沪上，至50年代之后，尤其八九十年代，每逢中秋佳节，各色月饼纷纷应市，食品店货柜上琳琅满目，"争奇斗妍"以招揽顾客，其中便有潮式与广式、苏式鼎足而立。当然潮式月饼的销售远逊于广式，但亦有相当的销量，颇受居沪潮汕人和一部分上海人的青睐。

　　旧中国上海滩上，据云做潮州茶食包括月饼的店家不下20家，但富有声名并能延续至今且发展至相当规模者，唯元利、源诚两家。

　　元利食品号始创于清道光十九年（1839年），距今已一百六十余年，可以算得上是潮人开设的店家其字号至今尚存的最古老的一家了。由于年代久远，长时间是小手工作坊式的制作，其经营状况，前清与民国初年均无任何史料留存。我们仅据1947年转盘元利的合伙人之一马俊光之子马家麟的介绍，得知百余年前元利系潮阳和平人马义宗和庄姓同乡合伙开设。此外，从1935年潮州旅沪同乡会会员名录中，我们查得"元利茶食店"入会者，有马汝南（50

岁）、马焕南（23岁）、马义先（21岁）、马义翰（38岁）、马礼章、马世旭（43岁），及庄荣林（22岁）、庄子瑜（30岁）、庄嘉祥（40岁）九人。从这份名录中九人的姓氏，可以推测，近百年间，元利大抵一直是马、庄两姓人所经营。

1947年，元利产业易手，盘给了同为马姓的马俊光、马俊彬兄弟及他们的堂叔马春山三人共同经营。当时店址在俗称五马路的广东路295号，二开间门面，楼上是工场，职工十余人，多为潮汕籍，另有个别帮工是苏北人。主要产品有老婆饼、冬瓜饼、绿豆沙饼、椒盐饼等六七种。据马家麟说，当时元利招牌的无形资产价值已达100根金条，此话的虚实，难以考证。

源诚食品号创设较晚，系普宁人黄少梅于民国六年（1917年）所开设，址在旧杜浪路今福建南路109号，制作销售潮式糕点，初创时是"前店后工场"式、自产自销小店号。开业七年后（1924年）店主黄少梅去世，由其弟黄维毅经营后，营业状况日见发展，聘用来自潮汕擅长制作潮式茶食的师傅，并逐渐汇聚、吸取汕头和潮安等各县民间糕饼制作工艺，选料考究，花式品种也逐年增加，愈来愈得到寓沪乡亲好评，认为是真正具有家乡风味的茶食，销售量日增。十年后（1947年），源诚原店址不敷应用，遂增设工场于老北门晏海弄14号，工场面积30平方米。

1948年，源诚号由开创期的店主黄少梅哲嗣黄庆辉继承经营。当时生产应市的品种有潮式月饼、老婆饼、细沙饼、冬瓜饼、水晶饼，以及脆葱饼（芝葱饼）、软春饼、猪油花生糖、花生酥、猪油明糖、蛋黄酥、龙眼酥、猪脚糖等糖食。此时的源诚号已颇有名声，产品不仅花式多，销量也相当可观。"少东家"黄庆辉，1943年毕业于汕头市立第一中学，抗战胜利后，来沪接手店号管理有方；他颇有经营头脑，发现每年中秋节时，潮式月饼不仅潮汕人爱吃，也很受上海人的青睐；但因潮式月饼皮酥馅糯，尤其是饼皮酥脆，取货、携带、搬运时易受损蚀，遂首先采用月饼逐个用薄纸包装。此举既有利于保藏和保洁（卫生），且以美观的圆饼方形彩纸包装，醒目地区别于无外包装的广式和苏式月饼，实属首创。中秋节人们品月饼，往往是不同内馅的月饼放在一起切开后分别品尝，潮式月饼由于饼皮酥脆，有时刀切后留有碎屑，吃者可托着包装纸将喷香的碎屑倒入嘴里咀嚼，亦一乐也。

20世纪40年代末，元利生产的月饼也采用纸包装。元利、源诚两大潮式月饼生产店号均以纸包装形式上市，遂形成为潮式月饼的外观特色。但采用纸包装孰先孰后？唯有源诚有文字记载，见诸于上海《南市文史资料选辑》

中有关文章。①本文上面的记叙即据此，录以待考吧。

潮州茶食"登陆"上海滩，百多年来，以潮汕地区地方风味独树一帜。仅以月饼而论，其外形近似苏式，用料近于广式；不少辅料取自潮汕土特产如汕头芋芳头等；内馅除一般绿豆、赤豆、果仁之外，还取糖冬瓜为主料，又以肉膘熬成猪油调配，达到脂香味浓，软糯适口，嚼不粘牙。潮州饼食风靡上海滩，且历久不衰，应非偶然。

"老婆饼"及其他

糕饼以"老婆"命名，怕是天下独有的了。此饼在潮汕地区原名朥饼。据传说，唐代韩愈贬官潮汕以后，在潮州兴中原文化，中原唐饼的制作技艺，也随之传入潮州，始为潮州朥饼；又一说云潮汕百姓系中原移民经闽南迁徙而来，制饼技术中也融有闽省风味。"朥"是潮州方言，本意是猪油；汕头小吃店店招上"重朥蚝烙"，即为厚猪油的蚝烙。从字面上说，"朥饼"即重猪油之饼。不知道经历了多少世代，"朥饼"终于被烘焙成为具有油而不腻、甜而爽口的一种美食。因朥饼的"好食"，后又被称为"礼饼"——潮汕一带男婚女嫁礼仪上必备之物：男方向女方定亲除送聘礼之外，必以茶食礼数十斤，供坤宅分赠亲友，敬奉长辈，表示女儿已经受茶，即将出阁。也不知道什么时候起，这种礼饼被戏称为"嬷戌（"老婆"之潮音读如"戌"）饼"，意为"娶妻饼"，这是从男方角度的戏谑之称，且颇为流行。此饼的烘焙技艺传入上海也已有一百多年的历史，大约始于元利创设的年代，至 20 世纪 40 年代，随着元利、源诚营业的趋于兴旺而成为风靡上海滩的一种茶食。当时旅沪潮汕同乡觉得"嬷戌饼"名称不雅，且让上海人费解，遂改称为"老婆饼"，也为制饼店家所接受。自此"老婆饼"即著称于沪上。潮籍曲艺作家、曾任《社会月报》主编的陈灵犀为源诚的"老婆饼"赋诗赞曰："甘留齿颊芳，食府生奇军，却喜嘉名锡，正堪遗细君。"本来，老婆饼甘芳腴美，已深受潮汕人和上海市民称道，加之该饼是结婚礼饼，具有团圆、美满、幸福的吉兆，所以，每逢天上月圆，人间团聚的中秋佳节，人们争相购买，讨好口彩，风行不衰。潮式月饼就这样逐渐成为不仅是潮汕人，也是上海市民喜爱的月饼款式之一。

---

① 见上海《南市文史资料选辑·纪念上海建城七百周年专辑》，第 152 页,1991 年出版。

笔者的记忆里,儿时在潮阳家乡,中秋节是热闹的,月饼便有多种款式,当时还不懂得品味,却记得母亲用篮子提回来,只见最底层的是类似上海的"方糕"但是圆圆大大、油浸浸的薄形月饼,中层一只略小却也有碗口大小,上层才是现在常见的月饼。这样依大小叠起来的月饼不知道现在还有没有?这几年家乡亲友送来的却都清一色是普通形状的绿豆沙月饼。查阅《潮汕大百科全书》潮式月饼条目,其释义为:"又称潮汕朥饼,属酥皮类饼食,主要品种有绿豆沙月饼、乌豆沙月饼等……成品色泽金黄鲜艳,皮酥薄脆,豆沙馅厚润滑,口味清甜,肥而不腻。"所记口味仿佛是对的,但品种不免单调了,便是笔者近年来吃到的这一种。也许是按现在生产的款式拟写的吧?

看来,比较起来,上海的潮式月饼,姑不论个儿大小及有否纸包装,仅论"朥饼"内馅,就远不是豆沙一种,其他就还有冬瓜、百果、水晶、椒盐等多种;这诸多品种,将潮式糕点风味独特、脆软兼备,具有甘芳、肥厚、葱香、味深种种特点充分发挥了出来。至于"老婆饼"这个独一无二的美称,就更是上海潮人饼家和旅沪潮人的共同创造了,大概也可以归入"海派文化"中去的吧。

"茶食泰斗"的浮沉兴衰

1949年秋初的9月25日,是源诚食品号三十二周年店庆。当时上海已解放数月,市面正在复苏中。那天适逢中秋,源诚里里外外一片喜气洋洋。年轻的店主人黄庆辉精心操办了这次店庆活动,群贤毕至,佳宾云集。上海影剧界人士纷纷应邀莅临致贺,其中有京剧著名演员言慧珠、电影演员路明、吕玉堃、韩兰根、殷秀岑等。书法名家沈尹默等挥毫题词。著名画家吴湖帆题诗赞曰:"调制精且美,从尝脆而甜,逢人开口笑,心赏外酸盐,咀嚼香无尽,源诚五味兼。"戏剧艺术大师梅兰芳则提笔写了"茶食泰斗"四个大字,题赠源诚以为贺。艺术与美食交相辉映,传为一时佳话。10月1日,正值中华人民共和国宣告成立之时,《源诚创建三十二周年纪念特辑》出版,介绍了纪念活动的盛况,分赠上海各界广为宣传。此次活动,增加了源诚和潮州糕饼茶食的知名度,在上海大大地"露脸",也为刚解放的上海市场平添了活力。又据《特辑》载,当时源诚已设立了六十多个产品分销点。

上海解放后的元利、源诚,经历了曲折的发展过程。1956年两店均分别公私合营。至1959年,元利广东路店面从两开间扩至四开间,生产工场扩充至 200 平方米，职工增至七八十人，其中技师 7 人，成为中型食品生产企业。产品品种，除糕点外，新增猪油花生糖、蛋黄酥等潮式茶食。业务也从自产自销发展至批发。1960 年在河南中路 100 号增设门市部。80 年代（1988 年）并入王仁和食品厂（其间一度挂靠冠生园集团），潮式饼食作为品种之一仍继续生产，1991 年以元利分店名义于金陵东路 326 号开出门市部。1998 年，作为老字号名店，正式从"王仁和"分出恢复元利牌号。现在除市中心各门市部，于松江设占千余平方场地的生产工厂，厂店职工共一百多人。

源诚公私合营时，黄庆辉①任厂长。1959 年迁址至人民路 501 号，生产工场扩大至 800 余平方。"文革"中易名人民食品店（又曾一度并入于曙光蛋卷厂），产品特色几不复存在。1980 年拨乱反正中，源诚首先恢复原厂名，逐渐恢复生产潮式糕点。1983 年中秋，源诚月饼首次出口港、澳与东南亚。事前港报纷纷以"源诚潮式老婆饼即将销港细软香酥可口诚茶食泰斗"的大标题表示热烈欢迎，节间十分热销，成为一时盛事。此后营业有较大发展，上海蛋卷厂、和平食品厂先后并入。进入 90 年代，源诚成为上海百家名店之一，已发展为包括"源诚商场"在内具有多处门市部，在青浦设厂、职工近三百人，成为豫园集团成员的"中华老字号"企业。

元利、源诚两厂产品，八九十年代均先后获市、部名特优产品奖励，尤其"老婆饼""细沙月饼"均曾连续荣获中国月饼节"优秀月饼"奖状。

世纪之交，中国经济进入全面转型阶段，市场经济改变了食品厂店惯常的产销方式，尤其是传统老店更面临市场冲击，许多年轻人不再欣赏传统饼食口味，失去顾客便意味着失去市场。最具代表性的"老婆饼"等潮式月饼，如今在中秋节上海食品市场竟难觅芳踪，似乎"盛极而衰"了。不论元利还是源诚，眼下都面临从传统的继承、扬弃中创新和企业改制，以迎接市场挑战的严峻局面。为求振兴图存，这两个老字号企业都有颇长的一段路要走。

116

---

① 黄庆辉，1953 年毕业于上海财经学院企业管理系。曾任上海市商业二局经济技术咨询部副主任、上海市烟糖业公司技术协会理事、爱建公司商业二局分公司顾问，后附加拿大发展，现居澳大利亚。

上海潮州会馆历略

撰稿 周晓

小引

　　会馆古已有之。予生亦晚,少年时自家乡潮阳来沪(1947年),才得识"会馆"一词。说起来读者也许会感到诧异:笔者是十五岁到上海从读鲁迅先生的《呐喊》,而知道有会馆的。鲁迅在《自序》中记叙他寄居北京"S会馆",从"钞古碑"(搜集和研究古代墓志等金石拓本)到受友人钱玄同怂恿,怀着唤起民众的希望开始"写些小说模样的文章"。笔者当时年少,读鲁迅文章当然是囫囵吞枣,包括这诞生了《狂人日记》《孔乙己》等新文学开山之作的S会馆为何地也不甚了了。直至1949年读了王士菁的《鲁迅传》,才懂得了"S会馆"便是绍兴会馆。从1912~1919年,鲁迅在绍兴会馆住了八年,从事古籍研究,并开始了对中国现代文学的发展产生巨大影响的小说创作。绍兴会馆之作为会馆,因为鲁迅,从而也有了文化上的纪念意义。

　　上海解放这一年冬天,笔者侍奉卧病在床的父亲(他在一纺织厂供职),闲谈中才知道,潮汕人在上海也有会馆,称潮州会馆,是旅沪潮汕商人为主体的行业和慈善、公益机构。万万没有想到,次年,即1950年,父亲病殁,笔者当时不满十八岁,上有寡母下有幼弟,生活陡然陷于困顿,亡父的后事,如寄柩和不久后的安葬,均得益于潮州会馆。寄柩之所在会馆属下斜土路的潮惠山庄,安葬之地则为会馆设在江湾的大场坟地,即八邑山庄。应该说,笔者一家,正是会馆的受惠者。现在,根据上海潮汕联谊会潮史调查组多年来搜集、积累的材料，由笔者执笔撰写这篇《上海潮州会馆历略》，真是分外亲切。

会馆的渊源

"会馆亦称'公所'。中国旧时都市中同乡或同业的封建性团体。起源很早。汉代京师已有外地同郡人的邸舍。南宋杭州有外郡人为同乡谋公益的组织。名称最早见于明代。清代更盛行。一般以县、府、省为单位，也有由相邻地区合组的，如广州府和肇庆府的'广肇会馆'。在京师的大都是外地官僚士绅所组织；在商业城市的大都是外地工商行帮的机构。近代也有纯同乡性会馆（后称同乡会）；或纯同业性会馆（后改同业公会），如上海米行的仁谷公所。宗旨一般是防范异乡人或外行人的欺凌，并为同乡和同业内部的狭隘利益服务，但业务常为组织内部有力者所把持。"

以上是《辞海》的"会馆"条目释义。笔者所据的是 1979 年版，以后各版对此释义仅有压缩篇幅性质的少量删节，并无修改，故据以全文引录，可视为对会馆的较简括的阐释。

会馆的出现与发展，千百年来，以"外地同郡人的邸舍"滥觞于汉代京师，以地缘性（同乡）和业缘性（商贾）繁盛于明清的大都会，可谓源远流长。古时是客旅京师者为提供同乡蔽身之所而设的邸舍，至明清，在经济发达、士商云集的都会商埠，为谋求同乡和同业者的福祉而正式出现称为会馆或公所的组织，其间历经一千多年的历史，至于从明末清初开始兴盛，也达三四百年之久。

作为一种历史现象，会馆形成和兴盛于封建时代，它是中华民族传统观念的产物自不待言，其发展和演变史，深深地烙上了中华传统文化重族群、重伦理、重情谊等等印记。延绵逶迤千载，至明末清初始发荣繁盛，又说明它与商品经济的发展有密切的关联。清进士马登云所撰《潮州会馆记》开宗明义地说："圣朝景运日隆，都会名区五方士商辐辏，于是有会馆之设迸。"商贸贩运发达，促使南北物产日渐繁富，各地移民日众，处于封建社会衰落期和资本主义萌芽期的会馆组织，便愈益显现其存在的作用和价值。

自汉以还，尤其在科举制度盛行之后，京师"同郡人邸舍"逐渐成为各地晋京应考举子食宿之所。每当科举考试期间，同郡应考子弟纷纷旅居于此；日常则为士绅、商贾联络乡情乡谊、沟通和协调商情、商务以及筹醵策划活动的场所。会馆于明清之际的盛行,实在是历史大变迁酝酿期前奏阶段社会形态一角之表现。

明代潮州会馆创始日期已不可考。据前述《潮州会馆记》载,创建最早、实力最雄厚的苏州潮州会馆"前代(按指明代)创于金陵"(明初建都于金陵,即南京),清康熙四十七年(1708年)迁于苏州上塘。又云,"乾隆三十四年(1769年),契买京都张素亭房屋一所,计价银1000两,房屋于京都琉璃厂延寿寺街北头,坐东朝西门面,前后地基计六进",作为北京潮州会馆新馆。就是说,乾隆三十四年之前已有北京潮州会馆,但成立具体年月不详。史载,北京潮州会馆新旧馆馆舍与房产共有六处计百余间之多,足见会馆颇具规模。北京潮州会馆接待晋京潮汕举子事已无迹可稽。民国后,则如同鲁迅寄居绍兴会馆一般,潮汕旅居北京求学学子,后来成为卓有建树的学界名人如梅益、碧野、马大猷、薛汕诸人,均曾先后寄寓于潮州会馆,有的还领取过会馆发给的奖学金。①

鸦片战争以后,列强经济侵略加剧,民族工商业在空前的挤压、刺激之下也于沉滞中逐渐发展,沿海农村破产流落海内外者增多,素有沿海路北上或南下东南亚谋生习俗的潮汕人离乡背井者剧增。漂泊异地谋生,必需彼此多方联络关照,以求站住脚跟。迅速发展的大商埠如上海的潮州会馆,其功能也随之发生变化, "同郡邸舍"的作用逐渐式微;由于商界出现了江浙帮、广肇帮、徽帮与潮州帮各帮分庭抗礼的竞争局面,沟通和协调商情、商务——行业性的功能愈益强化;而上海建埠之后,尤其是民国初年,旅沪潮汕人已多达数万人,与建馆时人数有限大为不同,众多的生计、纷争、贫病以至殡葬等形形式式的求助络绎不绝,会馆的种种慈善、公益事业也迅速发展起来。随着社会从封建旧制向近代城市管理转轨,会馆的机制也从封建性一定程度上向民主化转变,机构的改易,业务的开展,逐渐有序和有章可循。可以说,时代的变迁,也促进了会馆组织产生切合社会需要的发展与进步。

上海潮州会馆沿革与章程

上海潮汕联谊会潮史调查组几年来所搜集到的有关潮州会馆史料的时

----

① 据周绍京《潮州会馆史话》,第64页,第46—47页,1995年上海古籍出版社。

限,仅限于本世纪上半叶,具体说是从民国初年起至新中国成立后的 1951 年止,且时断时续,材料不全。前清时代,仅有前述马登云撰《潮州会馆记》,和同治二年颁发的《黄道台给潮州会馆示》碑文,以及辑入于《上海碑刻资料选辑》[①] 内的嘉庆十六年所立有关潮州会馆、同治五年所立有关潮惠会馆的几则碑刻资料。这些碑刻资料有两方面的意义:第一,简约记录了上海潮州会馆初创于乾隆年间的成因和沿革。“上海为滨海通衢,广东潮州航海通商,帆樯络绎,即仕官进京,道多经此。乾隆四十八年,潮属海、澄、饶三邑绅商,捐资契买洋行街地基公造会馆一所,供奉天后圣母,并于照壁后相连架造公栈两间,为各绅商登岸驻足之所。”[②] 当时虽为海、澄、饶三邑绅商所建,但即已称潮州会馆,供奉天后圣母(即妈祖,也称天妃),系潮商为祈求商贸贩运航海平安而祀。“嘉庆年间,于洋行街捐厘公建潮州八邑会馆……三帮之人,雍雍济济如也。”[③] 这说明潮州会馆已从乾隆间海、澄、饶所建至嘉庆间与潮惠、揭普丰八县三帮公建。第二,这几则碑刻不仅说明潮州会馆初建于乾隆年时,而且以其关于会馆的若干“祭业”(即产业)的记载,补正了民国后会馆史料关于成立年代的不准确之处。按 1929 年 6 月 30 日上海潮州会馆向当时上海市社会局填报的社团调查表所载,“潮州会馆成立于前清嘉庆十五年四月”。而《潮州会馆祭业勒契碑》[④] 云:“乾隆二十四年,契买郑国梁市房一所……即初创会馆遗址。”又,“乾隆二十八年,契买林如松、赵荆山市房一所……即旧会馆。”此碑系嘉庆十六年所立,碑文一起始即叙此前所立碑被毁,“去年(按即嘉庆十五年)春,新馆落成……复谋觅工刊刻,以垂久远。”以上记载,说明海澄饶帮建馆时期并未被排除在外,而是明确列为“初创会馆”和“旧会馆”,这就是说,上海潮州会馆经历了初创会馆遗址—旧会馆—新馆三个阶段。会馆的成立年代,应是初创会馆时的乾隆二十四年,即 1759 年。那么,据此可以推断前述 1929 年社团调查表所称会馆成立于嘉庆十五年(1810 年),是将新馆落成之期作为会馆成立之日填报了,1931 年拟订的新章程也沿袭此说。

考订了上海潮州会馆准确的成立年代之后,我们可知,早在 1843 年上海

---

① 《上海碑刻资料选辑》,上海人民出版社 1980 年版。碑刻拓今藏上海历史博物馆。

② 《黄道台给潮州会馆示》碑文,今藏上海历史博物馆。

③ 《潮惠会馆碑记》,《上海碑刻资料选辑》第 325 页。

④ 《上海碑刻资料选辑》,第 251 页。

开埠之前八十余年,旅沪潮汕商人即已建立了自己的组织。当然,上海潮州会馆比苏州会馆的建立还是晚了约五十年。不过,由于尔后上海开埠,凭藉港口的优势,中外交汇五方杂处,很快进入近代城市开发与建设时期,经济发展迅速,一跃而成为远东首屈一指的大商埠;继而汕头也于 1861 年开埠,进一步促进了沪汕两地的贸易。而在新旧世纪之交和二十世纪上半叶,苏州经济呈现弱势,苏州的潮州会馆曾因而在相当长时期内"托管"于上海潮州会馆,[①] 这可说是"后来居上"者的一个插曲吧。"一百五十多年前,上海开始突飞猛进,竟如变魔术一般,发生了天翻地覆的巨变"。[②] 上海潮州会馆的历史也引人注目地叠印在这"巨变"的大背景之上。从十八世纪下半叶创建,至本世纪五十年代初结束,上海潮州会馆薪继火传,延续了近两个世纪之久;可以说,这是潮州人在上海的一段弥足珍贵、可圈可点的历史:他们为上海这个近代大商埠的崛起,贡献了力量。

我们所见民国以来的材料中有 1923 年的《潮州会馆三帮董事会章程》,其中申明该章程系"民国二年订定"(即十年前的 1913 年所订),其后历经董事会公议增删修改。这是我们见到的最早的潮州会馆章程。文如下:

潮州会馆三帮董事会章程 [③]

第一条　本董事会由三帮合组,计海阳、澄海、饶平为一帮,潮阳、惠来为一帮,揭阳、普宁、丰顺为一帮,三帮合共二十四人。

第二条　本董事会为职业董事会。每帮董事由每帮司月推举。每帮司月则由每帮各行号推举。凡属殷实行家,遇有筹措公款时其能力可以担任者,皆得举为司月。

第三条　本董事会代表旅沪潮商,凡租界各国公署、中华民国各省官厅来往文牍交接事务,概由本董事会担任接洽。

第四条　本董事会对于商场事务所有联络商业、报告商情,均可自由集

---

① 上海潮州会馆档案中有讨论苏州潮州会馆馆务的记录,如 1914 年 8 月 9 日会议关于苏州潮州会馆报告"大殿漏围墙倒塌应如何修理贩固"案;1927 年 2 月 20 日会议有关于"前年三帮修筑苏州潮州会馆时潮惠帮曾垫出银四千五百两"事,"议决此款既系修筑(苏州潮州)会馆正当用途当由潮州会馆归还";1930 年 2 月 16 日有关于"苏州潮州会馆报告大新公司地址出租事"情况与解决办法的讨论并作出决议。

② 《百年上海城》,郑祖安著,第 1 页,学林出版社 1999 年。

③ 上海档案馆馆藏,本文未注明出处的材料均此。本章程均无标点,系引录时所加。

议,不得越出商务范围之外。惟遇有桑梓痛苦灾情及各项公益等事,则应担任办理。

第五条　本会馆由商人行号捐资营建。凡会馆内事务概归董事会担任办理。凡工界学界及各公团有欲至本会馆开会议事者,须先函达本会报明理由,由本董事会认可方得集议。

第六条　本会馆常年经费,皆由本董事及司月行号抽收馆派以供应用。

第七条　本董事对于家乡及各省凡有慈善公益需款资助者,如无公款可供指拨,概由本董事及司月行号筹募捐助。

第八条　山庄为客地商人所必要。本会馆所出资建筑之山庄名曰阴会馆,系先友灵魂所寄。每年清明中元两节瞻扫祭祀,由本董事及司月担任办理。

第九条　本董事开会无一定期限,凡关于商业上事务尽可随时集议,无常会特别会之分别。

第十条　每次开会讨论应公举临时主席一人。

第十一条　凡开会时,到会人数须占得过半之额方得开会。

第十二条　董事各有营业不能常到会馆,应公推主任一人担任会中进行职务,又聘文牍一员掌理文牍函件。

第十三条　本章程自民国二年订定。以后或应酌改之处由本董事会公同酌议增删修改。

第十四条　每年新董事接任时,应将本章程及新董事姓名刊印一册,送各帮行家客号俾众周知。

癸亥年(即1923年)三帮董事为:

郑建明(郑仁记)周洛轩(协源行)郭子彬(鸿裕纱厂)郭乐轩(元茂行)蔡豹臣(集昌昆)郭孚生(协盛行)马义臣(马协顺)陈干庭(中华面粉厂)郑晋卿(郑义兴)柳杰士(通安祥)黄少岩(黄少记)陈雁秋(聚成行)郑淇亭(合记行)许省吾(源大行)陈星帆(陈洽盛)杨少湾(德丰行)郑培之(鸿裕纱厂)谭竹圃(谢成利)李少庚(李庚记)郭振鸣(煜盛行)张淑铭(宏发行)林贻选(林宜记)谢卓权(仁诚行)谢祉衡(朱垲记)

按,三帮董事,据协商有明确的数量配额,除特殊情况,通常是潮惠帮12人,海澄饶帮9人,揭普丰帮3人,共24人。

读了这份章程,对上海潮州会馆的组成、制度、业务范围及经费来源等等,大抵可一目了然。然章程中无明文规定董事会任期。但按十四条所说

"每年新董事接任"云云,及后附"癸亥年三帮董事"名单,并证之于五年后的 1929年向上海社会局具报时说"所有董事无论一年一任或再举连任,年龄规定三十岁以上,大都谨填持重前后相承",可断定其任期为一年,并有年龄方面的限定。这是一份既有封建性地域行帮色彩,又有超出行帮业务的社会性内容,和具有一定民主性的组织机构章程。

初订于1913年(民国二年)的这份章程,可谓行之有年。有的史书说,1929年会馆"曾对原会馆章程进行修改",新章程指出"会馆为同乡商人谯会之所,借以联络乡情,绝不与闻社会政治,亦无法外行动"。这是不确的。因为以上文字见诸于当时上海社会局的"公益慈善团体调查表",显系会馆应付当局而填具的,并非已有新章程、新宗旨。而新章程的订定,应是1931年奉当局指令,对体制进行改制后的事。

上述1923年沿用旧三帮董事会章程,至1931年改行委员制,拟订新章程,两者相距八年。以下是新章程全文:

上海潮州会馆章程 [1]

第一章　定名　第一条　本会馆由潮州旅沪同乡捐资组织,成立于清嘉庆十五年四月,定名曰上海潮州会馆。

第二章　宗旨　第二条　本会馆以联络乡谊,办理同乡公益及慈善事宜为宗旨,其事业如左(按,原文为直排,下同。引者注):(一)购置山庄;(二)寄柩掩埋;(三)施医给药。

第三章　会所　第三条　本会会馆设立于上海法租界洋行街一零五号。

第四章　会员　第四条　凡属潮州同乡旅居上海有正当商号职业者,均得为本会馆会员。

第五章　职员　第五条　本会馆设执行委员十一人,监察委员三人,均由会员大会用记名连举法选任之,组织执行及监察委员会。

第六条　执行委员互选常务委员三人,组织常务委员会。

第七条　常务委员互选主席一人,为本会对外之代表。

第六章　任期　第八条　执行委员及监察委员均以两年为任期,惟连举者得连任。

第九条　委员任期届满,应新委员就职后方得解任。

---

[1]　上海档案馆馆藏,本文未注明出处的材料均此。本章程均无标点,系引录时所加。

第七章 职权 第十条 会员大会办理选举及订定章程,并议决一切重要事件。

第十一条 执行委员决议本会馆一切进行事项,并负召集会员大会之责。

第十二条 常务委员处理日常一切事务,并负责召集执行委员会之责。

第十三条 监察委员随时监察本会馆收支款项及各项重要事务,并得向会员大会检举一切。

第八章 会期及会议 第十四条 本会馆会员大会每年一次于三月间举行之,并须于开会前两星期由执行委员会通知召集。如遇紧要事件,由会员十分之二以上之请求,经执行委员会之通过,得召集临时大会。

第十五条 执行委员会至少每半年开会一次,由常务委员会召集之。

第十六条 常务委员会为常设机关,除日常事务各自执行外,其余须由多数取决。

第十七条 监察委员会无定期,由监察委员自行召集之。

第十八条 会员大会之决议,应由到会会员过半数之同意行之。执行委员会之决议,应由执行委员或常务委员全体过半数到会,并到会委员过半数同意行之;可否同数,取决于主席。

第十九条 执行委员会开会时,监察委员亦得列席发言,但无表决权。

第九章 会员之权利 第二十条 本会馆会员,均得享左列权利:(甲)选举及被选举权;(乙)创制权;(丙)提议及决议权。

第十章 会员之义务 第二十一条 本会馆会员,均须尽左列各项义务:(甲)遵守章程;(乙)履行决议;(丙)筹助经费。

第十一章 经费 第二十二条 本会馆以每年租金收入为经常费。

第二十三条 本会馆经费收支账目每年总结一次,并造具收支表册报告于会员大会。

第十二章 附则 第二十四条 本章程之订定或修正,均应由会员大会议决行之,但须呈报主管官署核准备案。

1931年1月实行改制,由各商号选出委员,按新章程组成的机构名单如下:执行委员十一人:陈星帆、郑耀南、郑伯蓬、郭仲良、郭惟一、张春台、张淑铭、谢卓群、林慧波、陈春如、张声著。监察委员三人:柳杰士、郑友松、林贻选。与八年前的机构成员比较,有三人续任,其余均为新当选者。

据1931年会馆向当局报送的会务概况报告,尚有"主席委员总揽本会馆一切事权,开会时为主席"一语。从历次会馆执委会议记录所载,大多数会议主席为郭仲良,个别会议有"公推"张春台等为主席的记录。按,改制前两年,即1929年会馆向当局具报会务时"主持者姓名"项下即为郭仲良。其后,郭仲良也应是会馆的主要负责人。

关于会馆经费,前后两份章程所叙并不一致,前者为"本会馆常年经费,皆由本董事及司月行号抽收馆派",后者则申明"以每年租金收入(当为房地产租金收入——引者注)为经常费"。其实,实际经费来源,自会馆有会产(房地产)之后,当是"抽收馆派"和租金收入两者兼而有之。但遭遇突然事件(如赈灾等)时,便是向各商号"抽收馆派"及劝募捐输为主了。

抗战胜利后,会馆章程在原基础上进行补充修订。1923年的章程,强调"本董事会对于商场事务所有联络商业、报告商情,均可自由集议",以维护潮商利益。1931年改制后章程的宗旨项下则拟为"联络乡谊,办理同乡公益及慈善事宜"。1946年的章程,又重新加入"联络商情,发展互助合作精神"的文字。从二十年代起的会馆档案中,其会议记录每每有有关亡故乡亲提供丧葬之所和为贫病者施医给药措施之议(已写入1931年章程),也有关于资助和创办学校的内容,以及解决和调停商务问题与纠纷,以及涉及潮汕人的社会纠纷的议案;鉴于抗战胜利后潮人在沪人数激增(包括众多后代,约二十万人),1946年的章程遂正式写入提倡办学和调解纠纷等内容。

在会馆的体制方面,1946年又从委员制改回为董事制,董事名额也恢复以往惯例三帮董事共二十四名。董事名单如下——潮惠帮董事:郑耀南、郭企青、郑际镛、郭宣倩、周德三、张伉龙、郑梅庵、郭基铭、郑俊亭、郭秀开、陈息渔、周一岩;海澄饶帮:柳柳谷、林俊庵、林荔甫、黄笠云、林恪书、张奋可、陈惠荣、沈成志、林季谦;揭普丰帮:林伟岩、陈昌业、刘世忠。

在潮州会馆存在的近两百年间,除三帮合一的潮州会馆外,各帮尚各建有本帮的会馆或公所。会馆是商人的组织,其合与分以及既分又合,无一不为利益和矛盾所驱使。早年会馆仰赖于按商号资本或货运、货值抽厘维持。"道光初,揭普丰首以其帮之厘,自抽自用",[①]约于道光二年(1822年)左右从潮州会馆"析出",建立了揭普丰会馆,馆址在盐码头街里马路口。未几,道光十九年(1839年),潮惠帮以"惟我潮之糖、蒸厘最为巨款","我潮亦析其厘,

---

① 《潮惠会馆碑记》,《上海碑刻资料选辑》第325页。

如揭普丰帮,于是我潮乃亟立潮惠公所于振武台城濠之北",① 该公所咸丰年间数度毁于战火或灾祸,后移建于十六铺南侧外马路,改称潮惠会馆。两帮"析出"后,由于海澄饶帮为潮州会馆的初创者,故其独立的会馆馆址就设在潮州会馆之内。不过,这三个"分"会馆与"总"会馆,却是既"矛盾又统一"的分合并存。有资料表明,上世纪四十年代中期,抗战胜利后,曾由潮州旅沪同乡会出面,商议三会馆合并,并拟出有关条款,然未果。② 直至 1949 年上海解放后,鉴于会馆业务大大萎缩,加以经费拮据,潮州会馆曾将业务内容与三帮会馆分工负责,如潮州会馆专事办理潮州医院与山庄,潮惠会馆专事办理贫儿教养院与施棺,海澄饶会馆专事办理海平小学。1952 年春,各馆议决协商合并,其后勉力维持了一个时期。1954 年潮州会馆董事会请求人民政府接收,经批准宣告结束,原有产业归由中国人民救济总会上海分会接管,会馆洋行街馆舍归原会馆所设海平小学使用。③ 各事业单位如贫儿教养院、潮州医院,也于 1954、1955 年分别呈请人民政府有关部门接收。

126

上海潮州会馆纪事

本节将依据我们所见民国以来档案材料,大体上按时间顺序介绍会馆主要的以及较为重大的事务与活动。前已申明所搜集的材料不全,故以下的记叙,也只能是从一斑窥全豹而已。

关于会馆的会产

上海潮州会馆自清乾隆间成立后,由于是由"商人行号捐资营建",应即有初期的会产。但明确的文字记载,我们仅见创建于清咸丰十一年(1861 年)的五邑山庄,和创设于民国十二年(1923 年)的八邑山庄。截至 1929 年会馆关于会产的统计,位于南火车站的五邑山庄,有公所房舍一座,殡舍十间,冢地二十四亩三分二厘。江湾张三桥的八邑山庄,有房舍一座,殡舍六十间,冢地一百二十六亩七分三厘(即大场坟地,三十年代曾扩大至一百八十余亩,见

① 《潮惠会馆碑记》,《上海碑刻资料选辑》第 325 页。

② 《倡议同乡大团结合并潮惠海澄饶揭普丰三会馆》,见 1946 年胜利届《潮州旅沪同乡会会务报告》。

③ 海平小学 1956 年改为公办,改名人民路第一小学。

1936 年 1 月 19 日董事会记录)。另有地处八仙桥(当时为法租界华格臬路,今宁海西路)的坟地十亩二分五厘。此外,便是洋行街(小东门以西近十六铺,今阳朔路)105 号的会馆馆舍了。据前述清嘉庆十六年立"祭业(产业)碑"所列契买之房产,均地处小东门,百多年间有的转让于商号,有的经改建和扩建,即为洋行街的馆舍。[①]

查阅会馆会议档案,1923 年 7 月 8 日会议,有关于"八仙桥山庄地方近因市场繁盛,四面均筑围墙,水道不通,枯骸被浸",应促亲属移骸归里或移葬新山庄的议案。会上决议登报通告,愿移遗骸回故乡者可补助费用及船票,并规定期限。其余则一律迁至新山庄——江湾张三桥八邑山庄埋葬。"新山庄不敷之款,拟一万至一万五千为度,由鸿裕纱厂暂垫,息仍九两,至本年底归还"。建造八邑山庄,因经费问题,此后会馆曾多次借款,如 1925 年 3 月 26 日会议,曾讨论上一年向永康号等商号的借款如何归还,会议记录上有"新山庄工程、旧山庄余地目下办理如何"的记载,并决议"从速着手照前议案所定地段投标发卖"。后经实施,八仙桥山庄划出七亩余地,拍卖得款十余万两,清还建设新山庄等项款,并充作馆务费用。在此期间,法租界工部局因筑路占用八仙桥山庄部分土地,几经交涉,也获得部分补偿。前述 1929 年会馆会产统计中八仙桥山庄坟地十亩二分五厘,当是剩余的地产。据史书记载,"这片土地从八仙桥菜场起至现在上海音乐厅,大世界对面的一片土地都在范围之列"。"现上海音乐厅,原为洋人占用潮州八仙桥山庄之地所建,当时谈好租用 50 年后归还。但时过境迁,不了了之。"[②]

前述潮州会馆之下三帮各自分设的会馆,也各有自己的若干会产,如潮惠会馆设有潮惠山庄,地处斜土路,且有相当规模,设有供潮阳、惠来同乡办理丧事和存柩的殡舍。此外,潮州会馆还有与广肇公所等广东旅沪同乡组织公有的山庄(道光二十七年,公元 1847 年建立),即建于老西门陆家浜的上海岭南山庄。

关于维护潮商利益与调解纠纷

上海潮州会馆主要是商人的组织,尤其民国初年潮州会馆订定三帮董事会章程之后,面对社会经济、商贸活动竞争日益激烈的局面,会馆很自然地把

---

① 参见《潮州会馆祭业勒契碑》,《上海碑刻资料选辑》第 251 页。

② 据周绍京《潮州会馆史话》,第 64 页,第 46-47 页,1995 年上海古籍出版社。

维护潮商的利益作为自己重要的职能。商人为贸易而结社。史籍上对潮汕商人有如下的评价："汕头人非常的团结以及顽强维护已获得的地位的能力是有目共睹,也是举国无敌的。"[1]

"当潮州商人的利益受到损害时,潮州会馆以商人代表的身份,出面与有关方面进行交涉,当让则让,能争则争,有理有节,进退有序,显示了很强的活动能力,为本帮商人争回了不少权益。1912年,江海关税务司发布关栈新章,将原订货物存放关栈期限由2个月改订为15天,超过期限即予以罚款。这一规章对以糖、抽纱、什货贸易为重要职业的潮帮影响甚大,上海潮州会馆首先发难,联络烟台同业多次致函税务司墨贤理,表示反对,另外分函广肇公所、上海总商会,寻求声援。在长达一年的时间里,税务司与潮州会馆函电交驰,终于迫使税务司作出让步,新章无形中流产。

会馆还做了大量工作,以维护正常的商业秩序,以利商业贸易的顺利进行。近代中国,商业上的资金结算,主要采用汇兑方式,汇兑顺利与否,直接影响商业贸易,可以说汇兑通,则贸易盛;汇兑阻,则贸易衰。民国期间,汕头迭遭兵灾匪患,政局动荡不安。钱庄、汇兑公所往往一遇动乱,即停止汇兑,对汕沪两地贸易的影响甚大。1916年汕头受市面不靖影响,不少钱庄、汇兑公所半兑或完全不兑汇票,会馆推董事黄少岩亲赴汕头,会同商会查明各商号汇到之票,要求立即付清。由于得到当地商会的配合,事情迅速得到解决。

1929年发生了德安轮失踪汇票一案。据查这是汕头公泰、益兴两信局因挟私怨,互相盗灭票信所致。众多汇票遗失,对商业的影响之大是可想而知的。事发后,潮州会馆出面妥善解决此案,登报声明,各汇票作废,由填票人将失票号码抄寄会馆记录在案,由会馆出面担保,仍由信局、钱庄兑付。会馆还通告汕沪各行号,要求今后与两信局断绝业务往来,以示惩戒。可以设想,没有上海潮州会馆出面,这一案件不知要给商业带来多大的消极影响。

调解本帮矛盾,维护团结,是潮州会馆的另一项重要工作。1917年,法租界公董局交来林亦秋、林芸秋兄弟经济纠纷案的双方申诉材料,请潮州会馆予以仲裁解决,原告林亦秋控告林芸秋(裕泰号)多年不出示红账,而裕泰号有以慈记、莲记名义为林亦秋拥有的2股半,这显然是侵权行为,要求林芸秋赔偿多年不按股分配利益的损失。被告林芸秋辩白,多年来一直向林亦秋

---

① 见《中国工商行会史料集》,彭泽益主编,第637页。

交付生活费用,共计五千多元。未交红账,是因为慈记、莲记主人均不在沪。以后红账在2次革命中遗失,并不存在侵权问题。如会馆董事认为必要,也可将历年收益从账簿中抄出。经会馆董事数次研究,议决由林芸秋再支付林亦秋8500元,此后原属慈记、莲记名下的股分均归林芸秋,原被林亦秋占用的芸记揭阳家中所有房屋限期交还芸记。由于会馆在潮人社会中具有很高的威望,这一裁决带有一定的约束力,双方都接受了这一裁决。这样,一桩在公董局拖延多时未决的经济纠纷得到妥善的解决。①

关于赈灾

建基于地缘性之上、以发扬乡情乡谊为宗旨之一的上海潮州会馆,百余年间频频关注潮汕诸多天灾,且时时及于粤省内外种种灾情,一代又一代潮商潮人筹款救灾济难,捐输颇巨。我们所见上世纪上半叶会馆档案材料中,以赈灾内容者为最多。以下仅举潮汕救灾两例以见一斑。

1918年潮汕突发地震。此灾,笔者儿时在潮阳家乡曾听老辈人道及,地震发生于农历正月初三,即春节(乡间俗称过年)期间,伤亡惨烈。查会馆档案,有"接潮梅刘镇守使电乞资赈恤",广肇与潮州两帮即会商于广肇公所,议决"应以潮州会馆为(救灾)总机关,广肇公所设筹赈处"、"公推职员分任劝募"等记载,并转叙灾情及应急措施云:"屋倒人亡、南澳最重、汕头次之,南北两堤震裂,春水将发,危险殊甚。赈恤修堤不容或缓。应在广东慈善会内拨助洋五千元送潮州会馆汇汕交总商会。"此后,又有"广肇公所续助洋二千元"和"汉口潮嘉会馆复电同乡慨捐五千元"等记载。此次赈灾资料残缺,语焉不详。

潮汕为东南沿海热带风暴多发地区,几乎年年有台风肆虐,严重者人民生命财产蒙受巨大损害。1922年8月台风潮汕灾情至剧,为数十年所未遇。据档案材料载,9日晚潮州会馆接汕头求援电,"称六月初十(按系农历)汕埠飓风为灾,继以大雨,夜潮暴涨,沿堤房屋倒坍,淹毙人民数千,无棺可殓。澄饶潮三县沿海乡村悉成泽国,统计毙命不下十万余人……"②当晚会董开会议决由会馆先电汇五千元,并成立风灾筹赈办事处,以郭子彬、郑建明为正副主任,募款济灾工作迅即展开。10日会议议决再电汇汕头两万元济急。数日后又将筹募款三万五千元汇出,计共汇出六万元。会议并议决分拨给各县救灾处款数:澄海三万元,潮阳一万元,饶平一万元,交慈善团体存心社一万元,并委托其"调查孤儿十岁以内者不论男女以及残废孤寡(灾区为限),每月每人贴赡养费三元,由上海赈灾处资助"。9月4日会议,根据赴汕代表反馈灾区灾情,讨论并议决甚详:议决拨助汕头福音医院经费一万元;议决赶制灾民衣服一万套(男五千套,女三千套,孩童两千套),运交存心堂分拨,并请存心堂"详述收养灾童凡关于雇看护人以及定制衣服需用经费来信说明,本筹赈处自当担任";又议决拨付救灾款普宁县三千元,南澳县五千元。9月27日接存心堂报告:受灾婴孩736名,致残男女2543人,当即议决:"婴孩一至五岁月给二元,六至十岁月给一元,以阴历八月起至明年十二月底止。废疾男女,给恤伤费弱者三元,重者五元,仅一次为限,约计洋一万元。"并议决"先汇洋一万五千元,制棉袄两千六百件,小孩棉袄七百五十件"。10月11日会议应汕头要求,"议决做棉被四千条,由沪赞助制成即运";议决交揭阳赈款五千元。翌年1月7日,讨论汕头各地援修堤岸要求,"议决风灾善后修堤以防水患自应分别资助",并决定潮安等各县区十五处堤岸、堤围,分别拨助五百元至六千五百元不等款额,共计助洋五万一千元。

百年潮人在上海

据会馆于次年出版的《壬戌潮汕风灾赈款进支征信录》所载,是次筹募共得赈款二十余万元(其中包括捐献的康有为、于右任等书画义卖所得)。这本印制庄重的《征信录》登录了所有捐助机关、商号和个人全部名单、捐助金额,并在序文中说,此次历史上罕见的灾祸"以数分钟的风潮损六七万人之生命",哀恸之情溢于言表。

从是年8月起至次年初,五个月内会馆会议讨论是次赈灾事宜达二十余次,八、九两月,每月开会更为频繁。笔者不厌其烦从档案中摘抄以上概要,不禁感慨系之。昔日我旅沪潮汕商贾父老,身居异地而心系故土与乡亲,其行其情,可敬可佩!

不仅对潮汕,凡广东及各省有严重灾情时,潮州会馆也普遍发动各商号及个人捐款赈灾。如1931年夏,广东以及长江流域发生空前大水灾,灾情遍及十六省,潮州会馆筹募赈款,计有509户认捐。是年9月13日会馆执委会上,主席郭仲良报告"计捐各省赈款洋七万七千二百十二元,又捐广东赈款洋九千七百四十元",会上决议分拨送交各省赈款时"声明特拨七千五百元解往广东区账用"。

关于会馆的爱国活动与社会公益事业

潮州会馆成立后百多年间,正是中华民族外忧内患日甚一日之时。从本世纪上半叶不全的材料中,会馆的爱国活动,有案可查者即有多起。

民国元年(1912年),国民政府以孙中山先生名义委派人员向上海潮州会馆及广肇公所等商借经费银四十余万两。两帮会董经讨论后,向各商号派借如数借与。两年后(1914年),潮州会馆8月9日会议曾讨论政府借银未还清事,记录有"除还银十万两外,余款逾期久未清还"之语,会议转述广肇公所来函之建议:"政府既无现款归还,兹国家又有发售六厘内债之举……值此时艰金融奇紧,同人等对于此次债票既不能因前借未清意存观望,拟以上项借款本息三十余万两购换现在发行之公债票"。会议当即议决,认为民国元年政府借款中潮帮"为数居多",可照广肇公所提议办法办理。后征得潮帮各债权人(商号)同意,由南京政府财务部以当年国内公债抵充借款。

十年之后的1922年,盘踞广东的军阀陈炯明叛变引发战事,孙中山退居上海,平叛后,1923年2月9日,以孙中山名义致潮州会馆的专送函云,粤局初定,因"所有筹备善后需用浩繁",亟望协助筹饷,"衡情酌量商榷妥善之方"。现存仅有孙中山签署的这份公函的信封及信件原文,会馆的应对记录已阙如。

1925年3月12日孙中山逝世,26日潮州会馆会议讨论与广肇公所等参加追悼活动事,议决备银一百元并挽联送追悼会筹备处,派代表五人:揭普丰帮林贻选,潮惠帮郑淇亭、郭子彬,海澄饶帮黄少岩、李少庚,参加追悼仪式。

1925年震惊中外的"五卅"惨案发生,潮州会馆会同广肇公所等团体举行紧急会议,议决急电致北京政府外交部,要求进行严正交涉。6月1日不少潮商参加了上海商界的罢市义举,并与汕头总商会等机构函电交驰,共表义愤。

1931年"九·一八"日本大举侵略东北,潮州会馆会同广肇公所通电京、粤:"存亡危急,国将不国,务望化除成见,息争对外。"

1932年"一·二八"淞沪抗战爆发,19路军浴血奋战,全市军民同仇敌忾,但国民党政府实行"不抵抗主义",淞沪前线在万分危急情势下守军被迫撤退。在此次事变中,潮州会馆同甫成立不久的旅沪潮州同乡会迭有种种声援的行动。从档案中,我们查得潮州会馆三月四日执委会会议讨论事变发生后筹募救国金所得款项拨用事宜,"决议将此次所募救国金办理救国要务,计捐助阵亡兵士遗族抚恤费洋一万元,又广东同乡救国会洋一千元,又红十字会伤兵医院洋二千元,又第三十二伤兵医院药资费洋一千元,又普善山庄掩埋费洋一千元,又潮州同乡救委会遣散难民用资洋四千元,共拨用洋一万九千元"。此次会议间,委员周崧生曾提出"张发奎部现由桂省开拔来沪参加救国,因缺少开拔费迟迟未到,顷闻广肇公所及宁波同乡会均愿助开拔费,本会馆亦当酌量捐助"之议,经讨论,"决议捐助张发奎部开拔费洋一万元"。唯当时局面混乱,形势发展不明,是否如所议拨出,无资料可证。

有案可查的材料中,或详或略地记载有潮州会馆关心旅沪乡亲及桑梓建设,举办多种社会公益事业的情况。著名的上海贫儿教养院和潮州医院分别创建于 1920 年和 1929 年,本书已有专文介绍,不再赘述。会馆 1936 年材料中还有援助乡亲所办群安小学经费的记录:是年 1 月 19 日董事会上,"群安小学校长郑仰云报告创办经过",决议"准予特捐洋一千元"。[1]四十年代设立的海平小学,上海解放以后由海澄饶会馆分工经管,我们所见的收支账目中,尚记有 1951 年一年间补助其办学经费的具体数额。

以下择要记叙潮州会馆在潮汕家乡创建和支援社会文化事业的若干事例。

1916 年 11 月 3 日及次年 2 月 4 日,潮州会馆两次会议讨论由林木卿发起筹办汕头职业学校事宜,认为是"增长吾潮民智工艺,裨益潮人"的"目前至急之务",会馆应"力为赞助乐观厥成"。议决定名潮州八邑职业学校,并议决由鸿裕纱厂于限期内代收办校捐款。2 月 8 日,职校筹办处召开成立会议,选出董事员十五人,干事四人,复由董事、干事选出郭子彬、郑培之为正副监理事。会议由郭子彬提议并公推林木卿为校长,还就学校章程草案中的学科设置进行讨论。

此后多年间会馆历届会董曾多次讨论该校经费等事项。查 1929 年档案,该校已改为汕头高级中学,当年 9 月 1 日,郭仲良主持会议曾讨论当时的校长郭应清关于资助改建校舍经费的要求,议决捐洋五千元。1931 年 5 月 7 日会馆执委会会议,记录有"郭应清校长报告汕头大中学校校务"事,则校名似已再次更改,记录中并有"前人创造维艰,本会似应力为维护"等语。经征询学校创办人郭子彬、郑淇亭两位老人意见后,当月 17 日会议续议此事,没

---

① 群安小学系潮汕人士为援助聚居于"九亩地"(近城隍庙)的乡亲的贫苦儿童就读设立的义务初级小学,原设于青莲街,抗战中校舍被占,胜利复校时迁至露香园路仁安里,潮阳籍连伊吾任校长。

有承诺重建校董会,但对该校扩建校舍所欠费用,议决由会馆捐助半数,计洋两千七百元,并议决每年捐助经常费两千元。1933年有先行支借两千元,及1934年专拨修葺费一千元之举。1935年4月14日会议对"大中校长郭应清君报告此次新购校地一片并附呈一图"事进行讨论,认为"该地确为需要",决议"对于所购之地价洋五千二百元如数捐助,分为两期汇交"。此后会馆对该校均有数额不等的捐助。历年间凡有兵灾(如陈炯明军队曾占用校舍)及水祸损失,会馆也随时干预和资助,或需出面具函广东省教育厅报告有关校务事项等,也均予协助,尽可能使学校得以维持与发展。

对于潮汕家乡社会文化事业,除重点支持上述学校外,潮州会馆还有捐助揭阳真理医院五千元、真理学校六百元(均1934年),捐助汕头神美学校两千元(1936年)等举措,对汕头《天声报》《侨声报》及《农村经济月刊》等报刊,也曾先后给以援助。

关于会馆的慈善事业

潮州会馆存在的漫长岁月里,慈善事业始终是其重要的业务内容,前述有关耗费重资创办贫儿教养院和潮州医院等公益机构,为流落沪上无业或生活无着的乡亲布施寒衣,为拟返乡的潮汕贫苦百姓提供船票,以及对于家乡种种天灾的无数次赈灾活动,便是其重要方面;另一方面的慈善业务,则是早年居沪乡亲所铭感于心的为一代又一代旅沪贫病乡亲的生老病死济困解忧,特别是营建和管理为亡故于异地的乡亲的"身后"事提供周到服务的殡舍、山庄。

本文本节起始部分曾介绍会馆的会产,而会产的主要部分即为山庄。潮州会馆于咸丰十一年(1861年)建立了五邑山庄,又于民国十二年(1923年)建立八邑山庄。前文已介绍,五邑山庄颇具规模,八邑山庄创建几年后又经扩建,规模更大。

封建时代极重视先人的殡葬礼仪,初建于前清的上海潮州会馆也颇看重潮人客死异乡的丧殡礼仪与寄柩(以便日后由家人扶柩返里)或就地"入土为安"的埋葬。民初拟订的《潮州会馆三帮董事会章程》中称:"本会馆所出资建筑之山庄,名曰阴会馆,系先友灵魂所寄。""阴会馆"之称由此而起。章程并郑重规定"每年清明中元两节瞻扫祭祀,由本董事及司月担任办理"。这也是旧时代以地缘性、包括一定的宗族性建构起来的团体族群情感寄托的一种表露的方式,也是同乡族群相互凝聚的亲和力的一种表现。当然,这是特定的历史所形成的产物。

历年来潮州会馆的档案中,常见有山庄经营、管理与扩建等等记载,成为董事会或执委会经常讨论、作出议决并需由专人监督实施的会馆常务;其山庄土地除建筑殡舍,用作坟茔用地之外,余地也供出租,地租也是会馆收入来源之一。

潮州会馆所属山庄,包括三帮各自会馆的山庄,历经上百年、几十年的营建,都形成了一套周详的规章。如 1930 年 4 月订立的《潮州八邑山庄特别公墓简章》,即详细、具体地规定了不同等级的墓葬规格与收费标准,其内容也渗入了颇重的商业性质。但山庄中更多的是低收费的普通坟地和免费的义冢,为为数众多的贫苦乡亲提供安息之地。

潮州会馆通过山庄为亡故于沪上的贫苦同乡施棺并掩埋,成为常年从未停歇的业务。我们查阅到上海解放后潮州会馆 1951 年的档案材料,其中有"我会馆为死亡者施棺义葬者一月至三月份共 24 具,四月至六月份共 84 具"的记载,并有"七月份起我山庄接卫生局通知嘱停止落葬听候处理"的说明——这大约是潮州会馆这项延续了数十年乃至上百年的工作的最后记录了。

结束语

上海潮州会馆作为产生于特定历史时期,以商人为主体的有相当公信力的地域性族群性组织,成为旧时代社会网络中的一环延绵了近两百年,四十多年前在上海已完成其使命而结束了。不过,会馆这一特定现象,在上海以至中国大陆消失了四十多年,但它并没有成为历史陈迹,它随着遍布世界的华族而在五大洲各地存在着,并随着其后代的繁衍而发展着。据有关材料,上世纪三十年代之交,新加坡、马来西亚、泰国等即先后成立了各自的潮州会馆(马来西亚称"潮州公会联合会"),历数十载延续不断。香港于二十年代初成立潮州商会,迄今其会董会换届已是第 42 届;七十年代又成立了香港潮州会馆及海外潮人联谊会。台湾的台南、台中、高雄于四五十年代成立潮汕同乡会,其后台北、屏东、新竹、基隆等地的同乡组织也相继建立。时序进入八九十年代,随着我国国运的昌盛,海外潮人组织犹如海潮的迅猛追逐推进,在欧洲的法、德、意大利与瑞士等国,在美洲的美国、加拿大等,都后浪逐前浪般接踵建立了全国性或地区性的潮州会馆或同乡会。今年初,笔者曾因探亲在悉尼小住,从报章上发现,在澳洲数以百计的华人组织中,仅潮州人的社团就有澳洲维省潮州会馆,悉尼不仅有澳洲潮州同乡会,还有潮州青年联谊会,而且都时有聚会,十分活跃。最近获悉,今年 10 月 23 日在南非约翰内斯堡,非洲潮人联谊会也已宣告成立。至此,遍布全球五大洲的潮籍乡亲均有自己的组织了。这些都充分说明,"客旅重洋,互助为先;远适异邦,馆舍为重"的中华传统观念的深厚、凝重和它的不可隔绝性,以及潮汕人强烈的归属感与团结精神。

而在近二十年来改革开放以后的中国大陆,可以说,旧时代的会馆、同乡会组织,已为去除了旧性质、赋予了切合社会主义经济与文化发展需要的新内容的组织所替代——有所扬弃、有所继承的延续,这就是十多年来各个地域性的潮汕人组织——如北京、天津、上海、青岛、广州、东莞、深圳、珠海、四川、云南、广西、桂林、北海以及新疆等地,或称联谊会或称海外联谊会或称总商会的潮人组织的相继诞生。较早成立的上海潮汕联谊会(于 1989 年建会),便是一个新型的潮人组织。十一年来,她的成员初期多为领导干部和高级知识分子,进入九十年代,大批科技人员加入,近几年则大量吸收商界人士,并且成立了商业专业委员会(亦称商会)和企业联络部,这可以看成为是对以前的会馆有所承传,然而已是一个成员广泛的崭新的潮人社团。

旧时代的上海潮州会馆以及旅沪潮州同乡会已成过去,新时代的上海潮人组织以及各地的潮人社团正继往开来,以稳健的步伐迎接新世纪的到来,其发展方兴未艾。

潮州旅沪同乡会的成立与发展

撰稿　林夏

《章程》摘要

　　1931年10月11日,潮州旅沪同乡会宣告成立。已有上海潮州会馆,缘何还要成立潮州旅沪同乡会?《潮州旅沪同乡会章程》(以下简称《章程》)①因文字较长,不及备录。本文仅就主要方面摘引论述。第一条说:"本会为潮安县、潮阳县、揭阳县、澄海县、饶平县、惠来县、普宁县、丰顺县、汕头市旅沪同乡所组织,定名为潮州旅沪同乡会。"《章程》对会员资格的规定是:"第五条: 具备左列 (按: 原文直排,故称'左列',下同) 各项资格者,不分性别,均得为本会会员。(甲) 有第一条规定之籍贯。(乙) 年在二十岁以上者。(丙) 有正当职业,品行端正,经会员二人之介绍者。"关于会员义务,《章程》写道:"第七条: 本会会员有促进本会会务,遵守本会章程及决议案之义务。第八条: 本会会员有缴纳常年会费,或特别捐之义务。第九条: 本会会员有建议决议、选举被选举之义务。"以之与上海潮州会馆章程相对照,1931年修改拟订的《上海潮州会馆章程》②第一章"定名"开宗明义写道:"本会馆由潮州旅沪同乡捐资组织……定名曰上海潮州会馆",第四章"会员"规定"凡属潮州同乡旅

---

①　见《潮州旅沪同乡会特刊救国号·章则》。《潮州旅沪同乡会特刊救国号》,潮州旅沪同乡会编辑发行,藏上海图书馆。以下简称《救国号》,本节引文未注明出处者,均见《救国号》。

②　藏上海市档案馆。

居上海有正当商号职业者,均得为本会馆会员"。第十章"会员之义务"则规定三项:"(甲)遵守章程;(乙)履行决议;(丙)筹助经费"。既系"捐资组织",又以"有正当商号职业"为入会的前提,还须尽"筹助经费"的义务,这就明白无误地宣示,上海潮州会馆是旅沪潮州工商业者的组织。加入潮州会馆,前提是要有一定资产,有一定规模的商号或企业,能为会馆"筹助经费"者。潮州旅沪同乡会则是只要有正当职业的旅沪潮人个个得而参与的最宽泛的组织,较之上海潮州会馆有着远为广泛的群众性。

关于会费,《章程》第十三条写道:"本会会员一律平等。惟常年费依左列规定,(甲)普通会员年纳会费一元;(乙)特别会员年纳会费五元;(丙)赞助会员年纳会费十元;(丁)基本会员年纳会费二十元;(戊)永久会员一次纳会费二百元(以后每年免纳会费)。"对一个人人得而参与、具有浓厚平民色彩的群众组织来说,会费显然是其经费的主要来源。考虑到会员经济状况各别,旅沪同乡会在"普通会员年纳会费一元"之外设"特别会员""赞助会员""基本会员"和"永久会员"四种会费标准,俾各人视情况确定自己会费缴纳数额。然会费交得再多也只是个人支持同乡会的一种表示,并无任何特权,更非"高人一等"。在当时这个贫富分化鲜明、有"冒险家乐园"之称的上海,《章程》第十三条于制定会费的不同标准的同时,首先明确昭示"本会会员一律平等",有深意焉。联系会员资格条中"……不分性别均得为本会会员"之语,分明体现了同乡会领导层主张男女平等、人人平等的天赋人权理念,这在等级观念传统悠久,国民党实行民主其外、专制其实的三十年代,其进步意义显而易见。

关于潮州旅沪同乡会的宗旨和事业,《章程》第二条说:"本会不涉政治。以团结同乡团体,联络同乡情谊,发挥自治精神为宗旨。"第四条:"本会事业依左列规定:(甲)广行慈善,(乙)普及教育,(丙)介绍职业,(丁)排难解纷,(戊)救济灾患,(己)改良风俗,(庚)保卫桑梓,(辛)传达消息,(壬)调查统计,(癸)正当娱乐。"尽管从字面看,其"宗旨"、"事业"内容平平,无甚特别,然联系当时时局背景,考察同乡会成立后种种行事作为,潮州旅沪同乡会实在是个很不一般的组织,成就了一番至今仍值得追思、缅怀乃至大书一笔的事业。

在追述旅沪同乡会的不凡业绩之前,谨先就同乡会的组织及事业的开创者作一介绍。

潮州旅沪同乡会的发起人有：方公溥　李少庚　李雪岩　吴资生　吴锡山　周崧生　周月坡　林作念　林维墉　林兰谱　林慧波　林恪书　林章荣　范耀山　柳克昌　姚月庭　马豹南　高子安　高实之　孙佳如　翁子光　翁耐圃　翁梧村　翁旭初　翁雨田　翁雪樵　翁达初　袁佐材　陈玉如　陈息渔　陈涤凡　陈无那　陈之英　陈百川　许子宜　许雁秋　张春台　张奋可　张声著　张子益　郭仲良　郭唯一　郭硕朋　郭承恩　郭九如　郭守纯　曾树英　黄少岩　杨益之　杨益惠　赵资惠　蔡俊卿　刘可臣　刘世达　郑正秋　郑子良　郑应时　郑雪耘　郑乙南　郑芸阶　郑丽泉　郑伯蘧　卢青海　谢卓群　萧子贞　萧哲明　颜盛珍等 67 人。[①]

　　《章程》第十四条："本会设执行委员会执行委员 21 人，候补执行委员 7 人；执行委员会设常务委员会常务委员 7 人，以 1 人为主席。"第十五条："本会设监察委员会监察委员 7 人，候补监察委员 3 人，互推 1 人为常务监委。"第十六条："本会执监委员由会员用双记名连举法。以通讯分别选举，于会员大会开会日投票，以多数为当选。以次多数为候补。如一人于执监委均当选，则就得票多者。同票数以抽签定之。每一选举票如被选人数不足额者，在选举票亦有效。"第十七条："本会常务委员由执委互选，并由执委就当选常委中选出 1 人为主席。"以上关于同乡会组织的四条清楚地表明，同乡会领导机构全由会员投票直接选出，体现了充分的民主性。第一次会员大会选出的首届执监委员是：

　　主席委员：郑正秋（兼总务股主任）

　　常务委员：陈之英（兼调查股主任）　翁子光（兼事务股主任）　郭仲良（兼交际股主任）　周崧生（兼文书股主任）　郑伯蘧（兼财务股主任）　陈涤凡（兼介绍股主任）

　　执行委员：萧子贞　李少庚　林慧波　郭硕朋　颜盛珍　张春台　陈伯川　史质民　吴锡山　翁耐圃　方公溥　曾少沅　周月坡　蔡俊卿

　　常务监察委员：郑寿芝

　　监察委员：郭九如　许子宜　张奋可　马豹南　许雁秋　陈春如

　　候补执行委员：林兰圃　郑芸阶　周植虚　吴资生　郭承恩　郑子良　萧哲明

①　载民国二十三年（1934 年）《潮州旅沪同乡会年刊》，民国二十四年一月出版，藏于上海市档案馆。以下简称"1934 年年刊"或《年刊》。

候补监察委员：翁旭初　陈作钧　蔡豹臣

以上执、监委员中，常务委员郭仲良、郑伯遽、执行委员林慧波、张春台、监察委员陈春如都是当时潮州会馆执委，郭仲良还长期任会馆执委会主席；执行委员李少庚曾任改制前潮州会馆董事。[①] 由此可见，潮州旅沪同乡会和潮州会馆是你中有我，我中有你，关系十分密切。在其后二十来年的一系列活动中，他们相互补充，互为依托，特别是经费拮据的旅沪同乡会，更曾得到潮州会馆的支持。同乡会会址在爱多亚路（今延安东路）西藏路口 710 号。

诞生于"九·一八"国难　身历"一·二八"战火考验

潮州旅沪同乡会成立之前 23 天，即 1931 年 9 月 18 日，日本帝国主义炮轰沈阳北大营，实施其蓄谋已久的鲸吞我国东北的侵略计划。与蒋介石有"把兄弟"之谊的张学良压下国仇家恨，执行蒋介石"绝对不抵抗主义"的命令，指挥东北军全面撤退，致首尾不足两月，即将东北三省两百万平方公里的肥沃领土，三十余万人民，四千余公里铁路，无尽的资源，拱手断送于日本侵略者。

9 月 19 日，南京国民党政府派代表将中日事件提交在日内瓦召开的国联第 65 届理事会。

9 月 22 日，面对全国人民的抗日呼声，正在江西忙于"剿共"的蒋介石赶回南京，在市党部发表演说："此刻必须上下一致，先以公理对强权，以和平对野蛮，忍痛含愤，暂取逆来顺受态度，以待国际公理之判断。"[②]

同一天，"国联理事会作出'两国撤兵，使两国人民之生命财产不受妨害'的决定。中国的国土，中国的军队，还要撤到哪里去？"[③] 这就是蒋介石指望的"国际公理之判断"！

为日本帝国主义的侵略、蒋介石的不抵抗所激怒的全国人民，抗日运动急剧高涨。在上海，据当时《申报》所载，自 1931 年 9 月 19 日至 12 月 31 日，各行各业、社会团体、各学校、各地区的抗日救国集会、通电，无日无之。人们

---

① 参见本书《上海潮州会馆历略》。

② 梅剑主编《国共秘事》第一部 401 页，中国文史出版社出版。

③ 同上②。

臂缠黑纱下半旗哀悼死难同胞,呼吁抵制日货,组织抗日救国会、义勇军,通电政府反对不抵抗主义,要求"停止内战一致对外","即下陆海空军总动员令,驱除日军出境"。①

当头国难,成为酝酿已久的潮州旅沪同乡会的催生剂,又得热烈的爱国主义、民主主义者,电影、戏剧家郑正秋的积极领导,于是正如《潮州旅沪同乡会特刊救国号》(以下简称《救国号》)《发刊辞》所说:"我潮旅沪同乡……十余年来常有组织同乡会之提议……卒因时机未熟,终成泡影。去岁(按:1931年)幸领导得人,众志坚决,本会竟于10月11日呱呱产出。从此规划有绪,次第进行,举凡社会之急切要求,本会愿起而负责办理。其所负使命,实极重大。"

当时"社会之急切要求"唯抗日救国为急中之急。同乡会成立后的第一件事,就是投入上海人民声援在黑龙江孤军作战的马占山部的募捐洪流。同乡会于11月19日召集临时会议,议决先垫汇500元,同时发出《劝告同乡捐款援助黑省马将军紧急传单》,②宣传马占山部之英勇抗敌,指出日本帝国主义久蓄亡我之心,尖锐批判了蒋介石的不抵抗主义,号召旅沪潮胞奋起输财以纾国难。继11月20日电汇第一笔款项之后,12月7日再次电汇第二个500元。

与此同时,同乡会密切注意时局变化,对时局的每一个重大动向都及时作出反应,表示自己严正的态度。11月下旬,蒋介石为缓和全国民众对"不抵抗"日益增长的愤慨,不得不假惺惺口称不日"将北上歼敌"。国事岂同儿戏。此言无论真假,均不能等闲视之。不少民众团体纷纷电蒋介石:"何日启节,未有明文,马军势孤援绝,万难久持,务乞旌旗早日出发。"(劳动大学全体学生电);"……钧座抱抗日之决心,将北上以歼敌,中国之存亡系于此……如有媚日自残,国贼难逃国法。"(闽南旅沪同乡会电)。③潮州旅沪同乡会也于11月29日发出电文:"失地未复,津寇尤烈,请速督师北上,以救危亡。"蒋介石此时正在江西"前线"忙于"围剿共匪",其"攘外必先安内"方针已定,若果

---

① 《"九·一八"——"一·二八"上海军民抗日运动史料》中《上海各界团体抗日活动统计表》,上海社会科学学院历史研究所编,上海社会科学院出版社1986年版。

② 见《救国号·通告》。本节引文未注明出处者,均见《救国号》。

③ 同上①。

享有今日之"北上奸敌",就不会有"九·一八"之"不抵抗"。蒋介石谎言搪塞,置国家民族于不顾的国蠹民贼面目,再次暴露于全国人民面前。

针对政府在对日外交中步步退让妥协,甚至竟提出"划锦州为中立区""以天津为共管地"的荒唐主张,同乡会于1931年12月2日、7日接连致电政府严正驳斥:

> 报载署理外交部长顾维钧……提议将锦州划作中立区,请国联派视察员视察等语。查锦州为我国领土,万无划为中立地之理。且中立区一划,不啻明认东三省已非我有。此等主张,断不可行。请迅申斥,以保领土,而挽国权。千万祷切。潮州旅沪同乡会主席郑正秋等叩。冬印。(《电请政府勿将锦州划为中立地》)

这是12月2日电。7日又致电国民党中央党部、国民政府行政院、外交部。两通电文一再痛切陈辞严厉斥责政府的荒谬,表明兹事体大,潮州旅沪同乡会领导诸君担忧政府丧权辱国心情之迫切。与其他电文不同的是,其他电文均署"潮州旅沪同乡会叩",唯这两通由潮州旅沪同乡会主席郑正秋领衔署名,以昭郑重。这也是迄今见到的《救国号》电文中,这样署名仅有的两则。

潮州旅沪同乡会电文连同全国成百上千通剀切陈辞的函电虽改变不了蒋介石对日妥协的既定"国策",却显示了民意,教育了民众。事实让人们清楚地看到南京政府之不可信、不可靠。

"九·一八"事变之后仅仅三个多月,日寇悍然发动"九·一八"淞沪战争,战火在身边燃起,成立才三个月的潮州旅沪同乡会,在声援东北抗战之后,履行了成立时"担负起重大使命"的承诺,在"一·二八"神圣的抗战中努力奋斗,成为活跃于沪上著称于时的抗日救亡团体。"一·二八"战争爆发次日即成立潮州旅沪同乡会救国委员会,成为事变后沪上第一个后援组织。这是一个在炮火声中实实在在迅速开展各类活动的组织:

> 经同乡会执监委推举产生的救委会委员是同乡会常委周松生、翁子光,执行颜盛珍、史质民、吴锡山、周月坡,监委郭九如,加上萧德宣、张勘唐、姚月庭、黄杰如4位共11人,组成负实责、干实事的救国委员会委员。各委员分别任总务股、宣传股、采办股、财务股、募捐股及收容所主任、副主任,各股设干事一至三人,加上文牍、文书、会计等,共计28人。

这个"救委会"承担起诸如召集会议、草拟文电、各方联络、四处募捐、采办物资、犒劳慰问将士与伤员、安置难民、遣送被难同乡回籍、抚恤阵亡官兵家属……种种事项。"救委会"成立之日,同乡会即规定其成员竟日工作,并会知同乡会各执监委"逐日于下午二时如期到会",协商一切。援军物资所费颇巨,初期,同乡会领导成员即带头捐输,主席郑正秋以"郑洽记"名义捐400元,执委萧子贞、监委许子宜以及"救委会"委员等各捐100元至40元不等。

同乡会在国家危难的战争期间,其工作就这样严肃、紧张、有序地开展并坚持始终。其间工作量之大之繁乃至一丝不苟无微不至,实难尽述。仅战事发生的第三天,1月31日,同乡会首批劳军物资:大米30石、咸菜30缸、毛巾100打、柑4桶,就送到了十九路军军部。紧接着又送去大米40石,线衫384件(2月1日),大米50石(2月3日),其后种种物资,大至构筑工事用的铁丝网、铁板(应十九路军要求置办),小至粮袋、水壶等,源源不断送往前线。事后据"救委会"《犒劳赠济表》统计,支援十九路军(含一五九旅潮人将领翁照垣所率部),计大米170石,咸菜60缸,咸肉100斤,萝卜干1万斤,棉被224条,毛衣1784件,内衣裤3640套,军用雨衣5000件,水壶2500只,战略物资铁丝网400捆,铁板100张,望远镜6架等等。

从"救委会"《犒劳赠济表》排日记事中还可发现"救委会"成员每日的奔波劳碌,仅以战事后期为例,如3月22日记述三条;"十九路军萝卜干1万斤,备考:运至苏州军部","十九路军一五六旅内衣三千二百四十套腊味二蒲包,备考:运至昆山旅部","苏州各伤兵医院,代香港旅港潮商慰劳物品饼干二十二大箱,菠萝蜜一百箱,牛奶四十箱,卫生衫三大箱,果子酱六箱,碘酒一箱,药水、棉布一箱",林林总总的物资,仅仅是采办、运送耗时劳力,已可想而知,何况还要送到军部、旅部,战争后期更要送出市外,长途运至苏州、昆山,工作量之大是可想而知的。

"救委会"在频频通电抨击政府当局欺民误国,和组织大批军援物资源源运往抗敌前线同时,还与一五六旅翁照垣旅长多次书信往来,对这位潮人将领"督率爱国健儿……血战月余,屡挫凶锋",深表敬意,并表示"公决心抗战到底,敝同人等亦决一致愿作后盾,与我忠勇将士共死生……"军民共同抗日救难、肝胆相照,跃然纸上,极为感人。

淞沪抗战后期,痛苦的撤军声中,时据守吴淞要塞的一五六旅、铁血团和上海市民义勇军再次奏响了一曲慷慨悲凉的战歌。《生活周刊》记者写道:"苦守吴淞之翁照垣旅,自我军各线撤退后,翁旅长及谭启秀司令悲愤填膺,决以一旅之师,誓死守御,自3月2日起,仍与敌兵在吴淞镇及炮台方面奋勇血战。敌以海陆空军30000余人,四面包围,一面以军舰大炮轰击,一面在陆地猛攻。我方仅一五六旅 3000 余人,铁血军 400 余人,上海市民义勇军 100 余人,总计不足 4000 人,激战一昼夜,气不稍馁。上海各团体以翁孤军抵抗,众寡悬殊,既无充分械弹,又无接济援兵,因派代表赴淞,请翁旅长暂时后退……翁、谭初仍坚持,旋经苦劝,始顺从民众之意,暂时退兵,于 3 日上午 9 时,一面派前锋继续作战,一面向月浦、浏河方面撤退,当日下午 5 时许已全部撤尽,大部分已达浏河。时由浮桥(离浏河约十余里)登陆之日军 10000 余人,正与驻防该地之我方援军激战,翁旅乘机夹击,毙敌七八千人,日军残部纷纷遁上军舰。”潮人旅长翁照垣的英雄精神进一步声闻沪上,章太炎并亲书对联以赠:“李广从来先士卒,卫青原不学孙吴。”

战后的 4 月 4 日,“救委会” 发出其 “一·二八” 抗战以来的最后一通电文:《电国民政府反对屈辱条件》,显示同乡会抗日救亡的坚定立场;尽管局势已无法回天,却鲜明地表达了不可侮的民意:

“上海中日停战会议,应请注意之点,括言之,应依照国联决议案之精神,仅能协定日本撤兵之一定程序,不得有妨害中国领土完整行政独立之条件。分言之,第一,中国领土内如有日兵,决不与开任何谈判。第二,吾国在领土驻兵,不得受其任何限制。第三,东省与上海两案,不得分开解决。如东省不撤兵,上海亦不开谈判。有犯以上各点,即为丧权辱国。我民誓死不认。即使日本以暴力压我,吾国只有采正当防御之惟一途径,纵至如何重大牺牲,实所甘受。须知政府乃民众之政府,非在位诸公之政府。在位诸公,不过系人民一时之代表。若故违反民意,自甘丧失国土与主权,是诸公自贬代表之资格,而政府亦非民众之政府矣。诸公秉衡当局,责重任钜。应请为国郑重,并为自己重。诚恳之言,幸垂察焉。潮州旅沪同乡会救国委员会叩。

与救委会前此致政府的电文相比较,这通电文文词冷峻,找不到丝毫哪怕是悲愤的感情色彩。这表明救委会对政府已经十分失望。值得玩味的是 “政府乃民众之政府,非在位诸公之政府。在位诸公不过系人民一时之代表。若故违反民意,自甘丧失国土与主权,是诸公自贬代表之资格,而政府亦非民众之政府……” 等语,这段话不仅反映了救委会领导人鲜明的民主主义立场,而且是严重的警告。警告执政当局若一意孤行,这个 “违反民意”“非民众之政府” 终究会被民众所唾弃。历史老人是公正的。用不了多长时间,从那时起仅仅过了 17 年,这个政府在中国大陆的彻底溃败,事实就证明了这一点!可叹的是,在当时,十九路军、第五军将士以及上海爱国志士们的鲜血和生命最终换来的是丧权辱国的《淞沪停战协定》(又称《上海停战协定》),究其内容,可以一言以蔽之:就是使上海这个中国最大的工商业城市实际上成了不设防城市,而凶恶的敌人却虎视于卧榻之侧!

诞生于1931年10月的潮州旅沪同乡会,就在这场人民和军队团结抗日的斗争中迅速地成长、成熟起来。1932年4月,一册精心编辑的《潮州旅沪同乡会特刊救国号》,作为同乡会成立以来第一份完整的工作报告,正式出版。当年2月25日,正是淞沪激战之际,同乡会、救委会推举郑正秋、萧德宣、黄国梁、陈之英、翁子光、周植虚、张勖唐为救国特刊编辑委员,萧德宣为编辑主任。《潮州旅沪同乡会特刊救国号》汇集了同乡会发出的全部通告、提案、往来函电、一系列报表如《犒劳赠济表》等等、"重要事件纪略"及同乡会《章程》诸多章则,为后代留下了一份在"九·一八"国难中成立,在"一·二八"淞沪抗日战火中经受洗礼的潮汕旅沪同乡会活动的完整工作报告,一份极其珍贵的史料。《救国号》的"言论"部分还刊登了六篇"从救国上立论"的文章,其中郑正秋发表了万言论文《几个责任问题》,大声疾呼:"中国乃中国人之中国。唯中国人自觉自决自助自强,方足以救中国,救国救国,责任所在,愿我国人亟起负之。"

致力于保护桑梓服务乡亲

"一·二八"抗战前后共一个月零四天。在蒋介石"攘外必先安内"的方针下,十九路军和第五军将士以及上海市民自发组织的抗日义勇军战士们的辉煌战绩,包括潮州旅沪同乡会在内的上海人民支援抗战的热忱和心血,最终换来的是丧权辱国的《淞沪停战协定》。同乡会《救国号·发刊辞》中痛心疾首的这段话,提醒人们警惕日本帝国主义的侵略,激励国人继续努力奋斗:

"呜呼!亡国灭种之祸,迫在眉睫;来日大难,正未有艾。国人务须努力奋斗,坚持到底。切勿依赖外人,切勿同室操戈,切勿自暴自弃。国必自亡,然后人亡之。我国之亡与不亡,系于国人之能自强与否。"

据同乡会1934年年刊《本会第三届会务概况》"出版"条:"前本会印行《上海潮声月刊》,因故停版,于(民国)二十二年六月重行复刊,自第三期出至第十二期,计十册,第一卷终结。经(民国)二十三年六月二十日第十次执监委员联席会议议决:宣告结束,改为年刊;于每届会员大会期前出版,内容以报告会务为主。"可这《上海潮声月刊》,迄今觅而未得。惟这本内容丰富的1934年年刊,记录了同乡会先辈们始终不懈为乡亲和桑梓服务的大量工作。

1934年年刊实际涵盖范围一年有半。年刊《本会第三届会务概况》说:"因与会计年度有关,是以上溯至第二届任内之(民国)二十二年七月,终于第三届任期内之十二月底,为编辑范围",即自1933年7月至1934车12月。这段时间正是继东三省失陷后,热河再度沦于敌手,耻辱的《塘沽协定》刚刚签订,中国人民为国家民族的前途忧心如焚、悲愤莫名的时期,也是蒋介石四次剿共不逞、全力以赴准备第五次围剿,在上海等城市加强镇压抗日运动的时期。作为一个民间社团,潮州旅沪同乡会的工作重点于淞沪抗战之后已转为致力于服务乡亲、保护桑梓。自同乡会成立起,连任为第三届主席的郑正秋在年刊《发刊辞》中说,"为同乡不胜捐累而再四请命,为同乡身受损害而救济,为同乡常遭痛苦而为之求免,为同乡冤蒙不白而为之昭雪,为同乡事有困难而予以援助,为同乡纠纷固结而予以排解",概括了同乡会一个时期以来工作的各个方面。

为民请命巧斗苛捐杂税 蒋介石为筹措庞大的军费开支,既借外债,又发行公债,还多方增加税收,地方政府也乘机搜刮,上上下下苛捐杂税名目繁多。同乡会在争取废除苛捐杂税、反映民间疾苦方面尽己所能做了大量工作。1932年南京政府曾有开征"洋米税"之议,尚未实行,作为缺米区的广东当局却于1933年9月率先开征。同乡会当即电广东省政府呼吁"请勿开征洋米税以重民食",[①] 同时致电广州市商会、米行公会、七十二行商会、汕头市商会转各报馆及潮梅县商会等等机关团体,"请响应吁请撤办洋米征税",指出政府不能只为收入,不顾民生,"依所定税例年要纳税2700余万元,纵令当局如何良策善政,窃恐粤民先成饿莩,救已无及。"1934年3月财政部、实业部又开征"土糖转口税",同乡会又电国民政府行政院及财政、实业两部,指出"洋商因生产之过剩,肆意倾销⋯⋯我潮生产缺乏,其能抵抗侵略、维持农村者,端赖土糖一项而已",建议政府"将土糖转口税予以豁免,洋糖进口率增重税收,筑成壁垒,制彼舶来,庶几土糖生产方有进展之可能,农工商业,方有昭苏之希望。"两通电文虽都言之成理,然结果却是"应毋庸议",直接影响潮人生计的土糖转口税、洋米税照征不误。1934年4月,广东征收"舶来农产特税",

潮州旅沪同乡会的成立与发展

---

① 见1934年年刊。本节引文未注明出处者,均见1934年年刊。

又征及国内各处之花生、豆类、生油等物。同乡会与潮州会馆联合致电广东省当局请求取消此项特税。最后得到一纸批复："舶来特税,碍难取消,国产物品,自应予以保护。"实际执行情况则不得而知。

同乡会为民请命而真正有成效的,是关于东北产"豆饼捐"(此时东北已是伪"满洲国"天下)的一场斗争。据《年刊》,这项以筹募中山大学建筑经费为名的"豆饼捐",过去广东省政府已经开征过,后经同乡会及各界努力抗争,终于1933年4月取消。今时隔一年,1934年5月复又再次开征。"名为征收江北产品,而实际则沪汉各饼,亦一概扣留。"事情紧迫,汕头市南北港公会、杂粮公会联合致电上海市商会、潮州旅沪同乡会和潮州会馆,请求"援助撤销豆饼征收附加税"。吸取过去的教训,这次同乡会采取了高明的一招:不再和政府当局的官僚们废话,转而致电中山大学校长邹鲁,并与广东旅沪同乡会、大埔旅沪同乡会联合署名:"粤潮地瘠,农作生产,全恃豆饼为唯一肥料,关系民食,至重且钜。近年……赋繁毅贱,民不聊生",又"查吾国关税,奢侈品亦不过百抽五十,今豆饼捐每百斤征洋八角,几至百抽三十五,以民食必需品,视作奢侈品,其如国誉何……虽附捐所入,用于贵校,纵教育之有关国脉,然民食亦当兼顾,权衡轻重,民命为先,剜肉补疮,良非得计"。电文请邹鲁"别筹他策"解决中山大学建筑经费,请他"俯鉴下情,迅赐转请收回豆饼附捐成命……以保民食,而苏民命。谨为粤潮三千万人民,九顿首以请"。学者毕竟不同于官僚,邹鲁很快来了回音。最后国产豆饼一概免征附加税,东三省豆饼税也减为每担三角。

"豆饼税"平息方数月,12月广东国货推销处汕头分销处又冒出了"本省土糖出厂运销暂行办法"。按照这办法,凡土糖运销一次要经查验领取许可证方可放行。无非是又要百姓办证、交钱,"徒滋骚扰"。同乡会和潮州会馆于是联名致电广东当局,指出该办法"本为防范掺杂私运洋糖","惟土糖价贱,洋糖价昂,人虽至愚,必不致以贵掺贱,自取损失","似此苛扰阻抑,立见农辍商停,名曰保护,无异摧残"。电报要求"立将土糖出厂运销暂行办法取消,以苏民困"。这次总算得到支持,"暂行办法"被建设厅明令撤销。

此外如1933年七八月间为民信加价电交通部痛陈此举对侨胞不利力请收回,又函旅沪广东同乡会、福建同乡会请他们联合斗争以护侨胞利益;同年7月电汕揭当局"制止油麻山各乡械斗秉公撤查办理";同年10月电广东军政当局请求被挪用作"剿匪"的治河盐捐仍拨回作治河经费;1934年5月参与潮阳县水库库址选择及筹募经费方式的讨论;同一时期又致电粤潮当局请求恢复潮安四中学潮中被开除学生员工的学籍、聘约,等等。总之,就像当年支援抗战救护被难同乡,没有同乡会救国委员会不管的事一样,如今同乡会也全力表达了旅沪潮人身处云天万里的上海,对家乡父老兄弟艰困安危息息相关的深切感情。

服务同乡不辞劬劳 一封发于 1933 年 9 月,题为《电江潮两海关为关员查抄过事苛骚请饬属审慎办理》的电报,透露了当年行旅大不易的消息:"敝会迭据同乡投会报称,近来往返汕沪于轮船进出口时……关员稽查行李……穷搜极索,肆意骚求,遇有一二少量自用之物件……亦必指鹿为马,强认漏税,悍然取之以去","旅客行色匆匆,唯饮恨切齿而已。""务祈令饬所属关员,酌情审慎办理,切勿过事苛求,以安行旅,而免扰民。"当时潮人往返沪汕以走水路乘海轮为便捷,上海江海关、汕头潮海关于是成了潮人行旅商务的咽喉。某些关员乘机刁难勒索,甚至动辄扣留、拍卖商货。同乡会遂不得不以相当精力为此多方奔走。同月,汕头同和昌号运沪销售之潮产白糖 85 包,因糖价过低,货主决定运回汕头,被江海关扣留,继而登报准备拍卖。同乡会为之再三说明情况,直至去函南京政府方得解决。其后又相继发生潮海关借"重量不符"扣留运汕元钢 40 担(合今 2 吨)、江海关 5 日之间接连扣留两批运沪冰糖共 2700 担(合今 270000 斤)事件,均很费周折方得解决。

1934 年 11 月,又发生唐蔚廷、范高氏等 7 人托乡人柳邦明带回赠家银元被抄没收事件。时海关规定银元不得出口,开往香港海轮限每人携银元 50,超过即全部没收。唐蔚廷等托带银元均分别封包,附有家书,多则 25 元,少的才 2 元,查抄关员拆包合并,总数 112 元,遂为"犯禁"而遭没收。同乡会接到投诉,即致电江海关说明这些都是潮人终岁手胼足胝、节衣缩食之余寄回赠家的血汗钱,请予体恤发还。江海关复函要验看"寄款凭证"方可发还。可是那些家书均已由柳邦明分别带交住在穷乡僻壤的各家,急切间哪能找得到,最后由同乡会主席郑正秋亲自致信江海关税务司,方得通融发还。一周后又发生卢贤孝自带及托带银元 128 元被查扣事,也是郑正秋亲自去信才通融领回。

此外如助"一·二八"战乱离散的郑陈氏、郑凤英、郑荣贵母子、姐弟团聚;助流落沪地的难童郑春根、王顺来、郑银桃等返回家乡;助贫病交困的同乡去潮州和济医院免费治疗(前后共 8 名),等等。自 1934 年 9 月起,同乡会更由潮人中医陈柏春于每天下午1至3时驻会免费送诊。

　　助同乡辩诬伸冤，平反一桩桩冤抑，是同乡会工作重点之一。同乡范高氏被诬欠租受逮，同乡会查明欠租者系范刘氏，范高氏以一字之差无辜受累，去信上海第二特区地方法院而获释；同乡陈裕生去南京探友被宪兵司令部拘押，同乡会函旅京同乡会就近相机救助；36岁潮人汤继坤被外号"小苏州"等暴徒8人因借钱不遂殴打身死，同乡会为之函法租界警务总监请"严缉杀汤凶犯依法惩办"。不仅关心发生在身边的冤案，即使远在家乡，只要苦主投诉，同乡会一样过问。1933年12月旅沪同乡张财坤诉其父张上策和叔父张继初在家乡被绑匪掳去，张继初乘隙逃离而其父被枪击毙命。后两绑匪虽被拘，也经张继初等指证属实，可潮阳县政府周姓承办员却一再挑剔诉状字句，为匪犯开脱。同乡会于是致函潮阳县长请迅将二犯"依照广东惩治盗匪条例处治，以昭炯戒而靖地方"。这类扶助弱势群众事务，事例众多，不胜枚举。这里只是窥斑见豹而已。

　　对同乡中行为不轨者，同乡会秉公惩处，毫不宽贷。为助贫苦同乡回家，同乡会和潮州会馆特设部分免费船票，由同乡会出具信函，潮州会馆出钱购票。这种船票一般由会馆购自公泰或益信票局，票上加盖"会馆施票，不准转卖"印章。计自1933年7月至1934年底1年又6个月，经同乡会发出的免费船票达277张。可是也出现个别转手倒卖事件。1934年11月间，有赵长兴、郑厚才二人由仁和信记商号介绍至同乡会申请返乡免票。为慎重计，仁和信记号还派两名职工送二人上船，至船起锚离埠方才返回。孰料二人在船离埠后缘索坠下，乘驳船上岸将船票又卖给公泰票局陈某。事为仁和信记号得知，派人携函前来同乡会揭发，指出"似此诈伪骗欺伎俩百出，殊堪痛恨"。"此风一长，介绍者因责任攸关，势将裹足。致使真正贫苦无告之同乡呼救无门"，"敝号因盖印介绍，责任所在，且名誉上所负甚大，已特将赵长兴、郑厚才寻获，伴同来会……"同乡会经查询得知"赵本为无业游民"，属"蓄意诈欺，教唆犯罪……尤应严予惩处"，郑厚才"误受诱惑……尚不无可悯"，将两人送市公安局二区一分所究办。同乡会于将此事报知潮州会馆的同时，派执委郭九如、郑子良前往公泰票局提出批评，最后由经理具函保证以后不再发生同样事件，并赔偿船票两张。这件事情不大，却令人感受到同乡会及仁和信记号处事为商重信誉重法制的一股正气。他们不因自己负有一定责任而护短，不因同乡熟人而"下不为例"。

帮助外地同乡组织 同乡会救难辩诬不辞劬劳,服务同乡公正严明,社会声誉日著。"升平里"(同乡会新会址,详见后)成为旅沪潮人相互传告、尽人皆知的地方。一些外地同乡组织遇到纠纷、困难,也找上门来。先是,嘉兴广东会馆老一辈负责人钟子岩于1933年8月去世,馆产由其子钟永陞接管。12月,钟与会馆工作人员郑子英等发生纠纷。1934年1月,钟永陞"告"到潮州旅沪同乡会,希望帮助解决。为调处纠纷,同乡会派执委翁子光、张勘唐、林隐岩、张伉龙四人赴嘉兴多方了解洽谈,经数度跋涉于嘉兴上海间,前后历时半载,终于协助嘉兴广东会馆拟订了章程,选举组建了新的董事会,并决议由董事会付给钟永陞5400元,分6年付清以补偿当年钟子岩建造殡舍垫入费用,钟永陞则向董事会交出契据等文件,达到双方满意的结果。同年4月南通潮惠会馆又向同乡会告急:原来江苏省通如泰海启(南通、如皋、泰兴、海门、启东)五县专员公署看上了南通潮惠会馆房子,专署一位吴姓科长带领随从人等不由分说"住"了进来,并当即雇工在东西天井开始改建工程。南通潮惠会馆人员于是向旅沪同乡会求救,希"迅予合力设法援助"。通如泰海启五县专署此举实在过分。同乡会主席郑正秋遂亲自写信分送江苏省政府主席、江苏省民政厅厅长、南通县县长和通如泰海启五县行政督察专员:"查会馆本为旅居同乡,谋公共福利而设。所有产业,俱系集资自置,纯为社团私产,绝非官有公产可比。现该会馆馆址、殡舍既须供同乡厝柩之用,房屋亦须为集会办公之所","行政督察专员公署本为永久设置之行政机关,尤当别觅妥址,以保久远……"这封平心静气晓明私产与公产原则区别,说明同乡厝柩、集会之所不宜用作专员公署的信很管用,不出一月,南通县县长即电复同乡会:已另觅定本县教育会会址为专署署址,俟筹款兴修后即行迁出交还。同年7月,专署和一度借住的县警察大队二分部先后迁出,南通潮惠会馆产业全部收回。

文化往来相与扶持 同乡会与上海以及家乡文化、教育、卫生单位协同工作相互支援的情谊也很感人。上海潮州和济医院自1929年成立之初院长就是郑正秋。这家由潮州会馆出资创办的医院"纯属慈善性质,不分畛域","贫苦病人,免费施诊给药",接受同乡会介绍的贫病同乡,自是题中应有之义。然医院一直为经费短缺所困,1933年9月潮汕老三正顺香班来沪演出潮剧,该班有感于同乡会"排难解纷,见义勇为,声誉远播",愿在演出合同完成后为同乡公演3天,票款收入充作善举。同乡会当即决定演出收入充作和济医院基金。

潮人组织不忘家乡,家乡戏班来沪演出,总要义演几天以助公益几乎已成常例。就在老三正顺香班来沪前两个月,老玉梨香班来沪时就曾为同乡会义演3天以益经费;演毕南归时同乡会赠直贡呢8疋表示谢忱。1934年6月老怡梨春班来沪的两天义演,则由同乡会邀和济医院共同主办,票款也共同分配。

1933年4月,家乡潮阳平民医院曾派员来沪募捐,在同乡会帮助下募得4000余元。一年之后该院又携县长介绍信来同乡会再次请协助劝募。同乡会常委会经讨论推举许子宜、郑子嘉、林隐岩、颜盛珍、郭启明五人协助劝募,几天后又增柳柳谷、吴资生、郑世雄三人协助工作,经将近一个月的努力,募得大洋1089元。当潮阳平民医院募捐还在进行时,汕头正报社也派人来沪募集基金,同乡会遂转为介绍至潮州会馆,请"酌予赞助"。

同乡会对家乡学校的帮助可谓周到细致。1934年1月上海潮州会馆捐助汕头岩光中学铁床百余只,同乡会为之致函上海招商局,说"事关公益"请求豁免运费或酌量减收。同年2月汕头铜钵盂乡铜盂公学来沪采买汽枪、篮球、排球等一批教学用品,同乡会致函江海关监督为之证明,以免误会。12月岩光中学校长林天铎为扩建校舍二走春申募集资金,同乡会特地给"各殷实同乡及团体"发函,为岩光中学介绍、劝募,给林天铎提供了不少便利。

开办义务教育,加强旅沪同乡的教育服务,一直是同乡会想做的"积极方面"的重要工作,还曾拟订了潮州旅沪同乡会附设业余补习学校简章十二条。可是由于经费等原因,作为草创之初的试验,只先开办了粤语、英语两个班,学费会员每月1元,非会员1.5元。象征性的收费,体现了开展义务教育的初衷。

关注社会坚持抗日 经历了淞沪抗战大斗争的同乡会,目光从不局限于潮人生活圈。尽管在当时沉重压抑的政治氛围下,对社会上发生的诸如罢工等运动,仍尽可能地给予支持。如1933年10月,上海电力公司因开除工友致工人群起反对,同乡会致函劝说公司当局"请于合理之范围内容纳工友们要求","以免阻碍公用"。11月同乡会向上海市第四区水电产业公会捐款40元以资助参与工潮工友。这期间还派代表参加各团体欢迎抗日英雄马占山等将军来沪大会;参加上海三十万市民为反日烈士潘洪生出殡的反日大示威,并"唁其家属,酌赙丧仪",所赠挽联有"爱国矢丹忱,剩雄心不死,千秋同唤国魂归"之句,道出了爱国人士心声。1934年11月13日,曾任上海地方协会会长的报业家史量才因倾向抗日,被蒋介石派特务暗杀。同乡会派张勘唐委员为代表,参加史量才先生追悼会。

壮大力量　修订章程

上海潮州会馆 1933 年 1 月 24 日案卷中有这样一条记载:"关于潮州同乡会函商借款案,决议对于该会来函商允借款以资维持一节,当允予通融办理,借给现洋两千元。惟函复该会时应声明嗣后对于每月常费亟宜认真节省,俾得维持久远,不致再有支绌之虞。"① 可见同乡会在 1933 年曾一度陷于经费拮据的困境,从而不得不向会馆借钱。与此相关的是,为紧缩开支,同乡会曾两度改变会所。第一次在 1933 年 10 月。由于较宽大的原爱多亚路(今延安东路)会所每月租金多至 200 余元,遂于 10 月底"将全部房屋交涉退租,另在原址租借一部分,以资紧缩"。可是紧缩后又不敷应用,深感不便。"适法租界公馆马路(今金陵东路)升平里 32 号现址房屋待赁,乃蒙同兴公会廉价租与本会为会所,于(民国)二十三年四月底迁入"。

然紧缩开支毕竟是消极的。1933 年 9 月,同乡会执监委员联席会议决定扩大同乡会组织,广泛征求会员,先后推定"征求委员"21 人,组织委员会专门办理征求会员事宜,征求结果新旧缴费会员共 1583 人。一年以后,1934 年 8 月再次征求会员,至年底会员总数达 1838 人。

会员人数迅速增加,同乡会工作内容日益扩展,1931 年成立时制订的章程经过两年多实践,已有修订的必要。1933 年 12 月 17 日第三届会员大会通过修正后的《潮州旅沪同乡会章程》,1934 年 2 月 3 日第七次执监委员会联席会议又通过《潮州旅沪同乡会第三届订正办事细则》。和原订章程相比较,新章程没有大的原则性修改,主要修订部分是:第二章事业(甲):"广行慈善"改为"提倡互助";第三章会员资格(乙):于原来"年在二十岁以上者"之后增加"年在二十岁以下者为青年会员"。第九条"本会会员有建议决议选举被选举之义务","义务"改"权利",增加"但青年会员无以上之权利"。关于缴纳会费的第十三条,保留"本会会员一律平等"前提不变,增加"联谊会员年纳会费 2 元"一条。其他"特别会员""基本会员"等只作一些文字上的调整。

151

① 藏上海市档案馆。

此外除执监委、候补执监委人数略有增加、"介绍股"改为"教育股"外，修订较多的是《办事细则》，主要者如第五条"本会名誉会董有指导会务监督财政及列席各项会议之权"，第六条"执监委员、候补执监委员及各干事得列席常务会议"，第七条"……为促进会务起见常务委员轮流值日处理日常事务……"都是应会务发展的需要而增加的，总的精神是加强了对会务的指导和监督；加强了会务的公开性和集思广益。特别是常委的轮流值日，更便利了为同乡的服务，提高了办事效率。《年刊·会务报告》提到，这一年半时间内总计收到函、电、请求书、投词等等各种文件517件；发文5407件，反映了同乡会工作量之大、之重。

以上种种，虽说只是些枯燥的条文、数字，然联系前述点滴事例，我们当能读出同乡会诸君一德一心，无偏无私，不折不挠的服务精神，感受到同乡会工作蒸蒸日上的一派兴旺。

移风易俗创建"俭德社"

这段时期同乡会还开始了一桩移风移俗深入道德建设的大事：建立俭德社。为什么在这个时候，发起建立这样一个组织？联系当时形势，笔者以为有这样两个重要因素：一是救亡图存振奋民族精神的需要，二是借蒋介石倡导的"新生活运动"另辟蹊径，进行破旧立新的道德建设，为真正复兴民族精神，做一些实实在在的事。

随着民族危机的日益深化，以郑正秋为首的同乡会中的爱国知识分子，他们忧国忧民的情结，痛心疾首的危机意识，与日俱增。早在1932年的《救国号·言论》中，郑正秋在《几个责任问题》的万言长文中就说："中国乃中国人之中国。唯中国人之自觉自决自助自强，方足以救中国。"又说，"生平服膺中山先生之主义，二十年如一日。"孙中山在关于民族主义的讲演中说道："我们今天要恢复民族的地位，便先要恢复民族的精神。""要维持民族和国家的长久地位，还有道德问题，有了很好的道德，国家才能长治久安。"[①] 郑正秋等身处"冒险家乐园"的上海，眼看"世风日靡，习俗浸假，竞尚浮华……徒事虚糜"，既叹"时间与金钱之无端浪费"，"而影响于整个民族精神之表现者，尤极

---

① 《孙中山选集》679页。人民出版社1981年版。

重大！"《年刊·潮州旅沪同乡会组织俭德社缘起》(以下简称《缘起》)分析这种奢糜之风的形成和危害道："我国处于帝国主义者种种侵略压迫之下……吾人不能袭其自强不息之精神,反受世界物质文明之荼害。骄奢淫纵,各种病态,不一而足,社会日趋虚伪,民族渐形颓废,内忧荐至,外侮频仍。民气萎靡,国将不国!欲图振作,自非彻底湔雪已往恶习,积极更始奋发不可。"一番话明确道出组织俭德社的目的,在于"彻底湔雪已往恶习","积极更始奋发"民族精神,改变"国将不国"的现状。

这个时期,正是蒋介石倡导"新生活运动"之初。蒋的"新生活运动"以礼义廉耻为标榜,对日常生活作出诸如"拔上鞋跟,扣齐钮扣"、"集会入室,冠帽即脱"、"吐痰在地,任意便溺,皆所禁忌"、"闻党国歌,肃然起立"等要求"整齐划一"的规定,而最终落实于军事化。蒋的爱将陈诚在《新生活运动要军事化的真谛》一文中曾一语道破:新生活运动就是要求"在一个政府、一个主义、一个领袖之下,绝对的统一,绝对的团结,绝对的服从命令"。后来的事实也证明,蒋氏仆从们大张旗鼓推行"整齐划一"的"新生活运动",正是为蒋介石实行其法西斯专政作舆论准备。美籍学者汪荣祖、台湾著名作家李敖合著的《蒋介石评传》也指出:"蒋介石想借此统一全国意志,服从他的领导","把它作为精神剿共以配合军事剿共。"①

当时同乡会诸君虽不可能看得如此透彻,然以丧权辱国最无廉耻的蒋氏而标榜"礼义廉耻",其不能令人信服甚至致人反感则是明白无误的。尽管《缘起》中也提到"新生活运动":"故时人以'新生活运动'为救国图强之道,良有以也",这正和同乡会《章程》申明"本会不问政治",实际一成立就投入抗日救国这个最大的政治一样,都是限于当时政治气候的"应景之词"。《缘起》随即讲到组织俭德社的由来和内容,就全然撇开"新生活运动"而独辟蹊径:

> 我潮古朴之乡,民风淳厚;然因习尚所趋,亦不免随俗俯仰,而尤以旅外同乡为甚。豪阔奢华,相因成例;盖气居体养,环境之移人者至钜。一二有识之士,虽改善有心,而囿于积习,慑于物议,终鲜自拔。本会有鉴于斯,爰拟以团体之力量,为风气之推移,组织俭德社,广征同志,就切实易行之点,制定公约若干条,共资信守。约以渐,持以恒,补偏救弊,矫枉维新;使取不伤廉,与不伤惠,以惜物力,以

---

① 《蒋介石评传》267页。汪祖荣、李敖合著,中国友谊出版公司2000年5月版。

敦美俗。互相砥砺，力行毋懈，发乎己，应乎人，由浅入深，由近及远；推而至于一乡一国，恢复其固有之俭德，为民族复兴之先声，则岂仅为壤土涓流之助云哉！是为缘起。

俭德社订有详尽的约章。《约章》提出：本社以提倡俭德改善陋俗为宗旨；规定"凡旅外潮籍同乡不拘性别年满20岁均得加入"，"须填具入社志愿书"，"应遵照本社俭德公约切实履行并宣传劝导以资推广"。俭德社公约"先从庆吊应酬诸端入手"，于婚嫁、寿庆、诞育、丧吊、宴会乃至先人冥寿、年节贺礼及往返沪汕、迁居等等，均分门别类制订了相当严格、去陋俗树新风的细致条例。今以关于婚嫁的14条中列举几条为例：不议聘金多寡，不计妆奁丰啬，妆奁应切合实用以国产品为主；废除一切无谓仪仗；不得设宴款客，惟可酌备茶点；礼服应用国货；贺仪……不得超过2元；购赠实用物品者以国货为限，其价值不得超过2元；贺客观礼须确守通知之时间；废止闹新房恶习。其他寿庆、诞育、丧吊等除据不同性质有不同规定如"凡为长者称寿者……未及50岁不得称寿"，"凡诞育子女如须发送红蛋报喜者以至亲好友为限，惟每份不得超过12枚"，"丧家有宗教信仰而须讽经营斋者，以一日为限"，"废除路祭"外，其他送礼以国货为限不超过2元，不设筵，遵守时间等皆大同小异，不一一重复。最后《约章》还专订两条：第八条：无论喜庆丧吊，其当事者欲为其尊亲或其他特定人永留纪念者，可酌提依本公约限制下俭约所余之款若干，捐助学校、医院等公益慈善机关以种福田而益社会；第九条：本社用国产纸料制备各种婚丧庆吊之帖式、封套、通告等，照本发售，社员可自由选购，并可承托定制。总之，《约章》有个一以贯之的精神：准时、简朴、注重公益，有个核心目标：使用国货，热爱祖国。

凡事不做则已，做必严密周详是同乡会一贯的作风。同乡会执委会推举委员七人组成《俭德社约章》审查委员会，审查通过后实行，同时制定"俭德社入会志愿书"，入社者需签名盖章表示"从入社日起誓当遵守本社各项公约，倘有违背，愿受良心道德最严重之制裁"。这就从人们日常生活入手，去陋习，树新风，以共同认可的《约章》，形成人们自觉的内心约束力量——道德共识，从而为振兴民族精神迈出健康的一步。

"胜利届"募捐救荒　"俭德社"余响不绝

　　好景不长。1937年"七·七"卢沟桥事变爆发,上海又经历"八·一三"第二次淞沪抗战。已有"一·二八"抗战支前经验的潮州旅沪同乡会,自当发扬传统,书就又一页光辉篇章,可惜目前除民国三十五年第五届胜利届《潮州旅沪同乡会会务报告》①中"适'七·七'神圣抗战军兴,本会亦备尽慰劳及救护等协力抗战之责"一语外,再未发现较系统的相关资料,无可稽考。

　　"胜利届"主要工作,据《胜利届会务报告·前言》:"后以政府内迁,本会遵令停止活动,直至抗战胜利结束,河山重光,本会遂于三十四年(1945年)八月二十六日复员,继续努力本位工作。"这第五届胜利届会务报告又名《潮州旅沪同乡会年刊》,以下简称《胜利届年刊》,出版于1947年2月,内容自1945年8月26日复员至1946年年底止。比起"一·二八"抗战期间编辑的《潮州旅沪同乡会救国委员会特刊救国号》和1934年出版的《潮州旅沪同乡会年刊》来,这本《胜利届年刊》仅薄薄18面,内容比较简单。

　　阔隔八载,同乡会重新开始工作首先遇到的是会址问题。原址升平里32号因住户不肯迁让,事涉诉讼,只能"暂借重庆南路鸿安坊16号和济医院联谊厅为办公室,一俟收回后即迁回原址"。尽管这样,一应会务如救济粮荒,吁请减免赋税,关注家乡水利建设及文化事业,以及资助难民回籍,排难解纷,介绍职业等等工作,仍相继进行。其中募捐救济家乡粮荒事,用力颇勤,成效较著,值得一记。

　　1946年春,潮汕地区旱情严重,灾象危迫。同乡会在向南京政府、粤省当局暨海外侨胞呼吁于救济的同时,公举张伉龙、柳柳谷、王名灿、连尹吾、马云川、胡伟民六位去南京请愿,请求拨发救济物资;同时组织救济粮荒委员会,专职办理募捐事宜,并发动会员举办节食节约运动,以纾灾难。经多方发动募捐,"向各产米区采购食米面粉等物品,历尽艰难辛苦,将食粮运往潮汕接济";同时将募得捐款两千万元(当时"国币")由常委张伉龙商请广东省银行上海办事处免费分别"汇交各县市参议会转发境内妥实善堂"办理赈济。计各县市分配数额为:汕头130万元,潮安350万元,澄海210万元,饶平180万元,

潮州旅沪同乡会的成立与发展

---

① 民国三十五年第五届胜利届《潮州旅沪同乡会会务报告》,藏上海市档案馆。以下引文未注明出处者,均见本报告。

丰顺 70 万元,揭阳 230 万元,潮阳 350 万元,惠来 190 万元,南山 50 万元,南澳 50 万元,普宁 130 万元,大埔 60 万元。

资助难民回籍方面,计先后遣送回籍者 94 人,返缅甸者 10 人,暹逻者 47 人。

受战事影响,同乡会复员之初不少会员失去联络,于是第五届举行征求胜利届会员,截至 1946 年年底,会员共 2228 人。

鉴于第五届执监委任期将满,经执监联席会议议决,推举柳柳谷、周德三、郑耀南为第六届会员大会筹备委员会召集委员,郑子良、郑云卿、郑俊亭、郑玉书、郑笑海、林西园、周月坡、郭基铭、郭秀开、郭企青、姚亦泽、刘世忠、连尹吾、姚少峰为筹备委员,嗣后又推王名灿、林有通为推动委员。

俭德社余响不绝时隔十来年,其间又经八年战乱,同乡会 1934 年花大力气建立的俭德社似乎已从一些人脑海中淡出。《胜利届会务报告》亦无只字涉及。然对一些志士仁人而言,这项道德共识已在心里扎了根。留美归国之后历任汉阳钢铁厂总工程师、沪杭甬铁路总工程师及上海兵工厂厂长、造币厂厂长等要职,同乡会继郑正秋之后任第四届主席委员、德高望重的郭承恩[①],因脑溢血于 1946 年 10 月 23 日去世。同乡会第五届全体执监委员、会董集议,定于 12 月 8 日为他举行追悼会,并拟"登报启事通告各同乡暨郭故主席生前亲友届时参加",却被郭的家属坚决要求"中止举行",因为郭承恩有"丧礼从简"的遗嘱在先。在一般习俗十分重视"生荣死哀"的那个年代,郭承恩明确地嘱咐子女"丧事从简",子女们也忠实地执行乃父遗愿,无疑是身体力行俭德社约章之举。

无独有偶,尽管《胜利届年刊》内文无一处提到俭德社,《年刊》封二却并非偶然地刊登了一则"俭德社启事":

> 同乡亲友,如有喜事,及创立事业,协订议据,或人事关系等,需请本社张优龙先生为介绍,或主持订婚,或证婚,或致颂词,或为见议等,务希先期约定,再行柬聘。时间应请准确,如逾时三十分钟,仍未举行,则先签证;另由主人请友代办主持仪式。往返毋劳接送,并辞任何馈赠。只请主人,酌捐 5 万元至 50 万元,送交上海重庆南路鸿安坊和济医院(电话81311),救助贫苦免费病人医药之资;或送交

---

① 郭承恩之家可谓科技世家,前后辈多为科技专家,哲嗣中三子郭慕孙为中科院院士。

潮州旅沪同乡会慈善股,代济贫苦难民,为主人及亲友造福。人群互助,为理性最高表现。救助贫乏,拯救疾苦,乃天地间最伟大之行为。诸君乐善好施,希慷慨捐助,广事救济,是为至祷。

俭德社敬启　三十六年(1947年)一月一日

张伉龙当时是潮糖什货业同业公会理事长,同乡会第五届常委,这本《胜利届年刊》审阅者。他也是同乡会"老人",曾历任第二、第三届执委。1946年下半年,正是一些国民党接收大员们发足国难财,腰缠万贯在上海滩挥金如土的年代,也是内战烽烟又起,物价飞涨,老百姓日子越来越难过的时期。张伉龙以俭德社名义登出这份实际是他个人宣传、实践俭德社精神的启事,显然是针对当时社会上奢靡腐败之风而发,也是对同乡会的一种提醒。

和启事同在封二刊出的,还有张伉龙订于1929年的《座右铭》:"出处:大丈夫处世来去明白,风雨飘摇弥见劲节。待人:世事让三分天宽地阔,心田留一点子种孙收。律己:以刻苦为资产。以守份为势力。以清心为幸福。以互助为交际。以办理公益为正当娱乐。自立由勤俭做起。成功从努力得来。服务社会:唯忠信可以战胜一切,唯勤俭可以解决一切。获上苍之助,谋人类福祉,是中心最愉快之事。救济贫苦,扶助失学,系得天独厚者之仁义行为。为国家:一秉忠心,鞠躬尽瘁,死而后已。修身养性:莫作心中过不去的事。须做世间少不得的人。任难事要有力而无气。做难人要有智而无言。居安思危。励精图治。诸恶莫作,众善奉行。"剔去《座右铭》中"上苍之助"一类的唯心色彩,对当时唯利是图贪欲横流的社会而言,这种提倡洁身自好,鼓励人们自强自尊,扶助弱者的人生观,不啻是一服清凉剂,具有一定进步意义。

星移斗转,中国进入新的历史时期。当年为巩固新生的人民政权的需要,阶级斗争、阶级关系被推向极致,同宗、同乡、同事、同学……一概被视为模糊阶级关系的"封建残余"而置于批判之列。潮州旅沪同乡会于经历了郑正秋、郭承恩、郭九如、柳柳谷、郑子良等领导人二十年的种种奋斗之后,也终于完成其历史使命而归于结束。半个世纪之后,在人们经历了种种曲折,从极左的梦魇中挣脱出来,重新审视历史的今天,同乡会先辈们当年呕心沥血为祖国为人民所付出的种种之可为镜鉴之处,也日益清晰地展现在我们眼前。这,也正是我们再次走近前人,探索、缅怀过去的缘由所在。

会 长 篇

王亚夫：誉载潮汕　建功沪上

撰稿　周晓

王亚夫同志离开我们已经整整十五年了。

十五年前的一个春日，1999年4月6日午后，阳光和煦，笔者与周勤庭、郭大同去华东医院探望王亚夫先生。那时的情景，至今历历在目。他没有卧床，因为病床上摊满了一叠叠文稿、材料和剪贴好的图片。这是他抱病编辑的上海潮汕联谊会建会十周年纪念特刊的相关稿件，包括他撰写的联谊会十年总结。他让护工端椅子，和我们一起环绕病床落座，亚夫先生颇显疲惫，神色憔悴，他把纪念特刊的事很细致地一一交代完毕，仿佛是大松了一口气似的，连声说："现在，我轻松了，轻松了！"

让人意想不到的是，仅仅半个月，医院忽然发出亚夫先生病危通知。又过了几天，二十世纪最后一个劳动节次日，亚夫先生长逝！

遗体告别仪式隆重肃穆，笔者为联谊会挽幛代拟了以下悼词：

作为一位老战士，在"解甲"之后，您并没有隐退以颐养天年，而是全身心地致力于新型的潮人组织——上海潮汕联谊会的创建。十年来，您为了联谊会倾注了全部心血，联谊会的存在与发展是您晚年生命之所系，您在病榻上勉力撰写的十年总结《沪潮协作，继往开来，迎接新世纪》，是您为联谊会的事业"鞠躬尽瘁，死而后已"的最好写照。

您永远活在潮人的心中！

事后，为应《王亚夫纪念文集》之需，笔者又为联谊会执笔撰写了《高瞻远瞩，鞠躬尽瘁——深切缅怀王亚夫会长》一文。因为这些"文字因缘"，笔者似乎算是比较了解亚夫先生的了。但是，当亚夫先生逝世周年时，读着刚出版的《王亚夫纪念文集》里二十余万言沉甸甸的文字，笔者似乎觉得这时才真正较全面地认识了这位可敬的前辈。记得那时读《文集》是一面对照着读亚夫先生的《诗稿掇拾》，读着读着，亚夫老的音容笑貌，在笔者脑际渐渐地清晰起来。

文人身份的职业革命者

王亚夫 1916 年出生于广东揭阳，毕业于著名的潮州"韩师"（今广东韩山师范学院前身），任职小学教师时即投身抗日救国运动。1937 年加入中国共产党后，即开始了职业革命者生涯。1937 年至 1957 年这二十年间他的足迹所至：

1937 年，汕头；1939 年，梅县；1940 年，揭阳；1941 年，又调至梅县；当年皖南事变后，转移至粤北、广西桂林；1944 年，老挝寮东；1946 年，泰国曼谷；1948 年新中国成立前夜至香港，后转返潮汕大北山根据地；1949 年参与接管汕头；建国后，于 1954 年在汕头市委宣传部长任上调北京，后奉派赴越南河内；1956 年返北京；1958 年调上海。处于"地下"状态时期的大部分岁月，王亚夫主要"转战"于家乡潮梅汕地区（兼及广西）及老挝，泰国，以教师、编辑等公开身份担任党组织的各种领导职务。其间他相继创办和主持了《抗敌导报》《突击队》《民报》《妇女与儿童》《新潮报》《通俗报》《燎原》《民主新闻》及《团结报》（今《汕头日报》前身）十余种报刊。建国后又奉派赴越南河内创办《新越华报》。

王亚夫曲折与丰富的革命经历令人惊奇,而他的才华更让人钦佩。

1949年在潮汕大北山根据地时,他作为解放汕头做准备——培训干部的潮汕学校校长,还担任着边区纵队的职务,曾身着戎装佩带枪弹;但他本质上是文人,是文人身份的职业革命者,其革命活动和领导工作不失文人本色。

王亚夫的重要活动之一,是通过不同时期他所主编的报刊,撰写社论、时评,以体现党的宣传鼓动导向。由于时局动荡,这些文字未能保留下来。而出人意表的是,抗日救亡运动不断兴起,他在斗争热潮中兴亡所至,"随机创作"的抗日歌谣,特别是潮语歌谣,由于在潮汕地区竞相传唱,因家喻户晓而被记录保存下来。上世纪八十年代,亚夫先生到汕头,偶然读到汕头市出版的革命歌谣第一集《卖油炸粿歌》中的多首作品,竟是他所创造而自己早已淡忘了的。这使他忽然忆起《奴仔歌》,是在潮安枫溪进行宣传时,一群孩子围上来,赤脚卷袖,跟着喊口号,于是'灵机一动'就顺口溜溜出了那首《奴仔歌》教孩子唱了几遍。没想到,这首歌就广泛流传起来。他还说,"有的是在印刷厂排印宣传品时,有了多余的纸头就当场赶写一二首排上去,如《抗敌歌》《除奸歌》。"实在是奇迹,这些歌谣中的《奴仔歌》,笔者在家乡潮阳确是跟着唱过的:

> 你勿笑阮奴仔鬼,奴仔细细上"色水"(活跃、神奇之意)! 衫袖"拼并"(卷到)"猫鼠仔"(手臂),裤脚扎到脚大腿。欲来去,饶(赶,驱逐)掉日本鬼! 饶呀饶,饶到门脚口,遇到汉奸大走狗,吠呀吠,跳呀跳,分我一下踢,死翘翘奴仔翘翘!

用家乡话念这首《奴仔歌》,孩提时代的情景竟霎时如现眼前。现在已籍录于《诗歌掇拾》中的这些歌谣创作,应是潮汕地区革命文化中的宝贵遗存,亚夫先生的老友林川先生对此有一段中肯的分析:"亚夫同志一则忧国忧民,情深意切,救亡心声溢于言表;二则文学基础深厚,运用自如;三则置身人民心中,生活群众之中,融为一体,无此三者,不足以有此创作。"循林川对亚夫先生革命文人才华所作的分析,笔者又联想到"文革"后亚夫先生的那些发人深省的诗行,如,"有一个穿上新装的古老幽灵,/总站在你的面前,/它可以无法无天,/你却有口难言。/……四十年来曲折坎坷的道路,/使我们从反思中去找根由。/要把理想变成现实,须从实践中不断探求。/没有什么'最高指示',重要的是人民要有民主、自由。"——无林川先生所评析的"三者",也不足以有此发自肺腑、痛心疾首之作也。

王亚夫作为职业革命家的重要活动之二是，这位潮汕地下党时期已被誉为"吹号角"的鼓动家，在参与接收汕头、家乡获得解放初期，身为汕头市委宣传部长，他以他深厚的理论修养和超人的语言能力，成为传播新理念和党的时事政策的出色宣传鼓动家。他无数次在众多青年学生群众，以至上万人的集会上作报告，他深入浅出的演讲，入耳入脑地影响了无数听众，"演讲时不用讲稿，却能滔滔不绝地讲上两三小时……同学们都爱听他的报告。"（见同乡黄式玫的纪念文章。）当时的中学生，后来成为著名经济学家、北大教授的萧灼基如此回忆说："我们这一代迎接汕头解放的青年学生都是从亚夫同志的报告中受到马克思主义和党的政策的启蒙教育的。他是我学习和研究马克思主义的引路人。"

上世纪八十年代萧灼基与王亚夫重逢时，有一段很有意思的对话：

萧灼基："那时我们都是十五六岁的中学生，都很敬仰你，但也感到'高不可攀'。"

王亚夫听了笑着说："那时我年龄也不大啊！"

萧灼基深深感叹："确实，解放初期的干部都很年轻，三十多岁就是'老干部'了。"

王亚夫不愧为一代英才而誉满潮汕。

"学术界需要你"

1958年，王亚夫自京调沪，到上海市社会科学界联合会，自"政界"转入"学界"，任《学术月刊》总编辑，兼"社联"领导成员，直至1987年离休。大凡在学术界从事组织领导工作者，倘求有所建树，既需要有政治上的胆量，又需有学养上的胆识，亚夫先生可谓二者兼备。

上世纪五十年代以来，意识形态领域可谓充满惊涛骇浪。《学术月刊》创刊之后，在王亚夫主持下，不断遭到"脱离政治""脱离实际"的非议。而王亚夫则强调学术与政治有密切的联系，但这两者毕竟不是一回事，学术研究不能成为具体政策的注释或演绎，学术要对现实生活中一些根本性问题进行探索，要敢于向未知领域挑战。王亚夫是以"政治家风范"和共产党员的忠诚与坦荡无私，"咬定学术不放松"，领导《学术月刊》经受了种种考验。甫离休时，正值《学术月刊》创刊三十周年，王亚夫以刚劲的草体书写了"咬定学术不放松"条幅书赠月刊同仁(刊于《学术月刊》1987年第4期)。

在《学术月刊》和上海"社联"长期的工作中,王亚夫平易近人的高尚人格,还被广泛称为"平民化的老干部",他有个雅号叫"大老王",连比他年长的著名学者冯契教授也以"大老王"称呼他。在上海学术界"大老王"的知名度,甚至比他的本名王亚夫的知名度高得多。他每每自己挤公交车拜访学者专家并约稿。他的不计名利、不计身份,使得有人直截了当问他:"你担任此职,不感到太'屈就'了吗?"王亚夫坦然回答:"当初我们参加革命工作,从来没想过要当什么官,要争什么级别。《学术月刊》是个清水衙门,却是我主动要求去的,我喜欢干这一行。"

王亚夫与学术的"不离不弃",还可以从他离休后,在改革开放大潮中继续努力看出来。他应老友、"上海中西哲学与文化交流研究中心"主任冯契教授之邀,任"中心"常务副主任,并联袂主编了多期不定期刊物《时代与思潮》。王亚夫在上海建功立业——不屈不挠地为推动和组织学术研究而呕心沥血,赢得了学术界的由衷赞赏。

1997年,王亚夫住院治疗,同在病中的著名美学家、复旦大学教授蒋孔阳特地致函问候说,"学术界需要你",足见其极具人望。

创建联谊会

在全国颇富影响力的上海潮汕联谊会,是离休后的王亚夫老不假余力全身心领衔创建的新型潮人社团。

潮人在沪谋生创业由来已久,潮人社团如上海潮州会馆和潮州旅沪分会分别有近两百年和几十年的历史。重新创立潮人组织,是在改革开放年代重建民间社团的有益尝试。上海潮汕联谊会的创立,缘于汕头经济特区上海顾问组的组建。1988年,汕头市在上海潮籍人士中酝酿聘任特区顾问,顾问组王亚夫组长和其他老同志都觉得,在当时的形势下,仅有顾问组是远远不够的,于是便有上海潮汕联谊会的创建之议。越一年,联谊会便宣告成立,用亚夫先生的话来说,"这是由于沪汕两地的历史地理原因形成了潮人群众基础和顺应了沪汕两地改革开放的形势要求"。

十五年前,笔者在代联谊会撰写的纪念王亚夫先生的文章中,列有"高瞻远瞩的倡导者"、"自力更生与勤俭办会"、"鞠躬尽瘁,死而后已"三段文字,概括反映他为创建上海潮汕联谊会所作出的贡献。作为创会会长，王亚夫提倡的基本理念是"沪潮协作"，除了敦睦乡谊之外，他念兹在兹的，是使联谊会成为上海和潮汕之间合作、交流的桥梁，使上海潮人在此协作中得以尽力，得以贡献聪明才干。

1989年，上海潮汕联谊会甫一成立，即大量吸收科技界潮籍人士入会，希冀以上海科技优势支援潮汕经济建设；继之又广泛联系在沪发展的潮人企业者，一则以科技交流为重点，努力实现联谊会在"沪潮协作"中的桥梁作用，二则以使联谊会成为潮商彼此间的联系纽带。

联谊会成立以来这二十余年间，社会正处于急剧变化的转型期，理想与抱负的实现，每每是成功的机遇，也可能因时势与环境的迅速变化而难以如愿。广东是改革开放的先行区域，深圳特区的崛起，珠江三角洲的持续发展，已成为牢牢吸引粤东地区包括潮汕发展的强大磁石。深圳千万人口中，潮人已达百万之众。亚夫先生在"十年总结"中不得不指出，"十年来从促进沪潮两地科技咨询、经济贸易协作方面看来，成效不大"，是事出有因的。现在看来，这就是，亚夫先生在联谊会成立时所强调的"沪潮两地的历史地理"优势已不复存在。远在明清时代，"红头船"海运开始形成了沪汕贸易的紧密联系。简言之，笔者以为此优势当下已为交通极为便捷的深、汕紧密联系的取代，深（圳）广（州）汕（头）高速公路，四五小时可达，经过潮汕地区的深圳、厦门铁路动车也已通车，科技经济交流的紧密不言而喻，更何况是省内的协作。

尽管如此，亚夫先生可以无憾，联谊会的创建以及他生前的十年主持，他所起的主导与核心作用无可置疑。先生久居上海，心系家乡，他所概括的"爱国爱乡"的潮人情结，在他自己身上，晚年似乎更为强烈。对于亚夫先生而言，"生我养我"的家乡土地，他爱得深沉，此亦天性使然。以此，他"移情"于上海潮汕联谊会这个组织，也成为情之所至、势所必然的事。

上世纪三十年代，旅沪潮人成立了潮州同乡会，多少年后，人们仍铭记着同乡会第一任会长郑正秋的名字。我们相信，若干年后，上海潮汕联谊会第一任会长王亚夫的名字，也是不会被湮没的！

誉载潮汕，建功沪上。笔者以为，王亚夫先生不平凡的一生，是当得上这八个字的！

李春涛：一心为了"上海大变样"

撰稿　卢方

　　李春涛在上海的五十年,正是上海的城市面貌发生翻天覆地大变化的五十年。他为此倾注了自己的全部心血,作出了无愧于时代的贡献。当年被同事们亲昵地称作"小广东"的他,如今已是两鬓染霜、年届 76 岁的老人了。

　　他一直是在上海建设系统工作。他当过基层建筑工程队的施工员、副队长,建筑公司的技术组长、副总工程师、副经理,直到后来担任上海市建委主任、中共上海市建委党委书记、中共上海市委委员,党的"十四大"、"十五大"代表。退休后,他还先后兼任过上海市住房委员会主席、中国城市经济学会副会长、上海城市经济学会会长、上海房地产协会理事长、上海建筑业联合会理事长、上海城市科学研究会理事长、上海潮汕联谊会会长及名誉会长。

他从澄海来到上海

李春涛出生在广东省潮州市澄海县的一个农村。他的家乡历史久远，人文荟萃。唐朝著名的大文学家韩愈就曾担任过潮州刺史。近代来，这里又成了著名的侨乡。

李春涛的叔伯亲戚中也有人在海外经商，因此他也沾得上一点海外关系。李春涛的青少年时代是在家乡度过的，那时的大上海对他来说基本上是陌生的，最多从别人的言谈或者从书本中获得一点朦胧的感觉。1958 年，他从澄海中学高中毕业后，考取了湖南大学土木系工民建专业。从此，他离开家乡，走上了属于他自己的新的生活道路。

1963 年 7 月，李春涛结束了在湖南长沙 5 年的大学生活，成为上世纪六十年代新中国培养出来的大学本科毕业生。大学毕业后，他既没有安排在当地工作，也没有安排回家乡，而是被分配到湖北的武汉。说来也怪，他还没有到武汉去报到，就又被学校重新分配到上海工作了。和他一起被分配到上海的还有另外 3 个有华侨背景的同学。回忆这段往事，李春涛笑着说：我当时觉得自己是糊里糊涂被搭配到上海的。其实，也许是他真的和上海有缘吧，上海接纳了一位来自广东潮汕侨乡的大学毕业生李春涛，而他从此和上海的城市建设、管理和发展，结下了长达半个世纪的不解之缘。

难忘的"三线建设"

1964 年，中国的周边国际环境遭遇多事之秋。中国的南部，美国入侵越南，战火烧到了家门口；中国的西南部，印度一直在寻衅滋事；中国的北部，中苏关系破裂，边境冲突不断。在几乎四面受敌的严峻形势下，当时毛泽东主席提出了"备战、备荒、为人民"的国策，强调要搞"大、小三线"建设，即要把过度集中在东南沿海地区的国防军事工业、机械制造工业、化学工业等分散转移到我国中西部的山区。当时，上海承担了安徽皖南山区的"小三线"建设。

李春涛是在 1963 年底分配到上海工作的。1964 年 3 月，他所在的上海市第四建筑工程公司 406 工程队，负责人民广场检阅台工程建设。1965 年 8 月，检阅台结构工程顺利封顶。当时的李春涛还只是队里的施工员，但他在这项市重点工程中的出色表现，还是引起了领导的重视。1965年国庆节后，被同事们称作"小广东"的李春涛，就被调到上海市负责安徽皖南山区"小三线"建设指挥部，参加军工项目建设的选点工作。半年后他又回到406工程队并随队开赴皖南山区，开始了长达6年之久的军工项目建设。这时的李春涛还未满27岁。

按照当时中央关于"三线"军工企业建设要贯彻"靠山、分散、隐蔽"的方针，406工程队承建的十几个军工项目都分布在一条条山沟内。道路崎岖，大型机械设备用不上，他们运送材料物资基本上靠肩挑手抬。任务重，时间紧，逼着他们天蒙蒙亮就上班，天黑了才下班，过着"两头都见不着太阳"的日子。施工人员在山里没有房子住，他们就搭建个简易的芦席棚当宿舍。

李春涛这时已是工程队的副队长，分管队里的生产和技术工作，但他和工人们一样，日日夜夜在皖南山区艰苦奋斗着。6年多的"三线"建设生活让他终身难忘。他从这段不寻常的经历中获得了极其珍贵的精神财富。他把它归纳为两点：在艰难困苦的条件下培养出吃苦耐劳、敢于担当的精神；搞军工项目建设培养出严抓工程质量、一丝不苟的精神。后来，李春涛在走向新的工作岗位的时候，始终把这两点精神作为自己的座右铭。

"你是共产党员吗？"

这是一个鲜为人知的故事。1983年5月底的一天，上海市政府市长办公室给李春涛打来电话，说汪道涵市长约他去谈话。当时，李春涛只是上海市建工局下属第四建筑工程公司的副经理、副总工程师。汪市长怎么会约他去谈话呢？这件事说来话长。

1971年年底，在完成了皖南山区"小三线"建设任务后，李春涛和406工程队回到了上海。从大学毕业到上海参加工作算起，他已在基层第一线锻炼了8年。他的大学学历、苦干精神、工作成绩、专业知识赢得了领导的重视和信任。1974年，上海市建工局下属第四建筑工程公司提拔李春涛担任公司技术组长和副总工程师。1980年，李春涛开始担任公司副经理，全面负责公司的生产、技术工作。在新的领导岗位上，他的扎实的技术功底开始发挥作用。著名的建筑"滑膜工艺"就是他在这时发明创造的。新工艺很快就在上海建筑业中推广开来。

1983年，是李春涛事业的转折点。这一年他44岁，他到上海工作将近20年了。前10年他在基层第一线锻炼，后9年他开始担任公司技术领导，最主要的是他的技术才华开始在建筑界崭露头角。年初，上海市建工局领导找李春涛谈话，决定调李春涛当市建工局总工程师。李春涛本人也喜欢这项工作。在顺利交接完原有的工作之后，领导派李春涛到美国考察访问了一段时间。

但是，李春涛访美归来之后，关于他的调令却迟迟没有下来。李春涛有点纳闷了。就在这时，中央来沪考察干部的人事安排小组的一位副组长找李春涛谈话。又隔了一个多月，李春涛听到消息，要提拔他当上海市建委主任！他一下子懵了。他从来不是一个想要当官的人。他想来想去，认为凭自己的能力、经历、学识，很难担当如此重任。于是，他写信给当时的中共上海市委书记陈国栋和上海市长汪道涵，在信中说明了自己不能当此重任的理由。以上就是汪道涵市长约李春涛谈话前的背景情况。关于汪、李之间的谈话，其实时间很短。汪市长在听了李春涛的理由之后，只是问了两句话。汪市长问："你是共产党员吗？"李春涛答："是的。"汪市长接着问："共产党员应该怎样？"李春涛答："我懂的。""好了，"汪市长说，"明天到外滩12号上海市政府底楼参加市长办公会议。"没有更多的话语，一切都在不言中。共产党员李春涛从这一天起走马上任，开始负责整个上海的城市建设管理工作。

改革改变了上海城市面貌

现在的上海，把她称作世界一流的大都市，一点也不为过。一幢幢摩天高楼矗立在黄浦江两岸，黄浦江上一座座大桥横跨，黄浦江底一条条隧道穿行，十几条地铁线织成上海市民出行的快速网络，绝大多数上海市民已经告别"蜗居"，有了自己配套齐全的住房，饮用的自来水来自水源洁净的长江，厨房燃气将被清洁天然气替代……

但是，李春涛1983年担任市建委主任的时候，情况远远不是这样。那时，"文革"结束才7年，百废待兴，百业待举。李春涛说，他上任的时候就面临五个难：居民住房难，人均4平方米以下的居民有几十万户；居民用煤气难、用自来水难、打电话难；另外还有居民出行坐公交车难。那时的李春涛感到，上海市的这个建委主任太难当了。要钱没钱，巧妇难为无米之炊啊。

李春涛没有气馁,没有退却。他坚信党和政府会拿出解决问题的办法。果不其然,随着全国改革开放的深入,特别是上海的浦东对外开发开放,一个彻底改变上海城市面貌落后、基础设施薄弱的建设高潮终于风起云涌。

自 1986 年起,上海市每年都推出事关民生国计的实事、重点工程。1989年 2 月,上海市政府同意组建由市政府直接领导的"上海市重大工程建设办公室",李春涛被任命为主任。从此,在李春涛的直接规划、组织和指挥下,上海市每年都推出一批事关民生国计的实事、重点工程。据统计,单单 1989、1990 两年,被批准列入市重大工程项目建设的就有 48 项。李春涛认为,重点工程建设看得见、摸得着、影响大,上海人民寄予厚望。为此,他倾注了大量心血,誓为建设灿烂夺目的上海的明天努力奋斗。

如今,李春涛的这个理想已基本实现。无论是在 1983 年到 1990 年他担任市建委主任的时候,或者是 1990 年之后,他担任市建设党委书记的时候,上海的城市面貌都在一天天、一年年发生日新月异和令人惊叹不已的变化。上海的大变样不仅推动了国民经济的建设,还极大改善了上海人民的生活环境和生活质量。

李春涛在市建委的领导岗位上待了将近 17 年。这是新中国成立以来待在这个岗位上时间最长的第一人。回忆这段难忘的经历,他深深感到,改革是推动上海城市大变样的强大动力,因此,改革也是他身体力行的最主要工作。

从上个世纪八十年代开始,他不遗余力地推进上海建筑业、房地产业、建材业、公用事业、城市建设投融资等行业企业的一系列改革,其中一些重大的改革走在全国的前列,例如——

彻底开放上海建筑市场,从此,几十万国内建筑大军开进上海和上海的建筑企业一争高下,各放异彩——

利用马克思关于级差地租的原理,尝试土地制度改革,进行"土地批租",从此,彻底解决上海捧着金饭碗却讨饭吃的怪象,为上海城市建设积累大量资金;

大张旗鼓地进行住房制度改革,搞活上海房地产市场,其中重要的一条是住房商品化,把旧公房出售给上海居民,这项惠民工程至今传为美谈;

推进上海公交票制、机制、体制的一系列改革,颇有影响的是废除建国以来一直使用的公交月票,这在全国是第一家;

创造性推出城市建设投融资改革,先是成立上海城市建设基金会,后改

为成立上海建设投资总公司,彻底改变原来市政府给多少钱,市建委办多少事的被动格局;

连续十年下放上海城市管理事权,形成二级政府、三级管理的新的行政管理体系。

1990年,李春涛担任市建设党委书记之后,在探索社会主义市场经济条件下的党建工作方面也取得了丰硕成果,特别是在加快优秀年轻干部培养选拔、人才资源开发方面作出了突出的贡献。他曾提出要在建设系统培养500个副处级以上干部的规划,如今已提前超额完成。他有句名言:要像抓重点工程一样抓思想政治工作,每年做一二件事,要做就要出成果。李春涛还很重视上海城市建设和管理的软课题研究。他主持的"上海城市建设方针"课题曾获得市科协第四届服务咨询项目一等奖,1995年市政府决策咨询研究成果二等奖。此外,他还主持了"上海市城市基础设施现代化问题研究"和"上海建筑市场运行机制与管理"课题研究,以及主编了上海城市建设管理的多种书籍。

1999年,李春涛年满60岁,从上海市建设系统的领导岗位上欣然退下。但是,他的心仍然合着上海城市发展的节奏一起跳动。他担任了不少学会、协会的会长、理事长,竭尽所能,尽心尽力;他还担任过家乡人创办的上海潮汕联谊会的会长、名誉会长,为家乡人参加上海的各项建设事业献计献策。古人云:"老骥伏枥,志在千里;烈士暮年,壮心不已。"李春涛的晚年生活,也正是这样。

刘育长：转型中稳扎稳打的潮汕人

撰稿　陈沛转

　　他成长于新中国成立之际，在46年的工作中，顺应中国经济大转型的洪流，一步一脚印，从基层人员成长为国务院任命的交行高管。乐观通透的性格，坚韧不拔的品质，成就了他的职业辉煌。担任第四届上海联谊会会长的他，让在联谊会转型中保持团结，也让众多会员至今仍对他的热忱诚恳难以忘怀。

　　刘育长先生于1942年出生在潮阳，在家乡度过了他的童年。当时刘先生的父亲在上海企业工作，为了让孩子获得更好的教育资源，就把11岁的他连同家人接到了上海。初到上海时，刘先生听不懂上海话和普通话，更不会说。他母亲让他去市场买东西，他只能指着商品说"这个、这个"。语言不通成为刘先生在上海继续学业的一大障碍。但通过一年的艰苦努力,他已经能够非常流利地使用这两种语言,从而顺利地升学。后来,他就读于上海市建筑专科学校(后并入同济大学)。适应环境变化,是他来沪之后的第一个成功。而赶上社会变化浪潮的他,在46年职业生涯中经历了中国金融体系改革,他在岗位上兢兢业业,在史册上留下了自己的一笔。同时,他担任上海潮汕联谊会会长期间,也恰逢联谊会转型之际。刘育长先生的一生,似乎总与转型结缘。

从1962年到1992年,刘先生在建设银行上海分行任职整整30年。这听起来似乎他的工作经历非常安稳,而事实上,这30年中,中国的金融机构和金融体系经历了一系列非常重要的变革,而上海作为全国金融中心,更成为这场持续改革的前线。

中国人民建设银行于1954年成立,刘先生1962年从学校毕业后直接分配到建行上海市分行工作。这时,中国的金融机构体系单一,中国人民银行一家机构主导,既充当央行,又兼备专业银行功能。随着经济改革的推进,这样的金融机构体系无法适应经济和金融的快速发展,于是开始了机构多元化的金融体制改革,逐渐形成中央银行和各类商业银行体制。建行也开始由专业银行向商业银行过渡,直接吸收公共存款开展信贷业务,在全社会基础设施建设、国有大中型企业建设等方面发挥了重要作用。而刘育长先生身处开拓创新的建行,从信贷员开始,一路走到分行副行长的岗位,兢兢业业地参与了许多重大国计民生项目。

为了支持上海石化总厂建设项目,建行特意在当时交通不便且偏远的金山区设立了石化支行,刘育长先生在1978年曾任该支行副行长,到一线进行服务。可想而知,在金融服务尚未普及的年代,这样的行动为当地老百姓带来了多大的便利。刘先生住在当地农家,每周骑自行车往返。这种勤恳的态度和长年累月的坚持,让刘育长先生在金融改革的大背景下,发挥出自己的出色才干。

随着改革开放的推进,经济发展对金融服务的要求也随之提高。1986年开始,中央开始尝试专业银行商业化改革,包括银行内部治理和业务的多元化。同年,交通银行恢复并被确认为和建行、农行等并列的全国性综合银行。此外,深发展等一批商业银行和一些外资银行也开始活跃起来。又是在一个转型的重要时期,刘育长先生开始了一段新的发展。他于1993年加入了交通银行上海分行,担任党委书记,兼任行长。1996年他因工作出色而被国务院任命为交通银行总行副行长。这期间,三大政策性银行成立并分割了专业银行的国家重点投资等政策性资金供给方面的业务,金融业开始分业经营分业监管,商业银行法颁布实施,以市场为基础的商业化成为银行发展的趋势。竞争逐渐变得激烈也成为不可避免的。而作为交行的高层决策者,刘育长先生说,他的主要工作就是平衡,平衡各类业务,平衡各区域。他用简单的话语,把复杂的困难都隐去了。这种简单,或许就是经历了许多大风大浪之后的平淡。刘先生任交行总行副行长直到2004年,已到退休年龄,但因当时他还兼任上海市政协委员,所以返聘交行总行咨询委员会主任,直到2008年政协换届,他才完全卸下担子,享受退休的悠闲。

常言道,能者多劳。刘育长先生不仅在金融界工作到66岁才退休,2005年开始,他还担任上海潮汕联谊会第四届会长。回忆起那段时间,刘先生风趣地说:"那时候我就是工作日在银行打工,周末就到这边打工,哈哈!"在风趣的话语背后,其实却是他为联谊会付出的许多努力。联谊会发展到当时,已经达到七百多名会员。作为民间组织,联谊会的维系依靠会员的齐心合力。不同性格、不同背景的会员聚到一起,如何发动、凝聚大家的力量,则是会长及各位同仁的首要难题。各届联谊会工作在不同发展阶段呈现了不同的风格。到了2005年,联谊会发展壮大,部分青年会员事业开始腾飞,家乡经济建设发展也初见成效,会员对于联谊会的诉求呈现多样化特点。刘会长举重若轻,和乡亲们一起建造了一个温暖而富有生机的潮汕人大家庭。

在沪潮汕人的团结,是联谊会得以稳步发展的根源。由于会员诉求不同,刘育长带领众位同仁协调、服务各方需求,以坦诚交流暖人心,活跃群组聚人气。他不仅以出色的协调工作在联谊会中有口皆碑,更组织了各种各样的活动,热忱地服务会员和同乡。比如2008年上海国际艺术节,潮州市潮剧团赴上海参加表演。刘育长会长帮助潮剧团寻得潮汕企业家赞助,使得家乡文化在艺术节上大放异彩,也让乡亲们一饱眼福,以慰思乡之情。刘育长会长还发动上海各区域小组,请来医学保健专家,组织大家喝功夫茶、讲潮汕话、分享养生心得,其乐融融。刘会长在任期间,带着大家建设了一个温暖、向上的联谊会大家庭。

虽然现在刘会长已卸任,但他的过往业绩仍让会员们赞叹不已,而他为人处事中的通透和坚持的完美结合,更让后辈们深受启发。

陈振鸿：忙碌在国际大都市

撰稿　宋宁华

　　代表着70万在沪潮汕籍人士心声,传递着海内外潮汕乡亲的情谊。
2010年1月23日,近千名上海潮汕联谊会会员与各界来宾欢聚上海文谊会
堂,举行上海潮汕联谊会四届六次会员大会暨建会20周年纪念大会。这是
一次承上启下、继往开来的大会,会议产生了以陈振鸿为会长的新一届联谊
会领导成员。陈振鸿,潮汕人的儿子,在上海这片热土上,为他所热爱的事业
拼搏,为家乡父老倾注爱心。

十年磨一剑　骄人的静安"双高"

如今的上海静安区，让海内外的人们真切地感受到"高品位的商业商务区、高品质的生活居住区"。而率先提出这个"双高"，并带领区委领导班子创建"双高"的，是这个班子的领头人——陈振鸿。

1994年，陈振鸿从市政府财贸办公室的领导岗位上被选派到美国佐治亚理工大学担任访问学者。在此期间他遵循"读万卷书，走万里路"的从学精神考察美国的教育、金融、商业、司法、社会等诸多领域，足迹遍及大半个美国。1996年下半年回到国内后又担负起领导上海商业的流通改革任务。1997年初，陈振鸿从工作了20多年的商业系统，来到全新的领域——静安区担任区委书记。当时的静安区正处于重重压力之中，面临着动迁任务重，政府债务重，商业不景气，城市建设压力大等困难。

在深入调研各方情况后，陈振鸿决定规划先行。根据静安区的历史和现实情况，将其定位在"双高区"，尤其主抓南京西路改造。他在任期间，曾三次大规模整顿南京西路的发展建设格局，将那些卖毛巾、小百货、粮油等小店迁离。静安区规划中更明确规定，在南京西路两侧不准造住宅，将南京西路打造成高档商业商务区。还规定，南京西路沿线国有的商铺一间也不能卖，要卖必须经过区委常委会通过！几大措施一出，南京西路的面貌有了彻底的改变，梅泰恒"金三角"亮起来了，南京西路亮起来了！

陈振鸿推出"楼宇经济"措施，曾提出"一幢楼实现1个亿税收"的目标，当时被认为是"美丽的传说"。他与全区干部群众一起，硬是凭着要干成事业的那么一股子劲，坚韧不拔地向前走。当年，全区就有11幢楼宇的税收超过了1个亿，最高的1幢楼宇达到了5个亿。"美丽的传说"变成了"美丽的现实"。陈振鸿任区委书记期间，全区的年财税收入超过了百亿元，成为上海"楼宇经济"的风向标。

"楼宇经济"思路推出后，陈振鸿又及时提出"楼宇党建"的新举措。他提出"支部建在楼上"，按每一栋商务楼宇建立党组织的要求，选聘百名党务工作干部进楼宇，让党的组织，党的工作干部走进静安区的每一栋楼宇，每一个公司的大门；让党的组织，党的理念走进每一个共产党员的心灵之门。陈振鸿的"楼宇党建"新举措，当时还得到了胡锦涛总书记的肯定和批示。

陈振鸿在区委常委会上指出，静安区要建设"双高区"，离不开广大人民群众的支持,群众是促进发展的主要力量;同时,发展必须惠及广大人民群众,使人民群众成为"双高区"建设成果的受益者。他把民生放在全部工作的重中之中。对于老百姓呼声很高的旧区改造,陈振鸿从大局、长远规划着眼,立足于改造城区的整体面貌。尽管当时房产市场低迷,但静安区明确,开发商要承建改造必须一个个街区整体改造,按照上海话通俗说来,便是"买黄鱼要搭带鱼",让"拎马桶"的旧区数量迅速减少,旧区的面貌马上得到整体改造。当时,区内有11000余户困难户,分别是"三个五",其中5000余户是低保户,5000余户是由于残疾、双职工下岗等问题造成的困难户,还有500余户是患重大疾病的家庭。陈振鸿号召,开展"串万家门、知万家情、送万家爱、暖万家心"活动,形成扶贫帮困长效工作机制,从一开始陈振鸿提出的"结对帮困"、"结对共建"向"助岗、助老、助学、助残、助病、助优抚"的"六助"发展。经过努力,静安区在"十一五"时期提前实现了"消灭"3000只马桶的目标,对几千人家的老式住房改装煤气、卫生设施、让老百姓的原先不可售公房一下子变成煤卫独立用的可售公房,极大改善了居民生活环境。陈振鸿把建设"双高区"与"高就业区"结合起来;加强三级卫生网络建设,方便群众就医;加大投入,均衡发展,从基础教育向职业教育、终身教育延伸。在陈振鸿倡导下,全上海第一个"社区学校"在静安寺街道诞生,全市第一"社区卫生中心"和"全科医院曹家渡街道试行"……陈振鸿对老百姓开门七件事——"柴米油盐酱醋茶"件件记心头,认真办好。

"十年磨一剑",陈振鸿书记所在的静安区形成了"南留北改、一轴两翼"的整体改造格局,发展成为上海市中心最为精致和高档的区域之一。城区面貌、区域党建、全民教育、医疗卫生文明、城区建设各领域全面"开花",经济社会发展走在全市甚至全国前列。第一幢"亿元楼"、第一批楼宇党务工作者……一个个静安的创新做法与成果,使静安区成为上海的一张张亮丽的名片。

严于律一己　难忘的潮人精神

陈振鸿的外祖父是革命烈士,跟随澎湃参加革命,曾任大南山地区区委书记。大革命失败后,外祖父跟随部队撤退,不幸被国民党杀害,当时外祖父才年仅30多岁。

"当时我的母亲才 10 个月,但外婆没有改嫁,靠一己之力,硬是将 5 个儿女拉扯长大。"由于陈振鸿的父亲当时在上海工作,儿时的他主要也跟着外婆长大。"外婆的坚强,碰到困难敢于直言的勇敢,对我一生都有很大的影响。"陈振鸿对外婆有着特殊的感情。

7 岁时,陈振鸿才离开老家,来到上海就读黄浦区第一中心小学。陈振鸿的中学就读于格致中学。除了致力学业外,陈振鸿的文笔被老师们公认很好,初中时候还写过剧本,取材就是身边的故事,讲述同学们学习雷锋互相帮助,真实感人。在学校演出后影响很大。"当时我的第一志愿就是复旦新闻系,希望实现记者梦。"因为成绩优秀,他报考了复旦附中,并获得保送资格。

一场"文化大革命",学校停课了,陈振鸿的"大学梦"成了泡影。按照当时学校毕业生分配方案,因为是长子,陈振鸿被留在了上海工作,进入上海市五金交电公司机电营业部当了一名搬运工。"我当时年纪小、身材瘦小,单位的老同志都担心我能不能干得了这么累的活。"但陈振鸿身上固有的潮人精神,激励着他,让周围人刮目相看。

1970 年,年仅 20 岁的陈振鸿加入了中国共产党,成为单位最年轻的党员。加入党组织的陈振鸿更加积极地工作,向老同志虚心求教,经受工作中的各种考验和磨难。他的先进事迹还被报社记者发掘出来,刊登在《解放日报》头版头条,配发了评论,当时的陈振鸿只有 22 岁,就担任了批发部的党支部书记和革委会负责人。在老干部的"传帮带"下,陈振鸿逐步成长向成熟。

"四人帮"被粉碎,陈振鸿担任了上海市第一商业局团委书记。在党的十一届三中全会精神指引下,他领导开展了全局系统的整团建团工作。担任团委书记不久,陈振鸿发现当时的团组织工作基本处于瘫痪状态,一些年轻人热衷于空谈,对工作业务不熟悉不上心。在充分听取群众意见的基础上,他带领组织全商业局系统的青年员工,掀起了"争当商品小专家,做新长征突击手"的活动。通过老师傅带年轻徒弟的方式,开展珠算比赛、一抓准比赛、一口清比赛,引导年轻人把时间精力转移到爱岗尽责上,涌现出了一大批理财能手、商业标兵。这一经验在全国商业系统影响很大,并推广开来。

陈振鸿成为当时上海最年轻的局(厅)级干部之一。在上海市"真理是实践唯一标准"的讨论会上,他作为商业系统唯一的代表出席,发表了自己的观点。同时,也将自己的理念运用到商业系统的管理中,提出打造上海商业的新模式,将上海建设成为全国的贸易中心,做足"大商业"的文章,发展大批发、大流通。陈振鸿当时的这些新观点、新设想引起了全国关注。他积极推动商业的改革发展,把日式"罗森"和日本"八佰伴"的经营理念和经营模式,引进上海市场,组建以批发零售和物流资金流一体化的一百、华联、友谊等几大商业集团,让上海商业在全国保持领先地位。

挽狂澜一搏,再回商界闯市场

2006 年,已经在静安区干满了十个年头的陈振鸿,当市委主要领导听取他意见时,陈振鸿表示,自己 18 岁就进入企业工作,愿意叶落归根回到商界。只是他没有想到,56 岁的自己再度临危受命,被调到当时正面临重重危机的上海爱建股份有限公司任党委书记。

上海爱建股份有限公司的前身上海市工商界爱国建设公司,是在中共十一届三中全会改革开放政策感召下,在邓小平同志关于对原工商业者"钱要用起来,人要用起来"的指示精神鼓舞下,以刘靖基、唐君远等为代表的上海市老一辈工商业者和部分海外人士 1000 余人共同集资 5700 余万元,于 1979 年 9 月 22 日创建的大陆首家民营企业。

公司于 1992 年 9 月 22 日改制为上海爱建股份有限公司,并于 1993 年 4 月 26 日在上海证券交易所挂牌上市。改制上市以后,爱建业务得到快速发展,经济效益大幅增长。然而前进的道路坎坷。2004 年始,爱建证券、爱建信托遭受了巨额资产损失,产生了不良社会影响。陈振鸿临危受命,深感责任重大。针对爱建危机,他迅速引进外部力量,及时堵住企业的"出血点",力挽狂澜。他首先抓住爱建证券公司的保全、重组,经过三年的努力,终于使证券公司死而复生,不至破产。2007 年,公司全面实施了客户交易结算资金第三方存管,通过了证券公司综合治理及重组达标验收;2008 年,历时三年的账户规范工作取得突破,全面达到规定的标准……

2009 年起,陈振鸿又与爱建人一起,在市委、市政府的坚强领导下,逐步化解了爱建信托公司的风险。经过第二轮的保全、重组,又使爱建信托公司重新回到了健康发展的轨道上。现在的爱建公司正在抚平创伤,养精蓄锐,厚积薄发,是上海资本市场上一支生机勃勃的生力军。

乡情系一生　服务联谊会

在上海众多潮汕人的"呼声"中,陈振鸿于2010年初被推举为上海潮汕联谊会会长。从此,他为"潮人在上海"发展可谓不遗余力。如今上海的潮汕乡亲已70多万人,潮汕籍工商人士超过10万,拥有企业近万家,注册资金超过300亿元,实际运作资金千亿元。潮汕人企业家,已经成为一支投资上海、建设上海的重要力量。

在潮汕联谊会,陈振鸿为传承潮汕文化辛勤劳作。2011年10月23日,闸北区共和新路街道锦灏居民区内洋溢着浓浓的潮汕乡音乡情,沪上首个"潮语角"在这里正式成立。潮汕乡亲们欢聚一堂,品茗交谈,终于有了一个学讲家乡话的平台了!此后"潮州角"的规模在不断扩大、数量不断增加。把中国八大语系之一的潮州话在黄浦江畔传播开来,这是陈振鸿与大家共同的心愿。

2014年八月,五十年一遇的强台风"尤特"严重影响到汕头潮南、潮阳两区。听闻家园被破坏,乡亲流离失所,身在上海的潮汕同胞痛心不已。陈振鸿马上主持召开会长紧急会议,号召在沪潮人为家乡赈灾募捐活动300多万元,成为第一个支援家乡的上海潮人社团组织。

联谊会工作要持续健康发展,需要夯实机构的组织基础。他任联谊会会长的第一年,就加强理事会组成人员的队伍建设,完善知识结构、职业结构、身份结构、年龄结构,为确保上海潮汕联谊会工作的顺利开展奠定了组织基础。在陈振鸿的领导下,建立了会长联席会议制度,发挥联谊会领导班子成员的作用。

2013年7月11日,上海潮汕联谊会企业家考察团一行近40人在联谊会会长陈振鸿的带领下,冒着酷暑烈日,参观考察奉贤区城市规划建设和经济社会发展状况。2013年11月14日陈振鸿与在沪的潮汕企业家一行在参加第17届国际潮团总会联谊年会之后,从武汉驱车3小时来到位于河南省东南部的商城县。考察国家级农业产业化龙头企业运用先进科技发展粮油、大米加工业的情况。在陈振鸿的倡导下,2013年年底,"上海潮汕联谊会市北分会"、"上海潮籍博士团"酝酿筹建……每年,陈振鸿总要带着联谊会的领导成员访问联谊会的老同志,老领导,访病问苦,关心家庭生活;每年,陈振鸿总是邀请老同志座谈,欢聚,倾听大家的呼声与建议。这些年,在陈振鸿会长领导下的上海潮汕联谊会,本着"秉承宗旨,承上启下,增强活力,继往开来"的精神,为乡亲服务,办了一件件实事、好事。上海潮汕人的乡情、乡谊得到弘扬光大。

THE HORSE

new red

Česklo
by Caesar

u
jakub pollág

vratislav šotola

党政篇

郑惠强：一颗平常心，多做不寻常事

撰稿　姚丽萍

　　郑惠强祖籍广东潮阳，出生在上海。虽未在故乡成长，但潮汕人急公好义、古道热肠的秉性脾气，却渗透在了郑惠强的骨子里，这要得益于幼时父母的言传身教。

　　自担任上海市政协委员 20 年来，在从事高校教学科研之外，因为又先后担任全国人大代表、全国政协常委，郑惠强将大量时间、精力都投入在议案、提案的调研准备当中，迄今已提交议案、提案近 200 份。

　　这些议案、提案始终围绕民生话题展开——没错，用一颗平常心，多做点不寻常的事；为民生改善奔走，为社会进步助力，就是他最大的幸福。

近200份议案提案，哪里来

44 年前，郑惠强是在安徽淮北农村插队的上海知青；然后，他有幸成为一名大学生；然后，他又有幸成为高校教师，攻读完成博士学位，一路教授博导走过来……他的生活似乎一直都在"象牙塔"里，但如果看了他在 19 年中提出的近 200 份议案、提案，你不禁要问：那丰富的素材和话题，都从哪里来？

两件小事或许能说明问题。全国两会期间的重大采访，媒体记者如果要进入上海代表团或民盟界别驻地所在的京西宾馆采访，就必须持有相关证件。但证件紧缺，并非所有媒体记者都能持有。这时候，记者们想到的一个人就是：郑代表郑委员！一个电话打进驻地，说明采访缘由，郑惠强一定会赶到大门外领进记者完成采访。

另外一件小事，跟他的学生有关。一位学生在写博士论文，实验中有个数据吃不准，电话向老师求援，问郑老师是否有空到实验室指导下。郑老师照例说，好吧，我来。然后，从市中心赶到郊区的校园，郑老师在路上被堵整整耗费了 3 个小时，那个数据其实不算复杂，进实验室里验证只用了一刻钟。

没错，郑惠强就是这样——身居高位，却一直有一颗平常心，急人所急，想人所想，能帮的一定会帮！

这颗平常心，也用在了平时的调研当中。平常日子里，只要有空，他就会走出学校坐地铁、逛市场，跟出租车司机聊聊，跟环卫工人聊聊，再跟居委干部聊聊。接地气的信息源源不断，建言自然有的放矢。

30 多年来，做老师、做校长，天天跟大学生们"面对面"，郑惠强对大学生群体，更是关注有加，总有一种为他们说话的冲动，他曾就贫困生助学、大学生就业等问题，接连不断提出议案或提案，也正来自学生群体的实际需求。

此外，民主党派参政议政调研也为郑惠强履职提供了诸多观点和思路。

民生关注什么，他就提什么

2013 年 3 月，担任民盟中央副主席、上海市委主委和同济大学副校长的郑惠强，赴京参加全国政协大会前，准备了 10 多份提案和大会发言，其中关于民生保障类的就有 4 个。

是的，每年全国两会上，代表委员议大事、谋大局，普通民众更期待听到更多关于民生改善的利好消息,其中不仅涉及教育、医疗、住房、养老保障,也涉及政府职能转变。

2007年,时任全国人大代表郑惠强向十届全国人大五次会议提交书面意见,建议将大学生招聘会纳入政府公共服务。他说,当前大学生就业市场信息不对称、不充分,是影响大学生就业的突出问题,为此,各地政府应建立和完善毕业生就业市场和信息服务体系。首先,要将毕业生招聘会纳入政府的公共服务之中。为毕业生尽可能组织专业化、多样化、小型化的供需见面会,提高招聘的成功率。充分运用现代化网络手段,构建互联网上的信息平台,并与用人单位和高校之间的网络体系联接,凡能在网上招聘的,就尽量少搞大型招聘会,以减少毕业生成本高、效率低的四处奔波。同时,对名为招聘人才实为欺诈的招聘活动要及时打击。近年来,社会上一些职业中介机构的侵权行为给大学生就业安全带来威胁。政府应加强对职业中介机构的跟踪调查,定期评审职业中介机构的经营资格,抽查核实岗位招聘信息,开通监督热线,对涉嫌欺诈行为的要依法予以严惩。此外,在市场环境下,大学生择业是一个漫长过程,按目前实行的限时统计就业率方式难免给高校施加压力,容易造成就业率统计虚报、就业协议虚假等现象。事实上,大学生择业期不断在延长,如限期当年势必导致最后一学年学生忙于面试和就业实习,影响正常学习,一年后统计会使评价更合理。因此,建议借鉴世界发达国家惯用的"一年后就业率"对高校进行评价,并将学校自报就业率改为委托社会第三方相对独立的调查统计,减少数据的"水分"和失真。

2010年,全国政协常委郑惠强提出,建立新的考核指标体系让GDP走下"神坛"。他说,要推动经济发展方式转变,必须有一整套新的评价考核指标体系,让GDP走下"神坛"。评价方式不变,各级政府官员的政绩观不变,想要取得新的进展,很难。长期以来,GDP成为一个考量各级政府政绩的核心指标,这是因为我国传统的经济社会指标体系是在计划经济体制下形成的,总体侧重于经济,以预期性指标、发展速度指标、规模总量指标为主。随着市场经济建设的不断深入和转变经济发展方式的不断推进,应更多地侧重经济质量结构指标、节能环保指标、社会民生指标,反映经济发展是否符合优化产业结构、加强创新驱动、推进绿色发展、让百姓共享经济发展成果等要求,才能科学和综合评价经济社会发展成果。改变GDP为核心的考核体系,并非不再注重量化的指标。新的体系既要包括定量指标,这样具体、直观,能产

187

■ 郑惠强:"一颗平常心"多做不寻常事

生明确数值结果的评价标准；又要包含定性指标,以弥补定量指标的不足,并且可以避免因过于强调定量指标而对经济社会长远发展所产生的负面影响。郑惠强建议新指标体系应包含六个方面的内容：从加快服务业和工业协调发展的角度,反映产业结构优化；从投资、消费、出口三大需求的角度,反映需求结构优化；从技术、资本、劳动力三大生产要素的角度,反映投入结构优化；从区域、城乡等角度,反映经济社会均衡发展的总体状况；从节能降耗、环境保护等角度,反映经济与环境协调发展的总体状况；从社会事业、社会保障等角度,反映全社会共享经济社会发展成果的总体状况。

　　2012 年,郑惠强提出一个养老保障新观点：完善家庭养老政策支持体系。他说,家庭养老仍是现阶段以及未来一段时期解决养老问题的基本途径。因此,有必要借助 3 个途径完善家庭养老政策支撑体系：建立以家庭为单位的税收政策及税收优惠措施；建立以家庭为单位的社会保险和医疗保险制度,允许该两项保险项目在配偶、父母等家庭成员之间转移,并将未就业或非正规就业家庭成员的相关需求纳入其中统筹考虑；将家庭成员承担的某些长期家庭服务(如老年人的长期护理和婴幼儿的抚育等)纳入社会保险范畴……这一份份议案、提案,因为深入的调研,翔实的论述,不仅是媒体关注报道的热点,也为政府推动解决民生问题,提供了诸多有益的思路。

站上三尺讲台，浑身都是劲

　　最后学历：博士研究生。最后学位：工学博士。

　　生长在一个看重教育的家庭里,经历了教育荒芜的中学时代,赶上了教育重生的新时代,一路拼搏,郑惠强终于完成了自己的求学梦。

　　上世纪 80 年代中期,作为同济大学的一名留校青年教师,郑惠强作为访问学者有幸被公派联邦德国。一年进修期满,他如期回国。有人问他,为啥舍得回来,留在国外发展机会不是更好吗？

　　他说,实在是想家想得厉害,想妻子想孩子,不回来不行；再说了,出去留学是受世界银行贷款基金资助的,要是到期不归,失了诚信,基金就会减少资助名额,那就无异于剥夺了别人出国进修的机会,这种事,不能干！

　　于是,郑惠强如期回来了。

　　认真、守信、诚实、专注,这些品质让青年教师郑惠强受益匪浅。他也把这些品质带上了讲台。照他自己的说法,他喜欢做老师,站在三尺讲台上,浑身都是劲。

任教 30 多年来,他前前后后带了 40 来名博士和硕士研究生。这个数字不算多,有些博导两三年就能招这么多人——虽然,人招进来了,也许未必会当面"导"什么。

这种事,郑惠强也不干。他要实实在在教给学生一些真本事,也正因为如此,他可以为了学生一刻钟的实验数据,在路上花费 3 小时。

老师认真,才会带出认真的学生。认真了,才会教学相长,青出于蓝而胜于蓝。

如今,郑惠强经历了教师、校长、全国人大代表、全国政协常委、上海市人大常委会副主任、民盟上海市委主委、民盟中央副主席等诸多身份。诸多职务身份之中,他最看重的还是:教师。

人生绚烂之极,才能平淡之极。站在三尺讲台之上,传道授业解惑,那是他的人生乐趣。

189

马杰富：百年老城区"垦荒牛"

撰稿　郑惠民

　　改革开放的前沿——深圳市政府机关大楼前,矗立着一座巨大的"垦荒牛"雕塑,象征着勇于开拓创新、乐于默默奉献的特区精神。2002年4月,马杰富在这片土地上辛勤耕耘了6年后,他带着"垦荒牛"那样一股劲,告别了南粤驻外工作岗位重回上海,担任杨浦区政府副区长,在区委、区政府领导下,开始用特区精神参与推动百年老城区转型发展之路。他埋头在这里辛勤耕耘了12年,杨浦区从一个包袱沉重、基础薄弱、欠账较多的老传统工业区,一跃成为依靠"三区联动、创新驱动"实现转型升级的国家创新型试点城区,完成了百年老城区的华丽转身和历史巨变。

　　马杰富出生在上海,祖籍广东潮阳人,上世纪40年代父辈举家迁居上海。

他从 1972 年 3 月走上工作岗位后,经历了人生三部曲:在上海财贸系统工作了 25 年,1985 年 1 月走上正处级领导岗位,担任了上海财贸系统专业公司的党委书记兼副经理。1997 年 10 月选任为上海市人民政府驻广州办事处常务副主任、主任,中共上海市驻厦门单位委员会书记。2002 年 4 月调任杨浦区政府党组成员、副区长,2012 年 2 月开始担任杨浦区副巡视员。受聘担任复旦大学社会发展与公共政策学院兼职教授。

马杰富到杨浦区任职伊始,浦东开发开放历经了 10 年历程,已经初具规模,但与黄浦江一江之隔的杨浦却正处在"壮士断腕"后的余痛和困境探索之中。一大批传统工业企业关停并转迁,大量职工下岗失业,遗留下来的却是大片厂房仓库。面对一片荒芜的厂房和滞后的经济,如何尽快摆脱困境、重振老工业基地雄风,成为摆在马杰富等区领导面前的一道棘手难题。

创新与创业:力推"工业杨浦"向"知识杨浦"转型

按照区委、区政府提出的"依托国企,依托高校发展杨浦"的工作思路,马杰富创造性地寻求"两个依托"的结合点和发力点,突出科技引领杨浦发展。他深入高校调研时发现一个新奇的经济现象,就是在大学周边积聚了一批依托高校优势学科自发成长起来的科技小微企业,这些企业背靠大学、面向市场、活力旺盛,呈现出集群化发展态势,既为高校提供技术转移和社会化服务,又为大学生勤工俭学和实习见习提供舞台,还提升了学校周边业态和功能。他敏锐地抓住同济大学周边的赤峰路作为试点,提出依托同济大学土木建筑强势学科打造"赤峰路设计产业一条街"的构想。采取政府规划、市场运作模式,拆迁和置换沿街老厂房旧仓库,盘活科研院所存量资源,为设计产业发展提供载体空间。随着试点成功,他亲力亲为,又提出改造密云路、国康路和四平路,区校联手打造环同济设计产业带,进而规划形成了环同济知识经济圈,实现了从街到带又拓展为圈的立体发展新跨越,形成了相互关联配套、集群化发展的完整设计产业链。到 2006 年年底,企业集聚达到 806 家、产值规模达到 101.2 亿元,成为杨浦现代服务业第一支柱产业和上海产业转型升级样板以及国家特色产业基地。杨浦区发挥大学知识溢出效应带动老城区发展的探索和实践,为上海市委、市政府 2003 年作出开发建设杨浦知识创新区的重大战略决策,以及确立大学校区、科技园区、公共社区"三区融合、联动

马杰富:百年老城区"垦荒牛"

发展"的核心理念,实现城区功能历史性转折提供了理论依据和实践基础。

马杰富和他的同事们逐一梳理区域内高校和科研院所优势学科,把大学科技园区建设作为区校联动的结合点和关节点,敏锐提出科技园区"东西联动、珠联璧合"的发展思路。把复旦大学周边的杨浦区科技创业中心从一期拓展到三期,面积达到 11 万平方米。复旦大学科技园和软件园建成一园多基地园区。协助区主要领导引进政府项目,建成 11 万平米的中国(上海)创业者公共实训基地。区校紧密合作联手推动建成了复旦大学、同济大学、上海理工大学、上海财经大学、上海电力学院 6 家国家级大学科技园。科技园区面积从不足 30 万平方米到 2006 年年底迅速拓展到 150 万平方米。其间,他协助推进开发建设的创智天地项目,汇聚了风险投资和中介服务等各类创新要素,成为"三区融合、联动发展"的示范区,为创新创业者提供了公共社区与公共服务平台。创智天地凭借着开放性和浓厚的创新文化氛围,被确定为 2013 年 10 月第 25 次上海市市长国际企业家咨询会场外活动场地,国际企业家在此领略了上海城市创业精神和创新文化,给予了高度评价。

按照"硬件抓载体、软件抓产业、品牌抓国际化"的发展思路,马杰富积极推动科技企业功能建设,把科技园区建设成为科技成果孵化转化和产业化的重要载体、集聚各类创新要素和技术服务平台、创新创业和大学生实践基地、区域发展的引擎和制高点。努力探索大力推广了以"联络员 + 创业员 + 创业导师"为依托,集合知识产权服务、产学研服务、科技金融服务、创新人才服务和重点企业推介服务 5 大公共服务平台为支撑的新思路,形成了"创业苗圃—孵化器—加速器"创新创业完整的服务链模式,"创业杨浦"已成为上海的品牌。杨浦区创业带动就业的比例达到 1:7.6,大学生创业数占全市总数的 1/2,科技企业从不足 800 家达到 4300 多家。2003 年 10 月,马杰富在第二次全国大学科技园区工作会议上作了大会交流,成为除东道主武汉市以外唯一政府发言代表。国家科技部、教育部在大会上授予同济大学科技园"国家级大学科技园"称号。2012 年全球参加达沃斯论坛的 70 位创业青年中,中国的 6 个名额中杨浦就占了 4 名。为此,杨浦区被授予"2003—2004 年度国家科技进步先进区",2012 年又被授予上海唯一"全国创业先进城区",马杰富被授予"2005—2006 年度全国科技进步先进个人"。

商贸与外贸：整合存量资源构建一极多元增长格局

针对老工业区商业商务资源分散、档次能级偏低的状态，马杰富对商业服务业的升级改造提出了"繁荣繁华看五角、便民利民在社区、完善提高控江路、商业配套在校区"的商业格局。在区党政主要领导鼎力支持下，他统筹谋划区域资源，悉心研究区位特点，选择当时处于城乡结合部，功能和形态都比较零碎松散的五角场作为战略支点，提出"跳出五角看五角、五角是个大五角"的方位聚焦思路，认为五角场既有高校科教资源密集的集聚优势，又有五条道路的巨大辐射和带动效应，还有新江湾城的"后花园"，应积极推进实施聚焦五角场战略，统筹规划车流、人流和商流，高起点整合各类资源建设市级城市副中心，将其打造成为带动杨浦发展的增长极和上海城市发展的新地标。抓住迎接复旦大学百年校庆机遇，市区校企联手，2003 年开始吸引各路英豪，在五角场地区集中投下 36 个重大功能性项目，经过连续 5 年多的持续开发建设，五角场商圈迅速成为举市瞩目的新亮点，既为杨浦区市民提供了优质服务，又方便了浦东、宝山、虹口等周边区市民消费，成为名副其实的市级城市副中心和现代服务业集聚区。

区级商业中心围绕满足区内市民和企事业单位基本需求，把控江路商业街作为重点开发建设区域。在原有商业资源基础上，集中推进了一批大卖场、中档百货、宾馆餐饮服务业以及商务服务企业的落成。社区商业中心布局围绕繁荣市场、方便市民生活，建成了靖宇路、中原路、沙岗路、图门路社区商业中心，在全市率先制定了菜市场管理标准、回收交投站手册和便民大众浴室的守则，同时进行总体规划和分批改造。规划高校周边商业服务设施，配套建成餐饮、商务、银行、快递、书店、健身和便利店等完善的设施，提升了生活的品质。全区社会消费品零售总额 2003 年首破百亿元大关，次年登上 140 亿元台阶。

马杰富努力用开放引领发展升级，把区域内高校科研院所的原始创新与引进吸收再创新结合起来。在区委、区政府领导下，积极协助引进了西门子、欧尚、大陆集团、IBM、硅谷银行、甲骨文、科特集团等跨国公司和国际高端资源，开展与美国湾区和国际组织的合作，推动跨国公司研发机构与高校共建实验室、开展学科共建和人才培养，使杨浦区成为首批国家海外高层次人才创新创业基地。组织区内企业大力发展外向型经济，荣获 2005 年上海外经贸工作组织二等奖。

民生与社建：让百姓共享改革开放成果

2007年2月，马杰富开始分管民生和社会建设领域工作。面对区老龄化浪潮的提前出现，他提出建设以区级社会福利院为龙头、街镇敬老院为支撑、社区居家养老为依托的网络化体系，率先建成上海中心城区达到1000张床位的区级福利院。加强社区与福利院互动、部队与福利院共建，起到了为养老机构制定标准、提供规范、引领示范的标杆作用。

街镇层面着手建设了延吉、大桥敬老院，实现第一年调研、次年开工、第三年建成，并规划了定海、新江湾城养老基地。社区和居住区层面，积极推进了老年活动室和服务网点建设，大力培育社会组织、努力提升社工队伍素质。探索出"三社互动、两工联动，契约化管理、项目化运作"社工工作机制，全力培育扶持海阳公司，及时开通96890服务热线，采取政府购买服务、企业市场化运作方式，积极探索聚焦独居老人居家养老服务社会化全新模式，得到国家民政部和有关专家、学者及市民高度评价。杨浦区被列为全国第二批社会工作人才队伍建设试点区，2010年荣获"全国养老服务示范单位"、"全国老龄工作先进单位"称号，2012年荣获"全国民政系统先进集体"称号。

杨浦区产业工人集聚，困难群体较多，救助帮困压力大，社会矛盾比较突出。马杰富和他的同事们组织建立了"保基本、全覆盖、分层次"救助体系，对"支出型"贫困家庭开展了社区市民综合帮扶，大力推进残疾人事业发展，探索推出了"阳光之家"、"阳光工场"、"阳光职业康复援助基地"、"阳光心园"等阳光系列品牌。杨浦区荣获"全国残疾人社区康复示范区"、"全国残疾人体育先进单位"等荣誉称号，2009年荣获"全国基层低保规范化建设典型单位"。他还针对杨浦驻军部队多、层次高的区情特点，协助区主要领导积极探索做好"老三篇"（军嫂就业、子女就学、转业安置）、唱响"新三篇"（科技拥军、文化拥军、知识拥军）的工作模式，2012年杨浦区荣获全国双拥模范城"七连冠"。

成事与谋局：从"垦荒牛"到"杨浦有股劲"

马杰富认为，想问题和做事情必须善于从宏观着眼、微观入手，在宏观与微观结合上作好文章找到办法,使看似平凡的事情产生不同凡响的效果。

2012年2月担任区副巡视员后,马杰富不再承担一线具体分管领域的耕耘开拓,开始从事事关杨浦发展全局的调研谋划提供决策等基础工作。其间,他先后协助区委主要领导组织和推动完成了区委、区政府关于社区建设的专题调研,就社区条块职责界限、公共资源整合共享、物业和业委会管理、居委会自治、区域化党建、"万千百"协管员队伍管理、"大联动"机制,以及深化旧区改造工作、重视老龄化趋势、帮助特殊人群等事关杨浦发展的具体问题和瓶颈难题进行梳理并提出了相应对策。随后,又开始承担并且高质量完成了区委《合理控制人口规模、优化人口结构》和《培育发展社会组织、团结引导社会新阶层人士》两个重要课题的调研,从更为慎密的结构分析和政策安排为杨浦区长远发展铺路奠基,为区委、区政府打造杨浦转型发展的"升级版"提供决策实战依据。

杨浦区本世纪初启动的这场百年老城区转型发展的攻坚战,马杰富先后分管产业和民生两大领域的工作,无疑是推动城区转型发展的主战场。他用自己特有的领导风格和领导艺术,发挥着重要的领军前行、敢于担当和承上启下的关键作用。他带领主管的两大领域,探索培育出了一批具有开创意义的典型,为上海提供了有益经验,为杨浦区改革转型持续发展作出了积极努力。2008年10月27日,《解放日报》头版头条发表长篇报道《杨浦有股劲》,对杨浦干部群众克难奋进的精神状态作了充分的肯定。这股劲,从此成为杨浦转型的主流文化,被概括为"创新发展有股巧劲、突破瓶颈有股冲劲、为民谋利有股实劲、领导班子有股干劲"。这是对马杰富在内的区委、区政府领导以及全区干部群众工作和精神状态最真实、最生动的诠释。

"十年磨一剑"。在区委、区政府的卓越领导下,马杰富和他的同事们历经10多年探索攻坚,杨浦区终于摆脱困境步入稳中向好的新阶段,2010年成为首批国家创新型试点城区,正在倾力打造转型发展"升级版"。马杰富依然脚踏实地走在新一轮改革发展的大路上……

许涤新：理论界的经济雄才

撰稿　敬忠文

20世纪60年代,周恩来总理称赞:"潮汕为中国革命贡献了两个经济人才,一个是理论的许涤新,一个是实践的庄世平。"

许涤新,原名许声闻,1906年10月25日生于广东揭阳县的棉湖镇(今属揭西县),父亲为小学老师。家境清贫,常受族内恶霸欺凌,这促使涤新从小就发奋读书。在父亲的指导下,他12岁就读完了"四书"、"五经"。1921年进入揭阳榕江中学(现揭阳一中),受到英文教员杨嗣震和校友杨石魂的影响,接受了共产主义新思潮。

1924年冬中学毕业后,因无钱升入大学,只好在汕头市普宁旅汕小学教了一年书。1925年大革命的洪流席卷潮汕,许涤新参加共产主义青年团,加入反帝反封建的行列,负责汕头市理发工会夜校教学工作。

1926年夏,许涤新考入广州中山大学文科预科班。这时,广州已成为革命中心。许涤新参加校内社会科学研究会,进行革命活动,白天忙于街头宣传和校内反右派的斗争("中大"有两派学生,右派学生是反对共产党的,左右两派经常集会辩论),晚上在图书馆阅读革命书刊。1927年大革命失败,在"四·一五"广州大屠杀中,反动派追捕"中大"党团员,许涤新在同学的掩护下逃出校外,幸免于难,但被学校开除了。他看到大量同志被枪杀,血染刑场,不胜悲愤,写诗铭志"何处是归宿?滴水归大海,波涛兼天涌,千秋永不改"。表达了他对革命坚定的信心。这年7月考上厦门大学,因无钱交学费,他回到故乡,埋头读书,读了一些文学辩论和唯物主义的文章,受到启发转向攻读政治经济学。

1928年夏,许涤新来到厦门大学,又开始他的读书生涯。

1929年1月他来到上海,进入大陆大学,3个月后"陆大"被国民党封闭,幸得复旦大学几位华侨学生的帮助,解决了吃、住的问题。这年8月,他考入国立上海劳动大学。这所学校吃饭、住宿不要钱,他半工半读,一边学习,一边干排字、拼版和印刷工作。他决心攻读英文版三卷本的《资本论》。为了通读这部巨作,他一面学习英语,一面学习有关政治经济学的书籍,为后来从事经济学的研究奠定了基础。在"劳大"期间,许涤新由杜国庠介绍参加中国社会科学家联盟(简称"社联"),并担任过"社联"研究部副部长、部长,宣传部长。

1932年上海"一·二八"事变,"劳大"停课,许涤新与马纯古等创办了《社会现象》周刊,他任主编。这个刊物出版7期就被当局封闭。"劳大"因地下党及其外围组织活动频繁,这年夏天被国民党政府下令封闭。7月他转入国立上海商学院经济系,翌年毕业。1933年5月许涤新经杜国庠、蔡馥生介绍加入中国共产党。同年被任命为"社联"党团书记,次年调任中共"文化工作委员会"常委、左翼文化总盟组织部长。在地下斗争紧张的岁月里,他继续经济研究工作:经常收集资料,写文章在《东方杂志》和《新中华》上发表,用实际材料论证了中国社会的半殖民半封建性质,指出土地革命是当时中国革命的内容。

1935年2月19日,由于叛徒告密,许涤新在上海法租界被捕,关进苏州陆军监狱,受尽严刑拷打,但他铮铮铁骨,大义凛然,坚贞不屈。在一次罢食斗争中写诗抒发情怀:"团结如磐石,斗志似流火。怒目对狱吏,狱底不知秋。

军棍与铁铐,一一身上来,最后胜利在,有谁感悲哀?!"他在狱中的废报纸上看到江西红军已北上抗日,兴奋不已,填"菩萨蛮"一阕:"铁流滚滚西征去,姑苏城外幽暗处,窗外月如钩,心潮万里流;春雷震狱底,狱底无秋意,壮志岂能囚?抗争不罢休。"

1937年"七·七"抗战爆发后,国民党被迫答应无条件释放政治犯。经周恩来多方努力,直到"八·一三"全面抗战开始以后,许涤新等一批共产党人才获得自由。这年11月党派他去武汉参加筹办《新华日报》和《群众》周刊,并担任党刊责任编辑、党报编辑委员会委员。

抗战期间,许涤新在重庆曾担任中共中央南方局宣传部秘书,南方局经济组长,协助周恩来、董必武、叶剑英等展开工作。同时撰写了大量政论和经济论文,开展宣传,提高广大群众的政治觉悟。他把它们汇总在每天向陈云同志的报告内。吴雪之、卢绪章、徐雪寒、龚饮冰、冀朝鼎等一些负责经济工作的主要负责人都会一起来向许涤新汇报情况和商讨对策,而后共进午餐。

1946年夏,许涤新随中共代表团到上海,住在思南路周公馆,任中共上海委员会财经委员书记。他离开重庆之前,向中共南方局领导提出:国共谈判破裂后,经济组有必要在上海设立一个联络点,办一个民营的通讯社,以便搜集国统区的经济情报。他的建议得到南方局的批准。到上海后他就筹办"上海现代经济通讯社"是中共在上海的一个隐蔽哨所。这个通讯社坚持到上海解放才结束。

1946年10月,国共谈判破裂,中共代表团疏散干部,周恩来派许涤新去香港,从事宣传和统战工作。

1949年4月,许涤新从香港到北平,5月和潘汉年、夏衍一起随第三野战军进上海,协助陈毅市长从事上海接管工作。他先后担任上海军管会接管委员会第一副主任、华东财委、上海市财委副主任、中共上海市委委员、统战部部长、上海市政府秘书长、上海市工商局长及复旦大学经济所所长等职。上海是中国最大的工商业城市,解放初期遗留下一个破烂摊子,物价飞涨,投机倒把活动猖獗。许涤新协助陈毅、潘汉年进行没收官僚资本,打击投机倒把,平稳市场物价。搞活城乡交流,对私营工厂加工订货、收购物品,恢复和发展生产等工作。同时做民族资本家的思想工作,使一些逃到香港的资本家陆续回沪,这对恢复国民经济起到了重要作用。

凡被解放的城市,通常都是由进城部队负责接管。唯独对上海,周总理专门指派了长期在白区而不是从延安出来的潘汉年、夏衍和许涤新三人来参加接管,指定由许负责经济和对工商界的工作。这是因为上海集中了全国一半的工业产值,治理好了上海经济,关系到整个大局。上海也是知识分子和文艺界人士集中之地。如何把握好原则性与灵活性,做到理之所当理、情之所当情,能为众所信服跟着共产党走并非易事。

许涤新到任后,就将办公地点从南京路上的金门饭店搬到外滩的中国银行大厦,正式挂牌为华东军政委员会第三办公厅对外办公。办公厅内,只有许涤新和上海的地下党员曹宝贞两人,另有两个警卫员负责保卫工作。

许涤新是一位学者型的革命家。他为人谦和,平易近人,要周围的同志称他为"老许"。

老许交友甚广,不时有人来找他,多为左倾的学者和著名的社会活动家,还有就是企业家如郭棣恬(永安纱厂老板,他和永安公司的郭琳爽同属郭氏家族)、荣毅仁(荣家仅荣和他父亲荣德生在沪,其他成员都去了国外)、刘念义(代表刘鸿生一家)、浸润痒(老伴金的堂叔,是造纸业巨头)等各行业的代表人物。

他还要求部下收集和报告当时上海经济情况。

许涤新当时是行政六级的高官,但在办公室内外大家都是当面称呼他为"老许"。当时他除任市工商局局长外,还兼任统战部部长、政治协商会等多项职务,并担任着向中央负责经济工作的陈云同志保持直接通报情况的责任。在繁忙的工作之外,他还不停笔耕,每天至少要利用晚上写三四千字,真是个日以继夜的忙人。许涤新在工商局不坐班,对干部很信任而放手,仅每周参加一次党组会(由三位局长和七位处长组成),时或来传达上级的指示和在干部扩大会议上作报告。干部们很钦佩他,这不仅是由于他廉洁奉公,很多本可由公家报销的他都自掏腰包,和以平等态度对待干部,把下级当朋友对待,更主要是由于他善于把工作中的问题和经验提到理论的高度来加以阐明,使大家受益匪浅。

"五反"运动后期,李维汉同黄炎培和陈叔通等人来上海了解"五反"情况。在上海市委的一次会议上,李维汉向陈毅同志提出,要调许涤新到北京工作。陈老总说:"中央的决定哪有不服从之理?"也就在那几天,陈叔通暗中告诉许涤新,不久前,周总理通知他,要成立全国工商联合会并要他当主任委员。他对总理的通知感到突然。他对总理说:"我是清朝的翰林,用现在的话说,是一名高级知识分子,怎么把我变成全国工商界头子呢?"总理说:"你不是资本家,我明白,但是,你同资本家,特别是江浙帮的企业家和银行家,关系密切,大可做好工作。而且你是一位爱国老人。正是因为这些原因,党相信你,才请你出来挑这一担子。"陈叔通想一想,只得表示同意;但他向周总理提出了一个条件,要把许涤新从上海调到北京当他的助手。那时好多领导正在怀仁堂看戏,毛泽东同志也在座。总理当场同毛主席商量之后,便同意陈叔通的这个要求。当陈叔通在上海把这件事的来龙去脉告诉许涤新,而李维汉同志在上海市委会议上提出要调动许涤新的工作的时候,许涤新就知道,他即将成为北京人了。全国工商业联合会筹备是在"五反"运动结束之后不久召开的。陈叔通被选为主任委员,盛丕华和荣毅仁等被推选为副主任委员。许涤新以国营企业代表的身份,也被推为副主任委员。大会开完后,他因为修改《广义政治经济学》第一卷,在北京多住几天。有一天,国务院办公厅忽然来了一个电话,说周总理有事找许涤新。于是他坐上了派来的汽车,匆匆赶到西华厅。许涤新问总理有什么任务,总理笑着说:"你这几个月辛苦了,今天是星期天,我有空,要听你这几个月干的是什么。"许涤新向总理报告了自己的工作情况,过了不久,许涤新就结束了在上海的工作,前往首都,挑起了他的新担子。

　　1952年年底起,许涤新先后担任中共中央统战部秘书长、副部长、中财委第六办公室主任、国务院第八办公厅副主任委员等职务。1955年被选为中国科学院哲学社会科学学部委员。

　　这时的许涤新年富力强、精力旺盛、才华横溢。在周恩来、陈云、李维汉的直接领导下,在参与制定党对资本主义工商业有关的方针、政策方面,在团结工商界人士积极贯彻党的方针、政策方面,在学术研究成果方面,都作出了卓越的贡献。周恩来总理曾经称赞:"潮州为中国革命贡献了两个经济人才,一个是理论的许涤新,一个是实践的庄世平。"

　　"文革"中,许涤新被批斗一年半,关"牛棚"五年半,备受迫害。但他仍然关心党和国家的前途命运,始终坚持对党和共产主义的坚定信念。他在"牛棚"里研读《资本论》,写出了40万字的《读〈资本论〉笔记——论社会主义的产生、流通与分配》一书。

　　粉碎"四人帮"后,许涤新积极支持"实践是检验真理的唯一标准"的讨论,坚决拥护党的十一届三中全会的路线、方针、政策。他以古稀之年出任中国社会科学院副院长兼经济研究所所长。他废寝忘食,全身心投入,付出了巨大的心血。在他的人生的最后十余年中,学术工作硕果累累。

一是集全国经济学家之力,主编三部经济学词典。经过三年苦干,主编中国第一部《政治经济学辞典》,他还主编《中国大百科全书·经济卷》《简明经济学辞典》。

二是主编《中国资本主义发展史》,这是周总理交给他的任务。经过前后十余年的艰苦努力,终于完成这部三卷本210万字的巨著。

三是重写与续写共三卷的《广义政治经济学》。

此外,他还开拓了对生态经济学和人口学的理论研究工作。

1982年退居二线以后,他担任中国社会科学院顾问兼任汕头大学校长、中国人口学会会长、生态经济学会会长、重庆社会大学名誉校长、汕头特区顾问。1984年9月,由国务委员兼国家计委主任宋平带队的中央调查组来上海,就上海经济发展战略问题进行了半个月的调查研究。许涤新作为调查组的专家,参加了一系列调研活动,提出了若干具有深远影响的观点与建议。

许涤新进入耄耋之年仍然夜以继日地工作,他的著作都是严格按照计划写出来的。在他生命的最后10年间,工作虽然非常繁忙,但他仍然写出上百万字卷帙浩繁的著作。1988年1月,在他生命的最后的日子里,已经无法下床,病痛使他不时地低声呻吟,但他仍以顽强的毅力,坚定做完四件事情。一是将为胡子昂先生回忆录所写序言修改定稿。由于手发抖,字写不好,只好请夫人方卓芬重抄送去。二是请中共中央组织部来探望他的同志,回去转告组织,抗战后期,经中共中央南方局批准,在重庆成立的"中国经济事业协进会",是党的外围组织,在当年民主运动中做过不少工作,应当承认这些革命历史。三是请曾帮助编撰过《政治经济学辞典》和《中国大百科全书·经济学》的同志来医院,嘱咐他们将这些辞书中已落后于实践的条目尽快修改,准备再版。四是为纪念重庆《新华日报》创刊50周年,艰难地口述了一篇回忆录《回忆〈新华日报〉的筹建》。

1988年2月8日,一生"熔革命家与理论家于一身,实现理论与实践的统一"的许涤新,因病在北京逝世,享年82岁。邓颖超同志在参加许涤新的追悼会时,紧握着许夫人方卓芬的手说:"涤新同志为党作出了很大的贡献,尽到了他自己最大的努力。"

吴盛裕：开创房改金融

撰稿　林佳

　　1990年4月，李鹏总理到上海宣布开发开放浦东时，时任上海市市长的朱镕基陪同总理顺道视察群众居住情况。随机走进几家，无一例外的无处驻足；三代同住的屋子，只能容纳一张床、一个折叠式行军床和窄小阁楼。当时上海存在"三大问题"——住房紧张、交通拥挤和环境污染，工业建设的同时形成了民生短板。由此，以1988年国务院房改会议报告为基础，借鉴新加坡和香港的经验，上海房改大业拉开了序幕，政策方向是从住房公积金出发，聚沙成塔，汇集资金。房改一开始，一直承办住房建设资金管理业务的建设银行上海市分行，顺利获得房改金融业务的承办资格，提出"全行动员，全心全意为房改服务"的口号。而此时负责房改金融项目的建行副行长，正是本文的主人公——潮汕人吴盛裕。

吴盛裕先生,祖籍广东汕头潮阳,生于上海。因抗战动荡,两岁时他随母亲、姐姐回到故乡,青黄不接的乡村童年生活尤为艰辛。1950年中秋节,他重返上海和父亲团聚并继续读书。从上海理工大学内燃机专业毕业后,曾经满怀壮志准备投身工业建设。可是恰逢三年农业受灾,工业规模压缩,于是他就职于当时财政部下辖的建设银行,从此在上海金融业服务了三十六年。工作初期,他曾从事上海内燃机厂、上海汽车制造厂、上海电缆厂、上钢一厂、大屯煤矿等国家工业建设项目所需资金的拨款和监督工作。过去学过的工业技术知识对工作有所帮助。工作期间,他曾赴北京的中央财政金融学院进修国际金融知识,到上海交大管理学院进修现代企业管理知识,到中共中央党校进修部学习经济理论知识,开阔了视野。1986年至1999年担任市分行副行长期间,他主管房地产信贷等业务,适逢上海市率先推行住房制度改革,他和全行同志一道开创了影响全市和全国的房改金融新业务。今日笔者眼前已70多岁的老先生,仍然容光焕发。博闻强记的他,在谈及最有成就感的房改金融业务时,更是兴致勃勃,眼神的坚定也透露出他对于这份民生事业满腔的热爱。

他曾以16个字概括当时建行的工作:"全心全意,精益求精,积极主动,配合默契。"面对重任,他从容不迫。"房改关系到千家万户的切身利益,是群众最敏感的问题,把这件事做好很不容易。正因其难,建行愿做这项'民心工程'的贴心人,更愿把这看作一次发展壮大自己的极好机遇。"90年代,他还曾作为商业银行的唯一代表,担任了两届上海市住房委员会委员和上海市房地产业协会副理事长。

房改金融,从公积金启程

上世纪八十年代,上海住房十分紧张,人均居住面积仅6平方米,众多特困户人均不足3平方米。在沪潮汕乡亲也是如此。解决住房困难的拦路虎是缺钱,出路只有改革。经中央同意,上海从1991年开始,率先推行住房制度改革,其中第一项改革是建立住房公积金制度。按上年平均工资的一定比例(当时为6%),职工和企业都要缴存住房公积金并且归职工本人所有。上海是特大型城市,当时有企业三万多家,职工五百多万人。实现按月全面缴存任务繁重而紧迫。第一,要在很短时间内,为全市所有企业和所有职工逐一开设账户,工作量之大在金融史上绝无仅有。第二,要逐一动员遍布全市的企业按月缴存,工作面之广也实属罕见。第三,要逐笔收款、记账、对账,耗时耗力。面对如此艰辛的任务,建行立即全行出动,尤其分行房地产信贷部、计算机管理部和各区县支行业务二科的领头人和全体成员个个精神振奋,日以继夜,连续奋战三个多月,终于如期在1991年5月1日实现全市住房公积金全面启动按月缴存的目标,打响了全市和全国房改第一炮,受到上海市和总行的好评。从此全国各地纷纷来沪考察学习房改金融业务。至今建行已经连续承办这一业务二十多年,至2013年年底,累计归集了住房公积金达到4428亿元,为本市职工改善居住条件提供了一项可靠有力的资金保障。

新中国成立四十多年时,上海金融界发放贷款均面向企业,从未有过贷款给职工买房。房改初期,虽然有了住房公积金,仍然沿袭传统做法,由市有关部门审批后向企业发放住房公积金贷款。企业用该项贷款建房,然后无偿分配给部分员工。若企业没有按期还款,属于全市职工所有的住房公积金就存在风险。因此,在房改第一年,吴盛裕主动发起并亲自起草了职工购房贷款办法和借款合同范本,以中国建设银行上海市分行名义,征得上海市公积金管理中心同意后联合发文,在全市范围内,由建行所属区、县支行向缴存住房公积金的买房职工发放贷款。1992年5月上旬举行了第一批贷款签约仪式,在社会上引起强烈反响。广大职工家庭看到了希望——终于可以申请低利率长期限的住房公积金贷款改善居住条件了!二十多年来,至2013年年底,全市累计发放住房公积金贷款3620多亿元,已有183万个职工家庭因此而改善了居住条件。上海这项首创新业务陆续推广至其他城市。1999年5月,国务院颁发《住房公积金管理条例》,明确规定住房公积金归集后的唯一用途即发放职工购房贷款。

上海是一个市场经济迅速发展的国际性大都市,除职工家庭外,尚有人数甚多的其他阶层人士需要贷款买房改善居住条件。1993年秋,吴盛裕作为主管行长主动发起筹备在上海地区率先全面开办个人住房商业性贷款的新业务,建行所属所有支行广泛接受居民申请贷款,收到了本市居民和房地产开发企业热烈欢迎。二十年来,已经累计发放贷款2000多亿元。

之前,因住房公积金贷款利率较低,职工买房必然以之为首选;但住房公积金规模有限,为了保证更多的买房职工享受该项权利,习惯上规定每笔贷款都不得超过最高限额(上世纪90年代该限额为10万元)。且相关法律规定住房不得重复抵押,住房公积金贷款抵押了,就不能再办理住房商业性贷款抵押。每当职工买房所需贷款超过该限额,就不得不放弃申请住房公积金贷款而选择利率较高的商业性贷款。为了让所需贷款超过限额的职工也能申请不超过限额的住房公积金贷款,吴盛裕和建行房地产信贷部的同仁反复切磋,并取得本市房地产登记部门支持,首创了个人住房组合贷款的新业务。买房职工既可以申请住房公积金贷款,又可以同时申请住房商业性贷款。二者合一,统称为个人住房组合贷款,采用同一个借款合同和抵押合同,按同一顺位办理抵押登记。这既符合法规,又满足了职工买房借款的实际需要,充分发挥住房公积金应有的作用。

房改金融,依需要而拓展

自1994年始,建行承担了全市已租住公有住房出售的收款工作和建立维修基金核算体系。以优惠价格出售已租住公有住房给居民,是房改方案确定的。收款工作一干就是六七年,而且往往是居民休假日到住宅小区收款,甚为辛苦。为了保证售后住宅维修有资金来源,按规定售房单位和买房人均需缴纳维修基金,作为该房日后维修之用。吴盛裕和房地产信贷部以及计算机管理部的同志一道创建了一套覆盖全市的住房维修基金存取核算系统,至今已服务了二十年,解决了居民担心房子买得起修不起的后顾之忧。

自1996年始,上海市房管部门酝酿发展二手房交易市场。一般居民购买二手房同样需要贷款。但二手房质量和价格差异悬殊,风险较大,无人受理贷款。在一次研讨会上,吴盛裕和房管部门商定,由房管部门支持成立的各区县住房置换服务公司进行担保,建行提供住房商业性贷款。市公积金管理中心领导知悉后也决定对买二手房发放住房公积金贷款。于是, 上海二手房交易更加活跃,交易额在全国首屈一指。

为了加快上海住房建设,建行积极发展房地产贷款业务以支持房地产开发企业建设商品房。从上世纪80年代后期开始,他借助分管房地产信贷业务机会,逐年增加房地产信贷额度,支持优质的房地产开发企业开发销售商品房,为居民提供更多更合适的住房。当时上海大部分房地产开发企业均在建行开户,来自潮汕家乡的房地产开发企业经纬集团、明园集团等与建行都有业务合作。

1988年4月,上海市政府召开房改工作会议。会议期间,建行向主管副市长表示愿意承办相关金融服务。可是当时建行在企业和职工高度集中的偌大市区,仅有九江路50号和人民路340号两个对外营业网点,显然无法承担面向广大企业和职工的房改金融业务。为此,建行曾经上门与网点较多的上海邮政储汇局洽谈合作,对方久未响应。面对现实,吴盛裕知难而进,借助同时分管财务部门和行政部门、既管钱又管物的有利条件,主动发起成立增设营业网点领导小组,并且长期负责该项工作。从1988年6月开始,建行花大力气在市区按区新设10个区支行。而后有计划地支持区支行和原有在郊县的12个支行往下增设营业网点。在全行上下共同努力下,千方百计克服缺钱缺人等困难,十年间营业网点由零星稀少的10多个发展到遍布全市的320多个,营业用房建筑面积由几千平方米增加到50多万平方米,员工从1000多人增加到6000多人,保障了房改金融业务以及总行要求发展居民储蓄业务的需要,也为建行日后的发展打下了良好基础。

魂牵梦萦,心系家乡

刚到上海的二十年里,故土常在他的梦境中浮现。浮萍亦有根,潮人重潮源。家乡一直是游子的心灵港湾,事业有成亦顾念乡情。1989年,他参加上海潮汕联谊会成立大会,成为第一届理事会理事;2000年至2010年担任两届副会长。怀着浓浓的乡亲乡谊,他积极参加联谊会的活动和工作,支持地区小组开展关心会员活动,支持联谊会和商会紧密合作,期望家乡繁荣幸福。他多年来参与辛勤耕耘的住房公积金制度,也在全国各地得到借鉴与实践,造福远在广东的父老乡亲。

陈才麟：积极进取的"潮二代"

撰稿　郭慧纯

　　眼前的上海潮汕联谊会副会长陈才麟先生：一头漂亮的银发，丝毫不显苍老，挺拔身材还透露出一份活力。他给我们讲述了在上海的故事……

　　他，上世纪 30 年代父母移居上海，作为第二代潮人在上海出生长大。尽管如此，他能对我们潮汕籍学生采访者说得一口潮汕话，并时刻记得自己是潮汕大家庭的一份子。"我出生在移居上海的潮汕家庭，父母身上散发的潮人勤劳刻苦、勇于拼搏精神，以及严格家风，从小就潜移默化地熏陶我、教育我、影响我，始终伴随我这一生。"陈才麟娓娓道来，一个潮人后代，在上海先后当过教师、公务员、会长，勇于进取，不断奋斗，成为一位睿智、沉稳的长者。

留校当政治辅导员

在 1962 年的高考体检中,正在交大附中念高三的陈才麟被查出肺结核。那是三年自然灾害的困难时期,物资供应极度匮乏,尽管休学两年调养,再次体检时肺结核仍然没有钙化。体检的不合格,使他因此错失考大学的机会。而当时大部分交大附中的学生高考后,都能考上交通大学。这种身在交中却不能上交大的痛,只有亲身经历才能明白个中苦楚,至今回忆起来仿佛还能感受到当时的痛。尽管命运给他开了这么一个玩笑,但是陈才麟并没有因此被击倒,却又昂头前进,接受了当时校长的建议,留校担任政治辅导员。这是在上海市级重点中学所推行的第一批政治辅导员,陈才麟十分珍惜自己走上社会的第一个工作岗位。他虚心向老教师求教,热情高涨地做好每一项工作,还兼任附中团委宣传委员。"老三届你们知道吗?"我们有些茫然,这些词汇对我们来说,总有些陌生。陈才麟又解释道,"老三届"是指 1966、1967、1968届的学生,这是受"文化大革命"冲击伤害最大的学生,也是他留校五年最为动乱的年代。但在复课闹革命指示下达后,他又走上讲台,为 1969 届学生上课。还记得当时全校的歌咏比赛、文艺汇演都有他的一番心血,在学生们心中留下了深刻的记忆。这段经历过去将近半个世纪了,陈才麟说:"我现在和当年同班同学,以及辅导过的学生还有联系,他们说,没想到你现在倒是不错的嘛,在上海发展得蛮好。可是我直到年逾四十上了电视大学,才圆了大学梦。我这个人,有一点是心态特别好。做政治辅导员,不仅仅使我走出困境,也锻炼了我,打下我日后工作的第一块基石。"也许正是这一种积极向上的心态,使陈才麟在今后人生各种考验面前都从容不迫,披荆斩棘,在人生道路上勇往直前吧。

历经上山下乡风雨

1968 年 12 月 18 日,毛主席下达了"知识青年到农村去"的指示后,全国掀起一片上山下乡的热潮。1969 年,作为青年教师的陈才麟怀着满腔热血,以带队干部的身份带领学生到黑龙江嘉荫县插队落户。在黑龙江农村的生活同样也是充满了各种磨练,其间在 1973 年 3 月一间男知青宿舍失火并迅速席卷整幢宿舍的突发事件中,他沉着应对、冷静面对宿舍最终被火龙吞噬的现实。陈才麟发动知青团结互助,还多方面奔走,争取到上级的补助救济款,并组织知青自己动手盖新房,最终解决了知青住宿问题。这件事情在当地影响很大,同时也受到上级的赞扬。他在祖国边陲黑龙江下放六年,成为一名优秀的下放干部,使所在乡村的知青集体成为全县的先进集体。他的事迹在当年《解放日报》登载过。1976 年 1 月,陈才麟按政策调回上海,并在市政府知识青年上山下乡办公室为落实上海知青病退返城等政策忙碌了四年。可以说,他经历了十年上山下乡风风雨雨,与知识青年结下不解之缘,也见了世面,增长了才干。

为人大建设添砖加瓦

1980 年 1 月,按照我国社会主义民主法制建设的需要,上海建立了市人大常委会及其办事机构,陈才麟参与了筹建市人大常委会办公厅。他对我们深情地说:"从 1980 年到 2004 年这 24 年的时间里,我一直在市人大常委会办公厅与浦东新区人大常委会工作着,这是我的黄金岁月,也是一生工作中最重要的时期了。"从他的回忆中,我们仿佛看到了他在人大工作岗位上奉献自己、勤奋工作的身影,我们感动之余也深受鼓舞。

陈才麟长期分管代表工作和选举工作,这些都是人大机关十分重要的基础工作。从选举代表到代表的培训、联络代表都是当年陈处长乃至陈副主任的工作职责。"我与你们复旦的苏步青校长、谢希德校长、周谷诚教授、谷超豪教授都很熟悉啊!"原来,他在工作中和各行各业的人大代表都有深入的交往,并在与这些社会精英的交往中相互取长补短、提高自己。而这些代表在生活中遇到困难时,也会找他帮忙处理。在这 24 年间,陈才麟全身心扑在工作上,从青壮年一直到退休,为上海国家政权建设作出了有益的贡献:他每年有计划安排在沪全国人大代表和市人大代表视察工作,如视察南浦大桥、延安东路隧道、内环线高架等政府实事工程,以及政府与法院、检察院的其他有关工作;他先后精心安排市人大代表会见江泽民市长、朱镕基市长的活动,形成了市长、副市长与代表对话、座谈的制度,加强了市领导与代表的联系,畅通了民主渠道;他帮助协调人大、政府、法院、检察院共同办理好代表议案和书面意见,并依法督促检查有关部门做好办理工作;他十余次参加与做好全国人大上海代表团出席全国人代会的繁重会务工作,为代表审议及时出好简报,还熬夜为代表起草好全国人代会的传达提纲;他参与起草"上海市实施代表法的办法"等地方性法规,并深入区县、乡镇,为人大代表培训学习代表法、选举法、乡镇人大工作等法律法规;他与经济界、教育界、科技界人大代表都有着密切的联系,还与宗教界代表,比如天主教大主教、伊斯兰教清真寺教长、佛教协会会长、基督教"三自爱国会"秘书长都建立起广泛良好的联系,推动各界代表履行好职责,为民主法制建设建言献策,为社会稳定团结夯实基础……尤其值得一提的是,他为浦东开发开放和民主法制建设所立下汗马功劳。

他在 1993 年参与筹备建立了市人大常委会派出机构——浦东新区人大工作联络处,为浦东开发保驾护航。在 2000 年,浦东新区人大工作联络处和浦东新区管理委员会即将完成历史使命之际,时任联络处副主任的陈才麟结合浦东实际情况,依照法定程序,又筹建浦东新区人大及其常委会,并在"浦东新区第一届人民代表大会第一次会议"上当选为区人大常委会副主任。

潮汕人历来擅于经商,留给外人更多的是潮汕商人的形象,陈才麟则以自己的成就展现了潮汕人也能在政治生活中做出一番成绩,他这 24 年人大岗位所做出的工作,同样向世人展示了潮汕人的风采。

当商会会长发挥余热

2004 年,刚从领导岗位退休的陈才麟,又被力推出任浦东新区商业联合会会长。作为一个民间商业社团,浦东新区商业联合会的领导不是由政府部门的领导担任,而由社会贤达和会员单位负责人担任。此时的他又正好退休了,我不禁想这种机缘巧合是否也正是注定了他担任商会会长呢?他坦言:"我没干过商业,也不懂经济,可是组织和联络工作是我的强项。虽然我以往的工作中也和不少经济界的人士打过交道,但我退休后自费学习,最后考得了高级经营师。这正是应了一句谚语里说的,六十岁还学吹打啊!"我们不禁对陈才麟的学习能力佩服不已,他也说自己至今取得的成就,很大程度上得益于自己有很好的记忆力以及较强的学习能力,加上因工作缘故,长期和各行各业不同的人打交道,也大有裨益。浦东商会从无到有,从小到大,可以说是陈才麟作出了不可或缺的贡献。

商会就像一个小婴儿,在他的照料下一天天地成长,变得越来越健壮,发展成为浦东有影响的枢纽性行业协会。商会的运转需要经费,经费一部分来源于会费,一部分争取政府的项目,即政府购买服务的经费。陈才麟说:"我们就要把项目做好,得让政府看到你的服务水平,相信你,觉得你靠谱,才能放心把钱交给你。"正是他努力地付出,为商会赢得了好的声誉、好的发展。陈才麟常说,商会的宗旨就是:"与企业同心、与政府同步"。每年上海市购物节可以说是商会工作中的重中之重,从发动到重点组织,他付出了很多,比如他具体指导上海农产品批发中心的进出口水果节,先后举办了七届,形成上海购物节一个亮点。商会还积极推进品牌建设工作,陈会长强调建设品牌并不是指塑造奢侈品牌,而是建设商业诚信,争创著名商标、驰名商标、中国名牌,保护知识产权。为此,他积极联手区知识产权局、工商局、商务委、食药监局等政府部门一起开展"销售真牌真品,保护知识产权"活动。在2009年到2010年世博会期间,他带领商会营造世博氛围,进行礼仪培训、英语培训和手语培训,举办迎世博烹饪大赛等。他积极发动餐厅酒店参加创评"文明餐厅"活动中,促使浦东在全市评得文明餐厅数量最多的区。在协会队伍建设方面,商会也取得了很好的成绩。2012年经市社团局评估,商会成为中国4A级社会组织,离5A级仅有4分之差。陈会长说到这里还忍不住地觉得可惜,但言语中又流露出一份骄傲之情。就仿佛一个家长对自己孩子取得骄人成绩那般欣慰,但又希望孩子能够拿到更好的成绩,既有些许遗憾,但更多的还是欢快之情。陈会长对商会深厚的感情溢于言表,实在感人!

而作为一位有着丰富阅历的上海潮汕联谊会副会长,对潮汕后辈的发展也热忱地给予了帮助。潮商在浦东开设潮府馆酒店,华礼丝纺织品公司进入第一八佰伴营销家居软装,陈才麟都尽自己所能,帮忙牵线搭桥,为潮籍商人在上海的发展尽了一份力。

谈到"怀旧"这一个词,陈才麟说:"我认为老年人怀旧不一定就是不好,但是你不能总去想一些消极的不好的事情,这样是不好的。你可以多想想过去做出的成绩,回想那个努力的过程,这样的怀旧就蛮好的嘛。"这一番短短话语,又让我们感受到陈才麟那种积极乐观的心态,这不正是他所说的"玩得认真"吗!短短两个小时的采访转眼就结束了,虽然时间很有限,但是他这一份年轻的心态深深地感染了我们,还有他那仁慈的笑容也一直温暖着我们年轻一代。

周修翼：一生守卫在"上海电力"

撰稿　陈依佳

"我这个人没有什么特殊的，就是一辈子在电力界好好工作。"回望过去几十年在上海电力界经历的风风雨雨，如今已年过八旬仍旧精神矍铄的周修翼老先生谦逊地说道。

周修翼，教授级高级工程师。1927年12月出生于广东省汕头市潮阳区。1948年7月毕业于杭州之江大学机械系，1948年8月开始参加工作，1949年初加入中国共产党。历任浦东电气公司张家浜发电所值长、上海供电所南市工区主任、华东电管局上海基建公司三工区主任、华东电业管理局基建处处长、华东电力建设局副局长、上海电力建设局副局长等职位。身为上海电力界的元老级人物，周老先生曾参与领导望亭、闵行电厂的扩建工程施工，高桥、金山自备电厂的筹建工作中任现场副指挥兼技术负责人,在越南北江电厂工程中任专家组长兼主任工程师,上海市对外电力工程承包公司总经理兼海口电厂 2×125MV 机组工程现场总指挥。周老先生将一生的心血与汗水挥洒在上海电力界,在守卫浦东电力系统、参与上海电力援外工程、推动上海电力发展等工作中作出了不可磨灭的贡献。

少年在沪成长,入读教会大学

1927 年,周先生出生于汕头潮阳,后来由于抗日战争爆发,年幼的周先生跟随伯父一起到香港避难。12 岁时,他又与亲人一起到上海与在沪从事棉纱生意、经营"睦记"私人商行的父亲团聚。生长于潮汕人众多的金陵东路,周先生的童年也充满着浓浓的潮汕气息。"我们那时候周围住的很多都是潮汕人。金陵东路那边还有骑楼,行人走在下边都不会被雨淋到,很有广东特色的。"周先生一边回忆着小时候的点点滴滴,一边为我们介绍道。如今 86 岁高龄的他依旧听得懂潮汕话,能用家乡话与老乡进行简单的交流。在复旦中学毕业后,周先生进入杭州之江大学机械系进行学习。杭州之江大学是华东地区四个教会大学之一(沪江大学、东吴大学、圣约翰大学),在这里周先生不仅学习了扎实的电力学知识,为今后的职业发展打下坚实的基础,也接触了先进的思想风潮,与其他爱国热情高涨的杭州学生多次参与反内战、反饥饿游行运动,一次又一次的学生活动在年少的周先生心中激起了对国家深深的责任感。

与敌斗智斗勇,保卫浦东电厂

大学毕业后,周老先生凭借扎实的电力知识和出色的英文水平通过考试,进入了杨树浦发电厂。1949 年年初,入党后的他进入浦东电气公司,在上级党组织的领导下积极开展党的工作。1949 年 1 月淮海战役后,为保护好浦东电厂,保证设备不受敌方破坏,确保在解放军进入上海时保证安全发供电,身为张家浜发电所值长的周老先生利用工作岗位的方便,与同事周末草拟了一个保证发供电的计划交给上级党组织。1949 年 5 月,当解放战争的烽火接近上海时,上级党组织陈警众在周先生家中召开浦电地下党紧急会议,传达上级指示和黄浦江马上要封锁的消息，进一步讨论护厂工作。回厂后，周先生在张家浜任总指挥。当张家浜发电所江边循环水泵电气开关发生故障，要派人检修，需经过厂门口的敌兵岗哨。周先生带领电工师傅经过时，敌兵荷枪吆喝，周先生沉着冷静又严肃坚定地说："设备出了事故不修好，没有照明，你们也有责任。"结果敌兵只得放行。经过两小时的仔细检查与认真修复，所有故障修复完成，顺利保证了相关地区的正常发电。后来又有几个敌兵闯进张家浜发电所，探头探脑地要看看发电设备。为防止意外发生，使电气设备再遭破坏，周先生以有触电危险为由，将敌兵拒之门外。就在与国民党反动派一次次斗智斗勇的过程中，周先生与其他同志一起保卫了浦东发电厂的安全，使其免受敌方破坏，在战争年代保证了正常的发供电。曾在杨树浦发电厂遭遇"二六"轰炸事件的周先生，为了保卫上海电力系统更是放弃了父亲安排的前往英国留学的机会。周先生与电力界的同事们不怕苦，不怕累，情绪高涨，坚持斗争，终于成功守卫了浦东电厂，迎来了解放的春天！

前往异国他乡，援建越南电厂

新中国诞生之际，虽政权仍需巩固，各项建设事业百废待举，但是在越南提出援助要求之后，中国毅然迅速做出了援越政策，展开了长期的对越援助工作。1955年越南政府代表团在胡志明主席率领下访华，提出援建煤矿、发电厂、纱厂、水泥厂等请求，中国政府即派出专家、技术人员、熟练工人及提供经济支持。1959年2月，中越两国政府签订七份文件，中国向越南提供人民币3亿元的长期贷款和1亿元的无偿援助。就在援助越南五年计划时期，1962年，周先生被派往越南参加援越工作，负责越南北江电厂的建设工程。谈起这段前往异国工作的经历，周老先生至今印象深刻："当时越南北方生产条件落后，生活条件艰苦，国内经济很不发达，几乎没有电力设施基础，一切都只能从头干起。"周先生在越南艰难工作了三年，每年只有一次回家探亲的机会。在辛勤工作3年之后，周先生领导同事们出色完成了北江发电厂的建设任务，被胡志明主席亲自授予越南国家二级勋章，以表彰他在中国援越建设工作中的突出表现。

建成海口电厂，破解电荒瓶颈

1987年，600多万人口的海南岛，水火电装机总容量只有380兆瓦，人均用电量仅130度，不到全国平均数的三分之一，缺电成为当时制约海南发展的"瓶颈"。海南岛由于历史原因，开发缓慢、经济落后，电力建设十分滞后，水火电比例严重失调，电网结构不尽合理，随着发展环境的改善和开发建设速度的加快，海南电力供应"电荒频频"。

此时，身为上海市对外电力工程承包公司总经理兼海口电厂2×125MW机组工程现场总指挥的周先生接受上级指令，前往海南，在艰难的环境下参加海口电厂的建设，经常在海南、上海两地跑，既负责海口电厂建设的指挥工作，又要兼顾上海的工作。顶着不能如期完成电厂建设将被罚款的压力，周先生与同事们在电力设施落后的海口，顺利完成了24个月内工程达标的任务，并提前一个多月时间。海口电厂的建成投产，书写了海南电力发展史上新的一页，改写了海南长期以来水电、火电结构不合理、靠天等水发电的状况和海南没有大容量火力发电机组的历史，扭转了海南电力长期供应紧张的局面，为大规模开发建设海南创造了必不可少的条件。谈起这些影响力巨大的工程，周先生却总是笑笑，谦逊地说："这没有什么特殊的。"正是这种平和踏实的心态，让他一次又一次顺利完成这些难度颇大的电力工程，为推动上海电力发展乃至中国电力发展作出积极的贡献。

加入联谊会，倍感浓浓乡情

多年来，周老先生也一直活跃于潮汕联谊会，积极参与各项活动。在王亚夫老会长创立潮汕联谊会之初，联谊会便邀请周老先生加入联谊会，任命周老先生为联谊会理事。当时与上海众多潮汕同乡见面，也让周老先生倍感亲切。现在，年过八旬的周老先生也担任着联谊会顾问，积极推动联谊会的发展。

在采访过程中，周老先生一直强调自己的"平凡"。正是这种谦逊的生活态度、实干的工作风格，让他一次又一次完成了党的工作任务，完成一项又一项艰巨的电力工程，一生在上海电力界挥洒着辛劳的汗水，见证了上海电力系统的发展与完善，诠释着上海潮籍人士的辛勤与骄傲！

周厚文：心底诚实天地宽

撰稿　习慧泽

　　周厚文立为人生宗旨的这句座右铭朴实无华，由他恭恭正正地辑录于自己的业务自传里，轻拂去岁月的尘封，略显泛黄的双线稿笺，眉端印有"上海市卢湾区百货公司"的字样。1952 年生于潮阳的他，从 1984 年起任该公司党委书记和经理，三十而立，人各有志，难的是此生能否矢志不渝地执着恪守。用伟人的话，即"一个人做点好事并不难，难的是一辈子做好事，不做坏事"。一贯的有益于人民群众……几十年如一日，这才是最难最难的呵。

　　30 年后的今天，周厚文从市口岸办主任兼党组书记岗位功成身退，已然用那淡定从容且又不失几分诙谐幽默的微笑，向世人递交了自己说践诺的人生答卷——"做一个诚实、正直、对社会有益的人"。

他无疑就是这样的潮人范儿

曾经沧海难为水——此话完全适用于这位属兔50后的漫漫人生。有关那段于上个世纪六十年代末所开始的8年安徽插队经历,至今一不小心仍会时而复发的腰突症,无疑已凸显出当年在农村战天斗地的艰辛困苦。但周厚文往往还风趣地引以为豪,称自己这个潮汕人因之安徽话都能讲得溜溜的,连安徽老乡都听不出有任何异域口音,信不信? 当年就能操一口安徽土话独自主持过阜阳专区的会议呢。

有关潮汕人,百度百科本有精辟独到的诠释,认定乃系三面背山一面向海的独特地域环境,铸就了其子民传承不息的海洋精神——"敢闯能略、谨慎精细、务实勤俭",周厚文无疑就是这样的潮人范儿,扎根农村务农,当过团支书、财会、机关临时干部;回城曾在街道服务站叫过公用电话、配过钥匙、扎过拖把、当过营业员;一步一个脚印,不玩花头没有噱头,在先后掌管过多家百货商场之后,最终才走上了大上海著名商业区的百货公司领导岗位。

勇当"出头鸟"敢于"吃螃蟹"

小荷才露尖尖角,潮人所特有的"敢闯能略"的DNA,那时节便已屡屡"灵光乍现",一份份迄今已告泛黄的《文汇报》《上海商报》《劳动报》等报刊,当年几乎都在头版头条的显著位置,载录了1988年曾轰动过上海滩商界的那件当时尚无先例的创举——"干部管理制度上的一个重大变革/卢湾区百货公司全面推行干部招标经营"、"卢湾区百货公司所属22家大中型商店全面实行在行业内部公开招标"、"变被动承包为竞相承包"……

勇当"出头鸟",敢于"吃螃蟹",在忠实记录当年经济改革大潮中国企承包经营责任制的《中国企业承包实践》(上海卷)里,有周厚文亲自撰写的《卢湾区百货公司在承包中引进竞争机制》一文,思维敏捷视角敏锐的他,提纲挈领地对公司敢为人先的创新探索一锤定音——"抓住干部人事制度改革这个主要问题,大胆地全面引入竞争机制"。由周厚文自己起草的《公开招标竞争产生大中型企业承包者办法》,凝聚着弄潮儿的闯劲、魄力与智慧。

"事必躬亲"绝不他人捉刀代笔

尽管在此后的二三十年间,周厚文先后辗转于区财贸办、区粮食局、区委组织部、淮海商业集团、工商卢湾分局等部门任领导,并于2000年起先后担任了市工商局的副局长、纪检组长、纪委书记和市口岸办主任兼党组书记,但凡须动笔则一概"事必躬亲"绝不他人捉刀,直至2011年,上海市口岸服务办公室还收到了来自首都"全国思想政治工作科学专业委员会"的一份《用稿通知》,通知周厚文的佳作已被收录文献史册。

由中央党校出版的《中国思想政治工作与文化建设大全》大型文献史册,辑入的《回眸干部人事制度改革实践》一文,其实也正是周厚文搏击改革开放大潮,勇于探索致力创新的实践总结,当然,精辟的分析和洗练的文字,也源出其锲而不舍的求知若渴,这位比乐中学的67届初中生,先后获得了企业管理中专、商业企业经济管理大专、国际贸易专业本科、工商管理硕士证书,且全部是利用业余时间一堂不拉地听讲上课,最终货真价实地应试考出。

亦"官"亦"民"新一代"潮商"

为官一任,造福一方,回过头来细细翻阅周厚文至今珍藏着的那一摞摞文稿,不仅一笔一画工整且几乎无一处涂抹,跃然于纸上的诸多看似枯燥的阿拉伯数字,更处处彰显着印证了这位改革创新者的真知灼见。以30年前他率先发端于卢湾区百货公司的干部招标竞争上岗探索为例,因为坚持了"公开、平等、民主、择优"竞争机制和选材用人原则,干部职工积极性大为焕发,仅1988年度全公司的销售总额就回黄转绿,飙升至30204.24万元。

公认晋徽潮系中国近代三大商帮,潮商为其中仅有的民商,当年身兼书记和经理的周厚文却独辟蹊径,"在商"却不仅仅"言商",而由自己提笔编写教材,为基层门店的经理首先讲解《经理如何做思想政治工作》,坚持以"党政领导统一思想"来力促干部人事制度的改革,亦"官"亦"民",无形中树立起的是新一代"潮商"的崭新形象,正因为此,其后周厚文任党委书记和董事长的淮海商业集团,成功经验被中共上海市委组织部专门推荐交流。

从商从政始终贯穿"一根红线"

桃李不言,下自成蹊,素来严于律己到近乎苛求的周厚文,2011 年一旦完成交接,从上海口岸办主任兼党组书记的位置上退居二线,便执着要求连既往的公车待遇等都不应再享有,而弥足珍贵地保留并收藏的,正是那一张张一份份足足能摞成厚厚几叠的自写文稿、交流材料、红头文件,乃至已付印的书稿等。由铅印文字码成的页面,不仅是他从商从政数十年不懈探索创新所呕心沥血的结晶,更为难能可贵的是,自始至终均由一根无形的红线所贯穿。

这根"红线",同样可用伟人的精辟论述所诠释——"政治路线确定之后,干部就是决定的因素"。转战于商、政和党建、纪委等多重领导岗位上的他,丰富的阅历不仅恪守了诚实、正直的人生,还夯实了他对国家对党的事业的无比忠诚,那就是执掌任何一个岗位,都要为党和人民的事业精心选才育苗,以造就真正德才兼备的各级干部,以确保千秋伟业的后继有人。为此周厚文几乎很少有个人的爱好,最大的心愿是一旦告老赋闲后能去周游列国。

坚定不移践诺自己人生座右铭

当然,这同样也称得上是他的爱好,爱好到如痴如醉,例如收录《卢湾区百货公司在承包中引进竞争机制》一文的《中国企业承包实践》(上海)丛书,周厚文的"收藏版"其实还是一页页复印而成的,扉页上还特地注明被复印原件的出处:"上海图书馆阅览室",掐指算来,迄今也收藏了 20 多个年头了。再例如那份盖有党组和行政双重大印的红头文件,则是 1999 年转任工商卢湾分局局长和党组书记时,大刀阔斧推行竞争上岗的机制改革之印证。

25 年后再翻阅这份《工商卢湾分局关于科级干部职务全面竞争上岗的实施意见》,包括其内对竞争的基本条件、程序和有关规定的逐条细致入微的制定,再看看周厚文为之撰写的多达 12 页的《全面推行科级干部竞争上岗》的配套释文,除了叹服这位志在改革的弄潮儿缜密的思考和力推的魄力外,更让人叹服周厚文对践诺自己人生座右铭的那份坚定不移的执着——"做一个诚实、正直、对社会有益的人"。

周勤庭：搭建沪汕之桥

撰稿　金立恂

　　周勤庭，1933 年生，籍贯广东省汕头市潮南区，曾任广东省人民政府驻上海办事处主任，汕头经济地区顾问，上海潮汕联谊会创会人之一，前三届任副会长，并于第三届兼任秘书长。

　　周勤庭先生年轻时曾在粤东行政区惠阳地区工作，后调动至广东省人民政府驻上海办事处，开始了他前十年与后十一年两个阶段的工作。前十年时值大跃进时期，上海作为物资枢纽中心，生产资料、生活资料通过上海运输至全国各地。采购员满天飞是当时上海的真实写照，同时，严重的违法乱纪频繁出现。于是，上海向国务院打报告要求各省成立办事处，以便进行管理。1959 年刚过完元旦，周勤庭作为广东驻沪办科长与徐霖主任来到了上海，两人全身心投入到工作中,从零开始建立广东驻沪办,主要进行集中管理、代办业务的工作。在"文化大革命"期间,上海驻沪办被迫撤销。

"四人帮"垮台以后,广东驻上海办事处于1979年正式恢复,周先生也于1983年回到上海担任驻沪办副主任、主任。在这个阶段,周先生全面主持驻沪办的工作,直到1994年退休。在工作岗位上,他勤劳刻苦、尽心尽责。他在改革开放后主持建立的广货推销中心,为广东产品的销售提供了渠道。当时广东产品善于吸收国内外现成经验并进行组装,非常快,在上海具有潜在的巨大市场。有一个厂长这么说道:"只需要商店摆一个,都不需要销售员推销,广货就能卖得好。"然而,与广货的信心十足相比,百货商店对广货的销售额能否达标始终存在疑虑,如何通过大百货、大公司对产品进行展示和销售,并最终让广货打入上海市场成为了一个难题。在这个时候,驻沪办起到了关键的作用,周先生和同事们竭尽所能,为广货进行介绍和推销。在他们的努力下,电器产品在上海受到消费者的喜爱。当时的驻沪办还有一项工作就是对来沪的广东工程队进行统一管理,广东的建筑工程队在上海异地工程队中,仅仅位列江苏、四川之后,排在第三。当时深圳工程项目趋于饱和,而其中一部分工程队就转战上海再次投入到改革开放的建设当中。这些有先进的工程设备与丰富的建设经验的广东工程队,在上海非常受欢迎。在大跃进和改革开放时期,广东驻沪办事处牵线搭桥,在沟通两地关系方面起了非常积极的桥梁作用。

1989年,周勤庭在王亚夫先生(第一、二届潮汕联谊会会长)的布置下,以办事处的名义组织了一次乡亲座谈会。这次座谈会规模不大,参与的十几人形成了潮汕联谊会的骨干力量,在有关部门的支持下,潮汕联谊会很快成立。周先生在前三届理事会中任副会长一职,在王亚夫会长领导下,主要分管财务,扎扎实实做事。联谊会初创期,经费上有过一段艰难的时期。第一届联谊会经费主要由两位香港爱国华侨各捐赠十万元构成。到了第二届,王亚夫会长主张联谊会应"自力更生",不要过度依靠企业家。每次开企业家座谈会时,"一个人收一百块",向企业家们收一百块,而联谊会的人,也是每个人一百块。有企业家想向联谊会捐款五万元,但王亚夫会长委婉推辞,因为当时的企业也都大多处于起步期,规模不大,联谊会体谅企业家创业艰难,希望尽量不要加重潮汕企业家们的负担。正是在"自力更生"精神的指引下,联谊会创办了三个经济实体,分别从事科技、贸易和设计这三个领域,并由周先生进行管理。在联谊会的初期,这三个经济实体的运营,从一定程度上解决了经费上的困难,为联谊会的活动和发展提供保障。

周先生不仅能够为联谊会"开源",他的勤俭节约,严于律己,也深深地影响着联谊会的财务制度和运行情况。在成为联谊会副会长主管财务后,他为整个联谊会建立完整的财务制度,并严格依照规章制度执行。第一届联谊会的工作完全是义务性质的,所有工作人员都没有报酬,甚至有时会为了工作倒贴钱,但大家丝毫没有计较,共同为了联谊会的事情都热情地劳动着。到了第二届,王亚夫会长提议对联谊会工作人员发放一定的报酬,周勤庭先生同意发放报酬以加强大家工作的责任心,同时从实际的财务情况出发,提出报酬不能太多,因为联谊会没有经济基础,难以长久支撑高额的报酬,并且联谊会工作人员大多已退休,生活有保障,不依靠这个。这一举措,不仅没有影响到工作人员的热情,还充分地体现了联谊会的关怀,提升了大家的责任心。周先生的精打细算和认真负责赢得了联谊会成员的尊敬与赞许。每一届理事会换届之际,周先生都如实地报告财务收支情况,详尽地统计各项收入支出余额,并说明赞助收入来源。在第三届联谊会理事会移交工作之时,上海潮汕联谊会已累计结余一百多万元,为联谊会的发展打下了坚实的经济基础。

周勤庭先生也一直秉承着保护桑梓,服务乡亲的宗旨,为联谊会埋头工作、无私奉献了十五年。曾经有一位华侨黄先生,他走投无路找到联谊会,并签订协议帮他管理房子,一管就是十五年。每次的出租收入,除去请人维护代看等必要开支外,每年结算,余额悉数上缴联谊会,周先生没有从中拿到过一分钱。不仅如此,在这过程中,周先生还帮忙解决了大大小小各种问题。这套房子原先是没有房产证的,也因为一些历史原因批文和图纸都无法找到,为此,周先生几经周折,找到了有关部门,对方说既然这个房子的归属权大家都知道,只要能够找到施工执照,便可以拿到房产证。然而,找施工执照的过程也相当曲折,整整一天过去了,在一大堆的档案之中,唯独不见这套房子施工执照。就在准备要走的时候,传达室的工作人员也纳闷为什么找不到,于是帮忙一起找。最后,在收发本中找到了那份施工执照,房产证也顺利拿到了。周先生接手管理这栋房子时,一楼住着一位姑娘,理应迁走,但迁出房子必然会使她的生活陷入困境,周先生从她的角度出发,充分理解和同情她,在大家的协助下,为她安排好了住房的出路,最终,姑娘顺利迁出,整件事情得到了圆满的解决。与此同时,房子的自来水不通也是一个问题。周先生请了水电工敲每个房间的水管,最后弄清了是由于工程款与承建工程的人产生了纠葛,他们走之前把水泥倒入厕所中冲下,导致了水泥在水管中一段一段凝结使自来水无法顺利流入。整个查找清除的过程异常的辛苦,但周先生毫无怨言,在之后的十五年中,也如此这般地为他服务。这也作为一个先进事迹受到了联谊会的表扬。

"一身正气,两袖清风",周先生的勤勤恳恳与大公无私体现了潮汕人为人处世的原则,也为后辈人树立了一个榜样。然而,他非常谦虚地认为,联谊会与沪办工作的目标是一致的,都是为同乡服务,为沪汕两地服务,联谊会是沪办工作的扩大,这些都只是他的本职工作,是应该的。他将联谊会的诞生和发展更多地归功于他人,他总说联谊会的建立是靠众多乡亲来做的,是王亚夫会长领导得好。在联谊会成立十年之际,周先生找人撰写联谊会十年总结。当时的王亚夫会长已因病卧床,然而,王会长却说:"十年总结,当然应该由我来写。"他在回顾过去和展望未来时说道:"从无到有就是成绩,今后巩固,有所发展。"其中,"从无到有就是成绩"这句话肯定了联谊会创立之时工作人员的辛苦付出,同时也是对周勤庭先生联谊会工作最好的评价。

郑韶：且行且探索

撰稿　陈若云

　　中国改革开放三十五年，是风云变幻、激荡而伟大的三十五年。中国人民"摸着石头过河"，探索改革开放振兴中华的途径。在上海众多仁人志士中，有这么一位勤奋的探索者：他是经济改革与发展领域的专家，也是积极参政议政的市人大、市政协委员；他精于理论，也重视实践；他且行且探索，不仅见证了上海经济三十五年的发展传奇，还为市场经济、股份制改革和证券市场等领域的研究作出了杰出的贡献。他，就是郑韶。

　　郑韶，1948 年生于上海，原籍广东潮阳。1980 年进入上海社会科学院学习，1982 年经济学硕士毕业后至 1993 年进入该院经济研究所工作。后担任上海市发展改革研究院三级研究员，2013 年 3 月退休。现任上海联合产权交易所顾问、上海市政协提案委特聘委员、上海经济体制改革研究会副会长、上海潮汕联谊会副会长。

学术和实践

郑韶是一个学术上颇有建树的研究者,也是为市场经济的发展作出实际贡献的实践者。由于坚持且行且探索,使他在学术和实践领域都取得了斐然的成绩。

1982年郑韶自上海社会科学院经济学硕士毕业后,先后担任该院经济研究所经济思想史室副主任以及部门经济研究所金融研究室主任、副研究员,其间在相关学术领域有深入研究和探索,获得多项创新性学术成果。他创议并撰写了重要章节的《上海近代经济开发思想史》专著,第一次对旧上海开埠以来的经济发展全过程作了理论与实践上的全面总结,为研究上海经济的独特道路与历史经验提供了重要参考。其创意和担任副主编并撰写重要章节的专著《中国经济政策思想史》,以及副主编的《证券管理与证券违法违规》均获得过上海市哲学社会科学优秀成果三等奖,前者还是哲学社会科学"八五"国家规划重点课题。

郑韶主动积极投身于上海改革开放的伟大实践活动,将理论研究与改革实践结合起来,为上海和其他地区社会经济的发展作出了积极的贡献。他对国内外企业股份制、证券市场进行深入研究,并撰写多篇论文在报刊发表,曾获得《上海证券报》首届优秀论文三等奖。1992年,郑韶主持创办《证券市场研究》周刊并担任副主编至今,对证券市场的研究作出了一定的贡献。他重视理论,更看重实践,在参与上海证券交易所创建及中国公司法与证券法创制研究以及担任上海万国证券公司顾问的过程中,他对证券市场有了更深入的探索和研究。

郑韶不仅仅在学术有所造诣,还具有高度的社会责任感,是一个把理论应用到实践,积极用经济学知识和自己的研究成果为社会经济的发展建言献策的人。

作为上海市第十一、十二届人大代表,第十一届市政协常委、提案委员会副主任,民盟上海市委优秀成员,他通过发言、建议、提案、文论、研究报告等方式积极参政议政,反映社情民意信息,许多有建设性的看法在社会上产生了较大影响,引发了社会各界的广泛共鸣。其中,2007年间关于在上海"建设保险业市场中心"以推进上海国际金融中心建设的人大议案,由民盟中央采纳并送中共中央审阅,而上海目前已经在筹划成立保险交易所。2010年"关于在虹桥商务区建设贸易交易机构集聚区"的政协提案,获评上海市政协优秀提案。他还坚定地提倡"以人为本"、"富民强市"的发展理念,并将它们贯彻到本职研究工作和两会参政议政中。

前行和探索

扎实的理论研究功底和对现实社会的思考关注,使他对上海经济社会的科学发展问题始终保持着深刻的洞见和敏锐的嗅觉。

一直以来,上海在建设经济、金融、贸易、航运"四个中心"的过程中,都把金融放在首位或主攻方向。郑韶认为,这种偏重金融忽视贸易的做法是一种本末倒置、脱离国情市情的策略。他指出,无论从市场经济运行的规律还是上海城市发展的历史来看,都应当重视贸易中心的建设,带动航运、金融和制造业的发展,由实体经济带动服务行业的发展。回顾历史,上海天然的地缘经济优势极大地带动着货物贸易的发展,宋元以来一直都是国内航运业和国际货物贸易的中转站,尤其是上海开埠以后,整个城市的发展就是沿着贸易先行、次第带动航运、金融、工业的路径演进的。郑韶关于"贸易为先"的观点早在本世纪初就已经提出来,2013年9月中国(上海)自由贸易区正式成立,不仅显示出政府对这一问题的日益关注和重视,也充分证明了他多年坚持的贸易优先观点的正确性。

谈及中国(上海)自由贸易实验区,他表示以此为突破口的改革开放大有可为。"负面清单"的管理模式能够充分鼓励自贸区内的经济创新,无疑能够大大提高国内企业和外资企业的投资积极性。他相信只要充分尊重客观经济规律,充分发挥内外市场联动的优势,从制度上对自贸区的运作加以规范和完善,上海自贸区就能够成为驱使上海经济再度起飞、中国改革开放升级的强大发动机。同时他也注意到,自贸区还处在探索阶段,只有进行一段时间充分的试验,对出现的问题进行修正以后,才具备将试点改革的经验推广到其他地区的可能。

郑韶曾经亲历了上海浦东新区开放到上海经济腾飞、一跃成为全球金融中心之一的黄金时期,现在他又将和许多潮汕人一起,经历上海自贸区可能带来的上海经济第二次发展高潮。对于一个在经济领域耕耘、前行和探索的人来说,能和时代并肩前进,是何其幸运;同时也自感责任重大。

乡情和回报

因为从小在上海生长、工作和生活,郑韶不会说潮汕话,但他身上却有着潮汕人典型的气质和特点。他喜欢潮菜的清淡健康;最爱潮式月饼,对豆沙馅的月饼连连称赞;潮汕人到了哪里都保持着饮茶的习惯,他也喜欢在工作的时候随手泡上一杯茶。

虽然多年来一直在上海工作和生活,郑韶却仍心系家乡,对故乡怀着浓厚的感情。他谈到几次返乡的经历,记忆最为深刻的是上个世纪八十年代末,他为对股份制和企业改革进行实地调研而一路往南,第一次回到家乡的经历。他从福州到泉州,再到厦门,然后经汕头,到潮阳,第一次来到祖辈生活的地方,见到家乡的亲戚,由于不会潮汕话,只能够借助他人和家中的亲戚沟通。当地人多地少、产业不发达、贫穷落后的状况给了他极大的震动和感触。

现在,郑韶担任上海潮汕联谊会的副会长,热心潮汕联谊会的相关工作。"能帮上忙的,我尽力帮。"他将每一个在沪拼搏的潮汕子弟视为家人,在他们有需要的时候尽自己所能,为他们提供帮助。他提到,有一群潮商曾经打算在上海建设一个潮商国际大厦。他认为此举对于整合潮商资源、团结潮汕力量、发展潮人事业都大有裨益。因而举双手赞成,积极无私地参与了大量研究、组织工作。虽然此事未臻于成,但他并无怨悔。

2013年夏,潮汕地区不幸遭遇台风灾害,他参与捐款,帮助家乡受灾人群。"还是要把基础设施建设好,才能改善这种状况。"他这样说,言语间透露出对家乡受灾老百姓的关切和对家乡发展建设的殷切期望。

在2010年《汕头日报》的访谈中,他强调,"天下潮商是汕头特区发展的发力点",并运用自己的专业知识为汕头经济特区的规划和发展提出建议。他认为,潮汕地区的经济既有其固有的优势,潮汕人最突出的品质是吃苦耐劳、顽强拼搏,这种精神造就了潮商在世界各地的成功。而集中代表潮人族群精神的广大潮商,是潮汕地区最宝贵的资源和巨大的财富,地方政府只有加强贯彻落实中央制定的政策措施,创造一个适宜投资的环境,吹起改良投资条件的东风,才能最大程度地吸引潮商回乡进行投资和建设,形成良性循环,获得长足的发展。

且行且探索,是郑韶作为经济学学人的立身之本,也是郑韶在时代发展的浪潮中钻研经济规律并学以致用、服务社会的真实写照。他在学术上的不懈追求、对社会经济发展的高度关注和心系家乡的拳拳之心是所有潮籍子弟前进路上的标杆,指引着后辈们以他为榜样,不懈地在时代发展的浪潮中探索和前行。

郑健龄：恪尽职守的"经济卫士"

撰稿　陈若云

　　如果把审计比作是现代国家的免疫系统，那么审计工作者们，便是维护经济健康运行的"经济卫士"。他们肩负及时发现经济运行的风险并有效防范的责任，是国家财富和人民利益的捍卫者。原上海市审计局副局长、潮汕籍人郑健龄，就是长期奋斗在审计岗位上的"经济卫士"。

　　郑健龄，1940年出生于上海，祖籍广东潮阳。1961年自上海社会科学院毕业后进入上海吴泾化工厂工作，1983年起担任该厂总厂副厂长兼总经理师，高级经济师。1992年起，他被任命为上海市审计局副局长，从事经济监督工作。2002曾出任上海爱建股份有限公司监事长。后于2006年调回上海市审计局工作，至2008年退休。他曾任上海市第八届政协委员、第九届全国人大代表、第十届全国政协委员,同时还是中国民主建国会会员,曾任民主建国会中央委员、上海市委副主任委员。

"经济卫士"

1961年,刚从上海社会科学院毕业的郑健龄被分配到一家国家大型化工企业——上海吴泾化工厂工作,他在这家当时被列为我国自力更生、奋发图强典型之一的重点企业工作了三十余年。认真敬业的工作态度使他多次被评为厂的先进工作者,并于1965年获得上海市"五好职工"的荣誉称号。从基层车间的小员工,到企业的总调度员,再到计划科副科长,最后被破格提拔为副厂长、总经济师。

1992年,郑健龄被任命为上海市审计局副局长,成为一名"经济卫士",负责承担检查和监督经济工作中的不规范,以及违法乱纪的现象和行为的工作,就此结下了与审计的不解之缘。但当时审计于他,是一块相对陌生的领域,既是一项挑战,也是一个机遇。

由于我国审计制度的历史较短,社会公众对审计工作认知不足,审计工作中牵涉的关系较为复杂和敏感,开展审计工作对审计人员来说就成为了一项巨大的考验和挑战。他谦虚求教,不断摸索,总结经验,改进工作,很快适应了这个岗位,较好地完成了各项审计任务。在实施审计工作的过程中,郑健龄总结出一套做好审计工作的方法和原则:加强审计与被审计者之间的沟通,消除审计者与被审计者的隔阂。他要求审计人员在开展审计工作时,要注意阐明审计是促进企业健康发展手段的观点,讲究审计策略和方法,尽力改善双方的关系,在坚持基本原则和法律依据的前提下,注意贯彻兼顾国家利益和集体利益的思想,以实现"双赢",从而提高审计的效率和效果。

在遵循《审计法》执行工作的过程中,他也深刻地认识到健全的法制环境对于发展审计事业的重要性。在他开展审计工作前期,相关法律法规建设的不完善,不同法律之间的碰撞,以及法律条文的过于原则等问题给实际操作带来了不少困难。郑健龄的审计生涯中,有这样一件让他印象深刻的事:在一次对某司法机关私设小金库问题的审查中,审计人员按照规定要求被审计单位打开保险箱以查看其中的现金和会计资料,被审计单位却推说保管保险箱钥匙的工作人员出差,并咬文嚼字,以《审计法》中写明只能"封存财务会计资料",而保险箱是"固定资产"为由,拒绝让审计人员封存保险箱。被审查者钻法律条文的空子,以逃脱经济审查的行为给审计人员带来了不少障碍和困扰,也使郑健龄意识到加快推进并完善法律建设的迫切性和必要性。居其位,思其政,谋其职,郑健龄向市局各处室以及区县审计机关广泛征集对《审计法》改进的意见和建议,经过思考,汇总成十九条修改意见,以人大代表议案的形式向全国人大和国家审计署提出,经过几年的努力,最终推动了新的《审计法》的出台和施行,同时也相应修改和完善了"会计法"、"统计法"、"刑法"等有关法律法规或有关条例。

建言献策

风风雨雨,漫漫十年审计路,郑健龄恪尽职守,在自己的岗位上监督着经济的健康运行,在他和团队的共同努力下,为国家挽回了不少经济损失。他同时作为一名全国人大代表和政协委员,在社会其他领域,也胸怀强烈的社会责任感,以建言献策的方式积极地参与法制完善的建设。

1988 年,郑健龄加入了中国民主建国会,后担任第六、第七届民建中央委员,并多年任民建上海市委副主任委员。1993 年,他成为上海市政协委员。1998 年,他被光荣地选举为第九届全国人大代表,又于 2003 年初被选任为第十届全国政协委员。在担任全国人大代表和政协委员期间,他充分利用和发挥自己的专业优势,除了积极推动审计领域内法制建设以外,还针对规范经济领域内经济信息的虚假混乱和制止、杜绝会计及统计中的假账、乱账和打击假冒伪劣商品,治理环境污染,以及其他关系国计民生等方面,提出了一系列完善相关法律建设的意见和提案。

如郑健龄曾领衔提出修改、完善"产品质量法",所提建议切实、中肯,中央电视台"今日说法"栏目曾邀请他作为嘉宾出席节目,谈论完善"质量监督法"的相关问题。郑健龄指出假冒伪劣产品严重侵犯知识产权,会对整个经济发展环境造成负面影响,危害市场经济的健康运行。对于这类屡禁不止的违法行为,应该从治理生产这个"源头"来保护广大消费者的切身利益,同时,各有关部门必须相互配合、联合执法、加大执法力度,加强监管和惩罚力度。他所提出的建议最后被相关部门采纳,第二年就修改并出台了新的"质量监督法"。由于这些议案具体、实用,符合现实经济发展的需要,故先后被全国人大常委会采纳,并付诸实施。

除此之外,郑健龄还十分关心司法领域的腐败问题、提倡勤俭节约和关心社会弱势群体的社会保障以及其他诸多方面的问题,所提的意见均得到有关部门的重视、协调或解决。任职期间,他还积极参与了一些重要案件的执法监督,并挺身而出,纠正了某些司法部门执法上的问题。

郑健龄作为一名为人民群众发声的代表,在为人民谋实事的工作中,得出这样的感悟:提案和议案一定要和时代的呼声、形势的需要密切结合起来。要能点在"穴位"上,才能真正体现出民主党派人士、人大代表或政协委员的参政议政能力,真正发挥其作用,有所作为。他将反映社情民意、推动社会进步视作己任。凭借善于发现、善于反思和敢于指出问题、勇于提出建议的精神,为社会作出自己应有的贡献。

乡情家义

恪尽职守,兢兢业业,四十八年的工作生涯,郑健龄在工作岗位上出色地完成国家赋予的任务,给自己,也给社会交了一份合格的答卷。但他自己对名利看得很淡。他谦虚地表示,只是把自己份内的工作完成了而已,他说:我是生在旧社会,但成长在新社会。除了党和组织上的教导培养外,家庭的熏陶也是非常重要。郑健龄的父亲郑铁民是一位德艺双馨、很有名望的老中医,深受沪上老一辈潮汕人的尊重和信赖。正是父亲品德的榜样力量,让郑健龄在前进的道路上行走得踏实、稳健。

郑健龄虽然在上海出生、求学和工作,但由于幼时家就住金陵东路、四川南路和永安路一带潮人聚居的地方,父母都是正宗的潮汕人,同在上海的潮汕人来往频繁,老太爷又常在解放前上海潮州同乡会义务施诊,生活成长在这样的家庭里和环境里,耳濡目染,他没有忘记潮汕话和对潮汕传统风俗习惯的了解。

郑夫人是位贤妻良母型的贤内助。她虽然不是潮汕籍人,但在这个家庭里,也感染了许多潮汕家乡的习俗。夫妇俩十分恩爱,相敬如宾,结婚40多年来从来没有争吵过一句和红过一次脸。郑夫人对郑健龄的工作全力支持,郑先生说:"我的'军功章'有她的一半。"工作之余,郑健龄爱好唱歌,虽然已年逾七十,但唱起歌来依旧嗓音洪亮,精神矍铄。他喜欢音乐和摄影,闲暇时候利用家中的电脑自唱自录自编歌曲,还刻录成光盘,其对唱歌的热爱和专业技巧丝毫不亚于时下的年轻人。他夫人在旁笑称他常常在家开"个人演唱会",她则是忠实的听众,边听边做家事。在老先生珍贵的相簿中,也可以看到他活跃在联谊活动舞台上的身影。

郑健龄也是潮汕联谊会的"元老",对联谊会的事情他十分热心,时常关注有关的新闻和杂志报道,同时积极宣传联谊会的活动。谈起联谊会成立五周年时,上海市副市长出席致贺、对联谊会的成绩和影响力作出肯定的事情,他也颇感高兴和骄傲。而今,郑健龄已从工作岗位上退休,虽然身体欠佳,但是他兢兢业业的工作态度和对社会问题的热切关注,他坚守在岗位上用自己的专业知识和辛勤工作为国家经济的健康运行把脉的形象,以及他给潮汕后辈树立的榜样力量,却不会随着时间的逝去而模糊、褪色。

侯旅适：党的需要就是我的选择

撰稿　尹学尧

　　上海潮汕联谊会能在上个世纪八十年代成立是一件很不容易的事。以现在的眼光看，成立一个社会组织好像并不是一件很麻烦的事，但在那个年代就不是一件简单的事了。尤其是作为在上海成立的第一个群众团体，其开拓性的工作是极其艰难的。尽管历经种种困难，但上海潮汕联谊会还是顺利地成立了。这其中不能不提到时任上海市人民政府副秘书长的侯旅适。如果没有他从中多方努力，联系了相关部门特事特办，上海潮汕联谊会也许难以顺利诞生。

　　上海潮汕联谊会成立后，侯旅适担任顾问至今，并十分支持联谊会工作。饮水不忘挖井人。当上海潮汕联谊会成立25周年之际，接到了采访他的任务。

接到采访通知，我的脑海里马上冒出侯祥麟这个名字。因为他是中国科学院院士，又是中国工程院院士，是我国为数不多的两院院士。

在侯旅适家客厅刚坐下，我就提到姓侯的名人，其中提到侯祥麟。没想到，侯旅适脱口而出：侯祥麟是他叔叔，是著名的地质学家，还曾担任过我国地质部副部长。他的父亲侯祥川也是搞科学研究的。父亲在汕头读完中学后又在上海读书，后考入北平协和医科大学，毕业后留校搞科研，1934年到上海雷士德研究院从事营养学研究。侯旅适说："我父亲虽然没有我叔叔的名气大，但他也是位老专家，是一级教授。"

难怪出身于书香门第的侯旅适说起话来十分儒雅，充满了书卷气。

谈起人生经历，1930年出生的侯旅适用一句话概括了自己。他说，自己的经历特点是：两头做党政工作，中间做科技工作；早期在外地工作，后来长期在上海工作。

年轻的离休干部

在离休干部中，侯旅适是小弟弟。

他在3岁时，随父母从家乡来到上海。1948年，他考入了交通大学物理系，曾担任党的外围组织——新民主主义青年联合会总部成员。1949年3月，在上海解放前夕，19岁的侯旅适在交通大学秘密加入了中国共产党。

在欢庆上海解放的喜悦气氛中，侯旅适被组织选派到青年团中央团校学习。1949年7月，他来到了河北省良乡县，在青年团中央团校进行一年学习。在这里，他如饥似渴地学习新民主主义的理论，学习马列主义，学习毛泽东思想，学习建设新中国的本领。

一年后，侯旅适进入北京，被分配到团中央组织部。抗美援朝战斗打响后，他随一支2000人的队伍来到沈阳，最后有20人留下来，侯旅适是其中之一，他最后分配在中共中央东北局组织部，担任秘书工作。后期，他还在中共哈尔滨市委担任过干事和秘书。

1954年，中共中央东北局撤消，侯旅适被分配到沈阳第一机床厂担任装配车间副主任，苏联专家办公室副主任。这家厂是我国社会主义建设的重点企业，也是苏联专家帮助我国建设的156项重点工程之一。

侯旅适原本就可以沿着从政的道路一直走下去，是祖国的发展，让他的

侯旅适：党的需要就是我的选择

人生道路再次发生了重大变化。

继承父辈传统搞科研

1956年,党中央发出了向科学进军的号召,侯旅适来到复旦大学物理系读书,他要将在交通大学没有读完的书在这里读完。

2年后,学校开展科研工作,侯旅适参加了复旦大学102所,也即后来的原子能所,担任大组长。当时的研究方向主要是研究、设计、制造静电加速器。静电加速器是从事原子核物理基础研究和核技术应用的大型科学设备,在高电压、高真空、高气压的三高特殊条件下,将肉眼看不见的带电粒子加速到很高的速度,然后去轰击靶子,引起原子核反应。加速器的设计制造,涉及物理、机械、电子学、自动控制等领域,是相当复杂的工程。

在破除迷信、解放思想精神鼓舞下,侯旅适大胆提出了研制静电加速器的设想,得到了复旦大学领导的支持。这个试验,他们先从简易的静电加速器做起,再向复杂性提高。在不太长的时间里取得了一定的成功。由于侯旅适是二年级学生,敢于发起并组织一批学生向尖端科技进军,静电加速器小组得到了上海市教育系统的表扬和奖励。

1960年,侯旅适分配到了中国科学院上海原子核研究所,担任了三室副主任和党支部书记。在这期间,他主持试制了苏联设计的静电加速器以及主持研究、设计、试制了串列静电加速器。在他离开后,科研人员、工程技术人员和工人师傅又经过几年的努力,终于建成了自制的串列静电加速器,培养锻炼了一批人才,也积累了一些经验教训。

在经历了"文化大革命"以后,从1973年到1981年,侯旅适在上海原子核研究所十一室、十四室、九室,先后担任了领导小组组长、第一副主任和党支部书记。经过市委党校学习,从1982年起,侯旅适担任了所长助理。以后又升任了中国科学院上海分院副院长。

为推进上海的发展尽心尽力

从1984年起,侯旅适的生命历程再次发生重大变化,他从科研系统走上了上海市人民政府副秘书长的岗位,同时兼任上海市人民政府研究室主任和上海市经济研究中心总干事。是时代，是历史，将重任再一次压上了他的肩头。从此，他在江泽民、黄菊、朱镕基、徐匡迪四任市长领导下，为上海的改革发展，提高城市发展水平贡献了自己的力量。

侯旅适对上海市的产业政策和产业结构调整进行了较为系统的研究，并做了一些促进、推动工作。他撰写了《上海产业结构政策的初步研究》的报告，提出了上海应优先发展小轿车和微电子行业，提高机电工业在整个工业中的比重，加快发展第三产业的建议。在时任市长的江泽民主持下的委办局干部会议上作了专题汇报。江泽民市长要求各委办局认真讨论研究。

在这期间，侯旅适还同市计委、市经委的领导分别与8个工业局的领导商讨产业结构调整问题，并整理出一份综合报告。朱镕基市长阅后，要求各工业局提出产业结构调整实施计划。后来，侯旅适又与有关部门同志调研后写出了一份《上海地区原材料工业的中长期调整思路》的报告，指出上海缺少原料和燃料，环境容量小，不宜发展过多的钢铁、石化工业。

经过调研，侯旅适还提出了上海要繁荣得依靠商业的观点，受到了时任黄菊市长的重视。在由经济研究中心和商委联合召开的商业研讨会上，侯旅适作了专题发言，黄菊市长给予充分肯定。侯旅适还积极推动市计委增加对商业的固定投资规模。时任朱镕基市长在一次陪外宾参观豫园时，看到商店楼上居民家窗口晒了不少衣裤，认为影响了上海的城市形象。侯旅适和另一名副秘书长一起到豫园地区搞专题调研。最终，在他们的建议下，成立了豫园地区改造小组，实施了这个地区居民的搬迁和改造。浦东实行改革开放后，侯旅适又积极倡议建设张杨路商业一条街，这在以后都变成了现实。

在上个世纪的八十年代，上海的发展处在十分艰难的时期。虽然上海每年上交给国家的财政最多，但留给上海地方的财政很少。因此，上海的城市建设欠账很多，基础设施落后，人均居住面积不足3平方米的人很多，还有几十万只马桶，几十万只煤球炉。外地人到了上海，都说上海的城市面貌变化不大。

为了取信于民，上海市人民政府每年要办十几件与人民日常生活相关的实事，并将内容列入市长每年向人代会所作的政府工作报告。由侯旅适主持的政策研究室每年都要经过调研，确定第二年要新建多少面积的住房和公建配套设施；新建多少和拓宽多少条道路；新辟和延伸多少条公交线路；新增多少煤气用户。还要安排好猪肉和副食品的供应，解决每年新增几万名小学生的读书问题、环境综合治理问题等一大批涉及民生的项目。江泽民市长要求所列实事必须是能够完成的,并亲自主持审定。所以,侯旅适每次都要与相关单位反复商量落实,包括责任单位、责任人、经费来源等各项内容全部得一一落实。在政府工作报告通过后,侯旅适还要同部门的同志一起了解实事办理的进度,并及时向市长汇报,以确保这些任务在年内都能全部完成。

在上海市人大常委会工作期间,侯旅适又主持和起草了《上海市外高桥保税区条例》。这是由省市级人大财经委直接起草的地方性法规。为了起草好这份法规,市人大邀请了国务院特区办、海关总署、外经贸部等相关部门到国外的自由贸易区作了详细考察,并结合我国的实际,起草了这份条例。为了使保税区更接近国际自由贸易区的通行做法,争取国家主管部门支持,经过反复的磋商,最后获得上海市人大常委会的一致通过,成为国内第一个由地方立法通过的保税区条例,对外高桥保税区的发展起到了一定的保障作用。

今年已经84岁的侯旅适身体健朗,思路清晰。回首往事时,历历在目,如数家珍。

上海的发展,倾注了全体上海市民和外来建设者的心血。上海人民不会忘记为这个城市发展奉献过心血、作出过贡献的人。他们的名字将永远镌刻在上海城市发展的里程碑上。侯旅适就是其中的一位。

胡志远：勤勉 律己 奉公

撰稿 许椰惜

怎样的人生才适得其所？有人轰轰烈烈而误入歧途，有人平平淡淡却助人无数。在上海，就有这样一位潮人，他一生低调，而留下了无尽的芬芳。做应该做的事，利党利国利民，简简单单，便是其一生的指南。

他，就是中国共产党党员、中共上海市委研究室原副主任胡志远同志，也是上海潮汕联谊会的创会副会长。胡志远同志是广东潮阳人，父辈早年定居上海，虽生长在上海，但他身上的血液都饱含着浓浓的潮汕情谊。自幼便结识同是潮阳人的夫人张琛同志，两人青梅竹马，相扶至老，在很多"应该做的事情"上，他们默契配合，低调为之，留下一路芳名。今天我们很荣幸来到胡前辈家中，张琛同志一开门便用潮汕话跟我们打招呼，倍感亲切，以至让我有种错觉,仿佛眼前这位两鬓斑白、精神矍铄的老人便是自家中的奶奶。张琛同志顿挫抑扬地向我们讲述她与胡前辈的故事,"他在什么时候做什么事情,我都记得清清楚楚的",这样子的知根知底,是多少岁月才能成就的。

勤勉好学,早当家

胡志远小时候家庭的经济条件并不好,父亲长时间失业,胡志远小小年纪便要承担起家庭的重负,但他从未想过要放弃学习,而是一边打工一边上学,自1944年8月起,他先后在上海电业厂、陆军修械所做艺徒,读读停停地完成初中学业。不管在哪里工作,也不论白天多么辛苦劳累,他晚上回到家里必做的一件事就是自学看书。因为那般的坚持,我们今天才会看到这样一个博学多才、融会贯通的胡志远。据胡老夫人回忆,胡志远记性非常好,加之他自己也喜欢看很多书,因而懂得很多东西,也一直鼓励身边的人去学习。

在那个年代,对大多数人来说,读书尚且不易,但胡志远在忙于生计之余,不仅博览群书,还懂音乐,喜欢唱歌,更会拉小提琴。无奈家境贫困,后来为了给弟弟妹妹们交学费,胡志远忍痛将小提琴卖掉,供弟弟妹妹上学。小小年纪,便担负起了一家之主的责任。

而张琛同志年轻时同样也是一个独立、有主张的人,在解放后全家要移居香港时,她一个姑娘家毅然坚持要留在上海,更难得的是,开明的父亲最终也支持了她的选择。在谈话期间,张琛同志翻出了父亲张伉龙的资料,这也是一位德高望重的前辈。他早年赴沪求学,因急公好义,受旅沪潮州八邑绅商公推为"潮州旅沪同乡会"理事长。其间参与并组织领导创建上海潮州和济医院、上海潮州贫儿教养院、上海潮州山庄,并担负高层管理职责,使在沪的困苦潮人,幼有所养,病能就医,亡得归土。同时不懈地协调潮商与在上海的多个省、地商帮的关系,使其和睦相处。当时上海除华界外,还有英、法、日等外国租界及势力,潮商与他们的纠葛事情常有发生,多依仗张伉龙奔走斡旋,息事宁人。1946年广东省主席罗卓英上将军访上海,张伉龙作为旅沪粤绅领衔人主持接待,可见其声誉之一斑。"世事让三分天空地阔,心田留一点子种孙收",这是张伉龙于民国十八年写下的待人之道。在这样一个热心社会事业的父亲的教导下,张琛同志也逐渐成长为一个自立自强、有着高度社会责任感的女子,与胡志远可谓志同道合。

坚守原则，不乱来

　　1949 年 2 月，胡志远加入中国共产党，随后担任上海市第二十六工人夜校的校长，他一边在夜校学习，一边向工人阶级宣传中国共产党。1950 年，胡志远来到上海市委工作，历任市委工业生产委员会秘书科长、国营工业部、重工业部、工业工作部秘书科长、调研科长。直到 1964 年 3 月，他被调任上海无线电四厂厂长，其间在"文化大革命"中遭到了严重迫害。当时无线电四厂里既有没有文化背景的工人，也有技术人员。海军要求厂里制造雷达，胡志远便把工人和技术人员组织起来，一同研制，因为制造雷达既需要劳动力，也需要技术。但也因为这样，胡志远被站在了造反派的对立面，他们坚决认为胡志远不应该拉拢知识分子，认为他这是在反对工人阶级，但一方面也欣赏胡志远的才干，因此提出只要他把科技界的人打掉，便拥护他当头头。胡志远深知技术的重要性，怎么也不肯答应，造反派便到他家里，从晚上坚持到天亮，逼迫他签字打倒知识分子，否则马上打倒他。胡志远淡定应对，对造反派说"你打倒我好了，我们没有这个权力，军用的东西又不是玩具，岂可乱来"。结果我们可想而知，天一亮，徐家汇到处贴满了写着"打倒胡志远"的大字报，胡志远也就被抓了起来，关在厂内的单人小间，关了两年。

　　但不管在隔离还是在外头，胡志远始终坚守着自己的原则，不向恶势力低头屈服。张琛同志给我们讲了个有趣的段子，某日胡志远在狱中看毛主席语录，造反派问其在干什么想什么，他自觉解释无力，便从头到尾把毛主席语录背了出来，背到造反派都受不了吆其停止。同样，张琛同志在恶势力面前，也是一名勇士，当年胡志远被关，她正在五七干校劳动，造反派来到干校要她写下胡志远反党的言论，被她拒绝后，造反派自己编造了一份逼她签字，她接过后便撕个粉碎，足见其女中豪杰之气概。

　　虽然在上海无线电四厂的"插曲"让胡志远吃尽苦头，但他跟夫人的为人，也在不知不觉中团结了一批工人。在当年胡志远被关的时候，"看牛娃"还来到家中，要帮忙带书到狱中给胡志远。在胡夫人的指引下，看牛娃也看起书来，开始知道马克思原来不是姓马，胡志远的家由此成了看牛娃的图书馆。为此，胡志远被释放之后，看牛娃还专门上门来道歉。

　　不论是为人还是处事，胡志远都是一个特别求真务实的人。"文革"结束后，胡志远去负责干部管理，在此期间，他秉守心中的一把尺，为很多人平反

241

胡志远：勤勉　律己　奉公

了冤假错案。当时有个某大学的学生,被判现行反革命,胡志远为此跑了很多趟,最终调查清楚,学生得以平反。而在整理工业时,胡志远也解决了许多关键问题,例如"厂长负责制"的提出。过去有一条不成文的说法,工厂就是党委说了算,因为党是最高领导核心,党领导一切。但问题就在于,生产主要是厂长在管。于是经过调查后,胡志远便提出,工厂生产应该是厂长负责制。就因为这样,他又差点被打成右派。

胡志远的成就离不开他求真务实、吃苦耐劳的精神。在他担任上海市委研究室副主任期间,他仍坚持亲自深入基层,进行调研,掌握情况后向有关领导汇报,并提出相应的建议。用张琛同志的话说就是,"基本上他呆在办公室的时间非常少,都是在外面跑"。胡志远善于为领导提供书面报告,有"笔杆子"之称,但他又非常低调,在报告上都不愿意署上自己的名字。更要提到的是,他不仅在工作上严格要求自己,而且善于培养他人,每次外出调研,他都会带上几位同志,给他们提供学习的机会,并且积极向上级推荐人才。

大公无私,为他人

中国房价飞涨,这是不争的事实,尤其是上海。在这样的经济形势下一些人都忙着圈地囤房。但胡志远却丝毫不在意这些外在的东西,反而两次将房子拱手相让,足见其党员先进性。早期胡志远将祖辈在家乡留下来的房子给别人住,但后来他也一直没去讨要回来,而是说别人住了就送给他们住了。这或许比较容易理解,因为他跟家人常年定居上海,房子也算是闲置。但当听到他将上海的房子也无偿还给国家时,我们都惊叹不已,为其如此崇高的觉悟。按照干部的级别,在女儿结婚的时候,组织上配给一间房,后来女儿外出工作了,房子可以让儿子结婚时住,但他说房子够一家人住在一起就行了,结果把田林路的房子退还给组织。

"活着的时候占一份土地,死了就不要再占土地了",面对一生最后的归宿,胡志远同样看得十分淡然,甚至还在为他人考虑着。就这样,胡志远去世后,仅在烈士陵园安放了两年,便依照他生前与夫人达成一致的决定,举行了海葬。"这个地方,我们都已经占了两年多了,该腾出来让别人进去了",与胡志远一样,胡老夫人也有着一颗博大无私的心。我们为这样的深明大义感到由衷的敬佩。

每一个在上海的潮人,都与上海潮汕联谊会有着或多或少的联系。而胡志远对联谊会,更是倾其所有,丝毫不计个人得失。联谊会成立之初,作为一个民间社团,需要得到民政局的批准,才能开展各项活动。于是胡志远便不辞劳苦地去民政局,向他们阐述上海潮汕联谊会创立的初衷,以及它对上海、潮汕两地的意义,最终取得执照,联谊会才得以"名正言顺"地延续至今。另外,为了支持联谊会的组建,胡志远把家里的沙发和杯子都搬了过去,供开会所用。每逢家乡有亲朋好友到上海来,他都坚决不到外面餐馆吃,而是要请到家里来,让胡夫人亲自做饭,让远道而来的客人真正有宾至如归的感觉。

　　"人生出来就是要靠自己劳动的",一直以来,胡志远就是这样的一个人,严于律己,宽以待人,不仅用劳动创造了自己的人生,也在用劳动,用自己的付出,奉献社会,造福他人。

郭大同：谦逊实干　古道热肠

撰稿　陈沛转

　　郭大同先生，历任上海潮汕联谊会第一届、第二届秘书长，第三届副会长，第四届理事会顾问以及第五届名誉会长。从上海潮汕联谊会创立，到联谊会在海内外获得令人瞩目的影响力，他既是创会元老，也是联谊会发展热心的推动者。谦逊的他总是站在聚光灯之外，可具有务实精神的他为沪潮两地的乡亲做了一件件的好事、实事。在他陪伴联谊会走过的 24 个春秋，他一直秉承潮汕人谦虚而又实干的精神，不仅紧紧团结了在沪潮汕人，也促进了沪汕两地各方面交流。

　　带着好奇，我和一位复旦学弟一起采访了郭老先生。采访当日早上 9:30 我们准时达到联谊会时，郭老先生已经提前到了，让作为晚辈的我们不禁汗颜,但老先生丝毫没有责怪我们。他笑着过来和我们亲切地握手,慈祥的微笑让我们轻松了不少。郭老先生介绍说自己曾经因为战乱回到家乡潮阳读书,当听到与我同行的学弟也是潮阳铜盂人时,不禁激动地开始用家乡话问他家乡的现状,问完感慨万千:"我家以前在旧菜市场那边,我已经不知道多少年没有回去了。"浓浓的思乡之情溢于言表。

郭老先生于 1930 年 11 月 18 日出生在上海。1935 年,由于抗日战争硝烟四起,他被家人送回故乡(现汕头市潮阳区铜盂镇),在当时的铜钵盂小学念书。在铜盂念完小学初中之后,他进入大中中学念高中(现为汕头四中)。1947 年中学毕业之后,他担任了潮阳一区财粮股股长,直到 1955 年调任北京中侨委(现国务院侨务办公室)。1969 年至 1972 年任江西晋江中侨委干校校长,兼红卫连四连连长。在三年的时间里,干校每届学生都由郭大同先生亲自带队到北京参加高考。现在,他的学生分布在海内外,有美国大学教授,也有中央高级官员。1972 年,组织想调郭大同先生回北京任职,但郭大同先生考虑到郭夫人是南方人,不习惯北方的气候,于是申请调往上海,任中国新闻社上海分社党支部书记。1973 年,因"文革"中新社暂停,郭老改任中旅社上海分社团体科科长,1978 年,中新社复建,任副社长至今。2012 年,中新社60 周年庆,他作为 50 年老员工受到嘉奖,在人民大会堂金色大厅受到国务院领导的接见。郭老先生自从和侨务工作结缘,就再也没有间断过。而他与汕头的重逢也是因为侨务工作。

自从 1955 年调任北京之后,他三十几年没有回过家乡。他与汕头重新建立联系还得追溯到 1989 年汕头经济特区的建立,这也是郭老先生等前辈创立上海潮汕联谊会的起源。为了获得更广阔的视野和更广泛的投资机会,汕头市在建立特区之初便特聘 5 个经济顾问组:北京、上海、香港、澳门、加拿大顾问组。上海小组一共有 10 个人,包括了王亚夫、胡志远、邹剑秋和郭大同先生等。几位前辈聚到一起,商量着如何才能更好地为家乡服务。他们认为,需要成立一个组织,为汕头家乡的建设出力,为海外侨胞和在沪潮人服务。本着这样的宗旨,同年,他们创立了潮汕联谊会,郭大同先生任秘书长。自此,郭老先生便把他对潮汕家乡的深情,化为在联谊会尽心尽力工作的无穷力量。他广泛地联系在沪潮汕同胞,其中有政府高级官员、企业家、科学家、文化艺术界名流,为两地经济贸易往来、科学技术咨询、文化艺术交流做了大量工作;他与海内外潮人取得密切联系,促进潮汕和海外潮商来沪投资发展。

郭大同:谦逊实干 古道热肠

24年的时间里,他与历届联谊会同仁竭诚合作,团结了一大批海内外潮汕人。联谊会创会时只有152人,而今已经发展到接近1000人。

汕头驻沪办事处(简称办事处)刚成立时,办公地址还没有选定,只好先借用广东驻沪办事处的办公室,处理事务受到不少限制。作为顾问以及联谊会秘书长,郭大同先生不仅热心地为选址提供建议,还联系海外侨胞帮忙解决了外汇交割的困难。原房主为加拿大人,坚持买房交割要用外汇,但由于当时内地外汇管制严格,办事处也是一筹莫展。郭老先生为此多次奔走,最后联系到香港的侨胞帮忙以美元代付。现今办事处大楼已由原先的三层半小楼推倒重建为八层楼房。地处繁华的静安寺商圈,现在大楼的价值对比当时的买房价格,让人不得不感叹当年选址的目光长远。现在联谊会借用小事处的8楼,追根溯源也得益于当年郭老先生对办事处的相助。但老先生最关心的却不是过往,而是现在和未来联谊会的发展。

自联谊会创会至今,郭大同先生尽心尽力,鼓动和促成很多高技术人才为家乡引进许多先进技术和理念。联谊会创立之初,当时电子制造在汕头发展迅速,但产业化程度低,厂家规模较小,技术落后拖累了产业发展。在郭老的穿针引线下,时任复旦大学副校长兼联谊会副会长的邹剑秋先生请复旦大学电光源技术专家蔡祖泉到汕头帮助家乡厂家提高节能灯生产技术。澄海、潮州一带蜜饯制作是传统工艺之一,但技术更新缓慢。在郭老的促成下,张继楷工程师带领团队到澄海传授真空包装技术,使潮汕的食品工艺得以向外发展。凡此种种,不一而足,郭老先生将个人影响力服务于家乡,令人敬仰。

他不仅为家乡引进先进技术和人才,也热忱地服务海内外同胞,促进各方经济文化交流。他帮助一批潮商来沪投资并取得巨大成功。如明圆集团投资"明圆世纪城",占地1.6万平方米,总面积达15万平方米,总投资10亿人民币,还有正大集团投资正大广场,建立了上海地标性的商业地产。郭老先生还搜集了许多文化历史资料,弘扬家乡文化。在任第三届副会长期间,他与会长李春涛先生等前辈大力推动家乡文化事业发展,支持上海潮州国乐团进行团址修缮,鼓励团员争取创新。

2005年,应潮汕联谊会企业家成员的建议,郭大同先生联系众多在沪企业家成立了潮汕商业委员会。当时的商业委员会还属于二级民间组织,隶属于联谊会。而今,从联谊会衍生而来的商会已经成为潮商企业家们互帮互助共谋发展的一个大平台,而许多参与商会的企业家事业也开始腾飞。

作为民间组织，联谊会能在二十多年中持续地发挥服务功能，而且影响力蒸蒸日上，这种成就实在引人注目。郭老先生不仅参与创会，更陪伴着联谊会一步一步从一个只有 152 人的组织走到现在。但当外界媒体如汕头电台、潮阳电台想对郭老先生的事迹进行报道时，郭老却一直站在聚光灯之外，对自己的贡献一字不提。这次采访之前他一直对我们说："我个人经历非常简单，也没有作出什么贡献，就不用写了，联谊会的情况我比较了解，可以跟你们多讲讲。"德高望重却谦逊如此，让作为后辈的我们不由得心生敬佩。

郭大同：谦逊实干 古道热肠

黄瑞玲：一直走在"服务"的路上

撰稿　许珂

　　她，生于新中国，长在红旗下。她，从学校走向农场，从农场走向机关，从机关走向社团……她不到一个甲子的生命轨迹，闪耀着两个字：服务。她就是黄瑞玲，生前担任汕头市人民政府驻上海办事处党组书记、主任，上海潮汕联谊会副会长、秘书长。

　　黄瑞玲，祖籍广东澄海，1953年生于上海。她从小就是一个懂事的好孩子。在家里，孝顺父母，敬爱兄姐。在学校，品学兼优，乐于帮助同学，是老师的好助手。从小学到中学，从少先队到共青团，从当班级干部到当学生会干部，为同学服务、为集体做好事，就是她的座右铭。

　　在"祖国山河一片红"的年代，1968年黄瑞玲从市四川中学高中毕业，按照那时的政策,作为知识青年,她从市区到长兴岛上的国营前卫农场,成为农场工人。每天下地干农活,接受"再教育"。她劳动、学习、民兵训练…… 样样走在前头。1974 年,她光荣参加了中国共产党。在"知青"返城的大潮中,她又按照政策从农场回到了市区。全国恢复高考,她考入上海师范大学中文系。大学毕业后, 这个年轻党员,幸运地被挑选进入市级机关大门,先在市计划委员会办公室工作,后来又被调至市政府办公厅秘书处。她的职责是,上情下达,下情上传。她的岗位依然是"服务"——为领导机关服务,为基层单位服务。

1992 年,汕头市政府驻上海办事处需要充实干部配备。汕头市政府一位领导同志专程来上海落实这项工作。他要物色一名驻沪办的负责人。经过一番调查考察,黄瑞玲诚然是不错的人选。她是潮汕人的后代,年富力强,具有基层工作与机关工作双重经历与经验。更重要的是她舍得离开市政府大机关,愿意到驻沪办这个小单位工作。她动情地向汕头市领导同志表示,能有机会为家乡服务是自己的荣幸,为家乡的事业出点力,自己义不容辞。就这样,她顺理成章地从上海的政务部门调到汕头市驻沪办事处,从担任副主任到担任党组书记兼主任,开始她新的服务生涯。她带领驻沪办的同志到嘉定、宝山、松江等地区县,走访潮商潮企,为他们排忧解难。

黄瑞玲是个实干的人。早先的汕头驻沪办事处坐落在静安区镇宁路一条大弄堂内,办公场地并不宽敞,工作条件比较差。她向上级领导建议改善办事处的环境,得到领导的支持。在上海潮汕联谊会的协助下,黄瑞玲四处奔波为驻沪办物色新家。一番努力之后,驻沪办终于在 1991 年购置了华山路 439 号一幢花园楼房。黄瑞玲又千方百计筹集资金 , 将小洋楼拆建成为近3000 平方米的 8 层办公楼。从此驻沪办的工作条件大为改善,办事处所需经费也有了新的来源及可靠保证。身为办事处主任,黄瑞玲立下了汗马功劳。

"驻沪办事处首先是一个服务平台。"黄瑞玲一直这样向她的团队强调,用"服务平台"的观念与高标准要求自己和同事。

1990 年代以来,上海一年一个样,三年大变样,成为全国改革开放的排头兵。汕头市各方面领导和专业人士一批批到上海对口访问,学习交流、洽谈合作。黄瑞玲和驻沪办同事忙得不亦乐乎。每当汕头来了团队,事先要做各种准备工作,要接送要陪同,要确保重要活动顺利进行,要落实领导临时交待的任务…… 黄瑞玲带领团队一次次以出色的服务工作赢得家乡同志们的赞誉。

来上海寻求发展机遇的潮汕乡亲一年比一年多。许多人口口相传,找到驻沪办事处,企望得到帮助。黄瑞玲曾有过短暂的下海经商的经历,对创业的艰辛感同身受。所以,对找上门的乡亲,她总是热情接待,指点有关政策,介绍经营项目,推荐合作伙伴。在牵线搭桥中,她与企业界乡亲结下了深情厚谊。

跨入新世纪,汕头驻沪办事处又增添了一项新的服务工作——每年新学年开学之际,接送来自汕头市考进上海高校的新生。原来,这是汕头市教育部门与驻沪办合作为来沪就读的大学新生办的一件实事和好事。那几年,《汕头日报》会刊登公告,示意凡考到上海高校的新生,抵沪时由驻沪办负责接送到各自高校报到。按照新生到沪时间,黄瑞玲就与驻沪办的周永泉、许珂、徐晨等同事,轮流坐着陈彬驾驶的金杯面包车到机场、火车站去,接来汕头的小老乡,将他们一一送到大学里。这些青年学子到达上海的第一时间,迎面而来的是亲切的乡音乡情,令他们既温馨又感动。黄瑞玲他们还多次协助上海潮汕联谊会组织会员组团到潮汕故乡旅游观光。有时候,她亲自去打前站,落实有关事情。

早在上海潮汕联谊会筹建期间,当时尚在市府办公厅任职的黄瑞玲,就积极参与联谊会筹建工作。她利用工作的有利条件,通过有关部门的帮助,了解到在沪潮汕籍居民达60余万人以及其他相关信息,为发展会员的工作提供了准确可靠的依据。联谊会成立多年后,她先后当选为副秘书长、副会长,在主持驻沪办的繁忙工作的同时,也为联谊会的事操心出力。2010年1月,联谊会产生第五届领导机构,黄瑞玲当选为副会长兼任秘书长,她更把全部精力倾注在工作上。她积极协调落实会长办公会议的各项决议和制度措施。她始终强调,联谊会工作就是服务工作,要为上海潮汕人尽心尽力服务好。她经常带领办公室的有关同志到在沪潮汕人办的企业,了解情况,为企业家们出谋献策,对他们在经营中、生活中的困难,总是尽自己的能力为其排忧解难。为了增强联谊会小组活动的活力,她提议并参与决策,联谊会实施了小组活动经费的补贴制度,受到了组长们和广大会员的好评。为适应新形势,她经过一番调研后,提出了调整、改革联谊会内设机构的方案,即设立"一室四部":办公室、组织联络部、企业联络部、科教文卫法联络部、青年联络部。经联谊会会长办公会议讨论审议,大家一致同意这个方案。正当黄瑞玲要着手实施这个方案的时候,一个巨大的不幸无情地降临到她身上。她患上难以治愈的重症。面对残酷的打击,她以乐观的心态和坚强的毅力积极配合治疗,与病魔抗争。在病床上，她对前来探望的乡亲畅谈联谊会的发展前景。在病危之际，汕头市政府领导同志专程前来慰问时，她不提个人要求，说的是对驻沪办今后工作规划和建议。病友被她如此乐观积极的态度而深受感动，赞誉她是抗病魔的"精神领袖"。但是两年后——2012年5月14日，病魔还是夺走了她的生命。她仅仅59年的人生留给亲人、朋友、乡亲和同事无限的哀思与永久的缅怀。

她的兄长说："妹妹，我们家中还有96岁的老母亲，你走得太早太早啊！"

联谊会的长者说："她有潮汕女子的勤劳、贤惠，她对老同志特别关心，和我们老人很谈得来。"

潮商老板说："她抽烟喝酒，像男子汉，办事干脆有魄力。她了解我们的甘苦。"

驻沪办的同事说："她严于律己，宽于待人；她走到哪里就忙到哪里。"

多少年来，"能干"、"热情"、"豪爽"，勤奋工作，努力付出，不求回报，是她留给大家的印象。这个有38年党龄的共产党员，为集体、为家乡、为汕头驻沪办、为潮汕联谊会，一直走在服务的路上。

谢天寿：心系上海医药行业

撰稿　杨清銮

　　有这么一位潮汕人，他在每一个岗位上兢兢业业，脚踏实地；他在自己的工作上胆大心细，敢于创新；他的工作态度严谨求实，认真负责；他的领导才能胜人一筹，有目共睹。这位潮汕人的名字就叫谢天寿。

　　谢天寿，1942年6月生于广东潮州潮安县，1965年从广东中山大学化学系高分子专业毕业后，被分配到上海市委组织部工作，而来到上海。由于表现突出，不久便加入了中国共产党。1968年调往上海树脂厂，由技术员做起，后进入计划科任副科长、科长，1980年11月至1982年9月担任上海树脂厂副厂长。1982年9月，市委指派其参加党校训练班后进入上海市企业整顿办公室工作，任副组长。1983年9月至1985年10月，在上海市化学工业局任党委副书记,同时在吴泾化工联合公司任党委书记。1985 年 10 月调往上海市医药管理局,任党委书记,1993 年 5 月起任医药管理局正局级巡视员。2002 年 8 月正式退休。

从基层到中高层的磨练

由于化学高分子的专业优势,谢天寿 1968 年被分配到上海树脂厂工作,最初作为一名技术员。六十年代末七十年代初时工作条件十分差,工人们的工作危险度也很高。工人们每天都要爬到高高的蒸馏塔上观察产品制作过程,不分昼夜。他于是自行设计了一台远程监控仪器,工人们只需要在操作室就能很好地观察到蒸馏塔上的情况,这样便大大减少了工作的危险性。诸如此类的小创举不胜枚举,他的能力日渐显露。而后谢天寿以其所作出的贡献,1978 年 4 月起胜任上海树脂厂计划科副科长,之后任科长,对整个厂的运营起了关键的作用。发光的金子总是受器重的,1980 年 11 月他成为了上海树脂厂的副厂长。如何完成国家下达的重点科技项目,如何克服国外技术封锁的困难,如何为国家急需的尖端技术研制出合适的材料等,都是谢天寿肩上的重任。他领导树脂厂突破一个又一个瓶颈,不断创新业绩。在树脂厂的 14 年,谢天寿体验了从基层到中高层的生活,这对之后他统筹管理各大企业时能运筹帷幄有着积极作用。

统筹管理能力的深造与练兵

1982 年 9 月,谢天寿在市委的指派下参加了上海市委党校第九期训练班,在班上任副组长,后进入上海市企业整顿办公室,任副组长,参与对整顿国有企业的各方面工作并进行宏观调控。1983 年 9 月,他调往上海市化学工业局任党委副书记,同时上海市委决定成立吴泾化工联合公司,对吴泾地区这些分散的厂进行统筹管理,任命谢天寿为党委书记。在这岗位上,谢天寿透彻领会中央的思想,积极响应"将大厂搞好搞顺"的号召,对各个散落的大厂实施管理,结束其分散管理的状态,成效显著。他对分散大厂的集中管理获得中央领导的夸奖,并且作为示范点接受各省的参观,还进行了全国推广交流。这段工作经历,既是谢天寿领导能力进一步的培养,又是他管理能力再次的体现,为之后进入上海医药管理局集中管理整个上海市医药事业奠定了基础。

领导全上海医药行业的发展

1985年10月,由于上海医药管理局的需要,谢天寿被调往上海医药管理局担任党委书记。他来到新的工作岗位后充分团结干部群众,迅速打开工作局面,得到方方面面的肯定。1988年8月,组织上任命他同时担任医药管理局局长。

谢天寿任职期间,上海医药行业不断创佳绩,药品以及仪器的研制都取得了前所未有的进步。他提出了"让上海人能吃到上海药"的目标,真正为上海人民谋福祉!大力引进、吸收国外的先进技术,也是一大创举。在他的努力下,国内第一家中美合资的制药企业——中美上海施贵宝制药有限公司在上海投产,开了国内现代化制药企业之先河。

他着手管理医药局时,对管理方式进行改革与创新。1988年,在上海医械模具厂等四家全民所有制工厂公开招聘厂长,1989年,实现95%的全民所有制工业企业实行了厂长负责制,这给各个厂的发展与管理带来生机。他很重视员工的生产积极性,主抓各个厂总体精神面貌,使员工提高工作效率。当时员工中不乏有"大锅饭"想法,他十分反对,提出"做得好你就做,做不好你就让贤",在分工上实行岗位制,制订《厂长承包考核暂行方法》,实行厂长(经理)考核奖惩,要求"在其位,谋其职",这些使各厂长均有危机感。而在生产过程方面,谢天寿特别强调"安全生产"。九十年代的生产设备仍不够先进,对职工的保护措施也不完善,工作事故常常出现。他倡导制订《安全生产责任制(试行)》,着重加大安全管理力度,使上海医药管理局成为安全生产标兵。

除此之外,医药管理局在他的领导下,1989年与上海市卫生局,上海市工商行政管理局联合,开始整顿上海市医药批发企业300余家,1990年撤销70多家。并且,开展药厂质监科认证工作,并颁发《认证细则(试行)》。1990年还制订了《企业升级管理条件考核要点》,作为医药系统企业评上海市先进企业和国家二级企业的考核依据。这一个个的管理措施,使上海医药行业实现了超常规发展,上海医药经济的总量规模、产品结构、科研开发、运行质量、整体布局、营销能力、人员素质等都发生了较为深刻的变化。谢天寿在医药局十几年的工作深得上级组织肯定。

德才兼备，备受尊敬

谢天寿一直是位备受尊敬爱戴的领导，德高望重的他对下属特别照顾，总是替职工着想，体恤职工生活的艰辛，在利益方面总把自己摆在最后一位。他积极为改善广大职工福利而努力，合理调配资金，让职工能够生活得更好。谢天寿就是这样，为别人考虑得多，为自己考虑得少，常常把好的让给更需要的人。生活中的谢天寿也是位严厉而慈爱的父亲，对儿子们要求严格，要求他们诚实、善良、踏实做事；他烧得一手好菜，还懂缝纫，以前过年还会亲自给儿子做新衣衫。身为潮汕人，谢天寿不忘家乡，每年总会携同家人回家乡探望。上世纪80年代在企业整顿办公室工作时，结识同为潮汕人的胡志远先生，并一起为上海潮汕联谊会的成立出谋献策。

谢天寿为上海乃至中国的医药行业作出的贡献不会被历史所遗忘。他用他的贤良方正谱写了自己的人生，升华为一种崇高。

詹益庆：将一生奉献给党

撰稿　许椰惜

　　詹益庆同志祖籍广东普宁，1921年在泰国曼谷出生，随后被父母送回到广东读书，在中学时代便毅然投身革命。今天很遗憾，无法耳闻詹前辈给我们讲述他的革命事迹和为祖国建设所作的贡献，因其于1994年病逝，但所幸我们还能从现存资料中敬仰他的一生。虽常说文字是苍白无力的，但其实不然，从记载詹前辈种种事迹的材料中，我们依旧可以深刻地感受到詹前辈的一身正气，他为革命鞠躬尽瘁，为祖国的建设穷尽一生的过往，历历在目。

鞠躬尽瘁为革命

作为一名共产党员,詹益庆在白色恐怖下,把个人安危置之度外,长期从事党在教育界和青年中的革命工作,坚持敌后斗争,直至解放事业取得决定性胜利。

1938年,广东沦陷后,他随南方局撤至广西桂林,参加抗日救亡宣传队,并于当年加入中国共产党。1943年,受党的委派,詹益庆以南方局特派员的身份,单枪匹马,克服了各种艰难困苦,冒着生命危险,绕道越南、老挝,抵达泰国。在泰国,他将撤退、疏散的原南方局的共产党员和革命青年,收拢组织起来,成立"泰国反日大同盟"。随后返回桂林,向南方局汇报当地组织活动的情况,出色地完成党交给他的艰巨任务。

1944年,詹益庆听从组织的决定,再次进入泰国,加入"泰国反日大同盟"(抗日胜利后改称泰国共产党)曼谷市委,任宣传委员,负责反日大同盟的组织发展和训练干部等工作,为组成抗日救国的国际联盟作出了重大贡献。1946年1月,日寇投降后,为了祖国的解放事业,詹益庆服从党的安排,到共产党领导的在泰"华侨建国救亡联合总会"任宣传部长,与当时国民党反动势力进行了针锋相对的激烈斗争。由他领导的宣传工作,在打击反动势力,争取海外同胞支援祖国的解放事业中发挥了重大作用。

1949年6月,祖国解放事业取得决定性胜利,詹益庆再次响应党的号召,听从南方局的指示,从泰国回到了祖国,由党安排到"闽粤赣边区纵队第二支队政治部"工作,历任宣传科、青年科科长等职,负责部队的建团工作,为新中国的诞生积极做好准备工作。潮汕全面解放后,詹益庆被组织调往汕头市,历任团市委宣传部部长、副书记,市委青年教育科科长等职,为组织、教育新中国青年一代,做了大量积极工作。

响应号召转工业

1954年,我国进入社会主义工业化大建设时期,詹益庆积极响应党的号召,于同年5月份,从长期从事的机关工作岗位,转到工业战线,继续为建设社会主义工业化强国而奋斗。党政机关和地方工业战线,两个完全不同的领域,要实现两者间的跨越,可谓困难重重。詹益庆充分认识到这一点,并未退缩，而是以一个长期在白色恐怖下坚持党的工作的共产党员的勇气，以长期从事教育群众、宣传群众，为祖国的解放和富强而奋斗的责任感，迎难而上，积极投身于祖国的社会主义建设之中。

詹益庆被组织分配到动力工业岗位——上海锅炉厂见习，担任见习车间副主任，由此揭开了从事工业工作的第一页。由于领域的极大转变，一切都必须从头开始，工作的生疏，语言的不通，这些困难在詹益庆眼中都不算什么，他积极好学，抱着一颗为党的工业化献身的决心，在工业战线上很快成长了起来。詹益庆历任上海锅炉厂见习车间副主任、技术检查科科长，并于1958年，到武汉锅炉厂任车间主任、副厂长，1960年到西安交通大学学习，后至武汉市工业处任副处长。1963年调至一机部汽轮锅炉研究所任纪委书记、代理党委书记、党委书记等职，成为党在工业战线上一名优秀干部，为我国火力发电设备建设事业作出了极大贡献。

"文革"后，一机部汽轮锅炉研究所撤编，原址组建成上海华银机器厂，由詹益庆担任党委书记。后根据组织安排，该厂改制为航天工业部（第五设计院）上海卫星工程研究所（即509所），他仍担任党委书记，负责在全国各地召集优秀的航天工业技术人才，并在所内组织各种学习班，组织工人及青年学习航天工业的知识及理论，提高生产技能，以达到设计要求。经过努力，该所所研制的各种遥感卫星、遥测卫星、风云全系列气象卫星上天后全部正常工作，詹益庆为我国应用卫星的研制和509所的发展所倾注的心血和汗水，终得以回报。

离休不忘联谊会

1989年8月12日，上海潮汕联谊会成立，这当中离不开詹益庆所起的牵头作用。1988年，詹益庆离休后到泰国探亲，在那里受到了华侨们的热情招待。他发现，在泰国各界潮汕籍人士组成了各种联谊会、同乡会、商会以及宗亲会。在各地探亲访友时，詹益庆也参观了各个会馆，并受邀出席各种宴请、招待会。他感到非常激动，也非常欣赏这种联络乡亲、增加友情的活动，认为这可以使在外的乡亲们在工作、生活及生意上互相帮助，心中也由此萌生了一个念头。

从泰国回国后，1989年的春节，詹益庆到王亚夫同志家中拜年，谈起此事，两人都认为这是一件有意义的事，希望也能在上海组建这样一个组织。那年的元宵节，他们到汕头与当地党政领导同志交谈后，获得一致的支持。于是,回沪后,王亚夫和詹益庆等人便积极地行动起来,先是筹备成立上海顾问组,以王亚夫为组长,詹益庆作为顾问组成员。随后,成立上海潮汕联谊会。在筹建联谊会的过程中,作为顾问组成员、常务理事的詹益庆,即便家住闵行郊区,所在职的卫星工程研究所事务繁忙,但每一次在市内的会议,都会排除万难地过来参加,为筹建工作出谋划策。

如今,上海潮汕联谊会已为在沪的潮汕各界人士搭建了一个广阔稳定的平台,积极为潮沪两地的文化交流、社会主义建设事业的合作和资金、技术人才方面的流动,做好牵线搭桥工作,联络了在沪各界乡亲,互帮互助。

益民益党毕生为革命,庆德庆忠尽瘁为中华。不管在革命战线,还是在工业战线,詹益庆始终以党的利益作为个人的出发点,时刻服从组织的安排,将个人的命运与祖国紧密联系在一起。国家国家,在为国家奉献了毕生青春后,詹益庆不忘乡情,即所谓的家,积极为在沪乡亲搭建交流平台,实为可敬。